見返2
グリーンランド〔デ〕
カーナック(チューレ)
クイーンエリザベス諸島
ヴィクトリア島
バッフィン島
ウランゲル島
デジネフ岬
ウトキアグヴィク(バロー)
アラスカ
アメリカ合衆国
フェアバンクス
ユーコン川
イエローナイフ
セントローレンス島
アンカレジ
アンガヴァ半島
ファーヴェル岬
ジュノー
チャーチル
ハドソン湾
ラブラドル半島
ベーリング海
カナダ
アラスカ半島
アリューシャン列島
エドモントン
ウィニペグ
アメリカ
ニューファンドランド島
セントジョンズ
ケベック
モントリオール
オタワ
スペリオル湖
ミシガン湖
トロント
デトロイト
ボストン
プリマス
ニューヨーク
シカゴ
フィラデルフィア
ワシントンD.C.
セントルイス
アメリカ合衆国
アゾレス諸島〔ポ〕
日付変更線
ロサンゼルス
ダラス
ヒューストン
ニューオーリンズ
バミューダ諸島〔イ〕
大西洋
ミッドウェー諸島〔ア〕
グアダルーペ島〔メキシコ〕
フロリダ半島
マイアミ
バハマ
ナッソー
メキシコ
メキシコ湾
北回帰線(23°26′21″N)
ハワイ諸島
アメリカ合衆国
西インド諸島
ハバナ
キューバ
ドミニカ共和国
サントドミンゴ
ハイチ
ポルトープランス
メキシコシティ
ジャマイカ
キングストン
ベリーズ
ベルモパン
レビヤヒヘド諸島〔メキシコ〕
グアテマラ
グアテマラシティ
ホンジュラス
テグシガルパ
サンサルバドル
エルサルバドル
ニカラグア
マナグア
サンホセ
コスタリカ
パナマシティ
パナマ
太平洋
ウェーク島〔ア〕
マーシャル諸島
マジュロ
パルミラ島〔ア〕
ポートオブスペイン
トリニダード・トバゴ
ジョージタウン
パラマリボ
カラカス
ベネズエラ
ガイアナ
スリナム
ギアナ〔フ〕
ボゴタ
コロンビア
キリティマティ島
タラワ
キリバス
赤道
ガラパゴス諸島〔エクアドル〕
キト
エクアドル
マナオス
アマゾン川
フォルタレーザ
ナウル
ヤレン
ソロモン諸島
ツバル
フナフティ
オセアニア
マルキーズ諸島〔フ〕
南アメリカ
ブラジル
サモア
アピア
サモア諸島〔ア〕
リマ
ペルー
サルヴァドル
バヌアツ
ポートビラ
フィジー
スバ
フィジー諸島
トンガ
ヌクアロファ
ニウエ
アロフィ
クック諸島
アバルア
ソシエテ諸島〔フ〕
タヒチ島〔フ〕
トゥアモトゥ諸島〔フ〕
ラパス
ボリビア
ブラジリア
ベロオリゾンテ
リオデジャネイロ
サンパウロ
南回帰線(23°26′21″S)
オーストラル諸島(トゥブアイ諸島)〔フ〕
ガンビア諸島〔フ〕
ラパヌイ島〔チリ〕(イースター島)
サンフェリクス島〔チリ〕
パラグアイ
アスンシオン
チリ
アルゼンチン
フアンフェルナンデス諸島〔チリ〕
サンティアゴ
ブエノスアイレス
ウルグアイ
モンテビデオ
オークランド
北島
ニュージーランド
ウェリントン
南島
スチュアート島
アンティポディーズ諸島〔ニュー〕
マゼラン海峡
フォークランド(マルビナス)諸島
フエゴ島
オルノス岬
サウスジョージア島
サウスオークニー諸島
③カリブ海
(ただし赤道上の長さ)
フロリダ半島
メキシコ湾
マイアミ
バハマ
ナッソー
サンサルヴァドル島
北回帰線
ハバナ
西インド諸島
キューバ
大西洋
ユカタン半島
ドミニカ共和国
ハイチ
サントドミンゴ
ポルトープランス
イスパニョーラ島
ジャマイカ
キングストン
プエルトリコ島〔ア〕
バセテール セントクリストファー・ネービス
セントジョンズ アンティグア・バーブーダ
グアドループ島〔フ〕
ドミニカ国 ロゾー
マルティニーク島〔フ〕
セントルシア カストリーズ
ブリッジタウン バルバドス
グレナダ セントジョージズ
キングスタウン セントビンセント及びグレナディーン諸島
メキシコ
ベリーズ
ベルモパン
グアテマラ
グアテマラシティ
ホンジュラス
テグシガルパ
サンサルバドル
エルサルバドル
ニカラグア
マナグア
カリブ海
太平洋
サンホセ
コスタリカ
パナマシティ
パナマ
コロンビア
カラカス
ベネズエラ
ポートオブスペイン
トリニダード・トバゴ
ガイアナ
ジョージタウン
● 首都
国名 安全保障理事会の常任理事国
1) 白い部分は、帰属が確定していない地域。
2) イスラエルは、イェルサレムを首都として宣言しているが、国際的な承認は得ていない。
JN085093

明解歴史総合図説 シンフォニア 目次・本書の使い方

世界全図と東アジア全図で見る歴史

このコーナーは、「世界全図」と「東アジア全図」とで成り立っています。

世界全図

各時代における、世界の大きな動きを概観できる世界地図です。

時代の概観
歴史の大きな流れを、事件や政治の動きを中心に解説

世界の動きと日本
日本の歴史を世界の大きな動きに関連する視点から解説

結びつく世界
世界的規模の地域同士の結びつきを解説

地図にアクセス
地図を見るときの視点を、交流にかかわるトピックから解説

東アジア全図

各時代における、東アジアの大きな動きを概観できる地図です。

東アジアの動きと日本
日本の歴史を東アジアの大きな動きに関連する視点から解説

地域の基礎知識

各地域の風土やその地域で誕生した宗教の解説、近代に至るまでの地域の歴史を紹介しています。

時代の展望

「近代化」「国際秩序の変化や大衆化」「グローバル化」について、学習指導要領で示された各テーマをもとに、人々の生活や社会のあり方の変化が日本・世界の両面の資料から一望できます。

通史ページ

ヒストリーツアーズ
発明から始まるSociety3.0生活
➡1 イギリスの合同機械工組合の組合員証（1851年）
イギリスでは産業革命を支える熟練技術者たちにより、1851年に合同機械工組合が結成された。
A
ワット
クロンプトン
アークライト
⬆図1の拡大図
チェック1 上の拡大図には、あるものを利用して動く発明品が描かれている。あるものとは何だろうか。 ヒント p.74～75から探そう ①家畜 ②蒸気 ③電気
チェック2 図1に描かれているⒶの人たちはどのような階級の人だろうか。 ヒント 服装に注目してみよう ①上流階級 ②兵士 ③労働者
チェック3 図1でワットが中心に描かれているのはなぜだろうか。 ①彼が産業革命を支える動力機関を完成させたから ②彼が大量に糸をつむぐしくみを完成させたから
チェック

（ ）内の正しい方に○をつけよう！

平等・格差の観点から振り返ろう！
18世紀半ばのイギリスで始まった産業革命は、生産手段などを所有する資本家が労働者を雇って商品を生産する（資本主義・共産主義）社会を誕生させた。資本家と労働者の間の格差が広がると、不平等をなくそうと考える（社会主義・民族主義）も誕生した。

ヒストリーツアーズ

通史ページに設置され、資料の読み解きを通して、学習事項の理解につなげる窓口です。

チェック

資料の読み解きを軸とした段階的な問いです。スモールステップで理解を深めることができます。１問目は歴史の知識を前提としない問いかけ、２問目以降で解釈に絡む問いかけを設置しています。

･･･・･･･の観点から振り返ろう！

ページ全体の要点まとめを、学習指導要領で示された問いを深めるための５つの観点（**自由・制限** 自・制、**平等・格差** 平・格、**開発・保全** 開・保、**統合・分化** 統・分、**対立・協調** 対・協）のいずれかから行っています。

※振り返ろうの5つの観点(自由・制限 自・制、平等・格差 平・格、開発・保全 開・保、統合・分化 統・分、対立・協調 対・協)を目次にも示しています。

特集ページ・コラム他

特集ページ

1つの題材をより詳細に解説したり、テーマ史にまとめたりした特集ページ

コラム・コーナー

人物のエピソードを紹介するコラム

当時の日本がどのように世界と結びついていたのかを紹介するコラム

テーマとしてさらに掘り下げて解説したコラム

テーマで結ぶ世界　学習指導要領で示された各テーマで世界をつないだコーナー

リンクとマーク

➲p.100　関連するページへのリンク

小見出し ➡ p.100　関連する巻頭全図や特集ページへのリンク

MORE RESEARCH　Web検索する際の用語紹介

国宝　国宝指定の文化財

『別冊史料』に掲載している史料

世界遺産　世界文化遺産登録の文化財

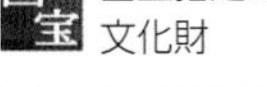
ヒストリーツアーズを一歩深めて考えるための史料

QRコンテンツ

スマートフォンやタブレットなどのコード読み取りアプリで右のQRコードを読み取ると、ページが閲覧できます。
下のアドレスから、QRコードにアクセスすることもできます。

https://ict.teikokushoin.co.jp/materials/sinfo/2024/

※アクセスの際に発生する通信料は、各自のご負担になります。
※ご審査用見本のQRコンテンツ配信期間は2028年3月末までを予定しております。
※QRコードは、(株)デンソーウェーブの登録商標です。

QRコンテンツ①「チェック・振り返ろう解答」
QRコンテンツ②「動画14点」
QRコンテンツ③「巻頭9～12【歴史の扉】資料解説」
QRコンテンツ④「史料70点」

別冊史料 ―歴史総合重要史料64点

64点の重要史料をまとめた別冊付録(解説付)。QRコンテンツでも閲覧できます。

インデックス

19世紀ごろ ➡10

⬅全図インデックス

各見開きの左端に設置した、扱っている時代に対応する世界全図ページを示すインデックス。

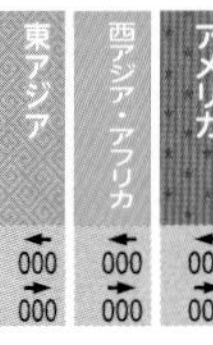

⬅地域インデックス

各見開きの左端に設置した、扱っている地域を示すインデックス。同地域の前後の時代を扱うページも示しています。

時代インデックス➡

各見開きの右端に設置した、扱っている時代の幅を示すインデックス。

インデックスの位置は、➲p.199「日本の歴史年表」に対応しています。

巻頭1

長崎から見る日本の近代化

❶出島･･･1636年につくられ、カピタン(商館長)以下十数人のオランダ商館員が居住した。
❷長崎奉行所･･･幕府の直轄地として、行政、外交、貿易などを行っていた。
❸唐人屋敷･･･密貿易防止を目的に、1698年に設置され、約2000人が収容されていた。
❹鳴滝塾･･･1824年、オランダ商館医のシーボルトが長崎郊外に設けた私塾兼診療所。
❺崇福寺･･･1629年、中国・福州出身者が中心となって創立した黄檗宗の寺。
❻亀山社中･･･坂本龍馬が1865年に組織した私設海軍・貿易に従事する日本初の商社。

近代化の出発点 長崎

17 世紀に江戸幕府が対外貿易を管理する「鎖国」体制下において、長崎はオランダと中国に開かれた窓であった。ここから、生糸や砂糖、東南アジアの物産のほか、オランダから近代の思想や技術が流入してきた。また、シーボルトやグラバーなど、長崎から日本と世界とをつなげ、日本の近代化に寄与する外国人も存在した。日本の近代化は、江戸時代の長崎から始まっていたともいえる。

➡**出島の物見台から、オランダ船の入港を見守るオランダ商館員**　白い服の男性は、商館医のシーボルトといわれている。〈川原慶賀作「唐蘭館絵巻」長崎歴史文化博物館蔵〉

幕末の長崎（想像図）

作画：スタジオ・スペース ツー

日本と世界とをつなげた外国人

シーボルト（1796～1866年） *Siebold*

〈長崎歴史文化博物館蔵〉

1823年に来日したドイツ人医師。長崎郊外に鳴滝塾を開設し、日本の医学の発展に貢献した。28年に帰国する際に、伊能図の持ち出しが発覚し国外追放になったが、シーボルトは32年から日本解説書『NIPPON』などを刊行し、日本の文化や植物のほか、伊能図をもとにした地図を広く西洋諸国に紹介した。

⬇シーボルト『NIPPON』の日本地図 伊能図をもとにした正確な地図は、幕末に日本へ来航したペリーら欧米使節にも活用された。

〈福岡県立図書館デジタルライブラリより〉

グラバー（1838～1911年） *Glover*

〈長崎歴史文化博物館蔵〉

1861年、22歳の時に長崎にてグラバー商会を設立。幕末の動乱に目をつけ、武器商人として薩摩藩や長州藩などを顧客とした。明治時代になると、三菱財閥の相談役として活躍し、高島炭鉱開発や鉄道導入など日本の近代化に貢献した。➲p.95

⬇旧グラバー邸 南山手の長崎港を見下ろす場所に、1863年に建てられたグラバーの邸宅。この場所には、イギリスへの留学を手配した長州藩や薩摩藩の志士や、坂本龍馬なども訪れたと思われる。

MORE 長崎と日本の重工業の進展

⬅軍艦霧島と長崎造船所〈三菱重工業(株)長崎造船所 史料館蔵、1913年〉 1857年、日本初の本格的洋式工場として江戸幕府が造船所の建設に着手し、官営の時期を経て、87年に三菱に払い下げられた。左の写真には、現在も稼働し世界遺産に登録されたジャイアント・カンチレバークレーンが見て取れる。

2015年、「明治日本の産業革命遺産」の23遺産が世界遺産に登録されたが、長崎にはそのうち最多の8遺産がある。長崎造船所のほか、蒸気機関の燃料となる石炭を供給するための炭鉱、グラバーの邸宅などで、これらは、すべて三菱重工業の関連施設である。明治から昭和にかけて、造船業と石炭業が重工業の基幹であった時代、長崎はその中心を担っていた。

岩倉使節団が見た世界の近代化

1 使節団出発の様子

日本 横浜　1871年12月23日

MORE RESEARCH　アジア歴史資料センター　岩倉使節団

アジア歴史資料センターでは、インターネット特別展で岩倉使節団の旅程や活動内容を詳しく紹介しています。

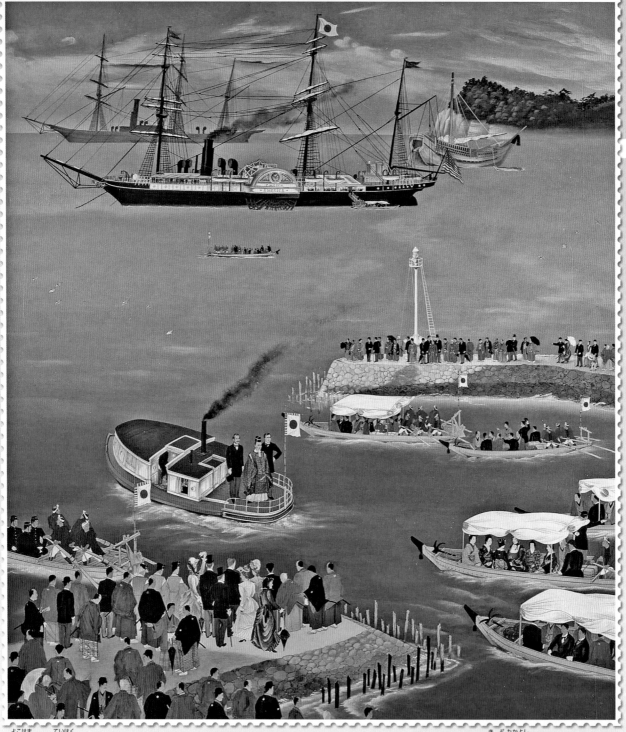

⬆横浜港に停泊中の外輪式蒸気船に向かう小型蒸気船（画面中央左）には、大使 岩倉具視を中心に副使 木戸孝允（向かって右）、副使 大久保利通（同左）が描かれる。〈山口蓬春作「岩倉大使欧米派遣」明治神宮外苑 聖徳記念絵画館蔵〉

岩倉具視を特命全権大使とする岩倉使節団は、1871 年 12 月*から 1 年と 10 か月をかけて欧米各地を回った。目的は、①幕末に条約を締結した国へ国書を献上すること、②日本に不利であった諸外国との条約改正予備交渉、③各国の法律・制度・文化の視察調査であったが、②に失敗した使節団は、専ら③に注力した。使節団は当時の世界の近代化をどのように感じたのだろうか。➲p.10~11､97

*政府は、暦についても欧米との統一をはかり、太陰太陽暦に替わって明治６(1873)年から現在使われている太陽暦(グレゴリオ暦)を採用した。そのため、明治５年12月３日が、新しい暦では明治６年１月１日になった。岩倉使節団が出国してから帰国するまでの間に改暦が行われているため、巻頭３～４では煩雑化を避けて、すべての年次を新暦の太陽暦で表記した。

② 便利さと快適さを実感した大陸横断鉄道
アメリカ シエラネヴァダ山脈　1872年２月

⬆サンフランシスコからワシントンまで鉄道を乗り継いで向かった。寝台車は快適だった。

③ 政治のしくみを見聞
アメリカ ワシントン　1872年３月

⬆三権分立や合衆国憲法など、アメリカの政治体制を明確に認識していた。

④ 高い技術力を視察
アメリカ ワシントン　1872年４月

⬆紙幣が刷られる工程や偽造防止のしくみなどを細かく記録に残した。

⑤ 大英帝国の力を実感
イギリス ロンドン郊外　1872年９月

⬆第１回万国博覧会のために鉄骨とガラス板で建設された水晶宮を見て、使節団は「いよいよ奇なり」と驚きの感想を残している。

⑥ 民衆の力に驚がく
フランス パリ　1872年12月

⬆パリの凱旋門は、パリ=コミューンとの戦いでついた砲弾跡を修復中だった。

⑦ 小さい国の活力に興味
ベルギー リエージュ　1873年２月

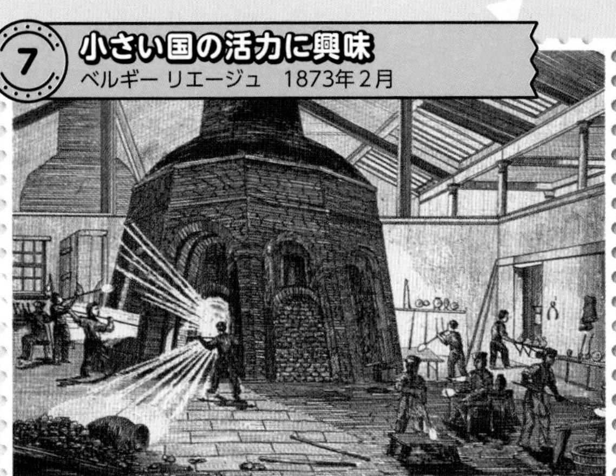

⬅使節団は、ベルギーでは国王の下に国民が一致団結している様子に感銘を受けた。工場では少年少女も働いていた。

⑧ ビスマルクの世界観に感動
ドイツ ベルリン　1873年３月

➡使節団はベルリンで宰相ビスマルクとも面会し、世界情勢のとらえ方に衝撃を受けた。

〈図②～⑧は久米邦武編『米欧回覧実記』挿絵、久米美術館蔵〉

お雇い外国人がもたらした日本の近代化

➲p.101

江戸末期から明治にかけて、日本は近代化のために、技術・文化の指導者（助言者）を欧米から招いた。好待遇で雇用された彼らは「お雇い外国人」とよばれる。日本側は政策決定の主導権を固く保持したので、お雇い外国人は日本の近代化の脇役にとどまったが、果たした業績は大きい。彼らの活躍を見てみよう。➲p.10～11、97

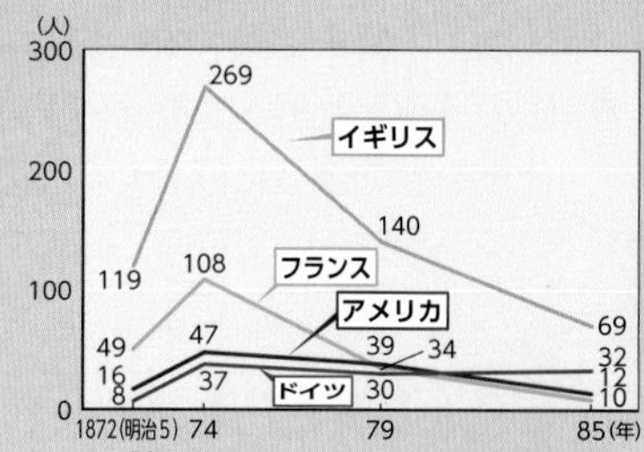

⬆①お雇い外国人数の出身国別推移〈梅溪昇著『お雇い外国人』講談社〉　出身は英・米・独・仏中心、総数はおよそ3000人ともいわれる。攘夷の嵐が吹き荒れる日本へ外国人を招くには高給で対応するしかなく、西南戦争による財政逼迫を反映してその数は短期間で激減した。

⬆②横浜を走る鉄道〈３代歌川広重作「横浜海岸鉄道蒸気車図」、東京都立中央図書館特別文庫室蔵〉1859年に開港された横浜は、貿易都市として発展した。72年には鉄道が開通し、新橋駅と横浜駅(現在の桜木町)との間が53分で結ばれた。馬車だと約4時間かかる距離であった。➲p.48

日本の鉄道の恩人　モレル

生没年：1841～71年

⬆③エドモンド=モレル〈鉄道博物館蔵〉
イギリス人の鉄道技術者として1870年に来日し、早速、伊藤博文に近代産業と人材育成の機関作成を趣旨とする意見書を提出した。鉄道の普及とともに、外貨の節約や国内産業の育成に貢献し「日本の鉄道の恩人」とたたえられる。

⬆④初代横浜駅に停車する汽車〈横浜開港資料館蔵〉

⬆⑤旧新橋停車場（０哩標識）〈東日本鉄道文化財団提供〉
当初、イギリスから鉄製枕木を輸入して使用予定だったが、モレルは「森林資源の豊富な日本では木材を使った方がよい」と日本の実情に即した提案を行った。写真の０哩標識は駅舎外観とともに、1872年の開業当時と同じ場所に再現されている。

日本近代建築の父 コンドル

生没年：1852～1920年

〈東京大学大学院工学系研究科建築学専攻蔵〉

⬆⑥コンドル

イギリスの建築家。工部大学校(現 東京大学工学部)の建築学教授として1877年に来日し、一方で鹿鳴館など明治政府関連の建物の設計を手がけた。辰野金吾ら日本人建築家を育成し、明治以後の日本建築界の基礎を築いた。

〈横浜開港資料館蔵〉

〈楊洲周延作「貴顕舞踏の略図」(部分)神戸市立博物館蔵〉

⬅⑦鹿鳴館と⬆⑧建物内でダンスする人々

外務卿井上馨は不平等条約改正のためには、欧米風の社交施設で外国使節を接待し、日本が文明国であることを諸外国に示す必要があると考え、1883年、鹿鳴館を建設した。しかし、効果はあがらず、87年、井上は辞任し鹿鳴館時代は終わった。

⬆⑨東京駅　1914年12月20日開業。東京から西の玄関新橋駅と東の玄関上野駅を結ぶ、鉄道の中間駅として立案された。豪壮華麗な洋式建築である駅舎は、コンドルの弟子辰野金吾と葛西萬司が設計し、中央停車場は皇居の正面に設定された。〈「東京駅(ワイド)」生田誠コレクションより〉

北海道開拓の基礎を確立 ケプロン

生没年：1804～85年

➡⑩ケプロン

アメリカの現役農務長官であったケプロンは、黒田清隆の北海道開拓の熱意に応え退職して1871年に来日。東京に農学校を設立し(後に札幌へ移転して札幌農学校、北海道大学となる)、日本人に技術を学ばせたほか、気候に合わせた麦作の奨励、馬車道の整備、魚介類の加工など、功績は多岐にわたる。➲p.102　〈北海道大学附属図書館蔵〉

日本近代法の父 ボアソナード

生没年：1825～1910年

➡⑪ボアソナード

1873年にフランスより来日。不平等条約改正のため、日本の国内諸法典の整備に貢献した。外国法丸写しの法律の起草に反対し、日本の国内の情勢と近代的な法制との調和を重んじた。また、井上馨が条約改正のため進めた外国人裁判官任用案を、外国の干渉を招くとして反対し、条約改正に貢献した。〈法政大学図書館蔵〉

日本陸軍兵制の基礎を確立 メッケル

生没年：1842～1906年

➡⑫メッケル

日本の兵制は当初フランス式であったが、普仏戦争➲p.81におけるプロイセンの勝利から、ドイツ式に変更された。メッケルはドイツ式戦術の権威で1885年に来日。陸軍大学校教官として参謀将校の養成にあたった。講義は誰でも聴講できたので、陸軍大学校長 児玉源太郎をはじめ様々な軍人が彼の講義を聴講した。

巻頭7

富岡製糸場と八幡製鉄所に見る 近代日本の産業革命

⬆①富岡製糸場操糸場の様子　殖産興業政策による日本初の官営模範工場。工女は全国から募集し、器械製糸の指導者に育てた。創業時の平均労働時間は約8時間で、毎週日曜は休み。女性の社会進出の先駆けをいく工場であった。〈東京国立博物館蔵〉

産業革命の先駆け　官営富岡製糸場

1872(明治5)年設立

➔p.101

⬆②フランス人お雇い外国人ブリューナ　官営製糸場の立地を群馬県富岡に決め、工場建設・機械設備導入を指揮、技術指導も行った。〈「佛人ブリユーナ一行」(片倉工業寄託資料)、明治初期、富岡市提供〉

⬇③ブリューナエンジン　ブリューナが製糸場創業当時に導入した蒸気機関。約50年間、動力として使用された。〈博物館 明治村提供〉

世界文化遺産

⬆④現在も残る世界遺産 富岡製糸場(上：操糸場内部、中：東置繭所)　技術革新により、生糸の大量生産を実現した。日本の産業革命に寄与したとして、2014年「富岡製糸場と絹産業遺産群」が、世界文化遺産に登録された。〈富岡市提供〉

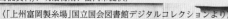

〈「上州富岡製糸場」国立国会図書館デジタルコレクションより〉

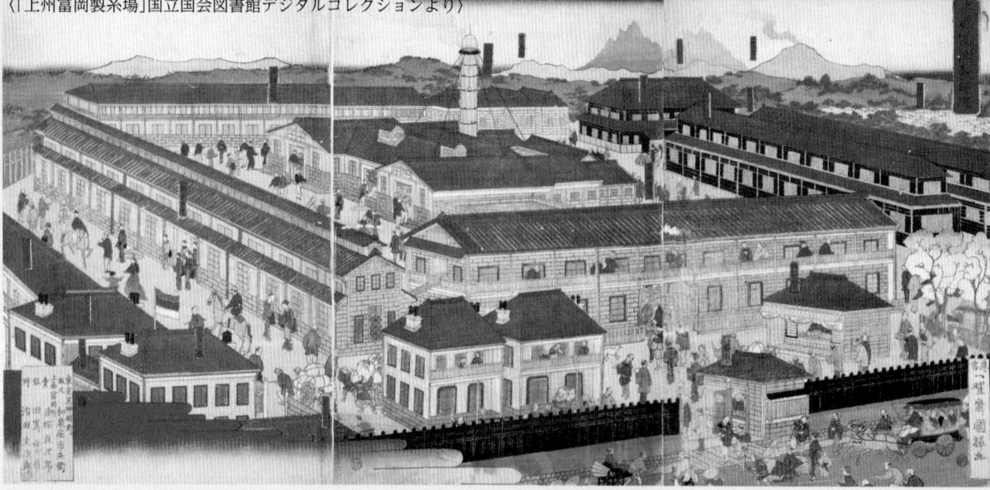

⬅⑤富岡製糸場の外観　日本は近代化を短期間で果たすため、官営模範工場を開設するなど、国家主導での工業化を図った。技術導入には欧米各国・お雇い外国人の力を借りても、主導権はあくまでも日本政府が握っていた。生糸は横浜へ運ばれ、欧米へ輸出された。後に鉄道網が拡大し、生糸は明治期を通して横浜港最大の輸出品となった。➔p.48、93

殖産興業政策により近代化への道を歩み始めた日本では、明治の半ばに軽工業を中心に産業革命が始まり重工業に展開していった。殖産興業の代表である富岡製糸場と重工業化の始まりに位置づけられる八幡製鉄所の様子から、産業革命の道のりを見てみよう。

重工業化の始まり

官営八幡製鉄所

1901（明治34）年操業 ➔p.111

〈図⑥～⑩日本製鉄株式会社 九州製鉄所蔵〉

⬅⑥**八幡製鉄所修繕工場の様子**　軽工業の発展➔p.110と日清戦争➔p.105を契機に、船や鉄道などの素材となる鉄の需要が高まり、鉄鋼の国産化が求められた。鉄鋼の製造は、鉄鉱石から銑鉄をつくる製銑、銑鉄を精錬して鋼塊をつくる製鋼、鋼塊を鋼材とする圧延の3工程に分けられるが、日本で初めて3段階の作業を総合して行う銑鋼一貫作業が行われた。製鉄作業は、主要作業を1か所に集中する方が有利で、これにより日本の高炉操業技術が確立され、日本の産業近代化（重工業化）が達成された。

世界文化遺産

⬆⑦**現在も残る世界遺産 八幡製鉄所**（修繕工場）　幕末から急速に経済大国へ変貌した日本の基盤を支え、第2次産業革命の中心であった。2015年に「明治日本の産業革命遺産」の構成資産のひとつとして世界文化遺産に登録された。

⬅⑧**東田第一高炉火入れ式**（1901年）
ドイツの会社に設計、技術指導を依頼。1901年に稼働開始。しかし、トラブルで翌年7月に休止。「日本の冶金*学の父」野呂景義に再建が託され、04年7月から稼働が再開された。

*鉱石から有用な金属を分離・精製・加工する技術。

⬆⑨**軌条工場**
1901年より、軌条工場では鉄道用軌条（レール）の生産を開始した。それまでの輸入レールに代わり、以降、日本の経済発展とそれに伴う鉄道輸送網の広がりに対応し、国産化を担っていった。

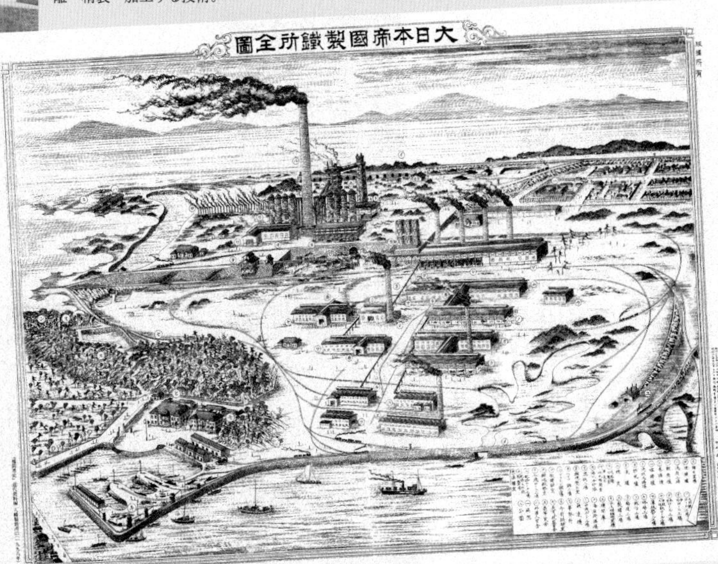

⬆⑩**創業時の八幡製鉄所全景**

さまざまな歴史的資料 ～日露戦争を例に～

過去の出来事を知る手がかりとなるのが資料です。資料にはさまざまな種類があり、作成した人物の意図や考え方、当時の世相や価値観などが反映されていたり、誤りが含まれていることもあります。その内容は本当なのか、どのような立場から記されたのかなど、考えながら読み解くことが大切です。

① 図像資料

⬆旅順の戦いを描いた日本の絵画　要塞を築いて激しく抵抗するロシア軍に突撃し、勇猛果敢に戦う日本軍の兵士達の姿を描いている。〈乃木神社所蔵〉

●絵画、風刺画、写真、ポスター、宣伝ビラ、絵はがき、絵巻物など視覚的に当時の様子や出来事を知ることができるもの

⬅フランスの雑誌に掲載された日露戦争の風刺画　大国ロシアに挑む日本と勝敗の行方をうかがう諸外国の様子が風刺されている。

② 文書資料（史料）

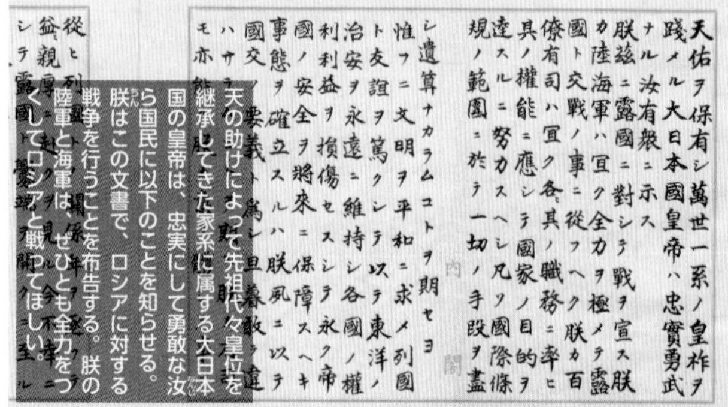

天佑ヲ保有シ萬世一系ノ皇祚ヲ踐メル大日本國皇帝ハ忠實勇武ナル汝有衆ニ示ス
朕茲ニ露國ニ對シテ戰ヲ宣ス朕カ陸海軍ハ宜ク全力ヲ極メテ露國ト交戰ノ事ニ從フヘク朕カ百僚有司ハ宜ク各〻其ノ職務ニ率ヒ其ノ權能ニ應シテ國家ノ目的ヲ達スルニ努力スヘシ凡ソ國際條規ノ範圍ニ於テ一切ノ手段ヲ盡シ遺算ナカラムコトヲ期セヨ
惟フニ文明ヲ平和ニ求メ列國ト友誼ヲ篤クシテ以テ東洋ノ治安ヲ永遠ニ維持シ各國ノ權利利益ヲ損傷セスシテ永ク帝國ノ安全ヲ將來ニ保障スヘキ事態ヲ確立スルハ朕夙ニ以テ國交ノ要義ト為シ旦暮敢テ違ハサル……

天の助けによって先祖代々皇位を継承してきた家系に属する大日本国の皇帝は、忠実にして勇敢な汝ら国民に以下のことを知らせる。朕はこの文書で、ロシアに対する戦争を行うことを布告する。朕の陸軍と海軍は、ぜひとも全力をつくしてロシアと戦ってほしい。……

⬆ロシアに対する宣戦の詔勅　1904（明治37）年2月10日、明治天皇はこの詔勅を発してロシアに宣戦布告を行い、日露戦争が始まった。

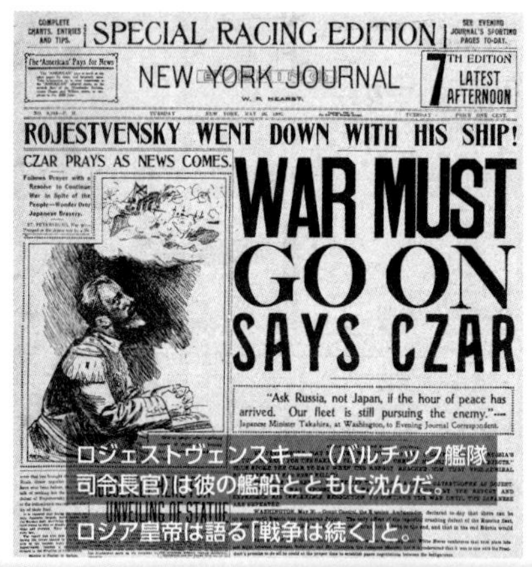

SPECIAL RACING EDITION

NEW YORK JOURNAL

7TH EDITION LATEST AFTERNOON

ROJESTVENSKY WENT DOWN WITH HIS SHIP!

CZAR PRAYS AS NEWS COMES.

WAR MUST GO ON SAYS CZAR

"Ask Russia, not Japan, if the hour of peace has arrived. Our fleet is still pursuing the enemy."—Japanese Minister Takahira, at Washington, to Evening Journal Correspondent.

ロジェストヴェンスキー（バルチック艦隊司令長官）は彼の艦船とともに沈んだ。

ロシア皇帝は語る「戦争は続く」と。

●憲法、法令、条約、外交文書などの公的記録、新聞記事、雑誌、小説、戯曲、詩、手紙、日記など文字記録として当時の世相や様子などを知ることができるもの

⬅戦況を伝えるアメリカの新聞　新興国日本と大国ロシアとの戦争は、世界から注目され、アメリカをはじめ各国のメディアがその戦況を報じた。

③ 地域に残る資料

⬆横須賀港に保存されている戦艦三笠　イギリスで建造された当時最新鋭の艦船で、日本海海戦で活躍し、東郷平八郎はここから全軍の指揮をとった。

➲p.107

●遺跡（建物など）、遺構（堀や礎石など）、遺物、碑文、絵馬、古地図など当時作られたものが地域に残り、現在まで残っているもの

⬇日本に残るロシア兵墓地　松山市に設けられた捕虜収容所には多くのロシア兵捕虜が収容された。日本政府は人道的に捕虜を取り扱い、傷病による死者も丁重に葬った。

④ その他の資料

●工芸品、映像（動画など）、個人の体験談、統計、グラフ、年表など当時の技術や雰囲気を知ることができるものや、当時のデータをわかりやすくまとめたものなど

⬇日本の財政支出に占める軍事費の割合の変化　日清戦争を経て、日本はさらなる軍備拡張によって大陸進出をめざし、日露戦争では20億円近い戦費を費やした。

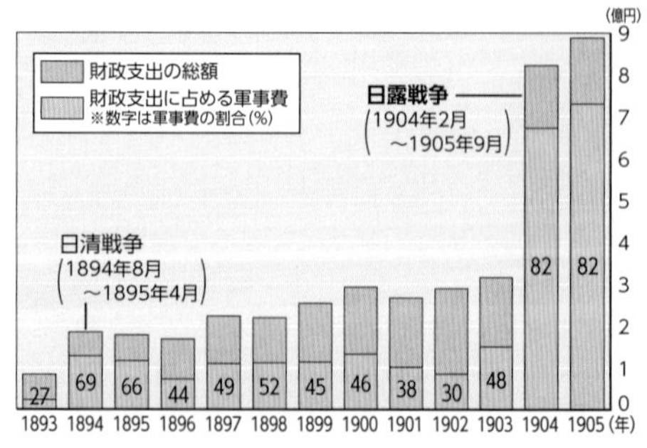

年	1893	1894	1895	1896	1897	1898	1899	1900	1901	1902	1903	1904	1905
軍事費の割合（％）	27	69	66	44	49	52	45	46	38	30	48	82	82

歴史的な見方・考え方 ～東京駅の開業を例に～

歴史学習では、さまざまな資料を扱います。資料を読み解いたり、歴史事象について多面的・多角的に考えたりするためには、おもに現在の歴史研究者が使うことが多い以下の5つの「歴史的な見方・考え方」が役に立ちます。

1 時代や年代に関わる視点

いつ？ どんな時代？ その時期に起こった出来事は？

東京駅開業までの経緯	日本のおもな出来事
1888 中央停車場の建設決定	1889 大日本帝国憲法発布
1903 日本人建築家の辰野金吾に駅舎デザインの設計を依頼	1894 日清戦争(～95)
	1901 八幡製鉄所操業開始
1908 駅舎の建設工事に着手	1904 日露戦争(～05)
1910 辰野金吾の設計完了	1910 韓国併合
1914 東京駅(東京中央停車場)開業	1911 日本が関税自主権回復

建設計画が始まってから開業するまでの時期に、日本ではどのような出来事があっただろうか。

2 推移に関する視点

それまでと何が変わった？ どう変化した？

〈公益財団法人鉄道総合技術研究所提供〉

↑ドイツのお雇い外国人による当初の駅舎案　日本風の外観が批判され、不採用。

駅舎のデザインは、設計当初の段階から最終的にどう変化しただろうか。

3 比較に関する視点

同じ点と違う点は？
ほかと比較して特徴は何か？

明治初期と比較して、交通手段や人々の服装などの同じ点や違う点は何だろうか。

↑1914年に完成した東京駅　帝都東京の玄関口として、長さ322m、鉄骨赤レンガ造り3階建ての壮麗な駅舎が誕生した。➲巻頭6

↑明治初期の銀座のようす➲p.100

4 事象相互のつながりに関する視点

それが起こった背景・原因は？
それが起こった結果、どのような変化があった？

…東海道五十三次の道中双六に採り同双六に於て江戸を振り出とし京都を上りと為したる道程も、今や我が国運の進歩と世界交通の発達とに依り、東京を起点とし倫敦を上りと為すの盛況に達するに至れり、而して東京駅の建設は実に此の世界的交通の上に最も善美なる設備を与へたるものなり…

〈『渋沢栄一伝記資料』第48巻 p.508収載『東京駅開業祝賀会及凱旋将軍歓迎会報告書』(大正4年4月刊)〉

日露戦争後、建設予算は大幅に増額され、破格の規模で駅舎が建設された。これはなぜだろうか。当時の日本国内や世界の情勢とどのように関係しているだろうか。

←東京駅開業祝賀会で渋沢栄一が述べた祝辞(1914年12月18日)　東京駅は「行幸通り」で皇居と直結された。

5 現在とのつながりに関する視点

歴史は現在とどのようにつながっている？ それは私たちにとってどのような意味がある？ 歴史を踏まえ、私たちはどう行動する？

←2012年に保存・復原工事が完了した現在の東京駅

駅舎は1945年の空襲による損壊と補修ののち、高層ビルへの建て替えも検討されたが、元の姿に復原して未来へ受け継がれることになった。これはなぜだろうか。

日本と世界の歴史対照表

＊　ベトナム社会主義共和国・フィリピン共和国・インドネシア共
＊2 ロシア連邦他中央アジアの独立国家共同体。

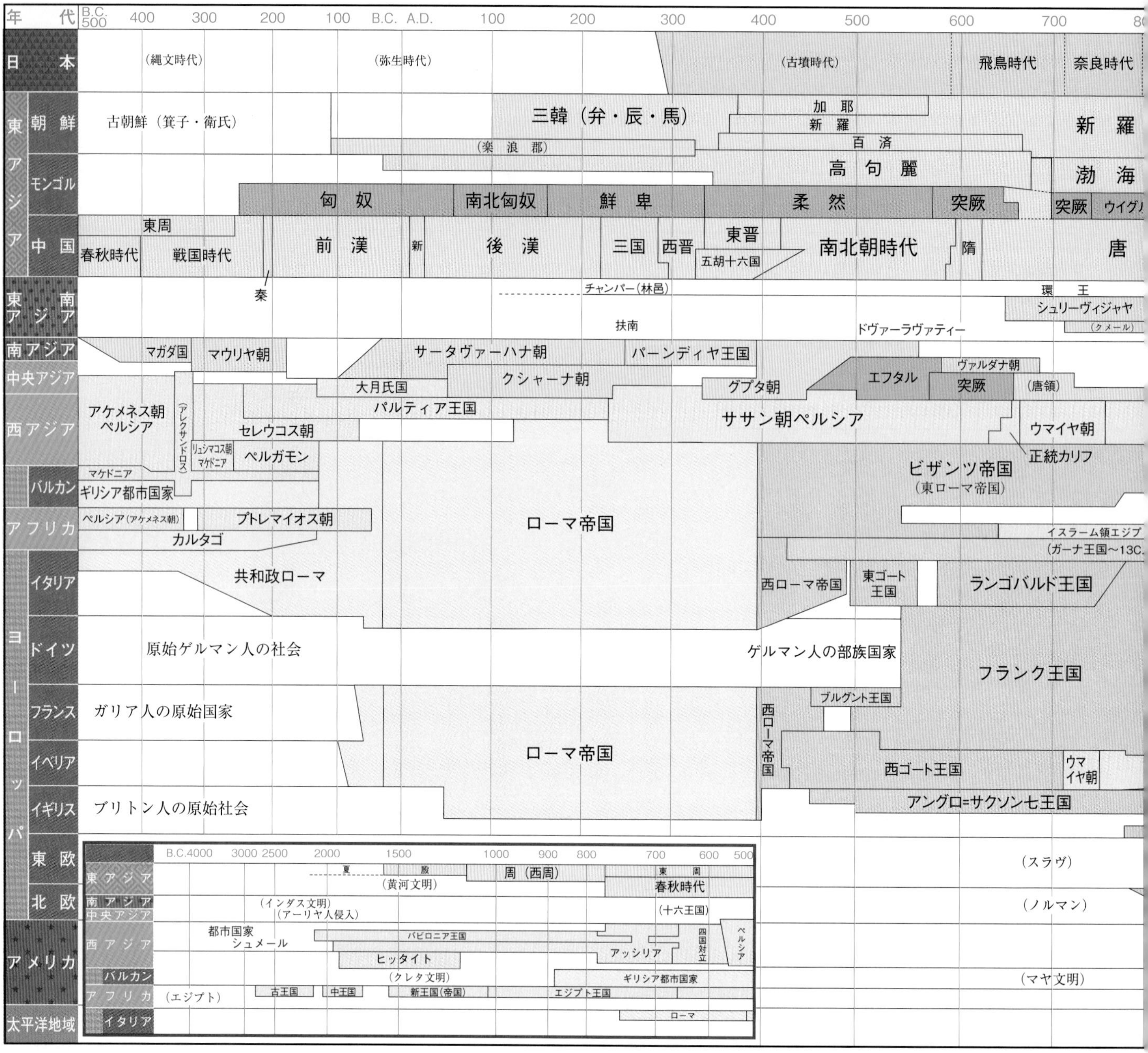

年代
B.C.500 400 300 200 100 B.C. A.D. 100 200 300 400 500 600 700
日本
（縄文時代）
（弥生時代）
（古墳時代）
飛鳥時代
奈良時代
東アジア
朝鮮
古朝鮮（箕子・衛氏）
三韓（弁・辰・馬）
加耶
新羅
百済
（楽浪郡）
高句麗
新羅
渤海
モンゴル
匈奴
南北匈奴
鮮卑
柔然
突厥
突厥
ウイグル
中国
東周
春秋時代
戦国時代
秦
前漢
新
後漢
三国
西晋
東晋
五胡十六国
南北朝時代
隋
唐
東南アジア
チャンパー（林邑）
環王
扶南
ドヴァーラヴァティー
シュリーヴィジャヤ
（クメール）
南アジア
マガダ国
マウリヤ朝
サータヴァーハナ朝
パーンディヤ王国
ヴァルダナ朝
中央アジア
大月氏国
クシャーナ朝
グプタ朝
エフタル
突厥
（唐領）
西アジア
アケメネス朝ペルシア
（アレクサンドロス）
セレウコス朝
パルティア王国
ササン朝ペルシア
ウマイヤ朝
正統カリフ
リュシマコス朝マケドニア
ペルガモン
バルカン
マケドニア
ギリシア都市国家
ビザンツ帝国（東ローマ帝国）
アフリカ
ペルシア（アケメネス朝）
プトレマイオス朝
カルタゴ
ローマ帝国
イスラーム領エジプ
（ガーナ王国～13C.
ヨーロッパ
イタリア
共和政ローマ
西ローマ帝国
東ゴート王国
ランゴバルド王国
ドイツ
原始ゲルマン人の社会
ゲルマン人の部族国家
フランク王国
フランス
ガリア人の原始国家
ブルグント王国
西ローマ帝国
イベリア
ローマ帝国
西ゴート王国
ウマイヤ朝
イギリス
ブリトン人の原始社会
アングロ=サクソン七王国
東欧
（スラヴ）
北欧
（ノルマン）
アメリカ
（マヤ文明）
太平洋地域
B.C.4000 3000 2500 2000 1500 1000 900 800 700 600 500
東アジア
夏
殷
周（西周）
東周
（黄河文明）
春秋時代
南アジア
中央アジア
（インダス文明）
（アーリヤ人侵入）
（十六王国）
西アジア
都市国家
シュメール
バビロニア王国
ヒッタイト
アッシリア
四国対立
ペルシア
バルカン
（クレタ文明）
ギリシア都市国家
アフリカ
（エジプト）
古王国
中王国
新王国（帝国）
エジプト王国
イタリア
ローマ

GDPで国の面積が決まったら…？～GDPを面積で置き換えた世界（相対値＊）

〈アンガス=マディソン著『経済統計で見る 世界経済2000年史』〉

1500年の世界 ➲p.2~3 この時代は、ヨーロッパに比べて中国やインドなどのアジアの実質GDP値が大きい（アジアの繁栄）。また、アメリカ・ラテンアメリカの値が小さい。ほかの時代に比べると、アフリカの割合が大きいことがわかる。

アメリカ 8.0
イギリス 28.7
西ヨーロッパ 443.5
フランス 109.1
ドイツ 81.1
ラテンアメリカ 72.9
東ヨーロッパ 62.4
アジア（日本を除く） 1536.0
中国 618.0
インド 605.0
旧ソ連 84.8
日本 77.0
アフリカ 184.0
ウェスタン・オフシューツ（カナダ・オーストラリア・ニュージーランドを指す） 3.2
世界総計 2471.2億1990年国際ドル
1マス 1.9億1990年国際ドル

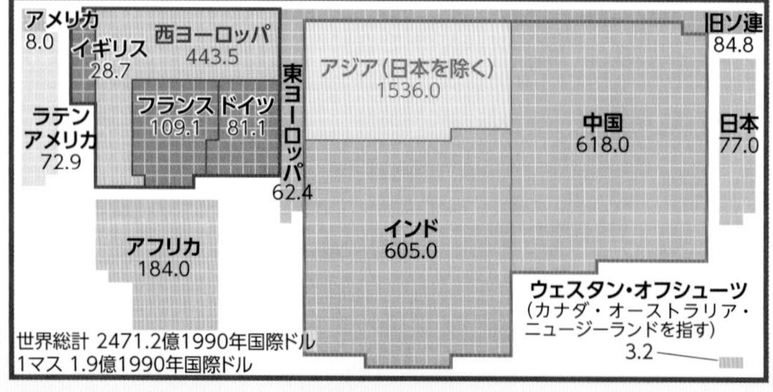

1820年の世界 ➲p.10~11 この時代は、1500年に比べて中国の割合がさらに増大した。ヨーロッパは全体的に増えているが、なかでも工業化をいち早く達成したイギリスの値が大きく増加した。一方で、インドやアフリカの割合が減少した。

アメリカ 125.5
西ヨーロッパ 1637.2
イギリス 362.3
フランス 384.3
ドイツ 263.5
東ヨーロッパ 231.5
旧ソ連 377.1
アジア（日本を除く） 3905.0
中国 2286.0
インド 1114.2
日本 207.4
ラテンアメリカ 141.2
アフリカ 310.1
ウェスタン・オフシューツ 9.4
世界総計 6944.4億1990年国際ドル
1マス 5.3億1990年国際ドル

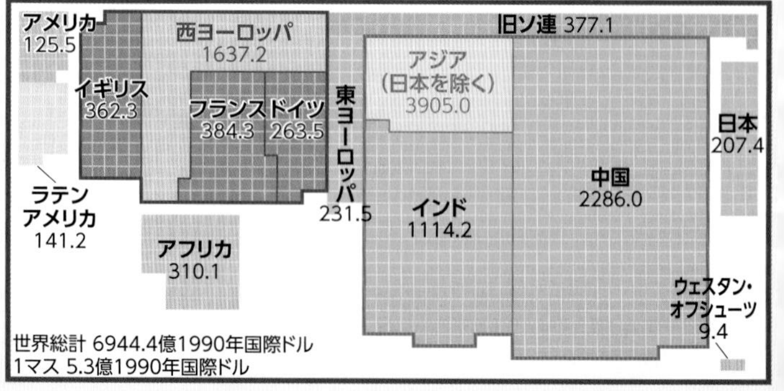

3 スロヴェニア、クロアティア、ボスニア-ヘルツェゴヴィナ、セルビア、モンテネグロ、マケドニア、コソヴォに分離独立。マケドニアは2019年、北マケドニアに国名変更。
4 1991年、ソ連は15の国に解体。ロシアに国名変更。

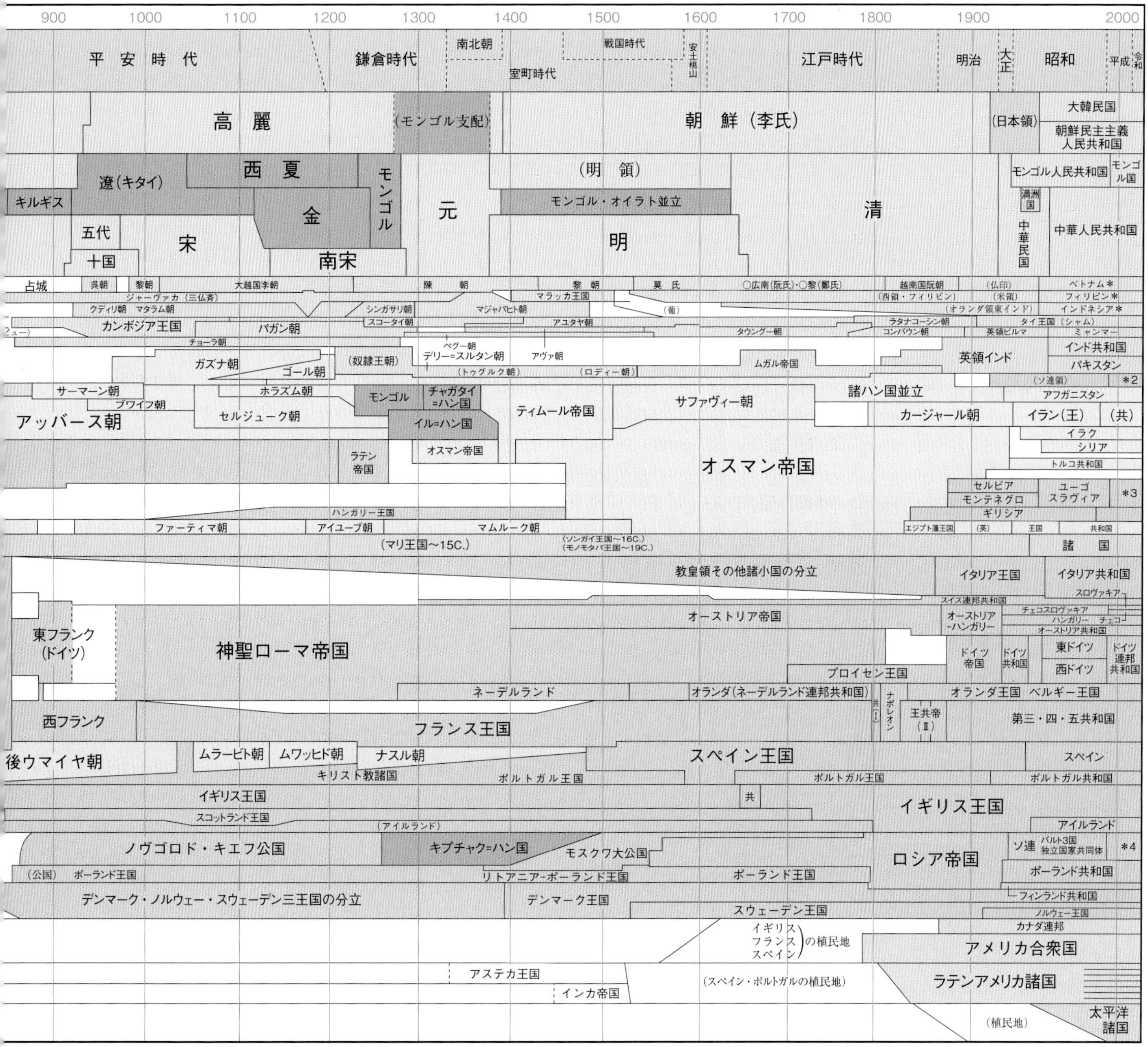

900 1000 1100 1200 1300 1400 1500 1600 1700 1800 1900 2000

平安時代 鎌倉時代 南北朝 室町時代 戦国時代 安土桃山 江戸時代 明治 大正 昭和 平成 令和
高麗 (モンゴル支配) 朝鮮(李氏) (日本領) 大韓民国 朝鮮民主主義人民共和国
遼(キタイ) 西夏 モンゴル (明領) モンゴル人民共和国 モンゴル国
キルギス 金 元 モンゴル・オイラト並立 清 満洲国
五代 宋 明 中華民国 中華人民共和国
十国 南宋
占城 呉朝 黎朝 大越国李朝 陳朝 黎朝 莫氏 ○広南(阮氏)・○黎(鄭氏) 越南国阮朝 (仏印) ベトナム*
ジャーヴァカ(三仏斉) マラッカ王国 (西領・フィリピン) (米領) フィリピン*
クディリ朝 マタラム朝 シンガサリ朝 マジャパヒト朝 (蘭) (オランダ領東インド) インドネシア*
カンボジア王国 パガン朝 スコータイ朝 アユタヤ朝 ラタナコーシン朝 タイ王国(シャム)
チョーラ朝 ペグー朝 タウングー朝 コンバウン朝 英領ビルマ ミャンマー
ガズナ朝 (奴隷王朝) デリー=スルタン朝 アヴァ朝 ムガル帝国 英領インド インド共和国 パキスタン
ゴール朝 (トゥグルク朝) (ロディー朝) (ソ連領) *2
サーマーン朝 ホラズム朝 モンゴル チャガタイ=ハン国 諸ハン国並立 アフガニスタン
ブワイフ朝 サファヴィー朝
アッバース朝 セルジューク朝 イル=ハン国 ティムール帝国 カージャール朝 イラン(王) (共)
イラク シリア トルコ共和国
ラテン帝国 オスマン帝国 オスマン帝国
セルビア モンテネグロ ギリシア ユーゴスラヴィア *3
ハンガリー王国
ファーティマ朝 アイユーブ朝 マムルーク朝 エジプト王国 (英) 王国 共和国
(マリ王国~15C.) (ソンガイ王国~16C.) (モノモタパ王国~19C.) 諸国
教皇領その他諸小国の分立 イタリア王国 イタリア共和国
スイス連邦共和国 スロヴァキア チェコスロヴァキア ハンガリー チェコ
オーストリア帝国 オーストリア-ハンガリー オーストリア共和国
東フランク(ドイツ) 神聖ローマ帝国 プロイセン王国 ドイツ帝国 ドイツ共和国 東ドイツ 西ドイツ ドイツ連邦共和国
ネーデルランド オランダ(ネーデルランド連邦共和国) オランダ王国 ベルギー王国
西フランク フランス王国 共(Ⅰ) ナポレオン 王共帝(Ⅱ) 第三・四・五共和国
後ウマイヤ朝 ムラービト朝 ムワッヒド朝 ナスル朝 スペイン王国 スペイン
キリスト教諸国 ポルトガル王国 ポルトガル王国 ポルトガル共和国
イギリス王国 共 イギリス王国
スコットランド王国 (アイルランド) アイルランド
ノヴゴロド・キエフ公国 キプチャク=ハン国 モスクワ大公国 ロシア帝国 ソ連 バルト3国 独立国家共同体 *4
(公国) ポーランド王国 リトアニア-ポーランド王国 ポーランド王国 ポーランド共和国
デンマーク・ノルウェー・スウェーデン三王国の分立 デンマーク王国 フィンランド共和国
スウェーデン王国 ノルウェー王国
イギリス フランス スペイン の植民地 カナダ連邦 アメリカ合衆国
アステカ王国 インカ帝国 (スペイン・ポルトガルの植民地) ラテンアメリカ諸国
(植民地) 太平洋諸国

*各時代の実質GDP値の差が非常に大きいため、時代ごとに陸地面積が一定となるように調整し、GDP値の地域別割合の変遷(へんせん)がわかる地図とした。
また、2015年の実質GDP値算出は、1500・1820・1913年に合わせて算出国をピックアップした。

1913年の世界 ➲p.14~15この時代は、ヨーロッパの帝国主義政策が進み、アジアの値がヨーロッパの値を下まわった。ヨーロッパはイギリスやドイツ、旧ソ連を中心に増加した。また、ラテンアメリカととくにアメリカの値が激増した。

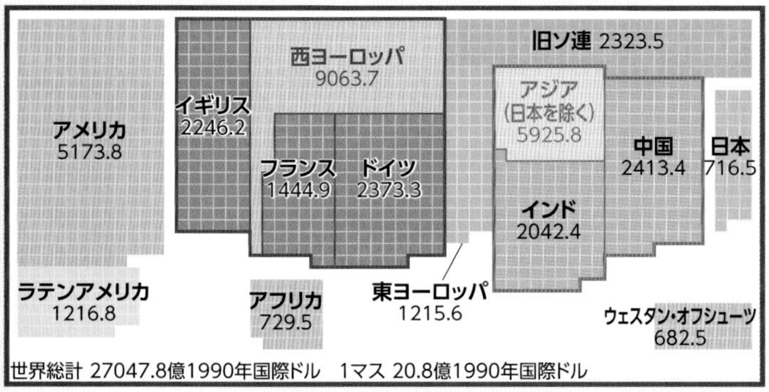

アメリカ 5173.8
西ヨーロッパ 9063.7
イギリス 2246.2
フランス 1444.9
ドイツ 2373.3
旧ソ連 2323.5
アジア(日本を除く) 5925.8
中国 2413.4
日本 716.5
インド 2042.4
ラテンアメリカ 1216.8
アフリカ 729.5
東ヨーロッパ 1215.6
ウェスタン・オフシューツ 682.5
世界総計 27047.8億1990年国際ドル 1マス 20.8億1990年国際ドル

2015年の世界 ➲p.18~19現代は、1913年に比べてさらにアメリカの割合が増えている。一方で、ヨーロッパは全体的に割合が減少している。アジアでは、中国の割合が再び増加してきている。また、日本の値も大きくなっている。

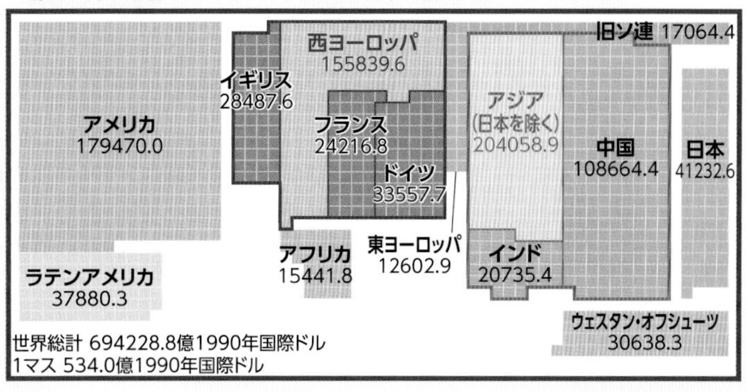

16世紀ごろの世界 一体化し始める世界

時代の概観

ポルトガルやスペインは、香辛料、陶磁器、生糸などの魅力的なアジアの商品を求めて「**大航海**」に乗り出し、**アメリカ大陸**に到達した。アメリカ大陸での領土支配を広げるなかで、スペインはラテンアメリカ産の**銀**を手に入れた。また、**インド航路**の開拓によって、ヨーロッパ諸国は銀を用いてアジアの交易圏に参入するようになった。さらに日本が国産の銀を用いた交易を盛んに行うなど、銀によって、各地域のつながりが深まり、**世界の一体化**が始まった。

結びつく世界

スペインの繁栄と新大陸の銀

アメリカ大陸に進出したスペインは、**アステカ王国**や**インカ帝国**を征服して、領土を拡大した。さらに、**インド航路**を開拓したポルトガルを併合し、アジアへの進出を本格化させた。広大な領土を獲得したスペインは、「**太陽の沈まぬ国**」とよばれ繁栄を誇った。新大陸では銀山も開発され、大量の**銀**がヨーロッパにもたらされた。こうしてスペインがもたらす銀は、世界各地を駆けめぐることとなった。➲p.47

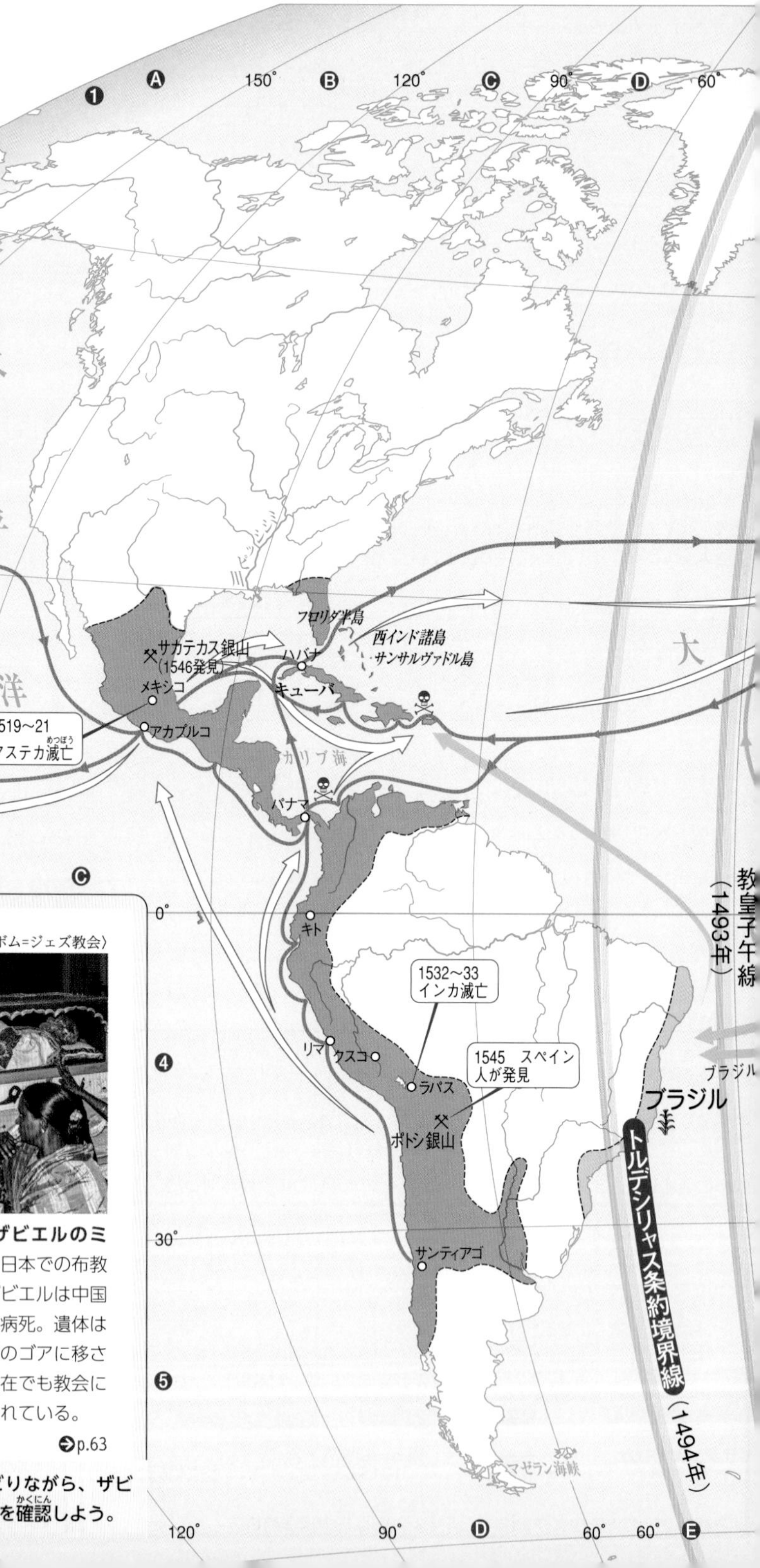

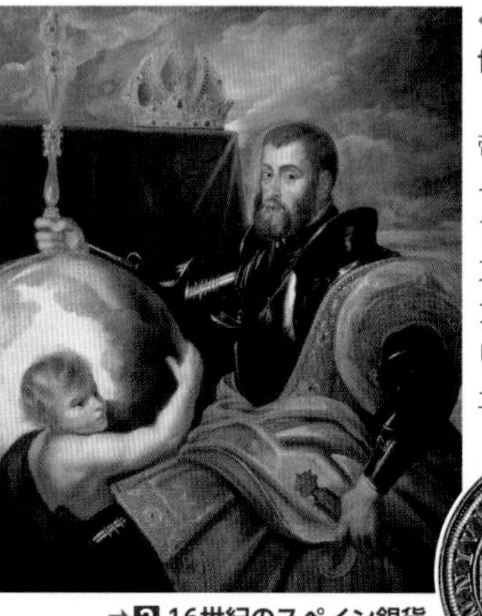

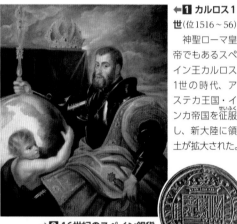

←**1 カルロス1世**(位1516～56) 神聖ローマ皇帝でもあるスペイン王カルロス1世の時代、アステカ王国・インカ帝国を征服し、新大陸に領土が拡大された。

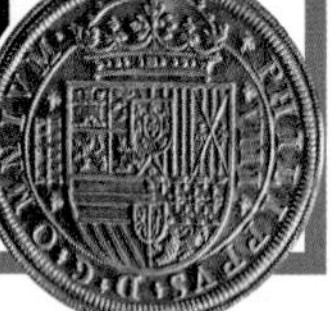

➡**2 16世紀のスペイン銀貨**

地図にアクセス アジアへのキリスト教布教

宗教改革の動きに刺激され、カトリック教会でも改革運動が進んだ。大航海時代を迎えていたポルトガルやスペインでは、**イエズス会**を中心に新たな信者獲得を目指して新大陸やアジアなどでの布教活動が進められた。こうしたなか、1549年、**ザビエル**が日本に到来した。

〈インド ゴア、ボム=ジェズ教会〉

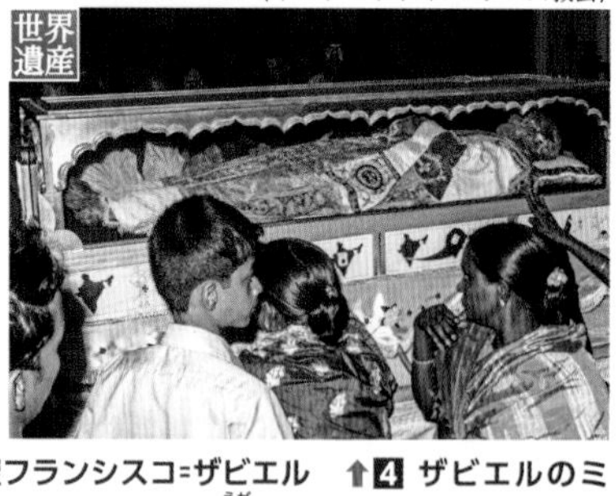

世界遺産

S.P.FRACISCUS XAVERIUS SOCIE TATIS

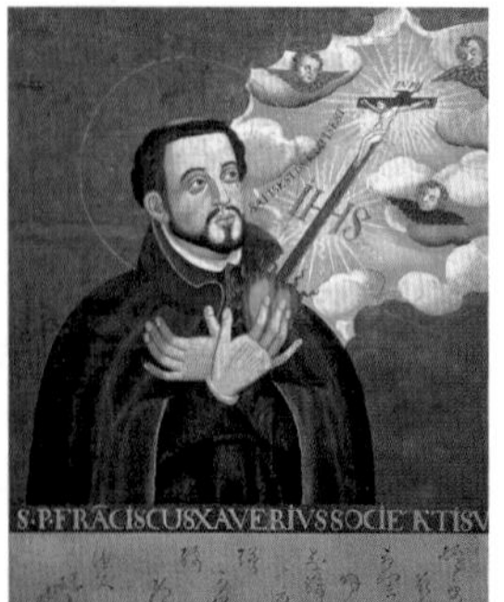

←**3 聖フランシスコ=ザビエル像** 日本人画家によって描かれたもので、下には日本人画家の署名が見える。手にある心臓は神への愛を表し、口からは「満ちたれり、主よ、満ちたれり」を意味する言葉が発せられている。〈神戸市立博物館蔵〉 ➲p.44～45

↑**4 ザビエルのミイラ** 日本での布教後、ザビエルは中国広東で病死。遺体はインドのゴアに移され、現在でも教会に安置されている。 ➲p.63

チェック ポルトガルの拠点都市・島をたどりながら、ザビエルのキリスト教布教活動の足跡を確認しよう。

太平洋
大
フロリダ半島
西インド諸島
サンサルヴァドル島
サカテカス銀山(1546発見)
ハバナ
メキシコ
キューバ
アカプルコ
1519～21 アステカ滅亡
カリブ海
パナマ
キト
1532～33 インカ滅亡
リマ
クスコ
ラパス
1545 スペイン人が発見
ポトシ銀山
ブラジル
サンティアゴ
マゼラン海峡
教皇子午線(1493年)
トルデシリャス条約境界線(1494年)
150°
120°
90°
60°
30°
0°

16世紀ごろ
日本 24～25
東アジア 28～29
南・東南アジア 32～33
西アジア・アフリカ 36～62
ヨーロッパ 44～45
アメリカ 46～47

p.6 このころの東アジア

世界の動きと日本

16世紀半ばから17世紀初めにかけて、日本では**石見銀山**をはじめとする鉱山で爆発的に**銀**が増産された。日本の銀は世界の銀産出高の3分の1を占めたといわれる。日本の戦国大名たちは、この銀を使ってポルトガル人などと交易を盛んに行った。キリスト教や鉄砲のほか、たばこ、とうがらしなどのアメリカ大陸原産の産物や中国産の生糸などがもたらされ、日本の社会、経済、生活に大きな影響を与えた。

➡5 **石見銀山産出の銀(丁銀)**〈島根県立古代出雲歴史博物館蔵〉

17世紀ごろの世界

「危機」の時代の到来とその対応

時代の概観

地球規模で寒冷となったこの時代には、飢饉や疫病、戦争が多発した。ヨーロッパは混乱の時代を迎え、圧倒的な経済力を誇る**オランダ**以外のヨーロッパ諸国は、国家体制の再編を迫られた。イギリスは２度の革命を経て**議会政治**を、フランスはルイ14世の時代に**絶対王政**を確立し、大西洋奴隷貿易や植民地獲得など、海外進出に活路を見いだしていった。中国では、北方の満洲人が建国した清が明と交替し、対外関係と貿易への統制を強めて、混乱を乗り切った。

結びつく世界

危機を回避したオランダの繁栄

16世紀の繁栄を支えたヨーロッパの経済成長は、17世紀に入ると停止した。その原因は、人口増加や価格の高騰などのほかに、気候の**寒冷化**も挙げられる。寒冷化によって、貿易活動は停滞し、経済不振などから社会不安も高まりヨーロッパ各地で多数の反乱が起こった(「**17世紀の危機**」)。一方で、香辛料貿易やバルト海貿易で優位に立つオランダだけは、アジアへの貿易を継続して行い、繁栄を続けた。

⬆**1 連合東インド会社の造船所**(ロッテルダム)　オランダは、バルト海貿易で入手した木材で船の大量生産を行った。オランダの海運業は、他国を圧倒して発展した。

地図にアクセス

オランダ繁栄の礎となった連合東インド会社

オランダのアムステルダムには、多くの商工業者が集まった。オランダは、少人数で多くの荷物を運搬できる船を建造できた。1602年にはイギリスに対抗して**連合東インド会社**(オランダ東インド会社)を設立し、アジアにも積極的に進出した。

⬇**2 アムステルダム港に集まる連合東インド会社の船**

⬆**3 連合東インド会社(VOC*)向けの有田焼磁器**

＊Vereenigde Oostindische Compagnieの略。オランダ語で「連合東インド会社」の意味。

チェック 連合東インド会社の航路をたどり、オランダが進出した地域を確認しよう。

ハドソン湾
ニューファンドランド
ケベック
モントリオール
プリマス
ニューアムステルダム
ジェームズタウン
英領北米植民地
スペイン銀船隊
仏領ルイジアナ
太平洋
大西洋
ハバナ
メキシコ
サントドミンゴ
ジャマイカ
アカプルコ
グアテマラ
カリブ海砂糖植民地へ
マニラ・ガレオン船
(毎年１往復)
カラカス
ボゴタ
キト
オランダ領ブラジル
クスコ
ラパス
ポトシ
ブラジル

p.6、7 このころの東アジア

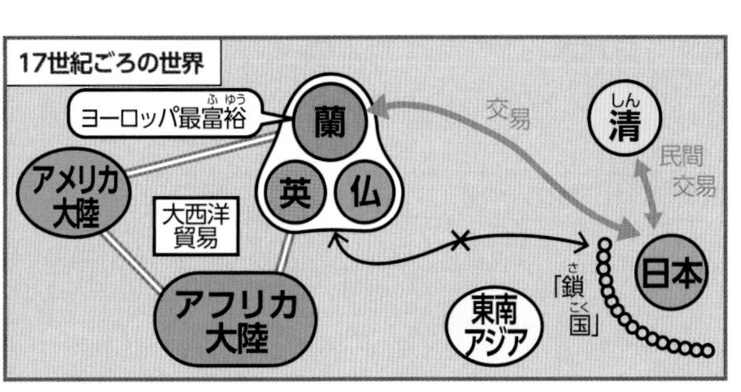

世界の動きと日本

ヨーロッパ諸国がアジアへ進出するなか、17世紀初めに強大な軍事力を背景に**江戸幕府**が成立した。当初は、積極的な交易を進めていた幕府は、キリスト教の拡大や銀の海外流出を懸念して、しだいに対外関係の統制を図っていった。ヨーロッパ諸国とは出島でオランダのみと交易を行い、中国とも長崎での民間交易に限定した対外関係を結んだ。こうした幕府の統制による対外関係は、のちに「**鎖国**」とよばれた。

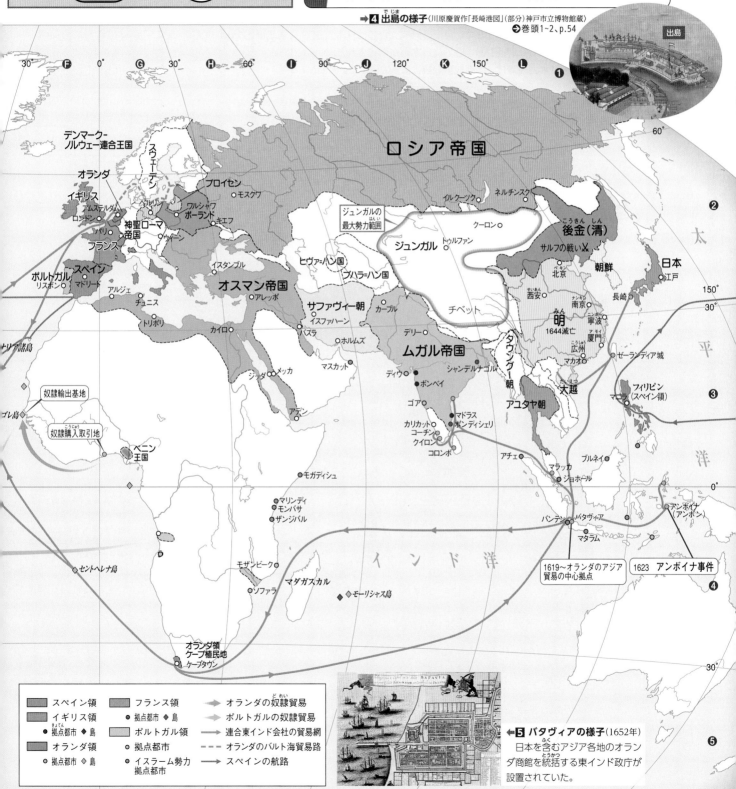

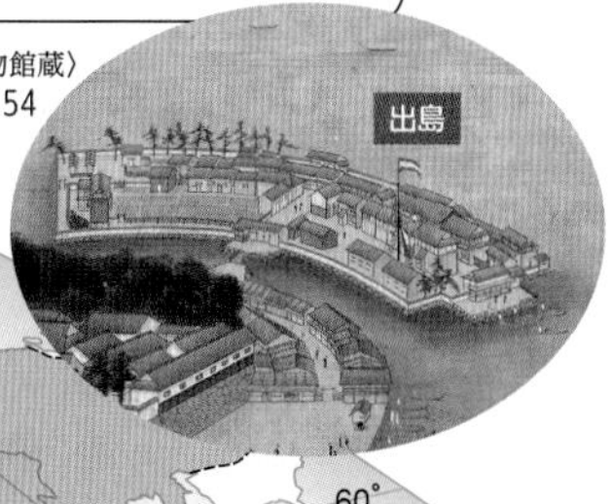

➡**4 出島の様子**〈川原慶賀作「長崎港図」(部分) 神戸市立博物館蔵〉

➔巻頭1~2、p.54

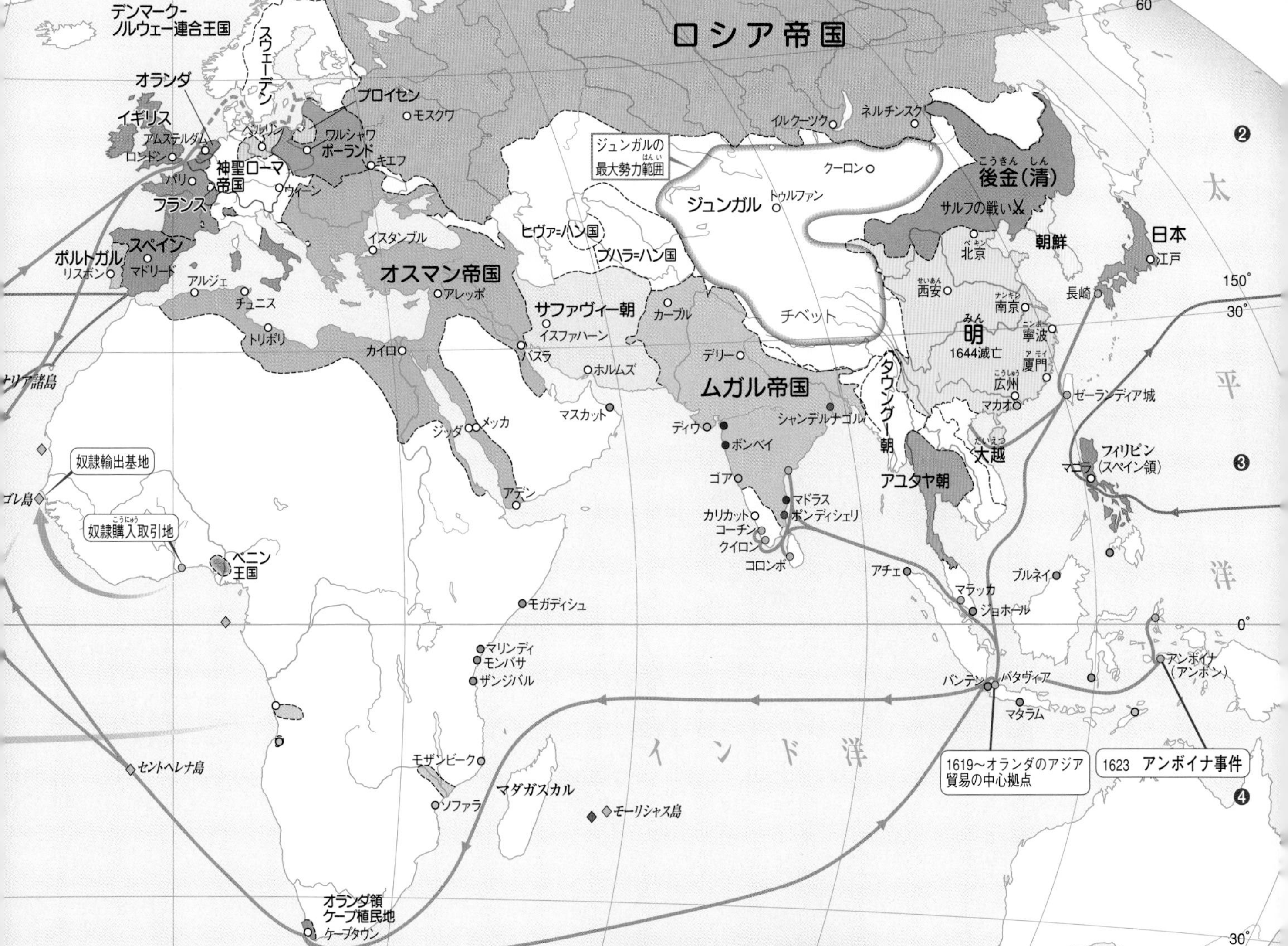

出島

ロシア帝国
デンマーク-ノルウェー連合王国
スウェーデン
オランダ
イギリス
アムステルダム
ロンドン
パリ
フランス
神聖ローマ帝国
ベルリン
ウィーン
プロイセン
ワルシャワ
ポーランド
モスクワ
キエフ
スペイン
ポルトガル
リスボン
マドリード
アルジェ
チュニス
トリポリ
イスタンブル
オスマン帝国
アレッポ
カイロ
メッカ
ジッダ
アデン
バスラ
サファヴィー朝
イスファハーン
ホルムズ
マスカット
ヒヴァ=ハン国
ブハラ=ハン国
カーブル
ジュンガルの最大勢力範囲
ジュンガル
トゥルファン
クーロン
イルクーツク
ネルチンスク
チベット
デリー
ムガル帝国
ディウ
ボンベイ
ゴア
カリカット
コーチン
クイロン
コロンボ
マドラス
ポンディシェリ
シャンデルナゴル
タウングー朝
アユタヤ朝
大越
後金(清)
サルフの戦い
北京
朝鮮
日本
江戸
長崎
西安
南京
寧波
明
1644滅亡
厦門
広州
マカオ
ゼーランディア城
フィリピン(スペイン領)
マニラ
ブルネイ
アチェ
マラッカ
ジョホール
バンテン
バタヴィア
マタラム
アンボイナ(アンボン)
1619~オランダのアジア貿易の中心拠点
1623 アンボイナ事件
太平洋
インド洋
カナリア諸島
ゴレ島
奴隷輸出基地
奴隷購入取引地
ベニン王国
セントヘレナ島
モガディシュ
マリンディ
モンバサ
ザンジバル
モザンビーク
ソファラ
マダガスカル
モーリシャス島
オランダ領ケープ植民地
ケープタウン

- スペイン領
- イギリス領 ● 拠点都市 ◆ 島
- オランダ領 ○ 拠点都市 ◇ 島
- フランス領 ● 拠点都市 ◆ 島
- ポルトガル領 ○ 拠点都市
- ● イスラーム勢力拠点都市
- ➡ オランダの奴隷貿易
- ➡ ポルトガルの奴隷貿易
- ➡ 連合東インド会社の貿易網
- ‐‐‐ オランダのバルト海貿易路
- ➡ スペインの航路

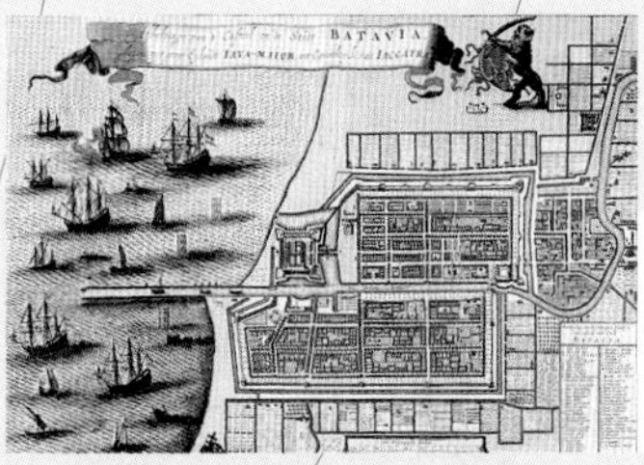

⬅**5 バタヴィアの様子**(1652年)

日本を含むアジア各地のオランダ商館を統括する東インド政庁が設置されていた。

6 16世紀～17世紀半ばの東アジア

ヨーロッパの来航と朱印船貿易

東アジアの動きと日本

明が海上での民間交易を禁止するなか、ポルトガルとスペインがアジアの交易に本格的に参入し、**鉄砲**と**キリスト教**が日本に伝来した。東アジアで国際貿易が盛んになると、**倭寇**の活動が再び激化した。日本国内では、戦国大名が鉄砲を取り入れ、利益を求めて銀山をおさえ、活発に貿易を始めた(**南蛮貿易**)。豊臣秀吉による天下統一後、日本は２度にわたって朝鮮へ出兵し、朝鮮・中国との関係が悪化した。江戸幕府成立後には日本人も東南アジアの交易に参入し(**朱印船貿易**)、各地に**日本町**が形成された。一方、明との朝貢で栄えていた琉球は、明の政策転換によって衰えていった。

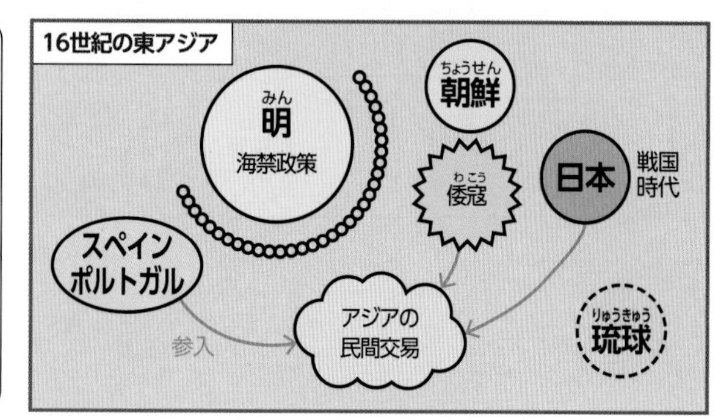

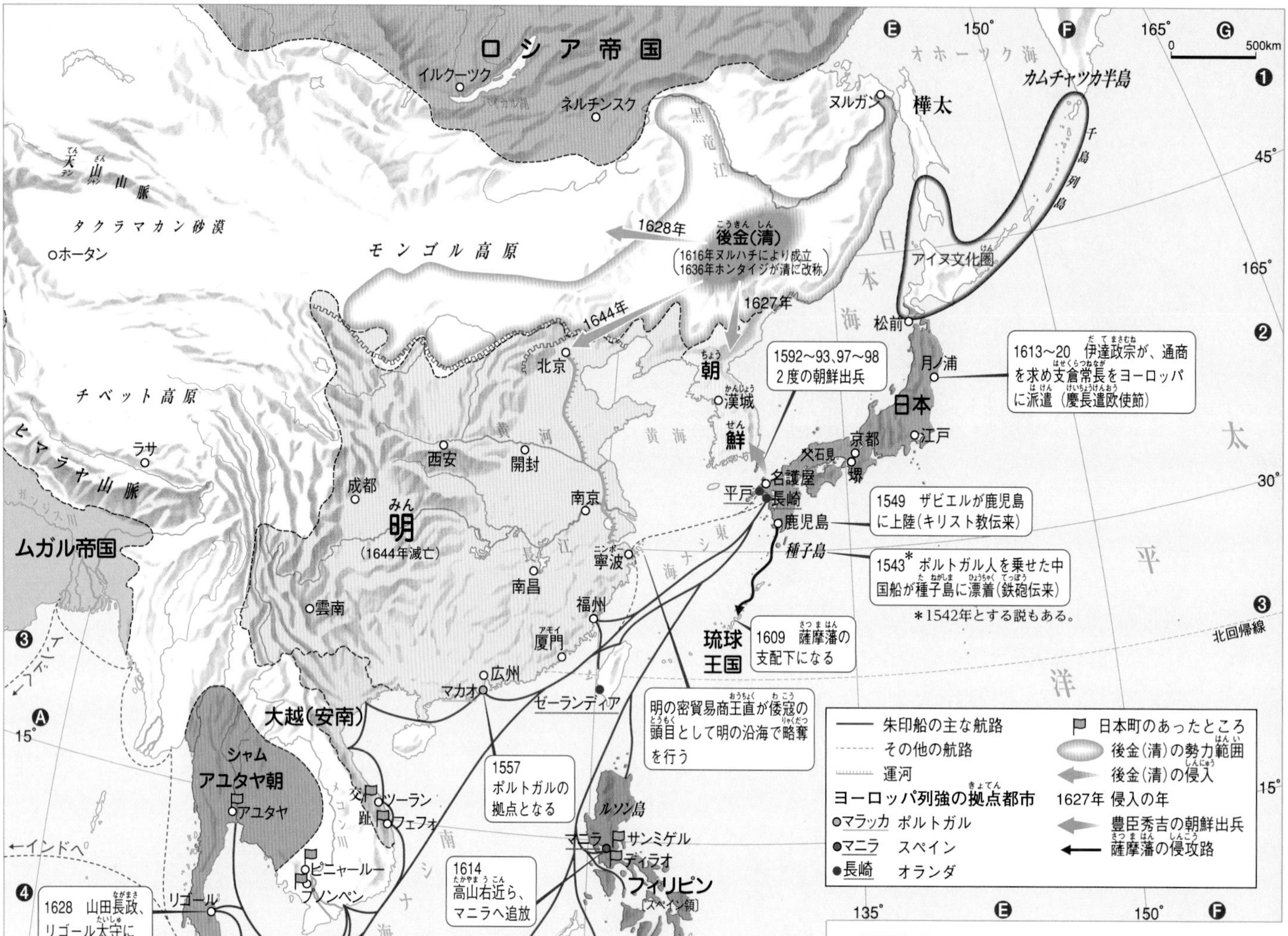

16世紀の東アジア
明
海禁政策
朝鮮
倭寇
日本
戦国時代
スペイン
ポルトガル
参入
アジアの民間交易
琉球

ロシア帝国
イルクーツク
ネルチンスク
ヌルガン
樺太
カムチャツカ半島
オホーツク海
千島列島
天山山脈
タクラマカン砂漠
ホータン
モンゴル高原
1628年
後金(清)
(1616年ヌルハチにより成立
1636年ホンタイジが清に改称)
アイヌ文化圏
1644年
1627年
日本海
松前
北京
朝鮮
漢城
1592～93､97～98
2度の朝鮮出兵
1613～20 伊達政宗が、通商を求め支倉常長をヨーロッパに派遣（慶長遣欧使節）
月ノ浦
日本
江戸
京都
大石見
堺
名護屋
平戸
長崎
鹿児島
種子島
チベット高原
ヒマラヤ山脈
ラサ
西安
開封
黄河
黄海
成都
南京
明
(1644年滅亡)
ムガル帝国
寧波
東シナ海
1549 ザビエルが鹿児島に上陸(キリスト教伝来)
1543* ポルトガル人を乗せた中国船が種子島に漂着(鉄砲伝来)
*1542年とする説もある。
雲南
南昌
福州
厦門
広州
マカオ
ゼーランディア
1609 薩摩藩の支配下になる
琉球王国
北回帰線
太平洋
明の密貿易商王直が倭寇の頭目として明の沿海で略奪を行う
大越(安南)
シャム
アユタヤ朝
アユタヤ
1557 ポルトガルの拠点となる
交趾
ツーラン
フェフォ
ルソン島
マニラ
サンミゲル
ディラオ
←インドへ
ピニャールー
プノンペン
1614 高山右近ら、マニラへ追放
フィリピン
[スペイン領]
1628 山田長政、リゴール太守に
リゴール
南シナ海
アチェ
パタニ
ザビエル、布教中に日本人と出会う
ブルネイ
マラッカ
ジョホール
赤道
ボルネオ島
テルナテ
スマトラ島
モルッカ諸島
アンボイナ
1619～ オランダのアジア貿易の中心拠点
バンテン
バタヴィア
ジャワ島
スラバヤ
インド洋
90° 105° 120° 135° 150° 165°
0 500km
朱印船の主な航路
その他の航路
運河
ヨーロッパ列強の拠点都市
マラッカ ポルトガル
マニラ スペイン
長崎 オランダ
日本町のあったところ
後金(清)の勢力範囲
後金(清)の侵入
1627年 侵入の年
豊臣秀吉の朝鮮出兵
薩摩藩の侵攻路

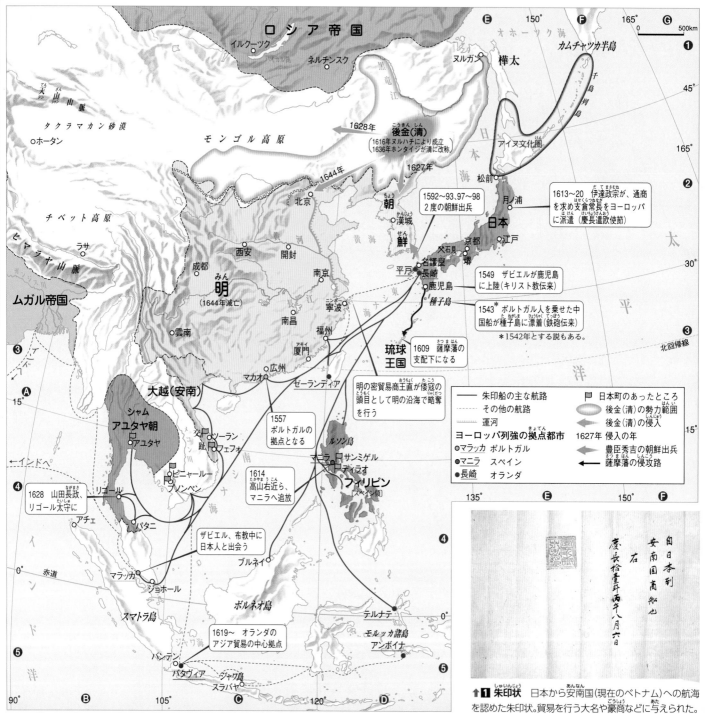

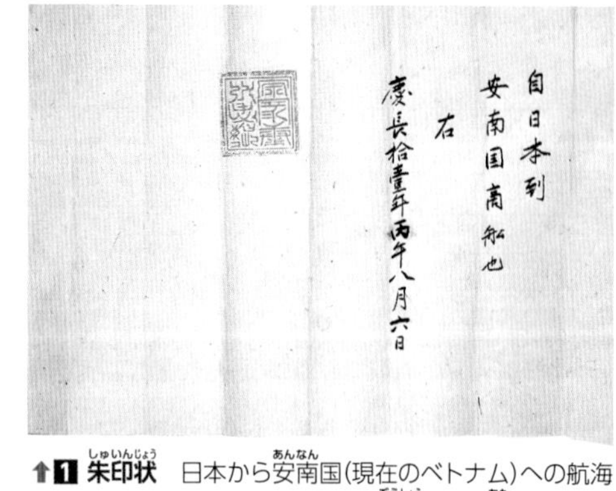

自日本到
安南国商船也
右
慶長拾壹年丙午八月六日

⬆**1** **朱印状** 日本から安南国(現在のベトナム)への航海を認めた朱印状。貿易を行う大名や豪商などに与えられた。

17世紀半ば～18世紀の東アジア

清帝国の成立と東アジア

東アジアの動きと日本

交易によって大量の銀が流入し、明の経済は活性化したが、国内では天災や農民の反乱が頻発し、明は滅亡した。代わって毛皮などの交易で経済力をつけた清が中国を統一した。清は、明の遺臣で台湾を拠点とする**鄭氏**の勢力を弱めるため、海上の民間交易を禁止したが、鄭氏降伏後は民間交易を解禁した。一方江戸幕府は、キリスト教の拡大やヨーロッパ諸国の進出を警戒して、しだいに対外関係の統制を図っていった。日本人の海外渡航は禁止され、日本はオランダや中国、朝鮮や琉球など限られた国とのみ交易や外交関係を結ぶ「**鎖国**」体制に踏み切った。

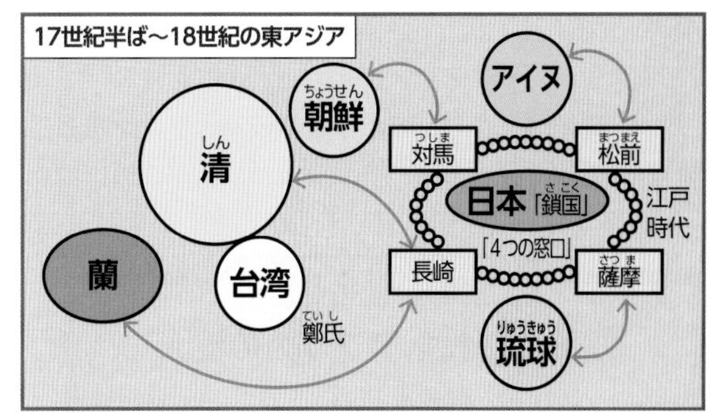

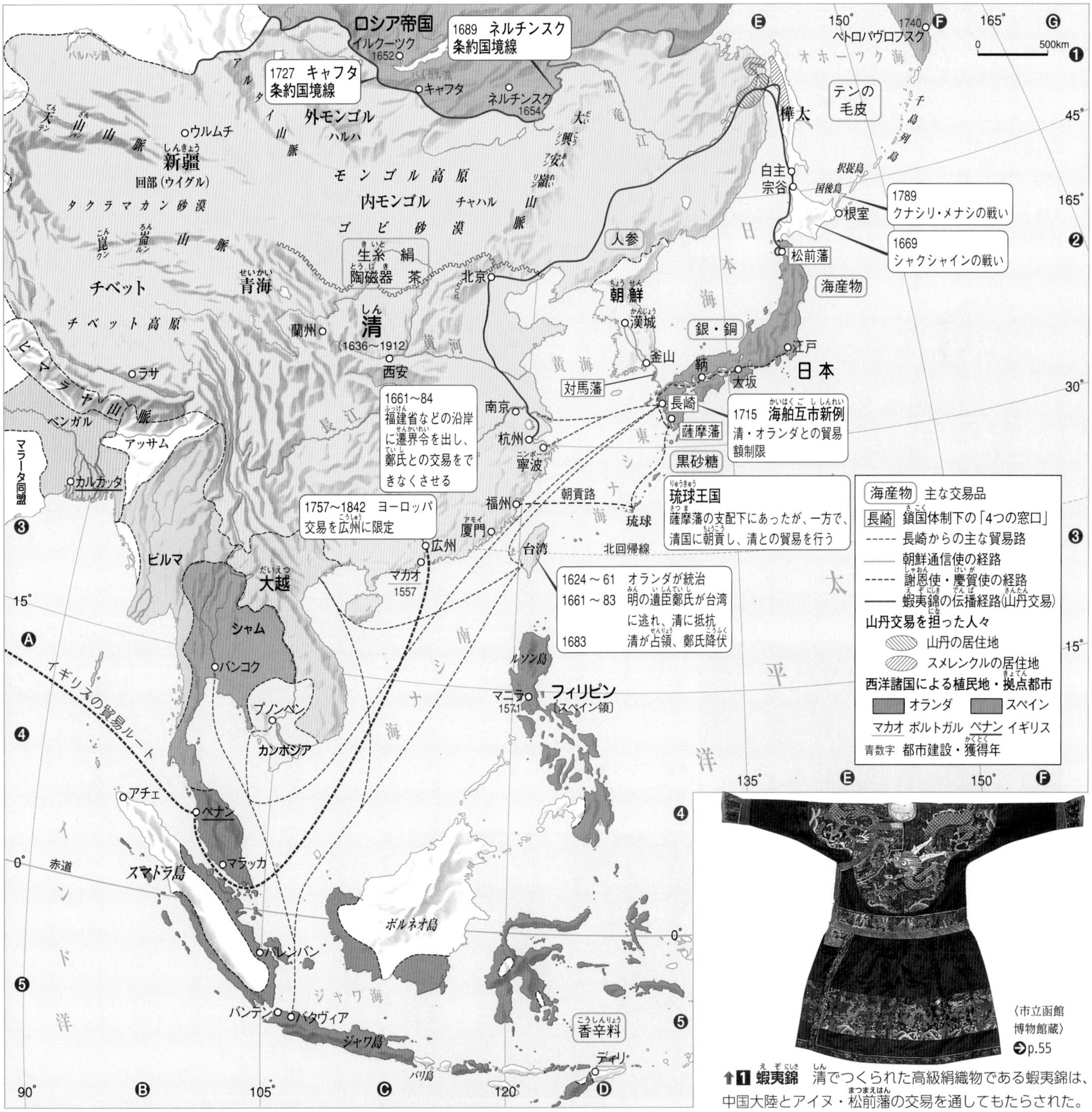

ロシア帝国

1689 ネルチンスク条約国境線

1727 キャフタ条約国境線

外モンゴル　内モンゴル　新疆　チベット　青海　清（1636～1912）　朝鮮　日本　大越　シャム　ビルマ　フィリピン（スペイン領）

生糸 絹 陶磁器 茶

人参

テンの毛皮

海産物

銀・銅

黒砂糖

香辛料

1789 クナシリ・メナシの戦い

1669 シャクシャインの戦い

1661～84 福建省などの沿岸に遷界令を出し、鄭氏との交易をできなくさせる

1715 海舶互市新例 清・オランダとの貿易額制限

琉球王国 薩摩藩の支配下にあったが、一方で、清国に朝貢し、清との貿易を行う

1757～1842 ヨーロッパ交易を広州に限定

1624～61 オランダが統治
1661～83 明の遺臣鄭氏が台湾に逃れ、清に抵抗
1683 清が占領、鄭氏降伏

イギリスの貿易ルート

朝貢路

- 海産物　主な交易品
- 長崎　鎖国体制下の「4つの窓口」
- 長崎からの主な貿易路
- 朝鮮通信使の経路
- 謝恩使・慶賀使の経路
- 蝦夷錦の伝播経路(山丹交易)

山丹交易を担った人々
- 山丹の居住地
- スメレンクルの居住地

西洋諸国による植民地・拠点都市
- オランダ　スペイン
- マカオ ポルトガル　ペナン イギリス
- 青数字 都市建設・獲得年

〈市立函館博物館蔵〉 ➔p.55

↑**1** **蝦夷錦** 清でつくられた高級絹織物である蝦夷錦は、中国大陸とアイヌ・松前藩の交易を通してもたらされた。

17半ば～18世紀
日本 24～91
東アジア 28～61
南・東南アジア 32～87

18世紀ごろの世界

本格化するヨーロッパのアジア進出

時代の概観

ヨーロッパ諸国の植民地をめぐる対立が激しくなり、イギリスとフランスとの間では、フレンチ-インディアン戦争などの戦争が起こり、イギリスが勝利した。**大西洋三角貿易**と**産業革命**で発展したイギリスであったが、植民地側では重税などへの不満が高まり、**アメリカ独立戦争**が起こった。イギリスに敗れたフランスでは、**フランス革命**が起こった。ロシア・プロイセン・オーストリアでは**啓蒙専制君主**による改革が進められた。東アジアでは清が領土を拡大し、全盛期を迎えた。

18世紀ごろ
日本 54~91
東アジア 60~61
南・東南アジア 86~87
西アジア・アフリカ 85
ヨーロッパ 64~69
アメリカ 66~67

結びつく世界

奴隷にされたアフリカの黒人

ヨーロッパ諸国が支配するカリブ海やアメリカ大陸の植民地では、輸出商品として砂糖やたばこなどが大規模な農園(**プランテーション**)で栽培された。ヨーロッパ諸国は、西アフリカで武器などと交換した**奴隷**をカリブ海やアメリカ大陸に運び込み、農場の労働力とした。そこで生産された砂糖などがヨーロッパに輸出され、ヨーロッパとアフリカ、カリブ海・アメリカ大陸を結ぶ**大西洋三角貿易**➔p.63が形づくられた。数千万人の黒人が奴隷として運ばれ、狭い奴隷船の中で命を落とす人も多かった。

⬇**1** カリブ海のアンティグア島でさとうきびの刈り入れを行う奴隷

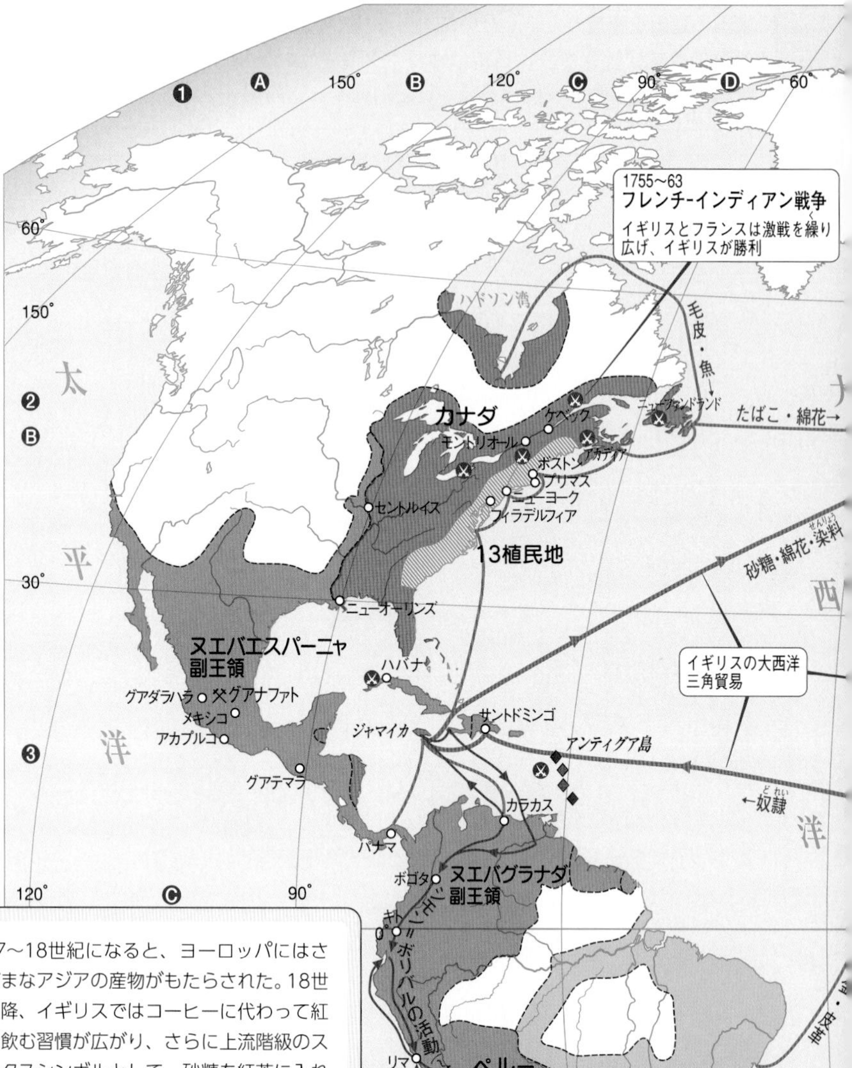

地図にアクセス　砂糖入り紅茶の始まり

17~18世紀になると、ヨーロッパにはさまざまなアジアの産物がもたらされた。18世紀以降、イギリスではコーヒーに代わって紅茶を飲む習慣が広がり、さらに上流階級のステイタスシンボルとして、砂糖を紅茶に入れる飲み方が生み出された。➔p.63

⬅**2** アフタヌーンティーを楽しむイギリスの上流階級の人々〈ヴィクトリア&アルバート博物館蔵、1727年〉

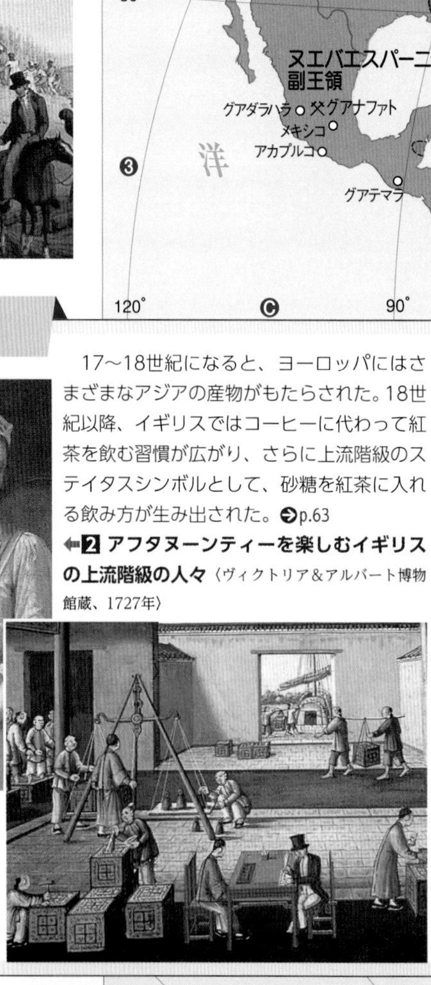

➡**3** 輸出用に茶を詰める中国人たち

チェック イギリスの貿易ルートを見て、砂糖と紅茶がどの地域からもたらされていたかを確認しよう。

1755~63 **フレンチ-インディアン戦争**
イギリスとフランスは激戦を繰り広げ、イギリスが勝利

イギリスの大西洋三角貿易

世界の動きと日本

ヨーロッパ諸国が積極的な海外進出を図るなか、清は外交関係を伴わない民間交易のみを認める**互市貿易**を行っていた。日本では、江戸幕府が「**鎖国**」政策による貿易管理を行い、金銀の流出やキリスト教の流入を抑えていた。「**4つの窓口**」とよばれる場所で、オランダ・清・朝鮮・琉球のほかアイヌと結びついた日本は、幕藩体制によって安定した全国支配を行っていった。

p.7 このころの東アジア

4 大黒屋光太夫(1751～1828)　1782年、暴風雨に遭いアリューシャン列島に漂着。ロシア女帝エカチェリーナ2世に謁見し、ラクスマンの根室来航に伴って帰国した。〈早稲田大学図書館蔵〉

➔p.91

5 インドのベンガル地方の徴税権を獲得するイギリス東インド会社(1765年)

➔p.86

19世紀ごろの世界

世界支配を目指すイギリス

19世紀ごろ
日本 58～105
東アジア 88～105
南・東南アジア 86～87
西アジア・アフリカ 85
ヨーロッパ 70～81
アメリカ 72～83

時代の概観

イギリスは、**産業革命**と**植民地**の拡大によって「**世界の工場**」とよばれる経済力を獲得し、世界に大きな影響を与えた。また、イギリスは、インド帝国の建設や、アヘン戦争などの戦争を伴うアジア支配を進めた。ヨーロッパ諸国では、フランス革命後、自由主義や**ナショナリズム**の思想が広がり、革命や国内改革が行われた。領土を拡大するアメリカは、太平洋・アジアへの進出を図った。一方、アヘン戦争に敗れた清や開国した日本では、国内の改革や体制の変革への動きが進んだ。

結びつく世界

「世界の工場」イギリス

産業革命を成し遂げたイギリスは、ほかのどの国よりも大量に安い製品を輸出できたため、世界最大の工業国となり「**世界の工場**」といわれた。イギリスは、アジアをはじめ、世界各地に進出し、自国の製品の輸出地や、食料・原料の供給地として取り込んでいった。➲p.74

⬅**2** **ヴィクトリア女王**(位1837～1901) 18歳で即位し、「国王は君臨すれども統治せず」の原則の下、議会政治との距離を保った。9人の子どもはヨーロッパ各国の王室と結婚し、60年余りの治世は安定した大英帝国の最盛期となった。➲p.76

⬇**1** **イギリスの海運を支えた鉄製の蒸気帆船** 蒸気機関による外輪と帆で走行した。

地図にアクセス 日本の岩倉使節団の派遣

1871年、岩倉具視をリーダー(特命全権大使)とする総勢108名の使節団が、横浜港を出発した。主な目的は、欧米諸国の政治制度や産業・文化の視察と不平等条約の改正交渉であったが、条約改正については、国力の違いから受け入れられなかった。➲巻頭3～4、p.97

⬇**3** **岩倉使節団の一行**〈国立歴史民俗博物館蔵〉

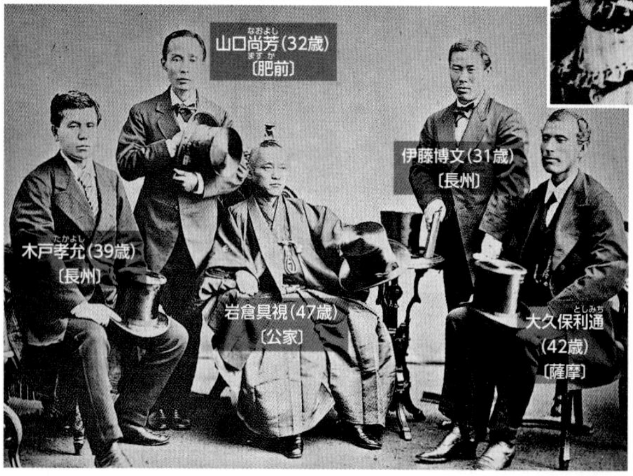

木戸孝允(39歳)〔長州〕
山口尚芳(32歳)〔肥前〕
岩倉具視(47歳)〔公家〕
伊藤博文(31歳)〔長州〕
大久保利通(42歳)〔薩摩〕

⬆**4** **5人の女子留学生** 岩倉使節団とともに5人の女子留学生もアメリカに渡った。最年少であった津田梅子は帰国後、女子教育に力を尽くし、現在の津田塾大学となる塾をつくった。〈津田塾大学津田梅子資料室蔵〉

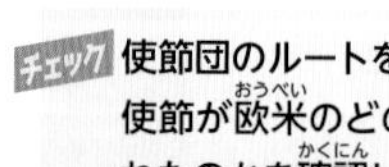

チェック 使節団のルートをたどり、使節が欧米のどの国を訪れたのかを確認しよう。

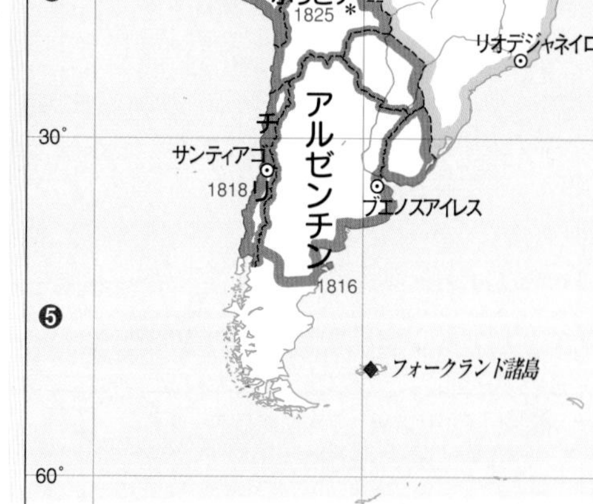

*ボリビアの国名は、シモン=ボリバル➲p.8、73の名にちなんでいる。

p.12 このころの東アジア

世界の動きと日本

アヘン戦争での清の敗北は、イギリス・フランスのアジア進出を加速させた。また、太平洋からアジアへの進出を図るアメリカの動きも活発になった。ペリー来航をきっかけにした日本の**開国**は、江戸幕府の崩壊と**明治維新**による明治政府の成立につながった。皇帝による支配を維持しつつ国内の改革を進めた清と、政治体制の転換と近代化を進めた日本との間で日清戦争が起こり、日本が勝利した。

➡**5** **アメリカ東インド艦隊司令長官ペリー**(1794~1858)〈下田開国博物館蔵〉

⬅**6** **インド皇帝となるヴィクトリア女王** それまで東インド会社による支配が行われていたインドでは、インド大反乱の結果、イギリス本国による直接統治へと方針が転換された。ムガル帝国は滅亡し、代わってヴィクトリア女王を皇帝とする**インド帝国**が成立した。イギリスからインド総督が派遣され、現地を支配した。ディズレーリ首相はムガル皇帝の権威を女王に引き継がせ、安定したインド支配を図った。➲p.86

12 19世紀後半の東アジア

近代国家日本の誕生と変わる東アジア

19世紀後半
日本 88~105
東アジア 88~105
南・東南アジア 86~87

東アジアの動きと日本

アヘン戦争以降、欧米(おうべい)諸国の中国進出が活発になった。東南アジアでも植民地化の動きが強まると、各地で植民地支配に抵抗(ていこう)する**民族運動**が起こった。一方、**明治維新**(いしん)によって体制の転換(てんかん)を図(はか)った日本では、天皇を中心とする近代国家の建設を進めた。欧米をモデルとする富国強兵・殖産興業(しょくさんこうぎょう)政策を進める明治政府は、朝鮮(ちょうせん)との間に日朝修好条規、清(しん)との間に日清修好条規を結び、東アジアに新たな国際関係を築いていった。他方、清朝政府は**洋務運動**(ようむ)などの改革を進めたが、清朝による支配に限界を感じた孫文(そんぶん)らは、日本をモデルに**革命運動**を展開していった。

19世紀後半の東アジア
朝鮮
不平等条約
洋務運動
明治維新
欧米
進出
清
対等条約
日本
革命運動
民族運動
植民地化
東南アジア

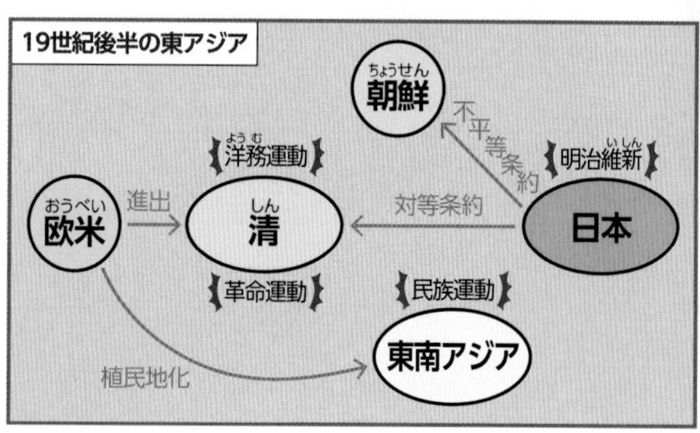

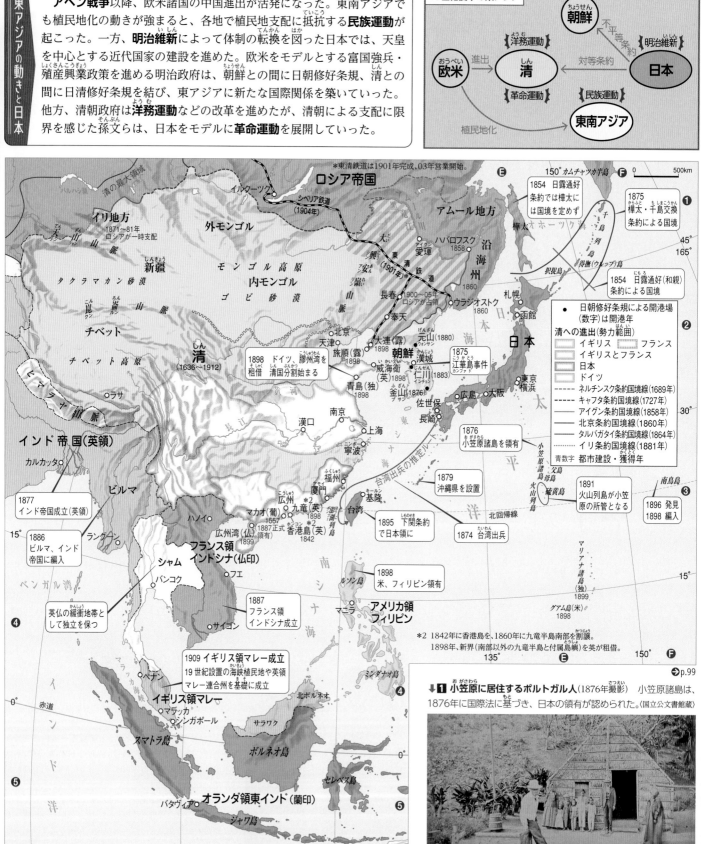

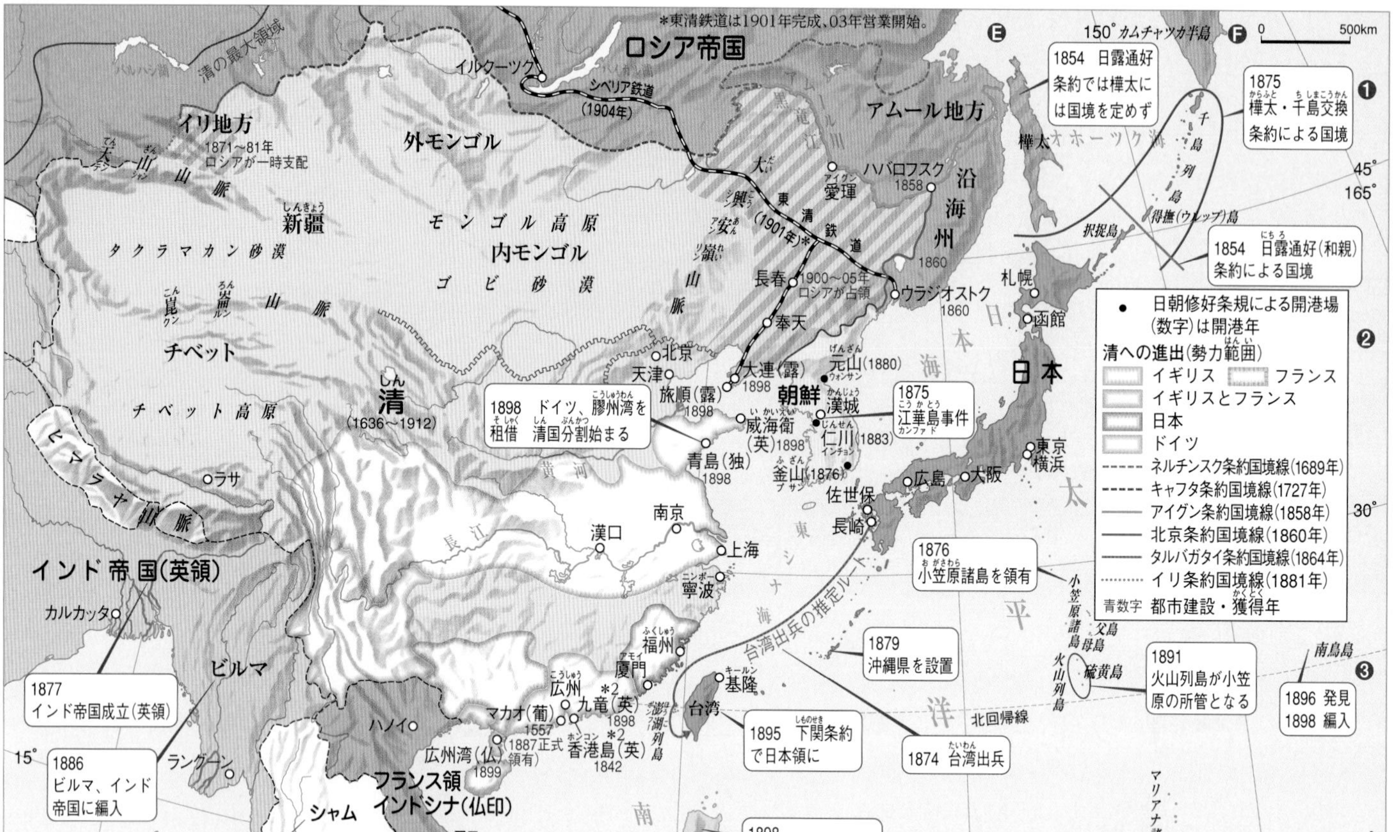

*東清鉄道は1901年完成、03年営業開始。
ロシア帝国
イルクーツク
シベリア鉄道(1904年)
清の最大領域
バルハシ湖
イリ地方 1871~81年 ロシアが一時支配
天山山脈
外モンゴル
アムール地方
1854 日露通好条約では樺太には国境を定めず
1875 樺太・千島交換条約による国境
樺太
オホーツク海
千島列島
得撫(ウルップ)島
択捉島
1854 日露通好(和親)条約による国境
ハバロフスク 1858
愛琿
沿海州 1860
大興安嶺
東清鉄道(1901年)*
新疆
モンゴル高原
内モンゴル
タクラマカン砂漠
ゴビ砂漠
崑崙山脈
長春
1900~05年 ロシアが占領
奉天
ウラジオストク 1860
札幌
函館
日本海
チベット
北京
天津
大連(露) 1898
旅順(露) 1898
元山(1880)
朝鮮
漢城
1875 江華島事件
仁川(1883)
釜山(1876)
威海衛(英) 1898
1898 ドイツ、膠州湾を租借 清国分割始まる
青島(独) 1898
清(1636~1912)
チベット高原
ヒマラヤ山脈
ラサ
黄河
長江
漢口
南京
上海
寧波
東シナ海
日本
東京
横浜
大阪
広島
佐世保
長崎
太平洋
1876 小笠原諸島を領有
小笠原諸島
父島
母島
火山列島
硫黄島
1891 火山列島が小笠原の所管となる
南鳥島 1896 発見 1898 編入
台湾出兵の推定ルート
1879 沖縄県を設置
1874 台湾出兵
北回帰線
基隆
台湾
1895 下関条約で日本領に
澎湖列島
福州
厦門
広州
九竜(英) 1898 *2
マカオ(葡) 1557 (1887正式領有)
香港島(英) 1842 *2
広州湾(仏) 1899
インド帝国(英領)
カルカッタ
1877 インド帝国成立(英領)
ビルマ
ラングーン
1886 ビルマ、インド帝国に編入
ハノイ
フランス領インドシナ(仏印)
シャム
バンコク
フエ
英仏の緩衝地帯として独立を保つ
ベンガル湾
1887 フランス領インドシナ成立
サイゴン
南シナ海
ルソン島
1898 米、フィリピン領有
マニラ
アメリカ領フィリピン
マリアナ諸島(独) 1899
グアム島(米) 1898
*2 1842年に香港島を、1860年に九竜半島南部を割譲。1898年、新界(南部以外の九竜半島と付属島嶼)を英が租借。
1909 イギリス領マレー成立
19世紀設置の海峡植民地や英領マレー連合州を基礎に成立
ペナン
マラッカ海峡
イギリス領マレー
マラッカ
シンガポール
赤道
ミンダナオ島
北ボルネオ
サラワク
スマトラ島
ボルネオ島
セレベス島
インド洋
オランダ領東インド(蘭印)
バタヴィア
ジャワ島
日朝修好条規による開港場
(数字)は開港年
清への進出(勢力範囲)
イギリス
フランス
イギリスとフランス
日本
ドイツ
ネルチンスク条約国境線(1689年)
キャフタ条約国境線(1727年)
アイグン条約国境線(1858年)
北京条約国境線(1860年)
タルバガタイ条約国境線(1864年)
イリ条約国境線(1881年)
青数字 都市建設・獲得年
0 500km
90° 105° 120° 135° 150° 165°
0° 15° 30° 45°

➲p.99

⬇**1** **小笠原(おがさわら)に居住するポルトガル人**(1876年撮影(さつえい)) 小笠原諸島は、1876年に国際法に基(もと)づき、日本の領有が認められた。(国立公文書館蔵)

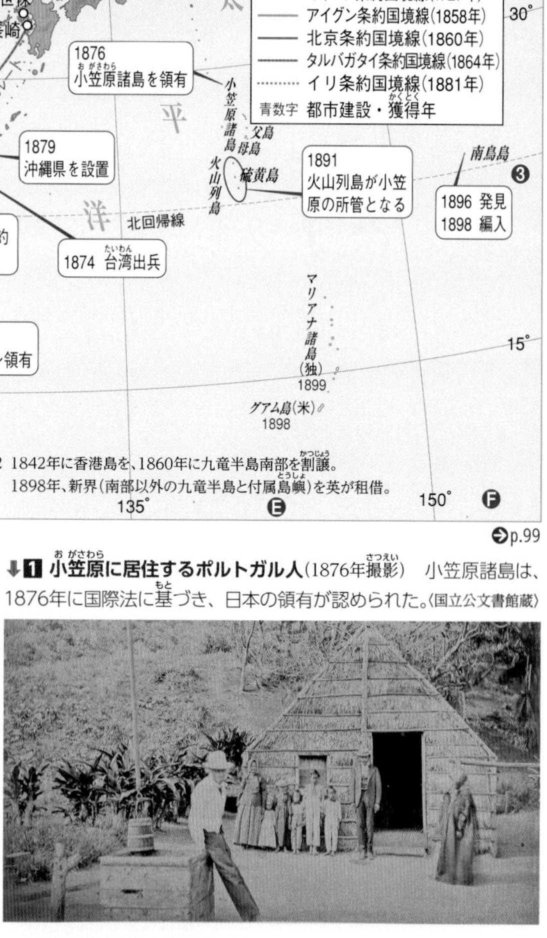

20世紀前半の東アジア①

第一次世界大戦後の民族自決と国際協調

東アジアの動きと日本

シベリア鉄道の建設によって東アジア進出を本格化させるロシアに対し、ロシアを警戒するイギリスは日本と**日英同盟**を結び、ロシアをけん制した。イギリスの後押しを受けた日本が**日露戦争**に勝利すると、日本による朝鮮の植民地化が進んだ。欧米列強の支配がさらに進む清は、孫文らによる**辛亥革命**によって崩壊したが、新たに成立した中華民国も各地の軍閥が勢力争いを繰り広げるなど、混乱が続いた。**第一次世界大戦**以降、世界各地に**民族自決**の動きが強まり、中国では**五・四運動**、朝鮮では**三・一独立運動**が起こった。同時に**国際協調**の気運が高まり、軍縮や中国の領土保全などが図られた。

20世紀前半の東アジア①
露
日露戦争
第一次世界大戦
対立「グレート・ゲーム」
三・一独立運動
朝鮮
植民地化
五・四運動
英
欧米
さらに進出
清→中華民国
進出
日本
日英同盟

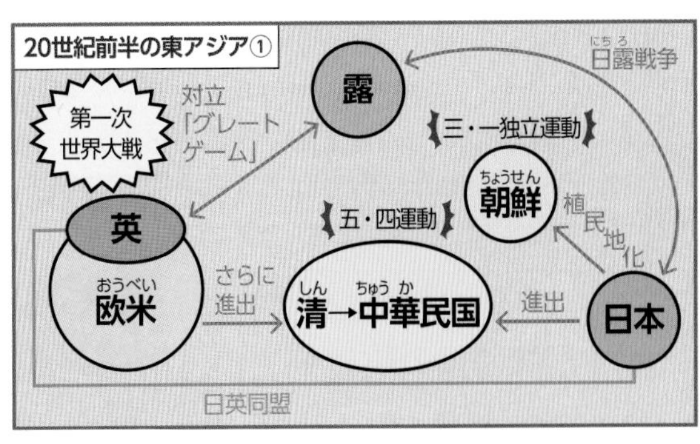

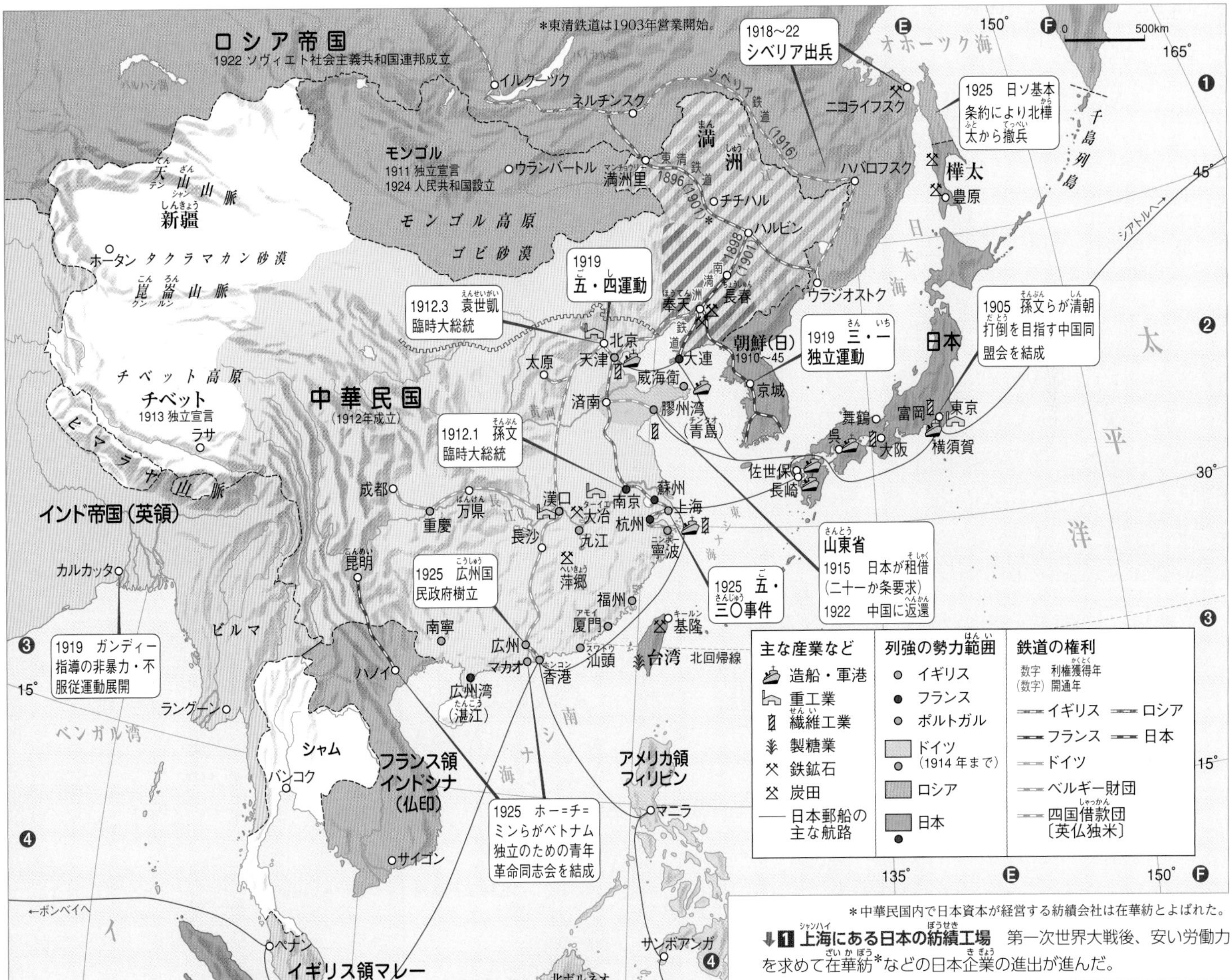

＊東清鉄道は1903年営業開始。
ロシア帝国
1922 ソヴィエト社会主義共和国連邦成立
1918〜22 シベリア出兵
オホーツク海
500km
イルクーツク
ネルチンスク
シベリア鉄道(1916)
ニコライフスク
1925 日ソ基本条約により北樺太から撤兵
千島列島
樺太
豊原
ハバロフスク
モンゴル
1911 独立宣言
1924 人民共和国設立
ウランバートル
満州里
東清鉄道
満洲
チチハル
ハルビン
天山山脈
新疆
モンゴル高原
ゴビ砂漠
ホータン
タクラマカン砂漠
崑崙山脈
1919 五・四運動
1912.3 袁世凱臨時大総統
南満洲鉄道
長春
奉天
ウラジオストク
日本海
1905 孫文らが清朝打倒を目指す中国同盟会を結成
北京
天津
大連
朝鮮(日) 1910〜45
1919 三・一独立運動
日本
チベット高原
チベット
1913 独立宣言
ラサ
ヒマラヤ山脈
太原
威海衛
京城
中華民国 (1912年成立)
済南
膠州湾(青島)
舞鶴
富岡
東京
1912.1 孫文臨時大総統
呉
大阪
横須賀
佐世保
長崎
太平洋
成都
漢口
南京
蘇州
上海
インド帝国(英領)
万県
大冶
杭州
重慶
九江
長沙
寧波
東シナ海
山東省
1915 日本が租借(二十一か条要求)
1922 中国に返還
昆明
1925 広州国民政府樹立
萍郷
1925 五・三〇事件
カルカッタ
福州
厦門
基隆
ビルマ
南寧
台湾
北回帰線
1919 ガンディー指導の非暴力・不服従運動展開
広州
マカオ
汕頭
香港
ハノイ
広州湾(湛江)
ラングーン
ベンガル湾
南シナ海
シャム
フランス領インドシナ(仏印)
アメリカ領フィリピン
バンコク
1925 ホー=チ=ミンらがベトナム独立のための青年革命同志会を結成
マニラ
サイゴン
主な産業など
造船・軍港
重工業
繊維工業
製糖業
鉄鉱石
炭田
日本郵船の主な航路
列強の勢力範囲
イギリス
フランス
ポルトガル
ドイツ(1914年まで)
ロシア
日本
鉄道の権利
数字 利権獲得年
(数字) 開通年
イギリス
ロシア
フランス
日本
ドイツ
ベルギー財団
四国借款団〔英仏独米〕
←ボンベイへ
ペナン
サンボアンガ
イギリス領マレー
北ボルネオ
インド洋
マラッカ
赤道
シンガポール
サラワク
スマトラ島
ボルネオ島
オランダ領東インド(蘭印)
1927 スカルノらインドネシア国民同盟*2結成
バタヴィア
ジャワ島
＊2 翌年、インドネシア国民党に改称。
90° 105° 120° 135° 150° 165°

＊中華民国内で日本資本が経営する紡績会社は在華紡とよばれた。

↓1 上海にある日本の紡績工場 第一次世界大戦後、安い労働力を求めて在華紡＊などの日本企業の進出が進んだ。

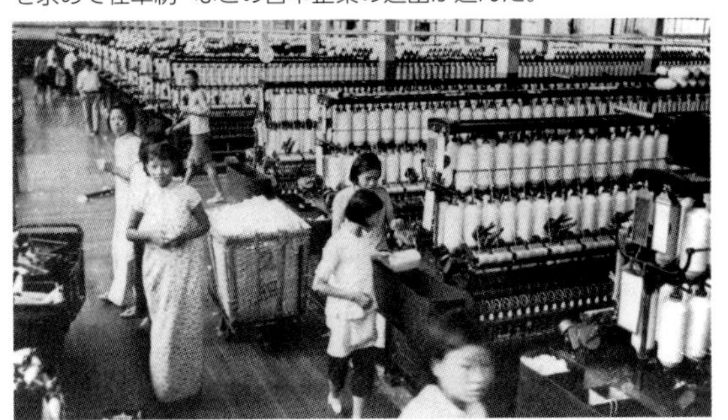

20世紀前半① 日本 106〜150 東アジア 106〜150 南・東南アジア 133〜150

20世紀前半の世界

世界を覆う2度の大戦

時代の概観

欧米諸国に加え、台頭してきた日本を含む列強による世界の分割競争は、2度の世界大戦を引き起こした。総力戦となった**第一次世界大戦**のなかで、**ロシア革命**が起こり、世界初の**社会主義**政権が樹立された。第一次世界大戦後は、**民族自決**と**国際協調**が大きな潮流となり、世界各地で民族独立運動が展開された。しかし、**世界恐慌**が起こるとドイツでは**ファシズム**が台頭し、各国は対立を深めた。また、満洲進出を図る日本と中国との衝突もあり、全世界を巻き込む**第二次世界大戦**が勃発した。

20世紀前半
日本
106~150
東アジア
106~150
南・東南アジア
133~150
西アジア・アフリカ
116~133
ヨーロッパ
106~150
アメリカ
116~150

結びつく世界

国際協調の試み

第一次世界大戦が総力戦として多数の死傷者とじん大な被害を各地にもたらした反省から、戦争を回避する国際協調の動きが強まった。アメリカ大統領ウィルソンの「十四か条」の平和原則をもとに、国際的な平和機構として国際連盟が設立された。ワシントン会議では海軍力の制限や中国の領土保全が図られるなど、多国間による国際協調への取り組みが進められた。➲p.130~131

⬇1 パリ不戦条約の締結 紛争解決の手段としての戦争を放棄することを取り決めたもので、ケロッグ-ブリアン協定ともよばれる。

⬅2 大衆向け映画の登場 ウォルト=ディズニー（1901～66）は、多くのアニメーション映画を生み出した。ミッキーマウスをはじめとするキャラクターは、世界恐慌➲p.140のなかでも人気を博した。

0° エクアドル
ブラジル
ペルー
リマ
❹
ボリビア
パラグアイ
リオデジャネイロ
サンパウロ
30°
チ
リ
サンティアゴ
アルゼンチン
ウルグアイ
❺
60°
❻
90° Ⓓ 60° Ⓔ

地図にアクセス 力を増すアメリカ

第一次世界大戦前のアメリカは、世界最大の工業国であり、債務国であった。しかし戦後、世界最大の債権国へと転じてイギリスに代わる世界経済の中心となった。➲p.134~1351929年のニューヨークでの株価の大暴落は、世界恐慌➲p.140を引き起こした。

➡4 自動車の生産

国	%
アメリカ合衆国	87.4
その他	4.6
フランス	3.6
イギリス	3.4
ドイツ	1.0

世界計 488万台（1925年）

⬇3 第二次世界大戦前の世界経済ブロック

チェック 図3の各経済ブロックの範囲を世界全図で確認し、各国の領土との関連性を見てみよう。

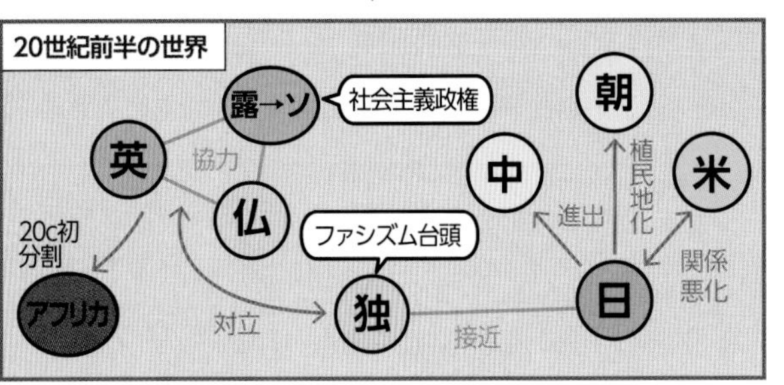

世界の動きと日本

日露戦争に勝利した日本は朝鮮の植民地化を進めた。さらに**第一次世界大戦**でも戦勝国となったが、**ロシア革命**によって成立した社会主義政権に対しては**シベリア出兵**を行って、けん制した。関東大震災や世界恐慌の影響で不況に陥ると、軍部が台頭し中国大陸へ活発に進出していった。満洲事変によって日本が中国進出を本格化させると、アメリカは警戒を強めた。

p.13、16 このころの東アジア

➡5 **日露戦争での勝利後、国家の威信をかけてつくられた東京駅**（1914年開業）➔p.106

1917　ロシア革命
1928　五か年計画開始

1921　中国共産党結成

1930.2　ベトナム共産党結成
.10　インドシナ共産党結成

1920　インドネシア共産党結成（アジア最初の共産党）

日本の委任統治

イギリス委任統治（1920）

イギリス・フランス委任統治（1922）

南アフリカ連邦委任統治（1919）

イギリス委任統治

オーストラリア委任統治

列強とその領土

- アメリカ
- イギリス
- フランス
- スペイン
- ポルトガル
- オランダ
- イタリア
- アジアに広がる共産党の動き
- 共産勢力の支配地域
- ドイツが第一次世界大戦後に失った海外領土
- バルチック艦隊の航路（主力艦隊）➔p.106-107

⬅6 **血債の塔**（シンガポール）　シンガポールは、1942～45年に日本軍に占領された。血債の塔は、占領直後に華僑が大量に粛清された事件をはじめとする市民戦没者追悼のため、大戦後に建設された。

20世紀前半の東アジア②

日本の大陸進出と太平洋戦争

20世紀前半②
日本
142~150
東アジア
142~150
南・東南アジア
148~150

東アジアの動きと日本

中国東北部の権益を確保するため、日本軍が満洲事変を起こすと、日中間の対立は深刻化した。その後、**満洲国**が建国され、**日中戦争**が始まると、対立していた中国共産党と中国国民党は**第2次国共合作**により連携し、日本に対抗した。欧米諸国の植民地となっていた東南アジア諸国に対し、日本は「**大東亜共栄圏**」の建設を掲げて進出したため、欧米諸国との対立が深刻化した。ヨーロッパでの戦線に加え、**太平洋戦争**が開始されると、全世界は再び戦禍に巻き込まれた。**第二次世界大戦**が終結すると、アジア各地では新たな国づくりへの模索が始まった。

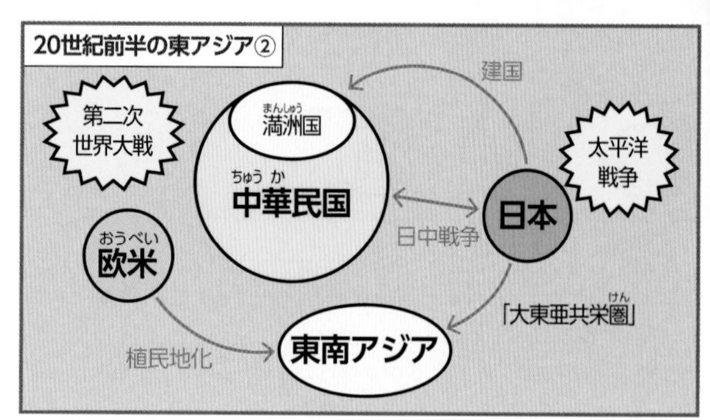

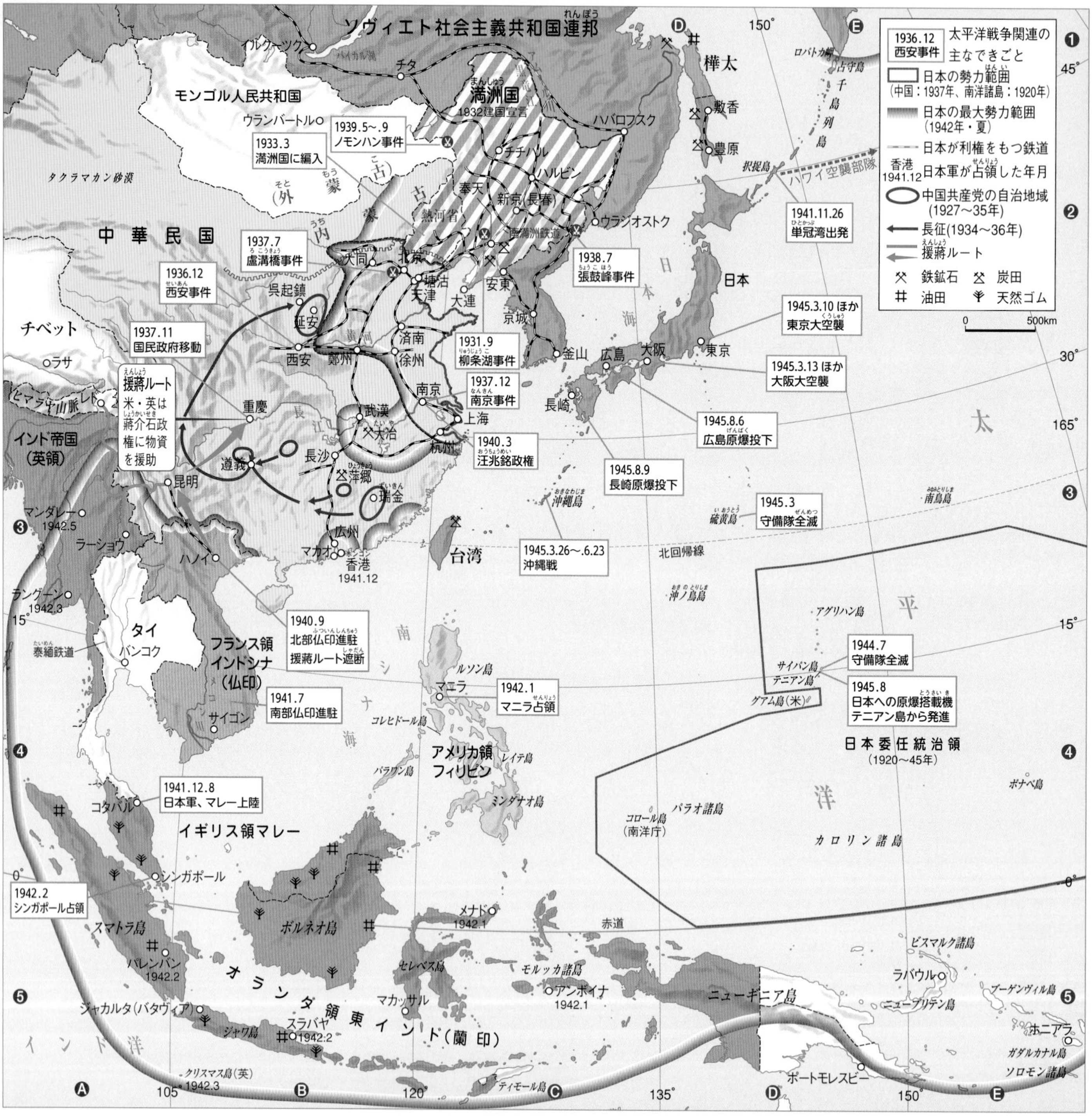

1936.12 西安事件　太平洋戦争関連の主なできごと
日本の勢力範囲（中国：1937年、南洋諸島：1920年）
日本の最大勢力範囲（1942年・夏）
日本が利権をもつ鉄道
香港 1941.12　日本軍が占領した年月
中国共産党の自治地域（1927～35年）
長征（1934～36年）
援蔣ルート
鉄鉱石　炭田　油田　天然ゴム
0　500km

ソヴィエト社会主義共和国連邦
モンゴル人民共和国
満洲国 1932建国宣言
中華民国
チベット
インド帝国（英領）
タイ
フランス領インドシナ（仏印）
イギリス領マレー
アメリカ領フィリピン
オランダ領東インド（蘭印）
日本委任統治領（1920～45年）
樺太
千島列島
日本
台湾
太平洋
インド洋
南シナ海
日本海

1939.5～.9 ノモンハン事件
1933.3 満洲国に編入
1937.7 盧溝橋事件
1936.12 西安事件
1937.11 国民政府移動
援蔣ルート　米・英は蔣介石政権に物資を援助
1931.9 柳条湖事件
1937.12 南京事件
1940.3 汪兆銘政権
1938.7 張鼓峰事件
1941.11.26 単冠湾出発
ハワイ空襲部隊
1945.3.10 ほか 東京大空襲
1945.3.13 ほか 大阪大空襲
1945.8.6 広島原爆投下
1945.8.9 長崎原爆投下
1945.3 守備隊全滅
1945.3.26～.6.23 沖縄戦
1940.9 北部仏印進駐 援蔣ルート遮断
1941.7 南部仏印進駐
1942.1 マニラ占領
1944.7 守備隊全滅
1945.8 日本への原爆搭載機テニアン島から発進
1941.12.8 日本軍、マレー上陸
1942.2 シンガポール占領

イルクーツク　バイカル湖　チタ　ウランバートル　タクラマカン砂漠　外蒙古　内蒙古　熱河省　ハバロフスク　チチハル　ハルビン　奉天　新京(長春)　南満洲鉄道　ウラジオストク　大同　北京　塘沽　天津　大連　安東　京城　釜山　呉起鎮　延安　西安　鄭州　済南　徐州　黄河　南京　上海　杭州　武漢　大冶　長江　重慶　長沙　萍郷　瑞金　遵義　昆明　広州　マカオ　香港 1941.12　ラサ　ヒマラヤ山脈　マンダレー 1942.5　ラーショウ　ハノイ　ラングーン 1942.3　泰緬鉄道　バンコク　サイゴン　コタバル　シンガポール　スマトラ島　パレンバン 1942.2　ジャカルタ(バタヴィア)　ジャワ島　スラバヤ 1942.2　クリスマス島(英) 1942.3　ボルネオ島　セレベス島　マカッサル　メナド 1942.1　モルッカ諸島　アンボイナ 1942.1　ティモール島　ルソン島　マニラ　コレヒドール島　パラワン島　レイテ島　ミンダナオ島　広島　大阪　東京　長崎　沖縄島　硫黄島　北回帰線　沖ノ鳥島　南鳥島　アグリハン島　サイパン島　テニアン島　グアム島(米)　パラオ諸島　コロール島(南洋庁)　カロリン諸島　ポナペ島　赤道　ビスマルク諸島　ラバウル　ニューブリテン島　ニューギニア島　ポートモレスビー　ブーゲンヴィル島　ホニアラ　ガダルカナル島　ソロモン諸島　ロパトカ岬　占守島　択捉島　敷香　豊原

20世紀後半の東アジア　東西冷戦と日本

東アジアの動きと日本

第二次世界大戦が終結すると、植民地からの独立、新国家建設の動きが活発化した。**東西冷戦**の対立は東アジアにも大きな影響を与え、朝鮮半島では朝鮮民主主義人民共和国と大韓民国がそれぞれ建国され、**朝鮮戦争**が勃発した。中国では共産党と国民党の対立が再び激化し、内戦に勝利した共産党によって**中華人民共和国**が成立し、国民党は台湾に逃れた。日本はサンフランシスコ平和条約によって西側陣営の一員として**独立**を果たしたが、国交回復は、大韓民国とは1965年の日韓基本条約、中華人民共和国とは72年の日中共同声明まで待たなければならなかった。

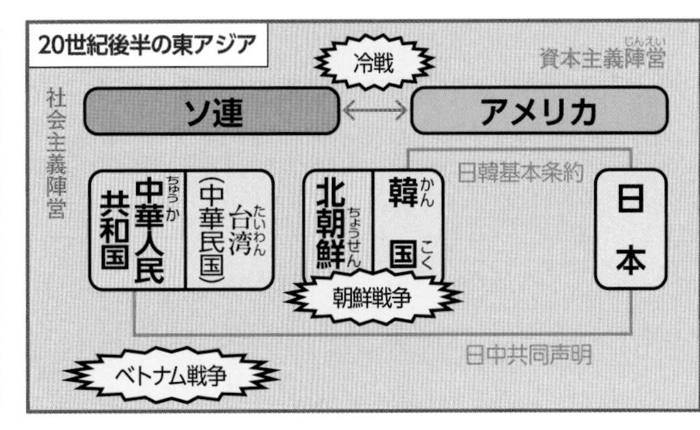

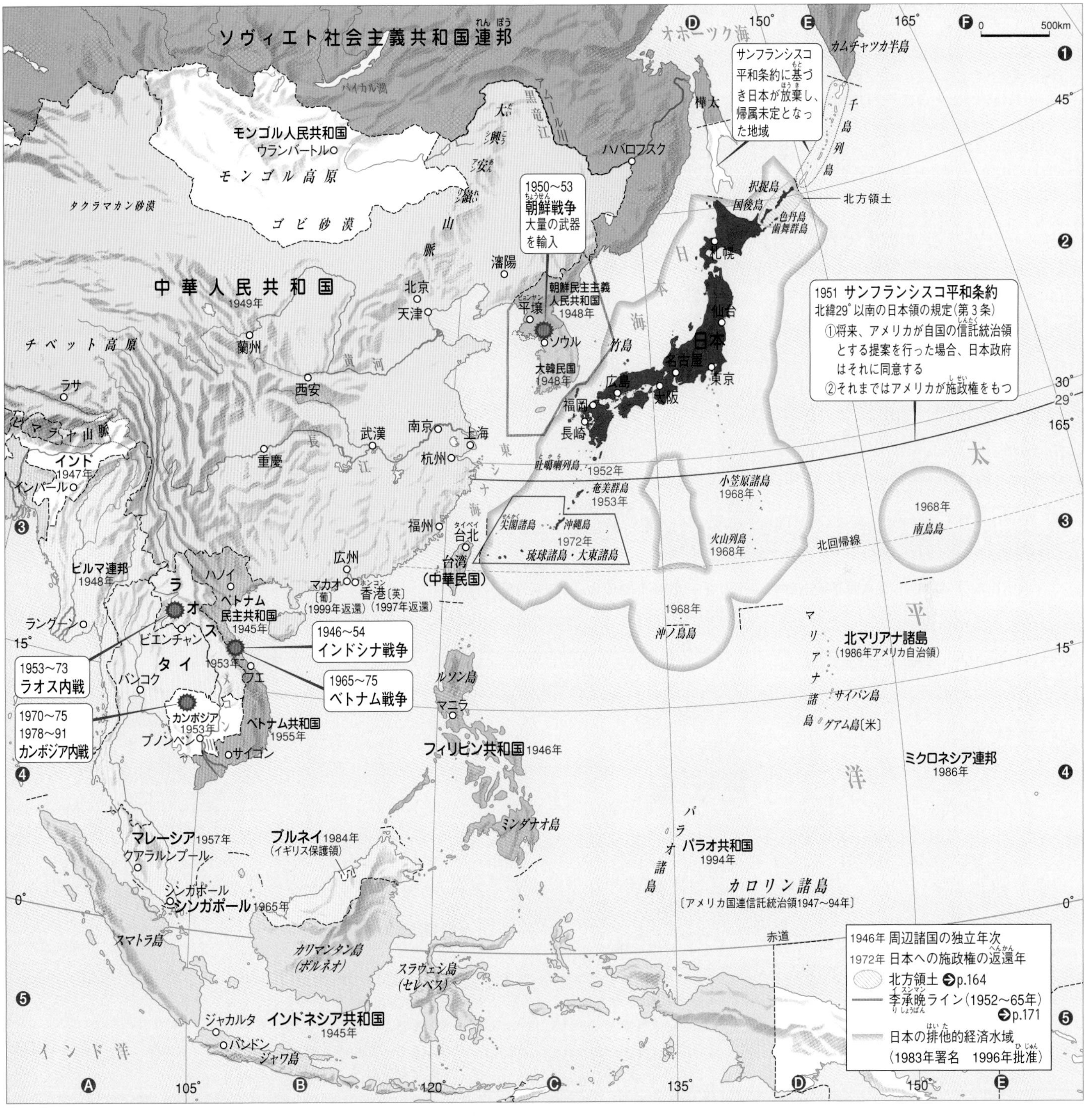

ソヴィエト社会主義共和国連邦

モンゴル人民共和国　ウランバートル

中華人民共和国 1949年

朝鮮民主主義人民共和国 1948年

大韓民国 1948年

日本

1950～53 朝鮮戦争　大量の武器を輸入

サンフランシスコ平和条約に基づき日本が放棄し、帰属未定となった地域

北方領土

1951 サンフランシスコ平和条約
北緯29°以南の日本領の規定（第3条）
①将来、アメリカが自国の信託統治領とする提案を行った場合、日本政府はそれに同意する
②それまではアメリカが施政権をもつ

吐噶喇列島 1952年

奄美群島 1953年

尖閣諸島　沖縄島　1972年　琉球諸島・大東諸島

小笠原諸島 1968年

火山列島 1968年

南鳥島 1968年

沖ノ鳥島 1968年

台湾（中華民国）

マカオ〔葡〕（1999年返還）　香港〔英〕（1997年返還）

ビルマ連邦 1948年

インド 1947年

ベトナム民主共和国 1945年

ラオス 1953年

1946～54 インドシナ戦争

1965～75 ベトナム戦争

1953～73 ラオス内戦

1970～75 1978～91 カンボジア内戦

カンボジア 1953年

ベトナム共和国 1955年

フィリピン共和国 1946年

北マリアナ諸島（1986年アメリカ自治領）

ミクロネシア連邦 1986年

パラオ共和国 1994年

カロリン諸島〔アメリカ国連信託統治領1947～94年〕

マレーシア 1957年

ブルネイ 1984年（イギリス保護領）

シンガポール 1965年

インドネシア共和国 1945年

1946年 周辺諸国の独立年次
1972年 日本への施政権の返還年
北方領土 ➔p.164
李承晩ライン（1952～65年） ➔p.171
日本の排他的経済水域（1983年署名　1996年批准）

20世紀後半
日本 154～183
東アジア 154～183
南・東南アジア 166～183

20世紀後半の世界 東西両陣営の対立

20世紀後半
日本 154~183
東アジア 154~183
南・東南アジア 166~183
西アジア・アフリカ 166~183
ヨーロッパ 152~183
アメリカ 152~183

時代の概観

第二次世界大戦の戦後処理から始まるこの時代は、米ソ両大国がそれぞれ**資本主義陣営**(西側)と**社会主義陣営**(東側)とに分かれて対立した**冷戦**の時代である。冷戦下においても、アジアでは**朝鮮戦争**のような米ソの代理戦争や**ベトナム戦争**も勃発した。東西対立は緊張と緩和を繰り返しながら、1991年の**ソ連の解体**により終結した。冷戦後は国を越えた世界の一体化(**グローバル化**)が進展したが、地球規模での環境問題や格差問題などの課題が浮き彫りになった。

結びつく世界

サミットの誕生

1973年の第4次中東戦争の際に起きた石油危機(**オイルショック**)と、その後の世界同時不況をきっかけに国際協力の必要性が高まり、主要国首脳会議(**サミット**)が開催されるようになった。➔p.169

⬇**1 第1回サミットの様子**(1975年、フランス ランブイエ) 6か国により世界経済の再建が話し合われた。その後カナダやEC(EU)の代表、冷戦終結後はロシア*も参加している。 *2014年から参加資格停止中。

地図にアクセス

世界中に張られた軍事同盟網

➔p.153

冷戦下では、西側陣営は**北大西洋条約機構**(NATO)を、東側陣営は**ワルシャワ条約機構**を結成したほか、さまざまな安全保障を結んでそれぞれの陣営を固めていった。東西両陣営は北極海を挟んで対峙し、たがいに相手を標的としたミサイル基地を設置した。

⬅**2 集団安全保障**(~1991年)

➔p.163

チェック 世界全図の4つの「危機!」を見てみよう。危機が起こった地域はどのような地域なのか、東西両陣営に着目して考えよう。

p.17 このころの東アジア

世界の動きと日本

朝鮮戦争が勃発すると、日本経済はこの**特需**によって復興が進んだ。その後、日本は輸出産業に支えられた経済復興によって高度経済成長の時代を迎えた。**サンフランシスコ平和条約**で国際社会に復帰した日本は、同時に**日米安全保障条約**を締結し、日本に駐留する米軍は、東西対立の最前線に位置することとなった。その後、ソ連や中国との国交回復、国際連合への加盟など新たな国際関係が築かれていった。

➡3 **朝鮮特需** 米軍の軍需が急増し、日本は多額のドルを得た。図は戦車を修理する日本の工場。p.155、165

・地域の基礎知識・

東アジア編 1

ロシア連邦
カザフスタン
モンゴル
中華人民共和国
朝鮮民主主義人民共和国
大韓民国
日本
ネパール
ブータン
インド
バングラデシュ
ミャンマー
タイ
ラオス
ベトナム
台湾
天山山脈
タリム盆地
タクラマカン砂漠
モンゴル高原
ゴビ砂漠
大興安嶺山脈
チベット高原
ヒマラヤ山脈
秦嶺山脈
アムール川（黒竜江）
黄河
長江
淮河
大運河
日本海
黄海
東シナ海
太平洋
ベンガル湾
カラコルム
ウランバートル
敦煌
莫高窟
シルクロード
万里の長城
甘粛省
北京
故宮
平壌
ソウル
仏国寺
殷墟
泰山
孔子廟
洛陽
西安
龍門の石窟
南京
江蘇省
上海
杭州
寧波
湖北省
成都
三星堆
ポタラ宮
ラサ
福建省
鼓浪嶼
広東省
広州
香港
マカオ
首里城
琉球王国
富岡製糸場
東京
京都
奈良
石見銀山
厳島神社
姫路城
八幡製鉄所

中華の地
黄河中下流域一帯の中原は、古くより高度に中国文化が発達した地域。

川によるさまざまな地域名
江は長江のことで、江南はその下流域の南側の地を指す。ほかにも、黄河の南北を指す河南・河北や、淮河（淮水）の南北を示す淮南・淮北などがある。

0　500km

━ 主な陸上ルート　∴ 主な遺跡
━ 主な海上ルート　🏛 主な世界文化遺産

ウランバートル（モンゴル）
年平均気温 -0.1℃
年降水量 281㎜

東京（日本）
年平均気温 15.4℃
年降水量 1529㎜

↑1 現在の東アジアの風土　↑2 ウランバートル　↑3 東京

東アジアの風土と人々

東アジアは、ユーラシア大陸東部の中国を中心として、朝鮮半島や日本列島からなる。中国は、地形と気候の特色によって、内陸の西部と海側の東部をさらに北と南に分ける3区分でとらえると理解しやすい。西部が少数民族の居住地域であり、中国人口の約5％を占める。東部は漢人の居住が90％以上を占め、北緯35度（淮河と秦嶺山脈を結んだ線）で北部南部に分けられる。この線は気象では梅雨前線の大陸での北限と一致するため、食料となる穀物の植生と密接に結びつき、北の麦・雑穀作、南の稲作に分かれる。衣食住の文化も夏の湿度の差によって多様性を生み出している。

←4 **草原部**　大陸西部を南北で見れば、天山山脈を境に北の草原地帯、南の砂漠地帯そして草原と砂漠が入り組みチベット高原に連なっていく。また、ユーラシアの山脈は山中に大小の草原を抱えて水を蓄えており、遊牧民の生活の場となっている。

↑6 雑穀のあわ

↑5 **黄河流域**　細かな黄色の土壌の地表層を黄河が急流となって両岸に断崖を形成する。中下流域の洛陽付近から高低差が少なくなると、河水が含む黄土が河底に沈積し始め、下流のデルタ地域では何度も川筋を変えて暴れてきた。

←7 **長江流域**（左）と**稲**（上）

四川省から東流し湖北省までは河谷も狭く急流であるが、そこから下流は流れも緩やかになり河口部に豊かな水田稲作のデルタ地域を形成する。東北部の3倍以上を収める農業収益が、政治の中心である黄河流域を支えてきた。

日本
→22
東アジア
→26

草原の道とオアシスの道は、西方に運ばれる中国産の生糸や絹が代表的な商品であったことから「**絹の道（シルクロード）**」とよばれる。

オアシス都市で住人のソグド人は国際的商人として活躍

オアシス都市で東西交通路の要衝

インド・中央アジア・イランを結ぶ交通の要衝

ラピスラズリ 前3000年より利用される宝石。瑠璃色をしている

レバノン杉 建築材 土木用材・船の材料

乳香 乳香樹の樹液からできる香

主な陸の交通路（8世紀ごろ）
主な交易品

⬆8 草原とオアシスの道 天山山脈の北側が草原の道、南側がオアシスの道であり、オアシスの道はタリム盆地の南北でさらに分かれる。ユーラシア大陸の東西は、三本の道でつながっていた。これらの道はいくつかの支線で南北ともつながっており、遊牧国家とオアシス国家が相互に特産品や奢侈品を交易し、経済力と騎馬軍事力とを補い合う共生の道でもあった。

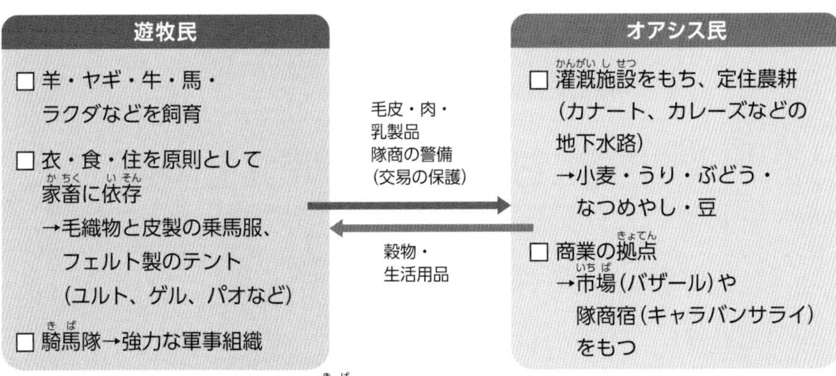
遊牧民
□ 羊・ヤギ・牛・馬・ラクダなどを飼育
□ 衣・食・住を原則として家畜に依存
→毛織物と皮製の乗馬服、フェルト製のテント（ユルト、ゲル、パオなど）
□ 騎馬隊→強力な軍事組織
毛皮・肉・乳製品 隊商の警備（交易の保護）
穀物・生活用品
オアシス民
□ 灌漑施設をもち、定住農耕（カナート、カレーズなどの地下水路）
→小麦・うり・ぶどう・なつめやし・豆
□ 商業の拠点
→市場（バザール）や隊商宿（キャラバンサライ）をもつ

⬆9 遊牧民とオアシス民の共生関係 騎馬の技術を身につけ、騎馬遊牧民へと変容した遊牧民は、農耕地帯に侵入することもあったが、基本的には、オアシス民の交易を保護したり、毛皮・乳製品などを提供する代わりに穀物や織物などを入手したりして共生を図った。

砂漠
オアシス

⬆10 オアシス都市 オアシスに住みついた人々が集落を築き、農産物や鉱産物を特産品として交易した。農業に恵まれない都市では、穀物を他のオアシスに頼る場合もあった。

新疆ウイグル自治区の言語と宗教

ウイグル人は、タリム盆地に点在するオアシス都市で暮らし、トルコ系の言語と文化をもち、イスラームを信仰している。18世紀に清がこの地を占領し「新疆」（新しい領土）と名づけた➲p.60。1912年に成立した中華民国は、五族共和の理念を掲げ、ウイグルなどの回族（トルコ系ムスリム）を国家の構成要素とした➲p.115。さらに、中華人民共和国は、漢人以外の人々を「少数民族」として自治区制をしき、1955年に新疆ウイグル自治区が設置された。総人口約14億人の中国において、ウイグル人は「少数民族」といわれるが、人口800万人以上を有し、人口的にはニュージーランドの1.8倍に相当する。

自治区は、文化的独自性は法的に保証された枠組みの中にあるが、近年、イスラーム法の廃止や宗教指導者の登録制など宗教活動の政府管理が強まり、政策的な漢人の大量移住によって区都ウルムチでは、ウイグル人約30万人に対し漢人は172万人という状態になっている。

⬆11 ウルムチの中心部にあるモスク このモスクは、2004年に、観光プロジェクトの一つとして、中国政府によって建てられた。

⬆12 バザール（カシュガル） オアシス都市では、バザール（市）が開かれる。歴史的にも、オアシスの農耕民と遊牧民が交流して必要な物資や情報を交換した。

○：このころ　日本の主な ＞輸入品　＜輸出品

中国	中国・朝鮮の主な動き①	日本の主な動き①	文化	日本
秦	前221 秦の始皇帝が中国統一			
漢(前漢)	前202 漢(前漢)が成立			
	前 37ごろ 高句麗建国			
	前 8 前漢滅亡、新建国	○ 各地にクニができる		弥生時代
(後漢)	後 25 光武帝が漢(後漢)を再興	後57 倭奴国王、後漢の光武帝より印綬を受ける		
	220 後漢滅亡、魏成立(～265)			
三国	221 蜀成立(～263)	239 女王卑弥呼、魏の帯方郡に遣使、「親魏倭王」の称号		
	222 呉成立(～280)			
晋・五胡十六国・南北朝	280 西晋が中国統一(～316)	247ごろ 卑弥呼没、宗女壱与(台与)が女王に		
	313 高句麗、楽浪郡を滅ぼす			
	316 西晋滅亡	○ 古墳が造られ始める		古墳時代
	346ごろ 百済の馬韓統一進む ＜鉄	○ ヤマト王権による統一が進む		
	356ごろ 新羅の辰韓統一進む			
	372 高句麗に仏教伝来			
	384 百済に仏教伝来	391 倭軍、百済・新羅を破る(高句麗好太王碑文)		
	漢字・須恵器の焼成技術 鍛冶技術・土木技術・機織り 仏教・暦・医学・易 ＞（渡来人）	421 倭の五王の遣使(～478)		
		538 百済から仏教伝来(一説には552)		
	562 新羅、加耶を滅ぼす	593 聖徳太子、摂政となる	飛鳥文化	飛鳥時代
	581 隋、建国(～618)	600 第1回遣隋使		
隋	589 隋が中国統一	604 憲法十七条を制定		
	618 唐、建国(～907)	607 小野妹子を隋に派遣		
唐		630 第1回遣唐使(犬上御田鍬)		
	660 新羅・唐連合軍、百済を滅ぼす	645 大化の改新		
	663 白村江の戦い(日本の百済援軍が新羅・唐軍に敗戦)	663 白村江の戦い		
		672 壬申の乱		
	676 新羅、朝鮮半島統一	710 平城京遷都	天平文化	奈良時代
	698 渤海がおこる(～926)	754 唐僧鑑真、律宗を伝える		
	755 安史の乱	784 長岡京に遷都		
	律令・仏教文化 ＞（遣隋使・遣唐使）	794 桓武天皇、平安京に遷都		平安時代
		797 坂上田村麻呂、征夷大将軍に		
		798 渤海に遣使		
		804 最澄、空海が渡唐		
		894 菅原道真、遣唐使停止		
	875 黄巣の乱(～884)	○ 荘園の増加	国風文化	
		○ 武士の登場		
五代十国	907 唐滅亡、後梁を建国	935 平将門の乱(～940)		
	916 キタイ帝国の成立	939 藤原純友の乱(～941)		
	918 王建、高麗を建国(～1392)	紀貫之『古今和歌集』 清少納言『枕草子』 紫式部『源氏物語』		
	936 高麗、朝鮮半島統一			
	947 キタイ、国号を遼に改称			
	960 宋(北宋)建国			
宋(北宋)	979 北宋、中国を再統一	1016 藤原道長、摂政に(藤原氏全盛)		
	○ 羅針盤・火薬・木版印刷の発明	19 刀伊の入寇(襲来)		
	1038 李元昊が西夏を建国	51 前九年合戦(～62)		
		53 平等院鳳凰堂建立		
	銅銭・陶磁器・書籍・経典 ＞（日宋貿易）	83 後三年合戦(～87)		
	＜砂金・扇・蒔絵・硫黄	86 白河上皇、院政を始める		
		1105 藤原清衡、中尊寺建立	院政期の文化	
		56 保元の乱		
		59 平治の乱		
	1115 阿骨打、金を建国	67 平清盛、太政大臣に		
	25 金が遼を滅ぼす	○ 日宋貿易が盛ん		
南宋	27 南宋の成立(～1276)	○ 平清盛、大輪田泊を改修		
	32 カラ=キタイ(西遼)建国	80 源頼朝、伊豆で挙兵		
		85 壇の浦の戦い(平氏滅亡)		

1 仏教を中心にした国づくりの始まり(飛鳥時代)

←**1 聖徳太子(厩戸王)が建立した法隆寺**　飛鳥時代は、渡来人や遣隋使など大陸との交流が活発な時代であった。大陸からもたらされたものは仏教やそれに伴う寺院建築、漢字や政治機構など多岐に渡り、聖徳太子らはこれらの知識や制度を手本に天皇を中心とした中央集権国家の形成に着手した。

2 隋唐帝国にならった国づくり(奈良時代)

←**4 遣唐使**　日本(倭国)は律令などの政治体制や仏教を取り入れるために、定期的に遣唐使を派遣した。この時代には日本へ戒律を伝えるために鑑真も来日している。また遣唐使は、シルクロードを通じて伝わった西方の物品や文化を持ち帰り、日本では国際色豊かな文化が花開いた。

3 花開く日本独自の「国風文化」(平安時代)

〈「源氏物語絵巻 竹河 二」(部分)徳川美術館蔵〉

←**7 源氏物語絵巻**　遣唐使の停止や唐の滅亡などの変化により、日本では大陸文化の国風化が起きた。かな文字はこの文化を象徴するもので、『源氏物語』はかな文字で書かれた王朝文学の傑作である。12世紀に作成されたこの絵巻には、平安時代の貴族の暮らしぶりがいきいきと描かれている。

4 活性化する中国との民間貿易(平安時代～)

➡**10 平清盛**(1118～81)〈六波羅蜜寺蔵〉

←**11 厳島神社**　厳島神社は航海を保護する神を祀っており、平清盛が安芸守となってからは、平家一門より厚い信仰を受けた。平清盛は日宋貿易➲p.27に力を入れ、宋銭などを大量に輸入した。日宋貿易は私貿易の形をとり、国家間の貿易であった遣唐使の時代とは性格が異なるものであった。

日本 ←20 →24

⬇2 仏教の伝播

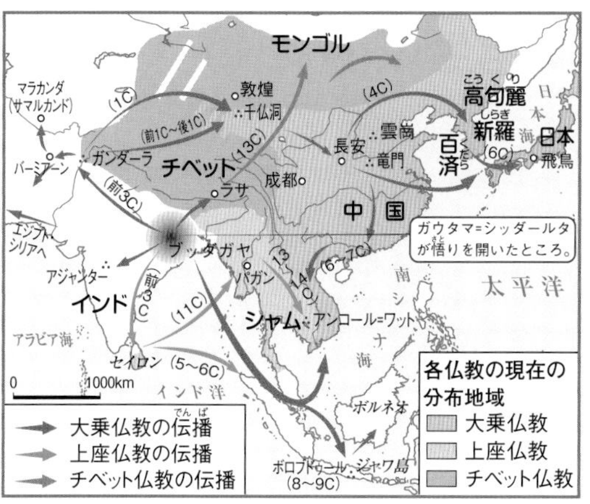

ギリシア文化と仏像

仏教は紀元前６世紀に成立したが、もともと仏像をつくる風習はなかった。仏教がガンダーラにおいて流行すると、この地に住む人々がギリシア風の仏像をつくり始めた。仏像の様式はシルクロードを通じて東洋風に変化しながら、中国や朝鮮半島を通じて日本に伝来した。

⬇3 ヘレニズム文化の東伝

ギリシア デルフォイ（デルフィ）の御者（前5世紀） → ガンダーラ 釈迦立像（2～3世紀） → 中国 竜門石窟菩薩像（7世紀） → 日本 法隆寺百済観音像（7世紀） 国宝

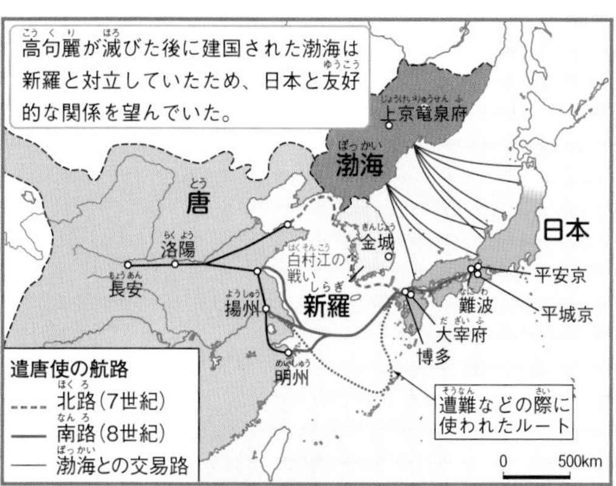

⬆5 遣唐使や周辺諸国との航路

シルクロードの終着駅

東大寺の北側にある正倉院には、聖武天皇の宝物や東大寺の資材などが多数収められている。その中には、ササン朝ペルシア（現在のイラク・イラン周辺）から伝わったものや、そこからの交易品の影響を受けて中国で作成されたものなどがある。正倉院の宝物は螺鈿紫檀五絃琵琶など、アジア大陸の面影をもつものも多く「シルクロードの終着点」ともいわれる。日本においてもこれらの宝物を手本にした品物がつくられ、蒔絵や螺鈿の技術が高まっていった。

⬅6 **螺鈿紫檀五絃琵琶** 正倉院の宝物で、インド起源の五絃琵琶としては現存する世界唯一のものである。インド原産の紫檀にペルシア風の螺鈿細工が施されている。

〈大倉集古館蔵（部分）〉 国宝

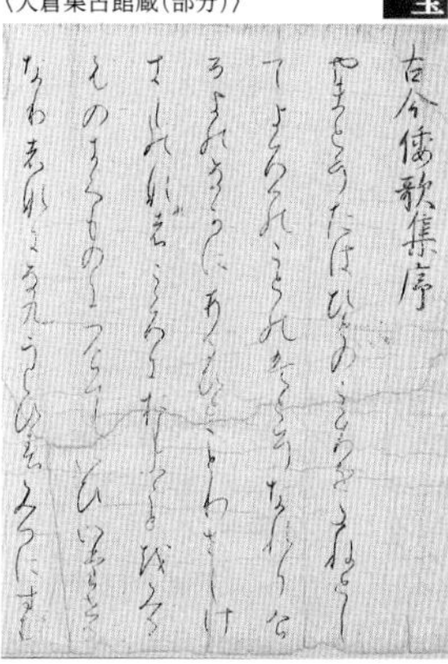

⬅8 **『古今和歌集』仮名序** 「やまとうたはひとのこころをたねとして」で始まる古今和歌集の仮名序は、紀貫之が記した文学論（歌論）として評価が高い。当時はひらがなやカタカナなどのかな文字に対して、漢字を真名文字とよんでおり、平安貴族は公の場では漢字を、和歌においてはかな文字を用いた。

アジアの「国風文化」

7世紀に成立した唐の影響力は大きく、東アジアをはじめとする周辺諸国は唐から進んだ政治制度や文化を学び取っていった。しかし安史の乱に伴う唐の衰退を受け、周辺諸国は政治的・文化的に唐からの自立を強めていった。この時期における東アジアでの共通項は、唐の文化の消化と発展である。その例として独自の文字の形成が挙げられる。日本では漢字をもとにかな文字がつくられた。

⬆9 東アジアでつくられた独自の文字

〈青白磁牡丹唐草文瓶、東京国立博物館蔵〉

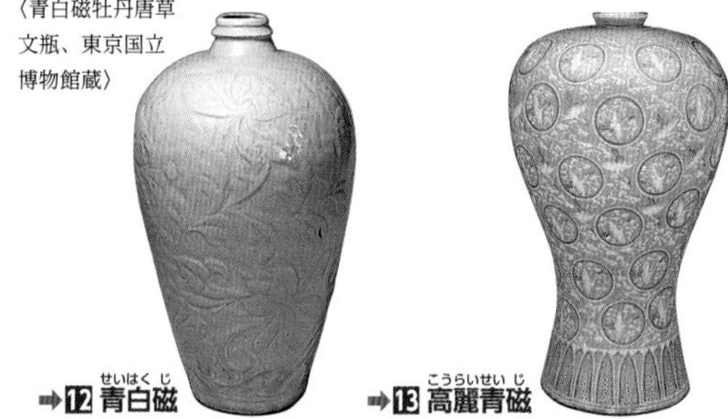

➡12 青白磁　➡13 高麗青磁

宋代には、釉薬技術が進化し、多くの窯が生まれた。景徳鎮では分業制によって白磁や青磁が大量に生産され、海外にも輸出された。朝鮮では中国の影響を受けて磁器が生産されたが、独自の技術を確立して高麗青磁が完成した。

火薬兵器の発明から需要が増した硫黄

最古の火薬とされる黒色火薬は、７世紀ごろの唐で発明されたとされる。黒色火薬は硝石・木炭・硫黄を混ぜ合わせてつくられた。12世紀までには武器として本格的に使用されるようになり、宋代においては金やモンゴルなどの遊牧民族との争いが頻発したため、その需要が高まった。しかし、原料の一つである硫黄は火山の少ない中国では産出量が少なかったため、一大火山国である日本から大量に輸入された。日宋貿易や日明貿易の主な輸出品として硫黄が登場するのはこのためである。

⬆14 **硫黄島**（鹿児島県）と**硫黄**（左下）

16世紀ごろ ←2　日本　←22 →54

○：このころ　日本の主な〔　〕輸入品　〔　〕輸出品

中国・朝鮮の主な動き②

南宋

- 1206 チンギス=ハン、**モンゴル帝国**建国
- 59 高麗がモンゴル帝国に服属
- 68 フビライ、日本に朝貢と服属を求める
- 71 フビライ、**元**を建国
- 76 南宋滅亡

（日宋貿易）

元

- 輸入品：銅銭・陶磁器・書籍・経典
- 輸出品：砂金・扇・蒔絵

（日元貿易）

明

- 1368 元が滅亡、**明**成立
- 71 **海禁**を実施、対外関係を朝貢・冊封に限定
- 92 **朝鮮**成立
- 1405 **鄭和**の南海遠征(～33)
- ○ 明への**朝貢**が盛ん
- 輸入品：銅銭・陶磁器・生糸・絹織物
- 輸出品：刀剣・銅・硫黄
- ○ 万里の長城を修復
- 46 朝鮮の世宗、**訓民正音**(のちのハングル)を公布
- ○ モンゴル、倭寇との対立(**北虜南倭**)
- 49 土木の変、オイラトのエセンが正統帝を捕虜に
- 1530～ 日本銀の増産、明へ流入

（勘合貿易）

- 50 庚戌の変、アルタン=ハーンが北京を包囲
- 57 ポルトガル人、マカオの居住権獲得
- 67 **海禁政策**の緩和
- 70～メキシコ銀の流入
- 輸入品：鉄砲・火薬・生糸・絹織物
- 輸出品：銀

（南蛮貿易）

- 輸入品：生糸・絹織物
- 輸出品：銀・銅・陶磁器・漆器

（朱印船貿易）

- 1616 **ヌルハチ(太祖)**、**満洲(女真)人**を統一し、**後金**建国
- 19 オランダ、バタヴィア建設
- 24 オランダ、台湾支配のためゼーランディア城を築く
- 36 後金、国号を**清**に改称
- 37 朝鮮が清に服属
- 44 明の滅亡

清

- 清が中国統一
- 61～83 **鄭成功**、台湾を占領
- 83 清、台湾を平定
- ○ 貿易は**互市貿易**が主流に

（「4つの窓口」）

日本の主な動き②

平安時代

- 1175 法然、**浄土宗**を開く
- 80 治承・寿永の乱(～85)
- 85 **源頼朝**、**守護・地頭**を設置
- 91 栄西、**臨済宗**を伝える
- 92 源頼朝、**征夷大将軍**となる(鎌倉幕府)

鎌倉時代

- 1221 **承久の乱**
- 24 **親鸞**、**浄土真宗**を開く
- 27 道元、**曹洞宗**を伝える
- 32 **御成敗式目**制定
- 53 日蓮、**日蓮宗**を開く
- ○ 一遍、**時宗**を開く
- 74 文永の役／81 弘安の役 ｝蒙古襲来

（鎌倉新仏教の広まり）

- 1325 幕府が元に貿易船派遣
- 33 鎌倉幕府滅亡
- **建武の新政**

南北朝時代

- 36 南北朝時代(～92)
- 38 **足利尊氏**、**征夷大将軍**となる(室町幕府)
- **前期倭寇**の活動が激化

室町時代

- 92 南北朝の合体
- 1402 **足利義満**、明から日本国王に**冊封**
- 04 明との**勘合貿易**始まる
- 29 **中山王**、琉球を統一

（北山文化）

- 67 応仁の乱(～77)
- 85 **山城の国一揆**
- 88 **加賀の一向一揆**

（東山文化）

戦国時代

- 1526 **石見銀山**の採掘始まる
- 43 ポルトガル人、種子島漂着(**鉄砲**伝来)
- 47 最後の遣明船派遣
- 49 **ザビエル**、キリスト教布教
- **後期倭寇**の活動が激化
- ○ 南蛮貿易で**堺**が栄える

（南蛮文化の伝来）

- 60 **桶狭間の戦い**
- 73 室町幕府滅亡

安土桃山時代

- 75 長篠の戦い
- 82 **天正遣欧使節**が出発
- **本能寺の変**
- 90 **豊臣秀吉**、全国統一
- 92 **文禄の役**(～93)／97 **慶長の役**(～98) ｝朝鮮出兵

（桃山文化）

- 1600 **関ヶ原の戦い**

江戸時代

- 03 **徳川家康**、江戸幕府を開く
- 04 貿易船に朱印状下付➲p.6
- 07 初の朝鮮通信使来日➲p.55
- 09 オランダ、平戸に商館設置
- 島津氏、琉球を征服
- 己酉約条(対馬の宗氏と朝鮮の通商条約)
- 35 **武家諸法度**、参勤交代の制度化
- 日本人海外渡航・帰国禁止
- 37 **島原・天草一揆**(～38)
- 39 **鎖国令**(ポルトガル船来航禁止)
- 41 オランダ商館を出島に移す(「鎖国」の完成)➲p.5、54
- 69 シャクシャインの戦い
- 89 長崎に唐人屋敷を設置

1 武家政権の誕生(鎌倉時代)

←**1 鶴岡八幡宮**　1192年に源頼朝が征夷大将軍に任命され、名実共に**鎌倉幕府**が武家の政権として成立した。しかし、この時代は朝廷や寺社勢力の力も大きく、幕府の影響力・支配力は幕藩体制に基づく江戸幕府とは異なるものであった。また、征夷大将軍とは本来蝦夷征討のために設けられた臨時の役職であったが、源頼朝の任命以降は、武家の棟梁を意味するようになった。

2 明の冊封の下での交易(室町時代)

→**4 鹿苑寺金閣**　**室町幕府**は、対立していた南朝へ備えるために、京都に置かれた。足利義満の時代には南北朝の合一や有力守護の討伐などが行われ、幕府は最盛期を迎えた。また義満が始めた日明貿易は、幕府の大きな収入源となり、義満はその利益で金閣をつくった。しかし、室町幕府はほかの時代の幕府と比べて力が弱く、守護大名の協力によって成り立っていた。守護大名の統制に失敗した幕府は、応仁の乱を招き日本は戦国時代に突入する。

3 戦国の動乱と南蛮貿易

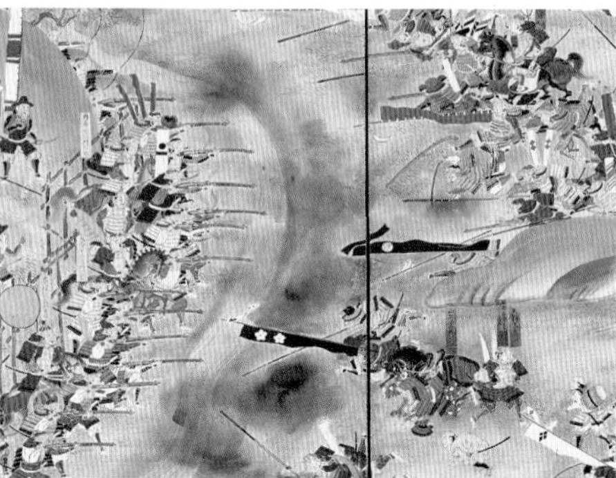

〈「長篠合戦図屏風」(連子川退陣場面、部分) 徳川美術館蔵〉

←**8 長篠の戦い**　1575年、三河(現在の愛知県)の長篠で織田信長・徳川家康の連合軍が武田勝頼軍と戦った。連合軍は馬防柵を組み、足軽鉄砲隊の一斉射撃によって武田軍の騎馬隊を破った。鉄砲に使用する火薬の原料は、南蛮貿易によってのみ入手可能であり、戦国時代においては、国内外のつながりが戦の勝敗を決める一因となった。

4 全国を統一した江戸幕府(江戸時代)

→**11 江戸城**　1603年に徳川家康が征夷大将軍に任命され、**江戸幕府**が成立した。幕府の統制は大名をはじめ朝廷・公家にも及び、それまでの幕府と比べその影響力は大きかった。江戸城は当初小規模な城であったが、徳川家康の入城以降、天下普請により大規模な改築が行われ、その規模は拡大していった。幕府の影響力は本州以外にも及び、**琉球王国**には島津氏の征服を許可し、蝦夷地には松前氏に**アイヌの人々**との交易の独占権を与えた。

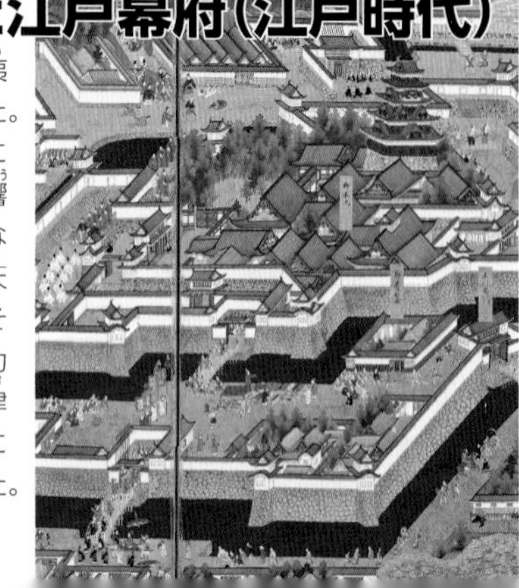

〈「江戸図屏風」国立歴史民俗博物館蔵〉

〈「蒙古襲来絵詞」皇居三の丸尚蔵館蔵〉国宝

⬆2 蒙古襲来 元は日本に対して朝貢を要求してきたが、鎌倉幕府はこれを拒否した。日本の対応を受け、元は高麗や南宋の兵も動員し2度にわたり襲来した。日本は集団戦法や毒矢、てつはうなどの戦術に苦戦しつつも、御家人の奮戦や天候の影響などによりこれを撃退した。

世界の中の日本 日本に流入した中国の銅銭

⬆3 沈没船から見つかった銅銭 1976年に韓国新安沖で発見された沈没船から、800万枚(28t)もの銅銭が見つかった。

鎌倉時代より日本では貨幣経済が発達し、銭貨の需要が高まった。しかし当時の日本は958年以降銭貨を鋳造していなかったため、大量の銅銭を宋から輸入していた。銅銭の輸入は元の時代にも引き続き行われ、政治的には**蒙古襲来**などの対立があったが日元貿易をはじめとする民間交流は盛んに行われた。

日本国王之印

⬆5 足利義満が明より任命された称号 明との貿易は冊封関係➔p.27に基づく朝貢貿易に限定されていた。義満は明との貿易を始めるにあたり「日本国王」の称号を受けた。写真の印は、後に日明貿易を引き継いだ大内氏が所持していたものである。〈毛利博物館蔵〉

〈曜変天目(茶碗)「稲葉天目」静嘉堂文庫美術館蔵〉国宝

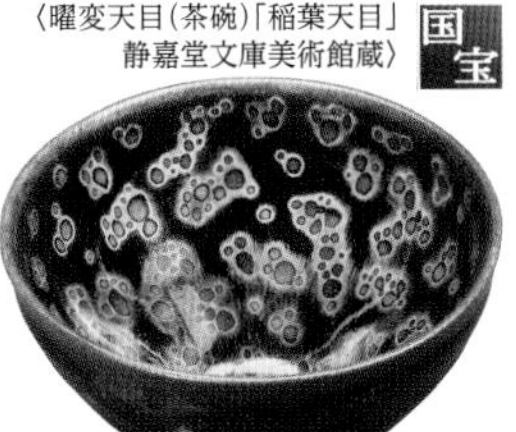

⬆6 曜変天目茶碗 唐物陶器の中で最も貴重なものとされ、世界中で現存する曜変天目茶碗は日本にある3個のみであり、すべてが国宝に指定されている。

世界の中の日本 琉球王国の繁栄➔p.103

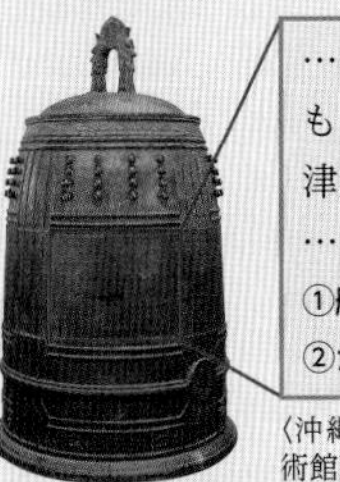

……舟楫①をもって万国の津梁②となし……

①船を通わせて
②かけ橋

〈沖縄県立博物館・美術館蔵〉

⬆7 万国津梁の鐘 1458年に鋳造され、首里城正殿前に掛けられた梵鐘。

1429年に中山王尚巴志は全島を統一し、**琉球王国**を建国した。琉球は生産物に乏しかったため、明との朝貢貿易を通じて大量の商品を輸入し、それを別の国へ輸出した(中継貿易)。朝貢の回数も周辺諸国より多く、日本の9倍にも及ぶ。琉球王国は東・東南アジアにおける貿易の中継地となり、繁栄を誇った。

〈狩野内膳作「南蛮屏風」(右隻)神戸市立博物館蔵〉

⬆9 南蛮屏風 日本へ来航した南蛮人の風俗を描いた屏風絵。上陸した船長(カピタン)をイエズス会の宣教師やフランシスコ会の修道士が迎えており、貿易と布教が一体化していたことが分かる。

『鉄炮記』【現代語訳】

1543年、小さな浦に巨大な船が現われた。どこの国のものか分からなかった。乗船していた者は100人余りであったが、その容貌はこれまでに見たこともなく言葉も通じず、……その中に明国の五峯①という者がいた。……織部丞は五峯に砂に書いて尋ねた。「船中の客はどこの国の方ですか。顔形といい、とても変わった方たちですが」と。五峯も砂に返事を書いた。「この方たちは異国の商人(西南蛮種の賈胡②)です。……」と。……(賈胡は)長さ2、3尺のものを持っていた。……それには火を通す穴が空いていた。……その穴から火を放つと、すべて命中した。……

①王直のこと➔p.29 ②ポルトガル商人

⬆10 鉄砲伝来を伝える史料から、ポルトガル人は自国の船ではなく、中国人倭寇 王直の商船に乗り込んで**種子島**へ来たことがわかる。

〈「会津藩主参勤交代行列図」会津若松市立会津図書館蔵〉

⬆12 大名行列 幕府による大名統制の一つとして、3代将軍家光のときに参勤交代が制度化された。これにより大名は1年おきに江戸と国元を行き来することとなった。大名行列や江戸の藩邸にかかる費用は藩にとって大きな負担となったが、江戸や宿駅の繁栄をもたらした。

世界の中の日本 禁教政策と島原・天草一揆

1637年、領主の過酷な徴税やキリシタン弾圧に抵抗した約3万7000人が、益田時貞(天草四郎)を首領として原城跡に立てこもった。幕府は約4か月かけてこれを鎮圧し、キリスト教の禁教政策を強めていった。39年には、貿易と布教が一体化していたポルトガル船の来航を禁止している。

〈天草市立天草キリシタン館提供〉

⬆13 天草四郎が使用したとされる陣中旗 聖杯の上には十字架をつけたパンが描かれ、それに天使が礼拝をしている。

中国の歴史① 漢～宋

○：このころ

中国	中国の主な動き①	東アジアの主な動き①	日本
殷・周	前17世紀 殷の成立		縄文時代
	青銅器の使用、甲骨文字(卜辞)		
	前11世紀 周(西周)の成立		
春秋・戦国時代	前770 東周の成立(～前256)		
	春秋時代(前770～前403)		
	前551ごろ 孔子が生まれる		
	諸子百家 学術思想の発達		
	前403～ 戦国時代(～前221)		
	鉄器の使用(農具)が普及		弥生時代
秦	前221 秦王の政が中国統一		
	始皇帝 位前221～前210	前190ごろ 衛満、古朝鮮の王となる(衛氏朝鮮)	
	前209 陳勝・呉広の乱(～前208)		
	前206 秦が滅亡		
前漢	前202 前漢が成立 都：長安	前108 漢の武帝、朝鮮4郡(楽浪郡、真番郡、臨屯郡、玄菟郡)設置(古朝鮮滅亡)	
	劉邦(高祖) 位前202～前195		
	郡国制を実施→郡県制(中央)と封建制(地方)を併用	前37ごろ 高句麗を建国	
		○ 各地にクニができる	
	武帝 位前141～前87	後57 倭奴国王、後漢の光武帝より印綬を受ける	
	中央集権制確立、領土の拡大		
新	後8 前漢滅亡→王莽が新建国	204ごろ 遼東の公孫氏、楽浪郡の南部に帯方郡設置	
後漢	25 漢の再興(後漢)		
	光武帝 位25～57	239 卑弥呼、魏に遣使(「親魏倭王」の称号)	
三国	220 後漢が滅亡→魏成立		
	221 蜀の成立	3世紀ごろ 三韓(馬韓・辰韓・弁韓)分立	古墳時代
	222 呉の成立	313 高句麗、楽浪郡を滅ぼす	
晋・五胡十六国・南北朝	265 魏の滅亡→西晋建国	346ごろ 百済の馬韓統一進む	
	280 西晋が中国統一	356ごろ 新羅の辰韓統一進む	
	316 西晋滅亡	372 高句麗に仏教伝来	
	○ 五胡が侵入	384 百済に仏教伝来	
	439 北魏が華北統一	391 高句麗、好太王即位(～412)、(倭国と南朝鮮での対立激化)	
隋	581 隋の成立 都：長安		
	584 大運河建設(～610)	538 百済、仏教を日本に伝える(一説には552)	
	文帝(楊堅) 位581～604		
	589 隋が中国統一	562 新羅、加耶を滅ぼす	
	均田制・租庸調制・府兵制 科挙を実施、皇帝権強化	600 第1回遣隋使	飛鳥時代
	煬帝 位604～618	607 小野妹子を隋に派遣	
	612 高句麗遠征(～614) →失敗	614 高句麗、隋を撃退	
		630 遣唐使派遣	
唐	618 隋の滅亡→唐の成立	645 大化の改新始まる	
	律令国家体制を成立	660 新羅・唐、百済を滅ぼす	
	高宗 位649～683	663 白村江の戦い(日本の百済援軍が新羅・唐軍に敗れる)	
	唐の領土最大、冊封関係整備 朝鮮半島への外征	668 新羅・唐、高句麗を滅ぼす	
		676 新羅、朝鮮半島統一	
	690 則天武后が即位	698 大祚栄、震国(のちに渤海国と改称)建国(～926)	
	玄宗 位712～756		
	713 「開元の治」(～741)	710 平城京に遷都	奈良時代
	751 タラス河畔の戦い	794 平安京に遷都	平安時代
	755 安史の乱	894 遣唐使の派遣中止	
	875 黄巣の乱(～884)	918 高麗の建国(～1392)	
五代十国	907 唐の滅亡	936 高麗、朝鮮半島統一	
	960 趙匡胤が宋(北宋)を建国	○ 国風文化	
北宋	979 北宋、中国を再統一		
		1115 金の建国(～1234)	
南宋	1127 金が北宋を滅ぼす	26 高麗、金に臣礼	
	南宋成立 都:臨安(杭州)	67 平清盛、太政大臣に	
	江南の発展「蘇湖(江浙)熟すれば天下足る」	○ 日宋貿易が盛ん	
		○ 高麗、青磁の生産	

東アジア ←20 →28

1 中華帝国の形成(漢)

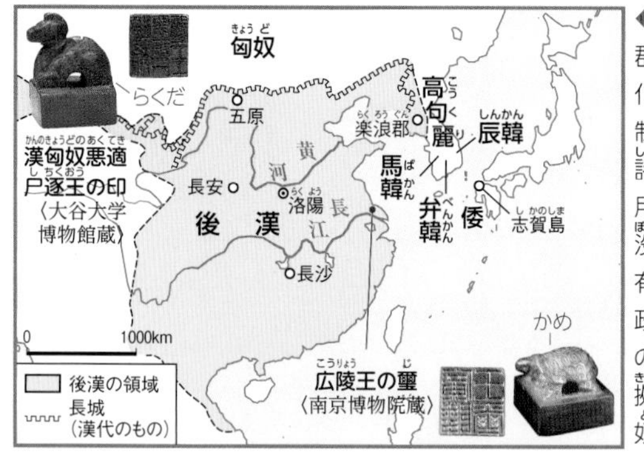

←1 漢代の中国 秦は郡県制を採用し中央集権化を図ったが、漢は郡県制とともに一族や功臣を諸侯に任じる郡国制を採用した。農民層は分解・没落し、豪族は大土地所有によって富を蓄え中央政界へと進出した。黄巾の乱をきっかけに群雄割拠化し滅亡していく。匈奴との争いにも苦しんだ。

2 分裂と再統一(隋・唐)

←7 長安を訪れる外国使節と唐の官吏 三国時代と五胡十六国時代を経てようやく隋によって統一されたが、煬帝の政策によって民衆は疲弊し反乱の末に唐が建国された。唐は律令体制を確立し長安を中心とする中央集権国家を完成させ、周辺諸国とは冊封関係を築き外国の使節を多く迎えた。

3 文治主義と周辺勢力の自立(宋)

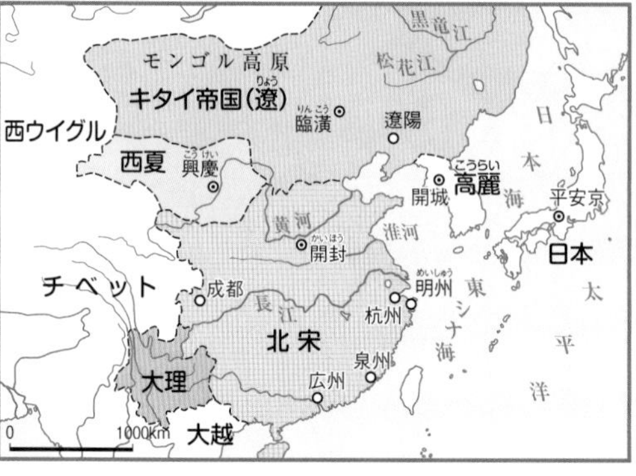

←10 宋代の中国 唐の末期は律令体制が緩み、地方を支配する節度使が武力を背景に自立化を進めた。五代十国の興亡の後に成立した宋は、節度使の権限を削り、安史の乱以後の武断政治の風潮を改め、皇帝が軍の指揮権を掌握し文官とともに文治政治を行う君主独裁体制を確立させた。

4 栄える宋の産業

＊江蘇省の中心都市蘇州と、浙江省の湖州を指す

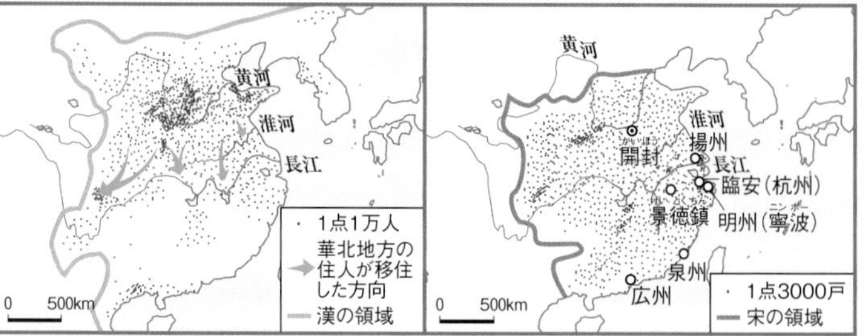

↑14 前漢時代の人口分布(後2年、左)と**宋代の人口分布**(1102～06年、右) 漢や唐代、華北に偏っていた人口は、宋代の本格的な江南開発によって南下した。長江下流域の繁栄は「蘇湖(江浙)＊熟すれば天下足る」といわれるほどだった。

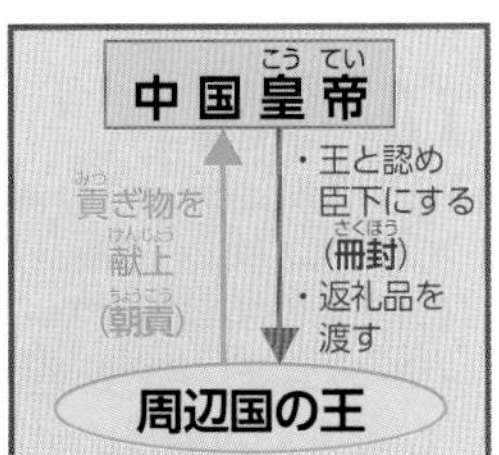

⬅**2 朝貢と冊封関係** 中国の皇帝は周辺諸国の支配者に臣下として貢ぎ物を持ってくるように要求し、その返礼を行う形式の貿易を行った(朝貢貿易)。また中国はこの支配者に中国の官位や爵号を与えて皇帝の臣下とし(冊封)、東アジアに中国を中心とする国際的秩序を形成した。これを朝貢・冊封関係という。この東アジアの中国と周辺諸国との関係は1895年の下関条約まで続いた。

➡**3 「漢委奴国王」の金印** 江戸時代に福岡県志賀島で発見された。金印は『後漢書』東夷伝に記された光武帝から奴国王に授けられた印と考えられており、小国であった奴国は自国の支配を優位にするために朝貢を行い冊封された。

⬇**4 印面**

〈福岡市立博物館蔵〉

儒教

➡**5 孔子**(前551ごろ～前479) 国家・社会の秩序を図り、仁の実践を唱えた。儒家の祖。

孔子を始祖とする思想や信仰の体系で、アニミズムなどを背景に春秋・戦国時代に成立した。いにしえの聖賢の政治を理想として仁や礼を尽くすことを教え、家族や君臣の秩序を守ろうとする。時の為政者に弾圧されることもあったが前漢の時代に保護され、新・後漢の時代には国教となった。中国やその周辺の国々、日本や朝鮮の思想面などに大きな影響を与えた。

⬆**6 曲阜の孔子廟での祭り**

⬆**8 長安城** 唐の都長安は、シルクロードを通じた西アジアやヨーロッパおよび周辺諸国の文化が入り、キリスト教や仏教、道教などさまざまな宗教の施設が建ち並ぶ国際都市であった。日本から訪れた遣唐使や留学生はここで学び、阿倍仲麻呂は朝廷に重用された。

MORE 朝鮮の歴史①～新羅時代

朝鮮半島では4世紀ごろには北部の高句麗、西南部の百済、東南部の新羅の三国が鼎立していたことが中国の『晋書』『宋書』や『高句麗好太王碑文』などから分かる。この三国時代を経て新羅は唐の律令制を取り入れ国力を増し、唐軍の指揮下で百済と高句麗を滅ぼし日本とも白村江で争った。その後、半島にあった唐の勢力も排除し、676年に朝鮮半島を統一した。

➡**9 8世紀ごろの朝鮮半島**

⬆**11 殿試の様子** 宋では皇帝が科挙の最終試験を主催した。権力をもつ貴族勢力を打倒したい皇帝はみずからに忠実な官僚を求め科挙の試験に臨席した。

⬇**12 儒教の経典『四書五経』の注釈などが書かれた下着** 官吏任用試験の科挙に合格するのは難しく『四書五経』を暗記しかつ作文の練習も必要とされたため、受験者の中にはカンニングに工夫をこらす者も出た。図は清代のもの。

MORE 朝鮮の歴史②～高麗時代

9世紀に新羅の統治が衰え、後百済と高麗の後三国時代となった。高麗は新羅王の降伏や渤海の遺民を受け入れる形で朝鮮半島を統一し、中国との朝貢関係を続けながら958年には科挙制度をとり入れて官僚制を整備することで安定政権を築いた。このなかで両班とよばれる貴族階級が形成され、その保護を受けて仏教と儒教が独自に発展した。

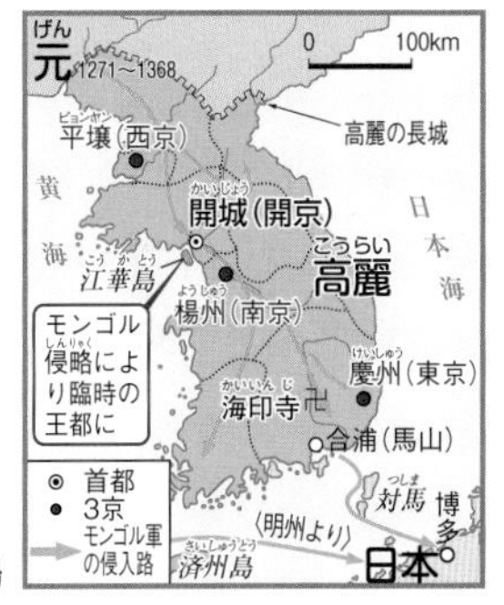

➡**13 13世紀ごろの朝鮮半島**

⬆**15 繁栄する開封(「清明上河図」)** 唐までの都市は政治都市で夜間は城門が閉ざされ、商売は制限されていたが、宋ではその制限がなく城外にも草市が営まれた。

世界の中の日本 日宋貿易

894年に遣唐使が停止され926年に渤海が滅び遣渤海使がなくなると、日本と周辺諸国との国交はなくなり仏僧以外の人的往来は公的には途絶えた。しかし東シナ海の拠点としての博多は健在で、中国商人はこの博多と中国の明州(寧波)との間を往来し私貿易を行った。明州には市舶司が置かれ、貿易を管理した。

⬆**16 日宋貿易のルート**

16世紀ごろ ←2
東アジア ←26 ←60

○:このころ

中国	中国の主な動き②	東アジアの主な動き②	日本
南宋	**チンギス=ハン(カン)** 位1206～27	1192 源頼朝、征夷大将軍となる	
	1206 クリルタイでチンギス=ハンの称号を得る(幼名テムジン) **モンゴル帝国**が成立	96 高麗で崔氏独裁(武人政権、～1258)	
	オゴタイ(オゴデイ) 位1229～41	1221 承久の乱	
	1234 金を征服	31 高麗でモンゴルによる侵攻始まる	
	35 都をカラコルムに定める		
	36 ヨーロッパ遠征(～42)	36 高麗版大蔵経(～52)	
	41 ワールシュタットの戦い		
	43 キプチャク=ハン国成立		
モンゴル帝国	**グユク** 位1246～48		
	1246 プラノ=カルピニがカラコルムに到着		
	モンケ 位1251～59		
	1254 ルブルクがカラコルムに到着		鎌倉時代
	58 イル=ハン国成立	59 高麗、モンゴルに服属	
	フビライ(クビライ) 位1260～94		
	1260 **高麗**を服属国として**冊封**		
	64 中都に遷都(72大都に改称)		
	68 日本に、朝貢と服属を要求	70 高麗、三別抄の乱(～73)	
	71 国号を**元**に改称		
	74 **元、高麗**を従えて日本侵攻	74 **文永の役**	
	75 **マルコ=ポーロ**が大都に到着		
	76 元、南宋を滅ぼす	76 博多湾岸に防塁を築く	
元	81 **元、高麗**と旧南宋軍を従えて再び日本侵攻	81 **弘安の役**	
	94 フビライが死去		
	モンテ=コルヴィノが大都に到着し、カトリックを布教		
	1307 チャガタイ=ハン国成立	1333 鎌倉幕府滅亡	
	51 紅巾の乱(～66)	50 ○**倭寇**、高麗沿岸に出現	南北朝時代
	68 **朱元璋**、大都を占拠(元滅亡) **明**を建国(都:南京)	○ 高麗使来日、倭寇の鎮圧を求める	
	洪武帝(朱元璋・太祖) 位1368～98	88 倭寇、高麗の光州侵攻	
	○ **海禁令**を発布、貿易を朝貢・冊封関係に限定 →前期倭寇の活動激化	92 **李成桂**、**朝鮮**を建国 南北朝の合体	
	1399 靖難の役(～1402)	1401 足利義満、明と国交を開き、朝鮮にも遣使	
	永楽帝(成祖) 位1402～24	02 義満、明の冊封を受ける	室町時代
	1404 日明間に**勘合貿易**が始まる	11 幕府、明と国交中断(～32)	
	05 **鄭和の南海遠征**(～33、7回)、諸国に**朝貢・冊封関係**を迫る	19 応永の外寇(朝鮮が対馬を攻撃)	
明	1421 北京に遷都(**紫禁城**を造営・**万里の長城**を修復)	46 **世宗**、**訓民正音**(のちの**ハングル**)を公布	
	モンゴル・倭寇との対立(**北虜南倭**)		
	49 土木の変(オイラト侵入)	67 応仁の乱(～77)	
	1555 後期倭寇が南京に迫る	1510 **三浦の乱**(朝鮮の日本人居留民の反乱)	
	57 ポルトガルにマカオの居住権		戦国時代
	67 海禁を緩和	23 寧波の乱	
	81 一条鞭法、全国で実施	47 最後の遣明船派遣	
	82 マテオ=リッチ、マカオに上陸	88 豊臣秀吉、海賊取締令発布	
	92 明軍、朝鮮を救援(～98) →日本との関係悪化	92～93 **壬辰倭乱(文禄の役)** 97～98 **丁酉倭乱(慶長の役)** 朝鮮出兵	安土桃山
	1631 李自成の乱(～45)	1603 徳川家康、征夷大将軍に	
	44 李自成が北京を占領 →明滅亡	07 朝鮮使節来日(以降12回)	江戸時代
清	**清**の順治帝、李自成軍を破り北京入場→清が中国支配	27 後金軍、朝鮮に侵入	
		37 朝鮮、**清**へ服属	
	61 **鄭成功**、台湾を占領	39 ポルトガル船の来航禁止	
	83 清、台湾を平定➔p.60	89 唐人屋敷を設置	

1 ユーラシアを覆うモンゴル帝国

←1 **モンゴル騎兵** モンゴル兵は千戸制で編制され、違反者には死刑を行うなど厳格な軍の規律があった。また軽装備の騎兵を主力としているので1日約70km移動するような圧倒的な機動力を誇っていた。さらに遊牧民族である彼らは生活のすべてを牛馬や羊の家畜に頼って生活しており、遠征時にはこれらの家畜を動く食料として共に移動したので、敵の兵力が集中しない間に撃破することができた。

↑2 **チンギス=ハン**(位1206～27) モンゴル帝国初代皇帝。モンゴルの遊牧民諸部族を一代で統一した。一族を中心に周辺諸国を征服し、帝国の基盤を築き上げた。万里の長城を越えて金にも侵入した。

↑3 **フビライ(クビライ)**(位1260～94) モンゴル帝国第5代皇帝。帝国の中心を中国の大都(現在の北京)に移動させ、東アジアを支配する元王朝を成立させた。高麗を服属させ日本にも服属を迫った。

2 北虜南倭に苦慮した明

北虜

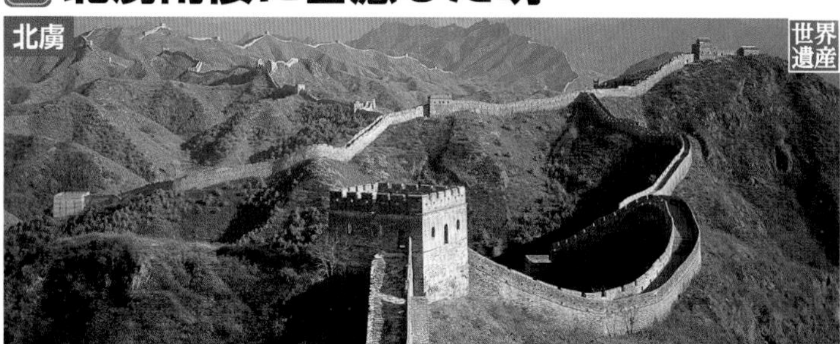

↑8 **万里の長城** 北方の匈奴などの遊牧民族が騎馬で侵攻してくるのを防ぐため、河南の地(オルドス地方)を占領した始皇帝は紀元前214年に城壁の建設を開始した。その後いくつかの王朝によって修築と移転が繰り返され、明王朝で最も拡大された。

〈「倭寇図巻」東京大学史料編纂所蔵〉

南倭

↑9 **倭寇** 洪武帝(朱元璋)は明国内の経済回復と治安維持のために、貿易を統制する海禁政策をとった。これに反発する日本人や中国人、朝鮮人は私貿易を行うために武装して抵抗し、中国や朝鮮の沿岸部を襲った。16世紀末に海禁政策が解除され、また、日本を統一した豊臣秀吉が海賊取締令を出したため、活動は収まった。

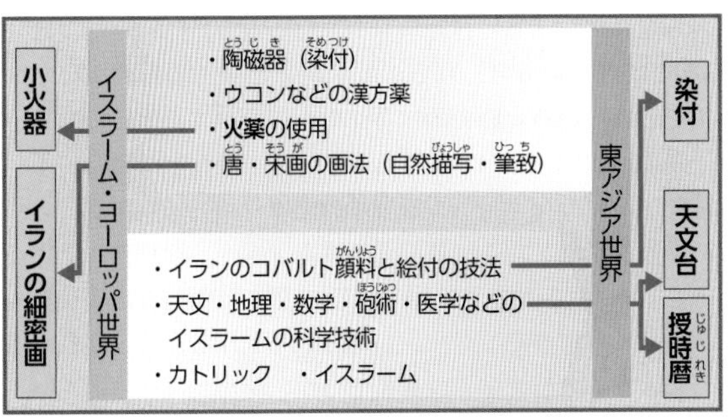

⬆4 **ユーラシア交流圏**　モンゴル帝国は商業を重視し、内陸は駅伝制（ジャムチ）を整備して公用の使者の往来を円滑化させた。海路は宋代から訪れていたムスリム商人に便宜を図り、黄河と長江の間に運河を整備し、結節点となる大都を建設し一大交通網を整備した。

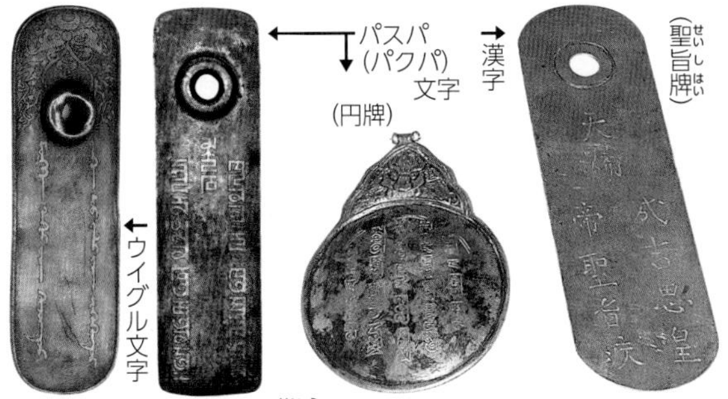

⬆6 **駅伝制（ジャムチ）の牌符**　モンゴル帝国は帝国全土の交易路を整備し、20〜30kmおきに宿舎・食料・換え馬を備えた宿駅を設置し交通の円滑化を図った。この整備は使者（イルチ）を介した情報伝達の迅速化をもたらし、商人による長距離交易の振興にも貢献した。

⬇5 **モンゴル帝国による交易路の整備と交流**

＊オゴタイ＝ハン国の存在は疑問視されている

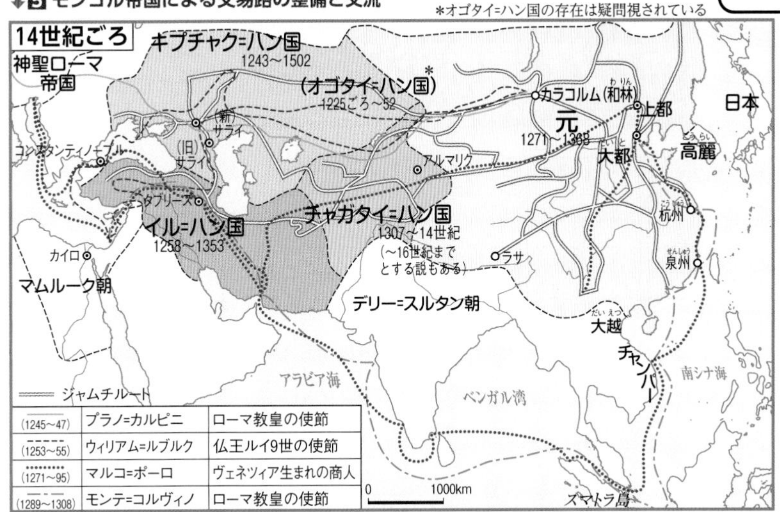

(1245〜47)	プラノ＝カルピニ	ローマ教皇の使節
(1253〜55)	ウィリアム＝ルブルク	仏王ルイ9世の使節
(1271〜95)	マルコ＝ポーロ	ヴェネツィア生まれの商人
(1289〜1308)	モンテ＝コルヴィノ	ローマ教皇の使節

世界の中の日本　「黄金の国ジパング」

ヴェネツィア出身のマルコ＝ポーロは元のフビライに仕え、そこで見聞きした事実を『世界の記述（東方見聞録）』で口述したといわれている。この本ではアジアの豊かな自然や宝物、さまざまな香辛料のこと、日本が黄金の国ジパングであることが紹介されている。このことは多くの冒険家の野心を刺激し大航海時代のきっかけとなったともいわれ、日本への関心にもつながった。

⬆7 **シルクロードで中国へ向かうマルコ＝ポーロとキャラバン**（「カタロニア地図」、1375年）

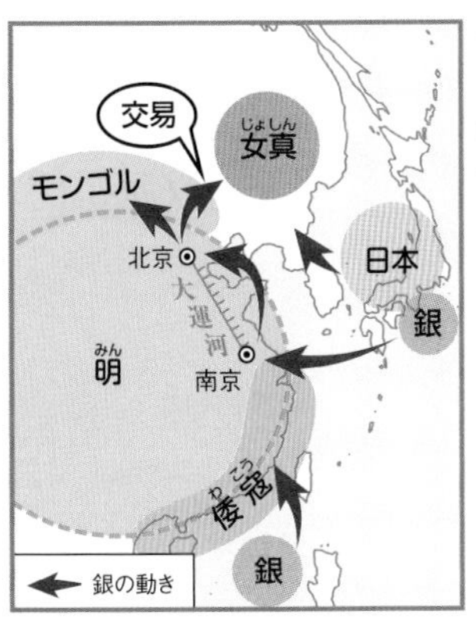

⬅10 **中国に集まる銀**　スペインはメキシコのポトシ銀山など新大陸の銀を独占し、世界通貨として広く流通するメキシコ銀をつくった。また日本で産出された銀も貿易で使われ、多くの輸出品をもつ明に銀が集まることになったため、中国で銀経済が復活し、東アジアの税制などに大きな影響を与えることになった。➲p.3

	前期倭寇	後期倭寇
時代	14〜15 世紀	15〜16 世紀
構成員	日本人中心	中国人・日本人・ポルトガル人など
侵略地	朝鮮半島・中国北部の沿岸	中国中・南部沿岸

（件）100 / 80 / 60 / 40 / 20 / 0　前期倭寇（件数）　後期倭寇（件数）　1325 50 75 1400 25 50 75 1500 25 50 75 1600（年）

⬆11 **前期倭寇と後期倭寇**　前期は大陸の品物を手に入れようとする日本人が中心であったが、後期は海禁政策下の明の商人が私貿易のために活動したものも含まれていた。

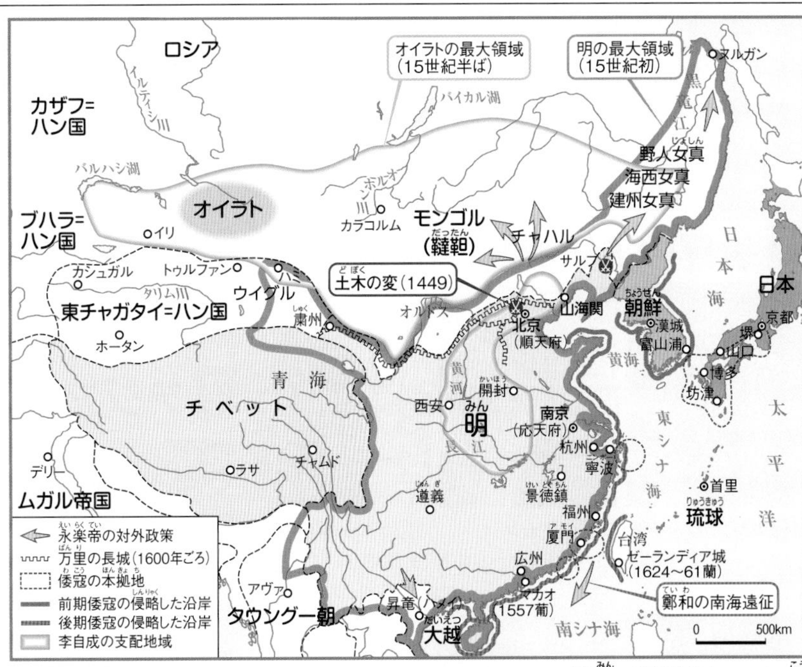

⬆12 **明の対外政策**（15世紀）　洪武帝は倭寇の禁圧と密貿易の取り締まりを行うために海禁政策を発した。この政策は貿易や海運に従事していた沿海部の非農業民を圧迫するものであり、海禁は徹底されず、明朝は海禁令を繰り返し発することになった。

ひと　**倭寇の頭目**　**王直**（？〜1559）

明が海禁政策を行うなか、密貿易に従事し倭寇の頭目となった。松浦隆信に招かれて平戸を中心に活動した。種子島に漂着した際に、同乗していたポルトガル人が日本に鉄砲を伝えたといわれる。➲p.25

・地域の基礎知識・

南アジア・東南アジア編 1

デリー（インド）
コルカタ（インド）
バンコク（タイ）
シンガポール（シンガポール）
℃
50
40
30
20
10
0
-10
気温
mm
400
350
300
250
200
150
100
降水量
0
1 4 7 10月
年平均気温 25.2℃ 年降水量 768mm
年平均気温 27.1℃ 年降水量 1842mm
年平均気温 28.9℃ 年降水量 1653mm
年平均気温 27.6℃ 年降水量 2199mm

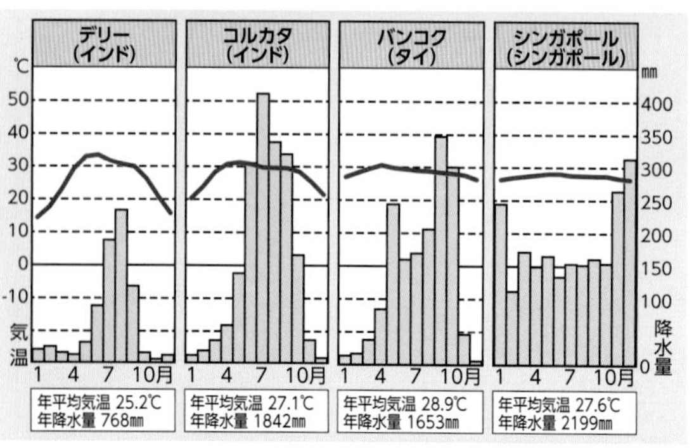

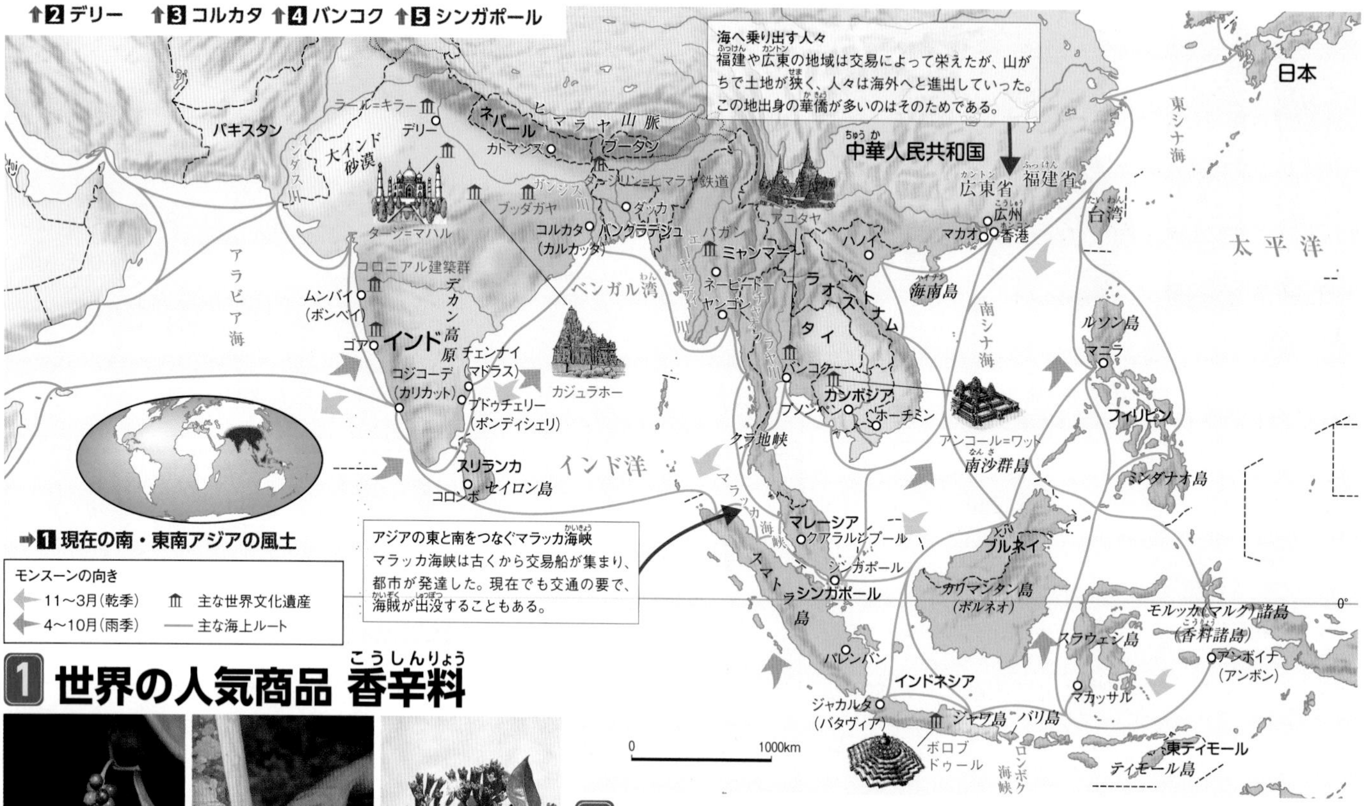

⬆2 デリー　⬆3 コルカタ　⬆4 バンコク　⬆5 シンガポール

南アジア・東南アジアの風土と人々

南アジアはヒマラヤ山脈からインド洋諸島を含む地域で、歴史的に「インド」とよばれてきた。その総面積は日本の約13倍にもなり、西方の乾燥地帯と東方の湿潤地帯に大きく分かれる多様な自然環境を含んでいる。歴史的に多くの人口を擁する地域であり、2020年時点で約19億人（世界人口の約４分の１）が生活している。東南アジアは、インドシナ半島などからなる**大陸部**と、マレー半島および多くの島々からなる**諸島部**に分かれており、大陸部には農業の発展を基盤とする比較的大規模な国家が、諸島部には盛んな**海上交易**を背景に港を中心とする国（港市国家）が成立し、多様で流動的な世界が形成されてきた。両地域はいずれもインド洋のモンスーン（季節風）を利用した海上交易が盛んで、ユーラシアの交易の要衝となる港市が多く位置するほか、デカン高原の綿花やインド南部の胡椒、モルッカ諸島のクローヴ（丁子）など、世界的に人気のある商品を多く産出した。盛んな交易を背景に、両地域における文化的な結びつきも強く、南アジアで発生した**仏教**や**ヒンドゥー教**、西アジアで成立した**イスラーム**（イスラム教）は、インド洋を通じて東南アジアにもたらされた。

海へ乗り出す人々
福建や広東の地域は交易によって栄えたが、山がちで土地が狭く、人々は海外へと進出していった。この地出身の華僑が多いのはそのためである。
アジアの東と南をつなぐマラッカ海峡
マラッカ海峡は古くから交易船が集まり、都市が発達した。現在でも交通の要で、海賊が出没することもある。
モンスーンの向き
11～3月（乾季）
4～10月（雨季）
主な世界文化遺産
主な海上ルート
パキスタン
大インド砂漠
ラホール＝キラー
デリー
ネパール
カトマンズ
ヒマラヤ山脈
ブータン
ガンジス川
ブッダガヤ
ダッカ
ダージリン＝ヒマラヤ鉄道
タージ＝マハル
コルカタ（カルカッタ）
バングラデシュ
アラビア海
コロニアル建築群
ムンバイ（ボンベイ）
デカン高原
ゴア
インド
チェンナイ（マドラス）
コジコーデ（カリカット）
ポンディシェリ（ポンディシェリ）
カジュラホー
ベンガル湾
スリランカ
セイロン島
コロンボ
インド洋
中華人民共和国
広東省
福建省
広州
マカオ
香港
台湾
日本
東シナ海
太平洋
ミャンマー
アユタヤ
ハノイ
ラオス
ベトナム
ネーピードー
ヤンゴン
海南島
タイ
バンコク
カンボジア
プノンペン
ホーチミン
アンコール＝ワット
南シナ海
南沙群島
ルソン島
マニラ
フィリピン
ミンダナオ島
クラ地峡
マレーシア
クアラルンプール
マラッカ海峡
ブルネイ
シンガポール
スマトラ島
カリマンタン島（ボルネオ）
モルッカ（マルク）諸島（香料諸島）
アンボイナ（アンボン）
スラウェシ島
パレンバン
インドネシア
マカッサル
ジャカルタ（バタヴィア）
ジャワ島
バリ島
ボロブドゥール
ロンボク海峡
東ティモール
ティモール島
0
1000km
0°

➡1 現在の南・東南アジアの風土

南・東南アジア ➡32

1 世界の人気商品 香辛料

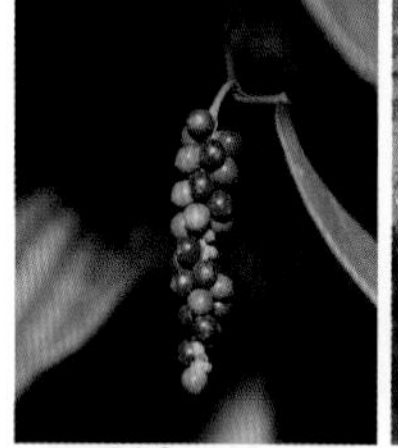

⬆6 胡椒
[主産地]インド・東南アジア

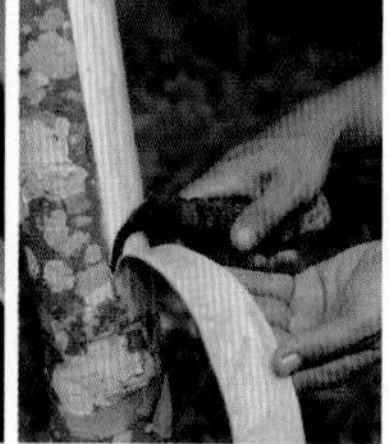

⬆7 シナモン
[主産地]インド・東南アジア

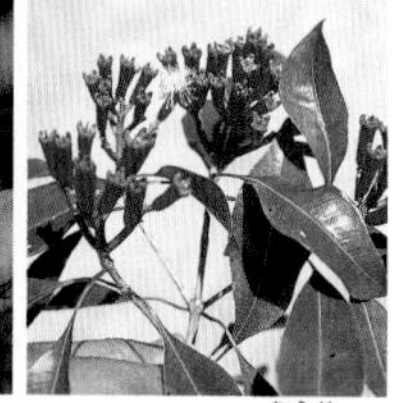

⬆8 クローヴ（丁子）
[主産地]インドネシア・モルッカ諸島

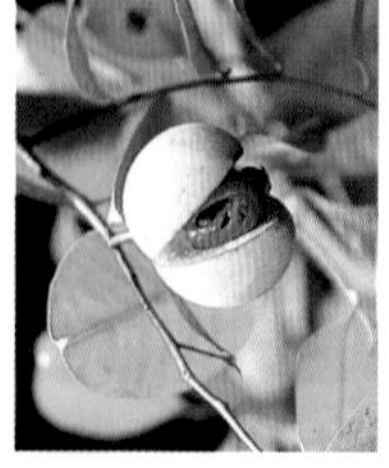

⬆9 ナツメグ
[主産地]モルッカ諸島

東南アジアやインドを主な産地とする香辛料は、ヨーロッパで薬や貴重な調味料として珍重された。きわめて高い価格で取り引きされたため、支配者の威信を示す財としても機能した。大航海時代 ➲p.44にヨーロッパで冒険者が危険な航海に乗り出し、また国家がそれを支援したのは、香辛料交易がばく大な利益をもたらしたためであった。

2 アジアの海を渡る船

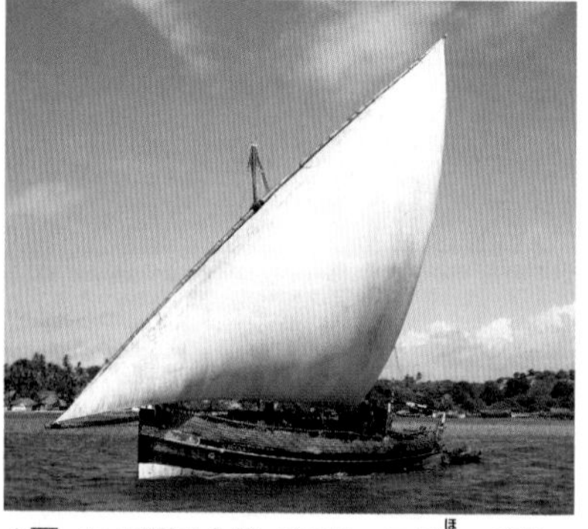

⬆10 インド洋の主役 ダウ船　三角帆で船体にくぎを用いない木造帆船。インドを中心に、ベンガル湾からアフリカ東岸までの季節風を利用した交易で活躍し、主にムスリム商人が利用した。

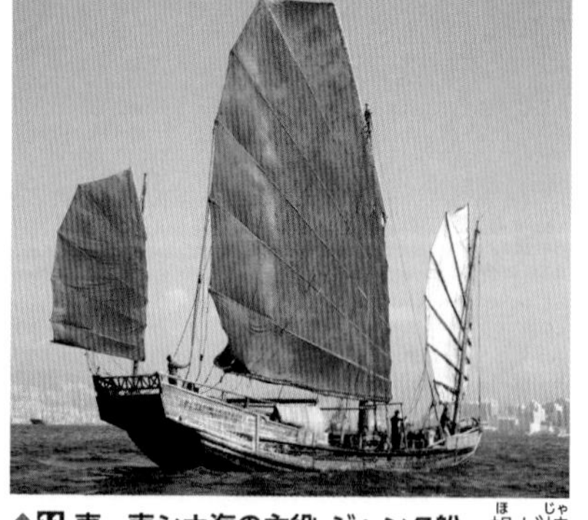

⬆11 東・南シナ海の主役 ジャンク船　帆が蛇腹式に伸縮し、船体を横断する隔壁で補強された帆船。中国から東南アジアに至る東・南シナ海交易で活躍し、中国商人が利用した。

特集 世界の宗教

1 宗教の分布

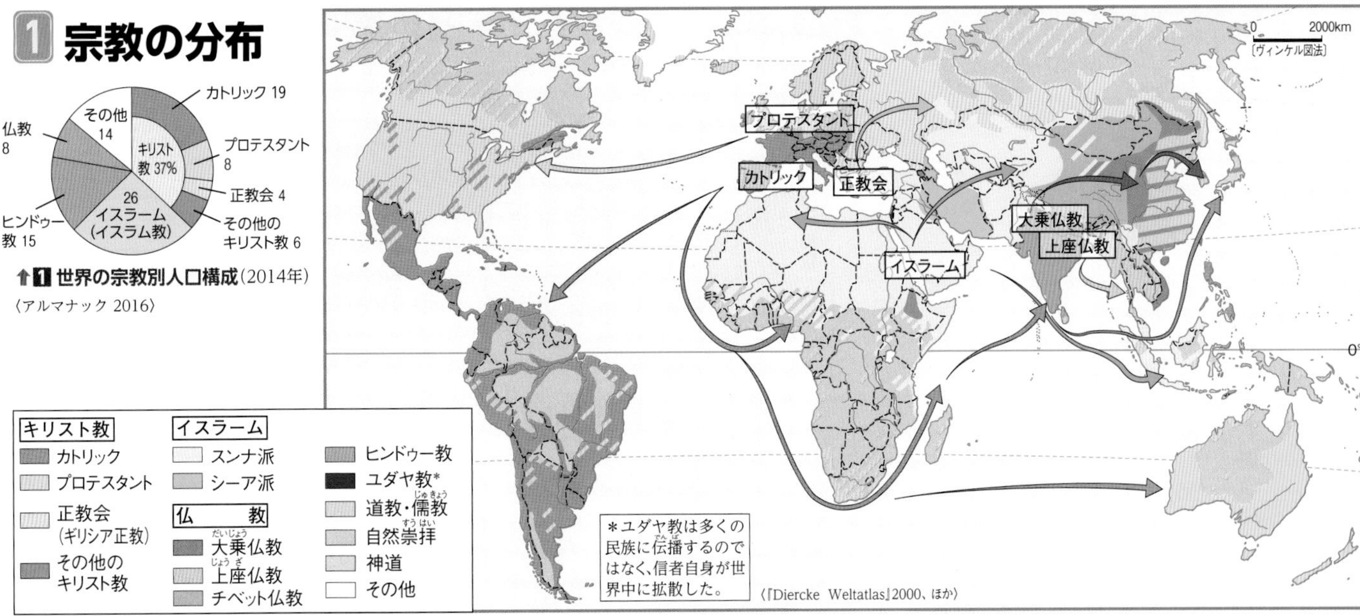

↑**1 世界の宗教別人口構成**（2014年）
〈アルマナック 2016〉

2 主な宗教の特色

	ユダヤ教➔p.35	キリスト教➔p.35	イスラーム➔p.35	仏教➔p.33	ヒンドゥー教➔p.33	道教	ゾロアスター教➔p.37
成立	前6世紀	1世紀	7世紀	前5世紀	紀元前後	5世紀	前7世紀
創始者	**モーセ**（前13世紀）などの預言者	**イエス**	**ムハンマド**	**ガウタマ=シッダールタ**	特定の開祖なし	寇謙之	ゾロアスター
神の名	唯一神ヤハウェ	唯一神（父なる神、子なるイエス、聖霊→三位一体説）	唯一神アッラー	なし（人間の普遍倫理である法）→大乗仏教の展開で多神教化	多神（シヴァ・ヴィシュヌなど）	多神	アフラ=マズダ ↕ アーリマン
経典	**『旧約聖書』**	**『旧約聖書』『新約聖書』**	**『クルアーン（コーラン）』**	律・経・論の三蔵	**『ヴェーダ』**など		『アヴェスター』
特徴	厳格な律法主義（モーセの十戒）選民思想、救世主（メシア）思想、偶像否定。	「イエスは救世主である」使徒ペテロ・パウロらの伝道。	神への絶対服従。六信五行の実践、偶像否定。	輪廻からの解脱により、「涅槃」の境地に。ヴァルナを否定。	ヴァルナの肯定、輪廻からの解脱、インド独自の社会習慣を形成。	太平道、五斗米道を起源とする中国の宗教。現世利益的。神仙・陰陽五行など日本にも伝わる。	善悪二元論。最後の審判（応報審判）の概念を説く。拝火教・祆教ともよばれる。

3 宗教による食生活への規制

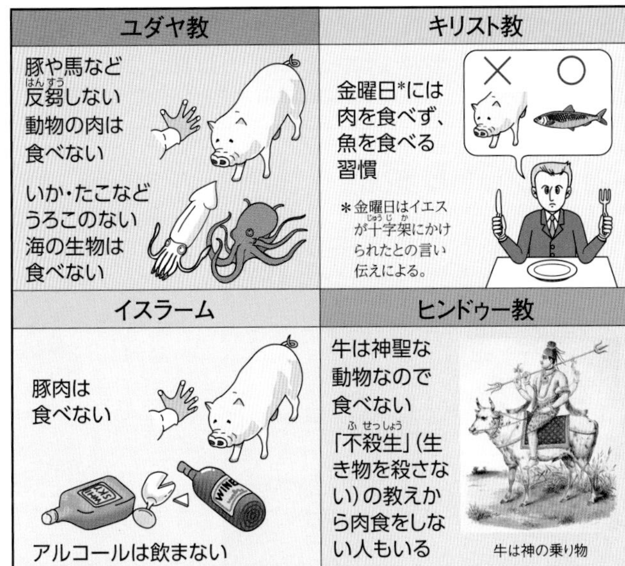

ユダヤ教
豚や馬など反芻しない動物の肉は食べない
いか・たこなどうろこのない海の生物は食べない
キリスト教
金曜日*には肉を食べず、魚を食べる習慣
✕ ○
＊金曜日はイエスが十字架にかけられたとの言い伝えによる。
イスラーム
豚肉は食べない
アルコールは飲まない
WINE
ヒンドゥー教
牛は神聖な動物なので食べない
「不殺生」（生き物を殺さない）の教えから肉食をしない人もいる
牛は神の乗り物

宗教上の戒律は、地域により厳格さが異なる。

4 日本人と宗教

日本では仏教と神道の信仰が多いが、生活のなかにさまざまな宗教を取り入れている。宗教感情は強くないが、宗教が混交し、共存しているのが日本社会の特徴である。

➡**2 ヴァレンタインデー** 3世紀にローマの兵士を秘密裏に結婚させ、皇帝から処刑された聖人ヴァレンタインに由来。

⬇**3 日本人の主な行事・生活と宗教**

宗教	行事・生活
神道	お宮参り、初詣 結婚式
道教	七五三 桃・端午の節句 お中元 お守り、風水
キリスト教	結婚式 クリスマス ヴァレンタインデー
仏教	葬式、法事 盆、彼岸

↑**4 桃の節句** ケガレを清める行事に由来。桃は中国では悪魔をうち払う神聖な木とされ、日本のひな祭りにも欠かせない。

南アジア・東南アジアの歴史

16世紀ごろ ←2

南・東南アジア ←30 →63

○：このころ　青字：宗教・文化　赤字：西欧の動き

南アジアの主な動き	東南アジアの主な動き	中国	日本
前2600ごろ~前1900ごろ インダス文明			
前1500ごろ~前600ごろ ヴェーダ時代			
○ アーリヤ人のインド移住	前1000~ ベトナムでドンソン文化が栄える	殷・周・春秋・戦国時代	縄文時代
バラモン教、ヴァルナ制の発達			
前566ごろ(諸説あり) ガウタマ=シッダールタ(ブッダ)生誕			
仏教の成立			
前317ごろ マウリヤ朝(~前180ごろ)			
前3世紀 アショーカ王(位前268ごろ~前232ごろ)がインド統一、仏教を保護			
前256ごろ スリランカに仏教伝来			
後1世紀 ローマとの季節風貿易(海の道)	後1世紀末 扶南(メコン川下流域)が海上交易で繁栄	秦・漢	弥生時代
1~3世紀 クシャーナ朝	2世紀末 チャンパー(林邑)成立(ベトナム中部)		
ガンダーラ美術栄える			
318ごろ グプタ朝(~550ごろ)		魏・晋・南北朝	古墳時代
ヒンドゥー教広まる	4~5世紀 インド文化広まる(ヒンドゥー教、仏教など)		
606 ヴァルダナ朝(~7世紀後半)	6世紀 カンボジア成立	隋・唐	飛鳥時代
612 北インド統一	7世紀 スマトラ島にシュリーヴィジャヤ成立		
ヒンドゥー教さらに発展			
イスラーム伝来			
○ インド分裂時代(~13世紀)	8世紀半ば ジャワにシャイレーンドラ朝成立(~9世紀前半)		奈良時代
	ボロブドゥール寺院(ジャワ)建設(大乗仏教)		
800ごろ 北インド地方にプラティハーラ朝成立(~1019)	802 カンボジア、アンコール朝始まる(~1432)		平安時代
1000 ガズナ朝のインド侵入	1009 ベトナムに大越国李朝成立(~1225)	五代十国・宋	
	44 ビルマにパガン朝成立(~1299)		
	12~13世紀 アンコール=ワット、アンコール=トム建設		
1206 デリー=スルタン朝(イスラーム政権)(~1526)	○ アンコール朝最盛期		
	1225 ベトナムに大越国陳朝成立(~1400)		鎌倉時代
	57 タイにスコータイ朝成立(~1438)		
	93 ジャワにマジャパヒト朝成立(~1527ごろ)		
	13世紀末 イスラームが伝来	元	
1336 南インドにヴィジャヤナガル王国成立(~1649)	1351 シャム(タイ)にアユタヤ朝成立(~1767)		南北朝時代
	○ 大陸部の上座仏教化		
	14世紀末 マラッカ王国成立(~1511)		室町時代
1498 ヴァスコ=ダ=ガマ、インドに到着 ➔p.45 ➔p.63	○ 諸島部のイスラーム化		
	1428 ベトナムに大越国黎朝成立		
1510 ポルトガル、ゴア占領	1511 ポルトガル、マラッカ占領		戦国時代
シク教の成立	31 ビルマにタウングー朝成立(~1752)		
26 ムガル帝国(~1858)		明	
64 アクバル、ジズヤ(非ムスリムへの人頭税)を廃止	71 スペイン、マニラを建設		
○ ヒンドゥー教徒との融和			安土桃山時代
1600 東インド会社設立(英)	○ 東南アジアに日本町形成		江戸時代
32~53 タージ=マハル造営	1619 オランダ、ジャワにバタヴィア市を建て総督府を置く		
39 英、マドラス獲得			
○ ムガル帝国領土最大に	23 アンボイナ事件		
	44 中国で明が滅ぶ		

1 古代インドと仏教の成立

←1 **サーンチーのストゥーパ(仏塔)**　アーリヤ人の侵入後成立した**バラモン教**は、**ヴァルナ制**とよばれる身分制を形成したが、**仏教**などの新しく生まれた宗教がその教義や社会制度を批判した。前4世紀に成立した**マウリヤ朝**はインドを統一すると、仏教の思想を背景に国をまとめようとし、各地に仏塔や石柱碑を建造して、身分や人種ではなく、普遍的な仏法に基づく社会の統合・安定を図った。

←2 アショーカ王の石柱碑

2 ヒンドゥー教の確立

←5 **ガンジス川での沐浴**(ヴァラナシ)　紀元前後、バラモン教と非アーリヤ系の民間信仰が結びついて**ヒンドゥー教**とよばれる多神教が形成された。ヒンドゥー教は大衆に受け入れられて生活規範となったほか、宮殿でも仏教と並んで保護され、ヒンドゥーの世界観に基づく学問や芸術が発展した。

3 インドのイスラーム化

←7 **タージ=マハル廟**　**イスラーム**は中央アジアからトルコ系などの諸民族の侵入とともにインドにもたらされ、13世紀以降は北インドを中心にイスラーム系の王朝が成立した。16世紀には**ムガル帝国**が成立して17世紀にインドのほぼ全域を支配し、タージ=マハル廟に代表されるインド=イスラーム文化が花開いた。

4 東南アジアの変遷

←10 **アンコール=ワット**
東南アジアでは、発達した海上交易を通じインド文化を選択的に受け入れた。**ヒンドゥー教**の世界観に基づいたカンボジアの寺院群アンコール=ワットをはじめ、仏教やサンスクリット文学など、多様な文化を取り入れて東南アジア社会に合うようにアレンジした。

仏教

➔p.31

シャカ族の王子であったガウタマ=シッダールタ(のちのブッダ)は出家して悟りを開き、生まれ変わりのなかで際限なく繰り返す苦しみ(輪廻)からの解放(解脱)に至る方法を説いた。バラモン教を批判するとともに、極端な苦行を否定し、調和のとれた生き方を重んじる教えは、多くの信者を集め、王侯や大商人の保護を受けて各地に広まった。インドの諸文明とともに、陸海の交易路を通じて主に東・東南アジアに広く伝播した。修行を行う僧侶のみが解脱できるとする上座仏教と、すべての者が悟りを開くことができるとする大乗仏教の二派に大きく分類される。

⬆3 **ガウタマ=シッダールタ** ブッダとは「悟りを開いた人」の尊称。

MORE ヴァルナ制

鉄製農具により生産力が向上したインドでは、人口が増加し、社会の階層化が進んだ。**ヴァルナ制**はバラモン(司祭)を頂点とし、クシャトリヤ(王侯・戦士)、ヴァイシャ(一般民)、シュードラ(先住民)からなり、これに職業や地縁・血縁などに基づく共同体ジャーティが結びついて身分秩序が形成されたもの。のちにインドに拠点を築いたポルトガル人がこれをカスタ(血統)とよんだことから、現在カースト制と言われる。

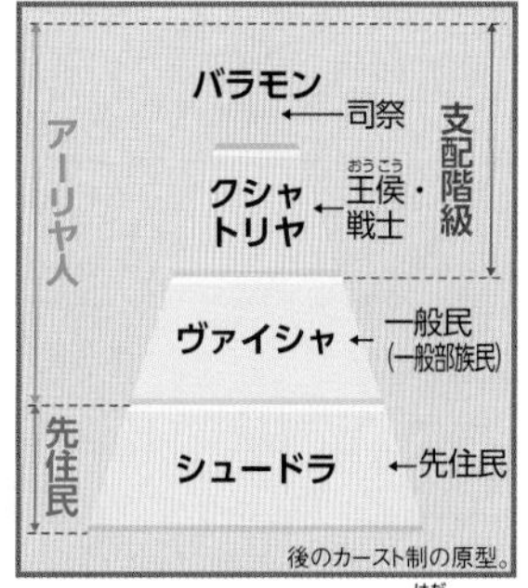

⬆4 **ヴァルナ制** 当初は肌の色に基づいて分類されたが、混血が進むと生まれを指すようになった。

ヒンドゥー教

➔p.31

バラモン教と、インドの民間信仰が融合して形成された多神教。仏教などに対抗するなかで生き残りを図ったバラモン教は、民衆の冠婚葬祭を通じてインド社会へと浸透し、そのなかで先住民が信仰していたシヴァ神やヴィシュヌ神を取り込んで大衆化していった。バラモン教から輪廻や解脱の概念を受け継ぎ、ヴァルナやジャーティを否定しない。もとは「インドの、イスラームでもキリスト教でもない宗教」のことを指す英語であり、唯一の開祖や経典をもたない、インドの人々の多様な信仰を表す言葉である。

⬆6 **踊るシヴァ神** ヒンドゥー教の三大神の一つで、破壊・舞踏・再建などの神。

MORE なぜインドで仏教が衰退したのか

バラモンが信者の冠婚葬祭を担って**ヒンドゥー教**として地域社会に根を下ろしたのと対象的に、俗世を捨てて出家した仏僧は民衆の生活から離れた。また、支配者の支持を失い、出家者が減少するのを止めるためにヒンドゥー教から多くの要素を取り入れたことが、仏教自体がヒンドゥー教に取り込まれる結果を招いた。

理由①:ヒンドゥー教の儀礼などが日常生活に密着していったから。
理由②:商人たちからの経済的支援を失ったから。
理由③:熱烈なヒンドゥー教信仰がおこり、排斥されたから。
理由④:仏教が高度な学問へと発展し、一般庶民の日常生活から離れた難解な思想となったから。

⬅8 **サファヴィー朝の王を抱きしめるムガル皇帝** ムガル帝国は、在地のヒンドゥー教徒に加えてイラン系やトルコ系など新たに流入した多様な人々を登用することで最盛期を実現した。特にペルシア語を行政言語としたためイラン系官僚を重用し、イラン高原のサファヴィー朝とは緊密な友好関係を保った。インドの言語にペルシア語の語彙や文字が取り入れられたウルドゥー語も生まれた。

シク教

開祖ナーナクは15世紀半ばのパンジャーブ地方に生まれ、ヒンドゥー教とイスラームの教えに影響を受け、両教の融和を図る新たな宗教を創出した。教団がムガル帝国から迫害を受けるなかで、髪を切らずターバンを巻き、髭を伸ばすという慣習が生まれた。カースト制を否定し、住居や職業選択に対する考えが比較的自由であったことから、近代に海外移住を積極的に行ったため、現在でも多くのシク教徒がアメリカや東南アジアで活躍している。

⬆9 **ナーナク**(1469～1538)

上座仏教 / イスラーム / ヒンドゥー教 / 儒・仏・道教 / キリスト教 / その他
大乗仏教(黒数字は流入年 黒数字は国教化の時期)
上座仏教(青数字は流入年 青数字は国教化の時期)
イスラーム(赤数字は流入年 赤数字は国教化の時期)

ミャンマー、ラオス、ベトナム、タイ、カンボジア、アンコール=ワット、マレーシア、ブルネイ、フィリピン、ミンダナオ島、インドネシア、ジャワ島、バリ島、ティモール島、南シナ海、インド洋、バタック、11世紀、11世紀中ごろ、6C、13C、14C、4世紀、13世紀、15C中、1514～23、1578以前、16C末、7C、16C後半、8C、0、500km

⬅11 **現在の東南アジアの宗教分布** 海上交易に伴い、中国やインドからさまざまな宗教がもたらされた。その多くは民間信仰と結びついて独自の発展を遂げた。インドネシアは現在世界最多のムスリム(イスラム教徒)を有する国である。

⬆12 **托鉢を受ける僧**(タイ)

⬆13 **水上モスク**(マレーシア)

・地域の基礎知識・

西アジア・北アフリカ編 1

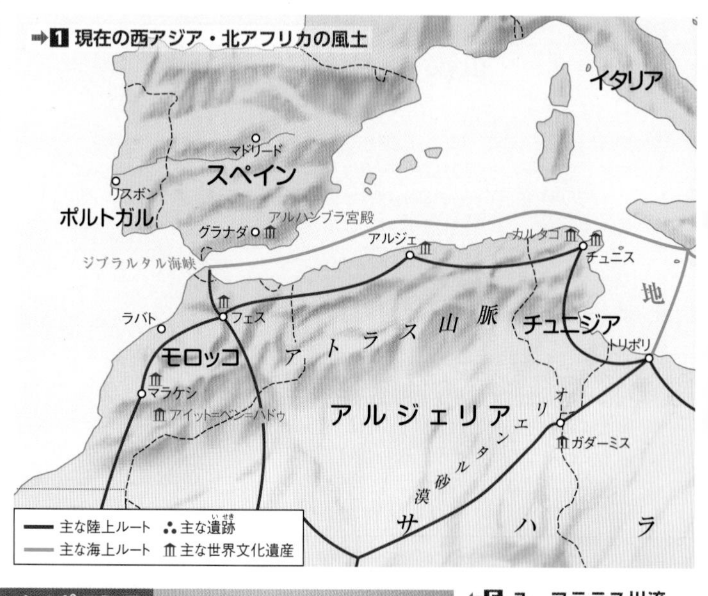

西アジア・北アフリカの風土と人々

大半は乾燥帯だが、「肥沃な三日月地帯」は降水に恵まれ麦類の栽培が始まった。メソポタミアとエジプトでは大河川の流域で**灌漑農業**が発達し都市文明が繁栄した。住民の多くはアフロ=アジア語族だが、前2000年以降、ペルシア人などインド=ヨーロッパ語族の人々が流入し、11世紀にはトルコ人がアナトリア高原周辺に定着した。ペルシア起源のゾロアスター教は「最後の審判」などの教義で**ユダヤ教**、**キリスト教**、**イスラーム**と続くこの地域に誕生した一神教に影響を与えた。

⬅4 **ナイル川流域の畑と集落** ナイル川の増水で肥沃な土壌が堆積する細長い地域と河口デルタでのみ、耕作が可能である。古代エジプト人は自分たちの国をケメト(黒い土地)とよんだ。ナイル川の氾濫後に農地を測量するために測地術が発達した。

⬅5 **ユーフラテス川流域のなつめやし** 高温少雨で乾燥地帯のメソポタミアはなつめやしの原産地。なつめやしの実は甘く高カロリーで、年2回の収穫が可能。枝葉や幹も、古くからロープ・マット・建材などに幅広く利用されてきた。

⬅6 **イスファハーンのバザール** 西アジアと中国では古くから大帝国が成立し、この両帝国を結ぶ内陸交易ルートが発達した。交通の要衝となった都市では大きなバザール(市)が建設され、手工業製品や食料など多くの店舗が集積した。イスファハーンは、サファヴィー朝の都として栄えた。

⬅7 **ブハラのカラーンモスク** 中央アジアの**オアシス**都市は東西交易の中継点として重要な役割を果たした。紀元前のアケメネス朝時代からソグド人が商業活動の中心を担い、彼らは中国へも進出していった。7世紀以降はイスラーム化が進み、各都市にはモスクが建てられた。

⬆8 **ボスポラス海峡**(イスタンブル) 地理的にはこの海峡の西側(図手前側)をヨーロッパ、東側(図奥側)をアジアと区分している。アジアの語源は、フェニキア人が「日の出る地方」をアスとよんだことによるともいわれる。小アジアとは、現在のトルコ共和国のアジア側領土の大半を占めるアナトリアとよばれる半島部分を指す。

MORE 無ければ困る、万能な液体「石油」

石油採掘が本格化したのは19世紀後半で、主に照明用の灯油として使われた。アメリカではロックフェラー➔p.84､121が設立したスタンダード石油が急成長した。ロシア帝国ではノーベル兄弟やロスチャイルド家によりバクー油田が開発された。その後、第2次産業革命、第一次世界大戦を経るなかで、ガソリンなどの動力燃料、発電のエネルギー源、またナイロンなどの化学繊維・プラスチック製品の原料として石油需要は急増した。石油の埋蔵量・採掘量ともに世界最大であった中東を、第一次世界大戦後、英仏が支配した。第二次世界大戦後、資源ナショナリズムの動きが強まったが➔p.169、現在でも石油利権と関係して米英仏は中東の政治動向に大きな影響力を及ぼしている。

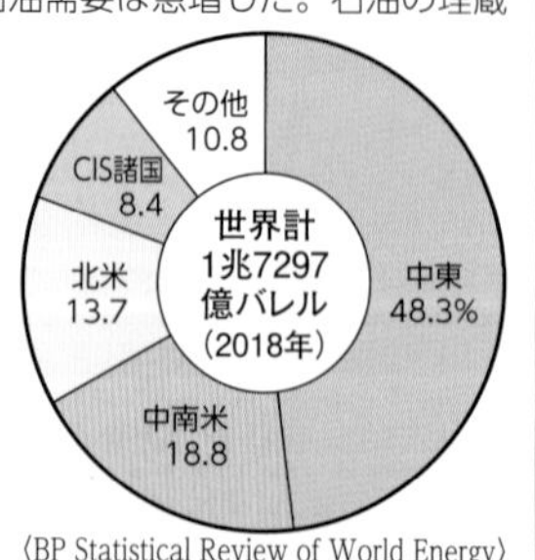

➡9 **世界の石油確認可採埋蔵量** シェールガスによる代替や他地域での増産が進んでいるが、依然として中東の重要性は高い。

〈BP Statistical Review of World Energy〉

西アジア・アフリカ
➡36

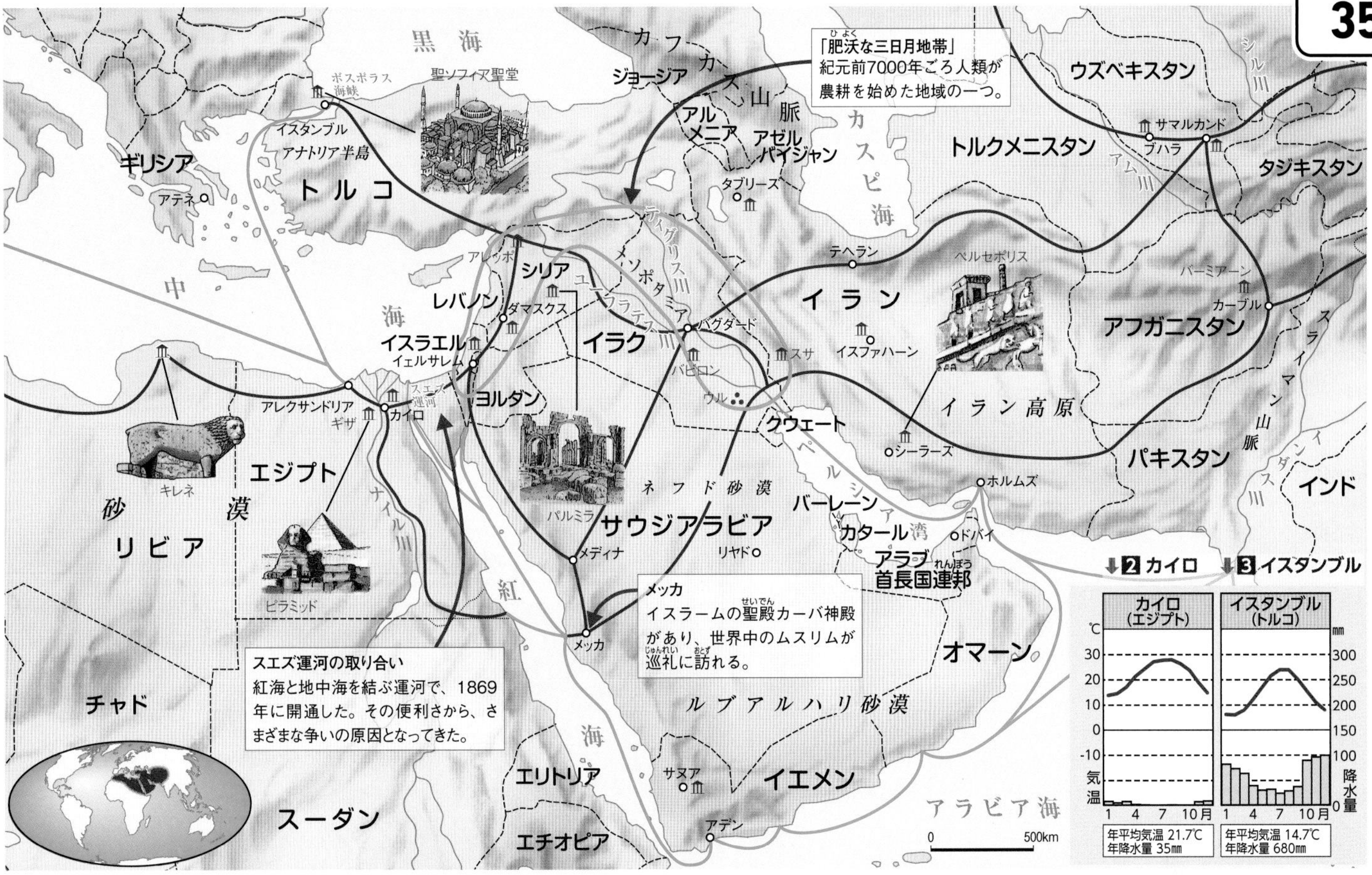

「肥沃な三日月地帯」
紀元前7000年ごろ人類が農耕を始めた地域の一つ。

スエズ運河の取り合い
紅海と地中海を結ぶ運河で、1869年に開通した。その便利さから、さまざまな争いの原因となってきた。

メッカ
イスラームの聖殿カーバ神殿があり、世界中のムスリムが巡礼に訪れる。

黒海　カフカス山脈　カスピ海　ジョージア　アルメニア　アゼルバイジャン　ウズベキスタン　トルクメニスタン　タジキスタン　ギリシア　トルコ　シリア　レバノン　イスラエル　ヨルダン　イラク　イラン　アフガニスタン　パキスタン　インド　クウェート　バーレーン　カタール　アラブ首長国連邦　オマーン　サウジアラビア　イエメン　エリトリア　エチオピア　スーダン　チャド　リビア　エジプト　地中海　紅海　ペルシア湾　アラビア海　砂漠　ネフド砂漠　ルブアルハリ砂漠　イラン高原　スライマン山脈　ティグリス川　ユーフラテス川　メソポタミア　ナイル川　インダス川　アム川　シル川

ボスポラス海峡　聖ソフィア聖堂　イスタンブル　アナトリア半島　アテネ　タブリーズ　テヘラン　イスファハーン　ペルセポリス　シーラーズ　サマルカンド　ブハラ　バーミアーン　カーブル　アレッポ　ダマスクス　イェルサレム　バグダード　バビロン　スサ　ウル　パルミラ　アレクサンドリア　ギザ　カイロ　スエズ運河　キレネ　ピラミッド　メディナ　リヤド　メッカ　ドバイ　ホルムズ　サヌア　アデン　0　500km

⬇2 カイロ　⬇3 イスタンブル

	カイロ（エジプト）	イスタンブル（トルコ）
年平均気温	21.7℃	14.7℃
年降水量	35mm	680mm

イェルサレムを聖地とする３つの一神教

嘆きの壁は前１世紀に**ローマ帝国**の宗主権の下でヘロデ王がヤハウェをまつった神殿の壁の一部で、ユダヤ教の聖地である。聖墳墓教会はイエスが磔の刑となったゴルゴタの丘に建てられ、イエスの棺も置かれているキリスト教の聖地である。岩のドームは、ムハンマドが天に昇り、神に面会した際の出発点とされる岩を覆うイスラームの聖地である。これら聖地が並ぶ旧市街の住民はイスラーム支配下では平和的に共存していたが、イスラエルの占領に伴い対立が激化した。➔p.121

岩のドーム　嘆きの壁　ユダヤ教徒居住区　聖墳墓教会　ムスリム居住区　キリスト教徒居住区　世界遺産

➡10 イェルサレムの旧市街

ユダヤ教

初期の中心的指導者　モーセ

神（ヘブライ語で「ヤハウェ」）との契約は律法としてまとめられ、特に預言者モーセを通して結ばれた契約「十戒」は、ユダヤ教徒全体が守るべきものとされる。聖典は旧約聖書（ヘブライ語聖書）。ラビとよばれる律法学者が礼拝所（シナゴーグ）で宗教的な指導者となっている。

現在の信者数　約1400万人

⬆11 ユダヤ教の聖地「嘆きの壁」

キリスト教

創始者　イエス

ローマ帝国に処刑されたイエスの死後の復活を信じ、人類の救世主（メシア）とする。神の子イエスにより神と人類との契約が結び直され（新約）、神は父・子・聖霊の３つの面をもつと考える（三位一体）。聖典は旧約聖書と新約聖書。教会組織をつくり、聖職者が神と信徒との間をつなぐ役割を果たす。

現在の信者数　約23億2000万人

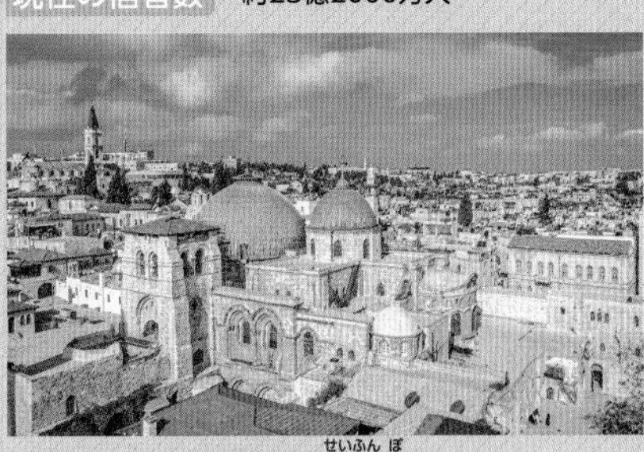

⬆12 キリスト教の聖地「聖墳墓教会」

イスラーム（イスラム教）

創始者　ムハンマド

神（アラビア語で「アッラー」）から人類への啓示は、預言者アダムから始まり預言者ムハンマドで終わると考え、アラビア語で下った最後の啓示をまとめたクルアーン（コーラン）を聖典とする。教会組織はなく、モスクは礼拝所である。ウラマーとよばれるイスラーム法学者が大きな役割を果たしてきた。

現在の信者数　約16億3300万人

⬆13 イスラームの聖地「岩のドーム」

西アジア・北アフリカの歴史

16世紀ごろ ←2

○：このころ　青字：宗教・文化　赤字：戦い

	西アジア・北アフリカの主な動き	日本
前27世紀	エジプト古王国(～前22世紀)	
	クフ王、ギザにピラミッド建造	
前20世紀末ごろ	古バビロニア王国(～前16世紀)	
前2000初め	アッシリア王国(～前612)	
前18世紀	ハンムラビ王、メソポタミア統一	
前1760ごろ	ハンムラビ法典(楔形文字)	
前17世紀	ヒッタイト王国(～前12世紀)	縄文時代
	○鉄器の使用	
前7世紀	アッシリアのオリエント統一	
前6世紀	ユダヤ教成立	
前550	アケメネス朝ペルシア成立(～前330)	
前525	アケメネス朝、エジプトを征服(オリエント再統一)	
	○「王の道」整備　サトラップ(知事)を設置	
前330	アケメネス朝、アレクサンドロス大王に征服される	
前27	オクタウィアヌスが「アウグストゥス」の称号を受ける	
	ローマ帝国成立(～後395)	
	パクス=ロマーナ(ローマの平和)	弥生時代
前4ごろ	イエス誕生	
後30ごろ	イエス処刑	
	○キリスト教成立	
224	ササン朝ペルシア成立(～651)	
	○ゾロアスター教、ササン朝の国教になる	
333	アクスム王国(エチオピアの前身)にキリスト教伝わる	古墳時代
395	ローマ帝国、東西に分裂	
570ごろ	ムハンマド生まれる	
610ごろ	ムハンマド、神の啓示を受け、預言者に	
622	ムハンマド、メディナに移る(ヒジュラ)	
	→この年をイスラーム暦元年とする	
	イスラーム世界の形成と拡大	飛鳥時代
632～661	正統カリフ時代	
642	ニハーヴァンドの戦い(ササン朝を破る)	
661	ウマイヤ朝成立(～750)	
691ごろ	アラブ人、アフリカ東海岸に移住し都市の建設開始	
711	ウマイヤ朝、イベリア半島征服	
732	トゥール-ポワティエ間の戦い	
	→ヨーロッパ側が勝利、イスラームの侵入を防ぐ	
750	アッバース朝成立(～1258)	
751	タラス河畔の戦い→中国の製紙法伝わる	奈良・平安時代
762	アッバース朝、新都バグダード建設始める	
	○イスラーム文化最盛期	
10世紀～	イスラームの地方王朝成立	
909	ファーティマ朝成立(～1171)	
10世紀初め	アフリカ東海岸諸都市栄える(スワヒリ文化)	
1038	セルジューク朝成立(～1194)	
96	第1回十字軍→ヨーロッパのイェルサレム占領	
1187	サラディン、イェルサレム奪回(→89 第3回十字軍)	
1204	第4回十字軍、コンスタンティノープル占領、ラテン帝国建設(～61)	
50	マムルーク朝成立(～1517)	鎌倉時代
99	オスマン帝国建国(～1922)	
1370	ティムール帝国建国(～1507)	
1453	オスマン帝国がビザンツ帝国を滅ぼす	
1501	サファヴィー朝成立(～1736)	
	オスマン帝国発展	室町時代
29	第1次ウィーン包囲	戦国時代
38	プレヴェザの海戦	
	オスマン帝国、東地中海の制海権掌握	
71	レパントの海戦	
	→オスマン帝国敗れる	安土桃山
1683	第2次ウィーン包囲失敗、オスマン勢力後退	江戸

西アジア・アフリカ ←34 →62

1 オリエントの文明と世界帝国

➡1 ギザの三大ピラミッド(エジプト)　第4王朝期に建設され、最大のクフ王のピラミッドはおよそ高さ137m、底辺230mである。太陽神ラーの化身とされるファラオの権力の大きさを示す建造物で、古くから王墓説があるがミイラは発見されておらず、神殿と考えられている。造営事業は人々にとっては強制労働ではなく、農閑期の公共事業であり、神への労働奉仕として参加していたとされる。10万人が毎年3か月ずつ20年間かけて造営にあたったと推測されている。

2 イスラームの誕生とイスラーム帝国の拡大

⬅5 メッカのカーバ神殿に集まる巡礼者と現在はカプセルに入れられている黒石(右下)　一生に一度、巡礼月にメッカ巡礼をすることは、ムスリムの義務(というよりも念願)とされている。ムハンマドがメッカを征服するとカーバ神殿の偶像はすべて破壊され、黒石が置かれた。

ひと　メッカの商人であった預言者 **ムハンマド**(570ごろ～632)

メッカの裕福な商人であったが、貧富の差の拡大や相互扶助精神の喪失に心を痛めた。40歳のときにアッラーの啓示を受け預言者であることを自覚し、布教を開始するが信者は増えず、逃れた先のメディナで市民の信頼を獲得しウンマ(共同体)を樹立した。

⬅6 装飾された『クルアーン(コーラン)』　ムハンマドに下されたアッラーの言葉(アラビア語)を忠実に著したイスラームの聖典。日常生活のあり方も含まれているが、体系的ではない。

3 トルコ系ムスリムの台頭

➡11 マムルーク騎士(シリア銀製品の一部)　ウイグル崩壊以降に西進を始めたトルコ人のなかには、戦争捕虜などとなって軍事奴隷としてイスラーム世界に入ってくるものがいた。彼らは騎馬と弓矢の技術に優れ、**イスラーム**に改宗させられたのちに解放され、**カリフ**など有力者の私的軍団を構成した。有能な者は軍の司令官や地方総督にも抜擢された。

⬆2 **ペルセポリス**(イラン) **アケメネス朝**最盛期の王ダレイオス1世が新都として建設を開始し、ここで新年の儀式が行われた。アケメネス朝は道路網を整備して地方にサトラップ(知事)を置き、監察官を派遣して不正を監視した。

⬅3 **戦車で出発するサトラップ**

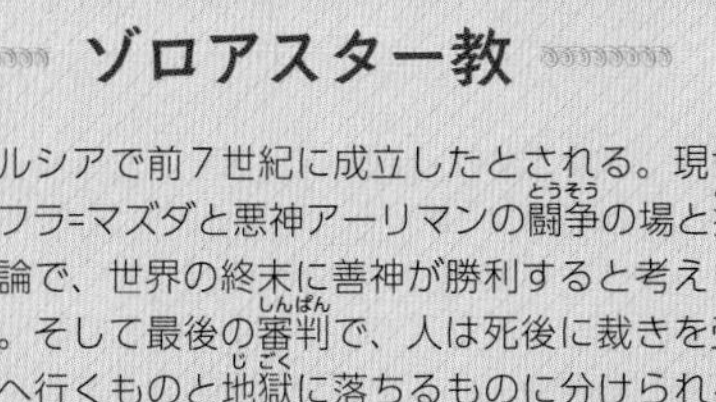

ゾロアスター教

ペルシアで前7世紀に成立したとされる。現世を善神アフラ=マズダと悪神アーリマンの闘争の場と捉える二元論で、世界の終末に善神が勝利すると考えられている。そして最後の審判で、人は死後に裁きを受けて天国へ行くものと地獄に落ちるものに分けられるとされる。この思想は**ユダヤ教**をはじめ一神教に影響を与えた。葬送は鳥葬や風葬で、火を使った儀式も特徴的である。サザン朝では国教とされ、遠くは中国へも広まっていった。

➡4 **ゾロアスター教の火を使った儀式が描かれたササン朝のコイン**

➡7 **イスラーム世界の発展**(8世紀)
⬇8 **馬に乗るアラブ戦士たち** ムハンマドの死後、ササン朝や**ビザンツ帝国**への軍事遠征が継続的に行われた。彼らは前線近くに建設した軍営都市(ミスル)に家族とともに移住してそこから出撃した。

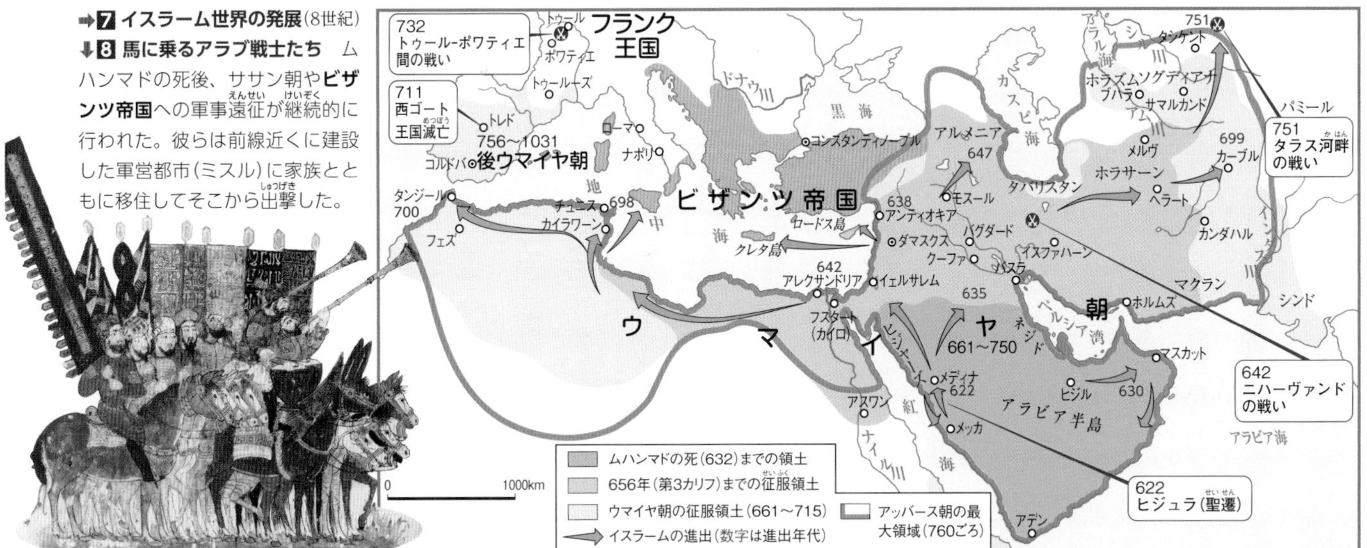

MORE スンナ派とシーア派

第4代カリフでムハンマドの従弟アリーは、ムハンマドの娘ファーティマと結婚していた。アリーが暗殺されると、シリア総督のムアーウィヤがカリフ位を主張して**ウマイヤ朝**を建てた。多くの人々はカリフ選任をウンマ(共同体)の総意として受け入れた(スンナ派)が、これに反対してアリーの子孫だけを正統な後継者とする人々(シーア派)はウマイヤ朝に敗れ離散した。現在、ムスリムの9割はスンナ派である。

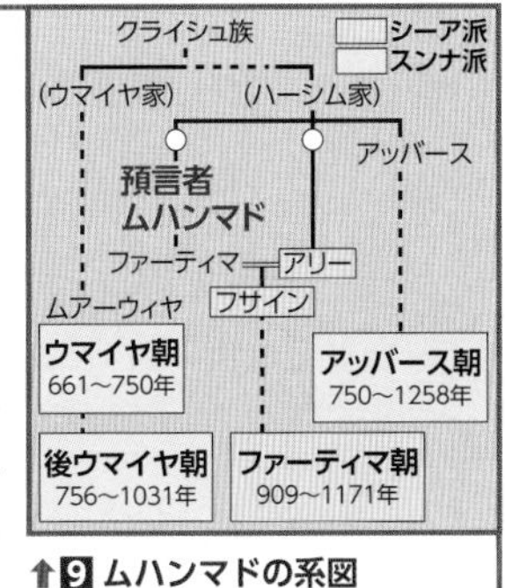

⬆9 **ムハンマドの系図**

毛織物 ワイン
毛皮 はちみつ 奴隷
絹 陶磁器 茶
金・象牙 塩・奴隷
香辛料 宝石・藍 綿織物
香辛料 白檀
キエフ / コンスタンティノープル / コルドバ / チュニス / トリポリ / アレクサンドリア / ダマスクス / バグダード / メディナ / メッカ / ジッダ / アデン / サマルカンド / 長安 / 杭州 / 広州 / 交州 / カリカット / モガディシュ / トンブクトゥ / ニジェール川 / チャド湖 / アラル海 / アラビア海
○ 主な交易品 ― イスラームの交易路
0 1000km

⬆10 **イスラームの交易路と交易品**

	宗教的指導者	政治・軍事的指導者
8～9世紀 ムスリムの平等の実現		
アッバース朝	**カリフ**〈アラブ系政権〉	
11世紀 諸民族の台頭と受容		
ブワイフ朝	**カリフ**〈おもにアラブ系〉	**大アミール**〈おもに**トルコ系**〉
12世紀 社会の活性化とイスラーム世界の拡大		
セルジューク朝	**カリフ**〈おもにアラブ系〉	**スルタン***〈おもに**トルコ系**〉
16世紀 諸宗教の緩やかな統合システム		
オスマン帝国	**スルタン(スルタン=カリフ制)**〈おもに**トルコ系**〉	

*君主の意。この称号を最初に用いたのはセルジューク朝のトゥグリル=ベク。

⬅12 **イスラーム世界の変容** **アッバース朝**カリフの権威は次第に衰え地方政権が分立し、シーア派王朝も誕生した。11世紀以降トルコ系王朝が台頭し、王は**スルタン**を称した。

➡13 **オスマン帝国の第1次ウィーン包囲** スレイマン1世はハンガリーを併合し、続いて1529年にハプスブルク家の本拠地ウィーンを包囲した。しかし、冬を前にして撤退した。

・地域の基礎知識・

アフリカ編

16世紀ごろ ←2

アフリカの風土と人々

無文字社会であったため歴史上不明な点もある。現在2000を超える言語集団に分けられているが、バントゥー系の言葉を話す人々が最も多い。気候は西アフリカの赤道付近から離れるにしたがって乾燥していき、同心円状に森林地帯、サバンナ、ステップが形成されている。前3000年にはサハラ南縁のサヘル地帯で雑穀や ごま の焼畑農耕と牛などの牧畜が行われ、前5世紀には鉄器文化が広がった。大河川の流域に核となる地域社会が成立した。

↑**2** **らくだ に岩塩を載せて運ぶキャラバン**　サハラは人々の往来を妨げるものではなく、「砂の海」であった。乾燥に強い らくだ を使いサハラを南北に貫くキャラバンルートが古くから発達し、塩金交易が盛んであった。

↑**3** **ケニア**(アンボセリ国立公園)　野生生物の楽園となっている東アフリカのサバンナ地帯。ここに5世紀までに移動してきたバントゥー系の人々は、雑穀などの焼畑農耕と牛などの牧畜を営みながら移動を繰り返した。

↑**4** **喜望峰**(南アフリカ)　ポルトガルのインド航路開拓事業が進められるなか、1488年にバルトロメウ=ディアスがここに到達した。これによりアフリカ大陸を廻り込んでインド洋へ入り、インドで香辛料貿易を行う展望が開けた。

西アジア・アフリカ →62

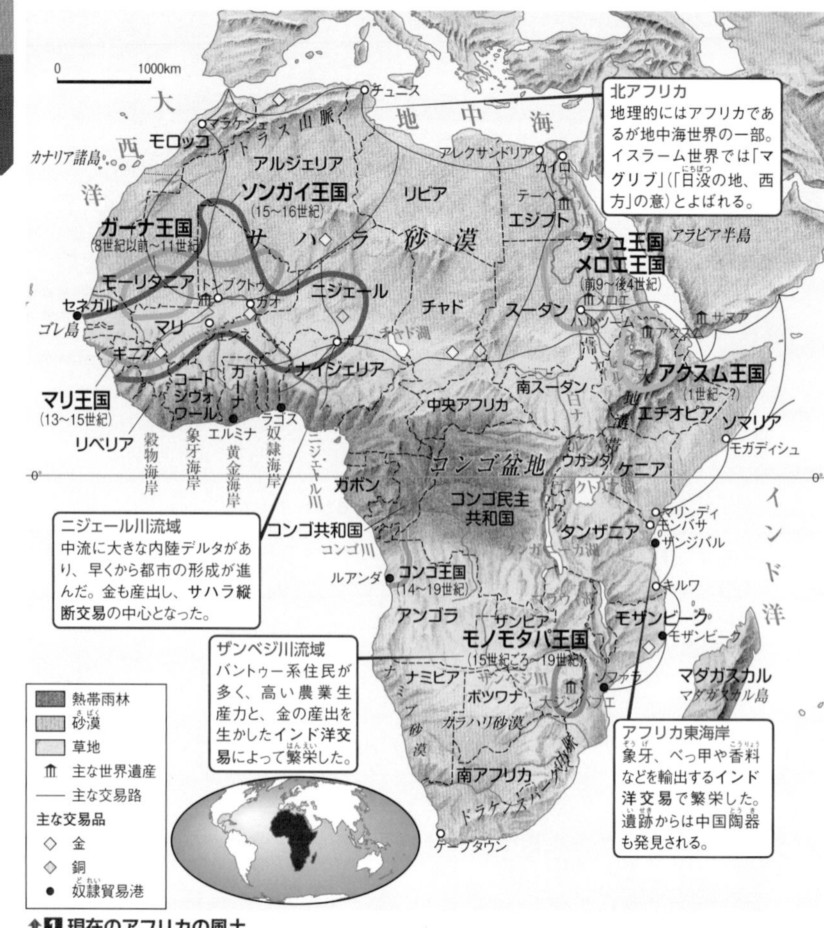

↑**1** **現在のアフリカの風土**

アフリカのキリスト教国　エチオピア

エチオピアでは、アクスム王国のエザナ王が333年に非カルケドン派の**キリスト教**を公式宗教とし、アレクサンドリア大主教から派遣された司祭が教会を統率することが慣例となっていた。アクスム滅亡後もエチオピアにはキリスト教王国が興亡し、ここから「プレスター・ジョン」伝説が生まれたとする説もある。19世紀末にエチオピア皇帝となったメネリク2世は行政や軍事の近代化を進め、1896年のアドワの戦いでイタリア軍を撃退し独立を守った。

↑**5** **地中に掘られた教会**(エチオピア　ラリベラの岩窟教会群)

世界の中の日本

黄熱病を研究した野口英世

野口英世は現在の福島県猪苗代町の貧農に生まれた。幼少期に負った左手の大やけどの手術を受けたことから医師を目指した。医術開業試験に合格したが、臨床ではなく伝染病研究者の道へ入った。1900年にアメリカへ渡航し、その後ロックフェラー医学研究所に勤務し、梅毒や黄熱病などの研究に従事し病原体研究の発展に貢献した。27年に現在のガーナへ出張し、翌28年、研究中に黄熱病に感染して51歳の生涯を閉じた。79年に日本政府の援助でガーナに野口記念医学研究所が設立された。

↑**6** **ガーナの野口記念医学研究所に建てられた野口英世の胸像**

1 アフリカ各地の諸王国

ナイル川流域

クシュ王国・メロエ王国(前9世紀〜後4世紀)

最古の黒人王国。一時全エジプトを支配するが、アッシリアに攻撃され、都をメロエに移す。製鉄技術や隊商交易によって繁栄。未解読のメロエ文字やピラミッドで知られる。

アクスム王国(1世紀〜?)

4世紀に**キリスト教**に改宗したエザナ王がクシュ王国を倒した。『エリュトゥラー海案内記』には象牙の集散地として記されている。

⬆7 メロエのピラミッド

アフリカ東海岸

アフリカ東海岸諸都市

東海岸はムスリム商人によるインド洋交易が行われた。彼らは象牙・金や黒人奴隷(ザンジュ)を、衣料品や鉄器・陶器などと交換した。代表的都市に、キルワ・ザンジバル・マリンディなどがある。

MORE スワヒリ語

アフリカ東海岸に来航・居住するようになったムスリム商人のアラビア語・ペルシア語と、土着のバントゥー語が融合して成立、発展した。現在、ケニアなどで使用されている。

⬆9 ザンジバル　黒人奴隷(ザンジュ)が語源。香辛料や奴隷の**インド洋交易**で繁栄。19世紀には通商の一大中心地となる。

ニジェール川流域

ガーナ王国(8世紀以前〜11世紀)

アフリカ西部の黒人王国。サハラの岩塩とギニアの金の、サハラ縦断交易を保護することで繁栄。ムラービト朝に攻撃され衰退した。

マリ王国(13〜15世紀)

マンディンゴ人が西スーダン、ニジェール川流域に建てた**イスラーム**王国。都はトンブクトゥといわれている。イブン=バットゥータも訪れた。

ソンガイ王国(15〜16世紀)

ソンガイ人がマリ王国を圧倒して建国。都はガオ。黒人初の大学を創設するなど繁栄したが、モロッコ軍の攻撃により滅亡。

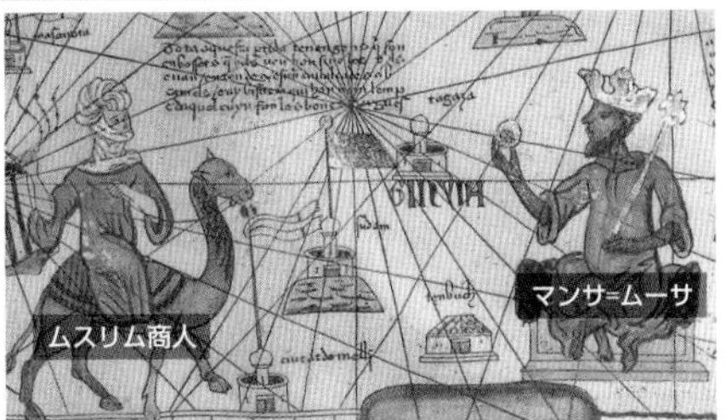

⬆8 ムスリム商人とマンサ=ムーサ(1280ごろ〜1337)　アラブからの らくだ によって、サハラを縦断する交易が発展した。ムスリム商人のもたらす塩は、金と同じ重さで取り引きされたという(塩金交易)。14世紀、マリ王国最盛期の王マンサ=ムーサはメッカ巡礼の途上、金を大量にふるまい、金の相場が大暴落したため“黄金の国”マリの伝説が生まれた。

ザンベジ川流域

モノモタパ王国(15世紀ごろ〜19世紀)

ジンバブエ遺跡の文化を継承したショナ人が建国。金を輸出するインド洋交易で繁栄。その繁栄に、16世紀に来航したポルトガル人が驚愕したと伝えられる。

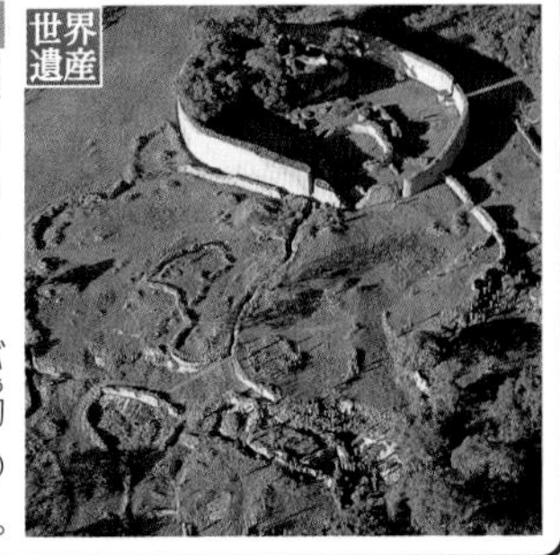

➡10 大ジンバブエ遺跡　ジンバブエは「石の家」の意味。曲線や勾配をつけたたくみな石積み建築の世界遺産。最盛期は14〜15世紀。

2 奴隷貿易とアフリカ

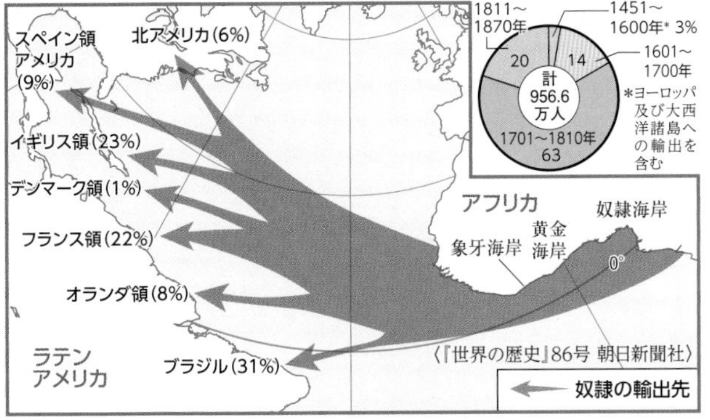

〈『世界の歴史』86号 朝日新聞社〉

⬋11 奴隷貿易数の変化(1451〜1870年、右上)と輸出先の割合　西アフリカでは農業地帯であったニジェール川流域などから奴隷が集められた。沿岸の積出港からは約1200万人がアメリカ大陸の植民地へ運ばれ、**プランテーション**➔p.63の労働力とされた。

➡12 アフリカ人仲介者により奴隷商人に売られる人たち　アフリカの首長たちはヨーロッパ商人が持ち込む綿織物や酒類を輸入し、奴隷を輸出して利益を得ることに奔走した。奴隷獲得のためヨーロッパ商人は武器も売り込み戦争をあおった。奴隷を供給していたのは現地のアフリカ人であった。

MORE アフリカ美術に影響を受けたピカソ

スペイン・マラガ生まれのピカソは、1900年、19歳でパリに出て画家として成長していった。1907年に発表した「アヴィニョンの娘たち」は、バルセロナの娼婦街をモチーフとした点、さらに帝国主義時代において原始的、つまり未開で野蛮と意識されていた西欧の植民地であるアフリカの美術の影響を受けた点において、革新的な作品であった。このときのピカソの絵画技法は、写実的なものとは違い、対象物を解体し複数の視点で同じ画面のなかに再構成したキュビスムとよばれるものであった。これまでの観念や形式を否定し、20世紀初頭の現代美術を代表する潮流となった。

➡13 ピカソ作「アヴィニョンの娘たち」〈ニューヨーク近代美術館蔵、1907年〉　絵の中の右の二人の顔の描き方に、アフリカ彫刻の影響がみられるとされる。

©2021-Succession Pablo Picasso-BCF(JAPAN)

⬆14 パブロ=ピカソ(1881〜1973)　奥の棚の上にアフリカ彫刻が置かれている。

・地域の基礎知識・

ヨーロッパ編 1

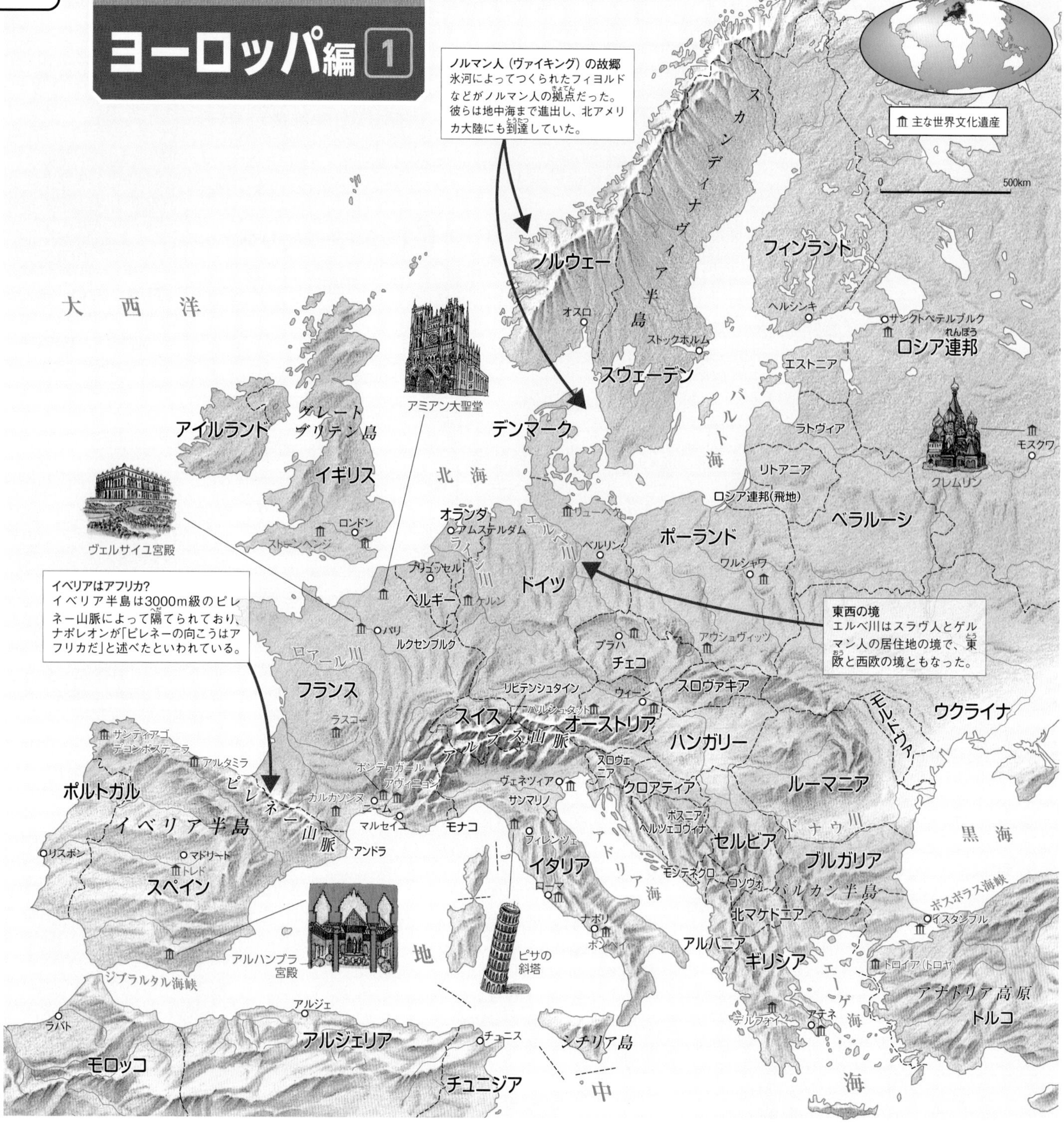

ノルマン人（ヴァイキング）の故郷
氷河によってつくられたフィヨルドなどがノルマン人の拠点だった。彼らは地中海まで進出し、北アメリカ大陸にも到達していた。
主な世界文化遺産
0 500km
イベリアはアフリカ?
イベリア半島は3000m級のピレネー山脈によって隔てられており、ナポレオンが「ピレネーの向こうはアフリカだ」と述べたといわれている。
東西の境
エルベ川はスラヴ人とゲルマン人の居住地の境で、東欧と西欧の境ともなった。
大西洋
スカンディナヴィア半島
ノルウェー
オスロ
ストックホルム
スウェーデン
フィンランド
ヘルシンキ
サンクトペテルブルク
ロシア連邦
エストニア
ラトヴィア
リトアニア
ロシア連邦(飛地)
バルト海
モスクワ
クレムリン
ベラルーシ
アイルランド
グレートブリテン島
イギリス
ロンドン
ストーンヘンジ
北海
デンマーク
アミアン大聖堂
ヴェルサイユ宮殿
オランダ
アムステルダム
リューベック
エルベ川
ライン川
ベルリン
ポーランド
ワルシャワ
ブリュッセル
ベルギー
ケルン
ドイツ
パリ
ルクセンブルク
プラハ
チェコ
アウシュヴィッツ
ロアール川
フランス
リヒテンシュタイン
ハルシュタット
ウィーン
スロヴァキア
スイス
アルプス山脈
オーストリア
ハンガリー
モルドヴァ
ウクライナ
ラスコー
サンティアゴ・デ・コンポステーラ
アルタミラ
ピレネー山脈
ポンデュガール
アヴィニョン
カルカソンヌ
ニーム
マルセイユ
モナコ
アンドラ
ヴェネツィア
スロヴェニア
クロアティア
ルーマニア
ボスニア・ヘルツェゴヴィナ
セルビア
ドナウ川
黒海
ポルトガル
イベリア半島
リスボン
マドリード
トレド
スペイン
サンマリノ
フィレンツェ
イタリア
アドリア海
モンテネグロ
コソヴォ
ブルガリア
バルカン半島
ボスポラス海峡
イスタンブル
ローマ
北マケドニア
ナポリ
ポンペイ
アルバニア
ギリシア
アルハンブラ宮殿
ピサの斜塔
地中海
トロイア(トロヤ)
アナトリア高原
トルコ
エーゲ海
ジブラルタル海峡
アルジェ
ラバト
アルジェリア
チュニス
シチリア島
デルフォイ
アテネ
モロッコ
チュニジア

↑1 現在のヨーロッパの風土

ヨーロッパの風土と人々

ユーラシア大陸の西端に位置するヨーロッパの気候をみると、日本に比べて高緯度に位置しているため、中央部から東部にかけては冬の寒さが厳しいが、夏は乾燥して気温が上昇する。一方、北西部は大西洋の**暖流**と**偏西風**の影響を受け、冬でも寒さは厳しくない。アルプス山脈の南側や地中海沿岸は**地中海性気候**で、夏の乾燥と高温、冬の降雨が特徴である。このため、オリーヴやかんきつ類などの樹木作物の栽培に適している。地中海で生まれた**ギリシア・ローマの文明**では学問や法をつくり出し、のちのヨーロッパ文明に影響を与えた。寒冷な北部は主に**森林**と農地が広がっているが、イギリスやオランダなどはやせた土壌のために**酪農**が発達している。

キリスト教の影響の下、ヨーロッパでは社会的精神的な共通性がつくり出され、独自の文化が築かれてきた。

ロンドン（イギリス）
ローマ（イタリア）
モスクワ（ロシア）
℃
㎜
30
20
10
0
-10
気温
300
250
200
150
100
0
降水量
1 4 7 10月
年平均気温 11.8℃
年降水量 640 ㎜
年平均気温 15.6℃
年降水量 707 ㎜
年平均気温 5.8℃
年降水量 707 ㎜

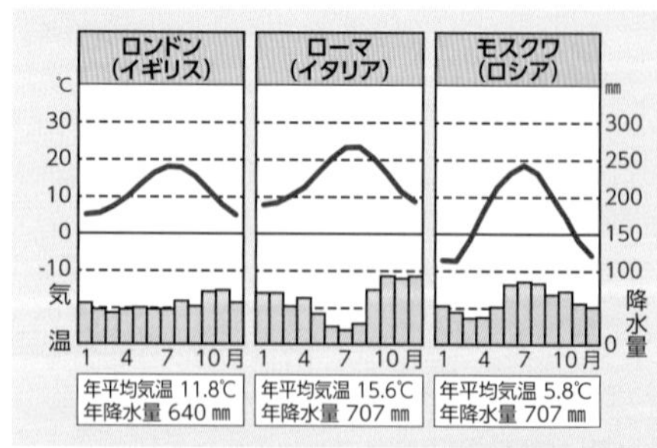

↑2 ロンドン ↑3 ローマ ↑4 モスクワ

→42

ヨーロッパにおけるキリスト教

キリスト教を国教とした**ローマ帝国**➲p.42は、４世紀末に西ローマ帝国と東ローマ帝国に分裂した。西ローマ帝国では**ローマ=カトリック教会**を中心とする階層的な支配体制を築き、東ローマ(ビザンツ)帝国は**正教会**を国教とし、コンスタンティノープル教会(正教会)の総主教を管轄下に置いた。15世紀にビザンツ帝国がオスマン帝国に滅ぼされると、ロシアがそれを引き継いだ。16世紀になるとローマ=カトリックの権威に対する改革運動➲p.44が起こり、それらは総称して**プロテスタント**とよばれる。

➡**5 ヴァティカン市国**　ローマ教皇が統括する国家で、カトリックの総本山である。

カトリック

ギリシア語で「普遍的な」という意味がある。ヴァティカンのローマ教皇を最高指導者とし、その下に各教区を監督する司教が置かれる。十字架やイエスの像をあしらった祭壇と、豪華な装飾品を備えた教会では、日曜日を中心に礼拝が行われている。ヨーロッパの海外進出に伴い、ラテンアメリカを中心に世界各地に広まり、信者数は12億人を超える。

⬆**6 カトリック教会のミサ**(スペイン)

プロテスタント

ローマ教皇の権威を否定し、聖書だけに信仰のよりどころを求めたルターらの宗教改革によって誕生した。プロテスタントは、「(信仰の弾圧に)抗議する」という意味をもつ。信徒のなかから選任された奉仕職を牧師とよび、礼拝を目的とした教会は装飾を控えたものが多い。北西ヨーロッパを中心に北アメリカやオーストラリアに広まり、信者数は約５億人。

⬆**7 プロテスタントの日曜礼拝**(フランス)

正教会

ローマ帝国の東西分裂以降、東ローマ(ビザンツ)帝国によって保護され、発展した。カトリックと対立を深め、11世紀に教会は東西に分裂し、正教会として独自に発展した。装飾を施した宝座とよばれる祭壇にはさまざまな祭具が備えられており、信仰では聖像画(イコン)が重要視される。現在の信者数は東欧・ロシアを中心に約３億人。

⬆**8 正教会の礼拝の様子**(ウクライナ)

⬆**9 ヨーロッパの森**(ドイツ)　平坦な土地で西岸海洋性気候が広がる中央ヨーロッパでは、森は人間の生活と関わりが深く、林業が盛んに行われている。シュヴァルツヴァルトには美しい針葉樹林が広がっている。

⬆**10 東ヨーロッパに広がる平原**(ポーランド)　ヨーロッパからロシアにまたがる最大の平原で、南部には肥沃な黒土がみられ、「ヨーロッパの穀倉地帯」とよばれる世界的な小麦地帯が広がっている。

⬆**11 アルプス山脈**(スイス)　変動帯に属し、4000mを超える山々が連なるアルプス山脈には氷河などの美しい景観が広がる。夏は避暑地、冬はスキー場として賑わい、世界中から多くの観光客が訪れている。

⬆**12 多島海**(ギリシア)　複雑な海岸線をもったエーゲ海は島づたいに容易に航行できたため、古代ではエジプトやパレスチナとの交流があり、「地中海世界」とよばれる文化圏の中心でもあった。➲p.42

MORE 現代に生きるゲルマンの神々

⬆**13 サンタクロースのモデルは？**

古代ゲルマンの神オーディンは人々に穀物を恵む豊穣の神で、12月の冬至祭に獣の姿で表された。しかしキリスト教にとって異教の神は都合が悪いため、彼の役割がキリスト教の聖人ニコラウス(サンタクロース)に取って代わられ、菓子などが人々に配られるようになった。ドイツ語圏では、現在でもサンタクロースに獣の姿の人物が付き従っている。

火曜日	tuesday 軍神テュール(Tyl)の日
水曜日	wednesday 主神オーディン(Odin)の日
木曜日	thursday 雷神トール(Thor)の日
金曜日	friday オーディンの妻フリッグ(Frig)の日

⬅**14 英語の曜日の名称とその由来**　ゲルマン語系の言葉には、曜日の名称の中にゲルマンの神々の名前が残っている。

ヨーロッパの歴史① 古代～中世

ヨーロッパの主な動き①		日本
前3000ごろ	**エーゲ文明**始まる(青銅器文化)	
前3000ごろ	ギリシア人、**フェニキア・エジプト**と交易	
前2000ごろ	**クレタ文明**	
前1600ごろ	**ミケーネ文明**	
前753	ロムルスとレムス、**ローマ**建国(伝説)	縄文時代
前750ごろ	ギリシア各地に**都市国家(ポリス)**が成立	
前509ごろ	ローマ、王政から**共和政**へ	
	共和政ローマ(～前27)	
前500ごろ	**アテネ、民主政治**の発達	
前500～前449	**ペルシア戦争**	
前334～前323	アレクサンドロス、東方遠征(アレクサンドロスの帝国)	
	ヘレニズム文化の形成	
前264～前241	第1次ポエニ戦争	
前218～前201	**第2次ポエニ戦争**(ハンニバル戦争)	
	→ローマ、カルタゴに勝利	
前149～前146	**第3次ポエニ戦争**(カルタゴ滅亡)	
前46～前44	カエサル独裁(前44 カエサル暗殺)	
前30	ローマ、**エジプト征服** 地中海支配完成	弥生時代
前27	オクタウィアヌスが「アウグストゥス」の称号を受ける	
	ローマの帝政始まる	
	ローマ帝国(～後395)	
	パクス=ロマーナ(ローマの平和)	
後30ごろ	**イエス処刑**される キリスト教の成立	
79	**ヴェズヴィオ火山**噴火、**ポンペイ**埋没	
113～117	トラヤヌスの大遠征(ローマ帝国の最大版図)	
166	ローマ、漢(後漢)へ使者を送る	
212	アントニヌス勅令(ローマ市民権、帝国全土に拡大)	
313	**ミラノ勅令**(キリスト教公認)	
330	**ビザンティウム(コンスタンティノープル)**へ遷都	
376	フン人、東方よりヨーロッパへ侵入	
	→**ゲルマン人大移動**開始	
392	キリスト教、ローマ帝国の国教に	古墳時代
395	ローマ帝国、東西に分裂	
476	**西ローマ帝国**滅亡	
481	**フランク王国**成立	
555	**東ローマ帝国、東ゴート王国**を征服	
673	イスラーム軍、コンスタンティノープル包囲	飛鳥時代
711	西ゴート王国滅亡、イベリア半島の**イスラーム支配**	
732	**トゥール-ポワティエ間の戦い**	奈良時代
	→ヨーロッパ側が勝利、イスラームの侵入を防ぐ	
800	カール大帝の戴冠	
870	メルセン条約、フランク王国の分割	
9～11世紀	ノルマン人のヨーロッパ各地への侵攻	
962	**神聖ローマ帝国**成立(～1806)	
11～13世紀	封建社会の形成	平安時代
1054	**キリスト教会分裂**(カトリック教会、ギリシア正教会)	
77	カノッサの屈辱	
96～99	**第1回十字軍**(イェルサレム奪還)	
1187	イェルサレム陥落	
89～92	**第3回十字軍**(イェルサレム回復失敗)	
1202～04	**第4回十字軍**(コンスタンティノープル占領)	
	教皇権絶頂期	
15	**マグナ=カルタ**の制定	鎌倉時代
41	ハンザ同盟結成 (北ヨーロッパの交易盛んに)	
1309～77	教皇のバビロン捕囚	
37～1453	**百年戦争**	南北朝時代・室町時代
	→イギリスとフランスの間で行われた戦争	
	諸侯の没落が進み、国王の力が強まる	
47～51	**黒死病(ペスト)**の大流行	
14世紀	イタリアで**ルネサンス**が始まる	

1 ギリシアの政治

↑**1 アクロポリスの丘**(ギリシア) **都市国家(ポリス)**の中心には要塞化された小高い丘がみられる。アテネには、守護神である知恵と戦争の女神アテナをまつったパルテノン神殿がある。

2 ローマ帝国の繁栄

←**4 ローマ時代の水道橋** 地中海一帯を支配した**ローマ帝国**では、ギリシアの知識を帝国維持に応用し、法律や土木建築などの実用的な文化が発展した。2層アーチ構造の水道橋は自由な大きさで頑丈な開口部をつくることができ、遠く離れた水源から都市の給水所まで水を運ぶことができた。

3 ローマ=カトリック教会の隆盛

←**6 カノッサの屈辱** 世俗の君主として、西ヨーロッパで最大の権威をもつ**神聖ローマ帝国**の皇帝ハインリヒ4世は、教皇グレゴリウス7世により破門されると、カノッサ城主に取りなしを頼み、3日間雪中に立って許しを乞うた。この事件は教皇の強大な力を世に知らしめた。

↑**7 グレゴリウス7世**(位1073～85)

4 ルネサンスの開花

←**10 ボッティチェッリ作「春」** 地中海商業によって繁栄したイタリア諸都市では、フィレンツェを中心に古代ギリシア・ローマの文化を模範とする**ルネサンス運動**が起こった。人間をありのままに捉える人文主義に基づく新しい芸術運動で、遠近法などが駆使された。

ヨーロッパ ←40 →44

2 アテネの民会の様子(想像図) アテネでは市民が民会に参加し、政治について自由な発言と議論を行った。しかし、市民とは18歳以上の成年男子に限られ、女性や奴隷は政治から排除された。前431年に、政治家ペリクレスが行った演説は、直接民主政をたたえたものとして有名。

ペリクレスの演説(前431)

われらの政体は……少数者の独占を排し多数者の公平を守ることを旨として、民主政治と呼ばれる。……

〈トゥーキュディデース著、久保正彰訳『戦史(上)』岩波書店〉

MORE 法に従って毒を飲んだソクラテス

ソクラテスが活躍した紀元前5世紀終わりのアテネは、民主政が最も盛んな時期から衰えていく時期への変化のなかにあった。ソクラテスは青年たちとの問答を通して無知を自覚させ、真の知識に到達させようと努めたが、彼に議論でやり込められた政治家たちは、国家の神々を否定し青年をせん動した罪で彼を告発した。裁判で死刑の判決を受けたソクラテスは、悪法と知りつつも法に従ってみずから毒を飲んだ。

3 ソクラテス(前469ごろ～前399) 紀元前5世紀の終わりにアテネで活躍した哲学者。

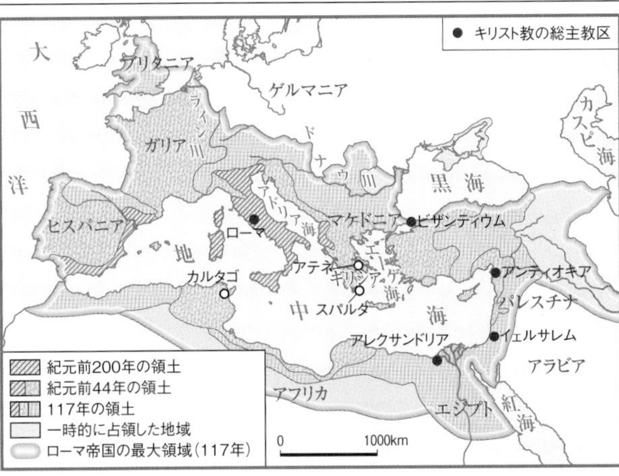

5 ローマ帝国の領土の広がり 各地の属州では新たにローマ風の都市が盛んに建設され、ローマ人の生活様式が持ち込まれた。「すべての道はローマに通ず」ということわざがあるように、32万kmに及ぶ商業ネットワークがローマ帝国の経済的、政治的統一支配を支えたが、4世紀末になると異民族の侵入や政治的混乱を受け、ローマ帝国は東西に分裂した。

ひと 市民の第一人者
オクタウィアヌス(前63～後14)

元老院を無視した改革で暗殺されたカエサル(前100ごろ～前44)の養子であった彼は、共和政の形式を尊重し、元老院からアウグストゥス(尊厳なる者)の称号を授与された。みずからをプリンケプス(第一人者)と称して事実上の帝政を始め、約200年間の「パクス=ロマーナ(ローマの平和)」とよばれる繁栄の時代の基礎を築いた。

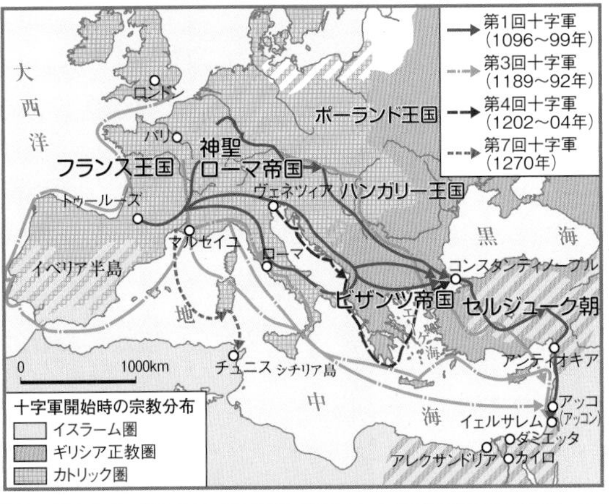

8 十字軍の遠征 教皇ウルバヌス2世は全ヨーロッパに教皇の威信を示すため、1095年のクレルモン教会会議で、ムスリムが支配する聖地イェルサレムを解放する**十字軍**の派遣を宣言した。第1回十字軍の成功以後は目的を失い、1291年最後の拠点アッコが陥落して十字軍運動は消滅したが、地中海の商業を活性化させ、沿岸諸都市の繁栄につながった。没落した諸侯の所領を没収した国王は権力を伸ばし、**封建社会**は衰退していった。

MORE ヨーロッパの封建社会

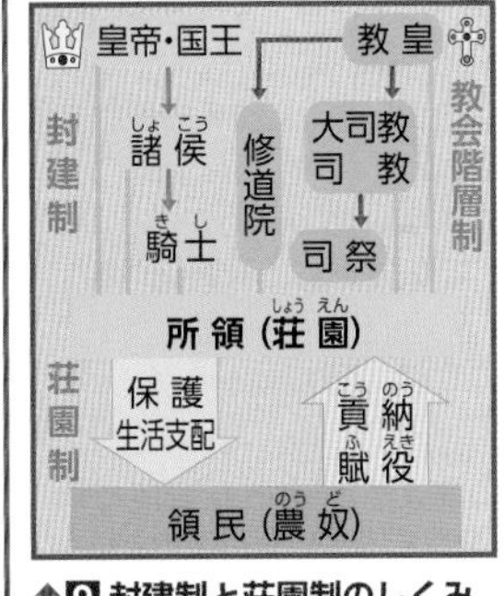

9 封建制と荘園制のしくみ

皇帝・国王から諸侯・騎士に至る領主間では、みずからの地位と所領を確保するため、双務契約によって主従関係が結ばれた(封建制)。さまざまな領主の所領は荘園を単位とし、農民は賦役や貢納といった義務があった。教皇権の拡大に伴い、所領の授与は皇帝や国王が行い、聖職の叙任は教皇が行うこととなった。

11 宗教裁判にかけられるガリレイ 望遠鏡を作製し、コペルニクスが提唱した地動説を立証した。しかし天動説を正統とするローマ教会から異端視され、学説を捨てることを誓わされた。

12 ガリレイの望遠鏡

MORE ルネサンスの三大改良

13 活版印刷 金属活字の使用やプレス印刷機などにより、大量の印刷ができるようになった。

これらはいずれも中国で発明され、イスラーム世界からヨーロッパに伝わった。火薬による戦術の変化は騎士を没落させ、羅針盤は「**大航海**」事業を、印刷術によって聖書が出版されたことは**宗教改革**を推し進めた。これらの技術は17世紀後半の「科学革命」につながるなど、近代世界への基盤をつくった。

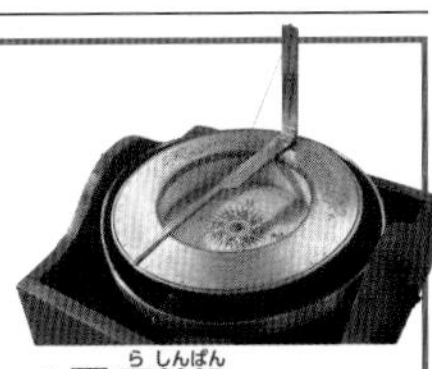

14 羅針盤

15 火砲

ヨーロッパの歴史② 近世

ヨーロッパの主な動き②		日本
1400ごろ〜	ポルトガル、エンリケ航海王子らの下で大西洋・アフリカ進出を始める 大航海時代へ	室町時代
1403	フス、教会批判	
29	フランス、オルレアン解放（ジャンヌ=ダルクの活躍）	
45	ポルトガル、ヴェルデ岬に到達	
45ごろ	グーテンベルクが活版印刷機を改良	
53	オスマン帝国、コンスタンティノープル征服 →**東ローマ（ビザンツ）帝国**滅亡 **百年戦争**終結（1337〜1453）	
79	**スペイン王国**成立	
80	**モスクワ大公国**の独立（〜1613）	
88	バルトロメウ=ディアス、**喜望峰**に到達（葡）➲p.38	
92	イベリア半島、**レコンキスタ**（国土再征服運動）完了 コロンブス、サンサルヴァドル島に到達（西）	
94	トルデシリャス条約➲p.2〜3 →新大陸でのスペインとポルトガルの境界線設定	
97〜98	カボット、北米探検（西）	
98	ヴァスコ=ダ=ガマ、インド・カリカットに到達（葡）	
1500	カブラル、ブラジル到達（葡）	
01〜02	アメリゴ=ヴェスプッチ、南米探検（葡） →「新大陸」と確認	
04	コロンブス、パナマ地峡に到達	
10〜11	ポルトガル、**ゴア・マラッカ**占領	
13	教皇レオ10世、贖宥状販売（〜21） バルボア、太平洋に到達（西）	
17	マルティン=ルター、『95か条の論題』発表 宗教改革	戦国時代
19〜22	マゼラン（マガリャンイス）とその部下、 **世界周航**（西、1521　マゼラン戦死）	
19〜21	コルテス、アステカ王国征服（西）➲p.47	
29	**オスマン帝国**、第１次ウィーン包囲➲p.37	
32〜33	ピサロ、**インカ帝国**征服、首都クスコ破壊（西）➲p.47	
34	ヘンリ８世、**イギリス国教会**創設 イグナティウス=ロヨラ、パリで**イエズス会**創設	
41〜64	カルヴァンの**宗教改革**	
45〜63	**トリエント公会議**（**対抗宗教改革**）	
49	**フランシスコ=ザビエル**、鹿児島に来着（葡）➲p.2、6、63	
56	スペイン、フェリペ２世が即位（〜98）	
58	イギリス、エリザベス１世が即位（〜1603）	
62〜98	ユグノー戦争（仏）	
68〜1609	オランダ独立戦争	
71	**レパントの海戦**（スペインがオスマン帝国を破る）	
72	サン=バルテルミの虐殺（仏）	
85	**天正遣欧使節**、ローマ教皇に謁見	
88	**アルマダの海戦**→イギリスがスペインに勝利	
89	フランス、**ブルボン朝**成立（〜1792）	
98	**ナントの王令**（ユグノーの信仰の自由を認める、仏）	安土桃山時代
1600	イギリス、**東インド会社**設立➲p.63	
02	オランダ、**連合東インド会社**設立➲p.4	
13	**ロマノフ朝**成立（露）	
18〜48	**三十年戦争**	
20	**ピルグリム=ファーザーズ**によるアメリカ植民➲p.47	江戸時代
23	アンボイナ事件（蘭）	
33	ガリレイ、宗教裁判を受ける（地動説）	
42〜49	**ピューリタン革命**（英）➲p.64	
43	フランス、ルイ14世が即位（〜1715、王権最盛期）	
48	**ウェストファリア条約**（三十年戦争の講和） ヨーロッパの主権国家体制の確立	
61	**ヴェルサイユ宮殿**造営開始（仏）	

1 大航海時代の幕開け

↑**1 コロンブス**
（1451？〜1506）

←**2 先住民と出会ったコロンブス一行** 「地球球体説」に基づき新航路によるアジアへの探検を目指したが、1492年にカリブ海のサンサルヴァドル島に到着した。

2 宗教改革の展開

←**6 贖宥状の販売** ローマ教皇レオ10世は聖ピエトロ大聖堂➲p.41の改築のために、罪の許しを表す証しとして贖宥状（免罪符）を販売した。これを批判したルターにより、**宗教改革**が起こった。これを自立し始めた各国の王などが支援するようになり、ヨーロッパは大きな転機を迎えた。

3 君主による中央集権化

➡**11 「虹の肖像」** エリザベス１世（位1558〜1603）はヘンリ８世の娘。ヘンリ８世の制定した国王至上法を復活させ、統一法を制定してイギリス国教会を再建した。対外的にはアルマダの海戦でスペインを破り、東インド会社を設立するなど、のちの海洋大国発展の基礎を築いた。「私は国家と結婚した」とみずから言い、国益のために独身を貫き、イギリス国民の心をつかんだ。これらのことはイギリスが主権国家として確立することを後押しした。

4 主権国家体制の始まり

←**15 ウェストファリア条約** 1648年、ドイツで開かれた和平会議に基づいて締結された三十年戦争の講和条約。多数の国が参加し、オランダとスイスの独立が国際的に認められた。また、**神聖ローマ帝国**内の領邦にも立法権や外交権などの主権が認められ、神聖ローマ帝国は事実上崩壊した。

⬆3 **ヴァスコ＝ダ＝ガマ**(1469？～1524)　ポルトガルの航海者で、アフリカ南端の喜望峰を回ってインド西海岸のカリカットに到達し、インド航路を開いた。

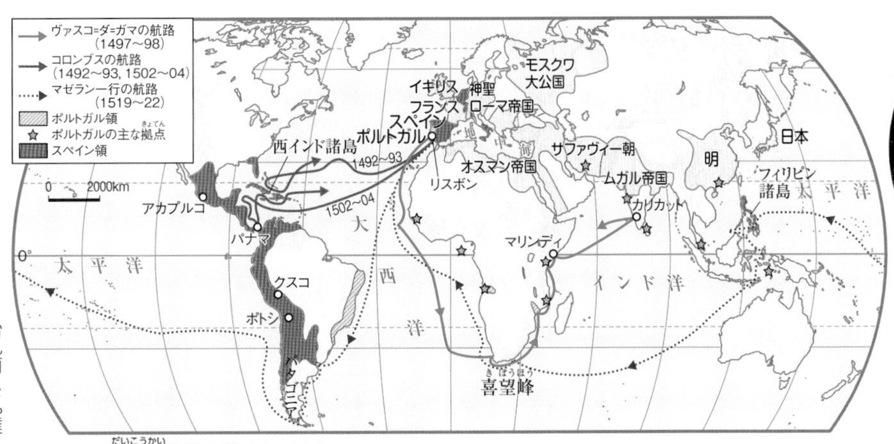

⬆4 **大航海時代の世界**(16世紀)

⬆5 **マゼラン(マガリャンイス)**(1480？～1521)　スペイン王の援助で出発し、太平洋を横断。彼自身は現在のフィリピンで戦死したが、部下が世界周航を達成した。

⬆7 **ルター**(1483～1546)
大学の神学教授だったルターは、贖宥状の発行に抗議し『95か条の論題』を発表した。聖書のドイツ語訳を進め、新約聖書中心の新教派(プロテスタント)を指導した。

⬆8 **カルヴァン**(1509～64)　ジュネーヴを中心に改革を進めた。救いは神によりあらかじめ定められているという予定説は、勤労や蓄財を肯定したことで資本主義の形成につながった。

⬆9 **ヘンリ8世**(位1509～47)　離婚問題でローマ教皇と対立したヘンリ8世は、みずからを教会の最高権威にする国王至上法(首長法)を制定し、イギリス国教会を創設した。

世界の中の日本　対抗宗教改革と伝道活動

ルター派などのプロテスタントに対抗して、カトリック教会も改革を行った(**対抗宗教改革**)。1534年にスペインのイグナティウス＝ロヨラらによって設立されたイエズス会が改革の中心となり、教義に反する異端の弾圧や、ラテンアメリカやアジアへの伝道活動を行った。

〈「聖フランシスコ・ザビエル像」(部分)神戸市立博物館蔵〉

⬅10 **フランシスコ＝ザビエル**(1506～52)　スペイン人の宣教師。イエズス会創設に参加した。インドでの布教を経て、マラッカで日本人と出会い、1549年に来日するなど、日本へのカトリック伝道に尽くした。➲p.2、6、63

⬆12 **ヴェルサイユ宮殿 鏡の間**(フランス)　パリの南西に位置し、広大な敷地にルイ14世が20年以上の歳月をかけてつくったバロック建築の傑作。広大な庭園と城館からなり、内装の壮麗さでも知られる。

⬆13 **ルイ14世**(位1643～1715)「太陽王」とよばれた。

MORE 王権神授説と主権国家 ➲p.64～65

王のもつ権力は神から授けられたもので、国民はこれに絶対服従する義務があるという考え方。この考えから、フランスのボシュエ(1627～1704)は絶対王政を正当化した。王の立場を明確にすることで、教皇や貴族からの干渉を避けるための理論とされた。16～17世紀の西ヨーロッパでは、王権神授説を柱として絶対王政という政治体制がとられ、国内的にも対外的にも強力な権力をもつ主権国家が誕生した。

⬆14 **神から王権を授けられるチャールズ1世**(位1625～49)

皇帝権の失墜(神聖ローマ帝国の衰退)
原因：イタリア戦争
三十年戦争など
ヨーロッパに君臨する大勢力の消滅

教皇権の失墜
原因：**宗教改革の発生**
イギリス国教会設立など
聖職叙任権・教会領の処遇は、各王国の権利として分散

↓

各王国の対外的な主権が確立
→各王国が拮抗して並存（勢力均衡）

↓

主権国家体制の成立
→各王国が相互に主権を認めあう国際秩序の誕生

⬅16 **「主権国家」の登場**　長期化した戦争により、領土の概念や軍隊の必要性が生まれた。**ウェストファリア条約**によって、西ヨーロッパ諸国では主権者の下に一つにまとまった主権国家が対等な関係で並立し、内政には干渉しない国際政治が展開される**主権国家体制**が成立した。三十年戦争の悲惨さに直面したオランダ出身のグロティウス(1583～1645)➲p.65は『戦争と平和の法』を著し、自然法の原理に基づく国際秩序を求めた。

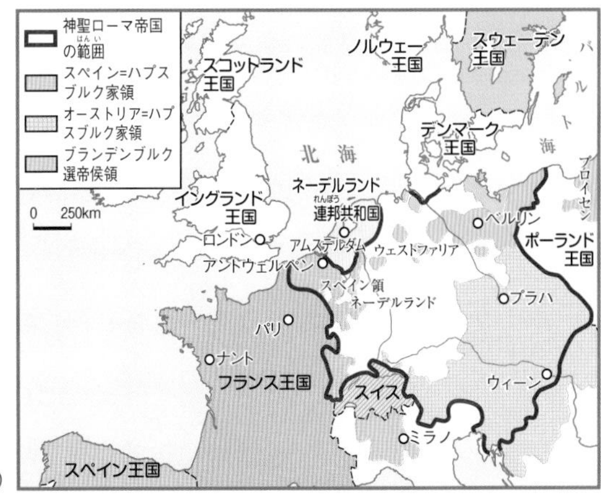

➡17 **三十年戦争後のヨーロッパ**(17世紀)

・地域の基礎知識・

南北アメリカ編

16世紀ごろ ←2

⬇1 現在の南北アメリカの風土 ➡4 南北アメリカの文明

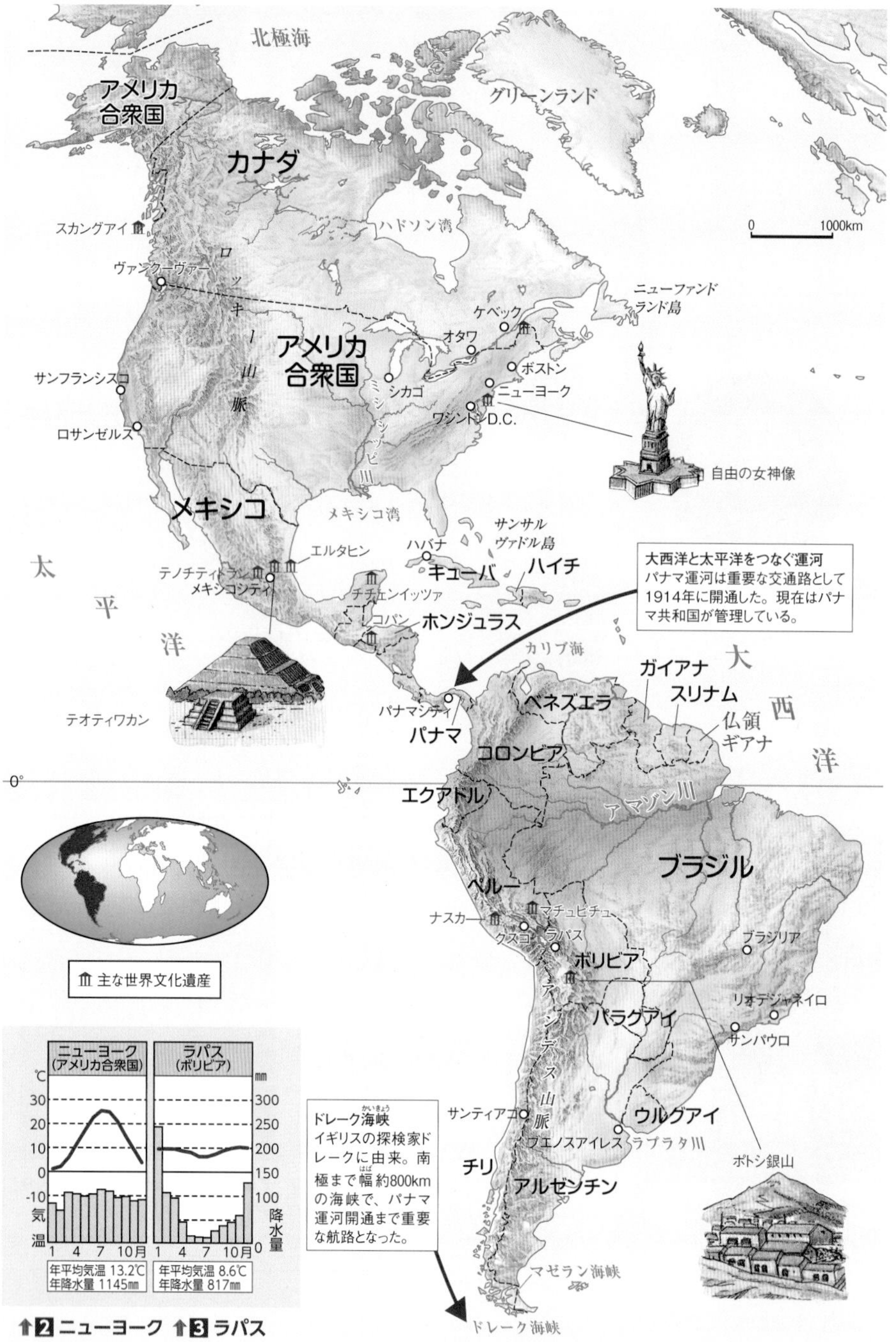

北極海
アメリカ合衆国
グリーンランド
カナダ
ハドソン湾
スカングアイ
ヴァンクーヴァー
ロッキー山脈
0 1000km
ニューファンドランド島
ケベック
オタワ
アメリカ合衆国
ボストン
サンフランシスコ
シカゴ
ニューヨーク
ミシシッピ川
ワシントンD.C.
ロサンゼルス
自由の女神像
メキシコ
メキシコ湾
サンサルヴァドル島
ハバナ
エルタヒン
テノチティトラン
メキシコシティ
キューバ
ハイチ
チチェンイッツァ
コパン
ホンジュラス
太平洋
カリブ海
大西洋
テオティワカン
パナマシティ
パナマ
ガイアナ
スリナム
仏領ギアナ
ベネズエラ
コロンビア
0°
エクアドル
アマゾン川
ブラジル
ペルー
ナスカ
マチュピチュ
クスコ
ラパス
ブラジリア
ボリビア
リオデジャネイロ
パラグアイ
サンパウロ
アンデス山脈
サンティアゴ
ウルグアイ
ブエノスアイレス
ラプラタ川
ポトシ銀山
チリ
アルゼンチン
マゼラン海峡
ドレーク海峡

大西洋と太平洋をつなぐ運河
パナマ運河は重要な交通路として1914年に開通した。現在はパナマ共和国が管理している。

ドレーク海峡
イギリスの探検家ドレークに由来。南極まで幅約800kmの海峡で、パナマ運河開通まで重要な航路となった。

🏛 主な世界文化遺産

	ニューヨーク（アメリカ合衆国）	ラパス（ボリビア）
年平均気温	13.2℃	8.6℃
年降水量	1145㎜	817㎜

（気温 ℃：-10～30、降水量 ㎜：0～300、月：1 4 7 10月）

⬆2 ニューヨーク ⬆3 ラパス

南北アメリカの風土と人々

南北アメリカ大陸は地形的にはパナマ地峡を境とするが、文化的にはイギリスとつながりの深いアメリカ合衆国・カナダの**アングロアメリカ**と、スペインやポルトガルとつながりの深いメキシコ以南の**ラテンアメリカ**に大別される。北アメリカ大陸の気候は大陸中央を境として東西で大きく異なり、東側には湿潤地域、西側には乾燥地域が広がる。南アメリカ大陸を南北に走るアンデス山脈では標高に応じて異なる気候や植生がみられ、アマゾン川流域にはセルバとよばれる熱帯雨林が広がっている。先住民に加え、16世紀以降移住した白人や奴隷としてアフリカから連れてこられた黒人、近代以降移住したアジア系民族が混在し、多様な文化を形成している。

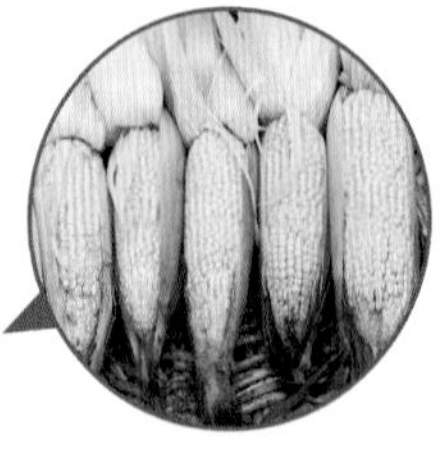

⬅5 ペルーの山間にひろがる畑（左）と とうもろこし（上）

先住民たちは、アンデス山脈の標高に応じて栽培に適した作物を育て、厳しい環境の高地で自給的に暮らしてきた。**インカ帝国**の時代から栽培されてきたとうもろこしやじゃがいもを主食とする伝統が、先住民によって現在も受け継がれている。

⬇6 民族衣装を着たペルー人の子どもとアルパカ

アメリカ →63

1 スペインによるアメリカの開発

アステカ王国

⬅7 **テノチティトランの想像図** **アステカ王国**の中心都市テノチティトランは、16世紀初めには人口約20万の大都市となっていたが、スペイン人征服者(コンキスタドール)コルテスにより破壊された。現在のメキシコシティに位置する。

インカ帝国

➡8 **マチュピチュ遺跡**(ペルー) **インカ帝国**の都クスコの北西約114km、標高2400mの地に築かれ、スペイン人の発見をまぬかれたため、神殿や水路が残っている。日当たりのよい南東部が農地、北西部が市街地とされた。

⬅9 **テノチティトランの上に建設されたメトロポリタン大聖堂** スペインが占領して以降、カトリック教会やバロック様式の建物が建てられるなど、スペイン風の都市が建造された。

⬅10 **コルテス**(1485~1547)
➡11 **ピサロ**(1478？~1541)

鉄器や馬を知らない先住民はスペインからの征服者(コンキスタドール)におそれを抱いた。コルテスは約500人の兵士でアステカ王国を、ピサロは約200人の兵士で２万人のインカ軍を破ってインカ帝国を滅ぼした。

⬆12 **鉱山で酷使される先住民** スペインは土地の管理と先住民の保護を現地のスペイン人に委託した。保護されるはずの先住民の人口は、銀山の開発や さとうきび のプランテーションの過酷な労働と、ヨーロッパから持ち込まれた疫病(天然痘など)のため、激減した。

- ペニンスラール(ヨーロッパ生まれの白人)
- クリオーリョ(植民地生まれの白人)
- メスティーソ(白人と先住民の混血)
- ムラート(白人と黒人の混血)
- ラテンアメリカ先住民
- アフリカ黒人／黒人と先住民の混血

⬆13 **スペイン統治下のラテンアメリカの人口構成** ペニンスラール優遇に対し不満を抱いた**クリオーリョ**の指導者らが各地で独立運動を進めた。➲p.73

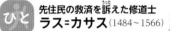

先住民の救済を訴えた修道士
ラス=カサス(1484~1566)

スペインの出身。植民者として「新大陸」に渡ったが、後にドミニコ修道会士となった。植民地で酷使される先住民を目撃して衝撃を受け、南北アメリカ大陸におけるスペイン人の悪行を記した報告書を国王に提出して、先住民の奴隷化を禁じる新法の制定に成功した。当初は先住民の保護のために黒人奴隷の導入を提案していたが、後に黒人奴隷の非人道的な制度も批判した。

2 イギリス・フランスの北米入植

⬆14 **プリマスの植民地で行われた感謝祭** スペインやポルトガルが中南米で成功したことに触発され、イギリスやフランスなどが北米に植民地をつくり始めた。入植者たちは、初めは先住民と友好的な関係を結んでいたが、土地の領有やキリスト教への改宗を先住民に押しつけようとしたため、しだいに敵対するようになった。➲p.82

MORE 「人種のサラダボウル」とよばれるアメリカ合衆国

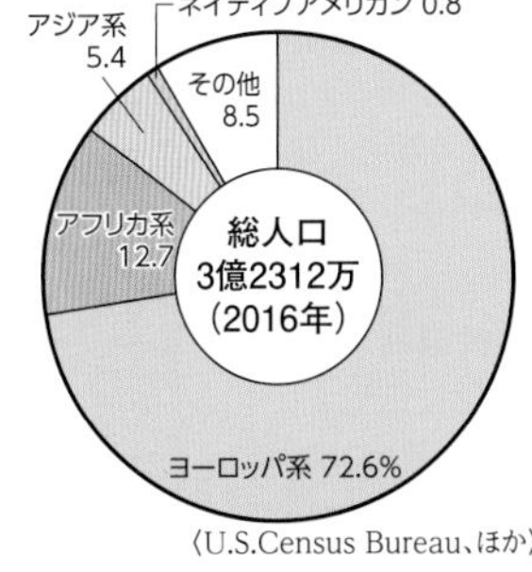

⬆15 **アメリカ合衆国の人種・民族構成**(左)と16**多様な人々が行き交うニューヨークのチャイナタウン**(右) 世界中から移民や奴隷、出稼ぎ労働者が移り住んだ結果、アメリカは多様な民族の文化が混じり、「人種のサラダボウル」とよばれるほどの多様性をもつようになった。➲p.117

第1部 近代化①

テーマ 「交通と貿易」 テーマで結ぶ世界 ➔p.111 ／「産業と人口」 テーマで結ぶ世界 ➔p.84

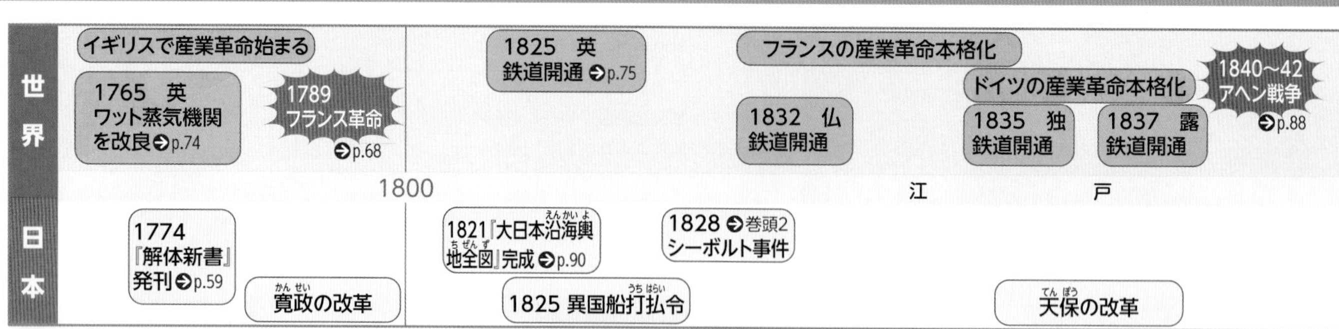

1 “交通と貿易”の日本と世界の様子を考察しよう

世界の動き

産業革命 ➔p.74

↑1 **鉄道の開通式**(リヴァプール) 沿道の人々が見守るのは、高貴に見える客を乗せた車両だ。1830年に行われたこの式典は、上部の旗でも確認できるように産業革命をいち早く本格化させたイギリスで行われている。

↑2 **市街の様子**(マンチェスター、19世紀後半) 密集した建物を見てみると、多くの煙を出している。これらの建物は石炭を燃料とする蒸気機関を利用した工場だ。鉄道や上部に見える運河で、材料や製品が運搬されている。

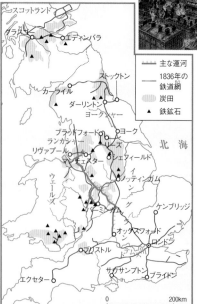

←3 **19世紀の鉄道網** 結ばれる都市の特徴に着目しよう。燃料となる石炭や原料の鉄鉱石を産出する都市、労働力の需要から人口が集中する工業都市、原料や製品を輸出入する港湾都市におよそ分類できる。

日本の動き

文明開化と殖産興業 ➔p.100

〈山口県立山口博物館蔵〉

↑4 **新橋-横浜間の鉄道開業式**(1872年) 多くの見物客で賑わい、国旗も掲揚されるなか、噴煙をあげる蒸気機関車が発車しようとしている。この技術自体はイギリスからの輸入であったが、交通機関の整備は日本の殖産興業を支えた。

〈横浜開港資料館蔵〉

↑5 **横浜港** 荷物の動きを追ってみよう。絵には示されない本船から綿糸などを運ぶ小舟が接岸し、その積荷を商人が中心の建物へ集約している。日本からも輸出が行われ、貿易は活発な様子だ。➔p.93

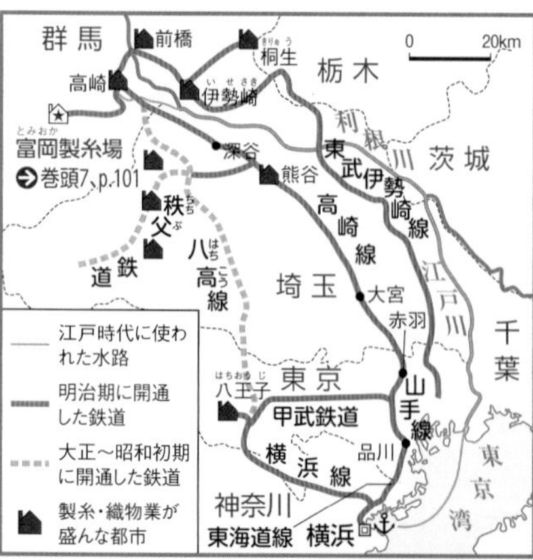

←6 **貿易港への道** 横浜へと結ばれる物流過程の推移を見よう。水路から鉄道への変化が読み取れる。しかしいずれも製糸業が盛んな都市と結ばれている。交通と貿易の密接な関係性とともに、長期にわたって生糸が重要な輸出品だった➔p.110ことが分かる。

近代化とは、産業社会や国民国家の形成などを背景に、人々の生活や社会のあり方が変化していった過程を指している。その一つとして、工業中心の社会への変化という面を挙げることができる。この契機は、**産業革命**である。イギリスでは綿工業を中心に起こった技術革新に伴って、工業生産の機械化が進んだ。このころに発達した**鉄道**は原料や製品を運ぶために利用され、都市と港や鉱山とを結ぶ鉄道網が広がった。日本でも、東京(新橋)–横浜間の開通を皮切りに各地へ鉄道網が広がっていく。工業が盛んになると、地方から都市に労働者が多く移住していった。一方、人口が集中する都市では、低賃金で働く労働者が生活に困難を抱えるという課題も現れた。

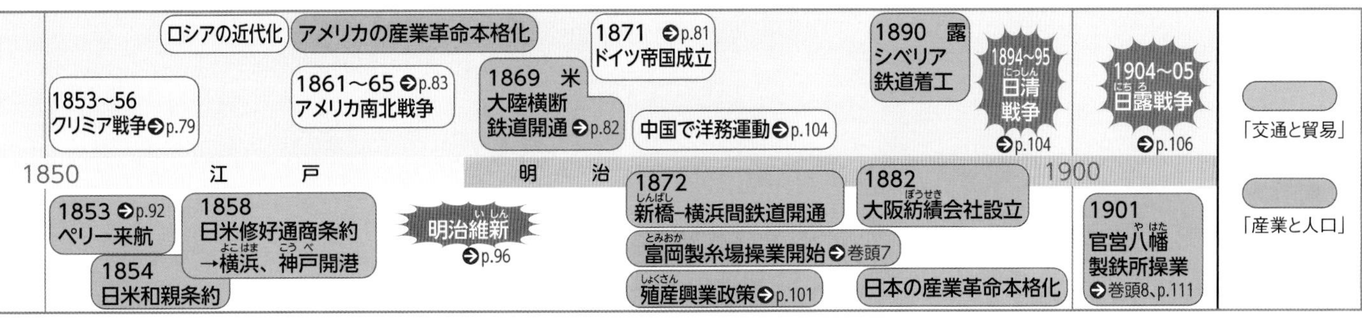

2 “産業と人口”の日本と世界の様子を考察しよう

世界の動き

産業革命 ➡p.74

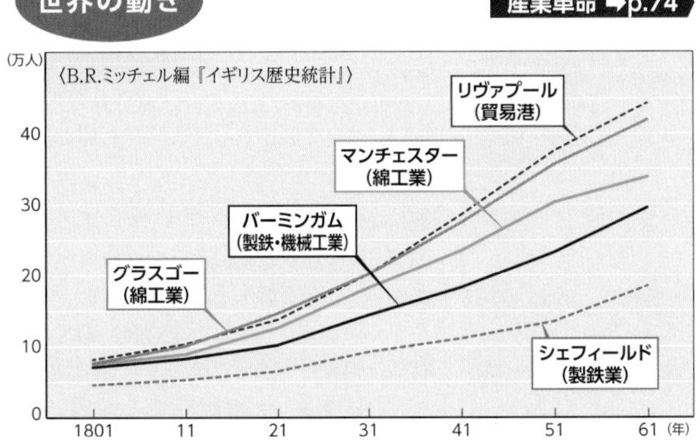

⬆7 **イギリスの主要都市人口の推移** 19世紀になると、産業都市の人口増加が顕著だ。産業革命に伴う都市への人口移動が確認できる。

⬇8 **イギリスの都市人口の変化** 人口増加が与えた影響を確認すると、都市の過密化と職業人口の変化が分かる。

	1750 年	1900 年
総人口	1100 万人	4000 万人
都市人口率	20%	75%
最多の職業	農民	工場労働者

⬇9 **ロンドンの路地裏**(19世紀後半) 労働者の生活という視点から概観したい。通気性の悪い連続した建物、排水設備などインフラの整わない環境は深刻な衛生問題を生んだ。➲p.75

日本の動き

日本の産業革命 ➡p.110

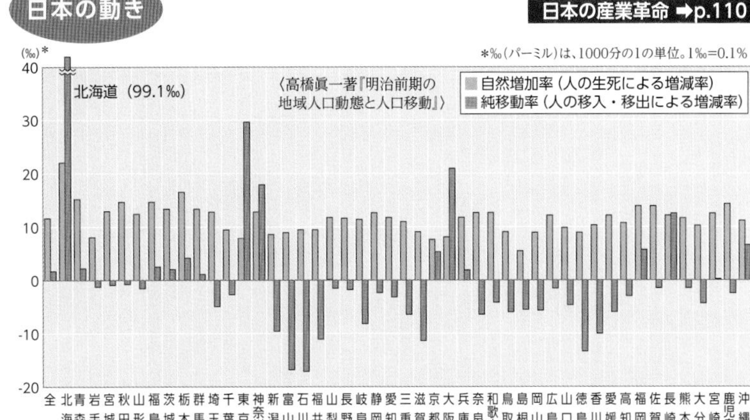

⬆10 **道府県別人口動態**(1890~94年) まず自然増加率に着目しよう。上昇しているという共通点に気づく。一方で純移動率に着目すると、相違点を見出せる。北海道や東京、大阪など移入民の多い地域には、開拓の影響または発展する産業の影響を想起できる。逆に移出超過となっているのは農業が盛んな地域だ。

〈東洋紡株式会社蔵〉

〈『大阪百年史』〉

主な紡績工場	創業年	従業者数
大阪紡績会社	1883年	3970人
堂島紡績所	1885	678
天満紡績会社	1887	929
浪華紡績会社	1887	1200
摂津紡績会社	1889	1474
平野紡績所	1889	790

⬆11 **大阪の紡績工場**と↗12 **大阪の主な紡績工場の一覧** 図2と比較しながら見ると、密集する建物や煙が噴出する様子が類似している。1883年に創業したこの工場の内部では蒸気機関を利用する紡績機が操業し、生産される綿織物は世界へ輸出された。

➡13 **東京の路地**(1900年ごろ) 人々が生活する住居を見ると、建物自体は連なっているが複数の玄関がある。都市の貧民層は、こうした集合住宅に身を寄せていた。

第1部 近代化②

テーマ 「権利意識と政治参加や国民の義務」 テーマで結ぶ世界 ➲p.99 ／ 「学校教育」 テーマで結ぶ世界 ➲p.98

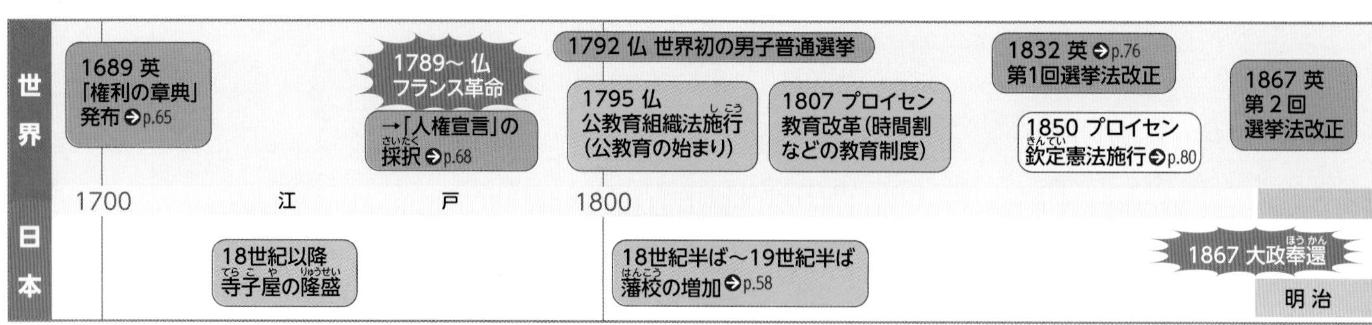

1 “権利意識と政治参加”の日本と世界の様子を考察しよう

世界の動き

フランス革命 ➡p.68

⬆1 **球戯場の誓い**（1789年）〈ダヴィド作、カルナヴァレ美術館蔵〉 絵画中央の人物に着目すると、手を挙げながら何かを読んでいる。その主たる内容は国民の権利を守る憲法の制定であるが、周囲の人々に視点を移すと強く賛同している様子が読みとれる。参加する人々の服装も見てみよう。すると、聖職者や貴族の参加も確認できる。彼らが重視したのは身分ではなく、人間の自由や、権利の平等だったのだ。そしてその理念は、**人権宣言**に表れている。

別冊史料5

● **「フランス人権宣言」** ➲p.68

〔前文〕 国民議会として構成されたフランス人民の代表者たちは、人の権利に対する無知、忘却または軽視が、公の不幸と政府の腐敗の唯一の原因であることを考慮し、人の譲りわたすことのできない神聖な自然的権利を、厳粛な宣言において提示することを決意した。この宣言が、社会全体のすべての構成員に絶えず示され、かれらの権利と義務を不断に想起させるように。立法権および執行権の行為が、すべての政治制度の目的とつねに比較されうることで一層尊重されるように。市民の要求が、以後、簡潔で争いの余地のない原理に基づくことによって、つねに憲法の維持と万人の幸福に向かうように。こうして、国民議会は、最高存在の前に、かつ、その庇護の下に、人および市民の以下の諸権利を承認し、宣言する。

第3条 あらゆる主権の淵源は、本来的に国民にある。いかなる団体も、いかなる個人も、国民から明示的に発しない権威を行使することはできない。……

〈辻村みよ子監訳『オランプ・ドゥ・グージュ』信山社〉

日本の動き

〈東京大学法学部附属明治新聞雑誌文庫蔵〉

近代国家を目指す日本 ➡p.98

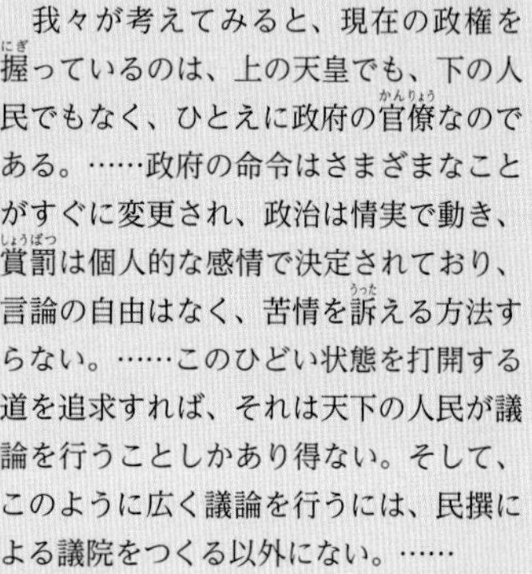

● **民撰議院設立建白書**（1874年）【現代語訳】 ➲p.99

我々が考えてみると、現在の政権を握っているのは、上の天皇でも、下の人民でもなく、ひとえに政府の官僚なのである。……政府の命令はさまざまなことがすぐに変更され、政治は情実で動き、賞罰は個人的な感情で決定されており、言論の自由はなく、苦情を訴える方法すらない。……このひどい状態を打開する道を追求すれば、それは天下の人民が議論を行うことしかあり得ない。そして、このように広く議論を行うには、民撰による議院をつくる以外にない。……

⬆2 **演説会**（1880年代）と↗3 **民撰議院設立建白書** 弁士の演説に対する反応を確認しよう。近くの巡査は、弁士に厳しい視線を向け、聴衆を制している。一方聴衆は弁士に喝采をしつつ、巡査に抗議している。では、弁士はどのような演説を行っていたのだろうか。図3では、政権は政府の官僚、つまり薩長出身者が握っていることを批判し、人々の議論の重要性を訴えている。この時代に展開された**自由民権運動**は、民衆の期待と警察による弾圧が並行しながら広まっていった。

別冊史料23

● **大日本帝国憲法**【現代語訳】 ➲p.99

第3条 天皇は神聖にして侵してはならない

第4条 天皇は国の元首にして統治権を総攬し、この憲法の条規に従って日本を治める

第29条 日本臣民は法律の範囲内において言論・著作・発行・集会・結社を行う自由をもつ

第33条 議会には衆議院と貴族院をおく

第34条 貴族院は貴族院令で決められた皇族・華族と天皇に任命された議員で組織する

第35条 衆議院は選挙で選ばれた議員で組織する

第37条 すべての法律は議会の賛成がないと決めることはできない

第49条 両議院は天皇に意見を伝えたり、報告したりすることができる

⬅4 **人権宣言**と⬆5 **大日本帝国憲法** 権利の所在に着目しよう。図4では、人権は譲渡できないものとして示される。一方図5では、人々は天皇の臣下を意味する臣民と表現され、権利は法律の範囲内であることが前提である。

近代化に伴う変化の一つとして、基本的人権などの権利が、憲法などで社会のしくみとして保障されていく点が挙げられる。基本的人権などの考えは、ロックやルソーなどが唱えた**啓蒙思想**によって、人々に広く認識されるようになり、フランス革命では人権宣言として表わされた。

ルソーらは、そのような社会を担う個人を育成するために教育の重要性も論じ、フランス革命以降、公教育の制度が整えられていった。公教育の充実は、世界各国にも影響を与え、日本も、1872年にフランスを参考にした**学制**をしいた。その後、日本では数度教育政策の改編が行われ、89年に**大日本帝国憲法**が発布されると、憲法が目指す「臣民」を形成するための公教育の制度が整えられていった。

1870 英 初等教育法

1871 独 第１回帝国議会 ドイツ帝国憲法制定

1884 英 第３回選挙法改正

19世紀末ごろ アメリカ各州で義務教育始まる

1893 ニュージーランド 女性参政権が認められる ➡p.138

1901～08 中国　光緒新政（学制の改革行われる）➡p.115

1905 露 ➡p.128 皇帝が国会開設を約束

明治　1900

維新

1872 学制の公布

1873 徴兵令

このころ 自由民権運動の高まり

1889 大日本帝国憲法発布

1890 教育勅語、義務教育始まる

第１回帝国議会召集

1900 小学校の義務教育無償化

1904～05 日露戦争

義務教育就学率97％超に

「権利意識と政治参加や国民の義務」

「学校教育」

2 “学校教育”の日本と世界の様子を考察しよう

世界の動き

フランス革命 ➡p.68

⬅6 **家庭での教育**（17世紀）　女性がペンを片手に、子どもに向かって語りかけている。表情に注目すると、どちらも真剣な様子だ。ヨーロッパの上流階級は、このように家庭で読み書きを習っていた。

⬆7 **小学校の授業風景**（1907年）　教室前方に立つ女性が、黒板を用いて授業をしている。黒板を観察すると、“fish”とあり、行われているのは英語の授業だと分かる。この写真の撮影場所は、イギリスである。生徒の学習内容を確認すると、机上には黒板同様に書かれた石板がある。授業で文字を練習したのだろう。近代化の過程ではこうした教育制度が整備され、就学率は急激に上がっていった。

〈B.R.ミッチェル編　『イギリス歴史統計』〉

＊アイルランドを除く　＊2イギリスの初等教育は通常5～11歳まで行われるため、児童数が5～9歳人口を上回ることがある。

	1851年	1861年	1871年	1881年	1891年	1901年
小学校数（校）	2408	7705	14722	29450	32638	34395
児童数（万人）	28.2	92	143.2	327.4	428.8	538.7
5～9歳人口（万人）	243.2	270.7	311.1	359.7	387.3	398

⬆8 **イギリスの子どもと学校数の推移**

日本の動き

江戸時代の教育と学問 ➡p.58、近代国家を目指す日本 ➡p.98

〈東京都立中央図書館特別文庫室蔵〉

⬅9 **寺子屋の授業風景**　奥に描かれる指導者に対し、視線は集まっているだろうか。見てみると、年齢層の異なる子どもたちそれぞれが自由な取り組みをしていることが分かる。このような個に応じた学びの場が、江戸時代に存在していた。➡p.58

⬅10 **1900年代の小学校の授業風景**　図7とも比べながら教室の様子を確認しよう。教師による黒板を用いた授業、生徒が教科書を用いて学習する様子は、おおよそ共通する。日本でも西洋を参考とした教育制度が整備され、近代化の道を歩んでいることが分かる。

〈文部科学省　『明治6年以降教育累年統計』〉

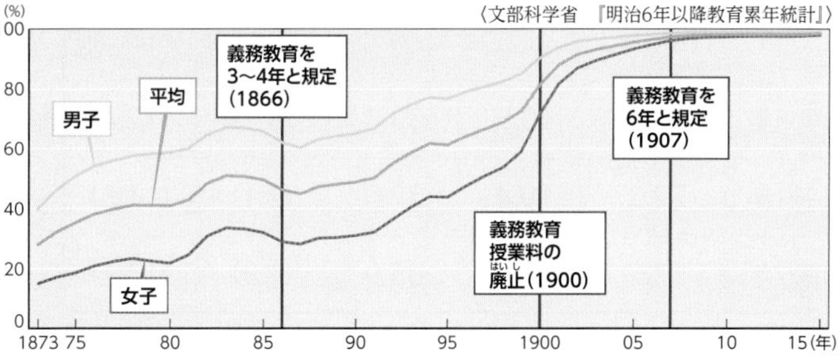

(%) 100 80 60 40 20 0

男子　平均　女子

義務教育を3～4年と規定（1866）

義務教育授業料の廃止（1900）

義務教育を6年と規定（1907）

1873 75 80 85 90 95 1900 05 10 15（年）

⬆11 **就学率の推移**　線グラフの始点は、1873年である。日本ではこの前年に**学制**が公布され、国民皆学が目指されていった。その過程からは総じて男女間の隔たりが注目される。これが大きく改善される時期に着目すると、義務教育無償化の影響を把握できる。**日露戦争**後には、就学率は全体で97％を超えた。

テーマ 「労働と家族」 テーマで結ぶ世界 ➲p.101 ／ 「移民」 テーマで結ぶ世界 ➲p.117

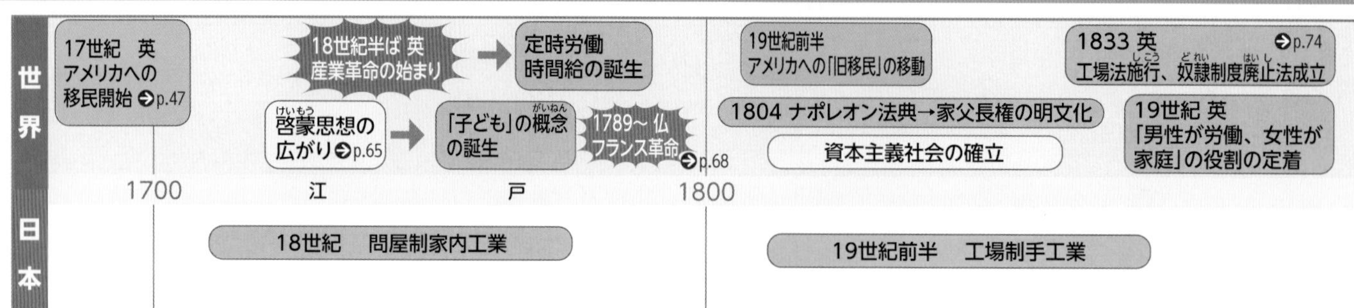

1 “労働と家族”の日本と世界の様子を考察しよう

世界の動き

産業革命 ➡p.74

⬆1 イギリスの織布工場(1840年代) 工場の設備を確認しよう。整然と並んでいるのは布を織る機械だ。この機械は力織機とよばれ、蒸気機関が利用されている。次に労働者へ視点を移そう。中央の監督者らしき1人の男性と、各機械の近くで作業をする複数の女性の存在を確認できる。

日本の動き

日本の産業革命 ➡p.110

⬆3 製糸工場の様子(1900年代) 女工の作業に注目すると、手作業で糸を繰っている。機械化が進んだ綿花を糸にする紡績に比べ、こうした蚕のまゆを糸にする製糸には熟練した技術が求められていた。一方で女工の背後には巻き取り機の糸枠が見え、西洋技術の導入を確認できる。➲p.101､110 〈岡谷蚕糸博物館蔵〉

〈B.R.ミッチェル編『イギリス歴史統計』〉 (万人)

	総数	男	女	(うち13歳未満)	(うち13～18歳)
1835年	21.9	10.0	11.9	(2.9)	(6.6)
1847年	31.6	13.4	18.2	(1.8)	(9.4)
	(1874年工場法改正)			(うち14歳未満)	(うち14～18歳)
1895年	53.9	20.5	33.4	(3.1)	(12.4)
1901年	52.3	19.4	32.9	(2.1)	(11.5)
1907年	57.7	21.8	35.9	(1.9)	(13.2)

⬆2 イギリスの繊維工場の労働者数推移 まず総数から確認しよう。基本的に増加しており、結果としては2倍を上回ることとなっている。この上昇率を指標としてほかの項目と比較しよう。すると、女性の上昇率は約3倍になっていること、13歳未満(14歳未満)はむしろ相対的に減少していることに気づく。女工の需要の高まりと、児童労働を制限した工場法の影響が分かる。

〈大石嘉一郎編『日本産業革命の研究 下』〉

(%)

	1886 (7.5万人)	1900 (38.8万人)	1909 (80.9万人)
その他	14.8	6.2	7.9
官営		9.3	14.5
飲食物	15.7	6.6	8.1
化学	1.0	9.1	8.1
機械	17.7	7.7	6.8
繊維その他	3.9	1.6	3.4
織物	7.2	12.7	15.7
製糸	35.7	30.6	22.8
紡績	4.0	16.2	12.7

⬆4 日本の工場労働者数 内訳と全体人数の推移に着目しよう。繊維業の割合の高さと労働者の急増を読みとれ、産業革命の中心分野や影響が示されている。

〈経済産業省 工業統計アーカイブス〉 (人)

	計	男	女
繊維	486508	72231	414277
うち製糸業	191561	9839	181722
20歳以上		7433	72194
16歳以上20歳未満		1837	70132
14歳以上16歳未満		479	29853
12歳以上14歳未満		78	9202
12歳未満		12	341
機械・器具	63821	60721	3100
化学	77883	51805	26078
飲食物	88740	64320	24420
雑工業	79773	54197	25576
特別	3912	3865	47
合計	800637	307139	493498

⬆5 工場種別の工員数(1909年) 男女で比較すると、繊維業のみ女性の人数が顕著に多いことに気づく。さらに、製糸業の年齢構成からは若年層も労働力として従事していることが分かる。

近代化の一つとして、工業化の進展や世界との結びつきの強化に伴う**都市人口**の増加や、**工業労働者**の増加などを背景に起こった人々の勤労観の変容という面を挙げることができる。これまで、家族や地域ごとで農業や家内工業に従事することが中心であったが、工業化の進展によって、家族から数名が労働者として雇用されるようになった。やがて世界との結びつきが強まると、アメリカには多くの**移民**が入ってくるようになった。

一方日本では、開国して以降海外への出稼ぎ労働が始まり、しだいに家族全員での移民が増えていった。これは国内で表出してきた貧困や人口増加といった問題への対応として、政府が移民を斡旋した(官約移民)ためでもあった。

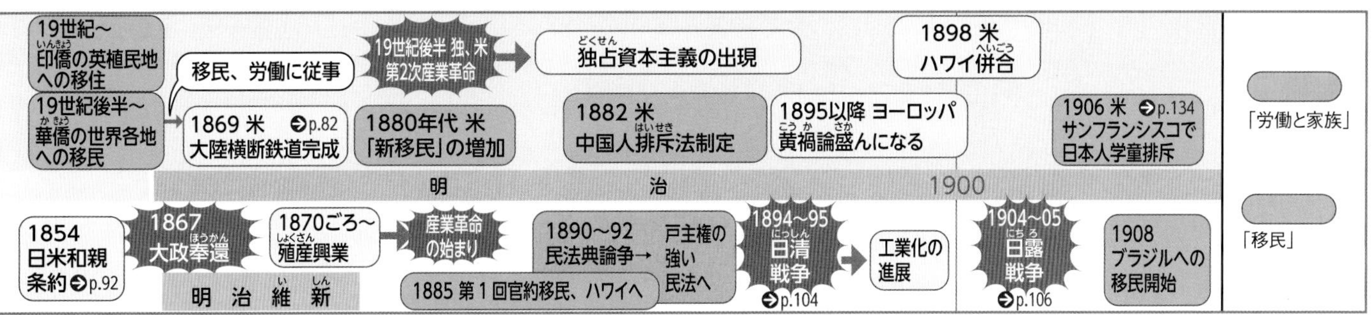

2 "移民"の日本と世界の様子を考察しよう

世界の動き

帝国主義の時代 ➡p.116

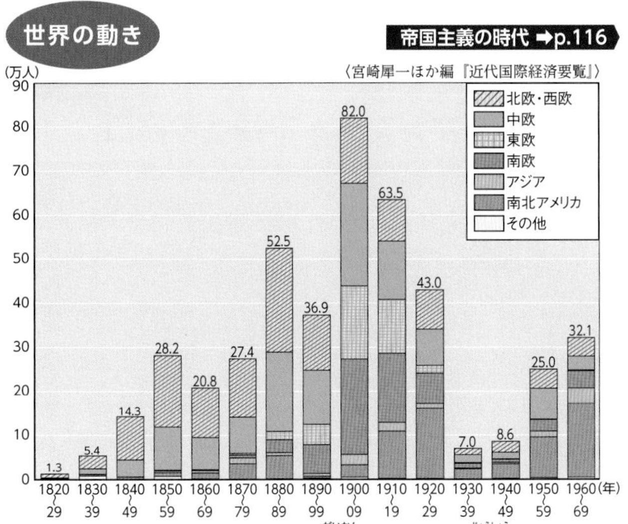

⬆**6 アメリカへの移民数** まず全体を概観してみよう。上昇と下降という傾向におよそ二分することができる。続いてそれぞれの要因を年表と照合すると、**産業革命**の影響や**移民法**に表れる移民に対する危機感の拡大➲p.134という、アメリカ国内の事情との関連に気づける。

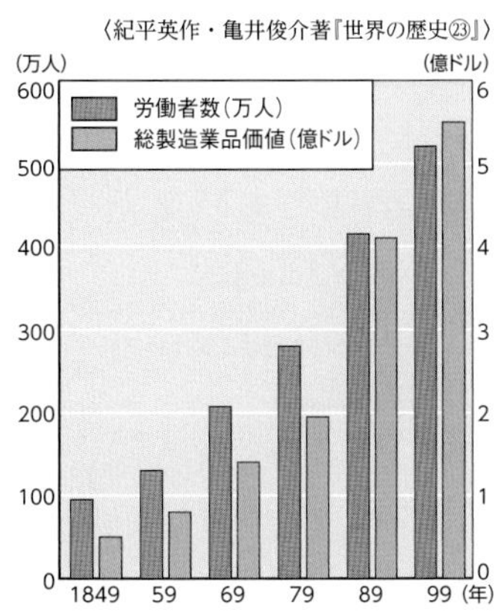

⬆**7 アメリカの製造業の発展と労働者**
各項目の上昇速度に着目すると、生産品の価値の高まりが分かる。この製造業の発展の背景には、増加する移民を人的資源の一部として、労働者が急増していったことが挙げられる。

⬆**8 アメリカへの移民の様子** 船に乗る人々の表情には、不安と期待が入り交じっている。彼らはロシアで迫害を受けて難民となったユダヤ人だ。人口増加や食糧難などを背景に、多様な地域から移民が流入した。➲p.117

日本の動き

日本の産業革命 ➡p.110

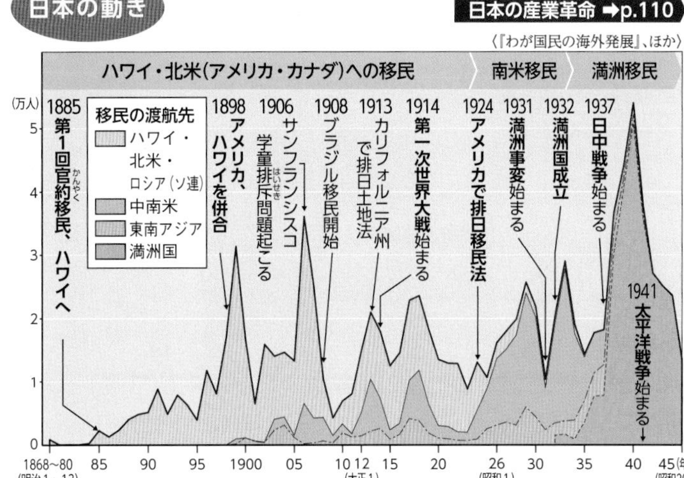

⬆**9 日本からの移民と渡航先の推移** 主な渡航先➲p.117の変遷をたどろう。ハワイから始まり、中南米、満洲へと推移している。次に増加期を見ると、交通網の確立、経済支援の影響を確認できる。一方で減少期からは、移民排斥➲p.134という課題に気づく。国際関係に大きな変化を及ぼす戦争などの影響も大きい。

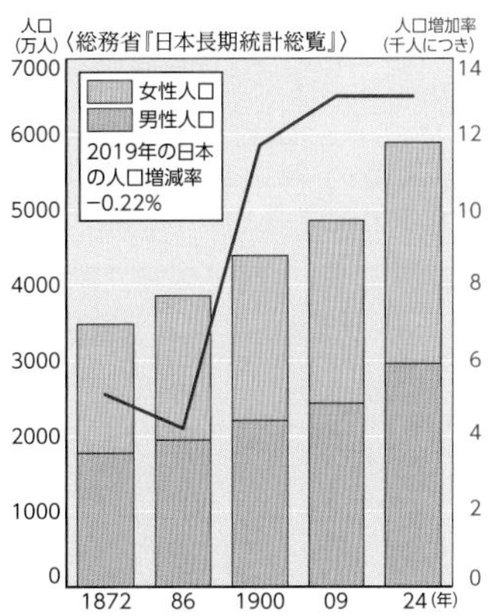

⬆**10 日本の人口推移** 棒グラフをたどると、一貫して人口が増えていることが分かる。さらに、現在と比較しながら折れ線グラフを確認すると、増加率の高まりは明らかである。こうした人口増加に伴って、図3の労働者や図11の移民も同時に増加していった。

⬆**11 1920年代のポスター**〈外務省外交史料館蔵〉 南米移住を勧める主体者を確認したい。下部に示される会社や組織は国家が関与して設立された経緯をもつ。つまり、国策だったということが分かる。

世界とつながる江戸幕府 ——統制しながら安定を維持する政策

HISTORY TOURS ヒストリーツアーズ

「鎖国」下での海外との貿易とは?

史料で深めるA

（Aの拡大）

役人による品定め

A

《「唐館蘭館図絵巻」長崎歴史文化博物館蔵》

⬅1 **出島に荷揚げする様子**　**長崎**に来航する**オランダ**船は、季節風に乗って夏にやってきた。人工島である出島には、荷揚げ場のほか、住居や畑、家畜の飼育場なども設けられた。長崎市街とは1本の橋でのみつながり、出入りは厳重に管理された。 ➲巻頭1~2、p.5

チェック1 図1の出島には、どのような人が描かれているだろうか。
①日本人のみ
②日本と外国の人々

チェック2 出島におけるオランダとの貿易について、正しいのはどちらだろうか。
①長崎奉行所の役人が貿易を管理していた
②日本の商人がオランダの商人と直接自由な取り引きをした

チェック

日本と周辺諸国のつながり—4つの窓口

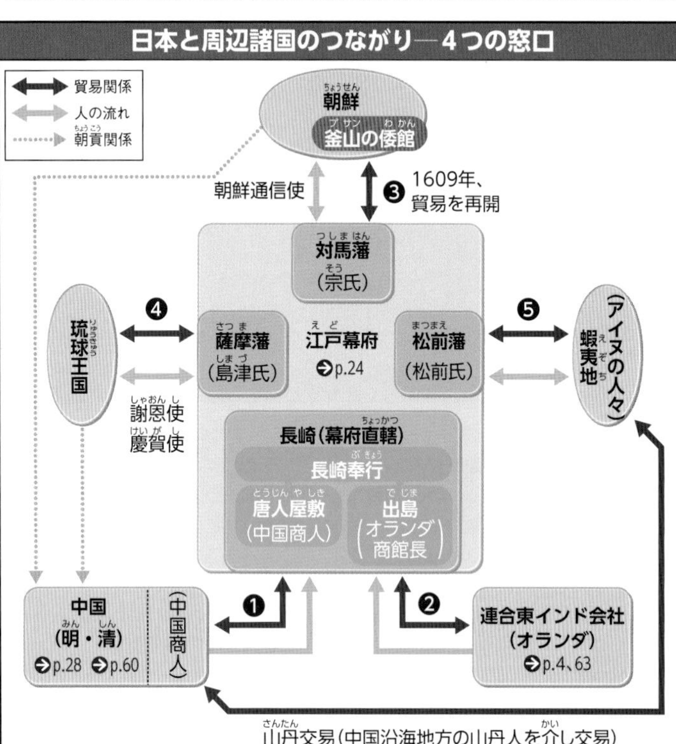

【交易品の変遷】

	貿易相手	前期 輸入品	前期 輸出品	中期以降 輸入品	中期以降 輸出品
❶	中国	生糸・絹織物・砂糖	金・銀・銅など	絹織物・砂糖	銅・俵物
❷	オランダ	生糸・絹織物・砂糖		毛織物・ビロード・胡椒	銅・伊万里焼・漆器
❸	朝鮮	生糸・絹織物・朝鮮人参		木綿・米	銅
❹	琉球	生糸・絹織物・砂糖・黒糖		絹織物・砂糖・黒糖	俵物
❺	蝦夷地	鮭・鷹・砂金(商場知行制)	米など	鰊・鮭・昆布漁経営(場所請負制度)	

⬆2 **貿易相手と交易品**　**オランダ**船は、ジャワのバタヴィアにある連合東インド会社の商館➲p.5を出発し、中国産の生糸や東南アジア産の砂糖などを長崎にもたらした。江戸時代中期以降は、日本の絹織物産業も発展し、交易品にも変化がみられた。

1 長崎 ~オランダ・中国との窓口

《(伝)渡辺秀石作「長崎唐館図巻」(部分)神戸市立博物館蔵》

⬆3 **唐人屋敷**　貿易のために訪れた中国人は、長崎市街に設けられた唐人屋敷に住むこととされ、出入りは番所で管理された。図には密貿易を防ぐため役人が懐中改めをする場面が描かれている。**中国**からの輸入品は、生糸・絹織物・書籍・薬種のほか、東南アジア産の砂糖や香料などであった。

	オランダ	中国(清)
場　所	**出島**(長崎)	**唐人屋敷**(長崎)
面　積	約13000m²	約29000m²
期　間	1641〜1859年	1689〜1859年ごろ
収容人数	**数十人**	**5000人**
来航する船	年**10隻**が最高	年**192隻**が最高

⬆4 **オランダ・中国との貿易の比較**

世界の中の日本　海外の情勢を伝えたオランダ風説書

幕府は、毎年オランダ商館長(カピタン)に、ヨーロッパなど国外の情報を報告書(「オランダ風説書」)として提出させた。アヘン戦争➲p.88が起こると、より詳細な「別段風説書」が作成されるようになった。また、中国人から日本人通訳(通詞)が聞き取った内容は唐人風説書にまとめられ、こちらも幕府に提出された。これら風説書は、「鎖国」体制の幕府にとって海外の情報を知るうえで、欠かすことのできない重要な役割を果たした。

● オランダ風説書【現代語訳】

1794年の風説書

フランス国の臣下は徒党を組み、国王と王子を処刑し、国中で乱暴に及んでいるため、オランダやその他近国からフランスへ出兵して合戦に及んでいる……。➲p.68

1852年の別段風説書

アメリカ合衆国の政府は、交易を結ぶため、これから日本に艦隊を送るようである。……指揮官の「ペルリ」という者が総督となったようである。➲p.92

2 対馬藩 ～朝鮮との窓口

➡5 **朝鮮通信使の行路** 海路で**対馬**を経由し、瀬戸内海を航海して大坂に入った。淀川を上ったのち、陸路で江戸に向かった。

朝鮮使節一覧			
年代	将軍	目的	人数
1607	秀忠	国交回復	504
17		大坂平定の祝賀	428
1624	家光	将軍襲職の祝賀	460
36		泰平の祝賀	478
43		家綱誕生の祝賀	477
1655	家綱	将軍襲職の祝賀	485
1682	綱吉	将軍襲職の祝賀	473
1711	家宣	将軍襲職の祝賀	500
1719	吉宗	将軍襲職の祝賀	475
1748	家重	将軍襲職の祝賀	477
1764	家治	将軍襲職の祝賀	477
1811	家斉	将軍襲職の祝賀	328

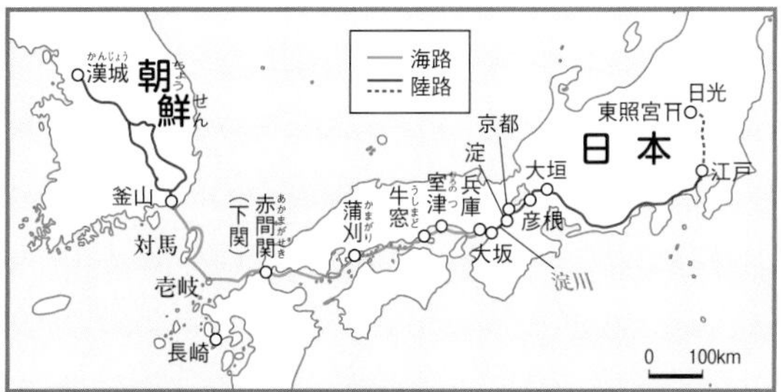

➡6 **釜山の草梁倭館** 釜山には、対馬藩の役人や商人が居住する倭館が置かれた。ここで朝鮮政府との折衝や貿易管理が行われたが、出入りは厳しく制限された。

〈「江戸図屛風」国立歴史民俗博物館蔵〉

⬆7 **江戸城へ向かう朝鮮通信使の行列** 豊臣秀吉の朝鮮出兵➲p.24で一時期朝鮮との国交は途絶えたが、1607年に対馬藩を介して回復した。通信使は将軍襲職の祝賀などのため来日し、江戸城に登城した。

3 薩摩藩 ～琉球王国との窓口 ➲p.103

琉球使節一覧				
年代	将軍	目的		人数
1634	家光		謝恩	不明
44		慶賀	謝恩	70
49			謝恩	63
1653	家綱	慶賀		71
71			謝恩	74
1682	綱吉	慶賀		94
1710	家宣	慶賀	謝恩	168
1714	家継	慶賀	謝恩	170
1718	吉宗	慶賀		94
1748	家重	慶賀		98
52			謝恩	94
1764	家治	慶賀		96
1790	家斉	慶賀		96
96			謝恩	97
1806			謝恩	97
32			謝恩	78
1842	家慶	慶賀		99
50			謝恩	99

〈国立公文書館蔵〉

⬆8 **琉球からの使節** **琉球王国**➲p.25は、**江戸幕府**将軍の代替わりに慶賀使、琉球王国国王の代替わりに謝恩使を江戸に送った。使節は鹿児島で**薩摩藩**の一行と合流し、瀬戸内海・東海道を通って江戸に向かった。異国風の使節一行の姿は、異国を支配する者としての幕府や薩摩藩の権威を高める役割もあった。

4 松前藩 ～アイヌの人々との窓口 ➲p.7、102

〈函館市中央図書館蔵〉
〈北海道立総合博物館蔵〉

⬅9 **オムシャ** オムシャは、もともと和人が蝦夷地に来て交易するときの儀式だった。シャクシャインの戦いの後は、**松前藩**が**アイヌの人々**を支配するための儀式へと変わり、法令を読み上げ、米や酒などをアイヌの人々に与えるなどの行事が行われた。

⬅10 11 **不公平な取り引き** 和人はアイヌの人々が貨幣を用いていないことを利用し、米と鮭などアイヌの品物との交換比率を自分たちに有利に設定し、利益を上げた。

世界の中の日本

昆布 ～蝦夷地から琉球・清へ

蝦夷地(北海道)でとれた昆布は、北前船➲p.57によって日本海から瀬戸内海を通る西廻り海運(航路)で大坂に運ばれた。関西では、昆布は出汁として普及していき、その後日本全国に広まった。また、九州に運ばれた昆布は、鹿児島を経由して**琉球**にも運ばれ、さらにそこから**清**(中国)にまで輸出された。また、長崎から清に輸出された昆布もあり、日本列島を取り巻く昆布の流通網は「昆布ロード」ともよばれる。現在でも沖縄では、食材として多くの昆布が消費されている。

➡12 **クーブイリチー** 沖縄の伝統的な昆布(クーブ)料理。

⬆13 **蝦夷地での昆布とりの様子**
〈『日本山海名物図会』国立国会図書館デジタルコレクションより〉

(　)内の正しい方に○をつけよう！

自由・制限の観点から振り返ろう！

江戸幕府は、諸外国との貿易を（自由化・制限）することで、幕藩体制の安定を図った。また、風説書は（海外の情報を日本に伝える・日本の情報を海外に伝える）役割を果たした。さらに、来日した朝鮮通信使や琉球からの使節には、幕府の（権威の向上・財政の安定）といった役割が期待された。

江戸時代の産業と交通 ――日本を駆けめぐる物と人

ヒストリーツアーズ HISTORY TOURS

江戸っ子に酒を運べ！ 関西からの大レース

（拡大）

←1 **新酒番船のゴール地点の様子**　新酒番船とは、上方（**大坂**や京都）の新酒を樽廻船に積み込み、**江戸**までの到着順位を争うレースである。図中の赤いはっぴを着た人々は、江戸へ一番乗りを果たした船の乗組員で、「惣一番」と書かれた幟や太鼓を持ち、嬉々として新川を練り歩く様子が描かれている。
〈「新酒番船入津繁栄図」西宮デジタルアーカイブより〉

チェック1 図1に描かれた船や川沿いの風景からわかることは、次のうちどちらだろうか。
①江戸で大量の酒がつくられていた
②大量の酒を地方から江戸に運んでいた

チェック2 江戸の人々の生活として、正しいのは次のどちらだろうか。
①遠く離れた地のものは手に入らず、江戸の産品で暮らしている
②各地の産物も街で売られており、手に入れることができる

チェック

1 主な特産物

■織物　■絹織物　■綿織物　☒麻織物　◡陶磁器・漆器　⊙醸造　♈農作物　▥木材　◇製紙　㊎鉱物　牛その他

↓2 **主な特産品の産地**

●**織物業**
- 絹　足利絹、桐生絹、伊勢崎絹、西陣織、丹後縮緬、上田紬、黄八丈、結城紬
- 綿　三河木綿、河内木綿、尾張木綿、久留米絣、小倉織
- 麻　近江麻、奈良晒、越後（小千谷）縮

●**製紙業**（流漉の技術とともに普及）
- 高級紙　越前の鳥ノ子紙・奉書紙、美濃紙、播磨の杉原紙
- 日用紙　美濃、土佐、駿河、石見、伊予

●**工芸品**
- 陶磁器　有田焼（伊万里焼）、薩摩焼、萩焼、上野焼、清水焼*、九谷焼、備前焼、瀬戸焼、粟田焼*
- 漆器　春慶塗、南部塗、会津塗、輪島塗

●**醸造業**
- 酒　伏見、灘、伊丹、池田、西宮
- 醤油　播磨龍野、京都、野田、銚子

●**林業**
- 檜　木曽
- 杉　秋田、飛騨、吉野、熊野
- 薪・炭　摂津池田、紀伊備長

*清水焼、粟田焼など京都でつくられた陶磁器（楽焼を除く）を京焼という。

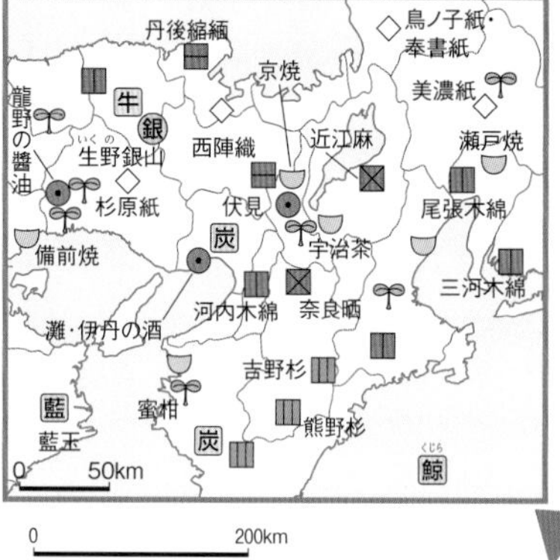

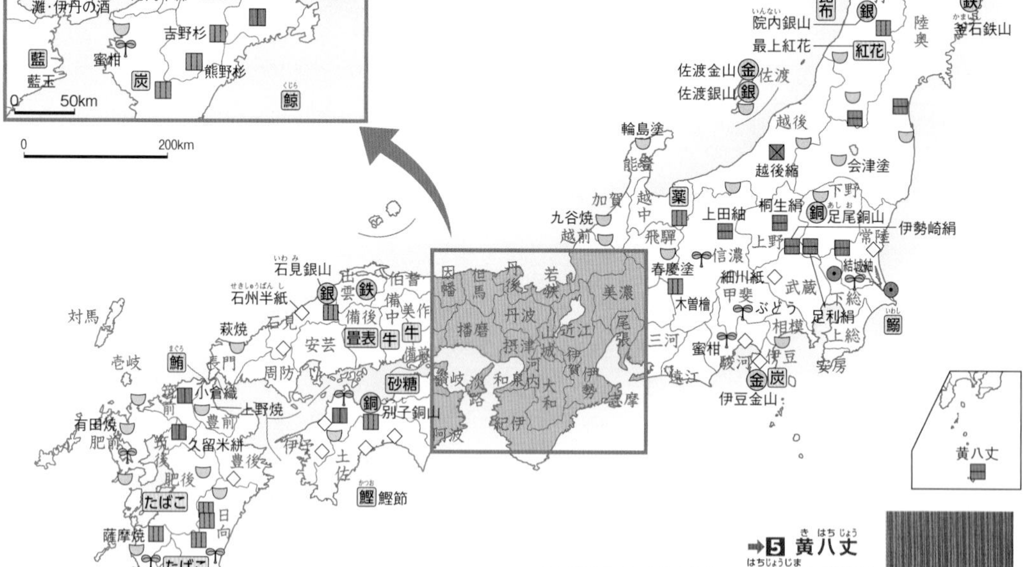

0 200km

A 各地の特産品

➡3 **紅餅**　紅花からとれる紅は、染料や口紅として使われた。紅餅は紅を取り出すための加工法の一つで、水で洗い発酵させて固めたもの。出羽国の最上紅花は最高級品であった。〈山形大学附属博物館蔵〉

➡4 **畳表**　藺草を編んだ畳表は、備後国（広島県）の特産物であった。庶民の間で需要が増大した。

➡5 **黄八丈**　八丈島の名前の由来となった草木染めの絹織物で、年貢も米ではなく黄八丈で納められた。

〈『日本歴史大辞典 別巻』ほか〉

2 陸路と海路

A 陸上交通

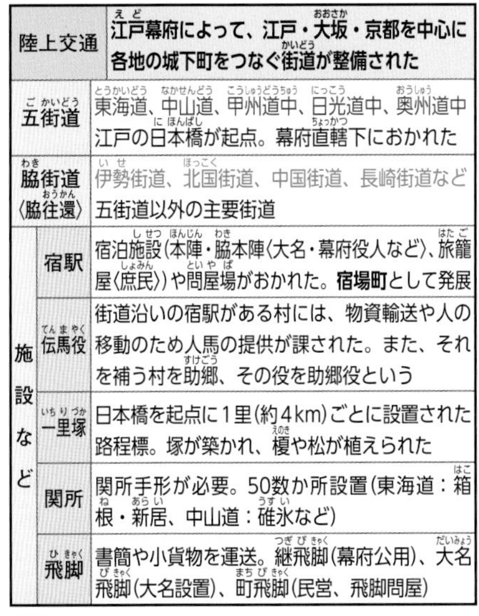

	陸上交通	江戸幕府によって、江戸・大坂・京都を中心に各地の城下町をつなぐ街道が整備された
	五街道	東海道、中山道、甲州道中、日光道中、奥州道中 江戸の日本橋が起点。幕府直轄下におかれた
	脇街道〈脇往還〉	伊勢街道、北国街道、中国街道、長崎街道など 五街道以外の主要街道
施設など	宿駅	宿泊施設(本陣・脇本陣〈大名・幕府役人など〉、旅籠屋〈庶民〉)や問屋場がおかれた。**宿場町**として発展
施設など	伝馬役	街道沿いの宿駅がある村には、物資輸送や人の移動のため人馬の提供が課された。また、それを補う村を助郷、その役を助郷役という
施設など	一里塚	日本橋を起点に1里(約4km)ごとに設置された路程標。塚が築かれ、榎や松が植えられた
施設など	関所	関所手形が必要。50数か所設置(東海道：箱根・新居、中山道：碓氷など)
施設など	飛脚	書簡や小貨物を運送。継飛脚(幕府公用)、大名飛脚(大名設置)、町飛脚(民営、飛脚問屋)

B 東海道と中山道

⬇6 **東海道と中山道の宿駅と関所** 宿駅は2～3里ごとにおかれ、関所は要所に設置された。

C 水上交通

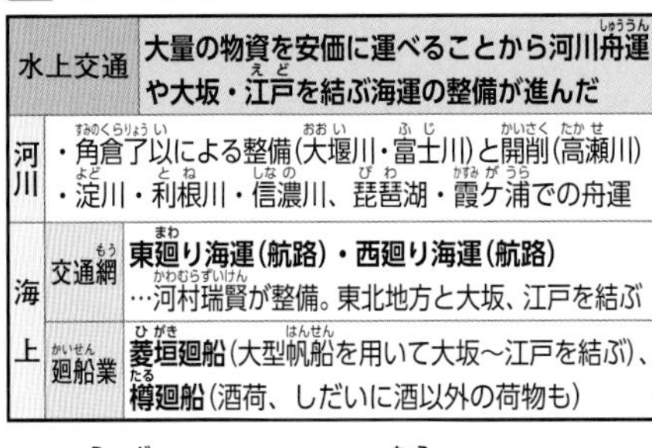

	水上交通	大量の物資を安価に運べることから河川舟運や大坂・江戸を結ぶ海運の整備が進んだ
河川		・角倉了以による整備(大堰川・富士川)と開削(高瀬川) ・淀川・利根川・信濃川、琵琶湖・霞ケ浦での舟運
海上	交通網	**東廻り海運(航路)・西廻り海運(航路)** …河村瑞賢が整備。東北地方と大坂、江戸を結ぶ
海上	廻船業	**菱垣廻船**(大型帆船を用いて大坂～江戸を結ぶ)、**樽廻船**(酒荷、しだいに酒以外の荷物も)

〈菊正宗酒造記念館蔵〉

⬅7 **樽廻船** 酒は腐りやすいため、迅速に運ぶ必要があった。そのため、当初は菱垣廻船で運ばれていたが、のちにより速く運送できる樽廻船の運行が始められ、菱垣廻船を圧倒した。

〈物流博物館蔵〉

⬆8 **菱垣廻船** 1619年に堺の商人が始めたとされる。名前は積み荷の落下を防ぐため、檜の板を用いて菱形の垣をつくったことに由来。速度が遅いため、樽廻船に押される形となった。

⬆9 **北前船** 江戸中期以降に発展した海運で、蝦夷地の海産物➔p.55や東北の米などを日本海経由で大坂に輸送した。各寄港地で売買を行い、大坂～蝦夷地間での航海で大きな利益を上げた。

D 江戸時代の交通網

江戸時代には街道が整備されて江戸を中心とする交通システムが整えられ、海や河川の流通網が確立された。こうして交通・流通網で日本全国が結ばれるようになった結果、人々の行き来や各地の特産物の流通がそれまで以上にさかんになった。これにより、各地の文化が相互に共有され、人々の意識の一体化が進むという文化的影響も生じた。

( )内の正しい方に○をつけよう！

自由・制限の観点から振り返ろう！

幕府の貿易統制政策で、日本は海外とのつながりが(より密接に・希薄に)なった。他方、陸路・海路の交通が整備されたことにより、人や物の行き来が活発になり、全国的な商品流通網が形成された。各地でつくられた特産物は(陸運・海運)を中心として江戸に運ばれ、大いに人気を博した。

江戸時代の教育と学問 ——全国の学校と蘭学・浮世絵

ヒストリーツアーズ 勉強したい子、寺子屋に集合!

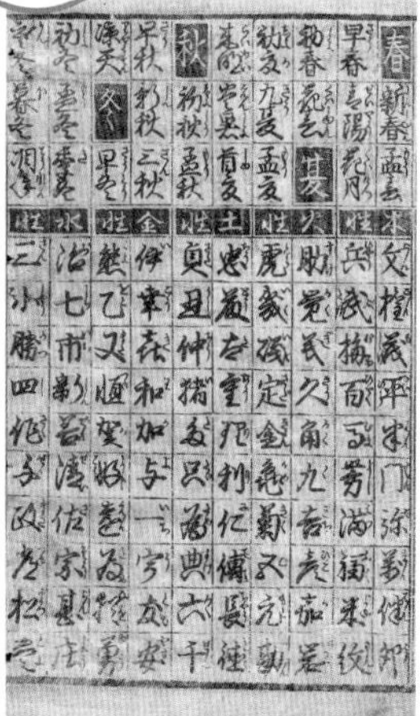
〈『寺子教訓往来』信州大学附属図書館蔵〉

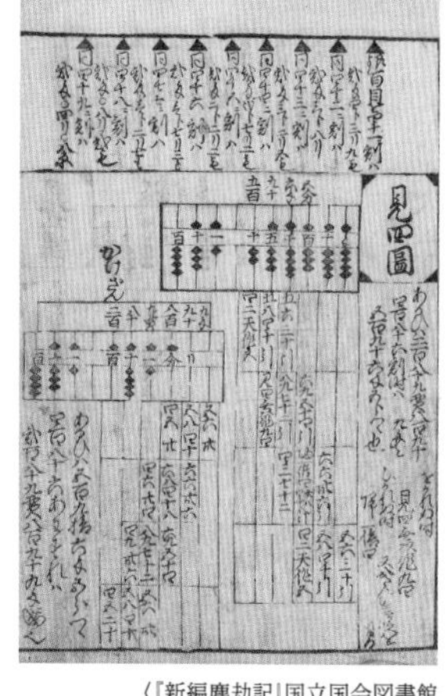
〈『新編塵劫記』国立国会図書館デジタルコレクションより〉

〈渡辺崋山作「一掃百態図」田原市博物館蔵〉

⬆3 **寺子屋（手習所）** 入学年齢や学習時間・在学期間は自由で、学習内容も人により異なった。➲p.51

⬅1 2 **寺子屋での学習で使われた本** このほか、商業の知識や心構えを記した本や、封建的道徳を教える儒教➲p.27の経典など、色々な本が使われた。

チェック1 図1と図2は、それぞれ何を学ぶための本だろうか。
①文字 ②仏教 ③算数 ④農業

チェック2 寺子屋での授業内容として、正しいのは次のどちらだろうか。図3の説明も読んで考えてみよう。
①それぞれの立場に応じて行う、実用的な授業
②共通のテキストを使って行う、全員一斉の授業

チェック3 なぜ、庶民たちは寺子屋に通ったのだろうか。その理由として、正しいと思うものを2つ選ぼう。
①幕府や藩の法令を読む必要があった
②成績が優秀だと武士に出世できた
③寺子屋に通わないと罰せられた
④貨幣での買い物や年貢のため、計算が必要になった

チェック

1 江戸時代の教育

A 幕府直轄（官立）の学校の変遷

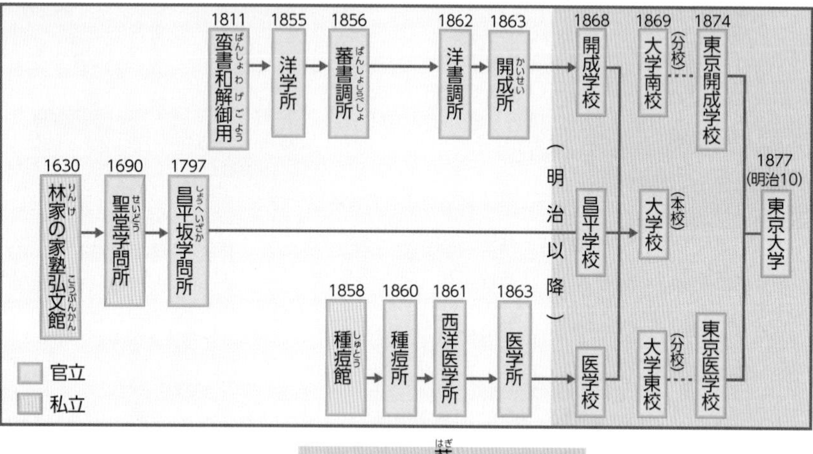

B 藩校（藩学）の増加

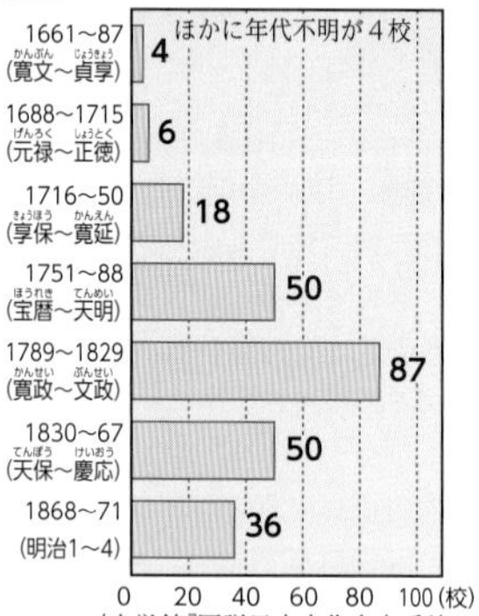

年代	藩校の設立数（校）
1661～87（寛文～貞享）	4
1688～1715（元禄～正徳）	6
1716～50（享保～寛延）	18
1751～88（宝暦～天明）	50
1789～1829（寛政～文政）	87
1830～67（天保～慶応）	50
1868～71（明治1～4）	36

ほかに年代不明が4校

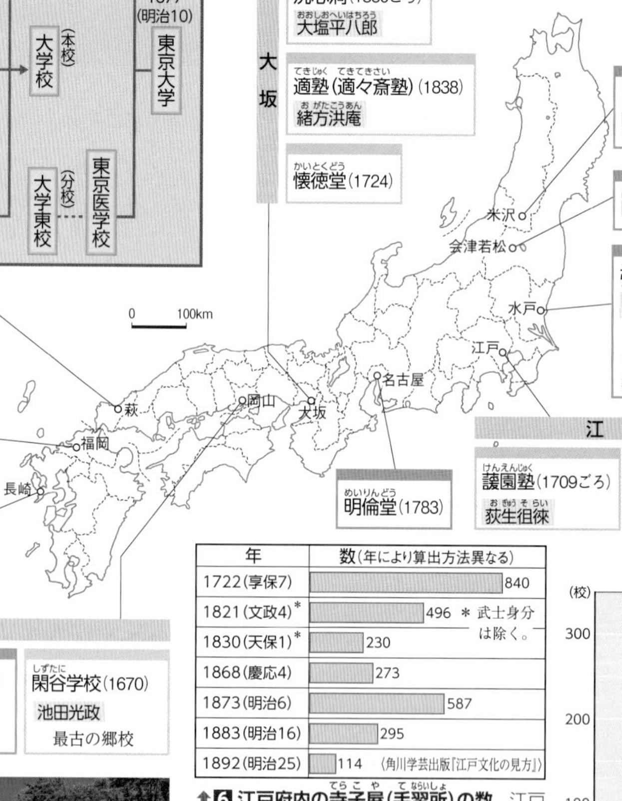

〈小学館『図説日本文化史大系』〉

⬆4 **藩校の設立数** 藩校は、江戸後期になり増えていく。各藩が藩政改革のため優秀な人材を育成しようと考えたからであり、実学が重視された。また、そこで育った人材が、のちに**寺子屋**を開くこともあり、教育が庶民にまで伝播した。

C 藩校（藩学）・郷校（郷学）・私塾

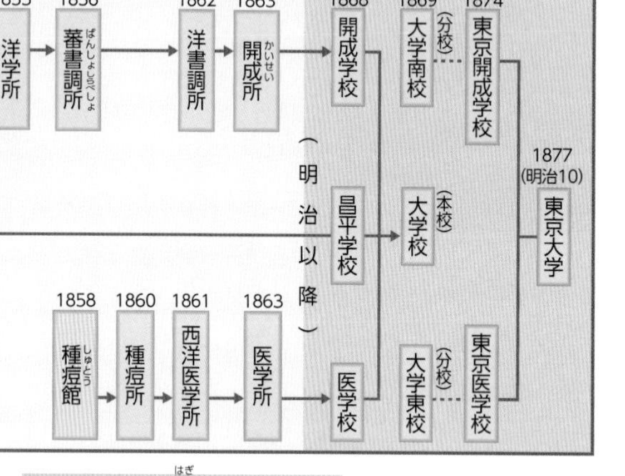

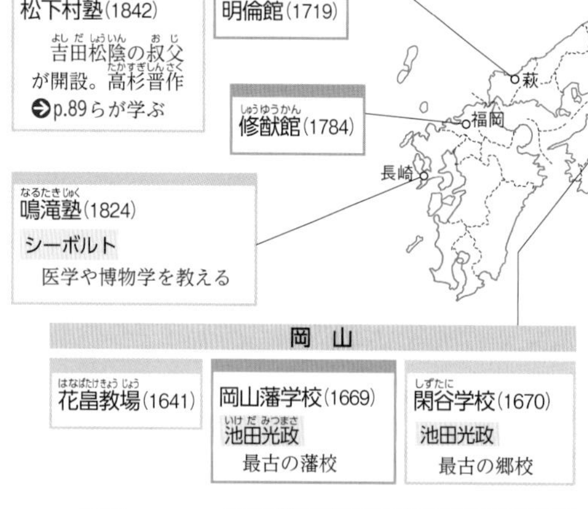

➡5 **旧閑谷学校** 1670年に岡山藩が建てた、庶民教育のための藩営学校。**儒教**精神に基づいた教育が行われたとされる。

年	数（年により算出方法異なる）
1722（享保7）	840
1821（文政4）*	496
1830（天保1）*	230
1868（慶応4）	273
1873（明治6）	587
1883（明治16）	295
1892（明治25）	114

＊ 武士身分は除く。
（角川学芸出版『江戸文化の見方』）

⬆6 **江戸府内の寺子屋（手習所）の数** 江戸時代には、幕府や藩の法令伝達や年貢徴収、さらに経済の発達により、民間でも多くの文書や帳簿が使われた。庶民も読み書きや計算の必要を感じ、18世紀以降、寺子屋など庶民の教育機関が全国に普及した。

年	年平均開業数（校）
1751～63	2.6
1781～88	12.6
1804～17	27.4
1818～29	56.3
1830～43	141.7
1854～67	306.6

〈『国史大辞典』〉（年平均開業数）

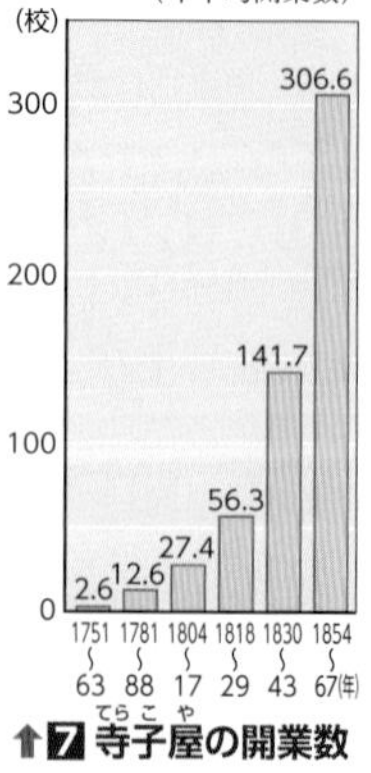

⬆7 **寺子屋の開業数**

2 西洋の科学を学ぶ蘭学

〈杉田玄白、中川淳庵校、石川玄常参、桂川甫周閲、神戸市立博物館蔵〉

←8『解体新書』 ドイツの医学書をオランダ語訳した『ターヘル=アナトミア』を、杉田玄白、前野良沢らが翻訳して刊行した。玄白は手記『蘭学事始』で、翻訳の苦心を「櫓も舵もない船が大海に乗り出したようで、ただ広く果てしなく、途方にくれるばかり」と記している。

世界の中の日本 文人ネットワークと蘭学

西暦1795年の1月1日にあたる日に、蘭学者の大槻玄沢は自身の私塾 芝蘭堂に門下生のほか医師、画家などさまざまな立場の文人(知識人)を集めて「オランダ正月」を祝った。芝蘭堂では自由な議論が交わされ、互いの知識を深めていった。こうしたネットワークは**蘭学**の普及を進め、海外の情報を全国にもたらしたが、その結果海外の技術への関心が高まり、尊王攘夷思想なども生まれた。

↑9 オランダ正月を祝う文人たち 〈重要文化財「芝蘭堂新元会図」早稲田大学図書館蔵〉

世界の中の日本 西洋に衝撃を与えた浮世絵

浮世絵とは、17世紀後半に菱川師宣により始められた、庶民的な風俗画のことをいう。当初は紙に直接描く肉筆画であったが、のちに版画となり、18世紀には多色刷りの錦絵もつくられるようになった。版画となった浮世絵は、量産が可能になり、安価な値段で庶民が買えるものとなった。

西洋では19世紀から日本美術への関心が高まっており、1867年のパリ万国博覧会などをきっかけに、日本の美術品が大量に西洋へもたらされた。日本美術が西洋美術に与えた影響のことをジャポニスムといい、特に絵画において顕著であった。日本の浮世絵に影響を受けた画家たちは、そのスタイルを参考にして、新たな作品を描いていった。

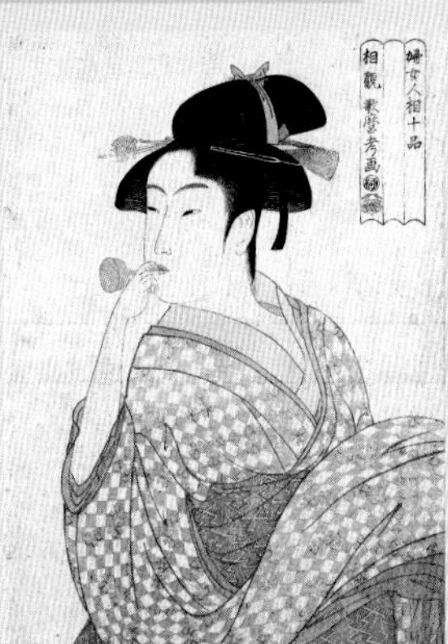

↑10 喜多川歌麿作「婦女人相十品 ポッピンを吹く女」(1790~91年ごろ) 町の美人や芸者をモデルにした美人画は、人気を博した。〈ColBase(https://colbase.nich.go.jp/)〉

↑11 「阿州大鳴門灘右エ門」(1859年) 相撲を題材とした浮世絵のことを相撲絵といい、力士の似顔絵や土俵入りの様子などが描かれた。〈歌川国明(2代)作、ボストン美術館蔵〉

↑12 歌川広重作「名所江戸百景 大はしあたけの夕立」(1857年)〈東京国立博物館蔵〉

〈国立国会図書館ウェブサイトより〉

↑13 1867年の第2回パリ万博の全景

MORE RESEARCH 国立国会図書館 博覧会

←14日本が初めて出展した第2回パリ万博での日本家屋(1867年 Le Monde Illustré) 江戸幕府のほか、佐賀藩と薩摩藩がそれぞれ出展した。図の茶店では、3人の芸者が日本の生活を再現して人気を博した。

↑15 マネ作「エミール=ゾラの肖像」(1868年) 浮世絵や、日本風の屏風も描かれており、マネの日本趣味を象徴する作品とされる。〈オルセー美術館蔵〉

↑16 ゴッホが模写した「名所江戸百景 大はしあたけの夕立」(1887年) ゴッホは浮世絵から大きな影響を受けた画家の一人。作品の構図はほぼ同じだが、油絵であるため印象は異なる。〈ファン・ゴッホ美術館蔵〉

統合・分化の観点から振り返ろう! ( )内の正しい方に○をつけよう!

江戸時代の日本は、藩ごとに分かれていたものの、幕府や各藩、また知識人によって(武士身分だけ・さまざまな身分の人)に(教育・軍事訓練)が行われた。これらは、明治時代の日本の教育や国民統合の基盤となっていった。また、(西洋・日本伝統)の学問を学ぶ蘭学も盛んになり、のちの近代化の基盤となった。

清の繁栄 ――中華を継ぐユーラシアの帝国

ヒストリーツアーズ さまざまな姿をもつ皇帝!

←1 満洲人伝統の鎧を着た乾隆帝
清は満洲人が支配する中国王朝であり、皇帝も満洲人である。この絵はイタリア人宣教師のカスティリオーネが描いたもの。

↑234 チベット(左)、モンゴル(中央)、漢人(右)の服装で描かれた雍正帝(乾隆帝の父)

チェック1 図1～4に描かれた清の皇帝はどのような格好だろうか。
①すべて満洲人伝統の格好　②さまざまな民族の格好

チェック2 図1～4のような格好を皇帝がしたのはなぜだろうか。
①ほかの民族に服従するため　②コスプレが趣味なため
③自身がさまざまな民族のリーダーだと示すため

チェック3 清の皇帝が、支配領域のさまざまな民族に対して行った支配は、①と②のどちらが正しいだろうか。
①ほかの民族の習慣や宗教をすべて禁止した
②基本的に各民族の習慣や宗教に干渉しなかった

1 多民族を従える大帝国「清」

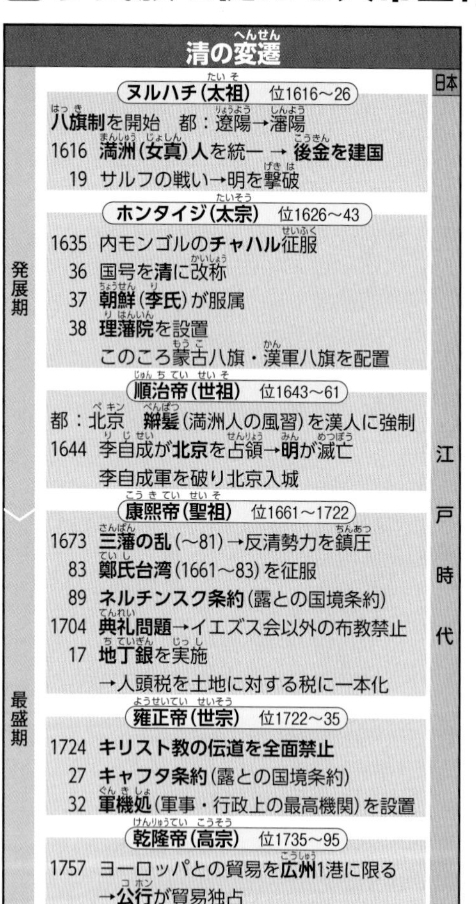

清の変遷

			日本
発展期		**ヌルハチ(太祖)** 位1616～26	江戸時代
		八旗制を開始　都：遼陽→瀋陽	
	1616	**満洲(女真)人を統一 → 後金を建国**	
	19	サルフの戦い→明を撃破	
		ホンタイジ(太宗) 位1626～43	
	1635	内モンゴルの**チャハル**征服	
	36	国号を清に改称	
	37	**朝鮮(李氏)**が服属	
	38	**理藩院**を設置	
		このころ蒙古八旗・漢軍八旗を配置	
		順治帝(世祖) 位1643～61	
		都：北京　**辮髪**(満洲人の風習)を漢人に強制	
	1644	李自成が**北京**を占領→**明**が滅亡	
		李自成軍を破り北京入城	
最盛期		**康熙帝(聖祖)** 位1661～1722	
	1673	**三藩の乱**(～81)→反清勢力を鎮圧	
	83	**鄭氏台湾**(1661～83)を征服	
	89	**ネルチンスク条約**(露との国境条約)	
	1704	**典礼問題**→イエズス会以外の布教禁止	
	17	**地丁銀**を実施	
		→人頭税を土地に対する税に一本化	
		雍正帝(世宗) 位1722～35	
	1724	**キリスト教の伝道を全面禁止**	
	27	**キャフタ条約**(露との国境条約)	
	32	**軍機処**(軍事・行政上の最高機関)を設置	
		乾隆帝(高宗) 位1735～95	
	1757	ヨーロッパとの貿易を**広州**1港に限る	
		→**公行**が貿易独占	
	58	**ジュンガル**を征服→清の領土が最大に	
衰退期	96	**白蓮教徒の乱**(～1804)→農民反乱	

→5 **清の支配領域**　清は中国を統治するため、明➔p.28の制度をほぼ継承した。旧明領では官吏登用のため科挙➔p.27を行い、満洲人・漢人を併用した。一方、モンゴルやチベット、東トルキスタンなどは藩部とし、基本的な統治は各地に任せる間接統治で広い領域を支配した。

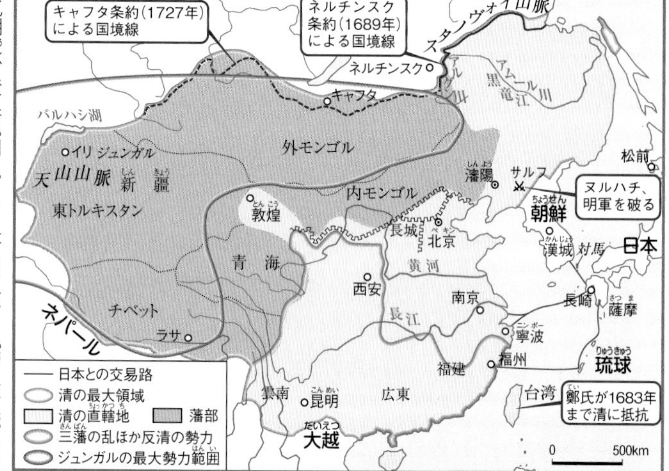

↓6 **清の支配構造**　皇帝は、各民族の文化・宗教に合わせ、それぞれの統治者・保護者としてふるまった。

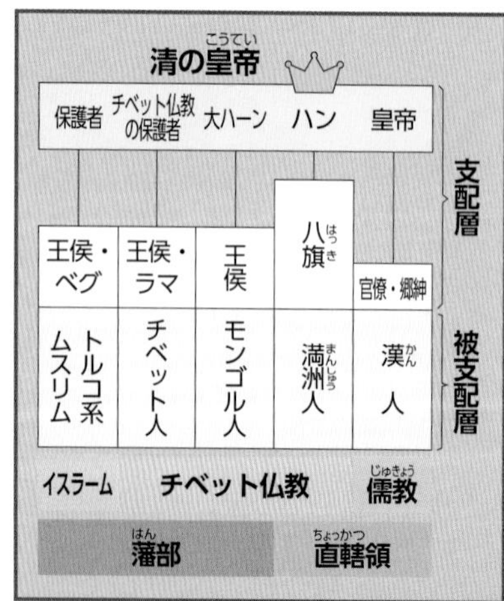

↑7 **紫禁城**　もとは明の皇帝の居所であったが、それを征服した清も皇帝の居所とした。現在は故宮博物院となっている。

2 清の経済発展

〈遼寧省博物館蔵〉

⬆8 **蘇州の繁栄**（『盛世滋生図(姑蘇繁華図)』） 太湖のほとりに位置し、大小の運河が集まる蘇州は、長江中・下流域で生産された米の集散地として繁栄した。明・清代には絹織物・綿織物業も発展するなど、物流の拠点として高い経済力を誇った。拡大図内の「復興号」という名の店では、雲南、貴州、四川、広州など、各地の商品を取りそろえていることを表す大きな看板が掲げられている。

MORE 清代に急増した人口

18世紀初め、地丁銀制の導入で各個人に対して課される人頭税が廃止されると、課税を避けるため戸籍届けから逃れていた人々が届け出て、統計上の人口が急増した。また、長江流域における大規模な土地開発や、荒れ地でも栽培できるアメリカ大陸原産の とうもろこし や さつまいも の普及によって食料が増産され、実質的な人口の増加にもつながった。人々のなかには新たな生活圏を求めてアジアなどの海外に移住する人(**華僑**)も現れ、独自のネットワークを構築していった。

〈人民出版社『中国人口史』1998年〉

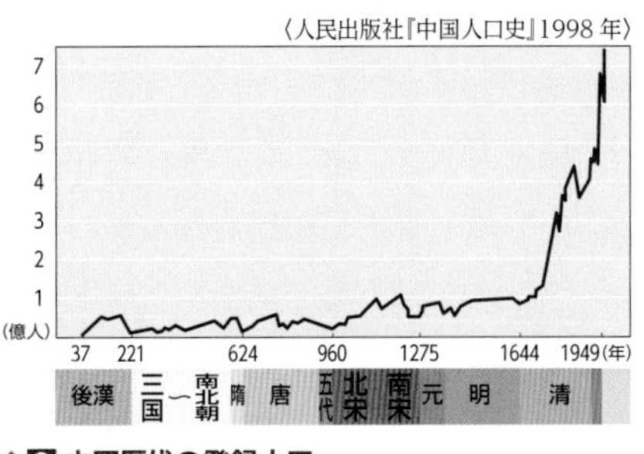

⬆9 **中国歴代の登録人口**

3 交易で繁栄する清帝国

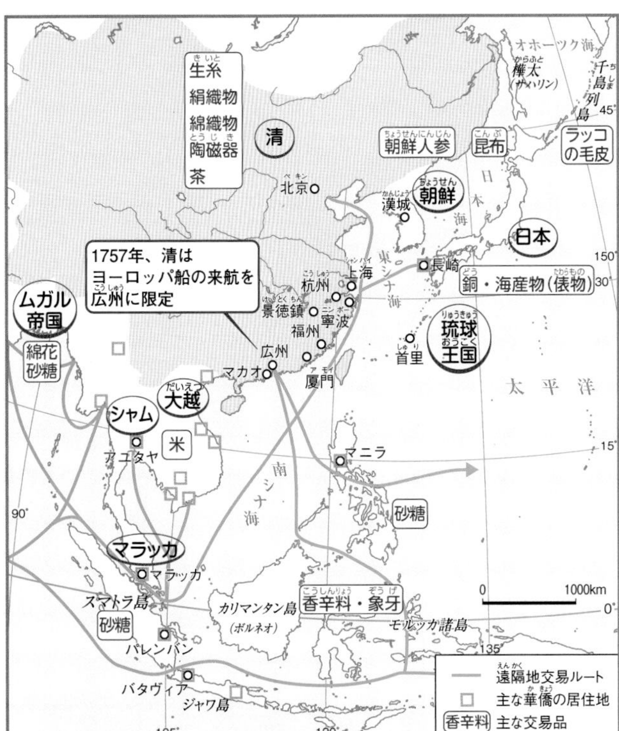

⬆10 **互市貿易下でのアジア諸国間の交易** 清は鄭氏台湾に打撃を与えるため**海禁**政策をとっていたが、降伏後は貿易開放に転じ、またヨーロッパ船の来航が増えると、広州・厦門・寧波・上海に海関を置いて民間交易を公認した(**互市貿易**)。ヨーロッパとは陶磁器や茶の輸出など盛んに貿易が行われたが、乾隆帝は利益独占のため、来航を**広州**のみに限定し、特許を与えた公行にのみ貿易を行わせた。他方、清の人口増加もあり、アジア各地に移住した清の人々(**華僑**)は、現地に居住区(中華街)を築き、つながりを強めた。

〈青花束蓮文大皿、東京国立博物館蔵〉

⬆11 **染付** 白地に青色顔料を用いた染付(青花)や、赤・緑・黄・黒・青などの釉薬を用いた赤絵(五彩)など、華やかなものがつくられた。

⬆12 **円明園** 康熙帝が北京郊外につくった離宮・庭園。乾隆帝期には、イタリア人宣教師カスティリオーネらが設計に参加した西洋館の増築など、バロック式と中国様式が融合された。

世界の中の日本 『坤輿万国全図』と日本人

西洋と交易していた清では、その影響を受けた文物が数多くつくられた。そのなかでも、1602年にイタリアの宣教師マテオ=リッチが中国で作成した『坤輿万国全図』は、模写されて江戸時代の日本に輸入された。他国との交流が制限されていた江戸時代の日本➡p.54において、この地図は、人々が地球球体説に触れるなど、日本人の閉鎖的な世界認識に大きな影響を与えた。

➡13 **『坤輿万国全図』**
〈宮城県図書館蔵〉

自由・制限の観点から振り返ろう！ （ ）内の正しい方に○をつけよう！

清は広大な領土を間接統治し、海禁政策を（維持・解除）するなど、制限の少ない統治を行った。国内の商業は発展し、海外との貿易も盛んに行われたが、乾隆帝は利益独占のため、（ヨーロッパ・日本）との貿易を（広州・上海）1港に制限した。

オスマン帝国の繁栄 ――中東最強のイスラーム帝国

ヒストリーツアーズ

ヨーロッパをしのいだ中東の帝国

16世紀ごろ ←2

←**1** **フランス大使のスルタンへの謁見**(1755年) **オスマン帝国**は全盛期には何度もヨーロッパに攻め込み、**神聖ローマ帝国**の都であるウィーンを包囲する➔p.37など、圧倒的な実力をもっていた。オスマン帝国のスルタンは、ヨーロッパの友好国にカピチュレーションを与え、盛んに貿易を行った。

スレイマン1世が与えた主なカピチュレーション

- フランスの商船はオスマンの海域を自由に航行し、通商できる。
- フランスの商人からはわずかな関税が徴収される。
- オスマンの領土内に定住したり、あるいは仕事をもつフランス国民に宗教や信仰の自由が保障される。
- フランスの商人や船乗りなどとの間に生じる問題、通商上の紛争をフランスの領事が裁判する。

〈尾高晋己訳「全訳世界の歴史教科書シリーズ23 トルコ」帝国書院〉

チェック1 フランスの大使はどんな態度でオスマン帝国のスルタンに謁見しているだろうか。 ①脅迫している ②従っている

チェック2 友好国に与えられたカピチュレーションとはどのようなものだったのだろうか。 **ヒント** 上の史料を見てみよう
①貿易に対する特権を与えている
②キリスト教徒を追放している

オスマン帝国興亡年表

時期	年	出来事	日本
発展期	1299	オスマン1世(位1299～1326)、**アナトリアにオスマン帝国建国**	鎌倉
		バヤジット1世〔雷帝〕(位1389～1402)	
	1396	ニコポリスの戦いでハンガリー王ジギスムントを破る	
混乱期	1402	**アンカラの戦い** ティムールに敗れ捕らえられる 帝国混乱(～1413)	
	1413	メフメト1世(位1413～21)によりオスマン帝国再統一	
復興と全盛期		**メフメト2世〔征服王〕**(位1444～46・51～81)	
	1453	**コンスタンティノープル**を征服し、遷都(現在の**イスタンブル**) →**ビザンツ帝国滅亡**	
	75	クリム=ハン国を服属	
		セリム1世〔冷酷者〕(位1512～20)	室町時代
	1514	チャルディラーンの戦いで**サファヴィー朝**を破る	
	17	**マムルーク朝**を破る(エジプト・シリア征服) 全アラブを属領化、メッカ・メディナを領有 サファヴィー朝と対立 →**スルタン=カリフ制**の成立(諸説あり)	
		スレイマン1世〔立法者〕(位1520～66)	
	1526	モハーチの戦い、ハンガリーを破る	
	29	**第1次ウィーン包囲**➔p.37	
	36	仏王フランソワ1世に**カピチュレーション**(領事裁判権や租税の免除などの特権)を与える(諸説あり)	
	38	プレヴェザの海戦 →東地中海の制海権を握る	
	1571	**レパントの海戦** →スペイン・ヴェネツィア連合艦隊に敗れる	
衰退期	1683	第2次ウィーン包囲→失敗	江戸時代
	99	**カルロヴィッツ条約**(オーストリアにハンガリーを割譲)	
	1811	**エジプト**(ムハンマド=アリー)、オスマン帝国から事実上独立➔p.85	
	21	**ギリシア独立戦争**(～29)→**東方問題**	
	39	**恩恵改革(タンジマート)**(～76) →オスマン帝国の近代化	明治
	1922	**スルタン制の廃止**→オスマン帝国滅亡	大正

南・東南アジア ←32 →86
西アジア・アフリカ ←36 →85
ヨーロッパ ←44 →64
アメリカ ←46 →66

1 帝国の拡大と繁栄

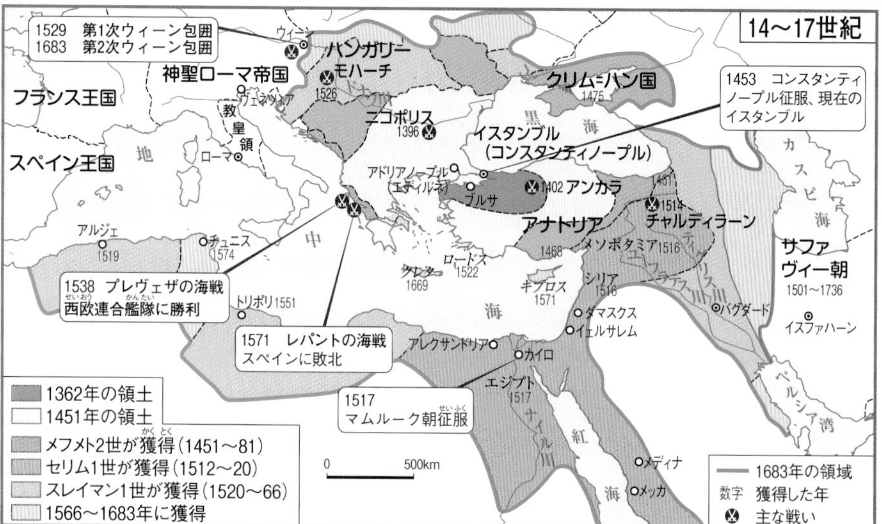

↑**2** **オスマン帝国の最大領域と交易路** イスラームの聖地、メッカとメディナを領有した**オスマン帝国**は、聖地を訪れる巡礼者の安全を守るため、護衛をつけたり食料や水を手配したりすることに力を注いだ。このおかげで東南アジアやアフリカなど、世界中のイスラーム諸国からも多くのムスリムが巡礼に訪れるようになり、オスマン帝国とのつながりが強まった。

MORE 600年も帝国が続いた理由

↑**3** **スルタンと徴集されたキリスト教徒の少年たち**

オスマン帝国は多宗教・多言語の人々からなっていたが、法令を整備し、中央集権的統治が行われた。高級官僚や軍人にはスルタンに忠誠を誓うキリスト教徒の奴隷出身者が重用された。一時は新スルタンが即位すると、その兄弟を殺す制度もあった。このような制度が後継者争いや内乱を防ぎ、オスマン帝国は長期間にわたり存続できた。

( )内の正しい方に○をつけよう！

対立・協調の観点から振り返ろう！

領土の拡大をすすめるオスマン帝国は、ヨーロッパへも進出し、神聖ローマ皇帝と対立して(ウィーン・ローマ)を包囲するなど、存在感を示していた。一方、同じく神聖ローマ皇帝と対立していた(フランス・スペイン)とは協調し、カピチュレーションという特権を与えた。

特集 アジア・アメリカに向かうヨーロッパ

1 ヨーロッパの世界進出(1700年ごろ)

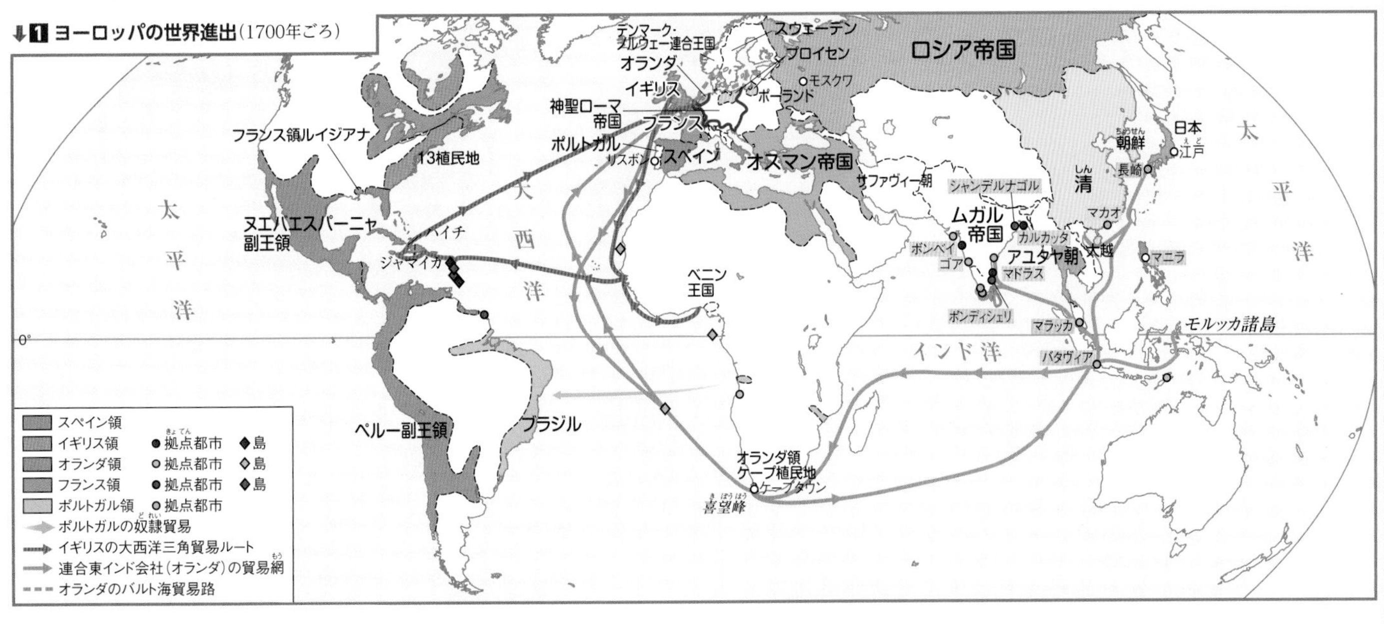

1 大西洋三角貿易 ➲p.8

MORE RESEARCH Slave Voyages

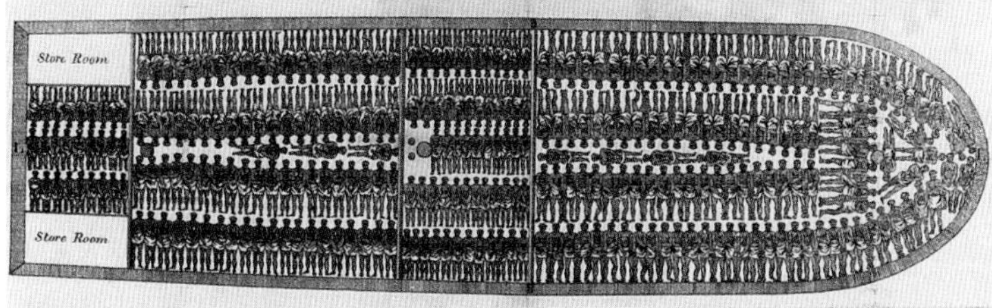

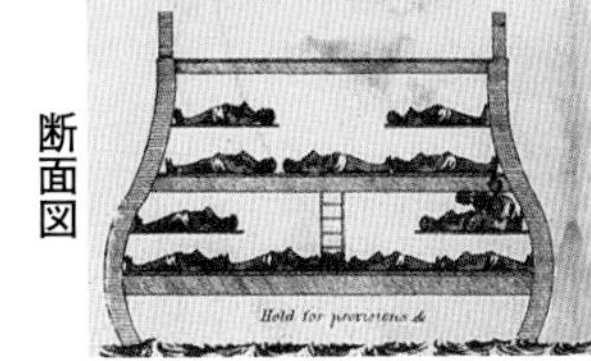

2 船に詰め込まれた奴隷と 3 船の断面図
アフリカの黒人奴隷は、ヨーロッパ人がもたらした武器と引き換えに狭い船に押し込まれて大西洋上を運ばれ、アメリカで安く売られていった。船内の環境は劣悪で、アメリカに着く前に多くの奴隷が病気などで死亡した。

4 ホガース作「当世風結婚」〈ロンドン・ナショナル・ギャラリー蔵、1743年ごろ〉
イギリスが三角貿易で栄えていた18世紀当時の上流階級の生活の様子が描かれている。黒人、砂糖、チョコレートなどは、いずれも三角貿易に関わりが深いことに注目しよう。

5 カリブ海の さとうきび農場の様子 アメリカへ運ばれた黒人奴隷は、主に**プランテーション**とよばれる大農場で労働力として酷使され、そこで生産された砂糖や綿花などの商品はヨーロッパ向けに輸出されていった。

6 棒砂糖 当時の砂糖はこのような大きな塊に加工されるのが一般的で、そのつど砕いて使われていた。

MORE ヨーロッパのインド進出

ヨーロッパ諸国は、東アジア・東南アジア各地との貿易の中継地としてインドに植民地を築いていった。たとえばポルトガルやオランダは、インドやスリランカ(セイロン島)を経由して日本との貿易を行った。17世紀にはイギリスとフランスもインドに進出し、18世紀半ばにイギリスがフランスとの植民地戦争に勝利して、インドを本格的にイギリスの植民地としていった。➲p.86

世界遺産

7 ゴアに残るボム=ジェズ教会 ポルトガルの拠点都市だったゴアには多くの教会が建てられた。そのなかのボム=ジェズ教会にはフランシスコ=ザビエルの棺が納められている。
➲p.2、45

イギリスの主権国家の形成 ――社会契約説の実現

ヒストリーツアーズ 国王の処刑がもたらしたものとは?

↑1 **チャールズ1世の処刑**(1649年)　スコットランド出身の国王は、議会を尊重するイギリス(イングランド)の伝統を無視して政治を行ったため議会の反発を招き、ピューリタン革命で処刑された。国王の処刑は、「王の権力は神から授かったものである」という主張(王権神授説)➲p.45を否定したことを人々に知らしめた。

チャールズ1世
君主権とは神から授けられたもので、国民はこれに絶対服従する義務がある

議会を解散　　王に意見提出

イギリス議会
1628年「権利の請願」
・法によらない逮捕の禁止
・課税には議会の承認が必要など

国王といえども神と法の下にある!

↑2 **処刑前のチャールズ1世と議会の関係**

チェック1 この絵で処刑されているのは誰だろうか。
①国王　②議会の議員

チェック2 国王はどのような考えで政治を行っていただろうか。
①議会と協力して政治を行おうとした
②議会を無視して政治を行おうとした

チェック3 議会側はどのような考えをもっていただろうか。
①国王の専制による強力な政治を望んだ
②法律や議会の伝統を尊重する政治を望んだ

1 ピューリタン革命

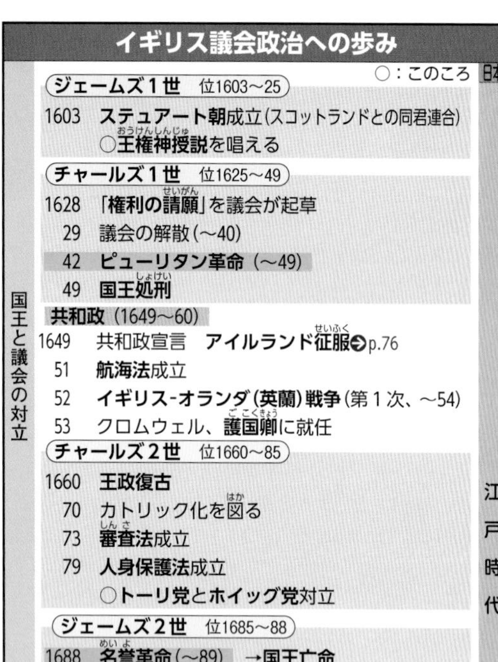

イギリス議会政治への歩み　○:このころ

		日本
国王と議会の対立	**ジェームズ1世** 位1603〜25	江戸時代
	1603 **ステュアート朝**成立(スコットランドとの同君連合)	
	○**王権神授説**を唱える	
	チャールズ1世 位1625〜49	
	1628 「**権利の請願**」を議会が起草	
	29 議会の解散(〜40)	
	42 **ピューリタン革命**(〜49)	
	49 **国王処刑**	
	共和政(1649〜60)	
	1649 共和政宣言　**アイルランド征服**➲p.76	
	51 **航海法**成立	
	52 **イギリス-オランダ(英蘭)戦争**(第1次、〜54)	
	53 クロムウェル、**護国卿**に就任	
	チャールズ2世 位1660〜85	
	1660 **王政復古**	
	70 カトリック化を図る	
	73 **審査法**成立	
	79 **人身保護法**成立	
	○**トーリ党**と**ホイッグ党**対立	
	ジェームズ2世 位1685〜88	
	1688 **名誉革命**(〜89)　→**国王亡命**	
議会政治の確立	**ウィリアム3世** 位1689〜1702／**メアリ2世** 位1689〜94（共同統治）	
	1689 「**権利の宣言**」提出、「**権利の章典**」発布	
	○**立憲君主政**の確立	
	アン 位1702〜14	
	1707 **グレートブリテン王国成立**	
	ジョージ1世 位1714〜27	
	1714 ハノーヴァー朝が成立	
	21 ウォルポール内閣成立	
	→**責任内閣制**(議院内閣制)	
	○「**国王は君臨すれども統治せず**」の原則	

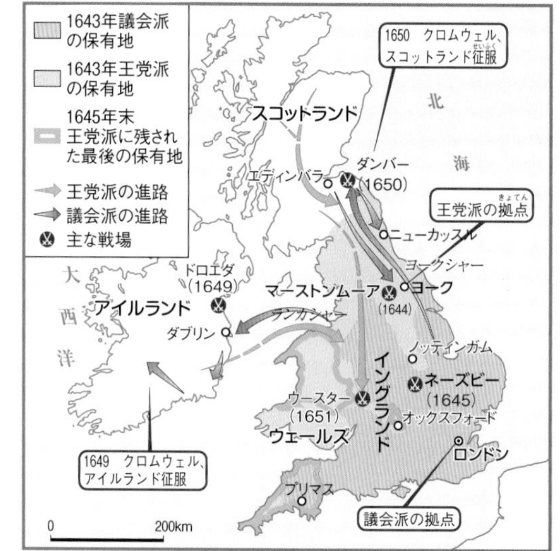

↑3 **ピューリタン革命の展開**

		主張	主な支持層
王党派		絶対王政 国教会支持	貴族 保守的ジェントリ
議会派	長老派	立憲王政 長老制教会	スコットランド人 ロンドン商人
議会派	独立派	王権制限 産業の自由 信仰の自由	ジェントリ
議会派	平等派(水平派)	共和政 普通選挙 信仰の自由	下級士官 兵士

↑4 **ピューリタン革命時の国内の対立**

ひと 厳しい独裁を行った クロムウェル (1599〜1658)

独立派のクロムウェルは、内乱が始まるとピューリタン(清教徒)の農民を鉄騎隊に組織して王党派を破った。さらに議会では他派を抑えてチャールズ1世を処刑し、共和政を打ち立てた。1653年に護国卿になると、劇場の閉鎖、クリスマスの禁止など厳格なピューリタン精神に立った独裁政治を行い、国民の不満を高めた。

MORE イギリス国旗の成立

↓5 **イギリス国旗の移り変わり**

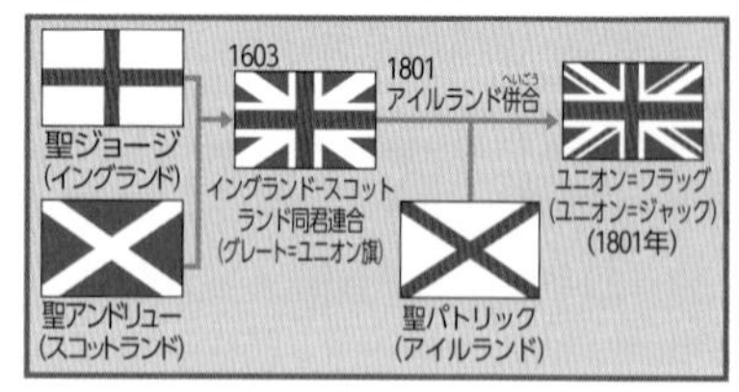

イングランド・スコットランド両王となったジェームズ1世は、両国の統一旗を考案した。のちにこれにアイルランドの旗が加わり、現在のイギリス国旗(ユニオン=フラッグ)が完成した。

2 名誉革命と議会政治

⬆6「権利の宣言」を受けとるメアリ2世とウィリアム3世　クロムウェルの死後、イギリスでは王政が復古したが、再び国王が専制を行ったため、議会は国王を廃位し、オランダ総督のウィリアム・メアリ夫妻を新国王に招いた(名誉革命)。「権利の宣言」はまもなく**「権利の章典」**として法文化された。

別冊史料1

●「権利の章典」　〈高木八尺ほか編『人権宣言集』岩波書店〉

〔1〕国王は、王権により、国会の承認なしに法律〔の効力〕を停止し、または法律の執行を停止し得る権限があると称しているが、そのようなことは違法である。

〔2〕〔国王は〕王権により、法律を無視し、または法律の執行をしない権限があると称し、最近このような権限を僭取し行使したが、そのようなことは違法である。……

⬆7 名誉革命を受けて制定され、国王の権力に対して議会の権限が優越することを明記した。「国王は君臨すれども統治せず」と表現されるイギリス**立憲君主政**の確立につながった。

君主政治		民主政治
専制君主政	**立憲君主政**	**共和政**
国王や皇帝に統治の権利があり、思うままに政治を行う	国王や皇帝は存在するが、法によって制限され、国民が政治を行う	国民に統治の権利があり、法に基づいて政治を行う

⬆8 政治の体制

3 政治思想と社会契約説

社会契約説

国家の権力は人々と君主の契約があって成り立つ！

王権神授説

君主の権力は神が与えたもの！

⬅批判

ホッブズ(1588~1679、英)

『リヴァイアサン』(1651年)で、社会は人々がお互いの、あるいは君主と人々の契約によって成立するとした**社会契約説**を主張し、ピューリタン革命の混乱をしずめようとした。

ロック(1632~1704、英)

別冊史料2

『統治二論』(1690年)で、各人が生命・自由・財産の権利(**自然権**)を君主に信託しているという社会契約説の立場をとり、君主が権利を侵害したとき、人民には**革命権**があるとした。

モンテスキュー(1689~1755、仏)

『法の精神』(1748年)でイギリスの議会制を紹介して立法・行政・司法の**三権の分立**を通じて専制政治を防ぐよう主張し、近代の憲法に大きな影響を与えた。

ルソー(1712~78、仏)

別冊史料3

『社会契約論』(1762年)で、啓蒙思想*に基づいてロックより前進した**人民主権論**を展開し、**フランス革命**➲p.68に大きな影響を及ぼした。

*人間の理性を基にした合理的批判の下、人間生活の進歩を勧める考え方。

MORE サロンにみる女性の活躍

18世紀のフランスでは、貴族や上流市民の夫人がその地位を生かして邸宅などにサロン(社交場)を開き、当時の著名な知識人を定期的に招くなどした。サロンでは、文学、**啓蒙思想**、芸術など幅広いジャンルで情報や意見の交換が行われ、マスコミのない時代において文化の普及・洗練に大きな役割を果たした。とはいえ、当時の女性の地位そのものは決して高くなかった。例えばルソーは教育論を述べた著作『エミール』で、女性には男性を支えて補うような教育をすべきだと主張した。またフランス革命後の「ナポレオン法典」でも、妻は夫に従う義務があると明記された。

⬅9 ジョフラン夫人のサロン　右側に座っている夫人が主催するサロンの想像図。当時のフランスを代表する多くの知識人が描かれている。

ひと 自然法・国際法の父 グロティウス(1583~1645)

オランダ出身の法学者。三十年戦争の悲惨さを見て、人類に共通する自然法や、戦時でも守られるべき国際法があるとして『戦争と平和の法』を著した。幕末の日本でも、坂本龍馬➲p.95、勝海舟、榎本武揚などに大きな影響を与えた。

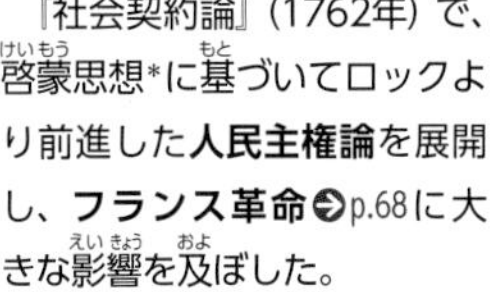

(　)内の正しい方に○をつけよう！

自由・制限の観点から振り返ろう！

イギリスでは(王権神授・社会契約)説を掲げた国王が議会と対立し、処刑されるというピューリタン革命が起こった。王政復古後の国王も議会を尊重しなかったため、議会によって追放され立憲君主政が確立した。一連の革命には、人民の承認によって政府は成立すると考える(王権神授・社会契約)説が影響を与えた。

アメリカの独立 ――現在へ続く大国の産声(うぶごえ)

ヒストリーツアーズ

代表無くして課税無し!

群衆によってつるされる印紙販売代理人

←1 **印紙法に対する反応** アメリカ13植民地の民衆は「植民地側の代表がいないイギリス議会で決められた課税は無効だ」と主張した。

↑2 **印紙** アメリカで発行される新聞などの印刷物に最高10ポンドの印紙貼りつけを義務付けた。

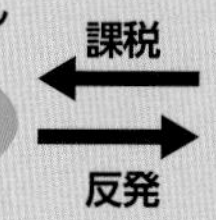

本国での議員選出枠なし　13植民地　課税→　←反発　戦争による財政難　イギリス本国

年	重商主義政策
1763	七年戦争の終結
1764	砂糖法
1765	印紙法
1767	タウンゼンド諸法
1773	茶法

↑3 **13植民地とイギリス本国の関係**と←4**13植民地に課された諸税** イギリスは、フランスとの植民地戦争である七年戦争に勝利して北アメリカ大陸の支配を固めると、戦費を回収するために13植民地にさまざまな課税を試みた。

チェック1 図1で、13植民地の民衆は印紙法に対してどのような反応を示しているだろうか。
①喜んで賛成している　②怒って反対の声を上げている

チェック2 13植民地に対する課税は、その後どう変わっただろうか。
①その後の課税はなくなった　②その後も課税が続いた

チェック3 イギリス本国の政策に対し、アメリカ社会はどのようになっただろうか。
①イギリスからの独立を目指そうとする人々が出てきた
②不満を抱きながらもイギリスの支配を受け入れた

チェック

1 アメリカ独立革命の展開

アメリカ独立革命の展開

(網掛け：13植民地への課税強化の試み)

北米イギリス植民地	イギリス・その他	日本
1607 ヴァージニア植民地建設	1604 仏、カナダ植民開始	
20 メイフラワー号でピューリタンのピルグリム=ファーザーズが**プリマス**上陸	42 **ピューリタン革命**(～49) ➔p.64	
64 イギリスがオランダ領のニューアムステルダムを奪い、ニューヨークと改称	82 仏、ミシシッピ川流域を**ルイジアナ**と命名 88 **名誉革命**(～89)	
1732 ジョージア植民地建設 →13植民地の成立		
1755～63 **フレンチ-インディアン戦争**	1756～63 七年戦争	
63 **パリ条約** 英、ミシシッピ川以東のルイジアナ獲得		
	64 砂糖法	
65 ヴァージニア決議 **「代表なくして課税なし」** ←	65 印紙法(翌年廃止)	江戸時代
	67 タウンゼンド諸法	
1773 ボストン茶会事件 ←	73 茶法	
74 第1回大陸会議	74 ボストン港を閉鎖	
1775～83 独立戦争の展開 1775 レキシントン-コンコードの戦い 第2回大陸会議(大陸軍司令官にワシントンを任命) 76 トマス=ペイン『**コモン=センス**』発刊 7月4日「**独立宣言**」の採択 77 サラトガの戦いで植民地側勝利 78 フランス参戦　79 スペイン参戦　80 オランダ参戦 80 **武装中立同盟**結成 81 **ヨークタウンの戦い**で英、決定的敗北 83 **パリ条約**(英、アメリカ独立を承認)		
1787 憲法制定会議 (連邦派と反連邦派の対立) **アメリカ合衆国憲法**制定 (88年9州以上批准*で発効)	ミシシッピ川以東のルイジアナをアメリカに割譲	
89 ワシントン初代大統領就任	89 フランス革命勃発	

＊批准：正しい法として認めること

↑5 **ボストン茶会事件** イギリスは印紙法の撤廃後、「茶法」を課した。これに対して茶を飲めば税を支払ったことになると考えた植民地人は、ボストン湾に入港した東インド会社の船から茶箱を海に投げ入れた。

ひと 当然の「常識」を訴えた **トマス=ペイン**(1737～1809)

1776年に匿名で『コモン=センス』を出版。アメリカがイギリスから独立して、真に自由で民主的な国家を建てることは当然の「常識」であると主張した。『コモン=センス』は3か月で12万部も売れるベストセラーとなり、アメリカ独立への気運を大きく高めた。

『コモン=センス』

……私は簡単な事実、わかりきった議論、ならびに常識(コモン=センス)だけを述べるにすぎない。……私ははっきりと、きっぱりと、また良心から、つぎのように確信している。すなわち、分離独立するのがこのアメリカ大陸の真の利益である。それ以外のものは一時のごまかしにすぎず、そんなものからは長続きのする幸福は生まれて来ないのだ、と。

〈『西洋史料集成』平凡社〉

2 アメリカ独立戦争

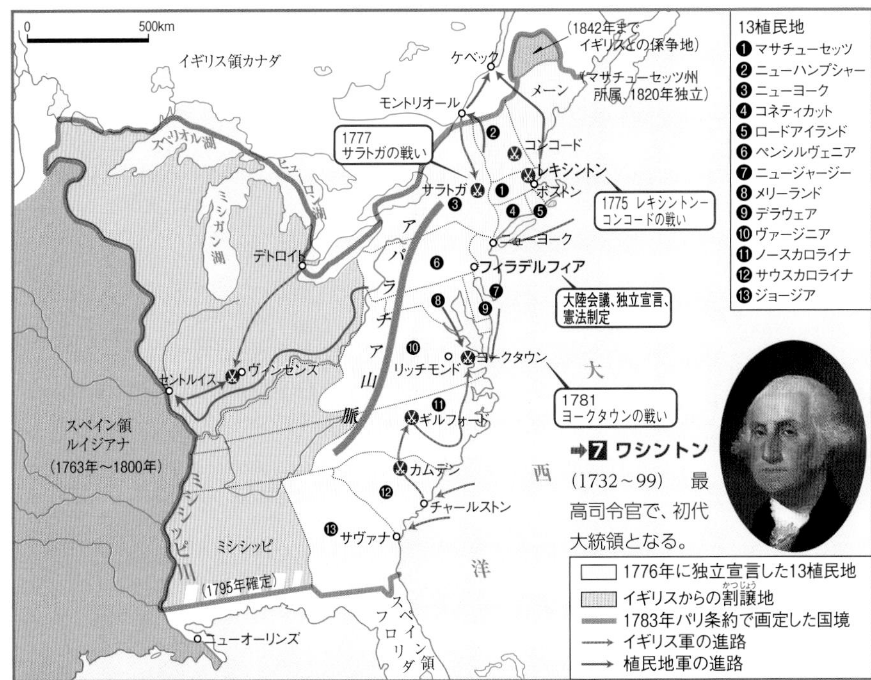

➡7 ワシントン (1732～99) 最高司令官で、初代大統領となる。

⬆6 アメリカ独立戦争の展開

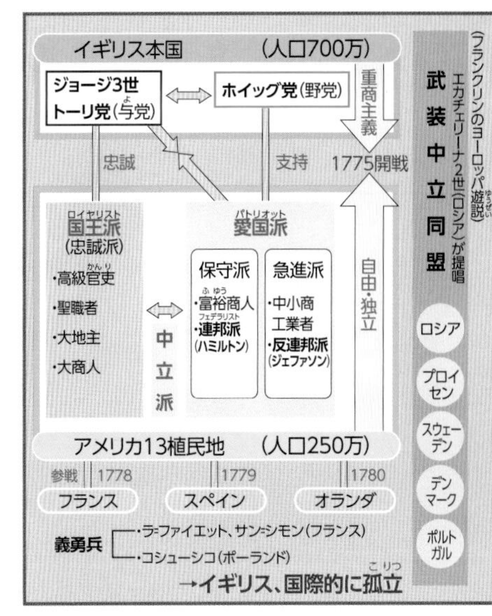

⬆8 独立戦争時の対立関係 長年イギリスと戦ってきたフランス・スペイン・オランダは、直接アメリカ13植民地側について参戦した。ロシアは武装中立同盟を提唱し、他のヨーロッパ諸国とともにイギリスを国際的に孤立させて間接的にアメリカを支援した。

3 アメリカ合衆国の成立

● 「アメリカ独立宣言」(1776年7月4日)

われわれは、次の真理を自明なものと認める。すべての人は平等に創られていること。彼らは、その創造者によって、一定の譲るべからざる権利を与えられていること。それらの中には、生命、自由および幸福の追求が数えられること。そうして、これらの権利を確保するために、人びとのあいだに政府が設けられ、その正当な権力は、被治者の同意にもとづくこと。どんな形態の政府でも、この目的に有害なものとなれば、それを変更または廃止して新らしい政府を設け、その基盤となる原理、その組織する権力の形態が、彼らの安全と幸福とをもたらすに最もふさわしいと思われるようにすることは、人民の権利であること①。①革命権(抵抗権) (『西洋史料集成』平凡社)

別冊史料4

➡9 「独立宣言」の採択 ジェファソンらが起草し、フランクリンが校閲した。この宣言は外国の支援獲得と、13植民地内の国王派を制圧して団結を図るために公表された。

合衆国憲法 1787年制定(1781年の連合規約改正が名目)

特色
1 **主権在民**
2 **連邦主義**…中央政府と州自治を折衷
3 **三権分立**…立法・行政・司法
→主権在民を明示する世界初の成文憲法

連邦主義
- 連邦政府 …軍事、外交、通商規制など一定の権限
- 州政府 …その他の権限

◆**連邦派**(中心 ハミルトン)と**反連邦派**(中心 ジェファソン)の対立
◆商工業が発達した東部のほとんどは連邦制に賛成、西部は反対した

三権分立制
- 立法…**連邦議会**
  上院(各州2名 任期6年)
  下院(各州の人口により比例 任期2年)
- 行政…間接選挙による**大統領**
- 司法…**連邦最高裁判所**

⬆10 アメリカの政治機構 **合衆国憲法**では世界で初めて主権在民を明示し、その後の世界各国の憲法にも大きな影響を与えた。この憲法には中央政府の権限を強化する連邦主義が採用されたが、州ごとの権限も最大限に尊重されている。モンテスキュー➡p.65が提唱した**三権分立制**も採用され、立法は連邦議会、行政は大統領、司法は連邦最高裁判所が厳格に役割を分担することで、権力の集中と乱用を防いでいる。

MORE 「数」に隠されたアメリカ史

⬆11 独立時の国旗(1777年) ⬆12 現在の国旗(1960年～) ↗13 1ドル札に描かれた国章

独立当時に**ワシントン**の依頼で製作されたとされる国旗では、星とストライプの数は独立当時の州数の13。星は天を、赤は母国イギリスを、白のストライプはイギリスからの独立を表す。のちにストライプの数は独立当時の13のままで、星の数はそのときの構成州の数に一致させると決まり、現在の星の数は50個ある。また、1ドル札に描かれた国章の星、オリーヴの葉、矢の数もすべて13にそろえられている。

自由・制限の観点から振り返ろう! ( )内の正しい方に○をつけよう!

イギリス本国はアメリカ13植民地に対し、印紙法や茶法を施行して経済活動の(自由化・制限)を進めた。このような政策に対して植民地の民衆は独立戦争を起こし、アメリカ独立宣言では人間の普遍的な自由・平等の権利や(人民主権・国王主権)をうたった。独立後は、人民の権利を保障するため(権力集中・三権分立)を徹底した。

フランス革命 ――「旧制度」崩壊への道のり

ヒストリーツアーズ

誰が税金を負担するのか!?

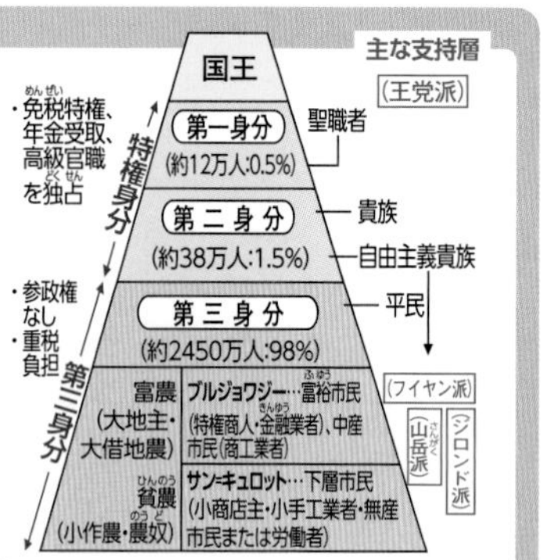

主な支持層

- 国王
- ・免税特権、年金受取、高級官職を独占 ― 特権身分
  - 第一身分(約12万人:0.5%) ― 聖職者 (王党派)
  - 第二身分(約38万人:1.5%) ― 貴族 ― 自由主義貴族
- ・参政権なし ・重税負担 ― 第三身分
  - 第三身分(約2450万人:98%) ― 平民
  - 富農(大地主・大借地農) / ブルジョワジー…富裕市民(特権商人・金融業者)、中産市民(商工業者) (フイヤン派)
  - 貧農(小作農・農奴) / サン=キュロット…下層市民(小商店主・小手工業者・無産市民または労働者) (山岳派) (ジロンド派)

⬆1 旧制度(アンシャン=レジーム)期のフランス

チェック1 1の絵で「岩」は「税金」を表している。この岩に押しつぶされているⒸはどの身分だろうか。 ヒント この絵は図1の制度を表している
①第一身分 ②第二身分 ③第三身分

チェック2 押しつぶされていたⒸが、2では起き上がろうとしている。そのきっかけとなった出来事は何か。 ヒント 後ろの建物をp.69から探してみよう
①バスティーユ襲撃 ②ヴェルサイユ行進 ③ルイ16世の処刑

チェック3 1と3を比べて、「岩」をめぐるⒶⒷⒸの立場はどのように変わっただろうか。 ①平等 ②第一・第二身分に重い ③第三身分に重い

チェック

1 フランス革命の勃発

フランス革命の歩み

王朝・政体	年月	出来事	議会	日本
	1756. 5	**七年戦争**(~63)	**三部会** 第一身分(聖職者) 第二身分(貴 族) 第三身分(平 民) (身分別議決法)	
	63. 2	**パリ条約**		
	1774~89	ルイ16世の下での財政改革 特権身分への課税を提唱		
	1789. 5	**三部会**の召集		
ブルボン朝	. 6	**国民議会**成立(第三身分の議員中心) **球戯場の誓い**	**国民議会** 89.7 (憲法制定国民議会と改称) 三色旗 バスティーユ牢獄襲撃の翌日、市民兵の目印として用いた。1830年国旗に。	
	. 7	**バスティーユ牢獄襲撃**→ **フランス革命勃発**		
	. 8	**封建的特権の廃止宣言** 「**人権宣言**」採択(基本的人権などを保障)		
	.10	**ヴェルサイユ行進**(国王一家をパリへ)		
	.11	教会財産の没収→国有化		
	91. 6	**ヴァレンヌ逃亡事件**→国王一家亡命失敗		
	. 8	ピルニッツ宣言(墺・普が革命干渉を提議)		
	. 9	**1791年憲法**制定		
	.10	**立法議会**成立(有産市民による選挙で議員選出)	**立法議会** フイヤン派(右派) 中間派 ジロンド派中心の左派	江戸時代
	92. 3	ジロンド派内閣成立(~6月)		
	. 4	**対オーストリア宣戦布告**→ **革命戦争開始**		
	. 8	**テュイルリー宮殿襲撃**(**8月10日事件**)		
	. 9	ヴァルミーの戦い→フランス軍勝利		
第一共和政		**国民公会**開会(男子普通選挙により議員選出) 王政廃止宣言、共和政宣言(**第一共和政**)	**国民公会** ジロンド派 山岳派* (*議場の高い場所にいたので、このようによばれた。)	
	93. 1	ルイ16世処刑		
	. 2	**第1回対仏大同盟**(英首相ピットの提唱)結成 **徴兵制**実施		
	. 3	**革命裁判所**設置		
	. 4	**公安委員会**設置		
	. 5	最高価格法(9月、対象を拡大)		
	. 6	山岳派が権力掌握→ **恐怖政治の開始** 1793年憲法制定(未施行) **封建的特権の無償廃止**	山岳派の独裁(恐怖政治)	
	.10	**革命暦**の採用		
	94. 4	ダントン派(山岳派右派)を粛清		
	. 7	**テルミドールの反動**(**ロベスピエール**派逮捕)		
	95. 8	1795年憲法(共和国第3年憲法)制定		
	.10	国民公会解散→**総裁政府**成立	**総裁政府**	
	96. 5	バブーフの陰謀発覚		
	99.11	ブリュメール18日のクーデタ→ **革命終結**		

別冊史料5

●「フランス人権宣言」(1789年8月26日)

第1条 人は、自由、かつ、権利において平等なものとして生まれ、存在する。社会的差別は、共同の利益にもとづくのでなければ、設けられない。

第3条 あらゆる主権の淵源は、本来的に国民にある。いかなる団体も、いかなる個人も、国民から明示的に発しない権威を行使することはできない。……

第13条 公的強制力の維持および行政の支出のために、共同の租税が不可欠である。共同の租税は、すべての市民の間で、その能力に応じて、平等に分担されなければならない。

〈辻村みよ子監訳『オランプ・ドゥ・グージュ』信山社〉

⬆2 正式には「人および市民の権利宣言」といい、全17条からなる。この宣言では人間の自由、権利の平等、国民主権、租税の平等な負担などが示されており、社会契約説➲p.65やアメリカ独立宣言➲p.67などの影響を受けて、フランス革命前の旧制度(アンシャン=レジーム)を否定する内容となった。人権宣言で示された理念は現在の人権思想にも多大な影響を与えた一方で、女性や非白人の権利のあり方は問題にされていなかった。また、宣言内に明記された所有に関する権利の不可侵は、ブルジョワジー(有産市民)が革命を主導していた当時の情勢を反映しているといえる。

ひと

女性の権利を明確に訴えた
グージュ(1748~1793)

人権宣言は女性の権利を保障していないと考え、全17条の「女性の権利宣言」を作成して、多方面での男女平等を主張した。最後は国王の処刑に反対したことで反逆罪に問われて処刑されたが、今日では女性解放の先駆者とも位置づけられている。

●「女性の権利宣言」(1791年9月)

第1条 女性は、自由なものとして生まれ、かつ、権利において男性と平等なものとして存在する。

第3条 あらゆる主権の淵源は、本来的に国民にあり、国民とは女性と男性との結合にほかならない。

第13条 公的強制力の維持および行政の支出のための、女性と男性の租税の負担は平等である。女性は、すべての賦役と役務に貢献する。

〈辻村みよ子監訳『オランプ・ドゥ・グージュ』信山社〉

18世紀ごろ ←8
ヨーロッパ ←64 →70

2 フランス革命の展開

第1段階

⬆3 **球戯場の誓い**〈ダヴィド作、カルナヴァレ美術館蔵〉 三部会から離脱した**第三身分**と、これに同調する第一・第二身分の人々は、**国民議会**を結成し、憲法制定まで解散しないことを誓った。シエイエスは、パンフレット『第三身分とは何か』で、「第三身分とはすべてである」と主張した。➲p.50

第2段階

➡4 **バスティーユ襲撃**

1789年7月14日朝、パリ民衆は廃兵院で武器を奪い、その後、火薬・弾薬を求めてバスティーユに向かった。ここは当時、政治犯の牢獄であり、王政を批判する人々にとっては圧政の象徴でもあった。

第3段階

⬇5 **『人権宣言』の採択**

フリジア帽(「自由」のシンボル)
天秤(「平等」のシンボル)

⬆6 **ヴェルサイユ行進** 食料価格の高騰に苦しむパリ市民は、女性を先頭にヴェルサイユに向かい、翌日、国王一家をパリに連行した。

第4段階

➡7 **ルイ16世の処刑**

1793年1月21日、革命広場でギロチンにかけられた。「余を死に至らしめた者を許す」が最後の言葉といわれる。

➡8 **ルイ16世**

(位1774~92)

趣味は錠前づくりだった。

3 革命の主要人物

フイヤン派 **山岳派***

⬆9 **ラ=ファイエット** (1757~1834) 自由主義貴族。アメリカ独立革命に参加。立憲君主政を志向し、フイヤン派を組織。

⬆10 **ダントン** (1759~94) 弁護士出身。山岳派右派で、王政廃止後、法務大臣になる。のちに**ロベスピエール**と対立。

⬆11 **ロベスピエール** (1758~94) 弁護士出身。国民公会では山岳派を率いて主導権を握り、恐怖政治を行った。

*山岳派…ジャコバン派の一派であるが、ジロンド派やフイヤン派が離脱・脱退した後、主導権を握ったため、山岳派をジャコバン派とよぶこともある。

MORE フランス革命と公教育 ➲p.51

従来の教育は、家庭や教会が担ってきた。しかし、平等に教育を受ける権利がフランス革命でうたわれると、ナポレオン時代にかけて公教育制度が整備された。**国民国家**が形成されるなかで、文字の読み書きなどの知識・技能だけでなく、共通の国民意識を育てるためにも公教育(特に初等教育)が重視されるようになった。フランスで整備された学制は、**明治維新**を行った日本が教育制度を整備する際にも大きな影響を与えた。

⬆12 女子の学校の様子

4 国民国家の形成

ラ=マルセイエーズ(一番)

いざ祖国の子らよ、栄光の日は来たれり。
我らに向かって、圧政の、
血塗られし軍旗は掲げられたり。
聞こえるか、戦場で、あの獰猛な兵士どもが唸るのを?
奴らは我らの腕の中にまで
君らの息子を、妻を、殺しに来る。
武器を取れ、市民諸君!隊伍を整えよ、
進もう!進もう、
不浄なる血が我らの田畑に吸われんことを。
〈吉田進著『ラ・マルセイエーズ物語』中央公論社〉

⬆13 **フランス国歌「ラ=マルセイエーズ」**

⬆14 **容積・重さ・長さの統一**

現在のフランス国歌「ラ=マルセイエーズ」は、革命中にマルセイユ連盟兵が歌っていた歌が採用されたものである。また、メートル法が導入されて、長さや重さの基準が統一された。このような統一政策は「自分たちはフランス人だ」という共通の国民意識や、それに基づく**国民国家**の形成につながった。➲p.73

平等・格差の観点から振り返ろう! ( )内の正しい方に○をつけよう!

革命前のフランスには旧制度(アンシャン=レジーム)という社会・政治体制があり、税負担が(聖職者・貴族・平民)に集中するなど大きな格差があった。フランス革命が起こると、(人権宣言・封建的特権の廃止宣言)で「すべての人」の自由・平等が掲げられたが、(男性・女性)の権利の保障には不十分な面もあった。

ナポレオン時代 ――「解放者」か「侵略者」か

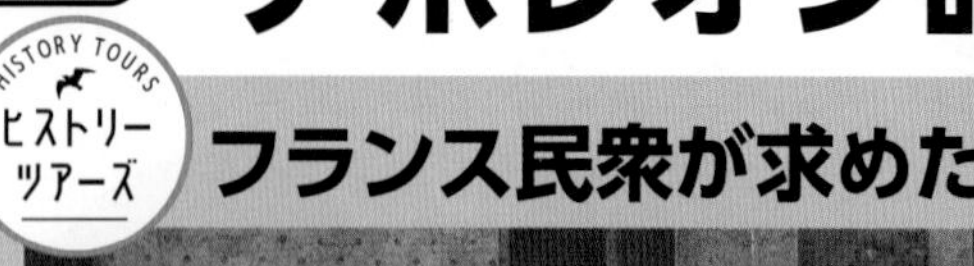

フランス民衆が求めた皇帝！

↑**1** **ダヴィド作「ナポレオンの戴冠」**
〈ルーヴル美術館蔵、621cm×979cm〉

チェック1 ナポレオンはどのような行動をとっているだろうか。
①教皇から冠をかぶせてもらうところ　②皇后に冠をかぶせるところ

チェック2 ダヴィドはナポレオンをどのように描いているだろうか。
①教皇から権力を与えられた皇帝　②自分で権力をつかみ取った皇帝

チェック3 兄ジョゼフと母マリアは実際には出席していないのにこの絵に描かれている。
下の家系図（図**2**）をふまえ、ナポレオンが重視しようとしたことを考えよう。
①宗教や議会による支配　②ボナパルト家の血縁による支配

チェック

1 ナポレオンの業績

ナポレオン時代

（網掛け：フランス政府の転換点）

政体	時期	年月	できごと	日本
		1769. 8	ナポレオン、コルス（コルシカ）島で誕生	
		93.12	トゥーロン要塞を攻略して注目される	
第一共和政・総裁政府		95.10	総裁政府成立	
		96. 3	**イタリア遠征**（～97）（国民的英雄に）	
		98. 5	エジプト遠征（～99）（英・インドの連絡を断つ）	
		.12	**第2回対仏大同盟**結成	
統領政府	支配体制の形成期	99.11	**ブリュメール18日のクーデタ（ナポレオン時代へ）**	
		.12	**統領政府成立（第一統領に就任）**	
		1800. 2	フランス銀行創設（フラン発行）	
		01. 7	教皇と**宗教協約（コンコルダート）**	
		02. 3	**アミアンの和約**（対英、～03）	
		. 8	**終身統領**に就任	
		04. 3	**フランス民法典**制定（→07 **ナポレオン法典**）	
第一帝政		. 5	**皇帝即位（第一帝政始まる）**	江戸時代
		05. 8	**第3回対仏大同盟**結成	
		.10	**トラファルガーの海戦**（ネルソンの英艦隊に敗北）	
		.12	**アウステルリッツの戦い**（オーストリア・ロシアに勝利）	
	全盛期	06. 7	**ライン同盟**成立→**神聖ローマ帝国消滅**	
		.11	**大陸封鎖令（ベルリン勅令）**（イギリスへの経済封鎖）	
		07. 7	**ティルジット条約**（対プロイセン・ロシア）（ヨーロッパ各国でナショナリズム高まる）	
		.10	フィヒテ、「ドイツ国民に告ぐ」を講演（～08）別冊史料7	
		08. 5	**スペイン反乱→半島戦争**始まる（～14）	
	没落期	12. 6	**ロシア遠征**（～12月）	
		13.10	**ライプツィヒの戦い（諸国民戦争）**（連合軍に敗北）	
		14. 4	ナポレオン退位、**エルバ島**に流刑（5月）	
ブルボン朝		. 5	**ブルボン王政復古**（ルイ18世）	
		. 9	**ウィーン会議**（～15.6）	
		15. 2	ナポレオン、エルバ島を脱出、**百日天下**（～6月）	
		. 6	**ワーテルローの戦い**、ナポレオン退位	
		.10	ナポレオン、**セントヘレナ島**に流刑	
		21. 5	ナポレオン死去	

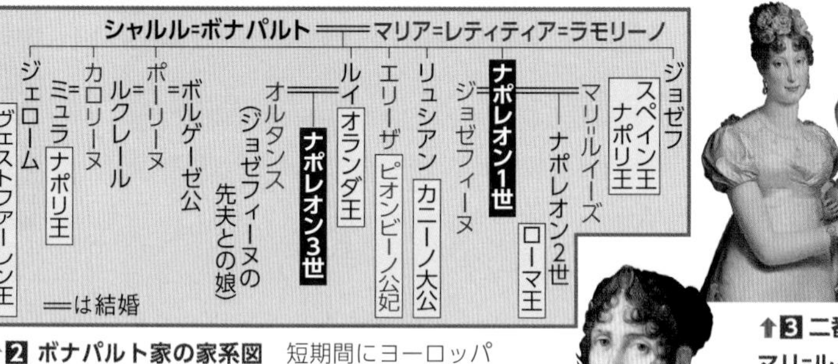

↑**2** **ボナパルト家の家系図**　短期間にヨーロッパ大陸を征服していった**ナポレオン**は、自分の親族を各地の王につけてその支配下に置いた。またナポレオンは、最初の妻ジョゼフィーヌと離婚し、ヨーロッパの名門であるハプスブルク家（オーストリア皇帝）の王女マリ=ルイーズと再婚した。

↑**3** **二番目の妻 マリ=ルイーズ**（1791～1847）

←**4** **最初の妻 ジョゼフィーヌ**（1763～1814）

MORE ナポレオン名言録

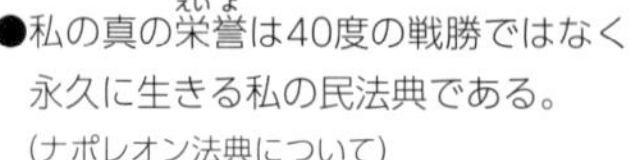

●不可能とは小心者の幻影であり、卑怯者の逃避所である。
（ナポレオンが日常よく口にしたことば「余の辞書に不可能はない」の訳で知られる）

●私の真の栄誉は40度の戦勝ではなく、永久に生きる私の民法典である。
（ナポレオン法典について）

●兵士諸君、ピラミッドの頂から4000年の歴史が諸君を見つめている。
（エジプト遠征の際に）

↘**5** **ナポレオン法典**　ナポレオンは革命の理念を法的に確定した。とくにブルジョワや農民が期待する所有権の不可侵を確定したことは、人々の支持を集める大きな要因となった。

別冊史料6

●ナポレオン法典
〔所有権の絶対〕545.
なにびとも公益上の理由にもとづきかつ事前の補償を受けるのでなければその所有権の譲渡を強制せられえない。〈『西洋史料集成』平凡社〉

CODE CIVIL
DES
FRANÇAIS
鷲（皇帝のシンボル）
天秤を持つ正義の女神

19世紀ごろ
←10
ヨーロッパ
←68
→72

2 ナポレオンのヨーロッパ遠征

⬇6 ナポレオン時代のヨーロッパ

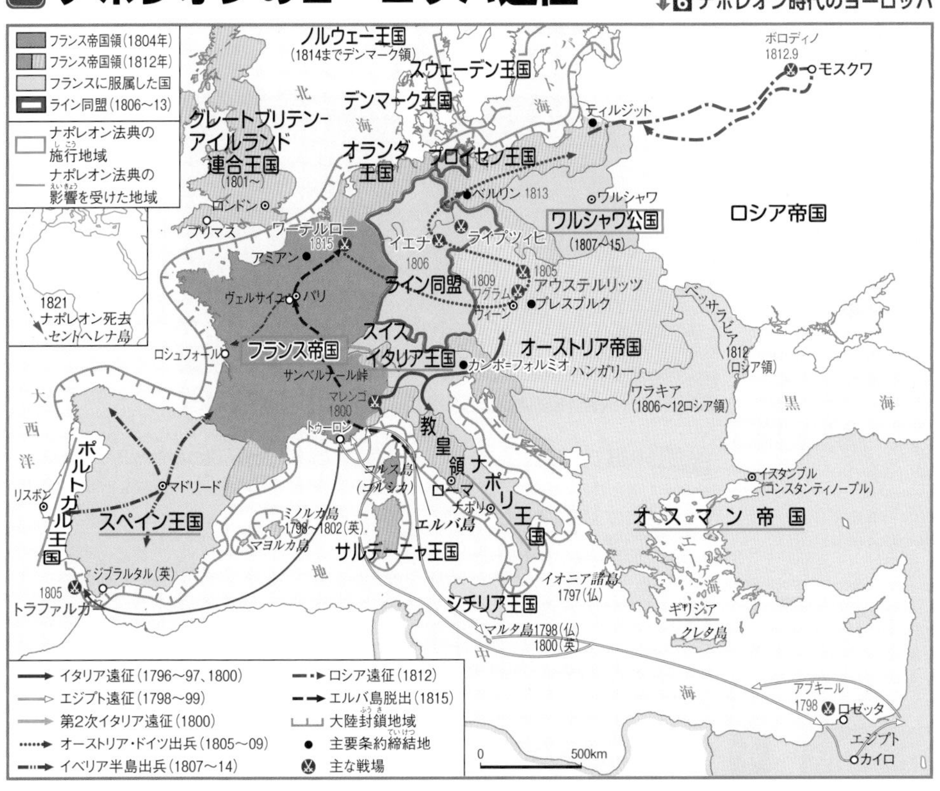

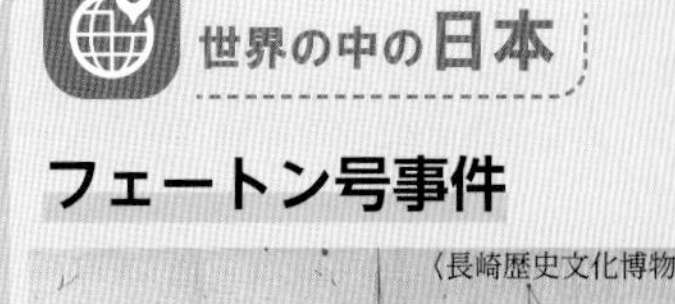

フェートン号事件

〈長崎歴史文化博物館蔵〉

⬆7 長崎で描かれたフェートン号の図

ナポレオン戦争中、オランダがフランスの属国になると、1808年、両国と敵対する英国船フェートン号が長崎港に侵入し、オランダ商館員を人質として長崎奉行に食料などを要求した。物資を受けとった英国船は退去したが、以後も英国船が上陸する事件が続いた。江戸幕府はこれを受けて日本近海に出没した外国船は無条件で追い払うように命じる**異国船打払令**を出し、国防の強化を図った。➲p.91

3 ナポレオンの与えた影響

⬇8 ゴヤ作「1808年5月3日マドリード市民の処刑」 ナポレオン軍はスペインを征服するにあたって、ゲリラ戦で抵抗する多くの市民たちを処刑した。スペインの画家ゴヤはマドリード市民の犠牲をイエスの受難に例えてこの絵を描き、ナポレオン軍の侵略行為を強く非難した。また、プロイセン(ドイツ)でもナポレオン支配に対して民族意識の向上や近代化を進めて抵抗する動きが起こった。➲p.81

⬅9 ゴヤ (1746～1828)

〈プラド美術館蔵、266cm×345cm〉

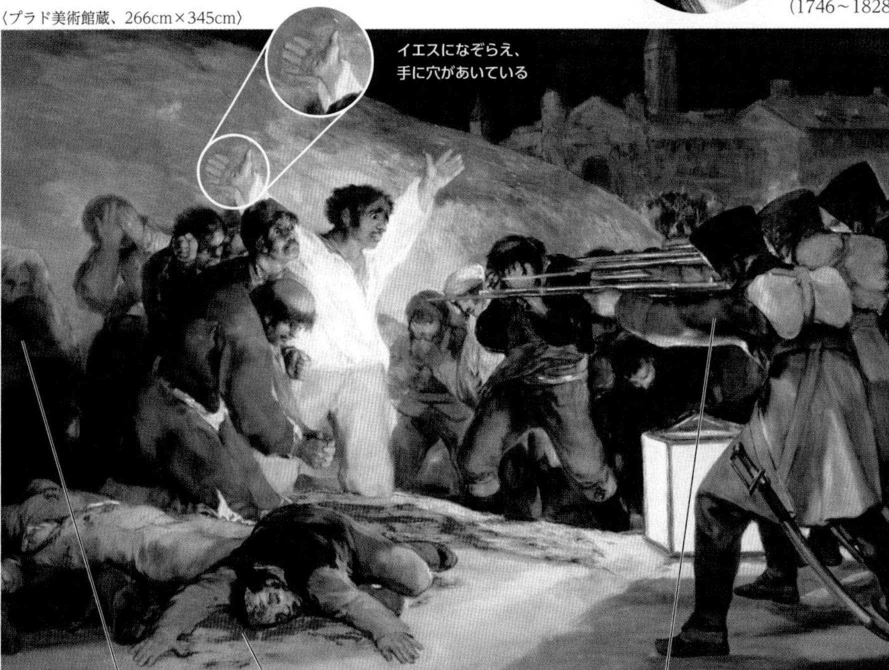

⬆10 フランスのポーランド軍団 ポーランドは18世紀末にロシア・オーストリア・プロイセンの3国に分割され、滅亡していた。そこでフランスに亡命したポーランド人は義勇兵を組織してフランス側で戦い、その活躍により旧ポーランド領にワルシャワ公国が建てられ、一時的・形式的ではあるが独立を達成した。また、このときのポーランド軍団の歌がのちにポーランド国歌となった。

(　)内の正しい方に○をつけよう！

統合・分化の観点から振り返ろう！

ナポレオンはヨーロッパ各地をボナパルト一族による(君主政・民主政)による支配で統合しようとした。しかしフランス革命で芽生えた(国民の政治参加・国民の兵役免除)を求める理念が各地に広がったことは、かえってナポレオン帝国に対する抵抗を招き、解放戦争を通じて帝国は崩壊した。

ウィーン体制の成立と破綻 ——反革命の限界

ヒストリーツアーズ HISTORY TOURS

「会議は踊(おど)る」ってどういうこと？

↑1 ウィーン会議に対する風刺(ふうし)画　ナポレオン戦争の戦後処理のために開かれたが、夜の舞踏(ぶとう)会ばかり盛(さか)んで、各国の対立により昼の会議は進まず、「会議は踊る、されど進まず」と風刺された。

←2 ウィーン会議の様子　ナポレオンが流刑(るけい)地のエルバ島を脱(だっ)出(しゅつ)したという知らせが入ると、各国は慌(あわ)てて妥協(きょう)に向かった。

チェック1 図1で踊っているヨーロッパの君主はどこの国か、次の中から３つ選ぼう。
①イギリス　②フランス　③オーストリア　④ロシア　⑤プロイセン

チェック2 この３国に共通していることは何だろうか。
ヒント p.70～71を見てみよう
①ナポレオンに敗れたことがある　②ナポレオンに敗れたことがない

チェック3 会議で妥結(だけつ)したウィーン体制とは、どのような体制だったのだろうか。
①ナポレオン以前の国際情勢に戻(もど)したい
②ナポレオンの支配体制を維持(いじ)したい

チェック

ウィーン体制の成立から崩壊(ほうかい)へ

ウィーン会議(1814～15)
〈メッテルニヒ主宰(しゅさい)〉
●**正統主義**　●**勢力均衡(きんこう)**
→ウィーン議定書
神聖同盟(1815)
四国同盟(1815)
(のち五国同盟)

フランス革命
ナポレオン戦争
↓
自由主義とナショナリズムの動き

	ウィーン体制側の動き		自由主義とナショナリズムの動き	日本
支配的	1819 カールスバート決議	➡⬅	1815 ドイツのブルシェンシャフト運動開始	江戸時代
	21 オーストリア軍の革命鎮圧(ちんあつ)	➡⬅	20 イタリアのカルボナリの立憲革命(～21)	
	23 フランス軍の革命鎮圧	➡⬅	20 スペイン立憲革命(～23)	
			10年代 **ラテンアメリカ諸国の独立運動**	
	20年代 ラテンアメリカ諸国独立達成	⬅	22 イギリス、五国同盟脱退(だったい)	
		⬅	23 モンロー宣言(教書)	
破綻(たん)	25 ニコライ1世の鎮圧	➡⬅	25 ロシアの**デカブリストの乱**	
	29 ギリシア、独立達成	⬅	21 **ギリシア独立戦争**(～29)	
	30 フランス**七月王政**成立	⬅	30 フランスの**七月革命**	
	ベルギー、独立達成	⬅	30 ベルギーの独立運動	
	31 ロシア軍の鎮圧	➡⬅	30 **ポーランド11月蜂起(ほうき)**	
	31 オーストリア軍の弾圧(だんあつ)	➡⬅	31 **イタリアのカルボナリの革命**	
		⬅	31 **青年イタリア**結成	
	32 イギリス、選挙権拡大	⬅	32 イギリスの第１回選挙法改正	
崩壊	48 フランス**第二共和政成立**	⬅	48 フランスの**二月革命**	
	48 四月普通(ふつう)選挙			
	48 **ウィーン体制崩壊**(メッテルニヒ失脚(しっきゃく))	⬅	48 **ウィーン三月革命**	
		⬅	48 **ベルリン三月革命**	
	49 ロシア軍の鎮圧	➡⬅	48 ハンガリー・ボヘミア(ベーメン)の民族運動勃発(ぼっぱつ)	
	49 オーストリア軍の勝利	➡⬅	48 サルデーニャの対墺(たいおう)宣戦	
	49 プロイセン王拒否(きょひ)	➡⬅	48 フランクフルト国民議会	
	49 フランス軍の鎮圧	➡⬅	49 ローマ共和国建設	

1 ウィーン体制下のヨーロッパ

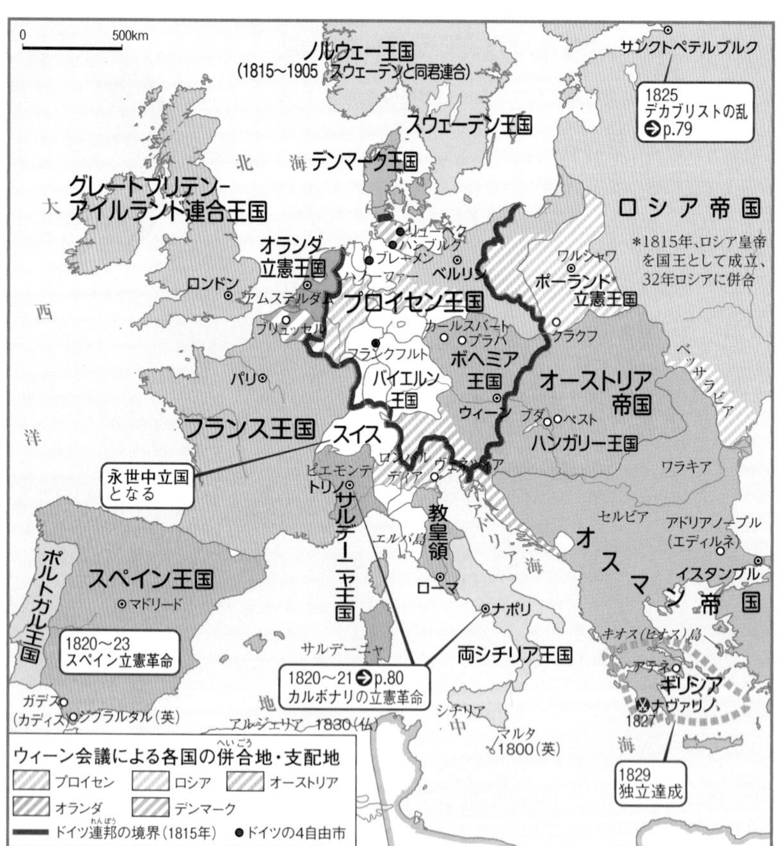

↑3 ウィーン会議による国際体制の変化　フランスが正統主義(革命前の主権や領土を正統とする)という考えを示して各国が応じたため、フランスやスペインではブルボン王朝が復活した。また主要国のバランスを重視する勢力均衡(せいりょくきんこう)の考え方により、イギリスがオランダの海外植民地を獲得(かくとく)した代わりに、オランダはベルギーを領有するといった調整が行われた。一方、実質的にロシア領となったポーランドのように独立を認められない民族も多かった。

2 革命の震源地 パリ

	七月革命（1830年）	二月革命（1848年）
原　因	国王シャルル10世の反動政治(貴族・聖職者を優遇)への不満	参政権の制限に対する中下層市民・労働者の不満
革命の担い手	自由主義的大資本家	ルイ=ブラン(社会主義者) 中小資本家・労働者
革命後の政体	立憲君主政（七月王政） 国王：ルイ=フィリップ（オルレアン家） 議会：銀行家などの大資本家が中心	共和政（第二共和政） 大統領：ルイ=ナポレオン（ナポレオンの甥） 議会：穏健なブルジョワ共和派（社会主義者は排除）

↑4 フランスの七月革命と二月革命

↓5 七月革命の影響

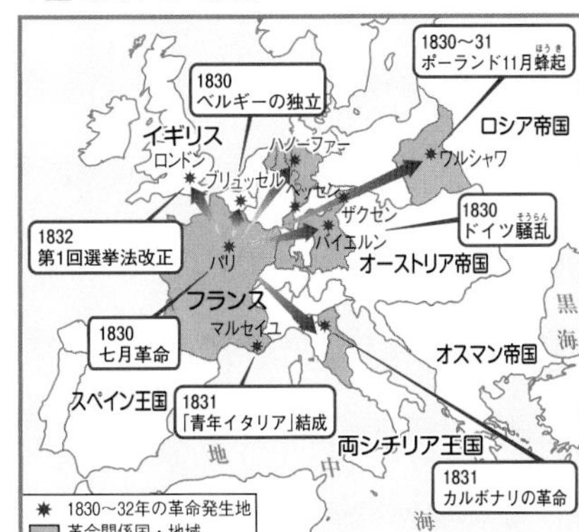

↓6 二月革命の影響

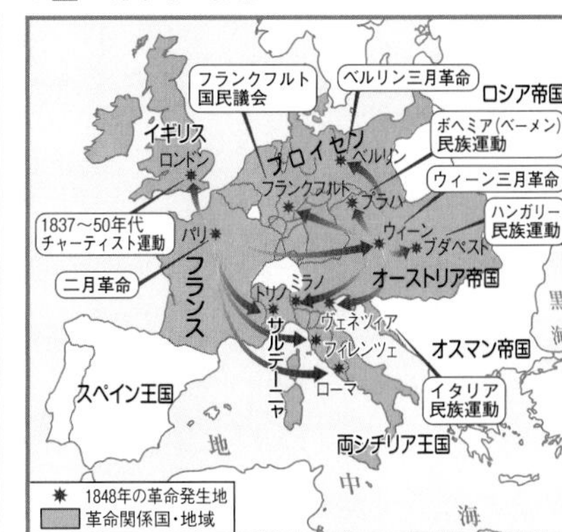

3 各地で目覚めるナショナリズム

↑7 「諸国民の春」 ナポレオン時代からヨーロッパ各地に広まっていた自由主義や**ナショナリズム**の動きは、反動的な**ウィーン体制**下では抑えられていた。しかし1848年のフランス**二月革命**をきっかけに各地で民族運動が一気に広がり、ウィーン体制は崩壊した。一方、「諸国民の春」とよばれた一連の民族運動は最終的に弾圧され、失敗に終わった。

産業革命の進展により成長

産業資本家 → 対立 ← 労働者階級 ― マルクス、エンゲルス『共産党宣言』発表 ➔p.75

1830 七月革命 → 1848 二月革命 → 自由主義 ブルジョワジー優位の社会へ

自由主義運動の進展 ・君主の圧政の排除、憲法の制定、自由な経済活動を求める動き

ナショナリズム運動の進展 ・国民国家の形成、民族自治の要求、独立運動

↑8 ヨーロッパの転換点「1848年」までの流れ

ひと ピアノの詩人 **ショパン**(1810〜49)

ポーランド出身の作曲家ショパンは、愛国心が強かったことでも知られ、その繊細な旋律から「ピアノの詩人」ともよばれる。1830年、フランス**七月革命**が波及して、ポーランドでもロシアからの独立を求める反乱が起きたが、鎮圧されて自治権が剝奪された。当時ヨーロッパで演奏旅行中だったショパンは革命失敗の知らせを聞いて悲しみに震え、エチュード「革命」を作曲した。

4 ラテンアメリカ諸国の独立

↑10 **トゥサン=ルーヴェルテュール**(1743〜1803)
ハイチ独立に活躍した黒人指導者。

←9 ラテンアメリカの独立

MORE ラテンアメリカで融合する文化

「リオのカーニバル」で有名なサンバはブラジルを代表する音楽で、19世紀末にリオデジャネイロ郊外に流入した黒人労働者の踊りやキリスト教の風習から発展したという。また伝統音楽ショーロでは、ヨーロッパのクラシック音楽とアフリカのリズムが融合している。このようにブラジルの音楽にはヨーロッパとアフリカの要素の融合がみられる。

➡11 リオのカーニバル

自由・制限の観点から振り返ろう！　（　）内の正しい方に○をつけよう！

自由主義やナショナリズムの動きを（促したい・抑えたい）各国の首脳は協調して反動的なウィーン体制を成立させた。しかし自由主義やナショナリズムを（求める・否定する）民衆は反発し、1848年の（七月・二月）革命がヨーロッパ各地に波及して、ウィーン体制は崩壊した。

産業革命 ——技術革新が変えた人々の生活

ヒストリーツアーズ

発明から始まるSociety3.0(ソサエティ)生活

➡1 イギリスの合同機械工組合の組合員証(1851年)　イギリスでは**産業革命**を支える熟練技術者たちにより、1851年に合同機械工組合が結成された。

⬆図1の拡大図

チェック1 上の拡大図には、あるものを利用して動く発明品が描(えが)かれている。あるものとは何だろうか。 ヒント p.74~75から探そう ①家畜(かちく) ②蒸気 ③電気

チェック2 図1に描かれているAの人たちはどのような階級の人だろうか。 ヒント 服装に注目してみよう ①上流階級 ②兵士 ③労働者

チェック3 図1でワットが中心に描かれているのはなぜだろうか。
①彼が産業革命を支える動力機関を完成させたから
②彼が大量に糸をつむぐしくみを完成させたから

イギリス産業革命のしくみ

産業革命を生み出した背景

- (工業原料)・国内の石炭・鉄鉱石
　・カリブ海・アメリカ南部の綿花
- (資本)・**毛織物工業**や貿易、金融(きんゆう)業による資本の原始的蓄積(ちくせき)
　・**奴隷貿易**による収益
- (労働力)・**農業革命**や第2次囲い込みによる工業労働力の創出
- (海外市場)・商船隊と強大な海軍、**植民地拡大**
- (中産階級の台頭)・ギルド制の撤廃(てっぱい)、**市民革命**

工業化の進展

(繊維工業にみられる技術革命)

織布(しょくふ)	紡績(ぼうせき)(糸の生産)
1733 ジョン=ケイの飛び杼(ひ)	1764 ハーグリーヴズのジェニー紡績機
	68 アークライトの水力紡績機
	79 クロンプトンのミュール紡績機
85 カートライトの力織機(りきしょっき)	

⬇影響(えいきょう)⬆

(動力革命)
1712 ニューコメンの炭(たん)坑排水用(こうはいすい)**蒸気機関**
65 ワットの蒸気機関
~69 改良

⬅ 1709 ダービーのコークス製鉄法 →石炭の燃料化 →鉄の大量生産

(交通革命)
1804 トレヴィシック、**蒸気機関車**発明
07 フルトン(米)、**蒸気船**建造
25 スティーヴンソンが蒸気機関車を実用化
30 マンチェスター～リヴァプール間に**鉄道**開通
➲p.48

資本主義社会の確立　○：このころ

(工場制機械工業の成立)
○**大量生産**の時代へ
(産業資本家の台頭)
○**自由主義運動**の進展
(階級の分化)
○資本家と労働者の二大階級が成立
(社会問題・労働問題の発生 → 社会主義運動・労働運動)
○工業都市の発展とスラムの形成➲p.49
○女性労働者・年少労働者の出現→1833 **工場法**

1 繊維(せんい)工業の技術革新

① 布をもっと速く織りたい!

1733 ジョン=ケイ、飛び杼(とひ)を発明

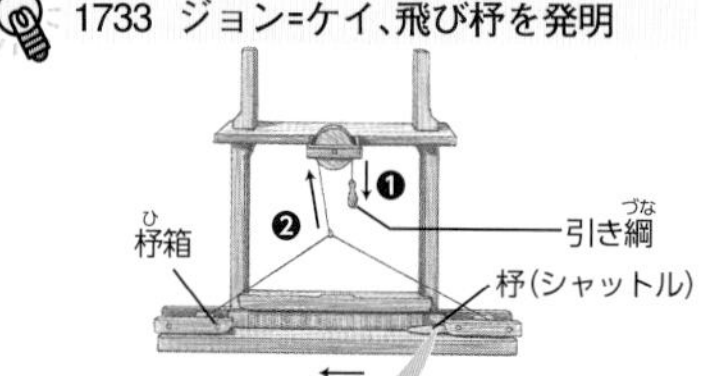

布を織る速度が従来の2倍に。
●原料である糸が不足

② 糸をもっと多くつむぎたい!

1768 アークライト、水力紡績(ぼうせき)機を発明

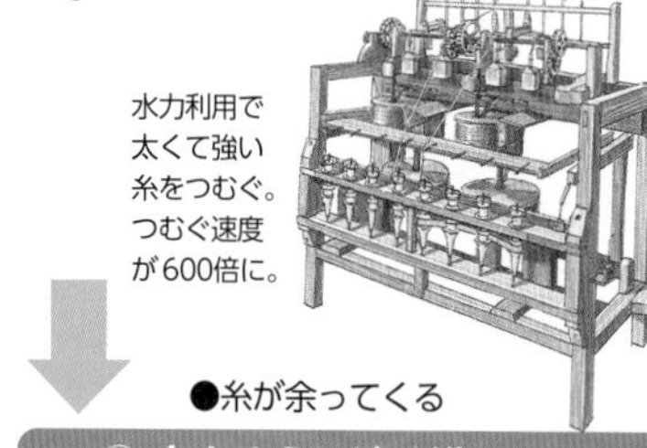

水力利用で太くて強い糸をつむぐ。つむぐ速度が600倍に。

●糸が余ってくる

③ 布をさらに速く織りたい!

1785 カートライト、力織機(りきしょっき)を発明

MORE 新しい動力 蒸気機関の登場

⬆2 ワット(1736~1819)
ワットは、ニューコメンの蒸気機関を改良し、今日のエンジンにもつながる動力機関の基本型を完成させた。

MORE 食料生産力もUP 農業革命

この時期、改良された農法で栽培(さいばい)の効率を上げたり、第2次囲い込(こ)みにより農地が増えたりしたため、農業生産力は飛躍(ひやく)的に伸(の)びた。飼料の乏(とぼ)しい冬季にも、余剰(じょう)生産物の かぶ などを家畜(かちく)の飼料として与(あた)えることで家畜の越冬(えっとう)が容易になった。その結果、食肉生産量も増大し、牛1頭の体重は170kgから360kgに増えたといわれる。

⬅3 品評会に出された肥えた牛　この絵は誇張(こちょう)して描(えが)かれている。

ヨーロッパ ←72 →76 アメリカ ←72 ←82

2 蒸気機関と交通革命

⬆4 **ロコモーション号** 1825年の開通式ではスティーヴンソン自身の運転で、ダーリントン〜ストックトン間を乗客と石炭を積んで走行した➲p.48。平均時速は約18kmで、自転車くらいのスピードであった。
(写真は1925年の100周年記念式典での撮影)

ひと 息子とともに研究 **スティーヴンソン**(1781〜1848)

トレヴィシックの蒸気機関車に刺激されて研究開始。1825年のロコモーション号運転成功後も息子とともに改良に励み、1829年にロケット号を走行させた。これは平均時速22.5km、最高時速46.7kmを記録し、当時運行していた馬車鉄道よりもはるかに優れたものとして蒸気機関車を人々に認めさせる結果となった。

⬇5 **世界初の実用蒸気船** 当時イギリス政府は蒸気機関の輸出を禁止していた。解体部品を購入し、組み立てて建造したフルトン(米)のクラーモント号は平均4ノット*で航行した。

*時速約7.2km

蒸気機関
外輪

3 産業革命の展開と社会主義の誕生

A 低賃金・長時間労働 別冊史料8

⬆6 **炭坑で働く子ども** 1840年代に行われた炭坑で働く女子・児童の労働実態調査では、すでに4歳の子どもが働いていること、日光から締め出された坑内で11時間以上労働していることなど、劣悪な労働条件が報告されている。

⬆7 **ラダイト(機械打ちこわし)運動** 18世紀後半、機械化によって失業した熟練工たちが、機械や工場に敵意をもち、破壊活動をした。飛び杼の発明者ジョン=ケイや水力紡績機のアークライトも襲撃の被害に遭っている。

B 変貌する町・環境 ➲p.49

⬆9 **ロンドンの路地** 高い家賃を払えない労働者は日当たりの悪いバラックに住み、一軒に数家族が同居、トイレは共同、風呂はないのが普通だった。感染症も多発し、住民の死亡率は高かった。

C 社会主義の誕生

空想的(初期)社会主義
↓
無政府主義(プルードン、バクーニン) / 科学的社会主義(マルクス、エンゲルス『共産党宣言』別冊史料9)
↓
1864 第1インターナショナル(ロンドン)
↓
1889 第2インターナショナル(パリ)
↓
各国の動き
- 1890 ドイツ社会民主党
- 1898 ロシア社会民主労働党
- 1905 社会党(仏)
- 1906 労働党(英)

⬆10 **社会主義思想とその流れ** **資本主義社会**の成立とともに生まれた社会的不平等をなくすために、生産手段の共有管理で得た富を平等に分配することを目指す**社会主義**思想が誕生した。

国	時期	鉄道開通	特徴
イギリス	18世紀半ば	1825年	産業革命始まりの国「**世界の工場**」とよばれる
フランス	19世紀初頭	1830年代	1830年七月革命以降本格化
ドイツ	19世紀前半	1830年代	1834年関税同盟以後進展、重化学工業中心
アメリカ	19世紀半ば	1830年代	南北戦争後に本格化 19世紀末に英・独を追い越す
ロシア(ソ連)	19世紀後半	1837年	1861年農奴解放令がきっかけ
日本	19世紀後半	1872年	主に国家主導で行われ、日清・日露戦争後に発展

⬆8 **各国の産業革命の特徴** 各国の鉄道開通年から、産業革命の進展を見てみよう。➲p.48、112〜113

万国の労働者に団結を訴えた **エンゲルス**(1820〜95)

21か月もの間、英国労働者階級の窮状を見聞して1845年に『イギリス労働者階級の状態』を出版した。資本主義を革命で廃さなければ、労働者は救われないと説き、「革命は必ずやってくる」と記した。1848年、フランスで二月革命➲p.78が起きると、ロンドンでも民衆が選挙権を求めて行進したが、不発に終わった。彼と**マルクス**(写真奥)との革命理論は、のちにロシア革命➲p.128として実行される。

( )内の正しい方に○をつけよう！

平等・格差の観点から振り返ろう！

18世紀半ばのイギリスで始まった産業革命は、生産手段などを所有する資本家が労働者を雇って商品を生産する(資本主義・共産主義)社会を誕生させた。資本家と労働者の間の格差が広がると、不平等をなくそうと考える(社会主義・民族主義)も誕生した。

江戸〜明治時代

大英帝国 ——七つの海に君臨した大帝国

HISTORY TOURS ヒストリーツアーズ

大英帝国、世にはばかる!

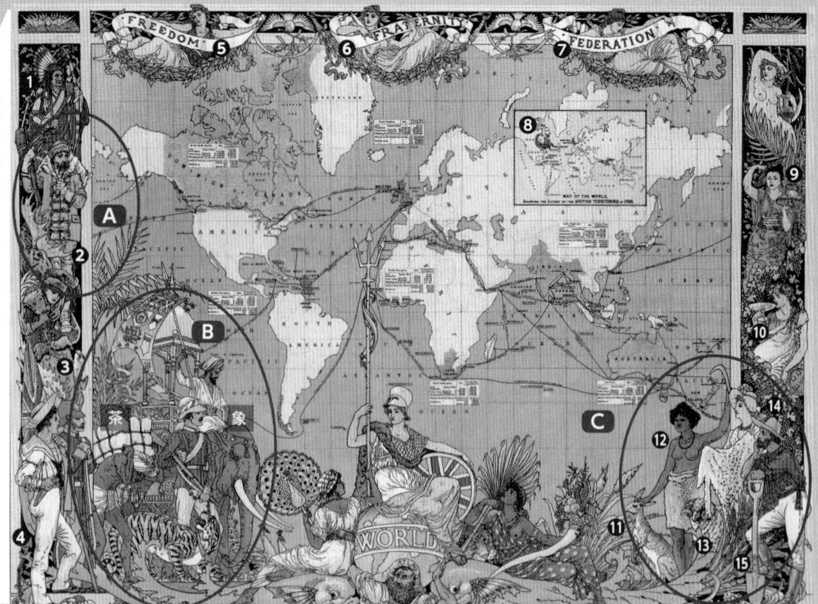

➡**1 大英帝国地図**〈雑誌『グラフィック』付録、ウォルター=クレイン画、1886年〉 この地図ではイギリス本国に加え、自治領や植民地など大英帝国を構成していた地域が赤色で塗られている。中央下部ではイギリスを擬人化した女神“ブリタニア”が地球に腰掛けている。

❶ネイティブアメリカン ❷トナカイ ❸テン ❹イギリス国旗と陸海軍兵士 ❺自由 ❻同胞愛 ❼連合 ❽1786年の帝国地図 ❾茶を持つ東洋人 ❿ぶどうとワイン ⓫カンガルー ⓬アボリジニー ⓭羊 ⓮羊毛を持つ西洋人 ⓯砂金をスコップで掘る西洋人

チェック1 図1のA・B・Cの絵はそれぞれどこの地域か、選んでみよう。 ①インド ②カナダ ③オーストラリア

チェック2 ここに描かれている人や物産の所在地は大英帝国とどのような関係にあっただろうか。
①友好国である ②大英帝国の一部である

チェック3 この地図は、次のどちらの意図でつくられたのだろうか。
①大英帝国が拡大したことへの賞賛
②植民地主義への批判

チェック

1 自由主義の進展

イギリス帝国の確立

英王	対外進出関連事項　自由貿易関連事項　労働運動関連事項	日本
ジョージ4世	1828 審査法廃止(非国教徒の公職就任認める)	江戸時代
	29 カトリック教徒解放法	
ウィリアム4世	32 第1回選挙法改正(産業資本家ら、選挙権獲得)	
	33 工場法成立(労働者の保護)➔p.52、74 奴隷制廃止	
ヴィクトリア女王(在位一八三七～一九〇一)	38ごろ チャーティスト運動 別冊史料10 (「人民憲章」を掲げた労働者の政治運動、～50年代)	
	40 アヘン戦争(～42)➔p.88 (清の半植民地化の始まり)	
	46 穀物法廃止 49 航海法廃止 } → 貿易自由化	
	57 インド大反乱(シパーヒーの反乱 ～59)➔p.86	
	58 東インド会社解散	
	第3次ダービー内閣(1866～68 保守党)	
	67 第2回選挙法改正(都市労働者ら、選挙権獲得)	
	第1次グラッドストン内閣(1868～74 自由党)	明治時代
	70 初等教育法➔p.51	
	71 労働組合法(労働組合を合法化)	
	第2次ディズレーリ内閣(1874～80 保守党)	
	75 スエズ運河会社株を買収	
	77 インド帝国成立(女王がインド皇帝を兼ねる)	
	第2次グラッドストン内閣(1880～85 自由党)	
	84 第3回選挙法改正(農業労働者・鉱山労働者に拡大)	

政党	保守党	自由党
支持層	地主・貴族	産業資本家・労働者
政策	・伝統的制度維持 ・アイルランド自治に反対 ・保護関税	・自由主義的改革 ・アイルランド自治に賛成 ・自由貿易
指導者	**ディズレーリ**(1804～81)	**グラッドストン**(1809～98)

2 大英帝国の構造

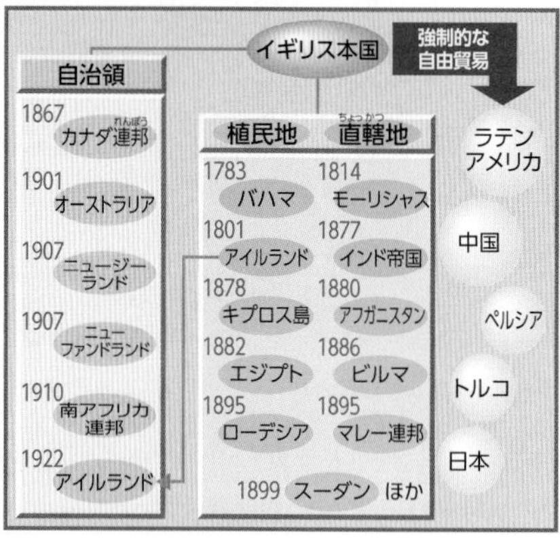

⬆**2 大英帝国の構造**

MORE 紋章から見る大英帝国

⬆**3 マンチェスター市の紋章**(1842年制定)
リボンにあるラテン語には「話し合いと勤労」と書かれている。上部に描かれた小さな地球の上には7匹の「働き蜂」が飛んでおり、「世界の蜜を故郷に持ち帰れ」という意味を表している。19世紀「自由貿易帝国主義イギリス」の中核都市の意識を反映した紋章である。

MORE アイルランド問題～「イギリスに刺さったとげ」

アイルランドの歴史

1603～	アルスター地方へのプロテスタント入植
49	**クロムウェルの征服**➔p.64 →土地の3分の2はイングランド地主の所有に
1801	**イギリスに併合される**
29	**カトリック教徒解放法**
45	**大飢饉(じゃがいも飢饉)**(～49)
48	青年アイルランド党蜂起
1914	**アイルランド自治法**
16	シン=フェイン党の反乱(イースター蜂起)
22	アイルランド自由国 (自治領、北部はイギリスの統治)
49	**アイルランド共和国成立** →イギリスからの自立
1969～	IRA(アイルランド共和国軍)
94	のテロ活動頻発
98	北アイルランド和平合意

アイルランドではクロムウェルの征服以後、**イギリス系プロテスタント**が地主、**アイルランド系カトリック**は小作人という関係が定着し、対立が深刻化した。また、**産業革命**が始まると、工場労働者としてイギリスに移住するアイルランド人も増えた。1801年にイギリスはアイルランドを併合し、同化・融合による社会的な安定を期待したが、対立は収まらなかった。

⬅**4 じゃがいも飢饉** アイルランドを襲った飢饉により、小作料が払えずに立ち退かされる農民。この飢饉でアイルランドは人口の多くを失った。

3 世界中の人とモノが往来する大英帝国

A 「世界の銀行」シティ

➡5 **世界金融の中心となったロンドンのシティ** ロンドン旧市街の約1.6km四方を占めるシティは、19世紀半ばから第一次世界大戦まで**世界市場**の中心地として世界の経済や政治に大きな影響力をもった。➲p.84

⬆6 **ロンドンで開かれた第1回万国博覧会**(1851年) ガラスと鉄でつくられた水晶宮(クリスタルパレス)に象徴されるロンドン万博は、ヴィクトリア時代のイギリスの繁栄と新たな産業社会の到来を示すものであった。➲巻頭4

⬇7 **工業化と世界の一体化**

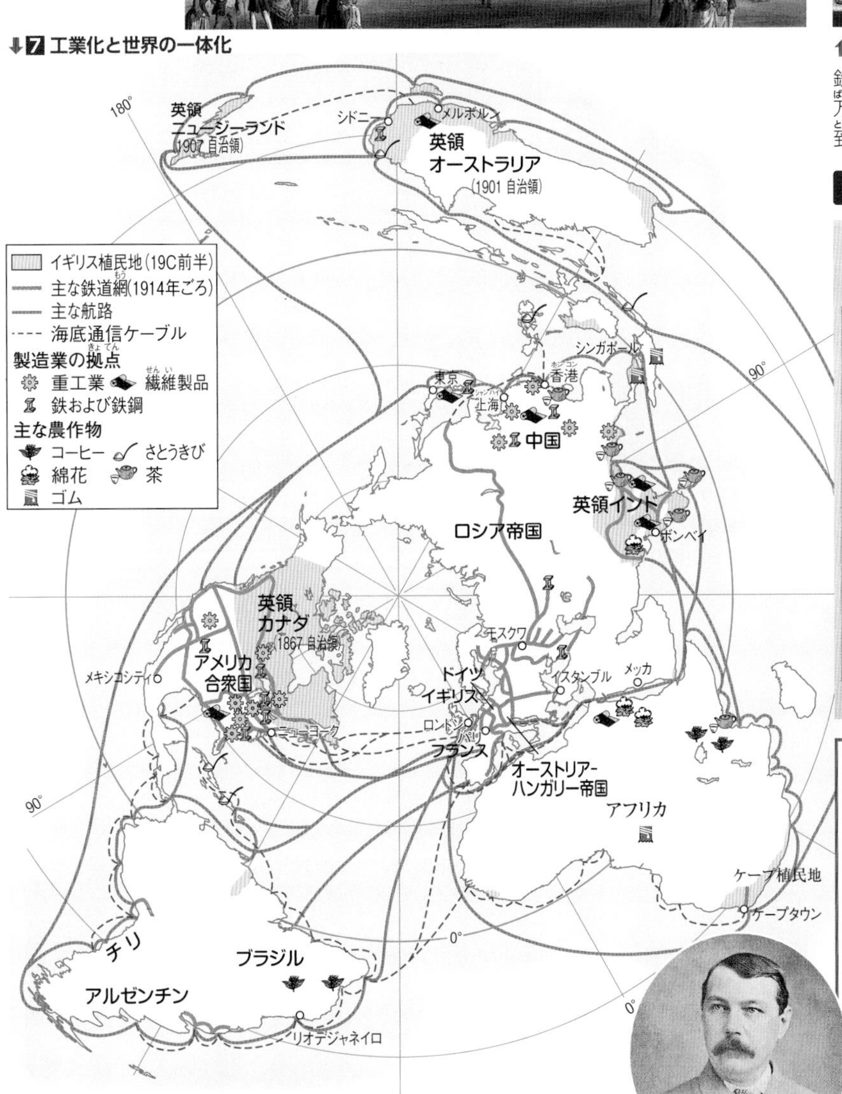

B 「ニュースの商人」ロイター

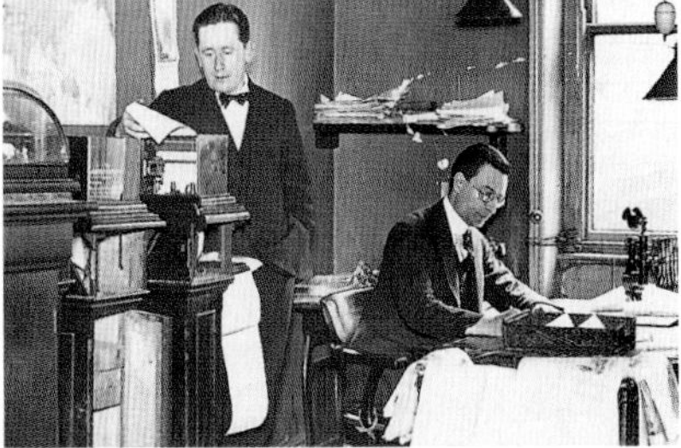

⬅8 **ロイター通信社**(1920年代) 世界初のフランスの通信社アバス社での経験をもとに、ドイツ人のロイターが1851年にロンドンで創設した。海底通信ケーブルを利用して世界中に情報網を敷いた。

C 「ツアー旅行」の始まり ～トマス=クック

⬅9 **トマス=クック社の広告** 安価な乗合馬車や夜行列車を利用するツアーを企画したトマス=クックは、第1回万国博覧会➲図6へのツアーで成功を収め、旅行を民衆にとっての娯楽の一つとして定着させた。のちにクック社が行った世界一周ツアーに刺激されて、フランス人作家ジュール=ベルヌは1873年、長編小説『八十日間世界一周』を著した。

MORE ヴィクトリア時代を活写した小説 “シャーロック=ホームズ”シリーズ

19世紀のイギリスでは、識字率の向上、低価格な雑誌の登場などにより、庶民も気軽に小説が読めるようになった。シャーロック=ホームズを主人公とする短編も雑誌連載で大人気を博した探偵小説である。庶民の悲喜こもごもを題材にしたものも多いが、インド帰りの軍人やロンドンで暗躍するスパイなど登場人物は国際色豊かで、世界の中心・大英帝国の世相が活写されている。

⬆10 **作者ドイル**(1859～1930)

⬆11 **雑誌に掲載されたホームズのさし絵**

統合・分化の観点から振り返ろう！ (　)内の正しい方に○をつけよう！

イギリスは（産業・商業）革命の結果、工業化を達成し、海外市場を求めて国外進出を行い世界最大の植民地帝国を築いた。一方イギリス国内では自由主義が進展し、二大政党が政治を行う（議会・寡頭）制民主主義が成立した。

19世紀後半のフランス ——目まぐるしく変わる政体

ヒストリーツアーズ 強いリーダーを目指したナポレオン3世

↑**1** **シャム(タイ)王の使節と会う皇帝夫妻**(1861年) 相手の君主にひざまずくのはシャムの伝統であり、服従を示しているわけではない。

↑**2** **フランスの対外進出**

↑**3** **ナポレオン3世から贈られた軍服を着た徳川慶喜**➔p.94

チェック1 図**1**では、ナポレオン3世はどのように描かれているだろうか。
①堂々として威厳がある ②おどおどして気弱である

チェック2 ナポレオン3世が徳川慶喜に軍服を贈ったのはなぜだろうか。
①大英帝国の拡大に対抗するため ②日本に降伏したことを示すため

チェック3 ナポレオン3世の時代のフランスの対外政策は、海外に進出して植民地を得ようとするものだった。主にどの地域に力を注いだのだろうか。
①アフリカ ②中国 ③ラテンアメリカ

1 フランス政体の移り変わり

フランス政体の変化

年	政体	主要事項	日本
1792	ブルボン王朝(絶対王政)	1789 **フランス革命**➔p.68	江戸時代
1804	第一共和政	93 **ルイ16世処刑**	
	第一帝政	(皇帝：**ナポレオン1世** 位1804～14、15)	
14		1814～15 **ウィーン会議**➔p.72	
	ブルボン復古王政	(国王：**ルイ18世** 位1814～24)	
		(国王：**シャルル10世** 位1824～30)	
30		1830 **アルジェリア出兵**	
		七月革命	
	七月王政	(国王：**ルイ=フィリップ** 位1830～48)	
48		1848 **二月革命**	
	第二共和政	(大統領：**ルイ=ナポレオン**)	
52		1852 国民投票→帝政宣言	
	第二帝政	(皇帝：**ナポレオン3世** 位1852～70)	
		1867 第2回**パリ万国博覧会**	
70		70～71 **普仏戦争**	明治
		パリ=コミューン	
	第三共和政	75 **第三共和政憲法**制定	
		89 第4回パリ万国博覧会	
		94～99ごろ **ドレフュス事件**	
		1914～18 **第一次世界大戦**➔p.124	大正
		39～45 **第二次世界大戦**➔p.146	昭和
1940		40 フランス降伏	
44	(ヴィシー政府)	(国家主席：**ペタン**)	
	臨時政府成立(共和政)	(主席：**ド=ゴール**)	
46		1946 **第四共和政憲法**制定	
58	第四共和政	46～54 **インドシナ戦争**	
	第五共和政	(大統領：**ド=ゴール**)	

MORE 日本陸軍の兵制の変化

江戸幕府はフランスを手本に陸軍を創設し、明治政府も当初はその方針を踏襲した。普仏戦争でフランスが敗北するとドイツ式軍制への転換論が起こったが、軍事顧問を日本に派遣していたフランスの反対もあり、しばらくはフランス式の軍制が続いた。しかし、1887年にお雇い外国人としてドイツのメッケル少佐が招かれ、1889年、ドイツ式軍制にもとづく士官学校が開校した。➔巻頭6、p.94**4**

↑**6** **フランス人教官から軍刀術を習う士官生徒**(1887年ごろ、最後の時期のフランス式教練)〈偕行社『偕行』令和5年3・4月号から提供〉

2 左右に揺れるフランス政局

史上初の労働者による自治政府

↑**4** **パリ=コミューンの抵抗で破壊された街**(パリ、リヴォリ通り) **普仏戦争**敗戦でナポレオン3世が退位すると、労働者を中心とするパリの民衆が政権をとった。これに対し、臨時政府はドイツの支援を受けて攻撃し、パリ=コミューンは2か月で崩壊した。

軍部・右派の台頭

↑**5** **ドレフュス事件** ユダヤ人将校ドレフュスは、共和政打倒と反ユダヤ主義を唱える軍部・右派にスパイ容疑をかけられ官位を剝奪されたが、のちに冤罪だったことが判明した。

( )内の正しい方に○をつけよう！

平等・格差の観点から振り返ろう！

フランスの政治は、最終的に人権宣言を尊重する（共和・絶対王）政となったが、文明を広めるという理由で植民地の（拡大・自治）を図るなど、政策には人権宣言と矛盾する点もあった。

ロシアの改革 ――皇帝が行った「上からの」改革

ヒストリーツアーズ あるシベリア流刑囚の供述

⬇1 1825年、デカブリストの乱で皇帝に対して蜂起し、逮捕されたロシアの青年将校が、取り調べで語った動機。

> 1812年とそれにつづく1813、14年の戦役①によって、わが国民の魂はふるいおこされ、われわれは、ヨーロッパを、その法を、その行政秩序を、その国民保護を親しく知ることとなった。そして、わが国の、それとは対照的な国家生活、わが国民のとるにたらない権利、それにあえていうならば、わが国家統治の重圧、そうしたものが、多くの人びとの頭脳と心に強烈にあらわになった。①ナポレオン戦争のこと
>
> 〈鈴木健夫ほか著『世界の歴史22』中央公論新社〉

➡2 デカブリストの乱 ヨーロッパの自由主義に触発された若い将校が、1825年、ニコライ1世の即位に際して首都で蜂起し、憲法制定や農奴解放を要求したが、鎮圧された。

➡3 ロシアの農民(19世紀) 当時のロシアの農村で、集会が行われている様子を写したものである。左側の男性は本とペンを持ち、自慢げにしている。

チェック1 図1のロシアの青年将校は、ヨーロッパに対してどのようなイメージをもっているだろうか。
①あこがれ ②反発 ③無関心

チェック2 蜂起した青年将校がロシアで改善したかったこととは何だったのだろうか。
①行き過ぎた自由主義 ②ロシアの後進性

チェック3 図3の左側の男性は周りに何を自慢しているのだろうか。
①周りの人たちができない読み書きができること
②聖書をいつも持ち歩いているほど信心深いこと

19世紀のロシアの歩み

皇帝	年	対外関係(南下・東方への進出)	年	国内の動き	日本
アレクサンドル1世 位1801～25	1812	**ナポレオン戦争**(ロシア遠征) ➔p.70			江戸時代
	14	**ウィーン会議** ➔p.72			
	～15	(反動勢力の中心)			
	21	**ギリシア独立戦争**に介入	1825	**デカブリストの乱**	
	～29	(黒海沿岸の領土獲得)		(青年将校・自由主義貴族が蜂起→弾圧)	
ニコライ1世 位1825～55	31	**第1次エジプト-トルコ戦争**			
	～33	(ロシア軍艦のボスポラス・ダーダネルス両海峡通過を承認)	30	**ポーランドの反乱**	
			～31	(ポーランド11月蜂起)	
	39	**第2次エジプト-トルコ戦争**			
	～40	(両海峡の中立化 ロシアの南下阻止)	40	**インテリゲンツィア**(知識人)の活動	
			～50年代		
アレクサンドル2世 位1855～81	53	**クリミア戦争**			
	～56	(黒海の中立化)	61	**農奴解放令**	
	54	**日露通好(和親)条約**締結	63	**ポーランドの反乱**	
	58	**アイグン条約** (東方へ進出)	～64	(ポーランド1月蜂起)	
	60	**北京条約** (東方へ進出)			
	68	**中央アジア併合**			
	～76				
	75	日本と**樺太・千島交換条約**			
	77	**露土(ロシア-トルコ)戦争**			
	～78	**サンステファノ条約**			
		(バルカンのロシア勢力強大化)			
	78	**ベルリン会議→ベルリン条約**			
		(ロシアの南下政策、挫折)	1870年代	(ナロードニキ運動、「ヴ=ナロード(人民の中へ)」をスローガンに活性化→弾圧・挫折)	明治時代
アレクサンドル3世 位1881～94	81	**イリ条約 バルカン問題**	81	**アレクサンドル2世暗殺**	
		(ロシアの**パン=スラヴ主義**と独・墺の**パン=ゲルマン主義**との対立)			
	91	**シベリア鉄道**着工(1905 開通)			
		(極東へ進出)			
ニコライ2世 位1894～1917	1904	**日露戦争** ➔p.106			
	～05				

1 南へ!不凍港を求めて

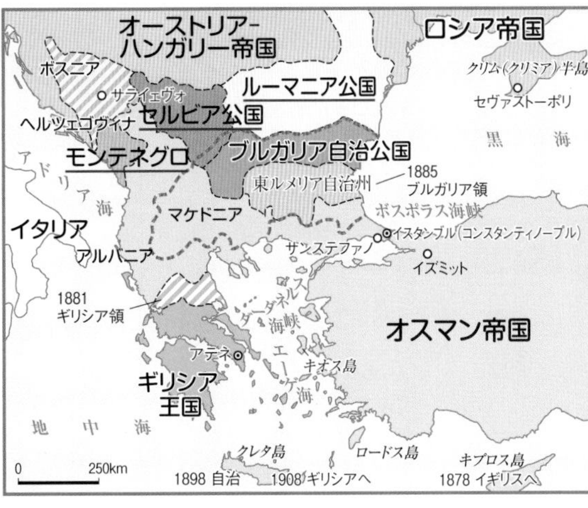

⬆4 クリミア戦争で兵士の看護をしたナイチンゲール(1820～1910)

⬅5 ロシア南下の命運をかけた二つの条約

2 改革と反動

⬅6 農奴解放令を読むアレクサンドル2世 クリミア戦争敗戦によりロシアの後進性を実感した皇帝は、農奴解放令を柱とする改革を行ったが不徹底に終わった。

➡7 逮捕される革命家 1870年代には、農民を啓蒙し、農民の力で社会改革を目指そうとする動き(ナロードニキ運動)が知識人・学生の間で盛んになったが、農民の理解を得られず、皇帝に弾圧された。

自由・制限の観点から振り返ろう! ( )内の正しい方に○をつけよう!

ロシアは(不凍港・油田)を求め南下政策を行ったが失敗した。政府は、上からの改革の一つとして農奴解放を実施したが、(労働者・官僚)階級はすぐには生まれなかった。

江戸～明治時代

イタリア・ドイツの統一 ──新たに生まれた二つの大国

19世紀ごろ
←10

ひと 統一イタリアをつくった男たち「イタリア独立の三傑」

ガリバルディが両シチリア王国を占領してサルデーニャ王に献上し、このように叫んだといわれている。

↗**1 ガリバルディ**(1807～82) 義勇軍を率いて、南イタリアとシチリアをブルボン王朝から解放した。

←**2 マッツィーニ**(1805～72) 「**青年イタリア**」を組織。共和政による統一を目指し、サルデーニャ王国への協力を拒んだ。

←**3 カヴール**(1810～61) サルデーニャ王国宰相。フランス・オーストリアとの外交を通じ、統一に貢献。

MORE 現代につながる強い地域性

↑**4 イタリアのサッカーチーム インテルミラノのサポーター**

イタリアやドイツでは都市や地域ごとにサッカーチームをもち、対抗意識が強い。ときに対戦するサポーター同士の乱闘に至るほどの熱狂ぶりは、統一前の地域への強い帰属意識に根ざしているという。

↓**5 州によって異なる教科書**

("Heimat und Welt", westermann)

ドイツでは州が強い権限をもち、教育制度も州に任されている。

1 イタリアの統一

❶～❹：イタリアの領土関連事項、図7の地図と対応

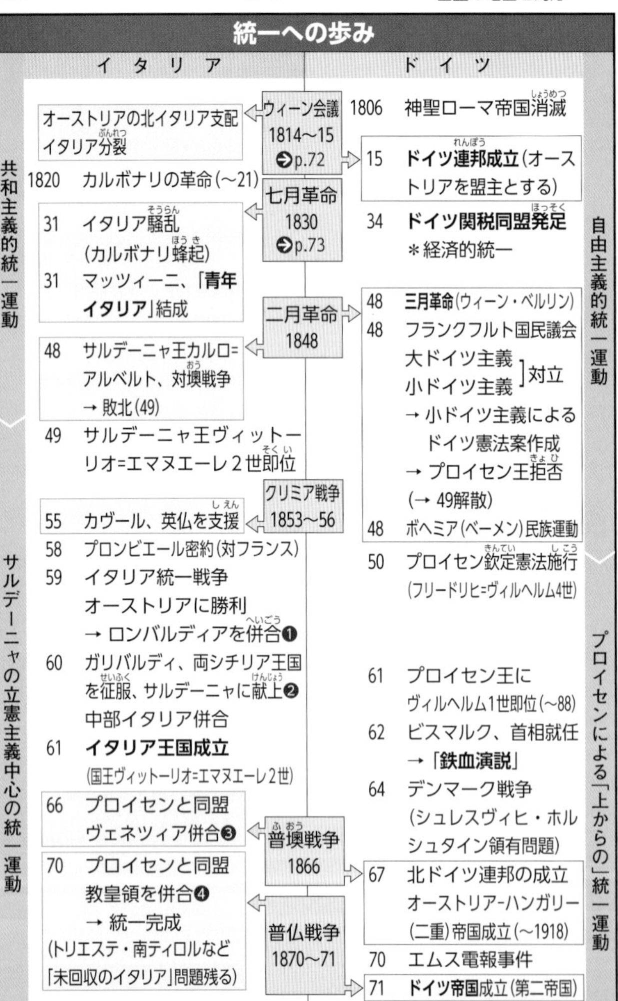

統一への歩み

イタリア		ドイツ
オーストリアの北イタリア支配 イタリア分裂	ウィーン会議 1814～15 ➲p.72	1806 神聖ローマ帝国消滅 15 **ドイツ連邦成立**(オーストリアを盟主とする)
1820 カルボナリの革命(～21)		
31 イタリア騒乱(カルボナリ蜂起) 31 マッツィーニ、「**青年イタリア**」結成	七月革命 1830 ➲p.73	34 **ドイツ関税同盟発足** ＊経済的統一
48 サルデーニャ王カルロ=アルベルト、対墺戦争 → 敗北(49)	二月革命 1848	48 **三月革命**(ウィーン・ベルリン) 48 フランクフルト国民議会 大ドイツ主義 / 小ドイツ主義 ］対立 → 小ドイツ主義によるドイツ憲法案作成 → プロイセン王拒否 (→ 49解散) 48 ボヘミア(ベーメン)民族運動
49 サルデーニャ王ヴィットーリオ=エマヌエーレ2世即位		
55 カヴール、英仏を支援	クリミア戦争 1853～56	
58 プロンビエール密約(対フランス)		50 プロイセン欽定憲法施行 (フリードリヒ=ヴィルヘルム4世)
59 イタリア統一戦争 オーストリアに勝利 → ロンバルディアを併合❶		
60 ガリバルディ、両シチリア王国を征服、サルデーニャに献上❷ 中部イタリア併合		61 プロイセン王にヴィルヘルム1世即位(～88)
61 **イタリア王国成立** (国王ヴィットーリオ=エマヌエーレ2世)		62 ビスマルク、首相就任 →「**鉄血演説**」
		64 デンマーク戦争 (シュレスヴィヒ・ホルシュタイン領有問題)
66 プロイセンと同盟 ヴェネツィア併合❸	普墺戦争 1866	67 北ドイツ連邦の成立 オーストリア-ハンガリー(二重)帝国成立(～1918)
70 プロイセンと同盟 教皇領を併合❹ → 統一完成 (トリエステ・南ティロルなど「未回収のイタリア」問題残る)	普仏戦争 1870～71	70 エムス電報事件 71 **ドイツ帝国成立**(第二帝国)

(イタリア側：共和主義的統一運動 → サルデーニャの立憲主義中心の統一運動／ドイツ側：自由主義的統一運動 → プロイセンによる「上からの」統一運動)

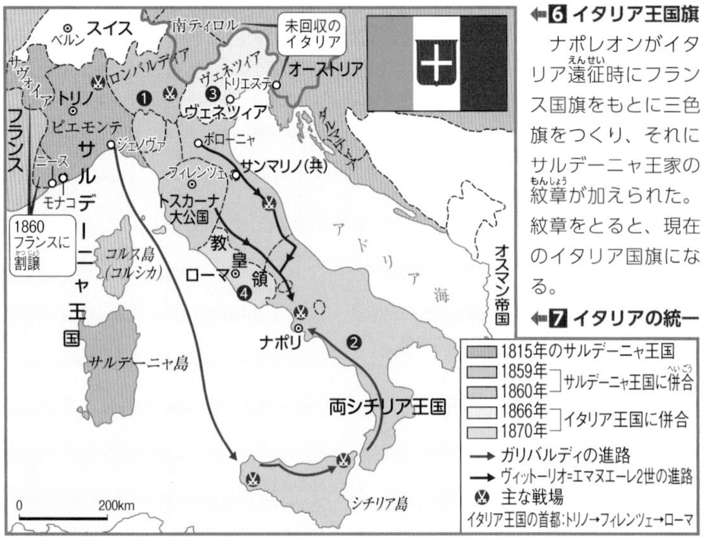

←**6 イタリア王国旗**

ナポレオンがイタリア遠征時にフランス国旗をもとに三色旗をつくり、それにサルデーニャ王家の紋章が加えられた。紋章をとると、現在のイタリア国旗になる。

←**7 イタリアの統一**

スイス　ベルン　南ティロル　未回収のイタリア　オーストリア　サヴォイア　ロンバルディア　ヴェネツィア　トリエステ　トリノ　ピエモンテ　ジェノヴァ　ボローニャ　フランス　ニース　モナコ　1860 フランスに割譲　フィレンツェ　サンマリノ(共)　トスカーナ大公国　サルデーニャ王国　コルス島(コルシカ)　教皇領　ローマ　アドリア海　オスマン帝国　ダルマティア　ナポリ　サルデーニャ島　両シチリア王国　シチリア島　0　200km

1815年のサルデーニャ王国
1859年・1860年 サルデーニャ王国に併合
1866年・1870年 イタリア王国に併合
→ ガリバルディの進路
→ ヴィットーリオ=エマヌエーレ2世の進路
主な戦場
イタリア王国の首都：トリノ→フィレンツェ→ローマ

ヨーロッパ
←79
→84

MORE ヴェルディ(VERDI)って誰だ？

ヴェルディ作曲の歌劇『ナブッコ』の合唱曲〈行け、思いよ、黄金の翼にのって〉は当時オーストリアの治下にあったイタリアの人々の**ナショナリズム**をかきたてた。彼の名Verdiのつづりはサルデーニャ王Vittorio Emanuele Re d'Italiaの略号と同じで、リソルジメント(統一)が進むなか、ミラノのスカラ座にこだまする"ヴェルディ万歳"は、イタリア統一の心の叫びとなった。

➡**8 ジュゼッペ=ヴェルディ**(1813～1901)

HISTORY TOURS ヒストリーツアーズ

新生ドイツが目指したものとは?

←**9** **パリで普仏戦争の戦勝パレードを行うプロイセン軍**(1871年)　ドイツではプロイセンを中心とした統一運動が進み、各地の諸侯がプロイセン王をドイツ皇帝として仰ぐ連邦制の**ドイツ帝国**が誕生した。

DANGER
ビスマルク
ロシア
イギリス

➡**10** **風刺画「ポイントでの作業」**〈雑誌『パンチ』1878年5月4日〉　1878年、英露関係が悪化するなか、ヨーロッパの均衡を保とうとするドイツ帝国の宰相ビスマルクがベルリン会議を開こうとした際に描かれた。

チェック1 図**9**で、プロイセン軍がフランス国民に見せようとしているのは何だろうか。
①兵士の数や装備などの軍事力　②戦争の終わりと平和を伝えるためのイベント

チェック2 図**10**で、ビスマルクはどのような立場に立っているように描かれているだろうか。
①何もできず見ているだけの立場　②両国が衝突しないようコントロールする立場

チェック3 ビスマルクがこれらの行動をとろうとしたのはなぜだろうか。
①ドイツが戦争に巻き込まれないようにするため
②世界大戦を起こそうとしたため

チェック

2 ドイツの統一

↓**11** **ドイツ帝国の成立**

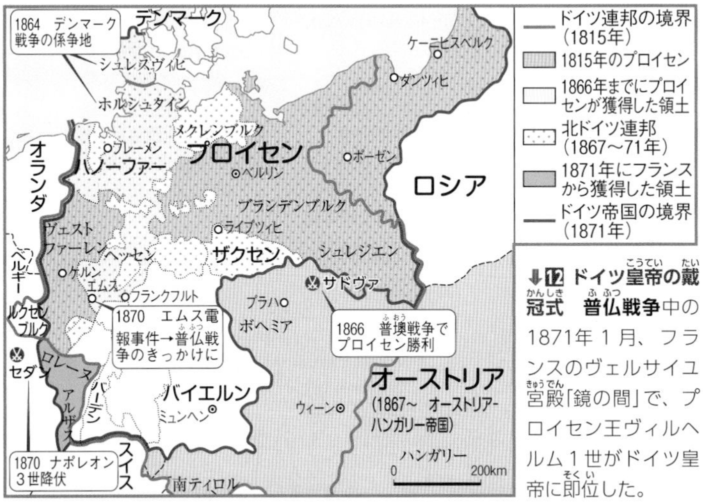

1864 デンマーク戦争の係争地
デンマーク
シュレスヴィヒ
ホルシュタイン
ケーニヒスベルク
ダンツィヒ
メクレンブルク
ブレーメン
ハノーファー
プロイセン
ベルリン
ポーゼン
ロシア
オランダ
ブランデンブルク
ヴェストファーレン
ライプツィヒ
ヘッセン
ザクセン
シュレジエン
ベルギー
ケルン
エムス
フランクフルト
サドヴァ
プラハ
ボヘミア
ルクセンブルク
1870 エムス電報事件→普仏戦争のきっかけに
1866 普墺戦争でプロイセン勝利
セダン
ロレーヌ
アルザス
バーデン
バイエルン
ミュンヘン
オーストリア
(1867～ オーストリア-ハンガリー帝国)
ウィーン
ハンガリー
1870 ナポレオン3世降伏
スイス
南ティロル
0 200km
ドイツ連邦の境界(1815年)
1815年のプロイセン
1866年までにプロイセンが獲得した領土
北ドイツ連邦(1867～71年)
1871年にフランスから獲得した領土
ドイツ帝国の境界(1871年)

↓**12** **ドイツ皇帝の戴冠式**　**普仏戦争**中の1871年1月、フランスのヴェルサイユ宮殿「鏡の間」で、プロイセン王ヴィルヘルム1世がドイツ皇帝に即位した。

ヴィルヘルム1世
ビスマルク

ひと　ドイツ統一の立役者 **ビスマルク**(1815～98)

別冊史料11

プロイセンの首相として軍国主義化を進め、ドイツ統一を達成した。帝国の成立後は、外交で列強の対立のバランスをとることに努めた。

「鉄血演説」(1862年)
……現下の大問題が決せられるのは、演説や多数決によってではなく……まさに鉄と血によってなのであります。……
〈歴史学研究会編『世界史史料6』岩波書店〉

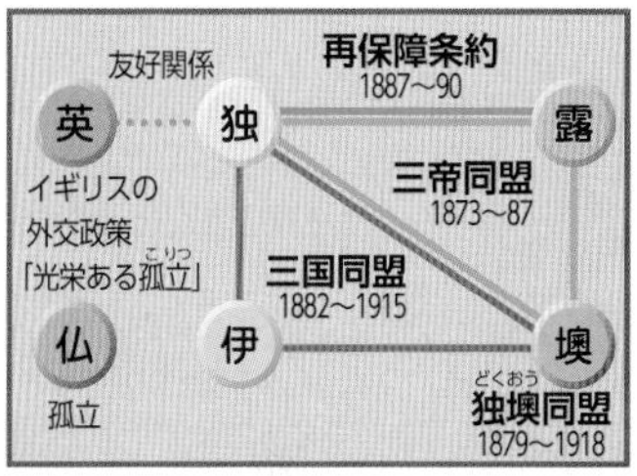

友好関係
再保障条約 1887～90
英
独
露
イギリスの外交政策「光栄ある孤立」
三帝同盟 1873～87
三国同盟 1882～1915
仏
伊
墺
孤立
独墺同盟 1879～1918

↑**13**↓**14** **ビスマルク時代のヨーロッパ**

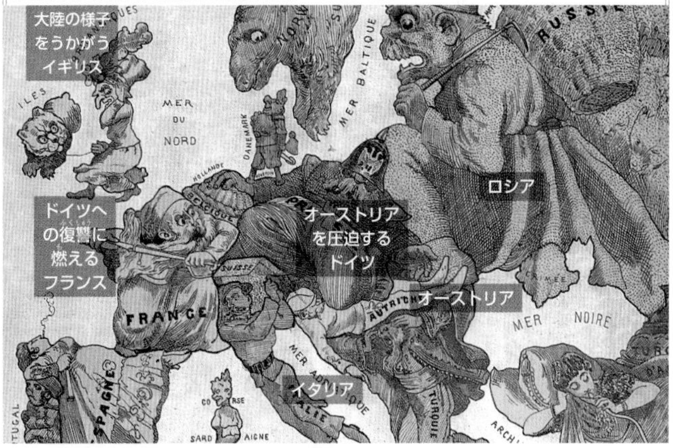

大陸の様子をうかがうイギリス
ドイツへの復讐に燃えるフランス
オーストリアを圧迫するドイツ
ロシア
オーストリア
イタリア
FRANCE
MER DU NORD
MER BALTIQUE
MER NOIRE
RUSSIE

対立・協調の観点から振り返ろう!　(　)内の正しい方に○をつけよう!

19世紀のイタリア・ドイツでは、西欧で起きた革命の影響を受けて(民族・身分)をもとにした統一運動が進み、新たな国家が生まれた。ドイツ帝国のビスマルクは国内の力を蓄えるため、外交交渉で列強間の対立を(仲裁・拡大)して復讐心をもつフランスを孤立させ、ヨーロッパの平和を保とうと努めた。

アメリカ合衆国の発展 ——内戦を乗り越えた合衆国の一体化

ヒストリーツアーズ 線路は続くよどこまでも

←**1 ノーザンパシフィック鉄道建設の様子**(1882年、モンタナ州) **南北戦争**を乗り越えて一体化したアメリカでは次々と**大陸横断鉄道**の建設が行われ、それまで開発が進んでいなかった西部の開拓が進んだ。鉄道の建設には多くのアイルランド系移民➲p.76や**華僑**(中国系移民)などが参加した。

←**2 シカゴの中央駅**(1893年建設) 鉄道の建設は、内陸部の発展に大きな影響を与えた。1840年ごろに4000人程度の人口だったミシガン湖畔の町シカゴは、1890年には100万人の大都市へと成長した。

チェック1 図1の鉄道はどの方向に建設されているだろうか。
ヒント 図3を見ながら考えてみよう ①東西方向 ②南北方向

チェック2 大陸横断鉄道の建設で必要となったものは、鉄と何だっただろうか。2つ選ぼう。
ヒント 図1の写真をよく見てみよう ①アルミニウム ②木材 ③食料品

チェック3 小さな町だったシカゴはなぜ急速に発展したのだろうか。図3で場所を確認しながら考えてみよう。 ①交通の中継地として、多くのモノが集まったから ②ミシガン湖の観光地として栄えたから ③解放された奴隷が集まったから

チェック

丸数字は大統領の代を示す ○:このころ

独立後のアメリカ

	一般事項	黒人・先住民関連事項	日本
イギリスに依存	1793 フランス革命に中立宣言 **ジェファソン③** 任1801〜09 1803 **ルイジアナを仏より購入**	ジェファソン➡ 1807 **奴隷貿易禁止**(翌年発効)	
工業化の開始	12 米英戦争(〜14) 北部の工業化進む 23 **「モンロー宣言(教書)」** 別冊史料12	20 ミズーリ協定 ミズーリ州は奴隷州に。以後北緯36°30′以北に奴隷州認めず	
	ジャクソン⑦ 任1829〜37 ○ジャクソニアン=デモクラシー	30 **先住民強制移住法**	
西部への拡大	45 テキサスを併合 46 **アメリカ-メキシコ戦争**(〜48) → **カリフォルニア獲得** 48 カリフォルニアで金鉱発見 → **ゴールドラッシュ** 53 ペリー提督、日本へ ➲p.92 54 **共和党**(奴隷制拡大に反対)成立	38 チェロキー、「涙の旅路」を行く(〜39) ジャクソン➡ 別冊史料13 52 『アンクル=トムの小屋』発表 54 カンザス-ネブラスカ法 将来、両地区の自由州・奴隷州の選択は住民に一任	江戸時代
南北の対立	**リンカン⑯** 任1861〜65 61 南部11州、合衆国から離脱 → **アメリカ連合国結成**→ **南北戦争** 62 **ホームステッド法(自営農地法)** (5年間公有地を開墾した者に160エーカーを無償譲渡) 63 ゲティスバーグの戦い 65 南北戦争終結 リンカン暗殺	リンカン➡ 63 **「奴隷解放宣言」** 別冊史料14 65 奴隷制度の廃止(憲法修正13条)	
資本主義の発展	67 アラスカをロシアから購入 69 **大陸横断鉄道開通** ○**米の工業生産が世界一に** 90 **フロンティアの消滅宣言**	65 クー=クラックス=クラン(KKK)結成➲p.134 67 南部「再建法」成立 70 黒人の選挙権獲得(憲法修正15条)	明治時代
帝国主義	98 **帝国主義政策を具体化** **米西戦争→ ハワイ併合**		

1 アメリカの成り立ち

↓**3 アメリカの領土拡大**

MORE 「涙の旅路」

↑**4「涙の旅路」を行くチェロキー**

独立戦争後のアメリカでは、移民により増え続ける人口を収容するため、より多くの土地が必要となった。政府は土地を手に入れるため、東部に住んでいた先住民をミシシッピ川以西に追いやる強制移住法を1830年に制定した。この法律の制定により、西洋文明を多く取り入れて白人社会とも友好関係を築いていた集団も含めて、多くの先住民が移住を余儀なくされた。十分な用意もないまま長距離移動を行うのは困難で、1838年に先住民のチェロキーがおよそ1300kmの道のりを80日間で移動させられた際には途中で4人に1人が死ぬほど過酷なものとなり、「涙の旅路」とよばれた。

2 国内を二分した南北戦争

⬆5 **ニューヨーク**(1855年) 工業化・都市化が進んでいる。

⬆6 **ミシシッピ州の綿花畑**(19世紀) 黒人の作業者が働いている。

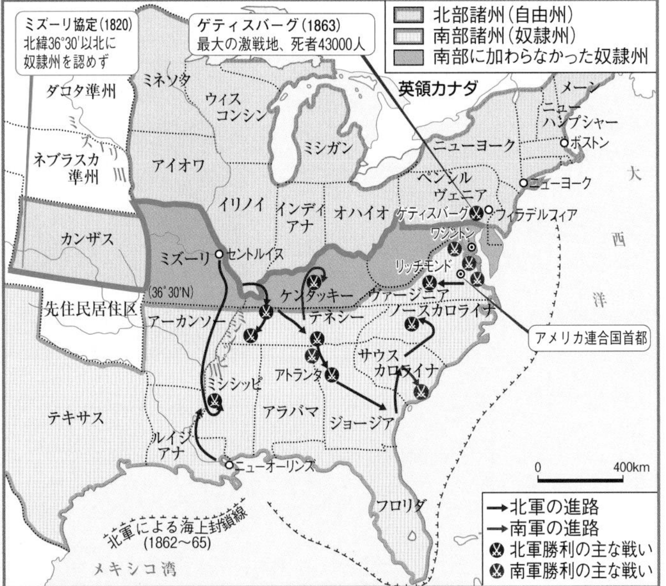

⬆7 **南北戦争の展開**

北部(東部)		南部
商工業	経済構造	大農園中心の農業
工業製品	生産物	綿花
産業資本家	中心勢力	農園経営者・大地主
保護貿易主義	貿易政策	自由貿易主義
中央集権主義	国家体制	州権主義
拡大に反対	奴隷制度	肯定
共和党	支持政党	民主党

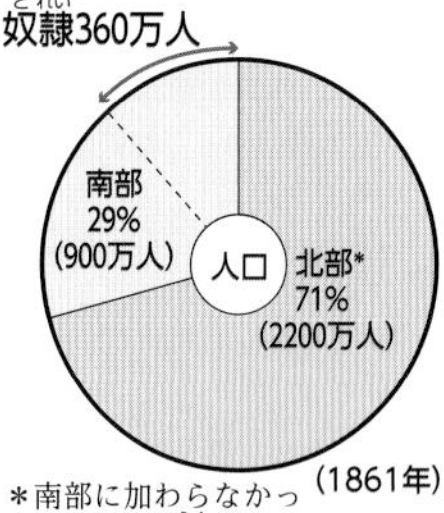

＊南部に加わらなかった奴隷州を含む。

⬆8 **南部と北部の違い**(左)と**人口の比率**(右)

⬅9 **ゲティスバーグで演説するリンカン** リンカンは**南北戦争**中の1863年、激戦地ゲティスバーグでの追悼集会で、この演説を行った。わずか3分程度の短い演説であったが、民主主義の本質を示す名言となっている。

ひと 南北戦争の発端をつくった ストウ(1811～96)

彼女は1852年、**黒人奴隷**のおかれた惨状を小説『アンクル=トムの小屋』で描いた。反響は大きく、発売後1年で32万部(当時のアメリカは人口推定2320万)以上が売れ、「聖書に次ぐベストセラー」といわれた。**南北戦争**中、リンカンは「この戦争を引き起こしたご婦人があなたですね」と話しかけたという。

⬇10 **奴隷制を告発するパンフレット**

世界の中の日本 南北戦争と日本

5年にわたり続いた南北戦争では、最新式の銃が大量に使われていたが、戦争の終結とともに不要となって残された。これらの銃は、幕末の動乱で日本の情勢が不安定になっていることに目をつけたグラバー➔p.95などの武器商人によって幕府・新政府の双方に販売され、戊辰戦争や明治時代初期を通じて広く使用された。

〈二代長谷川貞信作「山崎合戦官軍大勝利之図」(部分) 神戸市立博物館蔵〉

⬆13 **輸入した最新式の銃で戦う新政府軍** 火縄銃は銃弾を前方から込める前装式だが、輸入された銃は後装式が多く弾丸の装填が迅速に行えた。また、銃砲内に彫られたらせんの溝によって命中率が上がり、射程も伸びた。

⬆11 **南軍の旗** 図は長方形の海軍旗。

⬆12 **2020年までのミシシッピ州の州旗***

＊近年まで、ミシシッピ州やジョージア州の州旗には南軍の旗のデザインが入っていた。

アメリカ兵士の主な戦争別戦死者数 (単位：万人)

独立戦争	1.2	
南北戦争	62.0*	
第一次世界大戦	11.2	➔p.124
第二次世界大戦	32.2	➔p.146
朝鮮戦争	5.4	➔p.154
ベトナム戦争	5.8	➔p.169

＊北軍36万人 南軍26万人

統合・分化の観点から振り返ろう！

( )内の正しい方に○をつけよう！

経済体制の違いからアメリカでは南北戦争が起こったが、北部が勝利して国内のインフラ開発を進め、鉄道で結ばれた広大な国内市場を(自由・保護)貿易で分厚く守る政策をとった。急速な工業化に伴う都市の成長は大市場を生み出し、(北部・南部)実業家にとって西部は広大な独占市場となった。

特集 帝国主義の出現

1 帝国主義の出現

産業と人口 テーマで結ぶ世界 日本の産業革命の時期と、社会に与えた影響について考えようｰ ➲p.49、101、110~113

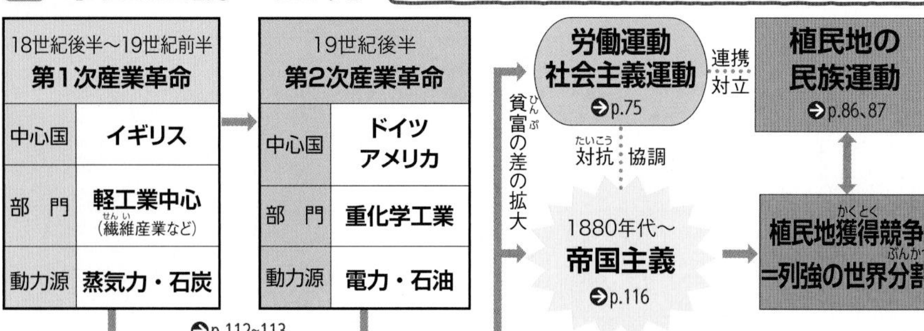

19世紀中ごろ 産業資本主義	1870 年代～ 独占資本主義	
・個人の産業資本家中心 ・工場制機械工業による商品生産（綿工業など） ・原料供給地・商品市場として植民地獲得 ・イギリスによる世界制覇	・巨額の設備投資の必要 ・企業の巨大化＝独占の進行 **・独占資本** **・金融資本** ＞国家権力と結合 ・労働者の低賃金→狭い国内市場→生産力・資本の過剰	・原料供給地・商品市場に加え、資本輸出先として植民地獲得 （資本輸出…鉄道建設など） ・アメリカ・ドイツの成長

↑1 帝国主義出現の流れ　産業革命は大量生産を可能にするが、そのためには原材料の入手と製品の供給先（**市場**）が必要となる。さらに重化学工業は投資額が多いほど、大量かつ安価に製品を製造できるため、多額の資金を投資できる大企業が形成された。大企業はさらなる市場を手に入れるため政府と結びつき、植民地獲得競争が激化していくこととなった。一方、国内の貧富の差の拡大から社会主義運動が活発になり、これが植民地にも波及して、反帝国主義や民族主義運動を促すことにつながった。

MORE 帝国主義と「文明」の押し付け

帝国主義とは、国家の領土的拡大や植民地支配を意味するが、特に19世紀後半から第一次世界大戦にかけて、先進工業国や軍事強国が植民地や勢力圏の獲得競争を行い、強大な武力で世界を分割していった時期を「**帝国主義の時代**」とよぶ。

その背景には、欧米列強において、第２次産業革命によって国内の市場規模を上回る過剰な生産力と資本を抱える**独占資本**や**金融資本**が形成され、それらが商品の販路と資本の投下（資本輸出）先を海外に求めるようになった、という要因がある。

さらに、「文明化」された植民地本国が「野蛮」な植民地を経済開発することで「文明」が広まっていくという「**文明化の使命**」**論**が広く信じられていたことも要因に挙げられる。

➡2 フランスを擬人化した女性がアフリカの人々に富と教育をもたらすさし絵（1911年）

2 重工業の発展と大企業の形成

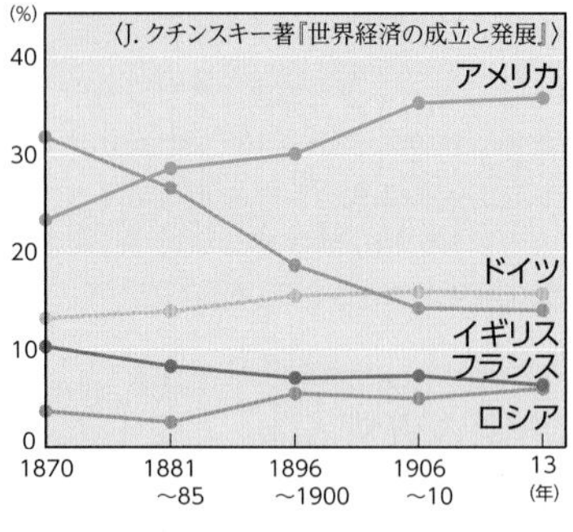

⬅3 世界の工業生産に占める各国の割合　アメリカは、南北戦争を終えた後に国内市場が統合されて**第２次産業革命**が進展し、イギリスに代わり世界一の工業国に発展した➲p.82。イギリスは資本輸出に頼るようになり「**世界の銀行**」とよばれた➲p.77。

MORE 独占資本

不況期には多くの分野で弱体企業の淘汰が進み、大企業の形成が進んだ。大企業は資金調達のため銀行と結びつき、さらに集中と独占を進めた。こうして**独占資本**とよばれる、金融や産業が分野を超えて強固に結合した資本形態が生まれた。

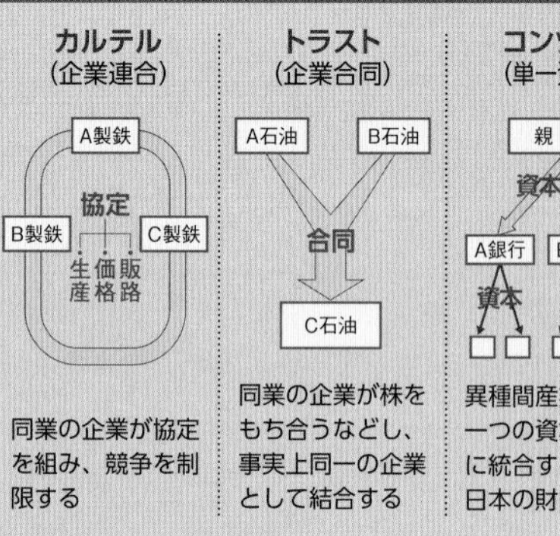

↑4 独占資本の形態

企業名	国	設立年	活動内容
ジーメンス社	ドイツ	1847	**電気工業**をドイツの基幹産業にした
ロイター社➲p.77	イギリス	1851	通信業でイギリス経済を側面から支える
クルップ社	ドイツ	1811	鉄鋼メーカー、ドイツの兵器工場
カーネギー社	アメリカ	1865	1900年に世界鉄鋼生産量の４分の１を占めた
スタンダード石油会社	アメリカ	1870	ロックフェラー ➲p.121 が設立、トラスト形成
ルノー社	フランス	1898	自動車生産、高い技術と販売戦略で急成長
フォード社➲p.135	アメリカ	1903	自動車の大量生産

↑6 世界の主な大企業

➡7 クルップ社の工場（1909年）
ドイツでは、ビスマルク➲p.81の政策により鉄鋼・電気・化学工業を中心とした第２次産業革命が始まり、独占資本が形成された。また、科学技術の発展が工業に応用された。

↑5「上院の支配者たち」　利益を得て巨体となった独占資本がアメリカ上院の傍聴席を独占し、議事を見つめている。一方、議員たちは小さく描かれ、独占資本の意向に沿って議事が進められていることを風刺している。

19世紀ごろ ←10
西アジア・アフリカ ←62 →116
ヨーロッパ ←80 →106
アメリカ ←82 →116

近代の西アジア ——衰退するオスマン帝国

ヒストリーツアーズ 帝国を揺るがすエジプトの野望!

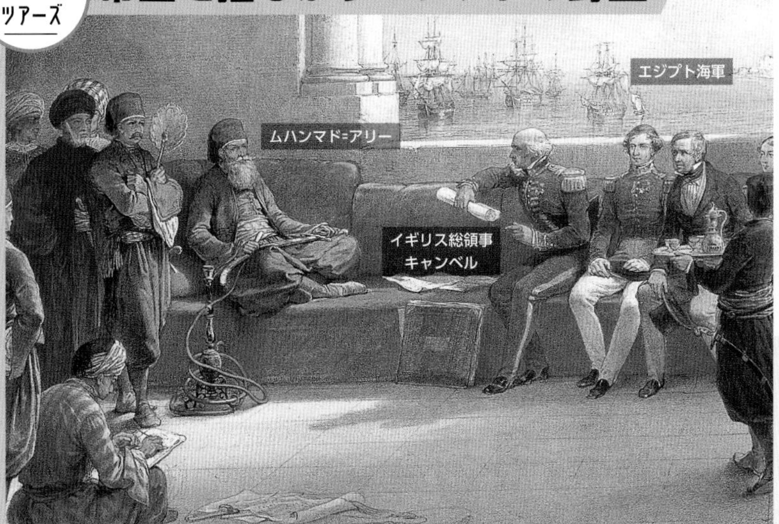

↑1 ヨーロッパ列強の代表と会談するムハンマド=アリー (1839年)

ひと エジプトの独立を目指した ムハンマド=アリー (1769～1849)

1798年のナポレオンのエジプト遠征の際、ナポレオン軍を迎え撃つためにオスマン帝国からオスマン軍部隊の一員として派遣され、その後エジプト総督となった。彼は、西洋の軍隊に対抗できないマムルークを排除して西洋式の新軍や海軍を整備し、近代的な工場を建設するなど富国強兵を進めた。総督の地位は世襲されるようになり、王朝化された。

チェック1 図1で、エジプトの君主ムハンマド=アリーは、列強との会談にどんな姿勢で臨んでいるだろうか。
①堂々として、対等　②おどおどとして、弱腰

チェック2 この会談の様子から、列強にとって、エジプトがどのような存在になったことが分かるだろうか。
①外交を行うに値する新勢力
②植民地化しやすい弱小勢力

ヨーロッパの進出と西アジアの改革運動

○：このころ

列強の進出		オスマン帝国		エジプト		アラビア半島		イラン
1798 ナポレオンのエジプト占領(～99) ➔p.71	改革運動の進展	1789 セリム3世の近代化政策(～1807)	イギリス・フランスの侵攻	1805 (ムハンマド=アリーの改革)	イスラーム復興運動の高揚	1744 (ワッハーブ王国) サウード家がワッハーブ派とともに建国	ロシア・イギリスの進出	1796 カージャール朝の創設
1821 ギリシア独立戦争(～29)		1826 イェニチェリの解散		11 オスマン帝国から事実上の独立		1818 ムハンマド=アリー軍の攻撃→ワッハーブ王国滅亡		1828 (トルコマンチャーイ条約) (ロシア治外法権獲得 アルメニアの割譲)
39 第2次エジプト-トルコ戦争(～40) ⇒(介入)		39 タンジマート(恩恵改革)開始(～76) ギュルハネ勅令発布		31～33、39～40 (エジプト-トルコ戦争) ⇐				
(ロシアの南下)		(上からの近代化)		59～69 (仏、スエズ運河建設)				48 バーブ教徒の乱(～52)
53 クリミア戦争(～56) ➔p.79		76 (ミドハト憲法発布)		75 英、スエズ運河株買収		23 ワッハーブ王国の再建		
77 露土戦争(～78)		アブデュル=ハミト2世		76 エジプト財政破綻				90 英、タバコ専売権獲得
78 ベルリン条約		78 (専制政治)		81 (オラービー革命(ウラービー)) 英・仏の干渉に抵抗				91 (タバコ=ボイコット運動)
○列強によるトルコ内政干渉激化		1908 ミドハト憲法復活 (青年トルコ革命)		82 (英の占領下へ)		89 ワッハーブ王国滅亡		1905 (イラン立憲革命(～11)) 06、07 憲法発布

↑2 スエズ運河　地中海と紅海を結ぶ全長163kmの運河で、フランス人技師のレセップスにより1869年に完成した。戦略的に重要であったため、絶えず列強の影響を受ける場所となった。

1 オスマン帝国の縮小と近代化政策

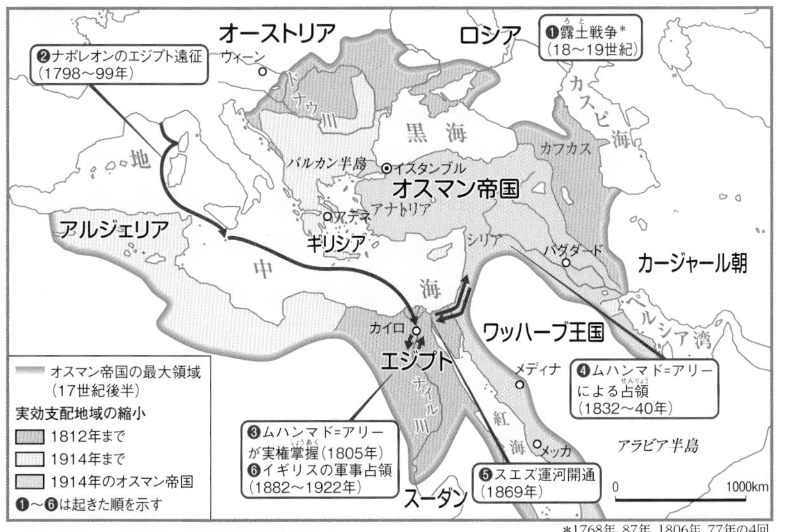

*1768年、87年、1806年、77年の4回

↑3 オスマン帝国の実効支配地域の縮小

↑4 ミドハト=パシャ (1822～84)　1876年大宰相となり、アジアの独立国家初の憲法であるミドハト憲法を起草した。

オスマン帝国憲法(ミドハト憲法)

第8条　オスマン国籍を有する者はすべて、いかなる宗教宗派に属していようとも例外なくオスマン人と称される。……

第11条　オスマン帝国の国教はイスラーム教である。この原則を遵守し、かつ国民の安全と公共良俗を侵さない限り、オスマン帝国領において認められるあらゆる宗教行為の自由、ならびに処々の宗教共同体に与えられてきた宗教的特権の従来通りの行使は、国家の保障の下にある。

〈歴史学研究会編『世界史史料8』岩波書店〉

↑5 1876年、**オスマン主義**に基づく近代化改革である**タンジマート**の流れをくんで発布された。

統合・分化の観点から振り返ろう!

( )内の正しい方に○をつけよう！

オスマン帝国は列強の進出や民族運動により領域が（拡大・縮小）していた。これに対し、（すべての臣民は法の下に平等・ムスリムが優位）とするオスマン主義に基づく改革（タンジマート）を開始して国民の一体化を図ったが、帝国の分裂は止められなかった。

江戸～明治時代

近代の南アジア ——植民地化への抵抗

ヒストリーツアーズ

鉄道建設の思惑とは!?

⬅1 **山々の間を走るダージリン=ヒマラヤ鉄道** 1879年、イギリスによって建設が開始された登山鉄道。開通した当時はダージリン地方の特産品と避暑客を輸送するために用いられていたが、現在では観光資源として人気となっている。

➡2 **インドの作物と鉄道網** イギリスがインドを植民地化していくのに合わせ、各地で鉄道が敷設されていった。

チェック1 図1に写っているダージリン地方は図2の地図中のどこにあるだろうか。探してみよう。

チェック2 図1の線路の周辺では何を栽培しているのだろう。地図も参考に考えよう。
①茶 ②けしの実 ③藍

チェック3 イギリスはどのような目的で鉄道を建設していったのだろうか。
①インドの人々の生活を豊かにするため
②インドでつくった製品を運ぶため

チェック

1 イギリスのインド支配

イギリスのインド支配の進展

■：インド植民地化の動き ○：このころ

イギリスの進出
- 1600 イギリス東インド会社設立
- ○ムガル帝国内の反乱激化
- 1757 **プラッシーの戦い** 七年戦争の一環

イギリス(東インド会社) **勝**	VS	ベンガル太守(フランスが後ろ盾) **敗**

- →フランスの影響力減少
- イギリスの優位確立

植民地化の開始と抵抗
- 67 **マイソール戦争**(〜69、80〜84、90〜92、99)
- →南インドの植民地化
- 75 **マラータ戦争**(〜82、1803〜05、17〜18)
- →中部インド(デカン高原)の植民地化
- 1845 **シク戦争**(〜46、48〜49)
- →北西インドの植民地化(パンジャーブ併合)
- 57 **インド大反乱**(〜59)〈**シパーヒー(セポイ)の反乱**〉
- 旧支配層や農民も加わり、初の大規模な民族運動に発展
- 58 **東インド会社解散**
- イギリス本国による直接統治
- →ムガル帝国の滅亡

植民地化の完了
- 77 **英領インド帝国成立**
- イギリス植民地化の完了
- 皇帝：イギリスのヴィクトリア女王
- 分割統治…宗教・カーストごとに支配
- 鉄道建設・茶プランテーション開発など
- インド経済にばく大な負担を与えた
- 85 第1回インド国民会議開催
- (ボンベイ、親英的)→のちに反英運動
- 1906 全インド=ムスリム連盟結成

イギリス東インド会社による経営の展開

日本：江戸時代／明治時代

⬆3 **19世紀中期のインド** イギリスはヒンドゥー系勢力とイスラーム系勢力の対立などを利用しながら植民地化を進め、19世紀半ばにはインド全域の植民地化に成功した。

⬆4 **インド大反乱** **東インド会社**のインド人傭兵(シパーヒー)が反乱を起こすと、都市・農村の大衆も呼応し、反乱は北インド全域に広がった。反乱鎮圧後、イギリスの直接統治が始まった。

インド国民会議		全インド=ムスリム連盟
1885 年	設立	1906 年
ヒンドゥー教徒 ➔p.33 (イギリスによる植民地人の懐柔策)	中心	ムスリム ➔p.35 (反英活動を行う国民会議に対するイギリスの対抗策)
イギリスと協調しながら自治獲得 →イギリスのインド分割を批判する独立運動へ	目的	**ベンガル分割令**にのっとったムスリムによる自治 →オスマン帝国との戦争により反英へ
英貨排斥・スワラージ(自治、独立)・スワデーシ(国産品愛用)・民族教育	主張	宗教ごとに一定数の議席を割りふる分離選挙制の実現

⬆5 **インド国民会議と全インド=ムスリム連盟の成り立ち** 両組織とも反英運動の分断を狙うイギリスが後押しして設立された。イギリスの統治に不満を強めていくなかで、両組織ともに反英独立運動の中心となっていったが、両組織間の協調関係は成立せず、のちのインド・パキスタンの分離独立につながった。

( )内の正しい方に○をつけよう！

対立・協調の観点から振り返ろう！

インドの植民地化は東インド会社により進められたが、(マイソール戦争・インド大反乱)を契機にイギリスの直接統治となった。1877年にはヴィクトリア女王を皇帝とした(インド帝国・大英帝国)が成立した。反英運動が高まると、インド国民会議を組織させるなど現地人の(懐柔・締めつけ)を図った。

19世紀ごろ ←10
南・東南アジア ←63 →133

近代の東南アジア ——列強諸国による分割

ヒストリーツアーズ 民族構成から見る現地の歴史

ドアマン

←**1** **ラッフルズホテル**(シンガポール) 1887年開業。「シンガポールの建設者」とされるイギリス人ラッフルズの名前を冠する。ドアマンは伝統的にシク教徒➲p.33のインド人が務める。

総人口 560万人(2017年)
中国系 74.3%
マレー系(先住民族) 13.4
インド系 9.0
その他3.3
〈Statistics Singapole、ほか〉

↑**2** **シンガポールの人口と民族構成**

チェック1 図**1**はどのような様式の建物だろうか。
①ヨーロッパ様式
②東南アジアの伝統様式

チェック2 図**2**を見ると、シンガポールには先住民族以外の中国系・インド系の民族が多いがその理由を考えてみよう。
ヒント 図**1**のドアマンにも注目しよう
①中国系・インド系の民族がかつてここを支配していたから
②植民地の鉱山やプランテーションなどの労働者として移住してきたから

チェック

1 進展する植民地化

↑**3** **東南アジアの植民地化** ヨーロッパ諸国の植民地が拡大し、各地域で輸出向け産品が増産されて**モノカルチャー経済**化が進んだ。

↑**4** **ベトナムに進出するフランス軍** フランスは、ベトナムの宗主権を主張する清との戦争(清仏戦争1884～85)で清に宗主権を放棄させ、1887年に**仏領インドシナ連邦**を成立させた。

東南アジアの植民地化

シャム(タイ)	オランダ→インドネシア	英→マレー半島、ビルマ	仏→ベトナム、ラオス、カンボジア	日本
			赤字：植民地化の完成 ○：このころ	
アユタヤ朝(1351～1767) 上座仏教盛ん **ラタナコーシン朝**(1782～)(チャクリ朝、バンコク朝) 都：バンコク	1619 バタヴィア建設 23 アンボイナ事件 1799 連合東インド会社解散(本国の直接統治)	蘭による香辛料貿易からの英の排除 →以後、英はインド進出に専念 1819 ラッフルズ(1781～1826)、**シンガポール**建設 24 第1次イギリス-ビルマ戦争(～26)	1771 タイソン(西山)の反乱で混乱(～1802) 1802 阮福暎(位1802～20)、仏宣教師ピニョーの援助で越南国建設 都：フエ	江戸時代
	1824 イギリス‐オランダ協定(英、マラッカ海峡以北に進出)			
ラーマ4世(位1851～68) ・不平等条約→英・仏の均衡により独立維持	30 ジャワ戦争(～30) **政府栽培制度**(強制栽培制度)を実施*(コーヒー、さとうきび、藍など) *1870年ごろまでにほぼ廃止	26 **海峡植民地成立**(ペナン、マラッカ、シンガポール) 52 第2次イギリス-ビルマ戦争	58 仏越戦争(～62)(ナポレオン3世、ベトナムへ派兵) 63 **カンボジアを保護国化**	
チュラロンコーン(ラーマ5世)(位1868～1910) ・近代化の推進 ・独立維持	73 アチェ戦争(～1912)→ゲリラ戦続く ○カルティニ、ジャワ島で女性解放運動 1910年代オランダ領東インド成立	85 第3次イギリス-ビルマ戦争 86 **ビルマ、インド帝国に併合** 96 **英領マレー連合州成立** →1909年までに**英領マレー成立**	83 **全ベトナムを保護国化** 84 **清仏戦争**(～85) 85 天津条約(清、宗主権を放棄) 87 **仏領インドシナ連邦成立** 93 **ラオス保護国化**	明治時代

2 民族運動の芽生え

←**5** **ホセ=リサール**(1861～96) フィリピンの名家に生まれ、スペインに留学して医師となったが、スペイン統治を批判し、のちに革命の首謀者として銃殺された。

カルティニ(1879～1904) インドネシアの女性運動家で、社会の改革と民族の解放を目指し、その後の民族運動に大きな影響を与えた。➲p.139

世界の中の日本

唯一独立を維持したタイと日本の接点

ラーマ4世は英米仏との貿易自由化を進め、タイは経済成長を実現した。これにより次のチュラロンコーン王(ラーマ5世)の近代化が可能となった。王は明治天皇と同時期に在位(位1868～1910)。欧米の近代諸制度を取り入れるために欧米を中心とした外国人顧問を多数招いた。特に条約改正については、お雇い外国人に学び近代法制度を整備して領事裁判権の撤廃に成功した日本にならい、司法省最高顧問として日本人を採用し、法整備に努めた。19世紀末には英仏双方に多少の領土を割譲して国境線を画定し、緩衝地帯として独立を維持した。

↑**6** **ラーマ5世**(1853～1910)

( )内の正しい方に○をつけよう！

統合・分化の観点から振り返ろう！

列強による植民地化が行われ、輸出向け産品のプランテーションがつくられ(モノカルチャー・ブロック)経済化が進んだ。広域国家が建設されていなかったスペイン領フィリピンやオランダ領東インドでは、(労働・民族)運動は一部の階層や地域に限られていたが、宗教が大衆統合の役割を担った。

近代の東アジア ――西洋の脅威に揺れる清

ヒストリーツアーズ 一発逆転、イギリスの秘策とは

⬆1 乾隆帝に謁見するマカートニー使節団(1793年)

イギリスは清に朝貢国➔p.27として扱われ、使節団は皇帝に対して三跪九叩頭の儀礼(一度ひざまずいて3回頭を垂れるという動作を3回繰り返す)を行うことを要求された。片膝をつくことで妥協したが、使節団が目的とした貿易の拡大は拒否された。

⬆2 アヘン戦争後の南京条約調印の様子(1842年)

チェック1 図1で、清とイギリスの関係はどのようなものだろうか。 ①清が優位 ②両国は対等

チェック2 図1と図2の絵を比べてみると、清とイギリスの関係はどのように変化しただろうか。 ①清とイギリスが対等になった ②清の優位は変わっていない

チェック3 清とイギリスの関係がチェック2のようになった理由を考えてみよう。ヒント 下の図3も見てみよう ①戦争で両国の力の差を見せつけられたから ②外交で両国の友好を訴えたから

チェック

中国の半植民地化の経過

清の対外戦争 / 条約の内容 / ○：このころ

皇帝	中国国内の動き	清をめぐる列強の動き	日本
乾隆帝	1757 西ヨーロッパ諸国との貿易を**広州1港**に限る➔p.61	○**貿易拡大の動き** 1793 マカートニー(英)の交渉	江戸時代
1795	96 白蓮教徒の乱(～1804)	1816 アマースト(英)の交渉	
1820 道光帝	1839 林則徐、アヘン没収 インフレと重税 →各地で民衆暴動が発生 43 洪秀全、上帝会を組織	40 **アヘン戦争**(～42) 42 **南京条約**(英：清) 43 **虎門寨追加条約**(英：清) 南京条約を補足 44 **望厦条約**(米：清)**黄埔条約**(仏：清) 南京条約・虎門寨追加条約とほぼ同じ内容	
1850 咸豊帝	**太平天国の乱**(1851～64) 51 洪秀全、挙兵 太平天国建国宣言 「滅満興漢」を主張 53 南京占領→首都と定め、天京と改称 郷勇(義勇軍)による鎮圧 53 曽国藩、湘軍を組織 62 李鴻章、淮軍を組織 ↑協力 61 ウォード、常勝軍を組織(63以後、ゴードンが指揮)	56 アロー号事件 **アロー戦争**(英・仏VS清)(～60) 58 **アイグン条約**(露：清) アムール川(黒竜江)以北をロシア領とする 58 **天津条約**(英米仏露：清) 60 **北京条約**(英仏：清)天津条約の批准・追加 **北京条約**(露：清)	
1861 同治帝	**洋務運動**(1860年代～90年代前半) ・西洋の軍事技術の導入 ・中体西用に基づく近代化 ↓ ➔p.104 同治中興(一時的に国内安定) 64 洪秀全の死、天京陥落	81 **イリ条約**(露：清) 清はイリ地方の多くの領土を回復したが利権失う	
1875 光緒帝	仇教運動(反キリスト教の排外運動)が各地で頻発	84 **清仏戦争**(～85) 85 **天津条約**(仏：清) 清がベトナムの宗主権を失う	明治時代
	94 孫文、ハワイで興中会結成 95 **変法運動**始まる 98 **戊戌の変法**➔p.106 →**戊戌の政変**(百日維新) 1900 **義和団事件**(～01) 「**扶清滅洋**」をスローガンに	94 **日清戦争**(～95)➔p.104 95 **下関条約**(日：清) 清が朝鮮の宗主権を失う 98 列強租借地が急増→列強の中国分割 99 米、門戸開放通牒→進出もくろむ 1901 **北京議定書**(辛丑条約)	

1 清の半植民地化

A アヘン戦争

別冊史料15 別冊史料16

⬆3 **アヘン戦争** イギリスは対清貿易の赤字解消のため、インド産アヘンの密輸を進めた。これにより清ではアヘン中毒者の増加が社会問題となり、アヘンの没収、処分が行われた。この処分を受け、イギリス議会はわずかな差で清に対する軍事力の行使も含めた賠償要求を可決して戦争を始め、圧倒的な軍事力で清を屈服させた。

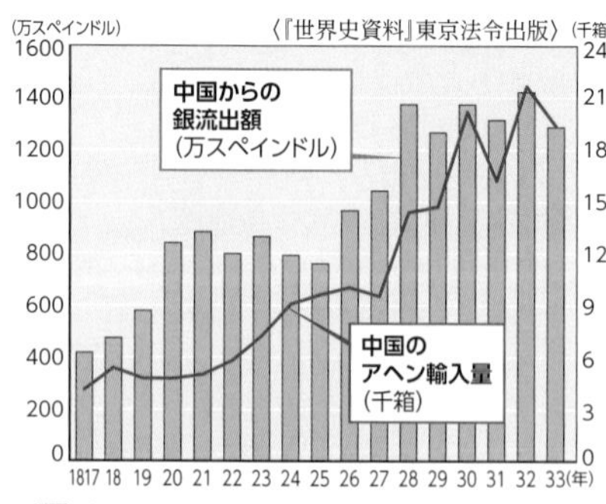

⬆4 **中国のアヘン輸入と銀の流出** 清は、茶の輸出により大量の銀を得ていたが、イギリスがインドからアヘンを輸出し、インドを経由して銀を回収する**三角貿易**を始めると、清ではアヘンの密輸が増大し、銀の流出が始まった。

➡5 **アヘンの原料となるけしの実** アヘンはけしの実に傷をつけ、そこから分泌される樹脂を乾燥させてつくられる。古代から鎮痛・鎮静効果が世界各地で知られ、薬品として利用されてきた。しかし同時に、アヘンは習慣性のある麻薬であり、乱用により心身は衰弱する。そのためアヘンはのちに世界的に問題視されるようになり、アヘン貿易は1928年に国際条約で禁止された。

B アロー戦争

➡6 破壊された円明園

アヘン戦争後も、イギリスが期待したほど貿易量が増えず、イギリスはフランスと**アロー戦争**(第2次アヘン戦争)を引き起こした。北京に進撃した英仏軍は円明園➲p.61を襲い、略奪と放火を行った。

条約	南京条約(1842) 別冊史料17	天津条約(1858)　北京条約(1860)
原因	**アヘン戦争**	**アロー戦争**(第2次アヘン戦争)
対象国	英(外相パーマストン)	英、米、仏、露(天津条約)英、仏、露(北京条約)
開港地	広州、上海、厦門、福州、寧波	南京など10港(天津条約)+天津(北京条約)
その他の条項	・**香港島を英に割譲** ・**公行(特許商人の組合)の廃止と自由貿易実施** ・多額の賠償金を英に支払う **虎門寨追加条約**(1843)※南京条約に追加 ・**領事裁判権(治外法権)**の承認 ・**関税自主権の放棄** ・**最恵国待遇**の承認	**天津条約** ・**外国公使の北京駐在** ・**キリスト教布教の自由** ・多額の賠償金を英・仏に支払う ・アヘン貿易の公認 **北京条約**※天津条約に追加・変更 ・英に**九竜半島南部**を割譲・賠償金増額 ・ウスリー川以東の**沿海地方**を露に割譲

⬆7 **南京・天津・北京条約**　これらの条約は欧米に有利な不平等条約であった。

MORE 香港―輝く東洋の真珠

香港はイギリスにとって、中継貿易港や戦略拠点として絶好の地であった。イギリス領香港は、香港島(南京条約による)、九竜半島南部(北京条約による)、新界と島嶼部(1898年租借・期限99年)からなり、1997年に中国に返還された。➲p.178、179

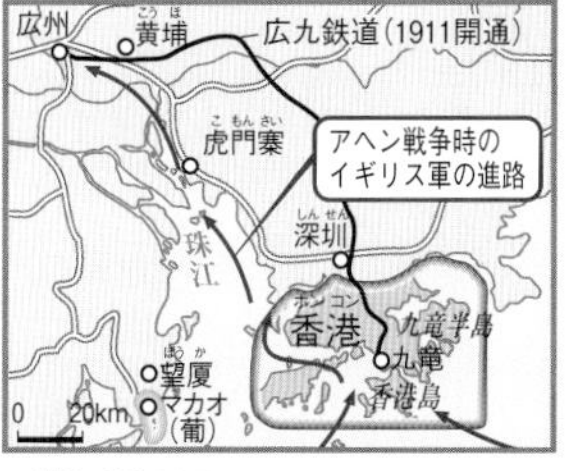

⬆8 **香港周辺**

⬇9 **現在の香港中心部**

2 太平天国の建国

⬆10 **洪秀全**(1814～64)　キリスト教に触れ、自分がイエスの弟と信じて上帝会を組織した彼は1851年に漢人王朝の復興や土地の均分などを掲げて挙兵し、みずから天王と名乗って**太平天国**を建てた。

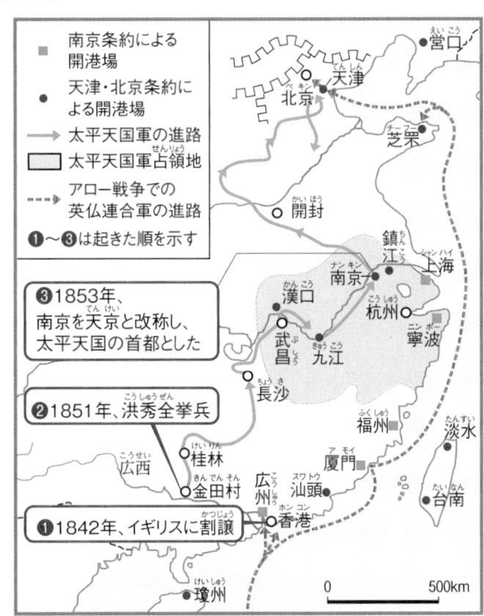

⬆11 **アヘン戦争から太平天国にかけての清**

➡13 **太平天国の玉璽**(皇帝の印鑑)　19.5cm　20cm

⬇12 **清軍と戦う太平天国軍**(長髪賊)

3 日本への影響

海國圖志
歐羅巴人原撰　侯官林則徐譯　邵陽魏源重輯
宕陰鹽谷先生　逢谷箕作先生　全校
青藜閣發兌
魯西亞國部

〈神戸大学附属図書館 住田文庫蔵〉

⬅14 **世界地理を紹介し、西洋の技術導入を説いた『海国図志』**　清末の改革思想家である魏源が**アヘン戦争**敗北の危機感から、1842年から1852年にかけて著した、西洋事情の紹介や西洋式軍事技術の必要性を述べた書籍。当時鎖国をしていた日本では、オランダや清の商人、琉球からアヘン戦争の情報がもたらされ、幕府は攘夷方針を転換して薪水給与令を出すなど危機感が高まっていた➲p.90。この書籍は1854年に一部が和訳され、幕末の思想家、佐久間象山や吉田松陰らにも大きな影響を与え、日本でも西洋式軍事技術導入が進められていった。

世界の中の日本　高杉晋作の見た上海

長州藩士である高杉晋作は、幕命により、1862年に上海へ渡航した。そこで彼は、**アヘン戦争**と**アロー戦争**を経て租界(外国人居留地)が設けられ、欧米人が盛んに活動する上海を見た。彼はその際の感想を、「英仏人が道を通ると、清国人は道を譲る。上海は中国の土地なのに英仏の土地のようだ」と記している。この体験から日本の将来に強い危機感を抱いた彼は、帰国後に尊王攘夷運動に加わった➲p.94。63年には下関防衛のため奇兵隊を創設し、西洋式装備を導入した。

⬅15 **高杉晋作**(1839～67)〈国立国会図書館ウェブサイトより〉

対立・協調の観点から振り返ろう!

(　)内の正しい方に○をつけよう!

清は従来欧米諸国を朝貢国としてとらえていたが、(アヘン・日清)戦争での敗北を契機に不平等条約の締結を余儀なくされた。このことは(鎖国・開国)政策をとっていた日本にも大きな衝撃を与え、対外政策の見直しが迫られた。また、清では漢人王朝の復興を求める勢力が長江下流域を占領し、太平天国を建てた。このように清は国内外からの脅威に揺れていた。

日本に迫り来る列強 ——次々と現れる外国船

ヒストリーツアーズ 同じ「蝦夷地」なのに全然違う!?

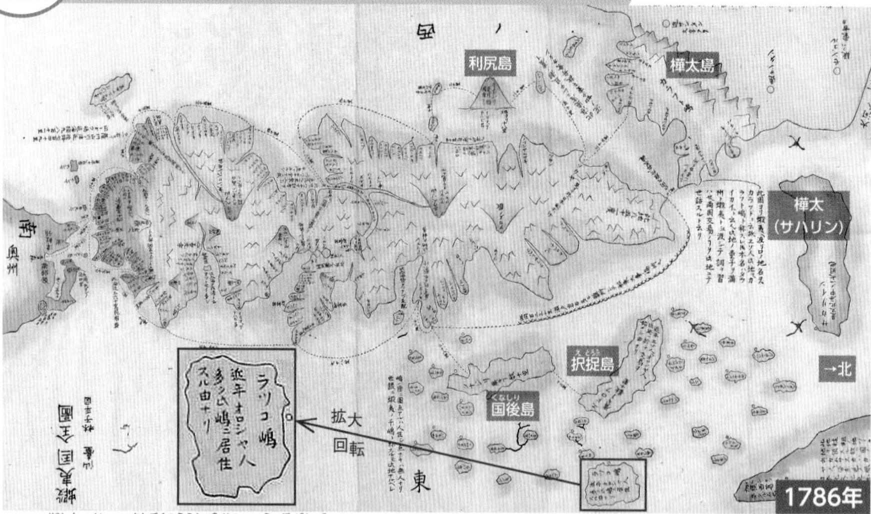

↑1 林子平作『三国通覧図説 蝦夷全図』の蝦夷地〈早稲田大学図書館蔵〉

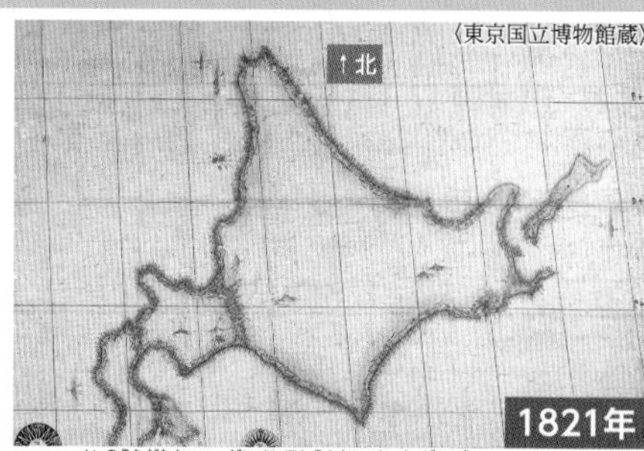

〈東京国立博物館蔵〉

↑2 伊能忠敬作「大日本沿海輿地全図」の蝦夷地

チェック1 図1と2には両方とも同じ島が描かれている。現在の日本のどこだろうか。
①北海道 ②本州 ③四国 ④九州

チェック2 図2の地図は幕府の命によりつくられたが、それはなぜだろうか。ヒント 図1の拡大図に書かれている「ラッコ嶋」の状況を考えてみよう
①外国船の接近への対策をするため
②ラッコ猟に来た外国船に販売するため

史料で深めるB

1 押し寄せる列強

●:露 ▒:英 ★:米 ◆:蘭
➡❶〜❽はp.91の地図と対応

列強の接近と幕府の対応

	年	幕府の対応	年	列強の接近
田沼時代	1783	工藤平助、『赤蝦夷風説考』を著し、田沼意次に献上		
	84	田沼意次、蝦夷地開発を計画		
	85	最上徳内らを千島探査に派遣		
寛政の改革	92	『海国兵談』で海防の必要性を説いた林子平を処罰 老中の松平定信、江戸湾と蝦夷地の防備を諸藩に命じる	1792	●ロシア使節ラクスマン、大黒屋光太夫ら漂流民を伴い根室に来航、通商を要求➡❶
	1800	伊能忠敬、蝦夷地東南海岸を測量		
			1804	●ロシア使節レザノフ、長崎に来航、通商を要求➡❷
	06	文化の薪水給与令(穏便な対応)→1年で撤回	06	●ロシア船、樺太や択捉島の日本人居住地を襲う(〜1807)
	07	松前藩領と蝦夷地をすべて直轄とし、奥羽諸藩に警備を命じる(松前藩は奥州へ)		
	08	間宮林蔵、樺太を探査。翌年間宮海峡を発見、大陸に渡る	08	▒**フェートン号事件**➡❸
			11	●**ゴローウニン事件**(〜1813)➡❹
	21	蝦夷地を松前藩に還付		
	25	**異国船打払令(無二念打払令)**	24	▒イギリス捕鯨船員、薪水を求めて上陸
	28	シーボルト事件➡巻頭2		
天保の改革	38	渡辺崋山、高野長英が幕府の対外政策を批判→蛮社の獄(1839)	37	★**モリソン号事件**➡❺
			40	アヘン戦争(〜1842)
	42	異国船打払令を緩和、**天保の薪水給与令** 別冊史料18	44	◆オランダ国王、幕府に開国を勧告
			46	★アメリカ使節ビッドル、浦賀に来航し通商を要求➡❻
	53	幕府、アメリカからの国書を受理し、諸大名に意見を求める	53	★アメリカ使節ペリー、浦賀に来航➡❼ ●ロシア使節プチャーチン、長崎に来航➡❽
	54	**日米和親条約**を締結 この後、イギリス、ロシア、オランダとも和親条約を締結	54	★ペリー、再び来航

MORE ラッコがよんだロシア船!?

北方の海に生きるラッコの毛皮は、その毛の密度の高さから珍重されており、中国では高値で取り引きされていた。18世紀後半、ロシアはアラスカに拠点を設け、北太平洋でのラッコ猟を本格化させた。米・英も加わった乱獲により北太平洋のラッコが激減すると、1867年、ロシアはアメリカにアラスカを売却した。以降、ロシアのラッコ捕獲地は、北太平洋から沿海州・樺太へと変化し、日本へとさらに接近した。

↓3 千島列島で行われていたラッコ猟(想像図)

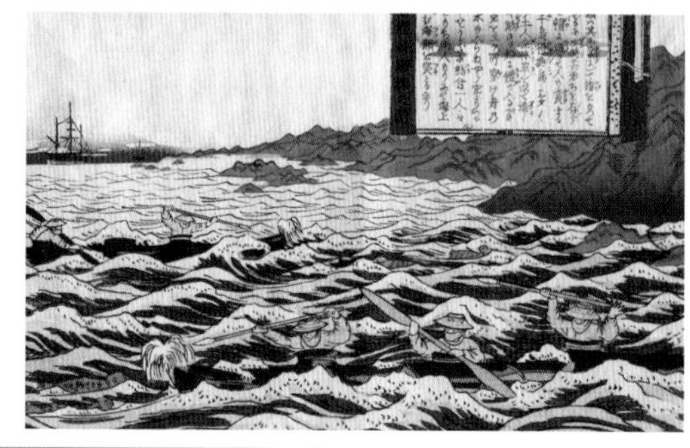

ひと "I can speak Dutch!" 堀 達之助(1823〜94)

〈国際日本文化研究センター蔵〉

長崎のオランダ通詞(通訳)の家に生まれ、蘭語(オランダ語)と独学で英語を学んだ。1846年、来航したアメリカ使節ビッドルの通訳を務めた。さらに53年のペリー来航時には、浦賀奉行所与力とともにサスケハナ号を訪れ、その際"I can speak Dutch!"と英語で叫んだといわれる。堀は、アメリカ側通訳のオランダ人を介して蘭語で日米交渉を担い、翌年の日米和親条約の翻訳にもあたった。のちに蕃書調所の教授方に就任し、62年には日本初の活字英和辞典を刊行した。

2 極東での諸外国と日本人の動向

⬅❹ **ラクスマン**（1766〜1806?） 日本からの漂流民、大黒屋光太夫 ➔p.9を伴って根室に来航し、幕府側に通商を求めた。その際長崎でのみ交渉可能と伝えられ、長崎への入港許可証（信牌）を渡される。のちにレザノフが、この許可証を持って長崎に来港した。

⬆❺ **「ロシア使節レザノフ来航絵巻」**〈東京大学史料編纂所蔵〉
通商を拒絶され、武力による開国が必須と考えたレザノフは、部下に命じて北方における日本側の拠点を攻撃させた（ロシア軍艦蝦夷地襲撃事件、1806〜07）。

⬆❻ **間宮林蔵**（1775?〜1844） 19世紀初め、西蝦夷地と樺太が幕府直轄領となる際に、幕府はその探索のため間宮や松田伝十郎を派遣し、彼らは樺太が島であることを確認した。また、間宮は伊能忠敬に測量術を学び、蝦夷地の地図は間宮と伊能で分担して作成した。〈茨城県つくばみらい市立間宮林蔵記念館蔵〉

❷1804 レザノフ来航（露）
ラクスマンに交付された長崎入港許可証（信牌）を持って長崎に来航、通商を要求。幕府は拒絶。報復として樺太や択捉島が攻撃された。

❽1853 プチャーチン来航（露）
開国要求と国境確定のため長崎に来航。54年、下田で日露和親条約調印、58年には江戸で日露修好通商条約調印。

❸1808 フェートン号事件（英） ➔p.71
英軍艦フェートン号が、フランスに支配されていたオランダのアジアにおける根拠地を襲撃するために長崎湾内に侵入。薪水などを強奪して退去。

❹1811〜13 ゴローウニン事件（露）
ロシア艦長ゴローウニン、国後島に上陸して捕えられ、箱館・松前に監禁。ロシアに抑留されていた高田屋嘉兵衛が釈放後、尽力して解決。

❶1792 ラクスマン来航（露）

❼1853 ペリー来航（米） ➔p.92
米東インド艦隊司令長官ペリーがサスケハナ号ほか4隻で浦賀に来航し、米大統領の国書を提出して開国を要求。翌年、軍艦7隻で再来日し、日米和親条約を締結。

- 日米和親条約（1854年調印）で開港（下田・箱館）
- 日米修好通商条約（1858年調印）で開港（神奈川、新潟、兵庫、長崎）下田は閉港

❻1846 ビッドル来航（米）
米東インド艦隊司令長官ビッドルが浦賀沖に来航し通商を要求。幕府は拒絶。

小笠原諸島は、16世紀末に小笠原貞頼によって発見されたといわれる。19世紀前半以降、捕鯨の物資補給所として欧米諸国が来航し、定住も行われるようになった。

❺1837 モリソン号事件（米）
広州の米貿易商社が、マカオで保護中の日本人漂流民7人の送還と貿易交渉のためモリソン号を派遣。浦賀に到着したが砲撃を受け退去。

自由・制限の観点から振り返ろう！ （ ）内の正しい方に○をつけよう！

18世紀後半以降、日本の近海には欧米諸国の船が相次いで訪れた。幕府はこれらの船を（受け入れる・打ち払う）方針を示していたが、アヘン戦争で（イギリス・清）が敗れてからは、外国船を（受け入れる・打ち払う）方針に転換した。この時点で、貿易を制限する「鎖国」政策は（まだ続けられていた・廃止された）。

日本の開国 ——黒船来航と自由貿易の始まり

ヒストリーツアーズ ついに現れたアメリカの艦隊！

各藩の警備兵
ペリーの艦隊
アメリカの上陸用の舟
各藩の舟

←**1** **日本に来航したペリーの艦隊** 1853年、ペリー率いる４隻の戦艦からなる艦隊が浦賀沖に来航した。一行は、フィルモア米大統領の国書を浦賀奉行に手渡し、開国を要求した。〈横浜市中央図書館蔵〉

チェック1 Ⓐの船は何で動いているだろうか。
ヒント p.10も見てみよう
①蒸気 ②帆 ③手こぎ

チェック2 海岸には、ペリーらが上陸するための小船があることが読み取れる。なぜこのような船で上陸したのだろうか。
①伝染病を恐れたため
②船が大きすぎて岸に近づくことができなかったため

チェック3 ペリーの艦隊に対して、幕府側はどのような態度を示しているのだろうか。
①歓迎している ②警戒している

チェック

開国までの流れ

将軍	老中など	年月	○：このころ
		1844 .7 (弘化1)	オランダ国王、幕府に開国を勧告、幕府は「鎖国の祖法」を理由に拒絶
12代 徳川家慶	(老中首座)阿部正弘	1846 .閏5	ビッドル(アメリカ東インド艦隊司令長官)浦賀来航、幕府は通商要求を拒絶
		53 .6 (嘉永6)	ペリー（アメリカ東インド艦隊司令長官)浦賀に来航、久里浜で米大統領フィルモアの国書を提出
		.7	阿部正弘、開国に関し諸大名に諮問 プチャーチン(ロシア使節)、長崎に来航
		.8	幕府代官江川太郎左衛門、**品川台場**の築造開始
		.9	幕府、大船建造の禁を解く ○**安政の改革**
		54 .1 (安政1)	ペリー再び来航、幕府と交渉へ
		.3	**日米和親条約**(神奈川条約)締結
		.閏7	イギリス艦隊、長崎に来航
		.10	プチャーチン、下田に来航
		.12	**日露通好(和親)条約**締結
		55 .3	フランス艦隊、下田に来航
		.7	幕府、長崎に**海軍伝習所**を設立
13代 家定	(老中首座)堀田正睦	1856 .7	アメリカ総領事ハリス、下田に来航
		57 .10	松平慶永ら、一橋慶喜を将軍継嗣にするよう幕府に建議 ハリス、通商条約を求め江戸城に登城、将軍家定に米大統領の国書提出
		58 .2	堀田正睦、通商条約の勅許を求めて上洛(3月、孝明天皇が勅許を拒否)
	(大老)井伊直弼	1858 .6	**日米修好通商条約**を調印(無勅許) 徳川慶福(紀伊藩主)を将軍継嗣に決定(14代家茂)
		.7	幕府、外国奉行を設置
		.7〜.9	蘭・露・英・仏とも通商条約調印(**安政の五か国条約**)
		.9	**安政の大獄**始まる(〜59)
14代 家茂		60 .1	外国奉行新見正興ら条約批准のため渡米 勝海舟ら咸臨丸で渡米
		.3	**桜田門外の変**(井伊直弼暗殺)

↑**2** 阿部正弘 (1819〜57)

↑**3** 堀田正睦 (1810〜64)

↑**4** 井伊直弼 (1815〜60)

1 条約の締結

条約名と担当者	日米和親条約	日米修好通商条約 別冊史料19
	調　印 1854(安政1)年3月3日 担当者 日本…**阿部正弘** 米国…**ペリー**	調　印 1858(安政5)年6月19日 担当者 日本…**井伊直弼** 米国…**ハリス**
主な内容(赤字は不平等な内容)	・開港地　下田・箱館の２港 (横浜開港後、下田は閉港) ・燃料・食料などの供給 ・難破船と乗組員の救助 ・**片務的最恵国待遇** アメリカ側にのみ最恵国待遇を認める 〈最恵国待遇：相手国に認めた内容よりもよい条件や新たな権利を他国に認めた場合、自動的に同じ条件を相手国に認めること。本来は片務的（一方的）ではなく、相互に認め合う〉 ・下田に領事駐在	・開港地　神奈川・長崎・新潟・兵庫の４港→居留地での自由貿易 (実際の開港は神奈川→横浜、兵庫→神戸) ・開港場に居留地を設置 ・江戸・大坂の開市 ・**片務的最恵国待遇の継続** ・**関税自主権の欠如(協定関税制)** 関税の税率を自主的に決める権利がなく、相手国の同意が必要 (関税：輸出入品にかける税のこと) ・**領事裁判権の承認(治外法権)** 日本でのアメリカ人の犯罪は、米国領事が米国の法律で裁く
他国との関係	1855年までにイギリス・ロシア・オランダとも類似の条約締結	1858年中にオランダ・ロシア・イギリス・フランスとも類似の条約締結

MORE ペリーが開国を要求した理由

〈横浜市中央図書館蔵〉
↑**5** アメリカ人による捕鯨の様子

1846年のアメリカ-メキシコ戦争でカリフォルニアを獲得し、太平洋岸を広く押さえアメリカ➲p.82は、太平洋を横断してアジアへの進出を目指すようになった。**アヘン戦争**➲p.88を経て清が開国されたことで、清を目指す太平洋航路の需要が高まっていたが、日本の近海を通るその航路の安全確保のためには、日本や琉球王国の開国が不可欠だった。また、当時のアメリカは工場の照明に用いる鯨油を求めて、北太平洋でのマッコウクジラの捕鯨を活発に行っていた。その燃料や食料、水の確保のための中継港としても、アメリカは日本の開国を強く望んでいた。

2 日本の開国

〈横浜開港資料館蔵〉

⬆6 **横浜港の様子**(1861年)　港の外で待つ本船に、小舟が荷物を運ぶ様子が描かれている。手前の小舟にはアメリカ国旗が掲げられているが、アメリカ船はこの年に勃発した南北戦争➔p.83の影響でしだいに来航しなくなった。

⬆7 **生糸の品質を調べる欧米の商人**　当時の生糸の最大輸出国だった清が、**アヘン戦争**後に輸出量を減らしたことで、日本からの生糸の輸出が増加した。開国から維新後まで、生糸は日本の主力輸出品となった。➔p.110

3 貿易の特徴と問題点

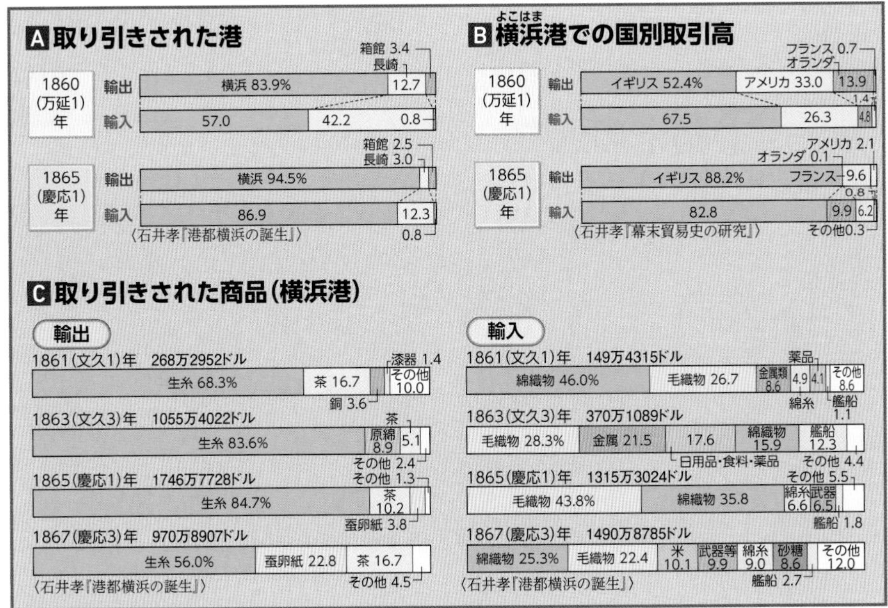

⬆8 **開港後の欧米諸国との貿易**　貿易港の大部分を横浜が占めたのは、大消費地の江戸や、生糸の産地である関東・甲信、また茶の産地である静岡が近隣にあるためである。輸出品は、生糸や茶、蚕卵紙などが中心となった。一方、機械生産による安価な綿織物が大量に輸入され、国内の綿織物業は打撃を受けた。

世界中で欲しがられた「蚕卵紙」

⬆9 **蚕卵紙**〈上田市立博物館蔵〉

蚕卵紙とは、生糸の原料となる蚕(蛾の一種)の卵を紙に産みつけさせた製品である。当時のヨーロッパでは、微粒子病とよばれる蚕の病気が流行し、養蚕業が大きな危機に瀕していたため、各国は病気にかかっていない蚕を求めていた。開港後まもなく、幕府がフランスに蚕卵紙を贈ったことで蚕卵紙の輸出が始まり、最盛期の1865年には約300万枚がヨーロッパへと輸出された。

⬅10 **物価の高騰を風刺した浮世絵**(1865年)　米・水油・綿などの日用品の名が書かれた凧が揚がっている。庶民の困窮が進んだことで、世直し一揆や打ちこわしの多発など、幕府への不信が民衆の行動となって表れた。

〈『近現代日本経済史要覧』〉

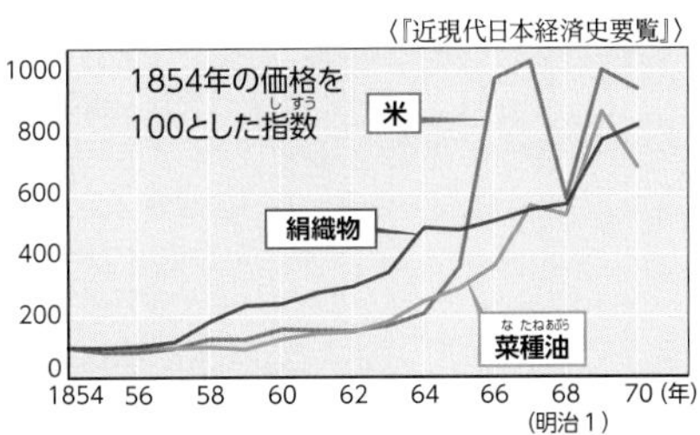

⬆11 **幕末の物価の変遷**　開港から1865年までは輸出超過が続き、それに伴う品不足で諸物価は高騰した。また、政情不安による米の買い占めも進んだことによって米価も暴騰した。

自由・制限の観点から振り返ろう！　(　)内の正しい方に○をつけよう！

条約の締結によって幕府は開国し、欧米諸国は日本人と（日本全国の・指定された）港で自由に貿易を行えるようになった。これにより（綿糸・生糸）などが大量に輸出され、その結果国内で消費されていた分の商品が不足し、物価は（上昇・下落）した。

幕末の動乱と江戸幕府の滅亡 ――維新への道のり

HISTORY TOURS ヒストリーツアーズ

行われた「攘夷」とその現実

↑**1** **1864年8月、長州下関砲台** 1863年、**長州藩**は攘夷を行うために、関門海峡を通過する外国船を下関で砲撃した。写真はそれを受けてのできごとである。

←**2** **長州藩の留学生** 1863年、藩の命令により、上海を経由しイギリスに密航留学した。彼らは1864年以降に帰国し、長州藩の改革や明治の日本の近代化に大きな功績をあげた。彼らが学んだロンドン大学には、「長州ファイブ」として顕彰碑が建てられている。

チェック1 **長州藩が1863年に行った外国船への砲撃は、どのような結果を招いたのだろうか。図1から考えよう。**
①外国が日本から撤退した ②外国に砲台を占領された

チェック2 **長州藩は砲撃を行う一方で、1863年に図2の若者5人をイギリスへ送った。これはなぜだろうか。**
①イギリス国内の施設を破壊させるため
②イギリスの技術や文化を学ばせるため

チェック3 **長州藩はこの後、どのような思想になったと考えられるだろうか。**
①外国を徹底的に攻撃し、追い払うべき
②開国して海外の文化を取り入れるべき

幕末の流れ

○：このころ

将軍	老中	年月	一般事項	
14代 徳川家茂	安藤信正	1860.閏3	**五品江戸廻送令**	尊王攘夷運動と公武合体策
		.10	将軍家茂への皇女**和宮の降嫁**が決まる(**公武合体策**)	
		.12	米通訳ヒュースケン暗殺	
		61.5	東禅寺事件(英仮公使館襲撃)	
		.10	和宮、江戸に下向	
		62.1	**坂下門外の変**(安藤信正、尊王攘夷派に襲撃される)	
		.4	**島津久光**、朝廷に幕政改革を建議 久光、藩内の尊王攘夷派を弾圧(**寺田屋事件**)	
		.5	島津久光、勅使同行で幕府に改革を要求	
		.7	**文久の改革**始まる	
		.8	**生麦事件**	
		.閏8	会津藩主松平容保、京都守護職に就任	
		.12	イギリス公使館焼き打ち事件	
		1863.3	将軍家茂、上洛	攘夷から反幕府へ
		.5	長州藩、下関で米・仏・蘭船を砲撃	
		.6	長州藩の高杉晋作ら奇兵隊創設	
		.7	**薩英戦争**	
		.8	**八月十八日の政変**	
		64.6	**池田屋事件**(新選組が尊王攘夷派を襲撃)	
		.7	**禁門の変**(**蛤御門の変**)→**長州征討**(第1次)	
		.8	**四国艦隊下関砲撃事件**(英・仏・米・蘭)	
		65.10	修好通商条約の勅許下る(兵庫開港は不許可)	
		66.1	**薩長同盟**(**薩長連合**)成立	幕府崩壊へ
		.5	幕府、英・仏・米・蘭と**改税約書**調印	
		.6~	**長州征討**(第2次、家茂急死を機に8月に中止)	
		.12	**徳川慶喜**、将軍に就任。孝明天皇急死	
15代 慶喜		67.1	明治天皇即位	
		○	倒幕派の結集進む	
		.10	薩長に討幕の密勅 **大政奉還**	
		.12	王政復古の大号令	
		68.1	鳥羽・伏見の戦い(戊辰戦争始まる)	
		.4	江戸城無血開城	
		.8	会津戦争(~.9)	
		69.5	五稜郭開城(戊辰戦争終わる)	

↑**3** **安藤信正** (1819~71)

1 幕末の流れ

↑**4** **フランス式の軍事教練** 幕府は、フランスから技師を招いて横須賀製鉄所とよばれた造船所を建設し、ナポレオン式の陸軍兵制を採用して軍事教練を行うなど、軍の近代化を進めていった。将軍徳川慶喜は、ナポレオン3世➲p.78から軍服を贈られており、幕府とフランスとは友好関係にあった。〈歌川芳虎作「仏蘭西大調練之図」(部分)神戸市立博物館蔵〉

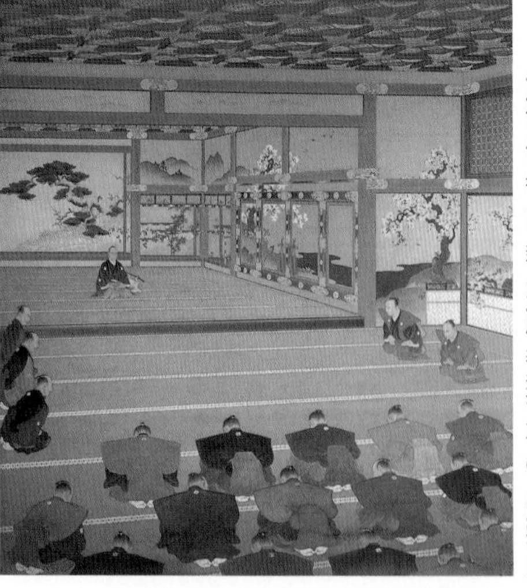

←**5** **大政奉還** 薩長を中心とする倒幕運動が高まるなか、江戸幕府は倒幕派の動きに先んじて**大政奉還**を行った。これはいったん政権を朝廷に返還し、改めて徳川を中心とする新たな政権を樹立することを目指したものであった。この絵には、徳川慶喜が手前に並んだ重臣たちに大政奉還を行う決意を伝えている様子が描かれている。しかし、徳川の影響力を排除しようとした倒幕派が慶喜の権力・領地を取り上げようとしたため、慶喜が反発し、**戊辰戦争**へと突入することとなった。〈邨田丹陵作「大政奉還」明治神宮外苑聖徳記念絵画館蔵〉

2 攘夷運動と倒幕運動

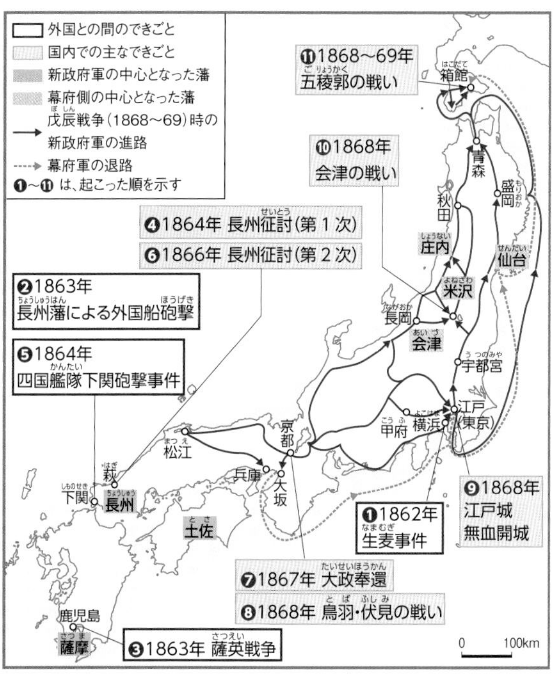

⬆6 攘夷運動と倒幕運動

ひと 日本の夜明けをよんだ 坂本龍馬(1835～1867)

土佐藩(現在の高知県)の下級武士の家に生まれる。土佐藩を脱藩後、勝海舟に師事して航海術を学んだのち、長崎で亀山社中(後の海援隊)を結成して海運・貿易事業を展開した。1866年には第2次長州征討に先駆けて**薩長同盟**の成立を仲介したり、翌年には、同じく土佐藩出身の後藤象二郎に対して新国家をつくるための構想「船中八策」を提示したりするなど、**大政奉還**の実現に向けて尽力したが、京都で暗殺された。

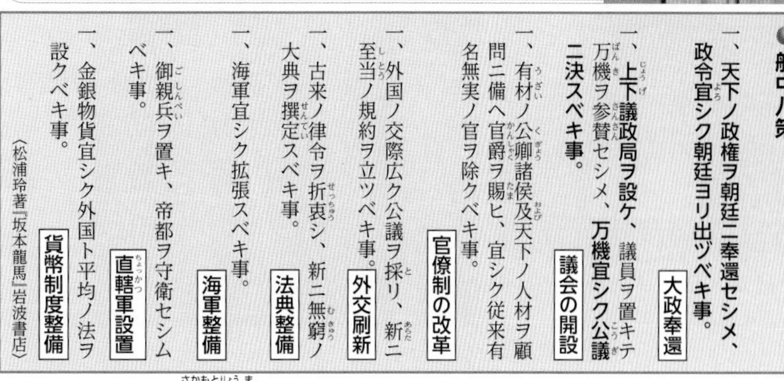

船中八策

一、天下ノ政権ヲ朝廷ニ奉還セシメ、政令宜シク朝廷ヨリ出ヅベキ事。 【大政奉還】

一、上下議政局ヲ設ケ、議員ヲ置キテ万機ヲ参賛セシメ、万機宜シク公議ニ決スベキ事。 【議会の開設】

一、有材ノ公卿諸侯及天下ノ人材ヲ顧問ニ備ヘ官爵ヲ賜ヒ、宜シク従来有名無実ノ官ヲ除クベキ事。 【官僚制の改革】

一、外国ノ交際広ク公議ヲ採リ、新ニ至当ノ規約ヲ立ツベキ事。 【外交刷新】

一、古来ノ律令ヲ折衷シ、新ニ無窮ノ大典ヲ撰定スベキ事。 【法典整備】

一、海軍宜シク拡張スベキ事。 【海軍整備】

一、御親兵ヲ置キ、帝都ヲ守衛セシムベキ事。 【直轄軍設置】

一、金銀物貨宜シク外国ト平均ノ法ヲ設クベキ事。 【貨幣制度整備】

〈松浦玲著『坂本龍馬』岩波書店〉

⬆7 この内容を当時坂本龍馬が考案したのかは諸説ある。

3 大政奉還をめぐる相関関係

〈高杉晋作・岩倉具視…国立国会図書館ウェブサイトより パークス…東京都写真美術館提供〉

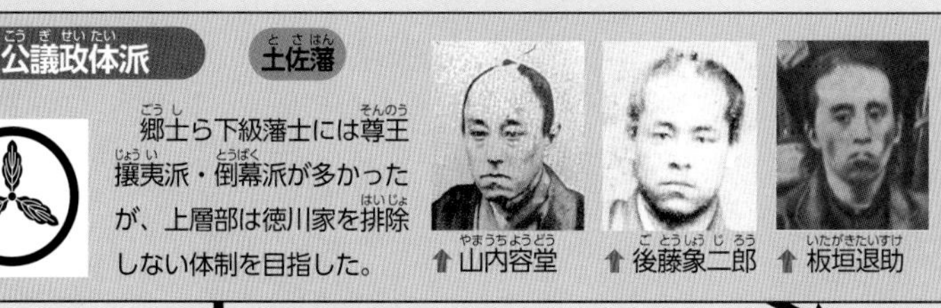

公議政体派 土佐藩

郷士ら下級藩士には尊王攘夷派・倒幕派が多かったが、上層部は徳川家を排除しない体制を目指した。

⬆山内容堂 ⬆後藤象二郎 ⬆板垣退助

朝廷

初めは幕府との結びつきを強める公武合体策を支持していたが、薩長の接近を受けて岩倉具視らの反幕府派が実権を握った。幕府が先んじて大政奉還を行った際には、**王政復古の大号令**を出して対抗した。

⬆岩倉具視

↓大政奉還を建言

徳川家の扱いをめぐり対立

幕府と佐幕(幕府補佐)派 幕府

⬆徳川慶喜

徳川慶喜が実権を握り、軍備拡充など近代化と幕権強化に努めたが、四国艦隊下関砲撃事件以後、長州藩を屈服させようとして薩摩藩の離反を招いた。1867年、薩長両藩が武力倒幕に向かう動きを見て、将軍慶喜は**大政奉還**を断行した。

⬆勝海舟

幕府の権力を維持したい

対立

朝廷の下で新政府樹立を構想

武力倒幕派(討幕派)

長州藩

長州征討(第1次)ののち、反幕府派(旧**尊王攘夷**派)が藩権力を奪回し、武力で幕府と対峙。

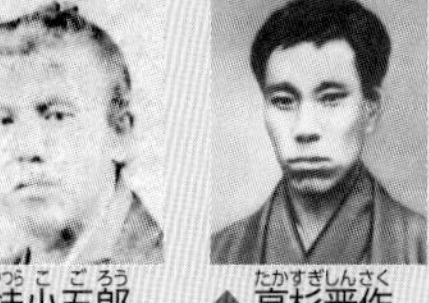

⬆桂小五郎 ⬆高杉晋作

薩長同盟

薩摩藩

1866年、**薩長同盟**(薩長連合)で公武合体から反幕府に転じ、翌年、武力倒幕(討幕)を決意。

⬆西郷隆盛

⬆大久保利通

↑支援 武器販売 ↑支援

海外の動き

フランスはイギリスとの間で行われていた植民地獲得競争に後れをとっていたため、日本との貿易独占をねらって幕府を支援し、イギリスに対抗した。

⬆仏外交官 ロッシュ

グラバーは倒幕運動の起こっている日本に武器が売れると考え、南北戦争➡p.83で余った武器を輸入すると、幕府・倒幕派にかかわらず販売した。➡巻頭2

⬆英の商人 グラバー

イギリスは**薩摩藩・長州藩**が中心となる連合政権の成立を期待して接近し、武器の輸出や留学生の受け入れを実施して支援を行った。

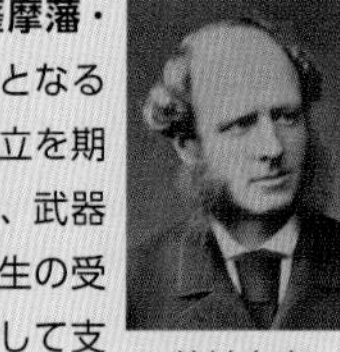

⬆英外交官 パークス

( )内の正しい方に○をつけよう！

対立・協調の観点から振り返ろう！

開国後、国内経済は混乱し、外国の扱いや幕府の対応の是非で国内でも対立が起こった。そうしたなか、**薩摩藩と長州藩**は(幕府補佐・武力倒幕)で考えが一致した。両藩が(イギリス・フランス)の協力を得ながら倒幕への動きを強めるなか、**徳川慶喜**は**大政奉還**を行い、江戸幕府は滅亡した。

明治維新 ——明治政府による近代化と初期外交

19世紀ごろ
←10
日本
←94 →98

HISTORY TOURS ヒストリーツアーズ

天皇が担った イメージ戦略とは?

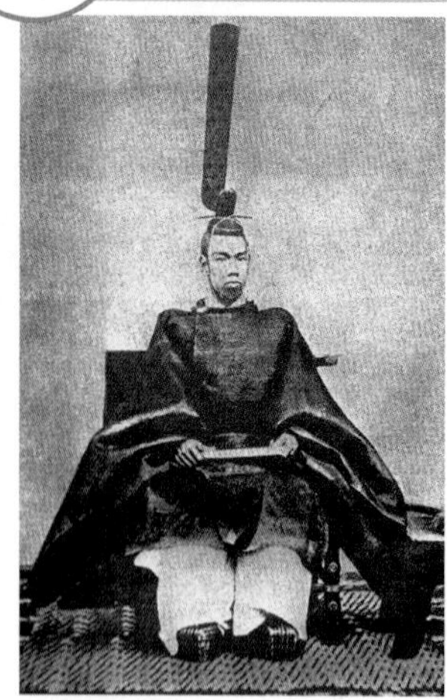

↑**1 明治天皇** 平安時代から続く貴族の服装を身に着けている。

←**2 明治天皇**(位1867~1912) 天皇の肖像画。この肖像画は「御真影」とよばれ、日本の官庁や軍の施設、学校、国外の大使館・領事館に広く配られた。〈明治神宮蔵〉

➡**3 図2を描いたキヨソネ**(1832~98) イタリア出身の銅版画家で、紙幣を国産化するためにお雇い外国人➲p.101として政府が招き入れた。紙幣に使う明治天皇の姿を描くように依頼されたキヨソネは、天皇の正装を試着し、ポーズもみずから検討したうえで肖像画を描いた。

チェック1 図1と図2はどちらも明治天皇だが、撮影・描写された年代の順番を考えよう。

チェック2 政府は、図2を国民に広く配ることで諸外国や日本国民にどのような天皇のイメージを与えたかったのだろうか。
①日本古来の伝統を守り、受け継ぐイメージ
②西洋文化を積極的に取り入れるイメージ

1 天皇中心の中央集権国家

中央集権化への歩み

(網掛け):軍隊の整備

- 1868(慶応4) **五箇条の誓文** **五榜の掲示**
  - **政体書**公布、地方制度に府藩県三治制〔府(直轄都市)・県(旧幕領・旗本領)に知府事・知県事を置き、藩は諸侯(藩主)が治める〕
  - 明治天皇、即位の礼をあげる
- (明治1) 明治と改元、**一世一元の制**を定める
- 69 **版籍奉還**〔諸侯は知藩事となる〕
  - **開拓使**設置、蝦夷地を**北海道**と改称➲p.102
  - 兵部省設置
- 71 **戸籍法**を制定➲p.97
  - **廃藩置県**〔7月3府302県+開拓使→同年11月3府72県+開拓使、知藩事は罷免、府知事・県令は中央政府が派遣〕
  - 全国4か所に**鎮台**を置く
  - **岩倉使節団**、欧米に出発➲巻頭3~4
- 72 兵部省を廃し、陸軍省・海軍省を設置
  - **学制**公布➲p.97 **国立銀行条例**制定
  - **徴兵告諭**(国民の兵役義務を示す)➲p.97
  - **太陽暦**を採用(明治5.12.3を明治6.1.1に)
- 73 全国を6軍管区に分け、6鎮台に
  - **徴兵令**公布 **地租改正条例**公布➲p.97
  - 岩倉使節団、帰国 **内務省**を設置
- 77 **西南戦争**、鎮台兵(徴兵軍)動員
- 78 **地方三新法**公布
- 79 **琉球処分**、**沖縄県**を設置➲p.103
- 82 **開拓使廃止**
  - 軍人勅諭発布〔天皇の統帥権を強調〕
- 85 **内閣制度**発足、陸・海軍卿を陸・海軍大臣と改称
- 88 市制・町村制公布〔1道3府43県確定〕
  - 鎮台を師団に改編
- 89 徴兵令大改正〔国民皆兵の原則が確立〕
  - **大日本帝国憲法**発布〔軍隊の統帥権は天皇の大権と規定(統帥権の独立)〕➲p.98~99
- 90 府県制・郡制公布

➡**4 五箇条の誓文**〈宮内庁書陵部蔵〉

五箇条の誓文〔現代語訳〕

一 広く会議を開き、何事も公の議論で決定すべきである。
一 上に立つ者も人民も、心を合わせて国を治め、盛んに国家経営を行うべきである。
一 公家・武家・庶民それぞれが自身の志を達成し、人々の心をあきさせないようにすることが大切である。
一 旧来の悪習(攘夷)をやめ、世界共通の道理(国際法)に基づくようにすべきである。
一 知識を世界から取り入れ、大いに国家の基礎をつくるべきである。

五榜の掲示〔現代語訳〕

第一札 定(永年掲示する掟)
人として、君臣、父子、夫婦、長幼、友人の間で守るべき道を正しく行うこと。妻や夫、親や子を亡くした人、障がい者や病人を守ること。悪行を行わないこと。

第二札 定
党を組んで強訴や逃亡をしてはならない。

第三札 定
キリスト教は邪宗であるから、今までどおり厳禁する。

第四札 覚(暫定的な掟)
外国人に暴行してはならない。

第五札 覚
みだりに自身の本籍地を離れてはならない。

↑**5 キリシタン禁制の高札** 1868年3月の五榜の掲示は、幕府の民衆政策を継承していた。キリシタン禁制の高札は、外国公使の抗議で1873年に撤去された。

MORE 東京遷都の祝い酒

1868年4月に江戸城が明治政府に明け渡され、7月には江戸は「東京」と改称。9月には一世一元の制という、天皇一代につき一元号とする制度がつくられ、「明治」が制定された。

9月20日に天皇は京都を出発、10月13日に東京へ到着した。この際、政府から東京の町民に「祝い酒」が配られた。町民は仕事を休み、祭りのようににぎわった。

↓**6 東京府御酒頂戴** 東京の人々の様子。「平和裏に時代が変わった」と人々が受け止めることは、政府が今後の国づくりを行う上で重要なことだった。〈菊水日本酒文化研究所蔵〉

2 近代的「国民」の創出

A 身分制度の近代化

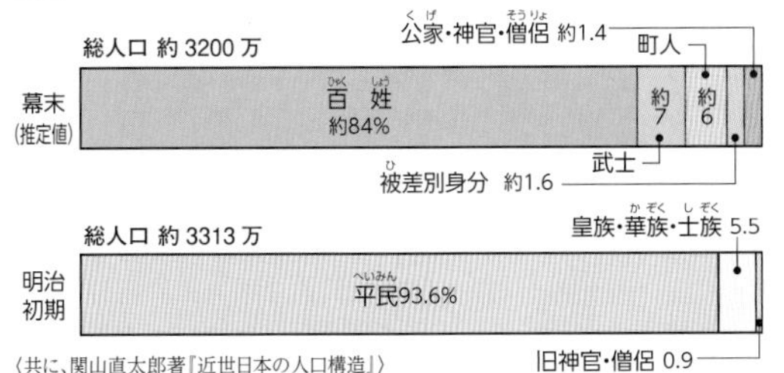

〈共に、関山直太郎著『近世日本の人口構造』〉

↑7 幕末と明治初期の人口構成 納税・兵役・教育などの近代的な「日本国民」としての義務を国民に等しく課すため、江戸時代の身分制度は解体された。戸籍法により確定した明治初期の人口の大部分は、平民から構成された。

B 土地制度の近代化

〈新潟県立文書館蔵〉

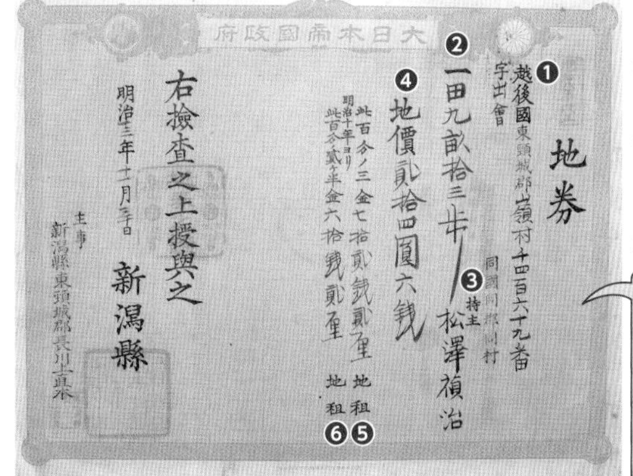

←8 地券 **地租改正**に先立って発行された地券には、❶地名❷面積❸所有者❹地価❺❻地租額が記載された。1873年の地租改正条例以降は、地券に記載される所有者が地租を負担し、地租は地価の3％を金納することが定められた。その後1877年には、地租は地価の2.5%となった。

❶地名…越後国東頸城郡嶺村
❷面積…9畝13歩＝約950m²
❸所有者…松澤禎治
❹地価…24円6銭
❺地租額…72銭2厘
❻地租額(1877年以降)…60銭2厘

C 教育制度の近代化

学校教育 テーマで結ぶ世界 学校教育が広がった時期とその背景を考えよう。➲p.51、84、110

←9 旧開智学校 1876年、現在の長野県松本市に洋風を模した建築の開智学校が建てられた。**学制**公布以降、各地にこうした擬洋風の小学校がつくられるようになり、立身出世への期待が近代的な学校教育にかけられた。1900年に小学校の授業料が無料となり、日露戦争後には小学校の就学率は97%を超えた➲p.51。

D 軍事力の近代化

● **徴兵告諭**(1872年、太政官布告)【現代語訳】

…いま、士農工商の四民に自由の権利をもたせようとしている。これは上下の身分をなくし、人権を平等にする道である。…だから、国に報いる方法も、区別があってはならない。そもそもこの世に税のかからないものはなく、その税は国のために使われるのであるから、**人は力をつくして国に報いなければならない。西洋ではこれを血税とよぶ。**自らの血で国に報いるという意味である。…

↑10 徴兵告諭が出された翌1873年に**徴兵令**が発布され、国民皆兵を原則とする政府直轄軍の創設が目指された。

3 内治派と征韓派 ➲巻頭3～4、p.10～11 別冊史料20

Auf der Culturreise.
クルップ社の砲兵工場
Die Japanesen, getreu ihrer Mission, die europäische Civilisation kennen zu lernen, gewinnen in Essen einen Einblick in dieselbe.

↑11 ドイツの風刺漫画に掲載された岩倉使節団 使節団の視察は「文明を覗き込んでいる」と風刺されることもあった。

↑13 征韓論 岩倉使節団の留守を任された西郷隆盛や板垣退助ら留守政府は、徴兵令や地租改正などの重要政策を実施した。その政策に対する士族や民衆の反発を征韓論(武力で朝鮮の国交を開かせるべきという考え)で突破しようとしたが、帰国した使節団の「出兵よりも国内政治を優先すべき」(内治派)という考えと対立した。征韓派は敗れ、下野*した。

＊官職を辞して民間に下ること 〈「征韓論之図」国立国会図書館デジタルコレクションより〉

● **帰国後の岩倉具視の意見書** 【現代語訳】

……欧米各国を訪問して帝王や政府の考えを聞き、また視察したところ……実効実力がなければ国権の回復は難しいことがわかった。……そのためには、政治制度を整え、民力を厚くしなければならない。……急いで結果を求めず、大きな目標を定め……政治制度を整え、民力を厚くすることで実効をたて、その実力をもって国権を回復しなければならない。……

←12 欧米の制度を視察してきた岩倉具視は、不平等条約の改正のためには、急いで交渉を行うのではなく、日本の国力を高める必要があると報告している。

統合・分化の観点から振り返ろう！ (　)内の正しい方に○をつけよう！

新政府は、各地を治めていた旧大名に土地と人民を返還させ、(中央集権化・地方分権化)を図った。また、明治になってつくられた戸籍で江戸時代以来の身分は(維持・再編成)され、近代的な土地制度・徴兵制度が定められて国民はさまざまな義務を負った。

近代国家を目指す日本 ――立憲体制への道のり

HISTORY TOURS ヒストリーツアーズ

「日本国民男子」よ、国会議事堂を目指せ!?

史料で深めるC

（Aの拡大）

（図1の見取り図）

国会議事堂A		酒宴（しゅえん）	演説
学論	壮士（そうし）運動	画学	卒業
洋行	鳥猟（ちょうりょう）	馬術	大運動会
学校入門	幼知園（幼稚園（ようちえん））	男子出産	

←1「男子教育出世双六（すごろく）」 サイコロの出た目に応じて各マスに飛ぶ「飛びすごろく」の一種で、明治時代に出版された。男子の望ましい一生が描（えが）かれている。Aのマスの右上には「才（さい）は生まれにありても学ばなければはたらかぬゆへ、勉強して議員となり国のためをすべし」とある。
〈国立教育政策研究所 教育図書館 貴重資料デジタルコレクションより〉

チェック1 この すごろく は右下の「男子出産」というマスからスタートする。この すごろく のゴールはどのマスだろうか。
①大運動会 ②酒宴（しゅえん） ③国会議事堂

チェック2 当時の日本社会が求めていた「日本国民」・「男子」像として最も適切なものはどれだろうか。
①生まれながらの身分をわきまえてふるまう国民
②世界平和を願い、国際協調に向けて努力する国民
③さまざまな教育を受け、積極的に政治に参加する国民

チェック

1 自由民権運動の高まり

権利意識と政治参加 テーマで結ぶ世界 欧米で国民の権利が形成された時期とその特徴を考えよう。➲p.50、67、68、80

〈『屑屋の籠』国立国会図書館デジタルコレクションより〉 別冊史料21

←2 演説会 板垣退助（いたがきたいすけ）ら士族が国会開設を求めて始めた**自由民権運動**は、やがて地方の地主や豪農（ごうのう）も巻き込（こ）み全国的な盛り上がりを見せた。国会期成同盟の大会では10万人分を超（こ）える署名が集まり、政府は集会条例を出し警察官に演説を中止・解散させることもあった。民権運動家は壮士（そうし）とよばれ、演劇の題材にもなり民衆の人気を集めた。➲p.50

世界の中の日本 自由民権運動におけるフランス政治思想の影響（えいきょう）

フランスのルソー（1712～78）➲p.65は『社会契約論（けいやくろん）』において、人々が認めることで「国家」は成立するという考えを書き、直接民主政を主張した。彼（かれ）の考えはフランス革命➲p.68に大きな影響を与（あた）えた。植木枝盛（うえきえもり）はこのルソーの考えをもとに私擬（しぎ）憲法をつくり、国民が人権を侵害（しんがい）されたときは抵抗（ていこう）できるべきとした。中江兆民（なかえちょうみん）は『社会契約論』を漢訳した『民約訳解（やくかい）』を書いた。漢訳の『民約訳解』は中国でも広く読まれた。
〈国立国会図書館デジタルコレクションより、（拡大図）立教大学図書館蔵〉

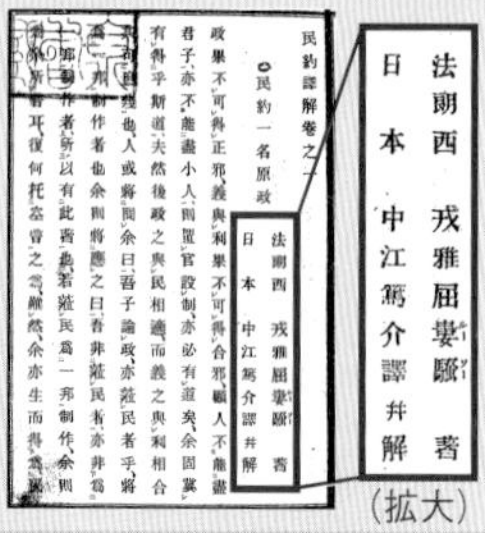

民約譯解 巻之一

法朗西 戎雅屈婁騷 著
日本 中江篤介 譯并解

↑3『民約訳解』 （拡大）

2 立憲体制

←4 ベルリン滞在中の伊藤博文 憲法制定準備のため、ドイツやイギリスに渡り政治制度や憲法などの調査を行った。

→5 憲法発布の式典 憲法を起草した初代首相（しゅしょう）の伊藤博文（いとうひろぶみ）は枢密院（すうみついん）議長となり、2代首相には薩摩（さつま）出身の黒田清隆（くろだきよたか）が就（つ）いた。天皇が定めた憲法（欽定（きんてい）憲法）として発布された**大日本帝国（だいにほんていこく）憲法**（明治憲法）は、宮中で明治天皇から黒田首相に授（さず）けられた。〈東京大学法学部附属明治新聞雑誌文庫蔵〉

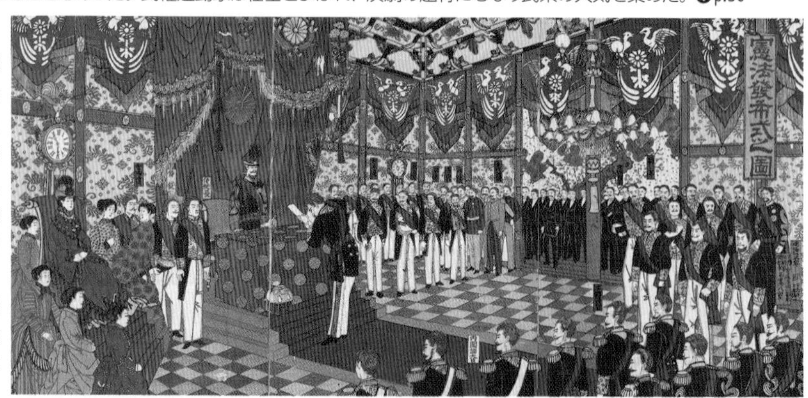

憲法制定の歩み

（凡例：憲法作成／諸制度の整備）

年	憲法作成	諸制度の整備
1881	主な私擬憲法が起草される 別冊史料22	
.10	国会開設の勅諭	
82	.3 憲法調査のため伊藤博文ら渡欧（〜83.8. 3）	
84		84.7 華族令の制定（貴族院設置の準備）
85		85.12 太政官制を廃し、内閣制度発足（初代総理大臣：伊藤博文）
87	.6 憲法草案の検討開始 伊藤博文、井上毅らが起草、政府法律顧問ロエスレル➲p.101が助言	
88		88.4 市制・町村制公布 枢密院設置（議長：伊藤博文）
	.6〜.7 枢密院で憲法草案を審議	
89	.2.11 大日本帝国憲法発布 別冊史料23	皇室典範制定、衆議院議員選挙法公布
90		90.5 府県制・郡制公布
. 7	第1回衆議院議員総選挙	
.11	第1回帝国議会召集（山県内閣①）	

⬇6 大日本帝国憲法と日本国憲法の比較

	大日本帝国憲法（明治憲法）	日本国憲法
公布・施行	1889（明治22）年2月11日公布 1890（明治23）年11月29日施行	1946（昭和21）年11月3日公布 1947（昭和22）年5月3日施行
制定の背景	近代国家の樹立、**自由民権運動**の高揚	**ポツダム宣言**の受諾、連合国による占領下
制定の中心	伊藤博文、井上毅など	**連合国軍最高司令官総司令部**（GHQ）
形式	天皇が定める**欽定憲法**	国民が定める**民定憲法**
主権	天皇（議会の関与できない**天皇大権**をもつ）	**国民**
天皇の役割	国土・国民を統治し、軍隊を指揮する国家元首	日本国民統合の象徴（**象徴天皇制**） 政治的な権力はない
内閣	各国務大臣は天皇が任命し、国務大臣は個別に天皇に対して責任を負う	国民の代表である国会に対し、連帯して責任を負う（議院内閣制）
国会	天皇の協賛機関。**貴族院**と**衆議院**の二院制だが、貴族院は特権階級の代表	国権の最高機関で唯一の立法機関。衆議院・参議院ともに国民の代表
司法	天皇の名において裁判を行う	司法権は独立し裁判所に属する
戦争と軍隊	徴兵制をしき、軍隊をもつ 陸海軍は天皇直属（**統帥権の独立**）	平和主義の下、戦争を放棄
基本的人権	法律の範囲内で保障	永久の権利として保障
国民の義務	兵役・納税（・教育*）　＊教育は勅令で定める	教育を受けさせる・勤労・納税

3 日本の国境画定

A 明治政府成立時（19世紀半ば）

B 日清戦争後（1895年）➲p.105

C 日露戦争後（1910年）➲p.107

日本の国境画定

1854	**日露通好（和親）条約**（択捉島・得撫島間を国境、樺太は両国雑居地）	日本 江戸時代
62	小笠原諸島を幕府が調査	
69	蝦夷地に開拓使を設置	
72	琉球藩の設置	
75	**樺太・千島交換条約**（千島列島を日本領、樺太をロシア領）	明治時代
76	**小笠原諸島**の領有➲p.12	
79	**琉球処分**（沖縄県の設置）	
95	**尖閣諸島**の編入 **下関条約**により台湾・澎湖列島を領有	
96	南鳥島の発見（98年に編入）	
1905	**竹島**の編入 **ポーツマス条約**（北緯50度以南の樺太を日本領）	

⬆7 **琉球処分の風刺画**（『團團珍聞』1879年5月）　日本と清の間に立つ大きな人物（琉球）が、綱で日本側に引き寄せられている。琉球処分の直後に、日本の風刺雑誌に掲載された。〈東京大学法学部附属明治新聞雑誌文庫蔵〉

➡8 **琉球帰属問題**　明治政府は、1872年に琉球王国を琉球藩とし、1879年には**沖縄県**設置を断行した（琉球処分）。このため、日本と清国は琉球帰属問題で対立した。➲p.103

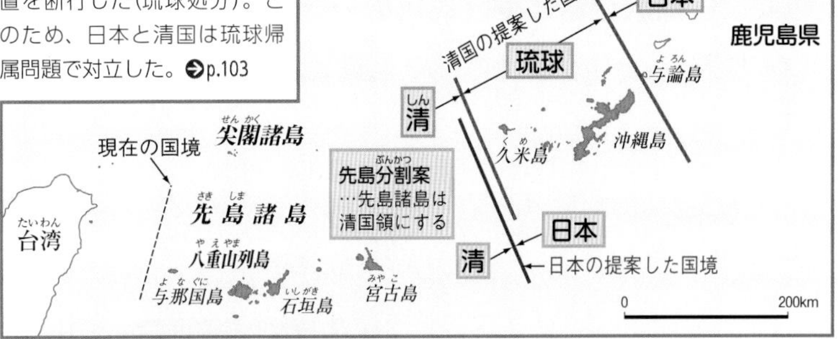

統合・分化の観点から振り返ろう！　（　）内の正しい方に○をつけよう！

自由民権運動の流れのなかで国会の開設も決まり、それに先立ち（国民主権・天皇主権）の憲法が制定され、（地方分権・中央集権）的な国家づくりが行われた。また、千島列島や琉球を（他国との雑居に決定・日本側に画定）し、近代的な「国境」を定めることに努めた。

文明開化と殖産興業 ——もたらされた文明・技術

ヒストリーツアーズ

日本の文明開化の姿とは!?

↓1 **1882年の銀座れんが街** 新政府は銀座・京橋の大火の焼け跡に新たな街並みを建設した。れんが街は庶民には住みにくく、新聞社や洋食屋が集中した。〈マスプロ美術館蔵〉

チェック1 図1の中から、以下のものを探してみよう。
①建物 ②馬車 ③街灯 ④帽子 ⑤洋傘

チェック2 チェック1から、日本はどのような文明を目指したと考えられるだろうか。
①東アジアの伝統的な文明 ②ヨーロッパの進んだ文明

1 文明開化と近代人

←2 **牛鍋** 居留地の外国人から肉食が広まり、東京に牛鍋屋ができた。福沢諭吉は「肉食を欠けば不摂生(不健康)となり国の損失である」と説き、肉食は**文明開化**の象徴となった。実際の牛鍋は角切りの牛肉と長ねぎを酒やしょうゆ、みそで味つけした。〈日本近代文学館蔵〉

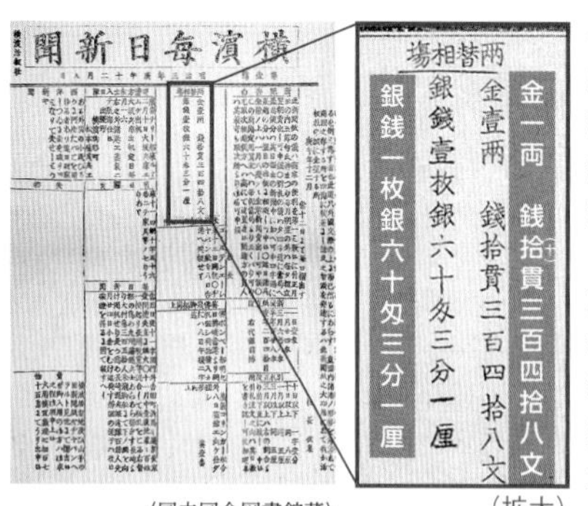

〈国立国会図書館蔵〉 (拡大)

←3 **横浜毎日新聞** 金属活字の活版印刷は江戸時代の木版に比べ文字の組み換えが簡単であり、新聞の発達に大きく貢献した。1870年に創刊した「横浜毎日新聞」は日本初の日刊新聞であり、両面印刷で貿易・経済関係の記事などが載っていた。拡大部分は両替相場の記事。

〈東京学芸大学附属図書館蔵〉

↑4 **公衆衛生** **富国強兵**には健康な国民が必要として、政府はコレラなどの伝染病予防対策を行った。図は政府が広報用につくったすごろくの「清潔」のマス。解説文には「便所や排水溝は日々水で洗浄し、石灰をまくなどすること」と指示している。

MORE 福沢諭吉と中江兆民の「文明」

〈図5慶應義塾福澤研究センター蔵、図8国立国会図書館ウェブサイトより〉

↑5 **福沢諭吉**
(1834~1901) 幕末に欧米に渡航し、帰国後に思想家として活躍。1858年に設立した蘭学塾がのちに慶応義塾に発展した。

- 西洋文明こそが文明
- 「半開*」である日本には開化が課題
- 一国の独立とその国の文明は一体であり、文明化が独立を保つ

*当時の欧米の文明論で、「野蛮」よりも進んでいるが、科学や工業・軍事力などが未発達で「開化」には至っていないとする段階。

↑6 **福沢の「文明」のとらえ方** 福沢諭吉は渡航中に触れた欧米の文明論に大きな影響を受けていた。

福沢諭吉の略年表

1834	中津藩士の子として出生
58	蘭学塾(のち英学塾)を開く
60	幕府の咸臨丸で渡米
62	遣欧使節団に随行
64	幕府翻訳方となる
66	『西洋事情』
68	私塾を慶応義塾に改称
72	『学問のすゝめ』第1編
73	明六社設立 別冊史料24
75	『文明論之概略』
82	日刊紙『時事新報』創刊
85	『時事新報』で「脱亜論」発表
1901	死去(68歳)

中江兆民の略年表

1847	土佐藩の足軽の子として出生
62	藩校の文武館に入門
71	岩倉使節団に同行し、フランスに留学➔p.97
74	仏蘭西学舎(のち仏学塾)を開く
81	『東洋自由新聞』創刊
82	『民約訳解』
87	『三酔人経綸問答』
90	衆議院議員に当選(翌年辞職)
97	国民党を組織
1901	死去(55歳)

- 欧米がまさるのは技術と理論であり、東西両文明に優劣はない
- 日本の文明開化は、文明について深く考えずに欧米を賛美し、その文明をなぞろうとしている

↑7 **中江の「文明」のとらえ方** 学問や芸術の進歩につれて「魂は腐敗した(道徳が失われた)」と考えたルソー➔p.65の影響が指摘されている。

↑8 **中江兆民**
(1847~1901) 岩倉使節団に同行して、西園寺公望とともにフランスに留学。民権運動を理論的に支え「東洋のルソー」とよばれる。

2 殖産興業とその発展

〈国立国会図書館ウェブサイトより〉

労働と家族 テーマで結ぶ世界　工業化のなかで女性や子どもは、どのような役割を果たしたか考えよう。➲p.52、75、110

⬅9 第2回内国勧業博覧会
政府は**殖産興業**を国内に広めるため、1877年に東京・上野で第1回内国勧業博覧会を開いた。工女による器械製糸の実演などは話題をよび、出品8万点、入場者は45万人と大成功を収めた。博覧会は以降も1903年まで続けられた。図は紡績機で、外国産の安価な綿製品に対抗するため、**綿糸**紡績の機械化には大きな期待が寄せられており、展示品の3割は紡績機であった。模造品も多かったが、臥雲辰致のガラ紡などは日本の綿糸生産に貢献した。

富岡製糸場の工女 横田英（松代藩士の娘）の日記

さて私共一行は皆一心に勉強して居りました。……何を申しましても国元へ製糸工場が立ちますことになって居りますから、その目的なしに居る人々とは違います。その内に一等工女になる人があると大評判がありまして、西洋人が手帖を持って中廻りの書生や工女と色々話して居ますから、中々心配でなりません。
……「横田英　一等工女申付候事」と申されました時は、嬉しさが込上げまして涙がこぼれました。
……月給は、一等一円七十五銭、二等一円五十銭、三等一円、中廻り二円でありました。……

〈和田英著『富岡日記』筑摩書房〉

⬆10 富岡製糸場は、輸出の主力である**生糸**の生産のため、1872年に群馬県に開かれた官営模範工場。働き手の女性の多くは士族の子で、ここで身につけた技術を、各地の製糸工場で伝えた。➲巻頭7

分野	人物(国名) 青字：月給	事項
医学	ベルツ(独)　700円	内科学など講義
法学	ロエスレル(独)　900円	憲法起草に貢献 ➲p.99
自然科学	ナウマン(独)　350円	東京大学地質学教師
工学	ダイアー(英)	工部大学校教頭
美術	キヨソネ(伊)	紙幣の原版を制作 ➲p.96
文芸	ハーン(英)　400円	東京大学英文学教師

➲巻頭5~6「お雇い外国人がもたらした日本の近代化」

⬅11 主なお雇い外国人　政府は欧米の技術や学問を導入するため、官庁や学校、工場などで多くの外国人を高給で雇用した。1871年の岩倉具視➲p.97のひと月の給料が600円であったのに対し、一部のお雇い外国人の給料は1000円を超えており、政府が彼らに高い期待を寄せていたことが分かる。お雇い外国人は最盛期には500人を超えたが、日本人や留学経験者が技術を学んだ後は徐々に減少していった。➲巻頭5~6

⬆12 医師ベルツ(左、1849～1913)**地質学者ナウマン**(中央、1854～1927)**法学者ロエスレル**(右、1834～94)

➡13 官営事業の推進　幕府が経営していた佐渡などの鉱山や長崎造船所などの軍需工場、藩営の高島や三池などの炭鉱も、新政府の運営する官営事業に移管された。

〈国立国会図書館ウェブサイトより〉

⬅14 松方正義(1835～1924)　紙幣整理・日本銀行設立などの松方財政の一環で、政商に官営事業の払い下げを行った。政商は、のちに**財閥**に成長した。

幌内炭鉱(1879～89)
開拓使(1869設置) 長官 黒田清隆
小坂銀山(1869～84)
阿仁銅山(1875～85)
院内銀山(1875～84)
佐渡金山(1869～96)
札幌農学校(1876開校)
札幌麦酒醸造所
釜石鉄山(1874～87)
新町紡績所
富岡製糸場
駒場農学校(1878開校)
千住製絨所
東京砲兵工廠
深川セメント製造所
石川島造船所
三田育種場*
＊作物、家畜の育成。
品川硝子製造所
横須賀造船所
愛知紡績所
大阪砲兵工廠
敷根火薬製造所
高島炭鉱(1874)
長崎造船所
➲巻頭2
三池炭鉱(1873～88)
広島紡績所
生野銀山(1868～96)
兵庫造船所
札幌　東京　神戸　大阪　広島　長崎
官営模範工場と類似施設　官営鉱山(年：官営の期間)　農学校　官営の軍需工場
★は幕府・藩から引き継いだもの
0　100km

⬇15 官営事業の払い下げと民間企業の勃興　　▥松方財政期

払い下げ年	事業所名	所在地	払い下げ先	現況
1874	高島炭鉱	長崎	後藤象二郎(のち三菱)	1986年閉山
1882	広島紡績所	広島	広島綿糸紡績会社	1960年解散
1884	深川セメント製造所	東京	浅野総一郎(浅野)	太平洋セメント
	院内銀山	秋田	古河市兵衛(古河)	1954年閉山
1885	阿仁銅山	秋田	古河市兵衛	1970年閉山
1886	札幌麦酒醸造所	北海道	大倉喜八郎(大倉)	サッポロビール
1887	新町紡績所	群馬	三井	1975年操業停止
	長崎造船所	長崎	三菱	三菱重工業
	兵庫造船所	兵庫	川崎正蔵(川崎)	川崎重工業
	釜石鉄山	岩手	田中長兵衛	1993年閉山
1888	三池炭鉱	福岡・熊本	三井(佐々木八郎名義)	1997年閉山
1889	幌内炭鉱・鉄道	北海道	北海道炭礦鉄道	1989年閉山
1893	富岡製糸場	群馬	三井	1987年操業停止
1896	佐渡金山	新潟	三菱	1989年閉山
	生野銀山	兵庫	三菱	1973年閉山

青字　のちの8大財閥

⬅16 横須賀製鉄所　製鉄所という名の造船所*。勘定奉行小栗忠順とフランス公使ロッシュの尽力により、フランス海軍の技師ヴェルニーの計画立案で1865年に着工した。〈横須賀市立中央図書館蔵、明治初期撮影〉

＊明治初頭に横須賀造船所と改称し、のちに横須賀海軍工廠となった。

開発・保全の観点から振り返ろう！　(　)内の正しい方に○をつけよう！

政府は、富国強兵を推し進めるために、(鉄鋼業・繊維業)の機械化を中心に殖産興業に力を入れた。具体的には工場に外国製の機械を導入し、(お雇い外国人・外国人商人)を招き入れた。国内では急速に技術や生活文化の(欧米化・国粋化)が進んだが、この表面的な西洋文化のまねをすることに、中江兆民は慎重な意見を残している。

19世紀ごろ ←10 日本 ←100 →104

特集 北海道の開拓とアイヌの人々

北海道の歩み

15~16世紀	道南部の蠣崎氏(のちの松前氏)の支配権が確立(アイヌと和人との抗争)
1799	幕府、東蝦夷地を直轄
1869	**開拓使**を設置、蝦夷地を**北海道**と改称 **アイヌの人々への同化政策始まる**
74	**屯田兵**制度の制定
76	札幌農学校開校➔p.101
81	開拓使官有物払下げ事件
82	開拓使廃止。函館・札幌・根室の3県を置く
86	3県を廃止、**北海道庁**を設置
97	支庁制を施行(19支庁)
99	**北海道旧土人保護法**制定 困窮したアイヌの人々に農地を支給→農業の強制加速 アイヌ学校(旧土人学校)設立を決定→17年までに33校開設 (同法は1997年の**アイヌ文化振興法**成立まで継続)
1902	北海道で初の衆議院議員選挙(函館・札幌・根室)
04	屯田兵制度の廃止
23	知里幸恵『アイヌ神謡集』刊行
29	違星北斗没→30 遺稿集『コタン』刊行
30	北海道アイヌ協会設立(46年に社団法人となる)
37	アイヌ学校廃止→通常学級へ(学内で差別など多発)
45	第二次世界大戦➔p.148でソ連が北方領土を不法占拠

1 北海道の開拓

⬅**1 1873年の札幌**(上)と**2 1889年の札幌**(下) 1869年、蝦夷地は北海道と改められ、開拓使の下で北方開拓が始められた。当初は、開拓と北方警備のため士族の人々で編制された屯田兵が中心だったが、やがては屯田兵に平民も加わり、囚人たちも開拓に活用され、移住も政府により積極的に奨励された。〈北海道大学附属図書館蔵〉

⬇**3 北海道の人口の変化**➔p.49

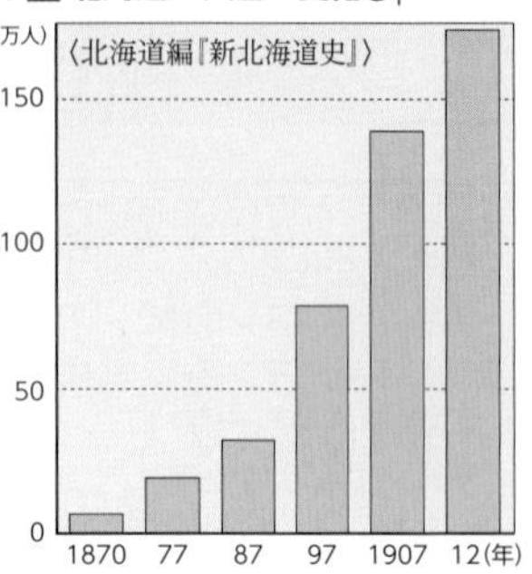

2 日本政府のアイヌ同化政策

⬅**4 アイヌの人々と伝統的住居**(1904年) アイヌの人々➔p.55は元来狩猟採集による生活を送っていた。明治に入り地租改正➔p.97が行われたが、この時アイヌの人々には土地所有が認められず、一方で伝統的狩猟は禁止されたため、彼らの生活は大きく制限された。

➡**5 北海道旧土人保護法** 1899年に制定。アイヌの人々を「保護」する名目で出された。土地を無償で与えるとあるが、条件つきであり、開墾を行わない場合には没収する規定もあった。そのため、元来農業を行わないアイヌの人々にとっては不自由なものであった。

北海道旧土人保護法【現代語訳】

第一条 北海道の旧土人であり、農業に従事する者または従事したい者には、一戸につき土地一万五千坪以内を限度に、無償で下付する。

第三条 第一条により下付した土地で、下付した年から十五年経ても開墾していない部分は、これを没収する。

MORE 「日本人」となるための学校教育

1899年の北海道旧土人保護法で設立が決定したアイヌ学校では、和人➔p.55の監督の下、日本語教育や和食・洋装の強制が行われ、アイヌ語やアイヌ文化は教えられなかった。また、教育水準は和人の学校より低くされた。のちに撤廃要求が起こり、1937年に和人と共学となったが、差別やいじめの対象となったアイヌの子供は多かった。

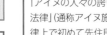

⬆**6 アイヌ学校**〈北海道大学附属図書館蔵〉

3 アイデンティティを示すアイヌの人々

⬆**7 知里幸恵**(1903~22) アイヌの口承叙事詩を『アイヌ神謡集』に残した。19歳で心臓発作により死去。

⬆**8 違星北斗**(1902~29) アイヌの人々の地位向上のため新聞や雑誌に短歌を掲載。28歳で結核により死去。

違星北斗の短歌
(遺稿集『コタン』に掲載)

- 我はただアイヌであると自覚して正しき道を踏めばよいのだ
- 新聞でアイヌの記事を読む毎に切に苦しき我が思かな
- 仕方なくあきらめるんだと云う心哀れアイヌを亡ぼした心
- アイヌと云ふ新しくよい概念を内地の人に与へたく思ふ

〈『違星北斗歌集』角川書店〉

MORE 現在のアイヌ文化振興

1997年、北海道旧土人保護法の廃止と共に、アイヌ文化振興法が施行された。この法律はアイヌ語やアイヌ文化を振興するものだったが、アイヌの人々の伝統的な生活を法的に守るものではなかった。これを受け、2019年に「アイヌの人々の誇りが尊重される社会を実現するための施策の推進に関する法律」(通称アイヌ施策推進法、アイヌ新法)が制定。アイヌの人々を日本の法律上で初めて先住民族として認め、その伝統的な文化を国と地方公共団体が保証することが明文化された。

また、2020年にはウポポイ(民族共生象徴空間)が北海道白老町に整備され、アイヌ文化の復興・発展のための拠点とされている。

➡**9 ウポポイで行われたアイヌ古式舞踊**(2020年)

特集 琉球王国から沖縄県へ

沖縄県の歩み

○：このころ

1429	尚巴志、琉球王国建国
1609	島津氏、琉球王国を征服(日中両属)
1853	ペリー来島(54年、琉米条約締結)
71	鹿児島県が**琉球王国**との関係を管轄
72	**琉球藩**設置(琉球国王尚泰を琉球藩王とする)
74	台湾出兵(征台の役) 琉球から清国への最後の進貢使派遣
79	琉球藩・琉球王国を廃止→**沖縄県**設置➲p.99
	統治方針＝旧慣温存策 … 旧支配層の優遇 旧来の土地制度や高率の人頭税維持など
90	帝国議会開設→沖縄県民には参政権なし
95	日清戦争における日本の勝利で帰属問題解消
	琉球王国の旧慣改革を進める方針へ
99	土地整理事業開始(土地制度の改革)
	土地所有権確立、入会地の没収・払い下げ
○	謝花昇、参政権獲得運動を開始
1903	人頭税廃止
○	沖縄から海外への移民盛ん➲p.111
09	府県制特例施行、沖縄県会開設
11	伊波普猷『古琉球』刊行
12	沖縄県で初の衆議院議員選挙
45	第二次世界大戦で**沖縄戦**➲p.149

(72〜79：琉球処分)

1 「大和世」への変化

⬅**1 首里城の前に立つ日本兵** 1879年、琉球藩および琉球王国は廃止され、**沖縄県**に編入された➲p.99。写真は首里城明け渡しの際に日本兵が駐屯する様子。琉球は中国との冊封関係➲p.27である「唐世」から「大和世」へと時代が移り、日本の一部に組み込まれた。〈那覇市歴史博物館提供〉

⬅**2 尚泰**(1843〜1901) 4歳で国王に即位。1872年に藩王として日本の藩制に組み込まれる。その後79年に王国が解体され沖縄県となったことで、琉球王国最後の王となった。

➡**3 人頭税石**(沖縄県 宮古島) 江戸時代、琉球王国の人々は、この石柱と同じ背になると人頭税を負担した。日本への編入後も旧慣温存策から1903年まで続けられた。

2 「沖縄県」の人々の暮らし

〈那覇市歴史博物館提供〉

⬅**4 沖縄の人々**(1914年ごろ) 沖縄県では反乱を避けるため旧慣温存策がとられ、琉球王国以来の税制、地方制度が続行されたが、それは近代化が遅れる原因にもなった。日清戦争を契機に同化政策が進められるようになり、1903年には人頭税が廃止された。

⬅**5 砂糖を搾る様子** 近代の沖縄は砂糖中心のモノカルチャー経済となり、その経済は本土に依存した。第一次世界大戦の時期には本土の好景気のなかで砂糖成金も出たが、大戦後の不景気は沖縄にも打撃を与え、ソテツ地獄とよばれる経済危機となった。

3 沖縄の自由民権運動と「沖縄学」

⬅**7 謝花昇**(1865〜1908) 帝国大学農科大学に進学後、沖縄県庁時代に製糖業の近代化や農業技術の改良などで大きく沖縄に貢献。その後『沖縄時論』を発行して反閥族を唱え、参政権を求める政治運動を展開した。謝花の運動は当時の県知事など旧支配層との対立に敗れ、沖縄で普通選挙が導入されるのは本土よりも遅れた。〈国立国会図書館ウェブサイトより〉

● 伊波普猷『古琉球』自序

オモロ①の独立研究を企てたが、宛然外国の文学を研究するやうで、一時は研究を中止しようと思つた……オモロがわかりかけると、今までわからなかつた古琉球の有様がほのみえるやうな心地がした。私は歴史家でも無いのに、オモロの光で琉球の古代を照してみた。

①琉球王国の歌曲。 〈『伊波普猷全集 第一巻』平凡社〉

⬆**8 伊波普猷**(1876〜1947) 東京帝国大学で言語学を専攻後、沖縄の言語・歴史・宗教などを広く研究し、「沖縄学」という学問の体系をつくった。〈沖縄県公文書館蔵〉

MORE 禁止される伝統文化と言語

〈キーストンスタジオ蔵、那覇市歴史博物館提供〉

日本政府は、沖縄を近代化し、本土と同化させるため、1897年ごろから風俗改良運動と称して琉球の伝統文化の禁止を行った。学校教育で琉球語の使用を禁止して標準語を励行したことに始まり、伝統文化であったハジチ(入れ墨)やユタ(民間霊媒師)も禁止された。そのほか行事の簡素化など、日常における生活改善は農村や都市の庶民に要求されたが、急な生活様式の変更は沖縄の人々にはなかなか定着しなかった。

↗**6 両手にハジチを施した沖縄の女性**(第二次世界大戦後撮影)

MORE 現在に残る琉球王国の文化

にふぁーでーびる(ありがとう)、くゎっちーさびら(いただきます)。こうした琉球王国時代➲p.25に使われていた言語は、沖縄の方言(ウチナーグチ)として現在も残っている。そのほかにも、中国から伝わった楽器が琉球王国で独自に発展した三線や、多彩な豚肉料理など、沖縄独自の文化の中には琉球由来のものが多い。

⬆**9 三線の演奏**

日清戦争 ——東アジア変容の序曲

19世紀ごろ ←10
日本 ←102 →106
東アジア ←88 →106

ヒストリーツアーズ 魚はどちらを選ぶだろうか?

⬆1 **当時の情勢を描いた風刺画**(ビゴー作、1887年) フランス人ビゴーは報道画家として、在日外国人やヨーロッパの読者向けに日本に関連する多くの風刺画を描いた。この図には、朝鮮という魚を釣ろうとする日本と清、その様子をうかがうロシアが描かれている。

〈アジア歴史資料センター公開、外務省外交史料館蔵〉

近頃日本は外国と何事か秘密に交際を結び初めし様子だが愈々おツ始めそうだしかし小魚の歯切り恐るるに至らず

①歯ぎしり

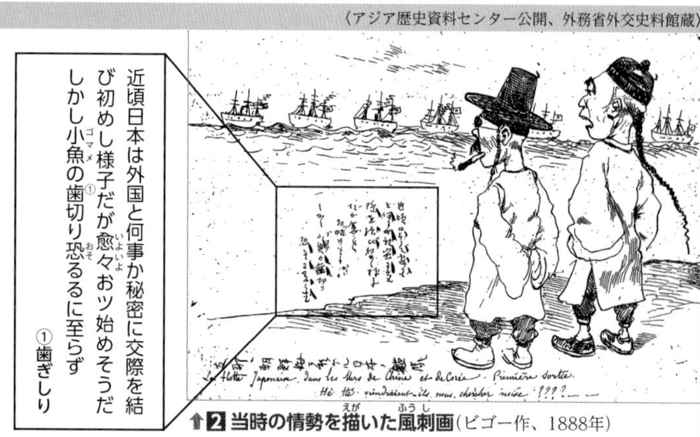

⬆2 **当時の情勢を描いた風刺画**(ビゴー作、1888年)

チェック1 図1で、エサをまいているのは誰だろうか。
①日本 ②ロシア ③清

チェック2 図2で、日本の艦隊を眺めているのは、どこの国の人だろうか。
①日本と朝鮮 ②清と朝鮮 ③日本と清

チェック3 図2の風刺画を描いた人は、朝鮮半島情勢で最も有利な立場にいるのは、どこの国だと考えているだろうか。
①日本 ②ロシア ③清

朝鮮問題と日清の対立

青字:朝鮮の政権交代・政変 ○:このころ

区分	年月	事項	朝鮮の政権
朝鮮への日本の進出	1871. 7	**日清修好条規** 日清間の平等条約	
	73.11	朝鮮で摂政大院君(攘夷・親清派)失脚	
		国王高宗が親政開始、閔妃と外戚による**閔氏政権**成立	閔氏政権(親日・開化派主導)
	75. 9	**江華島事件** 日本が軍艦を派遣し挑発	
	76. 2	**日朝修好条規(江華条約)** 日朝間の不平等条約	
	○	閔氏政権が開国・開化路線をとる(親日派)	
	82. 7	**壬午軍乱(壬午事変)**	
		大院君支持の兵士が閔氏政権に反乱	
		→ 閔氏政権は**親清派**に転換	
	. 8	**済物浦条約** 日朝間で壬午軍乱の事後処理 ①朝鮮が謝罪・賠償 ②日本に公使館守備兵の駐留権	閔氏政権(親清・守旧派主導)
	○	**金玉均**ら開化派(独立党)と守旧派(事大党*)が対立	
日清の対立と日本の勢力後退	84.12	**甲申事変** 金玉均ら開化派(独立党)のクーデタ(失敗) → 日本の影響力低下	
	85. 4	**天津条約** 日清両国が朝鮮をめぐり協定 ①両国軍の朝鮮撤退、②軍事顧問団の派遣中止、③今後、朝鮮に出兵の際には事前通告	
日清戦争による解決	94. 3	**甲午農民戦争(東学の乱)** **全琫準**が指導	
	. 6	閔氏政権、鎮圧のため清に派兵要請	
		清・日本、互いに朝鮮への出兵を通告し派兵	
	○	イギリス、ロシアの南下を警戒し日本に接近	
	. 7	**日英通商航海条約調印** 法権回復	
		イギリスは朝鮮をめぐる日清対立でも日本を支持	
		日本軍、朝鮮王宮を占領、**大院君政権**を樹立	大院君政権(親日派)
	. 8. 1	**日清戦争 開始** 日本が清に宣戦布告	
	95. 4.17	**下関条約** 日清戦争講和 ①朝鮮の独立承認、②遼東半島・台湾・澎湖列島の割譲、③賠償金2億両の支払い、④開港場の追加	
日露の対立へ	. 4.23	**三国干渉** 翌月、遼東半島を清に還付	
	. 7	閔妃、**ロシア**と結び大院君政権を倒す **閔氏政権**成立	閔氏政権(親露派)
	.10	**閔妃殺害事件** 日本公使三浦梧楼ら、朝鮮王宮を襲撃、閔妃を殺害	
		国王高宗、ロシア公使館に避難、**親露派政権**成立	親露派政権

*大国(清)に事えるとの意味。

1 朝鮮の開国と混乱

⬅3 **甲午農民戦争の指導者全琫準の逮捕** 朝鮮は清以外と外交関係を結ばない鎖国体制をとっていたが、日本が武力を背景に開国させたのち、外国商品の流入などで経済が混乱して民衆の生活が苦しくなった。農民は外国排斥と負担軽減を訴えて反乱を起こしたが、清と日本が出兵して鎮圧した。その後も両国は他方の影響力増大を懸念して朝鮮から撤退せず、武力衝突が起こって**日清戦争**へとつながった。

ひと 洋務運動の立役者 李鴻章(1823~1901)

李鴻章は淮軍(淮勇)を組織して太平天国を討伐し、功績を上げた。彼は天津を拠点に「中体西用」の名の下、**洋務運動**を推進し、西洋技術による兵器・造船・紡績工場などの建設、鉱山開発などを行った。近代的な北洋艦隊の建設を担い、軍備増強を図ったほか、外交官としても活躍し、**日清戦争**後の**下関条約**では清国全権を務めた。

⬆4 **北洋艦隊の戦艦「定遠」**

2 日清戦争

露仏同盟 1894年
仏　露　英
露の南下を警戒
対立
接近
独
（不凍港を求めて）
南下政策
支持を期待
接近
清　朝鮮　日
冊封関係
貿易などの利益
対立

⬆5 **朝鮮をめぐる情勢**　清は東アジアの伝統的な冊封関係➔p.27のなかに朝鮮をとどめようとし、日本は近代外交のルールに基づいて朝鮮を開国させようとした。日本は状況を有利に運ぶため、ロシアの南下を警戒するイギリスの支持を得ようとした。

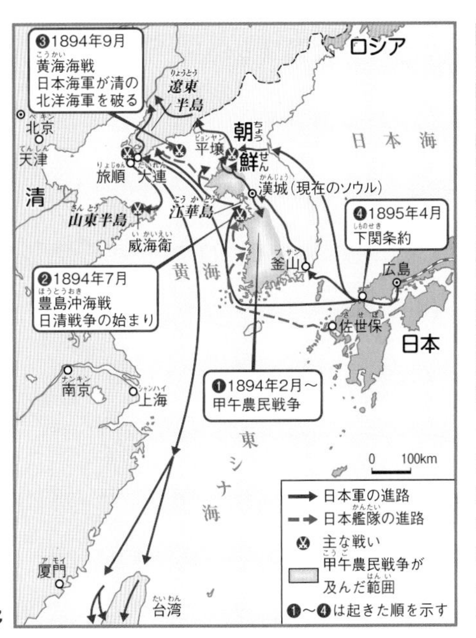

➡6 **日清戦争の推移**

⬆7 **黄海海戦**　日本の連合艦隊は、1894年9月に黄海で日本の約2倍の規模を誇っていた清の北洋艦隊を撃破した。これにより日本が黄海の制海権を握り、優位に立った。

	日本	清
兵力	約24万人	約63万人
軍艦	5.9万t 52隻	8.5万t 107隻
死者	約1500人	不詳

〈『日本の歴史』104号 朝日新聞社〉

⬆8 **日清の軍事力と犠牲者**

3 下関条約

〈「清国媾和使来朝談判之図」 国立国会図書館デジタルコレクションより〉

● 下関条約［要約］

第１条　清国は朝鮮が独立自主の国であることを認める。
第２条　遼東半島、澎湖列島、台湾を日本に割譲する。
第４条　賠償金として２億両（約3.1億円）を支払う。
第６条　沙市・重慶・蘇州・杭州の４港を開港する。

⬆9 **下関条約**　清国の全権として派遣された李鴻章・李経芳と、日本側全権の伊藤博文・陸奥宗光の間で締結された。これにより朝鮮に対する清の宗主権は完全に否定され、当時の日本における一般予算の３年分に相当する賠償金が支払われた。

● 下関条約に対するロシアの新聞記事

…もしも旅順の要塞がほんの一つでも日本の手中に残ることになれば、…安易な勝利に酔いしれた日本が…わが国を凌駕し、わが国に最後通牒さえつきつけ得るまでになる…日本が平和条約の条件によって事実上確保した朝鮮に対する保護統治を、ロシアは認めることはできない。

〈歴史学研究会編『日本史史料４近代』岩波書店〉

● 三国干渉受諾に関する日本の対応

…帝国ハ清国以外ニ新敵ヲ生スルノ不得策ナルコトヲ決定シタル上ハ…極度マテ彼等ノ勧告スル所ヲ容レ…清国ヲシテ予定ノ日ニ条約ヲ批准セシムルコトニ尽力スヘシ。

〈歴史学研究会編『日本史史料４近代』岩波書店〉

⬆10 11 南下政策を行い朝鮮へと進出しようとしたロシアは、独・仏と**三国干渉**を行い、遼東半島を返還させた。これに危機感を覚えた日本は、英との関係をさらに深めていった。

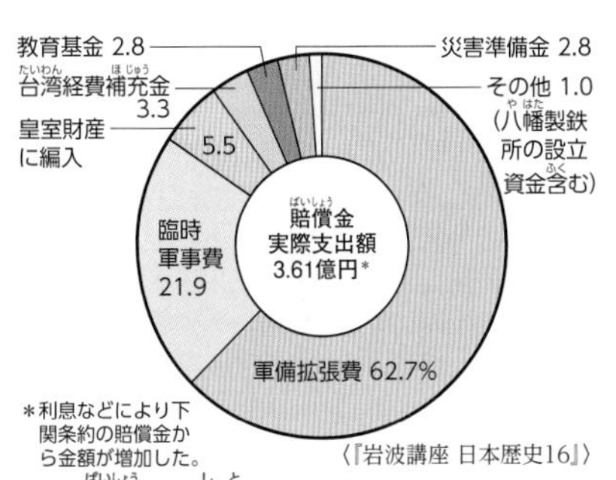

〈『岩波講座 日本歴史16』〉

⬆12 **賠償金の使途**　賠償金はロンドンにて金との兌換（引き換え）が保証されたポンドで支払われたため、政府の正貨準備にあてられ、金本位制➔p.140が確立した。また、支出の大部分は軍備拡張に使われた。

〈『史料 明治百年』〉

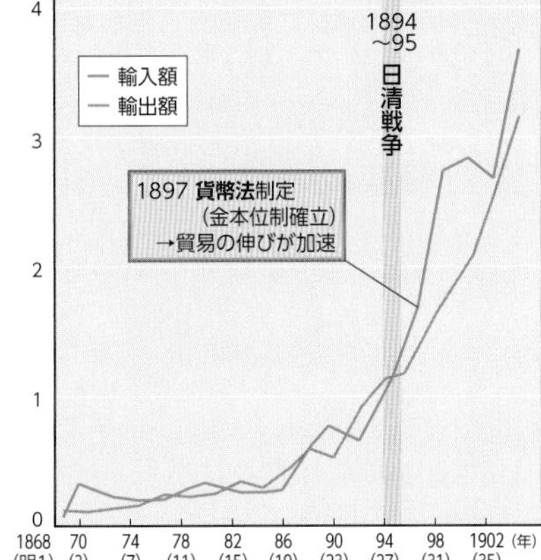

➡13 **貿易額の急増**
金本位制の確立により、日本円の国際的な信用が安定して貿易額が急増した。政府と密接に結びついた三井物産などの商社が貿易を担い、大きな利益を上げた。

MORE 台湾統治の始まりと抵抗

下関条約で**台湾**割譲が決まってすぐの1895年５月に、台湾は清から派遣された官吏を中心に「台湾民主国」の独立を宣言し、日本の支配を拒否した。これに対して日本は台湾占領を急ぎ、台湾北部から上陸して台北を占領したのち、南部へと侵攻した。大陸人が多かった北部と比べて、南部は移住してから何世代も台湾で暮らしてきた人々が多く、より激しく日本の占領に抵抗した。台湾民主国は10月に建国5か月弱で瓦解したが、その後も民衆のゲリラ的抵抗は続いた。

⬆14 **台湾の抵抗**　南部を中心に、現地化した漢人や原住民が多数の犠牲者を出しながら抵抗した。

対立・協調の観点から振り返ろう！　（　）内の正しい方に○をつけよう！

冊封関係を維持しようとする（日本・中国）と、近代外交のルールで利権を獲得しようとする（日本・中国）は、朝鮮半島をめぐって対立し、日清戦争が起こった。日本は多額の賠償金と領土を得たが、同時に列強から（警戒・尊敬）され、さらなる軍拡を進める結果となった。

日露戦争 ——引き裂かれる東洋の大帝国

ケーキの取り分をめぐる戦い

⬅1 ケーキを分配する列強(1898年)

⬆2 ケーキを分配する列強(1901年ごろ)

チェック1 図1と図2のケーキは何を表しているのだろうか。
①中国の土地
②中国産の食糧
③中国の技術

チェック2 図1と図2で、日本の様子はどのように描かれているだろうか。それぞれ選んでみよう。
①ケーキを眺めている
②ケーキの取り合いを止めようとしている
③ケーキを取りに行こうとしている

チェック3 図1と図2から、険悪で緊張感のある関係性を探そう。

チェック

1 変法運動とその失敗

変法運動から日露戦争まで

1895	清国内で**変法運動**始まる	○:このころ
98	清、戊戌の変法→戊戌の政変で挫折(百日維新)	
○	列強の租借地が急増→**列強の中国分割**	
1900	**義和団事件**→8か国連合軍出兵	
01	**北京議定書**(辛丑和約)…清、列強に賠償金を支払う	
○	ロシア軍、満洲から撤兵せず→日本で反露感情高まる	
02	日本、対ロシアを意識し英と**日英同盟**締結	
03	○開戦世論の高まり 別冊史料27	
04	**日露戦争**→05 **ポーツマス条約**	

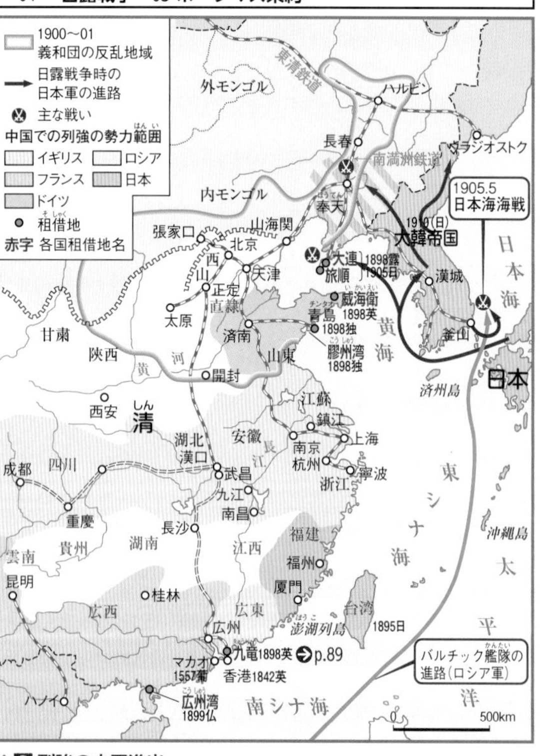

⬆3 列強の中国進出

↘4 **変法運動** 19世紀末に清が行った政治改革運動。変法というのは、古い法(制度)を変通(時々の状況に適合するよう修正)することを指す。こうした主張は洋務運動のころから存在していたが、日清戦争の敗北を機に、康有為らによる日本の明治維新➡p.96をモデルとした改革案が次々と採用されていった。しかし、西太后ら保守派の弾圧により、当時の清の皇帝は幽閉され、改革は挫折した(**戊戌の政変**)。 別冊史料25 別冊史料26

戊戌の変法(1898.6)
光緒帝が公羊学派の康有為らの進言により実施
- 立憲君主政と議会制の樹立を目指す(日本の明治維新がモデル)
- 科挙の改革 ・新官庁の創設
- 近代的学校の創設

⬅5 **西太后**(1835~1908) 皇帝の生母として、長く実権を握った。保守的とされるが、近年では再評価も見られる。

➡6 **康有為**(1858~1927) 公羊学派の儒者で、科挙➡p.27に合格した官僚。主導した変法運動は失敗に終わり、日本に亡命した。

⬆7 **鉄道を破壊する義和団** ドイツの侵入を受けていた山東省で発生した義和団は、「扶清滅洋」(清を扶けて西洋を滅ぼす)というスローガンを掲げ、列強の進出に反発した。キリスト教を外国勢力の象徴として排撃し、鉄道や電線など「洋」に関連づけられる施設や設備を次々に破壊していった。図の奥には接近する列車が描かれており、燃やされる建物や義和団の表情からこの後の状況を想像させる。

⬆8 **紫禁城を占領する8か国連合軍** 清朝の宮殿も8か国連合軍の占領下におかれた。写真のように、玉座に座ってみる外国人もいた。

● **北京議定書**【要約】(1901年)
①清は、賠償金総額4億5000万両を支払う
②北京の公使館所在区域の治外法権を認める
③北京公使館所在区域に、各国が守備隊として軍隊を駐屯させることを認める

⬆9 **北京議定書** **義和団事件**の講和条約として締結され、清側は多額の賠償金に加え、北京への外国軍の駐屯権などを認めさせられた。この駐屯権によって日本が北京周辺に駐留させた軍隊が、のちに支那駐屯軍となり、盧溝橋事件➡p.144につながっていく。

2 日露戦争

露仏同盟 1894年
仏 露 独 墺 伊 英 日 米
パン=スラヴ主義
パン=ゲルマン主義
ロシアを東アジアに専念させる
支持
占領
満洲
朝鮮半島
三国同盟 1882年
1902年 日英同盟
ロシアの満洲支配を批判
支持
建艦競争
ロシアの南下を警戒

⬆10 日露戦争前の国際関係　**日英同盟**の背景には、インドに利権をもつイギリスが、イランなどへの南下を狙うロシアの動きを警戒したことが挙げられる。ほかにも、英独間の建艦競争や、門戸開放通牒に基づき中国進出を狙うアメリカの思惑など、**日露戦争**には満洲や朝鮮半島をめぐる日露の緊張関係だけでなく、多様な国際関係も影響していた。

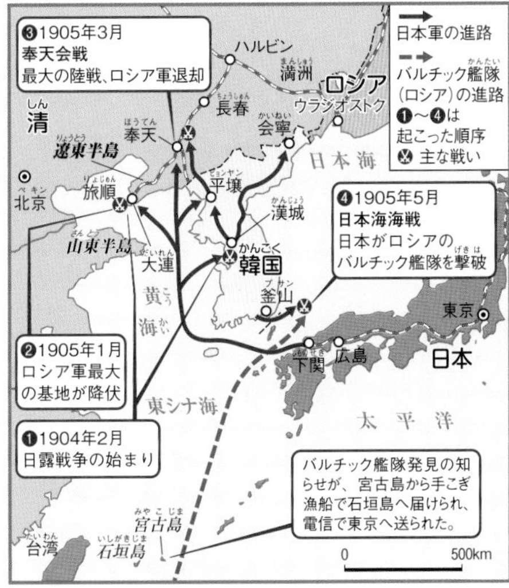

⬆11 日露戦争の推移➔p.128

〈三笠保存会蔵〉

⬆12 日本海海戦　日露戦争では、旅順要塞での戦いをはじめ日本軍は苦戦を繰り返し、日清戦争を上回る戦死者が出た。一方、海上ではバルチック艦隊を壊滅させるなど、圧倒的な勝利を収めた。

	日本	ロシア
兵力	約108万人	129万人以上
軍艦	23.3万t 106隻	19.1万t 63隻
死者	約8万4000人	約5万人

〈『明治時代館』小学館〉

⬆13 日露の軍事力と犠牲者

3 ポーツマス条約

⬅14 ポーツマス条約　日露共に戦力が枯渇するなか、日本海海戦での勝利を機として日本がアメリカに仲介を要請したことから講和会議が開かれた。締結された条約によって、日本は韓国の監督権、遼東半島南部の租借権、南満洲鉄道の利権などを獲得した。しかし、賠償金を得られなかったことは民衆に強い不満を抱かせ、日比谷焼き打ち事件などの暴動が起こった。

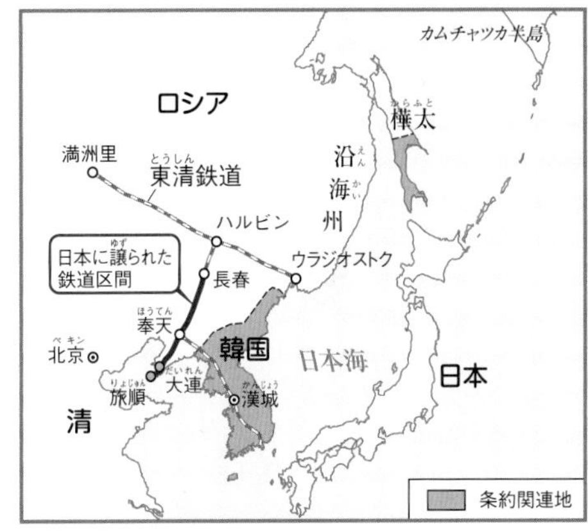

⬆15 ポーツマス条約の関連地

別冊史料28

ポーツマス条約【要約】（1905年9月5日調印）

(1)ロシアは韓国に対する日本の指導・監督権を認める
(2)ロシアは、遼東半島の**旅順・大連**の租借権、長春以南の鉄道とその付属利権を日本に譲渡する
(3)ロシアは、**北緯50度以南**の樺太（サハリン）と、その付属の諸島を日本に譲渡する
(4)ロシアは、沿海州とカムチャツカの漁業権を日本に認める

⬆16 日比谷焼き打ち事件〈『風俗画報』326号、東京大学法学部附属明治新聞雑誌文庫蔵〉

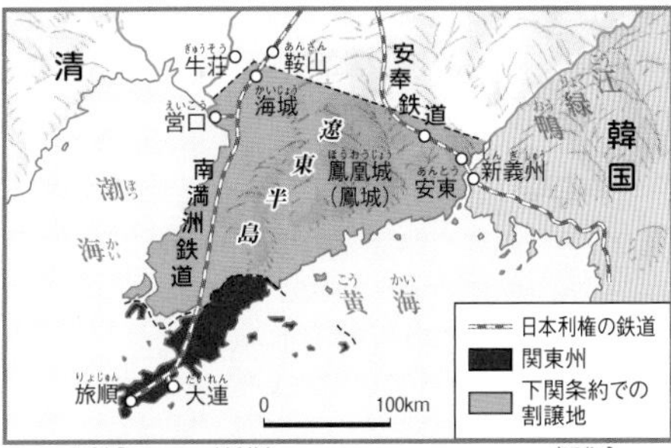

⬆17 遼東半島　下関条約では半島全体が割譲されたが、三国干渉により清へ返還することとなった。**ポーツマス条約**では関東州の租借権と南満洲鉄道付属地の利権のみをロシアから受け継いだ。

MORE 日本の勝利とその影響

トルコの人々への影響

土耳其人の日本人に対する即今①の態度は唯一なり。己が深怨ある露西亜に勝ちてくれし日本、始終己を窘め〳〵する西洋白皙人②の鼻を折りし同じ東洋人の日本、是れ彼等の日本観なり。（1906年6月）

①現在　②白人

〈『徳富蘆花集　順礼紀行』筑摩書房〉

インドのネルーが記したアジアの人々への影響

アジアの一国である日本の勝利は、アジアのすべての国ぐにに大きな影響をあたえた。……たくさんのアジアの少年、少女、そしておとなが、同じ感激を経験した。……「アジア人のアジア」の叫びが起こった。……ところが、その直後の成果は、少数の侵略的帝国主義諸国のグループに、もう一国をつけ加えたというにすぎなかった。そのにがい結果を、まずさいしょになめたのは、朝鮮であった。……

〈ネルー著、大山聰訳『父が子に語る世界歴史3』みすず書房〉

日露戦争での日本の勝利は、支配や圧政に苦しむアジア諸地域に衝撃を与えた。英領インドでは自治の要求につながり、オスマン帝国では立憲国家建設を目指す革命が起こるなど、各地の民族主義者に強い影響を与えた。しかし、結果的に日本は欧米列強との協調を優先し、民族独立運動には冷淡であった。

（　）内の正しい方に○をつけよう！

対立・協調の観点から振り返ろう！

国土分割という危機下の中国では、（近代化・帝国主義化）**を目指す変法運動や、列強に**（反対する・協力する）**義和団の活動が見られたが、いずれも失敗した。また、日露戦争の結果、アジアでは**（民族・宗教）**共同体としての意識の高まりが各地で見られたが、日本は帝国主義の道を歩んだ。**

条約改正 ——欧米諸国との対等な関係をめざして

ヒストリーツアーズ

海難事故が映し出す不平等条約の現実

（拡大）

↑**1 ノルマントン号事件** 1886年10月、横浜から神戸に向かうイギリスの貨物船ノルマントン号が紀伊半島沖で難破・沈没した。この船には、イギリス人の船長と乗組員のほか、日本人の乗客25名が乗船していた。

……ノルマントン号船長はじめその乗組員26名は尽く船中準備の小船に搭して助命したるに日本人乗客25名は一人も余さず本船に残りて船に殉じたるは船長が放棄せしにあらざれば道理においてあるまじき次第なり。英国領事庁が海軍法廷において開きたる審判のノルマントン号船長はじめその乗組員の挙動に間然*するところ無しと判定したるは大いに疑団なからずんばあらざるなり…… ＊批判、非難

↑**2 ノルマントン号の事故の裁判判決後に日本の新聞に掲載された社説記事** 1886年11月、ノルマントン号の事故に対するイギリス人の船長と乗組員への裁判が行われた。

チェック1 この海難事故に遭遇した人々はどうなったのだろうか。
①乗船していた全員が無事にボートで脱出して生還した
②日本人乗客は救出されずに船に取り残されて水死した

チェック2 この海難事故は、裁判でどのように裁かれただろうか。
①イギリス領事館によって裁かれ、船長は無罪となった
②日本の裁判所によって裁かれ、船長は殺人罪で有罪となった

チェック3 このような判決が下された背景にあるのは何だろうか。
①日本が領事裁判権を認めていたこと
②日本には関税自主権がなかったこと

1 国家目標となる不平等条約の改正

安政の五カ国条約の不平等性
- **領事裁判権の承認（治外法権）**
  国家主権が制限され，独立国としての体面を毀損
- **関税自主権の欠如（協定関税制）**
  税収の確保と国内産業の保護・育成を阻害 ➔p.92

➡**3 各国の関税率** 不平等条約下での日本の関税率は極めて低く、財政難の日本は当初、関税自主権の回復に注力したが、欧米諸国からは強く反発され領事裁判権の撤廃を優先する方針をとった。

100ドルの商品を輸入すると
赤字：関税率

国	商品	関税
ドイツ：55.5%→155.5ドル	100	55.5
アメリカ：53.7%→153.7ドル	100	53.7
イギリス：22.1%→122.1ドル	100	22.1
日本：3.1%→103.1ドル	100	3.1

条約改正の経過

外交担当者	経過・結果	おもな出来事
	1858 **安政の五カ国条約**（米、蘭、露、英、仏）	
岩倉具視（1871～73）	1871 **岩倉使節団**（～73） →条約改正の予備交渉に失敗	1871 **日清修好条規**
寺島宗則（1873～79）	1876 関税自主権回復を米と交渉 1879 日米関税改訂約書に調印 →英・独の反対で無効に	1874 民撰議院設立の建白書 1876 **日朝修好条規**
井上 馨（1879～87）	1882 各国と条約改正予備会議開催 1886 各国と集団で条約改正会議開始 1887 ボアソナードが意見書提出 改正案への反対論が広がり、交渉無期延期	1881 **国会開設の勅諭** 1883 **鹿鳴館**外交（～87） 1886 **ノルマントン号事件** →国民の対英感情悪化
大隈重信（1888～89）	1888 国別に秘密交渉開始 1889 米・独・露と改正条約に調印 改正案への反対運動高揚し、大隈が襲撃され交渉中止	1889 **大日本帝国憲法**発布 英紙が交渉内容（外国人判事の大審院への任用）を報道
青木周蔵（1889～91）	1891 英と交渉、改正案に同意 青木外相が大津事件で引責辞任し、交渉中断	1891 大津事件（ロシア皇太子ニコライが滋賀県大津で襲われ負傷）
陸奥宗光（1892～96）	1894 **日英通商航海条約**調印（発効1899年、有効期限12年） ・**領事裁判権の撤廃、関税自主権の一部回復などに成功、外国人の内地雑居も規定** ➔p.109 3 →列国とも同様の改正条約に調印	1894 **日清戦争**（～95） 1895 **三国干渉**
小村寿太郎（1901～06）（1908～11）	1911 **日米通商航海条約**調印 ・**関税自主権の完全回復に成功** →列国とも新条約に調印→条約改正達成	1904 **日露戦争**（～05） 1910 **韓国併合**

2 頓挫する条約改正交渉

↑**4 井上馨**（1835～1915） 長州藩出身。初代外務大臣に就任。外国の外交官を**鹿鳴館**の舞踏会に招き、日本の文明化をアピールする欧化政策を進めた。

↑**5 井上馨外相による条約改正予備会議**〈条約改正会議 上野広一画 聖徳記念館蔵〉 1882年、東京に列国代表を集めて予備会議が、86年から改正本会議が開かれた。翌年4月に、領事裁判権を撤廃し、関税自主権の一部を回復する代わりに日本が内地雑居と欧米に準じた法典の編纂を実施し、外国人訴訟のために外国人判事の任用を認めるとする条約案を採択した。

……日本は20年以来国家の進歩を促すために、多くの外国人を雇ったことは他国に例を見ない程だが、これまで、陸軍にせよ海軍にせよ、行政にせよ、教育にせよ、お雇い外国人には、顧問又は教師の名称を付すにとどまり、決して国の権力を与えていない。いずれの国においても官権を行うのは、国民の特権である。裁判官は一国の最も重要な官である。その職は官権の行使の最も貴重な一つである。この官権の行使を外国人に委ねることなどありえない。……

↑**6 条約改正案へのボアソナードの反対意見書**（部分） 政府の法律顧問のボアソナードは、井上馨の条約改正案では、不利をこうむる日本人が多くなり、また主権が損なわれるとして意見書を提出した。この意見書は政府内の機密文書であったが外部に漏れ、秘密出版されて反対論が高騰した。➔巻頭6

3 条約改正の取り引き条件となった内地雑居

⬆7 **内地雑居後の風俗を描いた双六** 条約改正の交渉において、領事裁判権の撤廃に対する代償として、外国人に日本国内を開放し居留地外の居住や移動の自由、土地の所有を認める内地雑居の方針が取られた。日本国内では、この外交手段に対する賛否の議論が巻き起こったが、最終的には、1894年、外国人居留地の廃止と内地雑居を盛り込んだ条約案にイギリスが同意した。➔p.108 1

反対派 日本の土地や産業が外国資本に買い占められる。低賃金で働く外国人労働者が流入し日本人労働者の雇用機会が失われる。伝統的な風俗や生活が破壊される。など

容認派 外国資本や外国商人の流入が刺激となり、日本の国内経済の促進・活性化が期待できる。不平等条約の弊害をなくすためにはやむを得ない。など

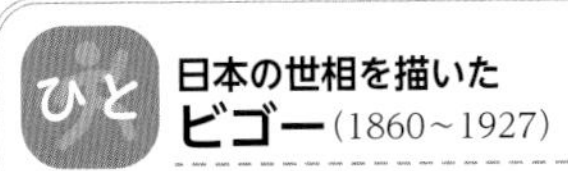

ひと 日本の世相を描いた ビゴー（1860～1927）

パリの役人の子として生まれ、画家である母の影響で、幼くして画に親しむ。美術学校を中退し、新聞・雑誌などで画の仕事を続けるうちに浮世絵などの日本美術に魅せられて、1882年に来日。陸軍士官学校の教師を経て、横浜居留地で漫画雑誌『トバエ』を創刊、時事問題や日本の風俗を風刺した漫画を描いた。内地雑居には時期尚早と反対の立場をとり、領事裁判権の撤廃直前の1899年、警察や政府の役人による弾圧を恐れて帰国した。

⬇8 **社交会に出入りする紳士淑女** 欧化政策は表面的な猿まねであると皮肉ったもの。

4 条約改正交渉の進展と国際情勢の変化

A 陸奥宗光の交渉 ～領事裁判権の撤廃

⬆9 **陸奥宗光**（1844～97）
和歌山藩出身。維新後、駐米公使・農商務相などを経て、第2次**伊藤博文**内閣の外相となり条約改正交渉にあたる。**日清戦争**講和会議で伊藤とともに日本全権を務めた。➔p.105

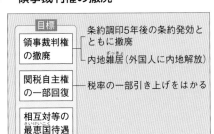

目標
- 領事裁判権の撤廃 ― 条約調印5年後の条約発効とともに撤廃／内地雑居（外国人に内地解放）
- 関税自主権の一部回復 ― 税率の一部引き上げをはかる
- 相互対等の最恵国待遇

↓ 大津事件の裁判で日本の評価が高まったことに加え、イギリスが親日政策をとる

成功
1894年7月16日 日英通商航海条約調印
→その後列国とも新条約調印

B 小村寿太郎の交渉 ～関税自主権の完全回復

⬆11 **小村寿太郎**（1855～1911）
飫肥藩（現宮崎県）出身。1905年の**日露戦争**講和会議の日本全権として**ポーツマス条約**に調印。1911年には日米通商航海条約に調印し、関税自主権の完全回復に成功した。

日本の国際的地位の向上
①立憲国家の成立
②諸法典の整備
③日清戦争・日露戦争での勝利

↓

目標
関税自主権の回復 ― 完全回復

1910年 1894年調印の通商航海条約の廃棄を通告
→無条約になる可能性を条約国に意識させて交渉

↓ イギリスが改正案に難色を示し、交渉難航
→アメリカとの交渉を優先

成功
1911年2月21日 日米通商航海条約調印
→英・独・仏など列国とも新条約調印

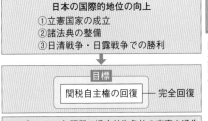

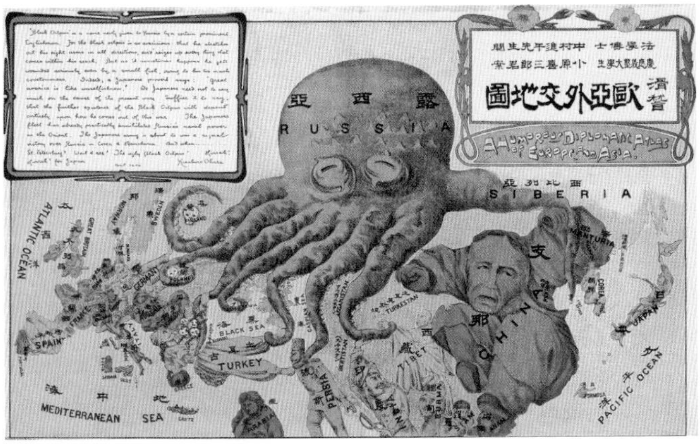

⬇10 **台頭するロシアを風刺した地図** ロシアは、冬になると港が凍って使用できなくなるため不凍港を求めて南下政策を掲げた。1890年代に入り、ロシアがシベリア鉄道建設（1904年開通）に着手し東アジアへの進出を図ると、それを警戒したイギリスは東アジア政策を変更し、日本との条約改正に応じる態度を示した。

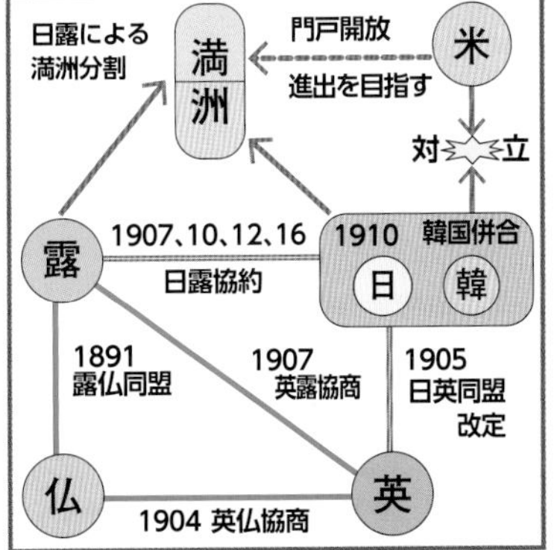

⬅12 **日露戦争後の国際関係** 日露戦争後、日本は日英同盟・日露協約を通じて英・仏・露と結びつき、中国市場を狙うアメリカと対立するようになった。こうした情勢のもと、日本はまずイギリスと交渉を始めたが、当時イギリス国内では自由貿易反対の動きが強く期待に反して交渉は難航した。一方、アメリカは日本人移民の抑制や東アジア政策で日本との協力を模索していたことから、日本は優先すべき交渉相手をアメリカへと変更した。

平等・格差の観点から振り返ろう！

日本は、時に極端な（欧化・国粋）政策をとりながら憲法発布や国会開設などにより近代国家としての体裁を整えることで条約改正を実現し、（欧米・アジア）諸国と対等な外交関係を築くことをめざした。

明治時代

日本の産業革命

➲巻頭7~8、p.49、52

1 第1次産業革命(紡績業・織物業・製糸業)

A 紡績業の発展

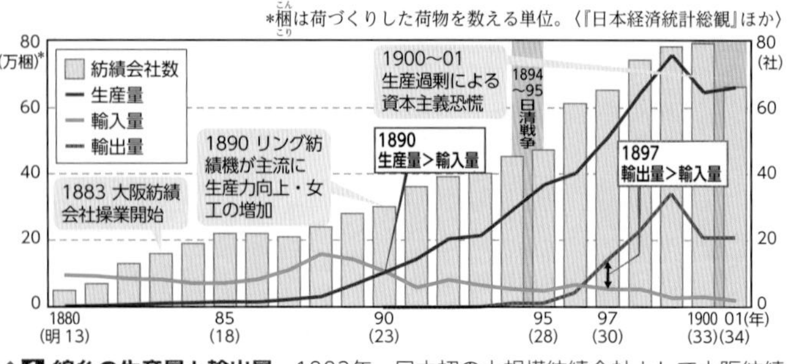

↑1 **綿糸の生産量と輸出量** 1883年、日本初の大規模紡績会社として大阪紡績会社が操業された。国内の**綿糸**生産は増加を続け、1890年には生産量が輸入量を上回った。**日清戦争**後の1897年には輸出量が輸入量を上回り、綿糸は重要な輸出商品となった。日本の紡績業を支えたのは、インドからの安価な綿花であった。

ひと 日本の産業の勃興に尽力した二人
西の **五代友厚**(1835~85) 東の **渋沢栄一**(1840~1931)

薩摩出身の五代友厚は、官吏となったのち大阪を中心に政商・実業家として活躍した。大阪商法会議所(現大阪商工会議所)や大阪株式取引所を設立するなど、大阪経済界で中心的役割を果たした。武蔵国榛沢郡(現埼玉県)出身の渋沢栄一は、大蔵省時代、国立銀行条例の制定などに関わった。実業界に転身したのちは、第一国立銀行や大阪紡績会社など多くの企業や、東京商法会議所(現東京商工会議所)を設立するなど、東京の経済界の発展に寄与した。

↑2 **五代友厚**〈国立国会図書館ウェブサイトより〉

↗3 **渋沢栄一**〈渋沢史料館蔵〉

日本の産業革命の流れ

殖産興業期(一八七〇年代)

殖産興業の推進 ○:このころ
担当官庁
・**工部省**(1870設置)…鉄道・鉱山
1872 新橋-横浜間に鉄道開業(首都と開港場を結ぶ)➲p.48
・**内務省**(1873設置)…製糸・紡績
官営事業…**官営模範工場**(製糸業・紡績業)→1872 **富岡製糸場**開業➲p.101
製糸 蚕の繭から生糸をつくる
紡績 綿花から木綿の糸(綿糸)をつくる

産業革命の開始(一八八〇年代)

最初の企業勃興(1886~89)…会社設立ブーム(紡績・鉄道など)
背景
○官営事業払い下げ(**松方財政**)➲p.101
払い下げ先=**政商**…これを基盤に**財閥**に成長
○貿易黒字化・**銀本位制**確立による経済安定(1882 **日本銀行**設立)
紡績・織物業 1880年代 ガラ紡普及、飛び杼の採用
1883 **大阪紡績会社**操業開始(初の大規模機械紡績)➲p.49
製糸業 ・**座繰製糸**の普及
鉄道業 81 **日本鉄道会社**設立(現在の東北本線など建設)
炭鉱業 81 炭鉱の排水に蒸気機関を導入(筑豊炭田)

産業革命の進展(一八九〇年代、軽工業中心)

資本主義の確立 背景 ○日清戦争の賠償金による戦後経営➲p.105
○**金本位制**確立…**貨幣法**(1897)
紡績業 ・手紡、ガラ紡から機械制生産への転換
1890 綿糸 生産量>輸入量
97 綿糸 輸出量>輸入量
資本主義成立の指標
1890 最初の恐慌
1900~01 資本主義恐慌
製糸業 ・座繰製糸→**器械製糸**へ転換
94 器械製糸の生産量>座繰製糸の生産量
海運業 93 日本郵船会社、ボンベイ(ムンバイ)航路就航
鉄道業 ・官営鉄道の延伸と民間鉄道の発展
89 官営東海道線が全通(新橋-神戸間)
民営鉄道の営業キロ数>官営鉄道の営業キロ数
91 日本鉄道会社、上野-青森間を全通
1901 神戸-下関間が全通し、青森-下関間の鉄道がつながる

重工業化の始まり(一九〇〇年代)

官営軍需工場中心の重工業化 背景 ○日清・日露戦後経営
鉄鋼業 1901 官営**八幡製鉄所**操業開始…鉄鋼の国産化
織物業 ・力織機による生産…**豊田佐吉**、国産力織機を発明
09 綿布輸出額>綿布輸入額
製糸業 09 生糸輸出量が世界第1位となる
鉄道業 06 **鉄道国有法**公布…民営鉄道17社を買収
その他 ・電力事業の勃興…大都市で電灯普及始まる
・**財閥**の発展…1909三井合名会社設立

重工業化の進展…第一次世界大戦期・1930年代

B 織物業の発展

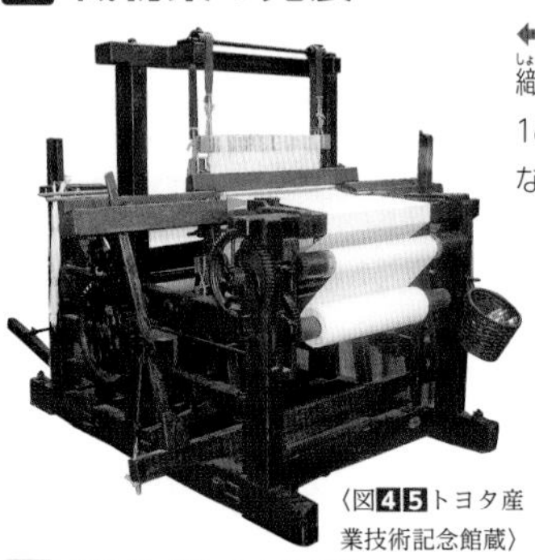

←4 **豊田式汽力織機** 蒸気の力で動く国産初の力織機。飛び杼の原理を応用した人力織機に続いて、1897年に豊田佐吉が開発。輸入機械に比べて安価な国産の力織機の登場は、織物業の発展を促した。

←5 **豊田佐吉**(1867~1930) 静岡県出身。力織機や自動織機の開発、工場経営を行う。息子の喜一郎は自動車生産を手がけ、現在のトヨタ自動車を創業した。

〈図45トヨタ産業技術記念館蔵〉

C 製糸業の発展

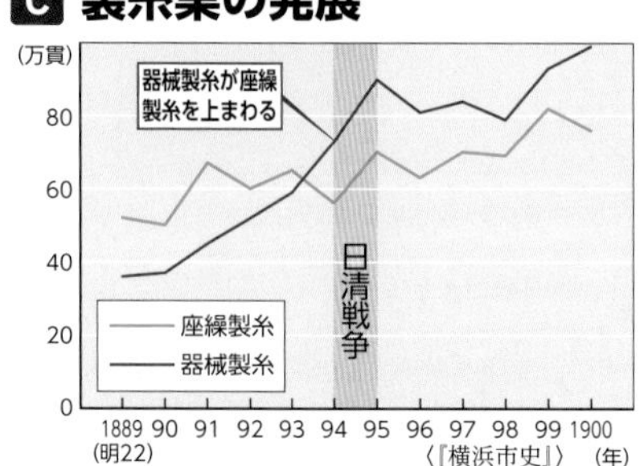

↑6 **器械製糸の普及** **日清戦争**が始まった1894年、**生糸**の生産量では、水力や蒸気を動力とする器械製糸➲p.101が手作業による座繰製糸を上回った。

(『日本経済統計総観』)

(単位:%)	アメリカ	フランス	イギリス
1899(明32)	63.8	30.6	0.5
1909(明42)	69.3	19.4	0.1
1919(大8)	95.8	2.4	0.6

↑7 **生糸の輸出先** 高級品である生糸や絹製品は、幕末から欧米向けの重要な輸出商品であった。アメリカの経済発展が進むと女性のストッキングの原料として、アメリカ向けの輸出が増加した。

世界の中の日本 軽工業を支えた女工と工場法

日本の**産業革命**を支えたのは女工とよばれる女性労働者であった。農家からの出稼ぎも多く、寄宿舎で寝泊まりして長時間働く場合もあった。低賃金や長時間労働に加え、工場内のほこりで肺炎にかかるなど、労働環境がしだいに社会問題化した。1911年に公布(1916年施行)された工場法では、女性の労働時間を12時間としたが、15人未満の工場には適用されなかったため、小規模の企業が多い軽工業では、労働条件の改善が進まなかった。

↑8 **女工**(1900年ごろ) 繊維産業には手指の細い女性が適しているとされ、多くの女性が働いた。➲p.52 別冊史料29

2 第２次産業革命（製鉄業・石炭業）

⬅9 **官営八幡製鉄所**　**日清戦争**の賠償金➲p.105で建設され、ドイツの技術を取り入れて1901（明治34）年に操業開始。中国 漢冶萍公司の大冶鉄山の鉄鉱石と九州 筑豊炭田の石炭を用い、国内の銑鉄・鋼材の半分以上を生産した。のち南満洲鉄道経営の撫順炭鉱の石炭も利用した。

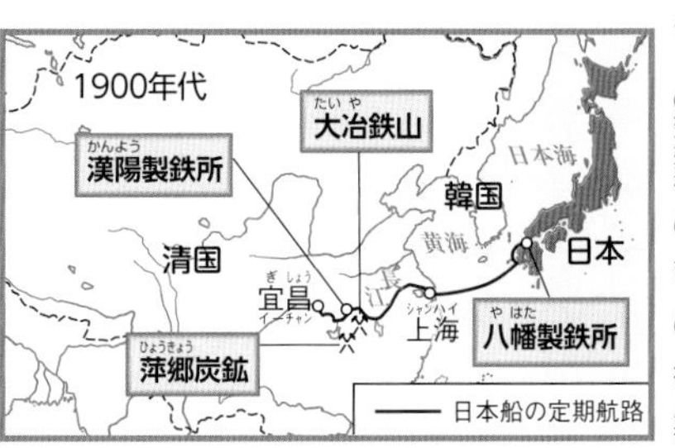

➡10 **石炭生産の拡大**　筑豊炭田と北海道を中心に炭鉱開発が進んだ。産炭量は1903（明治36）年に1000万tを突破し、1940（昭和15）年には5600万tに達した。

⬅11 **中国の鉱山と八幡製鉄所**　1908年、漢陽製鉄所と大冶鉄山、萍郷炭鉱が日本からの借款によって統合され、中国最大の民間製鉄会社である漢冶萍公司が設立された。鉄鉱石・石炭の採掘から製鉄までを一貫して行うことのできる漢冶萍公司は、製鉄の一大拠点となった。

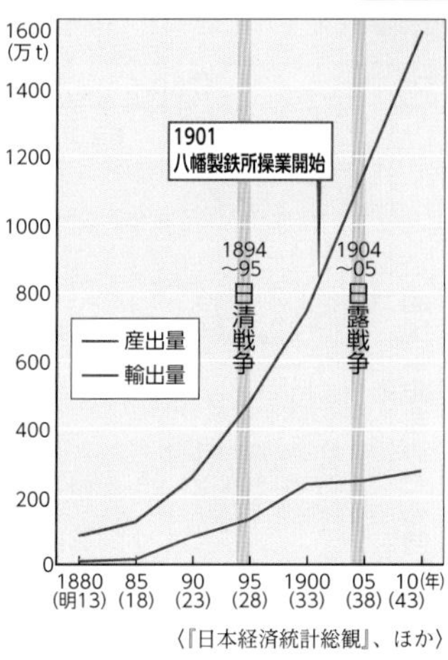

〈『日本経済統計総観』、ほか〉

3 鉄道の発展

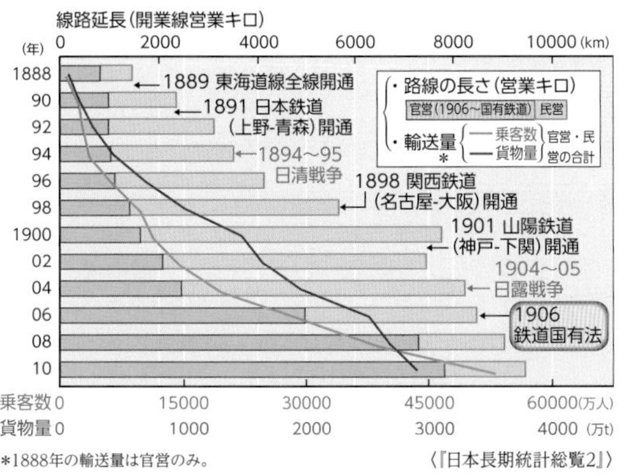

*1888年の輸送量は官営のみ。　〈『日本長期統計総覧2』〉

⬅12 **鉄道の発展**　1881年、日本初の民営鉄道として日本鉄道会社が設立された。日本の企業勃興期であり民営鉄道会社の設立が相次いだ。政府も1889年に官営の東海道線（新橋-神戸間）を全線開通させたが、同年、営業距離では民営鉄道が官営鉄道を上回った。**日露戦争**➲p.107後の1906年、軍事上の必要もあり、鉄道国有法によって主要な民間鉄道が国有化された。明治末には全国の営業距離が8000kmを突破した。

〈交通新聞社資料、ほか〉

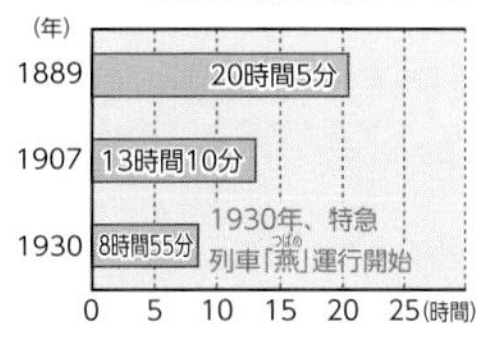

⬅13 **東京-神戸間の所要時間**（下り）　機関車や線路の改良、停車駅の削減などにより、特急列車「燕」が誕生した。「燕」は東京-神戸間を、約９時間で結んだ。

➡14 **1930年に誕生した特急列車「燕」**　最高時速95km/hを実現した。

明治時代

4 海運業の発展

交通と貿易 テーマで結ぶ世界　インドや北米への航路が重視された理由を考えよう。➲p.48、86

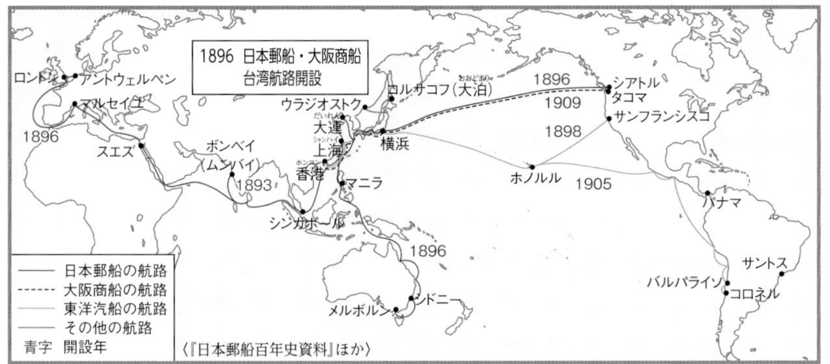

〈『日本郵船百年史資料』ほか〉

⬆15 **明治に開かれた定期航路**　1893年、日本郵船会社によって日本初の遠洋定期航路であるボンベイ（ムンバイ）航路が開かれた。これによって安価なインド綿花の輸入が容易になり、日本の紡績業が発展した。また、1896年には、アメリカやヨーロッパ、オーストラリアへの航路も開かれ、輸出入を安定して行う環境が整っていった。

海運業の勃興	
1871	土佐藩、藩経営の九十九商会（海運会社）を旧藩士の岩崎弥太郎に譲渡
73	九十九商会、**三菱商会**と改称（1875年、郵便汽船三菱会社と改称）
82	**渋沢栄一**ら**共同運輸会社**設立、三菱と激しい値引き競争を展開
84	大阪商船会社設立（瀬戸内海航路の船問屋を統合）
85	政府の調停により、三菱と共同運輸が合併し**日本郵船会社**設立
86	浅野総一郎、浅野回漕部（東洋汽船の前身）を設立
93	**日本郵船、ボンベイ（ムンバイ）航路開設→インド綿花の輸入急増**
96	**造船奨励法・航海奨励法**公布、指定航路の大型汽船に補助金交付

⬆16 **岩崎弥太郎**（1834～85）

世界の中の日本

産業の発展の影響と日本人の海外移民

日本からの海外**移民**は、時期やその背景にさまざまな特徴がみられる。日本国内の**産業革命**により、それまでの在地産業が衰退すると、西日本などでは職を失う人々が増加した。また、琉球処分後の沖縄では産業構造の変化から生活に困窮する人々が増加した。こうしてハワイや北米に多くの移民が渡った。**第一次世界大戦**➲p.124後は人口増加と貧困対策から南米への移民が政府主導で進められた。**満洲事変**➲p.142後は、満蒙開拓を進める政府の政策として**満洲国**への開拓移民が募集された。

〈ベインブリッジ島歴史博物館蔵〉

⬆17 **北米移民**　低賃金で働く日本人移民に対して、アメリカ国内では日本人移民排斥運動が起こった。➲p.134

特集 産業革命の拡がり

産業革命をめぐる各国のできごとと時期

年代	1750年	1800年
イギリス	64 ハーグリーヴズ、ジェニー紡績機発明❷ 65 ワット、蒸気機関改良(〜69)❸ 69 アークライト、水力紡績機発明 85 カートライト、力織機発明❷	04トレヴィシック、蒸気機関車発明 25 スティーヴンソン、蒸気機関車実用化❸ 25 機械輸出を一部解禁 30 リヴァプール・マンチェスター間に鉄道開通 43 機械輸出を全面解禁
フランス	89 フランス革命(〜99)❶	04 ナポレオン皇帝即位 06 大陸封鎖令 30 七月革命❷ 32 サンテティエンヌ・リヨン間に鉄道開通
ドイツ		11 クルップ社設立 34 ドイツ関税同盟成立❶ 35 ニュルンベルク・フュルト間に鉄道開通 47 ジーメンス社(電気会社)設立
アメリカ		07 フルトン、蒸気船発明 12 米英戦争(〜14)❶ 37 モールス、電信機発明 38 蒸気船による大西洋横断定期航路開設
ロシア		37 サンクトペテルブルク・ツァールスコエ・セロー間に鉄道開通
日本		○ 工場制手工業(マニファクチュア)による生産が広まる

産業革命をいち早く成し遂げたイギリスは、19世紀前半にはその圧倒的な工業生産力と強力な軍事力で世界の覇権を握った。一方、イギリスの覇権に対抗すべく、フランスやドイツ、アメリカでも、工業化が推し進められ、次々と産業革命を達成していった。こうして先進諸国間の競争も激化していった。19世紀後半になると、工業化が遅れ劣勢にあったロシアと日本が、先進諸国に学び、国家の強力な主導のもとで急速な産業革命を実現し、世界の主導権をめぐる国際競争へと参画していった。

赤字：技術革新に関する事項
青字：交通革命に関する事項
○：このころ
産業革命が進展した時期
事項右の番号は下表の各国の背景と特徴との関連を示す。

背景と特徴

イギリス	フランス	ドイツ
❶インド産綿織物に代わる綿織物の国産化。 ❷織機・紡績機の技術革新。 ❸蒸気機関の改良と実用化による交通革命。 ❹19世紀半ばまでには「世界の工場」の地位を確立。	❶フランス革命で小農民が多数創出され、労働力の形成と資本の集積が遅れた。❷七月革命(1830)後、絹織物業から始まり、ナポレオン3世の時期に、鉄道・通信網などが整備された。	❶ドイツ関税同盟(1834)によって国内市場が統一され、ラインラント地方で工業化が始まる。 ❷ドイツ統一(1871)後は、ビスマルクの保護貿易策で、製鉄・機械など重工業を中心に飛躍的に発展。

技術革新〈蒸気機関〉

蒸気を利用した蒸気機関は、燃料の熱エネルギーを利用して動力を人工的に生み出せる画期的な発明であり、工場や炭鉱の機械をはじめ、船や鉄道などの乗り物の動力にも活用され、各国の産業革命を支えた。➲p.74

⬆1 蒸気機関(蒸気ハンマー)による製鉄(イギリス)

交通革命〈鉄道〉

1825年にスティーヴンソンが実用化した蒸気機関車は産業革命の進展とともに急速に普及し、工場生産の原料や製品を効率的に輸送するために鉄道が発達した。鉄道建設は大量の鉄を必要とするため、各国の重工業の発達も促した。➲p.48,75

⬆2 鉄道機械の製造で発展したクルップ社(ドイツ)

1 イギリスから周辺諸国への産業革命の波及

イギリスは当初、機械の輸出を禁止して技術流出を防いだが、19世紀前半に自由貿易の拡大のもと解禁し、その先端技術を導入した周辺諸国では急速に工業化が進んだ。

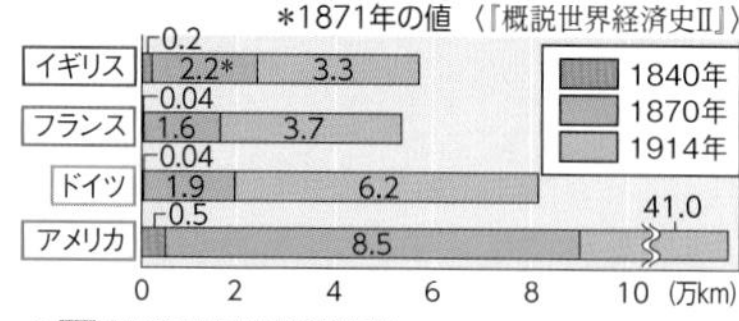

⬆7 鉄道の開通総距離

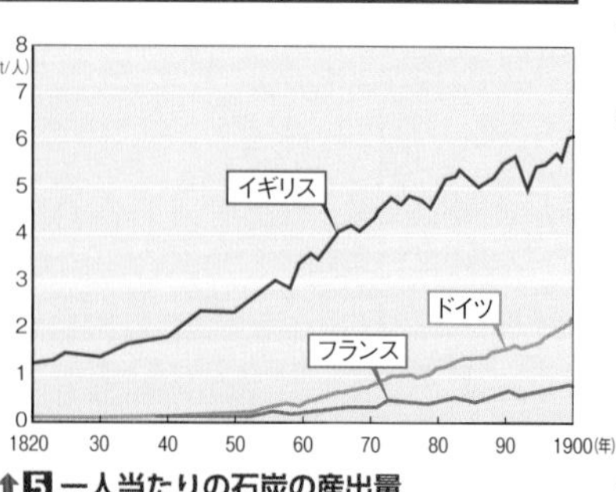

⬆5 一人当たりの石炭の産出量

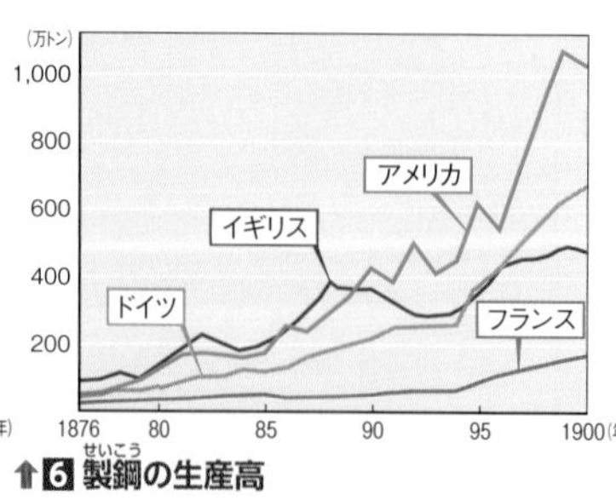

⬆6 製鋼の生産高

⬇8 鉄道網の拡大と都市の成長

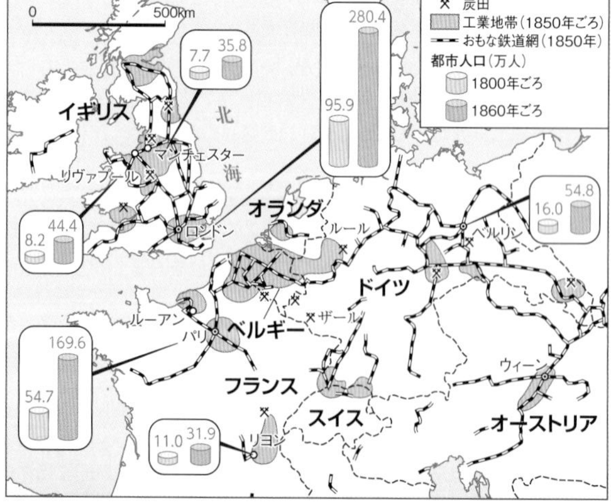

19世紀ごろ ←10
日本 ←110 →114
ヨーロッパ ←84 →116
アメリカ ←84 →116

1850年 / 1900年 / 1920年

- 51 ロンドン万国博覧会(第1回)
- 49 航海法廃止(貿易自由化の完成)
- 58 大西洋横断海底ケーブル敷設
- 75 スエズ運河会社株の買収
- 77 インド帝国樹立(インドを直轄統治化)
- 02 日英同盟
- 99 南アフリカ戦争(～1902)

- 52 ナポレオン3世即位(第二帝政)❷
- 48 二月革命
- 69 スエズ運河開通
- 70 普仏戦争(～71)
- 67 パリ万国博覧会
- 71 ドイツにアルザス・ロレーヌ割譲
- 89 エッフェル塔完成
- 91 露仏同盟(94完成)
- 99 ルノー社(自動車会社)設立

- 62 プロイセン宰相ビスマルク「鉄血政策」推進(～90辞職)❷
- ○クルップ社、大砲や鉄道機械の製造開始
- 48 三月革命
- 70 普仏戦争(～71)
- 71 ドイツ帝国成立❷
- 86 ダイムラー、ガソリン自動車発明
- 92 ディーゼルエンジン発明
- 99 バグダード鉄道敷設権獲得

第2次産業革命をリード

- 61 南北戦争(～65)❷
- 59 ドレーク、石油採掘に成功❷
- 65 カーネギー、鉄鋼会社設立❷
- 69 大陸横断鉄道開通
- 70 ロックフェラー、スタンダード石油会社設立❷
- 76 ベル、電話機発明
- 79 エディソン、電灯発明
- 03 ライト兄弟、飛行機発明
- 03 ヘンリー=フォード、自動車会社設立
- 04 パナマ運河建設(～14)

- 53 クリミア戦争(～56)
- 51 モスクワ・サンクトペテルブルク間に鉄道開通
- 61 農奴解放令❶
- 67 アラスカをアメリカに売却
- 77 露土(ロシア・トルコ)戦争(～78)
- ○バクーの石油産業発展
- 91 露仏同盟(94完成)❷
- 91 シベリア鉄道着工(1904開通)❸
- 04 日露戦争(～05)
- 17 ロシア革命

- ○反射炉の建設(肥前藩、薩摩藩など)
- 54 日米和親条約
- ○明治維新
- 71 岩倉使節団(～73)
- 72 新橋・横浜間に鉄道開通
- 72 富岡製糸場設立❶
- 82 大阪紡績会社設立❷
- 97 豊田佐吉、蒸気力による力織機発明
- 94 日清戦争(～95)❸
- 01 八幡製鉄所操業開始❹
- 02 日英同盟
- 04 日露戦争(～05)❹
- 10 韓国併合

第一次世界大戦 14～18年

アメリカ	ロシア	日本
❶**米英戦争**(1812～14)でイギリスから経済的に自立し、南部の綿花を原料に綿工業が起こる。 ❷**南北戦争**(1861～65)後、国内市場が統一され、資源開発も進んで石油産業や製鉄業が急速に発展。	❶**農奴解放令**(1861)によって労働者が創出され、繊維工業から開始。❷フランス資本の導入(1891)と国家の保護によって90年代には重工業が発展。 ❸シベリア鉄道を建設し、東アジアへ進出。	❶明治政府の**殖産興業**政策が契機。 ❷高性能の紡績機の導入により綿織物工業から発展。 ❸**日清戦争**(1894～95)前後、軽工業中心に発達。 ❹**日露戦争**前後には重工業が発展し始める。

人口移動〈移民〉

19世紀後半、工業化が進んだ欧米諸国では人口移動が激化した。特にアメリカには、イタリアや東欧、中国から多くの移民が流入し、鉱山や工場、鉄道建設などでの労働力として、産業革命の進展を支えた。➲p.53

⬆3 靴工場で働く中国人移民(アメリカ)

輸入代替〈国産化〉

イギリスではインドから輸入していた綿製品を国産化したこと(輸入代替)が繊維工業を発達させた。日本でも中国・インドからの輸入に頼っていた綿糸などの綿製品の国産化により紡績業が発達し産業革命が促された。➲p.49,110

⬆4 綿糸の大量生産を行う大阪紡績会社(日本)

2 産業革命の進展と列強による世界支配

産業革命を達成し、過剰なまでの生産力と資本を獲得した列強諸国は、新たな市場と資本の投下先を国外に求め植民地獲得に乗り出し、世界分割が進んでいった。

⬇9 本国と植民地の面積比

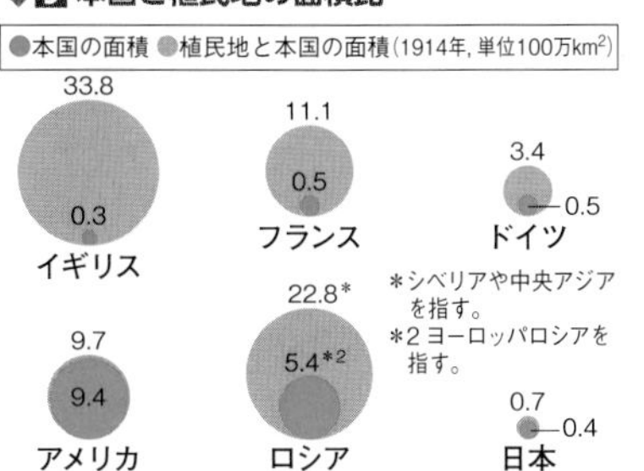

⬇10 工業化の進展と一体化する世界(1870～1910年ごろ)

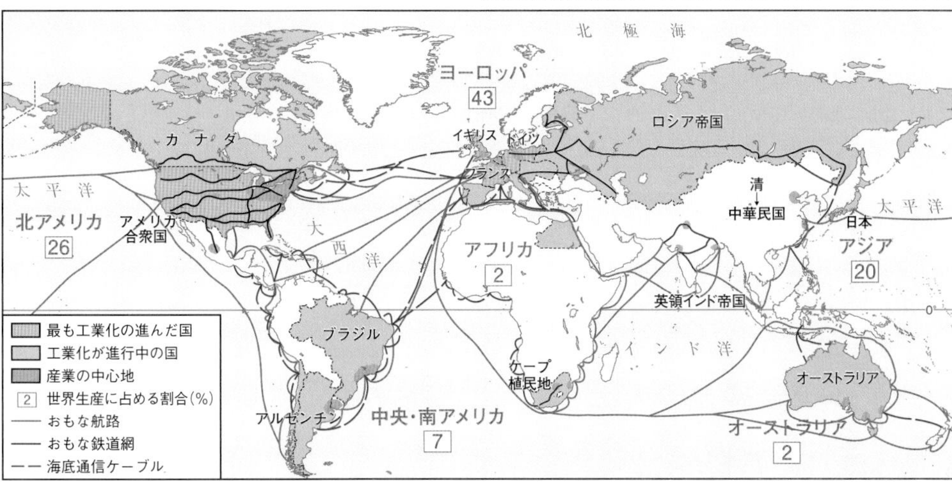

韓国併合と清の滅亡 ――日露戦争後の東アジアの変動

20世紀前半
←14
日本
←110
→118
東アジア
←106
→118

ヒストリーツアーズ

大陸に現れた「鵺亀」とは?

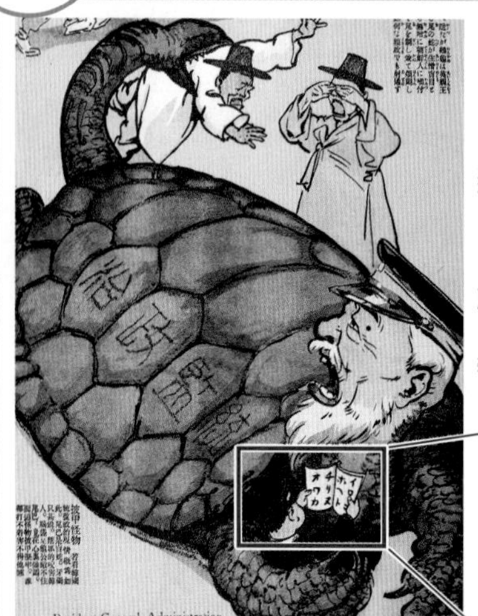

(拡大)

←**1 伊藤博文の「鵺亀」**(『東京パック』1908年11月1日号) 韓国を保護国とした日本は、伊藤博文を統監に任じ、1907年には韓国の内政権も得た。図1は統監としての伊藤を風刺したものである。〈東京大学法学部附属明治新聞雑誌文庫蔵〉

伊藤博文
皇太子李垠

↑**2 和服を着た韓国皇太子と伊藤博文**(1908年、東京で撮影)

チェック1 図1の風刺画から、次の服装の人を見つけよう。
①軍帽 ②民族衣装 ③学生服

チェック2 図1の風刺画に描かれた学生服の人物は、次のうち誰を指しているだろうか。
ヒント 図2を見てみよう
①日本人の子ども
②韓国の皇太子
③伊藤博文の孫

チェック3 図1の絵は韓国がどのようになったことを表しているのか、考えてみよう。
①日本と友好国になった
②日本の支配下になった

1 韓国の保護国化と韓国併合

[米] 条約の相手国 赤字対米関係の悪化 青字日米関係悪化への対応 韓国に関する内容 満洲に関する内容

東アジアをめぐる欧米各国との条約

	事項	内容
1904	**日露戦争**開始➔p.107	朝鮮半島と満洲の権益をめぐって対立
	日韓議定書	戦争遂行に必要な便宜を韓国が日本に図ることを約定
	第1次日韓協約	日本が韓国に外交や財務の顧問設置を認めさせる
05	第2次日英同盟協約 [英](日英同盟改定)	日本の韓国保護国化と英のインドにおける特権を相互承認、適用範囲をインドまで拡大、攻守同盟に改める
	ポーツマス条約 [露]	日露の講和、満洲権益と南樺太譲渡・韓国保護権承認
	桂・ハリマン協定 [米]	南満洲鉄道の日米共同経営案→小村寿太郎の反対で破棄
	第2次日韓協約	韓国の外交権を接収し保護国化
06	サンフランシスコ学童排斥問題(日本人学童入学拒否事件) [米]	サンフランシスコ市がアジア人児童を東洋人学校に隔離、日本人移民排斥運動の激化
07	第3次日韓協約	韓国の内政権掌握、軍隊解散
	第1次日露協約	満洲における日露の勢力範囲を相互承認(米の満洲進出を警戒)
08	移民に関する日米紳士協約 [米]	駐日米大使の要請を受け、米への移民を自主的に制限
09	米、南満洲鉄道の中立化を列国に提議 [米]	⇒日露両国が共同で拒否(1910年)→日露の連携深まる
10	第2次日露協約 [露]	日露両国が満洲権益確保のため協力しあうことを確認
	韓国併合 別冊史料30	日本、韓国を**植民地化**
11	日米通商航海条約改正 [米]	日本、関税自主権を回復。各国ともそれぞれ改正
	第3次日英同盟協約 [英]	英の意向で、米を攻守同盟の適用対象から除外
12	第3次日露協約 [露]	内蒙古の勢力範囲を画定(将来の進出範囲)
16	第4次日露協約 [露]	日露の関係強化(軍事同盟化)、第三国の中国支配を阻止

日韓議定書(1904.2.23)
日本は軍略上必要な韓国の土地を臨機に収用する
↓
第1次日韓協約(1904.8.22)
韓国政府に日本政府が推薦する財政・外交顧問をおく
↓
第2次日韓協約(1905.11.17)
統監をおき、韓国の**外交権**を接収 **保護国化**
↓
第3次日韓協約(1907.7.24)
統監が韓国の**内政権**を掌握、韓国軍隊解散

←**3 韓国の保護国化** 日露戦争中に結ばれた日韓議定書により、日本は韓国内での軍事行動権を得た。その後日本は、次々と韓国の外交・内政に干渉する権利を認めさせ、韓国の軍隊を解散させて保護国化を進めた。

←**4 高宗**(1852~1919) 第2次日韓協約で韓国が保護国化されたことに反発し、1907年にハーグへと密使を送ったが、すでに韓国における日本の権益を認めていた列強はこれを相手にしなかった(ハーグ密使事件)。高宗はこの事件がきっかけで退位させられ、第3次日韓協約が結ばれて韓国は内政権も失った。

←**5 武装した義兵** 第3次日韓協約で解散させられた軍隊の軍人に農民や商工業者が加わり義兵運動を行ったが、日本軍により鎮圧された。

←**6 韓国併合を祝う提灯行列**(東京、1910年) ハーグ密使事件以降、日本の世論は対韓強硬論に傾き、韓国併合は日本史上最大の「慶事」として報道された。併合後の朝鮮半島では朝鮮総督府➔p.118による武断政治が行われた。歌人の石川啄木は、「地図の上朝鮮国にくろぐろと墨をぬりつつ秋風を聴く」と併合を批判した。

ひと 朝鮮民族運動の義士
安重根(アンジュングン)(1879~1910)

開化派の両班であった彼は,日本の圧力が強まるなかで愛国啓蒙運動に取り組んだ。その後,義兵運動に進み,初代韓国統監の**伊藤博文**を1909年ハルビン駅で射殺(暗殺)し,翌年,死刑となった。右の写真は韓国の切手に表された安重根。安重根は,韓国では独立運動の英雄としてたたえられている。

2 辛亥革命と中華民国の建国

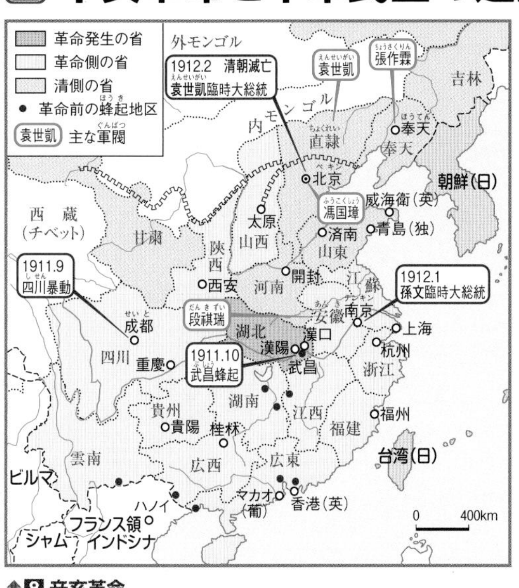

↑8 辛亥革命

↑9 中国革命の父 孫文
(1866～1925) 1894年にハワイで「興中会」を結成した後、革命運動に従事する。1905年に東京で「**中国同盟会**」を組織し、**三民主義**を唱えた。**辛亥革命**により1912年に樹立された**中華民国**の臨時大総統となった。

MORE 中国の民族資本の成長

欧米や日本の企業が中国市場に本格参入するなか➲p.13、これと連携・対抗しながら中国の民族資本が成長した。上海を中心に圧倒的経済力を誇った浙江財閥はその典型で、外国商社と結んで金融資本を蓄えた。孫文などの革命家を経済面で支援するなどして**辛亥革命**にも大きな影響を与え、**中華民国**の蔣介石政権を支持した。

➡10 **浙江財閥 宋家の三姉妹** 長女靄齢は浙江財閥の一人、孔祥熙と結婚した。次女慶齢は孫文と、三女美齢は蔣介石と結婚した。

三民主義		
	民族	異民族支配の打倒(民族の独立)
	民権	共和政国家の樹立(民権の伸長)
	民生	地主的土地所有の排除(民生の安定)

⬅11 **三民主義** 「民族」は始め清朝支配打倒を指したが、やがて清支配下の多様な民族を「中国民族」として緩やかに統合する理念へと発展した。 別冊史料31

近代中国の改革運動の変遷

(凡例:清の改革運動/反清運動 革命運動)

- **洋務運動**(1860年代～90年代前半) ➲p.104
  スローガン「**中体西用**」
- ↓ 挫折 → 清仏戦争(1884～85)・日清戦争(1894～95)での敗北
- **変法運動**(1895～98)
  スローガン「**変法自強**」
  - 保守派:**西太后**を中心とする
- **戊戌の変法**(1898.6)
  ↓ 挫折 ← 戊戌の政変(1898.9)
- **義和団事件**(1900～01) ← 鎮圧 ← 8か国共同出兵(1900)
  スローガン「**扶清滅洋**」
- **北京議定書**(1901.9)
  北京駐兵権など
- **列強への従属強まる**
- **本格的改革**(1901～08)
  - 西洋式陸軍の創設
  - 科挙の廃止(1905)
  - 「憲法大綱」の公布(1908)
  - 国会開設公約
- **幹線鉄道国有化** ← 反発 ← **民族資本家** 利権回収運動 ← 民族資本家の台頭(紡績業、海運業など)
- **四川暴動**(1911)
- **辛亥革命**(1911～12)
  - 武昌蜂起から全国へ拡大
  - 孫文を臨時大総統に選出
  - 中華民国の建国宣言(1912.1)
- ↕ 取引
- **袁世凱**(清朝最強の北洋新軍を率いる)
  - 宣統帝(溥儀)を退位させ、臨時大総統に就任 ― **清朝滅亡**(1912.2)
- **袁世凱の反動政治**(北京) → 弾圧 → **国民党**(1912.8)
  - 独裁化 ← 反発 ← 第二革命(1913)
  - 帝政化(1915) ← 第三革命(1915) 阻止成功
  - 袁世凱の死(1916.6)
- **軍閥の割拠**

革命運動
- 新式学校の設立
- 大量の留学生の派遣
  ↓
  主権国家の樹立を目指す知識人層が形成される
- 興中会(1894、孫文)

中国同盟会
- **孫文**を中心に、東京で1905年に組織
- 三民主義(民族、民権、民生)

→ 国民党(1912.8) … 失敗 → 孫文、日本に亡命し中華革命党結成(1914)

別冊史料32

ひと 皇帝になろうとした将軍 袁世凱(1859～1916)

清朝の軍人として軍隊の近代化に努めたが、革命派と取り引きを行い、最後の皇帝を退位させる見返りに中華民国の臨時大総統に就任した。その後国民党を弾圧し、皇帝への即位を宣言したが、諸外国からの干渉によりナショナリズムが高揚するなか、諸外国の利権を認めることで権力を掌握した袁世凱に対する批判が高まり、即位を取り消して失意のなかで死去した。

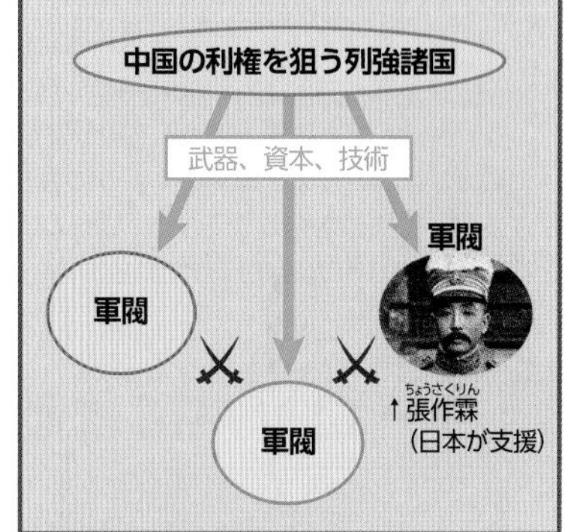

↑12 **軍閥の割拠** 袁世凱の反動政治の後、中国では軍閥が各地に割拠した。中国の利権を狙う列強が各軍閥を支援したので、彼らが抗争を繰り広げる分裂状態に陥った。

MORE 中国の民族問題の始まり

清の支配下にいたチベットやウイグル、モンゴルの人々➲p.60は、**辛亥革命**で清が滅亡したのであれば、自分たちの服属状態は解消されると考えていた。彼らは、自分たちは満洲人の皇帝に従っていただけであって、自身が「中国」のなかに含まれるわけではない、と考えていたのである。しかし**中華民国**は、清が支配した地域のすべての人が「中国民族」として統合されるべきだとして、諸民族の独立を認めず弾圧した。その際に漢人への同化を図る動きもあったことから、諸民族の抵抗は一層激しくなり、現代まで続く民族問題の原因となった。➲p.21

↑13 チベットの旗

➡14 ウイグルを象徴する東トルキスタンの旗

統合・分化の観点から振り返ろう!

( )内の正しい方に○をつけよう!

日本は韓国を併合し、(帝国主義・共産主義)国家への道を歩み出した。中国では三民主義を唱えた孫文により辛亥革命が起こり、中華民国が成立した。いずれも支配地域の人々を国民として(統合・分化)しようとしたため、多くの抵抗を招いた。

明治～大正時代

帝国主義の時代 ——植民地確保に乗り出した帝国主義諸国

20世紀前半 ←14

ヒストリーツアーズ 私は遊星をも併呑したい

↑**1** **ケープ植民地首相セシル=ローズ**(1853～1902)

別冊史料33

「私は、われわれは世界第一等の人種であり、われわれの住む世界が拡がれば拡がるほど人類にとって幸福だと主張する。……もし神がこの世にいますならば、神は私がアフリカの地図をできるだけ多く英領の印として紅くいろどることを欲したもうだろう。」
〈レオ=ヒューバーマン著、小林良正・雪山慶正訳『資本主義経済の歩み 下』岩波書店〉

↑**2** **セシル=ローズが友人に書いた手紙**

チェック1 上の人物がまたいでいるのは、どこの地域だろうか。
①南アメリカ ②アフリカ ③オーストラリア

チェック2 彼が左右の足を置いた地点は、イギリスが政策上重要な拠点とした都市である。右の地図から探してみよう。

チェック3 彼はアフリカ進出をどのように考えているだろうか。
①神の意志には反しているが人類のためである
②人類のためであり、神の意にも沿うものである

チェック

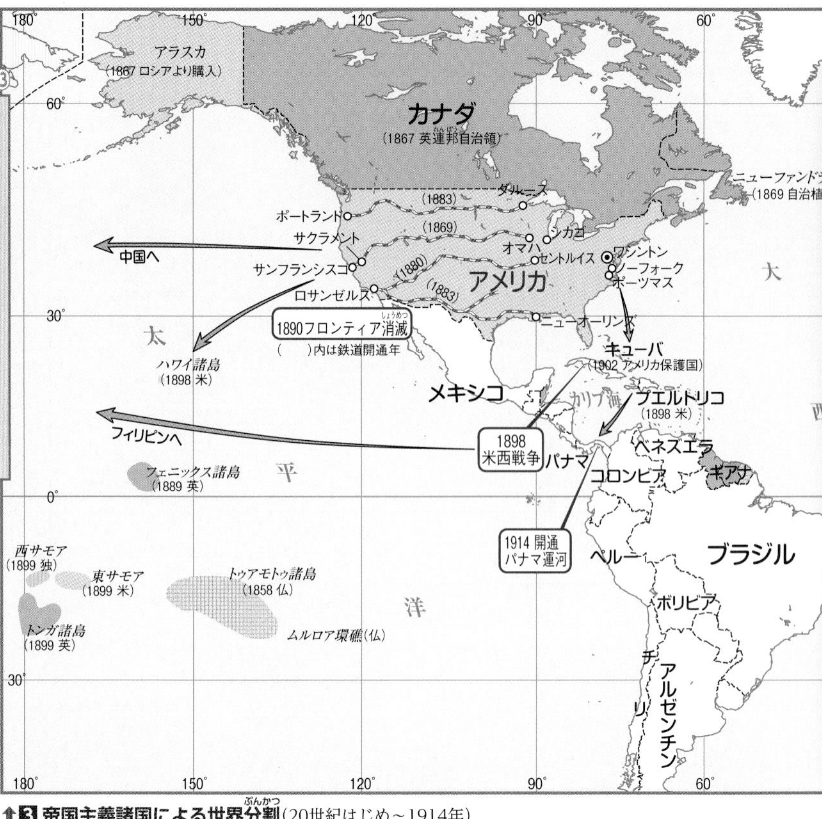

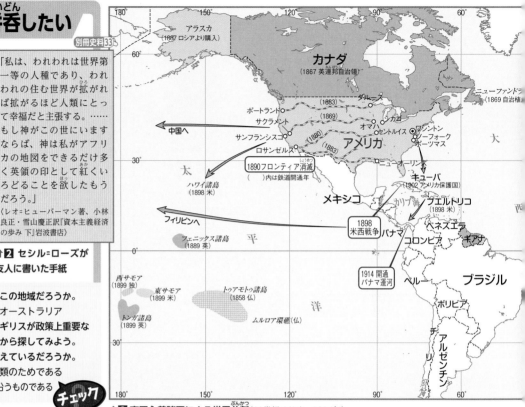

↑**3** **帝国主義諸国による世界分割**(20世紀はじめ～1914年)

1 ヨーロッパによるアフリカ分割

西アジア・アフリカ ←85 →133

←**4** **かつてのダイヤモンド採掘場**(南アフリカ)
オランダ系移民が南アフリカに建てたオレンジ自由国・トランスヴァール共和国で、1867年にダイヤモンドが発見されると、イギリスはその資源をねらって**南アフリカ戦争**(ボーア戦争)を起こし、両国家を併合した。セシル=ローズが設立したダイヤモンド鉱山会社は、デビアスグループとして現在も世界のダイヤモンド市場を握っている。

←**5** **ヴィクトリア女王のダイヤモンドつき王冠**

MORE ベルギー王の私有地「コンゴ自由国」

ヨーロッパ ←84 →124

↑**6** **コンゴ自由国でのゴム製造**

……白人の兵士たちは即座に数名の原住民を銃で射殺した。それから原住民たちをなぐりつけ、「もっとゴムを持ってこい、さもないと皆殺しにするぞ」と威嚇するのだった。
〈マーク=トゥエイン著、佐藤喬訳『レオポルド王の独白』理論社〉

産業革命の進展により、タイヤなどの原料としてゴムの需要が高まると、植民地でのゴム採取は本国に巨大な富をもたらした。ベルギー王が私有していたコンゴ自由国では、ベルギー人が現地の人々を酷使してゴムを採取させたため、「血塗られた赤いゴム」とよばれた。

アメリカ ←84 →130

2 アメリカの世界政策

←↑**7** **パナマ運河**(1915年当時)
パナマ共和国から工事権と租借権を得たアメリカが1904年に着工した。左の絵では、このことを風刺している。

ひと ハワイ王国最後の女王 リリウオカラニ(位1891～93)

彼女の即位から2年後、経済力をつけたアメリカ人入植者がクーデタを起こして王政は転覆し、ハワイはアメリカに併合された。幽閉された彼女は、その後二十数年の軟禁生活の中で音楽の才能を生かし、多くの名曲を残した。代表的な『アロハ・オエ』は体制の変化を憂い、復活を願う詞であるともいわれている。

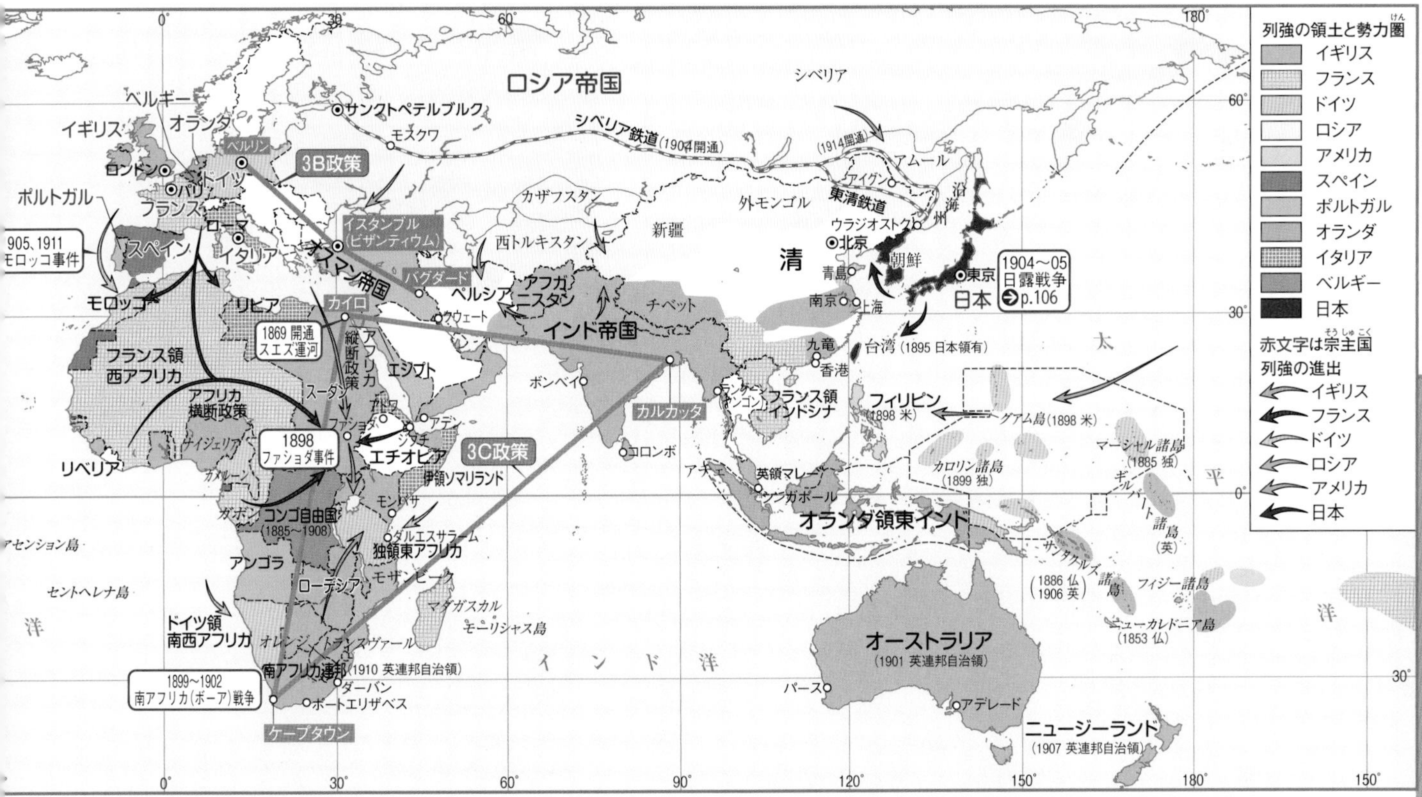

列強の領土と勢力圏
イギリス
フランス
ドイツ
ロシア
アメリカ
スペイン
ポルトガル
オランダ
イタリア
ベルギー
日本
赤文字は宗主国
列強の進出
イギリス
フランス
ドイツ
ロシア
アメリカ
日本
ロシア帝国
シベリア
サンクトペテルブルク
モスクワ
シベリア鉄道(1904開通)
(1914開通)
アムール
アイグン
東清鉄道
沿海州
ウラジオストク
北京
朝鮮
東京
日本
1904～05 日露戦争 ➲p.106
清
青島
南京
上海
九竜
香港
台湾(1895 日本領有)
外モンゴル
新疆
カザフスタン
西トルキスタン
チベット
アフガニスタン
ペルシア
インド帝国
カルカッタ
ボンベイ
コロンボ
フランス領インドシナ
フィリピン(1898 米)
グアム島(1898 米)
マーシャル諸島(1885 独)
カロリン諸島(1899 独)
ギルバート諸島(英)
英領マレー
シンガポール
アチェ
オランダ領東インド
サンタクルズ諸島(1886 仏 1906 英)
フィジー諸島
ニューカレドニア島(1853 仏)
オーストラリア(1901 英連邦自治領)
パース
アデレード
ニュージーランド(1907 英連邦自治領)
太平洋
インド洋
ベルギー
オランダ
イギリス
ロンドン
パリ
ベルリン
ドイツ
フランス
ポルトガル
スペイン
ローマ
イタリア
3B政策
イスタンブル(ビザンティウム)
オスマン帝国
バグダード
クウェート
1905、1911 モロッコ事件
モロッコ
リビア
カイロ
1869 開通 スエズ運河
縦断政策
アフリカ縦断政策
エジプト
フランス領西アフリカ
アフリカ横断政策
スーダン
ファショダ
1898 ファショダ事件
アデン
ジブチ
エチオピア
3C政策
伊領ソマリランド
ナイジェリア
リベリア
カメルーン
ガボン
コンゴ自由国(1885～1908)
モンバサ
ダルエスサラーム
独領東アフリカ
アセンション島
セントヘレナ島
アンゴラ
ローデシア
モザンビーク
マダガスカル
モーリシャス島
ドイツ領南西アフリカ
オレンジ
トランスヴァール
南アフリカ連邦(1910 英連邦自治領)
ダーバン
ポートエリザベス
ケープタウン
1899～1902 南アフリカ(ボーア)戦争

3 海を渡る労働力

移民 テーマで結ぶ世界　日本からの移民の特徴を時期や地域に着目して考えよう。➲p.53、111、118~119

アフリカ人の移動(15～19世紀)
ヨーロッパ人の移動
日本人の移動
華僑の移動
印僑の移動
イギリス領
*赤字は、1860年から1920年にかけてのおよそのヨーロッパ人の移住人口
*青字は、1868年から1945年にかけてのおよその日本人の移住人口 ➲p.53
ハワイ
日本
9万人
27万人
41万人
シベリア
朝鮮半島・満洲へ
カナダ
アメリカ
600万人
華僑
フィジー諸島
オーストラリア
ニュージーランド
西インド諸島
2410万人
ヨーロッパ諸国
印僑
800万人
24万人
ブラジル
アルゼンチン
アフリカ西岸
300万人
南アフリカ連邦

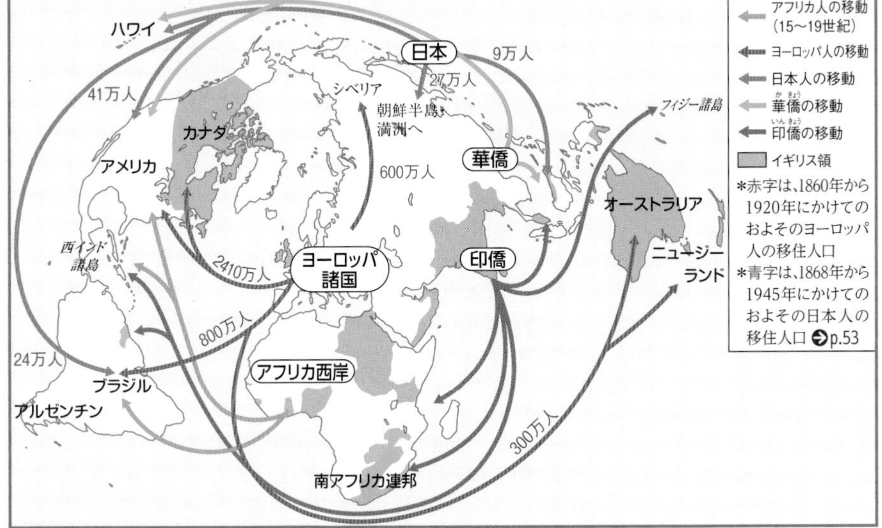

⬆8 **主な国・地域からの人口移動**　人々はどのような国に向かっているだろうか。

A イギリス植民地への移民

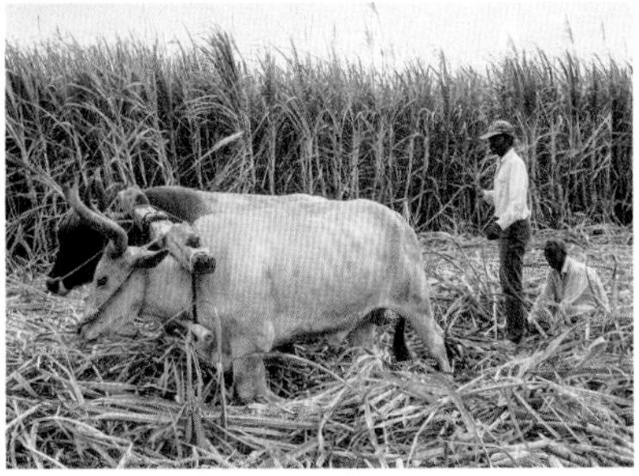

⬅9 **フィジーで さとうきび の収穫を行うインド系移民(印僑)**　**奴隷貿易**で非難を浴びたイギリスは、19世紀前半に奴隷制を廃止し、新たな労働力をアジアなどからの**移民**で補った。南太平洋の島国フィジーでは、イギリスの植民地時代に さとうきびプランテーションの労働者として英領インドから多くの人が移り住み(**印僑**)、現在もフィジー国民の４割近くがインド系となっている。

B アメリカへの移民

ヨーロッパ系

SALE
DON'T MISS
OPPORTUNITY

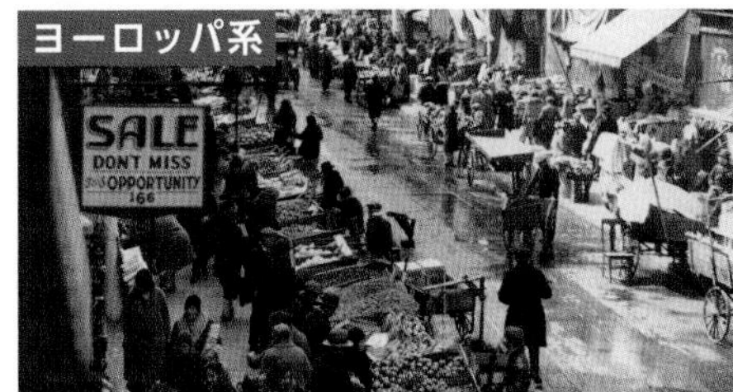

⬆10 **1928年のニューヨーク**　19世紀末のロシア・東欧ではユダヤ人迫害(ポグロム)が起こったため、多くの迫害を逃れたユダヤ人がアメリカへ流入した。➲p.53

アジア系

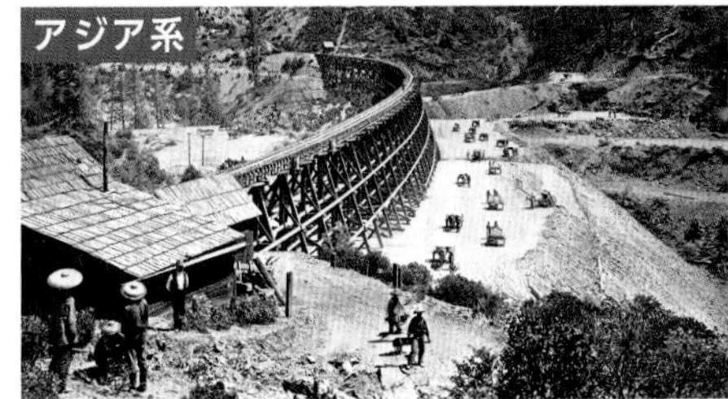

⬆11 **大陸横断鉄道**(1869年開通)　大陸横断鉄道建設➲p.82の際には、安い労働力として移民が採用された。写真には笠をかぶった**華僑**(苦力)が写っている。

統合・分化の観点から振り返ろう！　(　)内の正しい方に○をつけよう！

工業化に成功し力をつけた列強は（帝国主義・社会主義）を掲げて植民地獲得に乗り出し、世界の一体化が進んだ。植民地となった地域では（宗主国・現地）の宗教や生活様式が重視され、本国の利益にかなうような産業構造が強制された。

日本の帝国主義

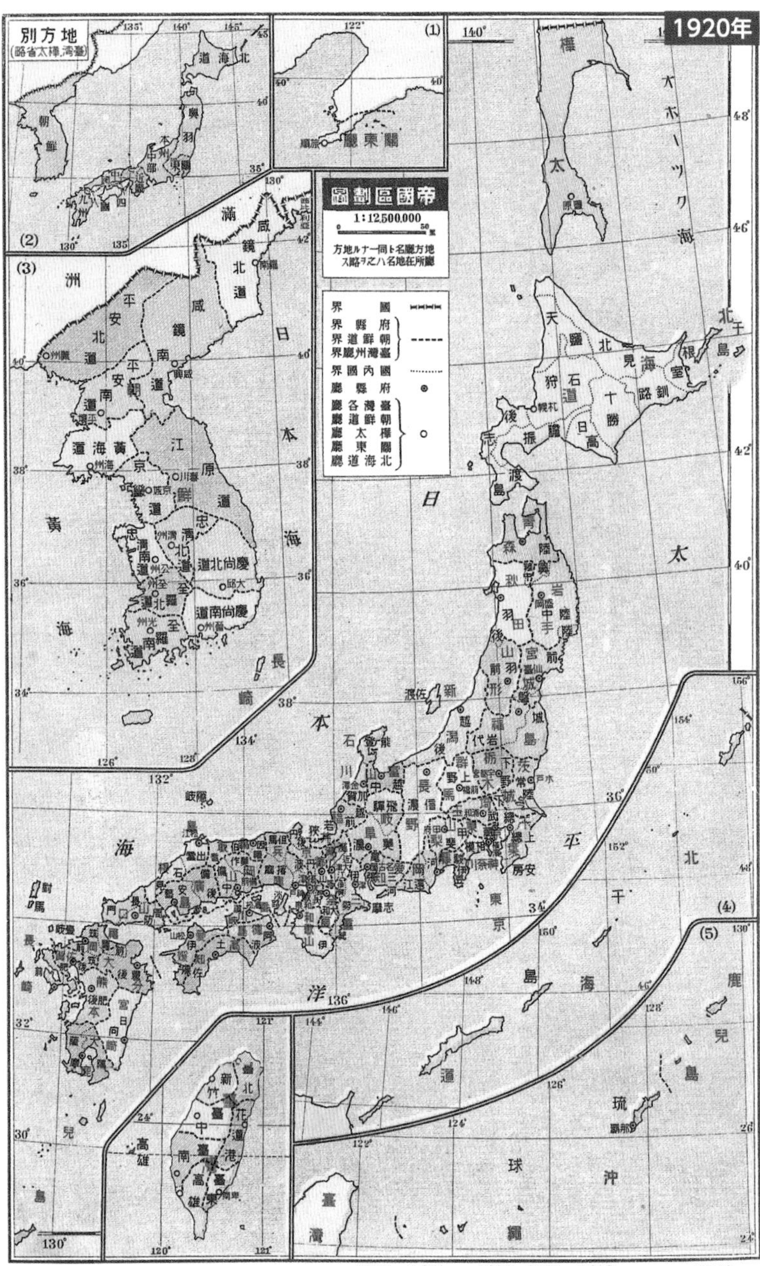

↑1 1920年の日本地図　学校用地図帳に掲載。朝鮮・南樺太・台湾・遼東半島南部(関東州)が日本の一地方として描かれている。台湾は下関条約➲p.105で、南樺太と遼東半島南部はポーツマス条約➲p.107で、朝鮮は韓国併合条約➲p.114で日本領となった。〈帝国書院『帝国地図』〉

MORE 「蛍の光」に見る領土意識

「蛍の光」三・四番

三、筑紫の極み　陸の奥
海山遠く　隔つとも
その真心は　隔てなく
一つに尽くせ　国のため

四、千島の奥も　沖縄も①
八洲の内の　守りなり
至らん国に　勲しく
努めよ我が兄　つつがなく

①日清戦争後には「千島の奥も　台湾も」、日露戦争後には「台湾の果ても　樺太も」と変更された。

明治期以降、日本の小学校教育では「唱歌」とよばれる音楽教育が取り入れられ、国民意識の形成に役立つ歌がつくられた。「蛍の光」はその一つで、かつては４番まで歌われた。４番では日本の領土について言及され、歌を通じて児童に日本の領土観を教育しようとした。日本の領土が拡大するたび、歌詞には変更が加えられていった。

1 朝鮮への進出と植民地化

↑2 朝鮮総督府　1910年、韓国併合に伴い、韓国統治のための官庁である朝鮮総督府が設置された。1926年には、韓国の王宮(景福宮)の敷地内に庁舎が建設された。この庁舎は1996年に撤去された。

〈浅田喬二『日本帝国主義と旧植民地地主制』〉

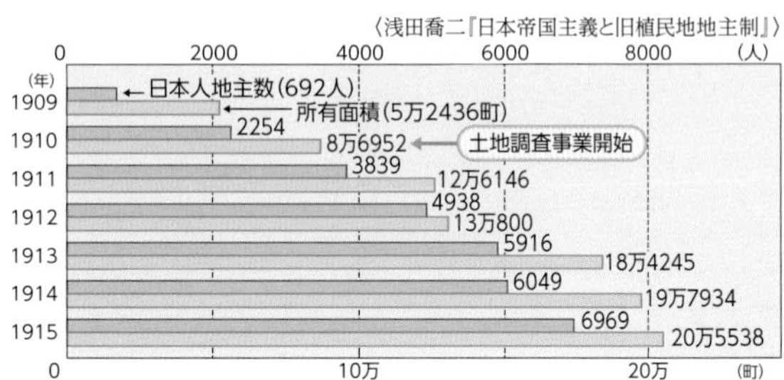

↑3 日本人地主の増加　1910年以降に行われた土地調査事業の結果、朝鮮の多くの土地が日本の国有地とされた。これらはのちに日本の人々へ払い下げられた。

〈朝鮮総督府統計年報〉

	1911年	1923年	1936年
朝鮮人人口	1383万人	1745万人	2137万人
日本人人口	21万人	40万人	61万人
農地面積	273万町歩	432万町歩	450万町歩
米収穫高	978万石	1517万石	1941万石
米輸出量	127万石	390万石	847万石
普通学校数	306校	1099校	2417校
普通学校生徒数	3万人	31万人	77万人

↑4 韓国併合以降の朝鮮の変化　1920年以降には、日本に供給する米を増産するための朝鮮産米増殖計画が進められた。

↑5 普通学校での授業風景(1938年)　普通学校は、朝鮮人の子どもたちを教育するためにつくられた学校である。1911年公布の朝鮮教育令では、その目的は「普通の知識技能を授け、特に国民としての性格を育て、国語を普及すること」とされている。

2 台湾の植民地化

⬅6 **樟脳づくりの様子** 台湾ではインフラ整備や農業開発により、砂糖や虫除けの樟脳などが大規模に生産され、日本の経済発展に寄与する農業中心の産業構造が成立した。日本式教育を受けた台湾知識人層が成長すると、議会設置などの民主化を求める運動が起こった。内地の大学に進学してエリートとなる者もいたが、日本人との間には出世や待遇に歴然とした差別があった。

産物	備考
さとうきび	製糖業は台湾最大の産業として発展
米	品種改良で日本人の口に合う米を作成（蓬莱米）
茶	北部の台地を中心に生産
樟脳	20世紀初頭には日本（台湾）が最大の産出国に
マンゴー、バナナ、パパイヤなど南方植物	

⬆7 **台湾の主な特産品**

MORE 植民地における総督府の支配とは？

伊藤博文は、大日本帝国憲法に領土規定を設けなかった。そのため、台湾が日本初の植民地（新領土）となった際には、植民地における憲法の適用は不可となった。植民地支配のノウハウのない日本は、司法省顧問のルボン（仏）とカークード（英）に諮問し、総督が行政・立法・軍事指揮権をもち、財政を本国から切り離した英流統治を採用した。のちに、1918年原敬内閣で仏流の同化政策に変更され、日中戦争が始まると、同化政策は皇民化政策へ向かった。

⬅8 **さとうきびを運搬する台湾の汽車** 1900年の三井財閥➲p.101による会社設立をはじめとして製糖会社の設立が相次ぎ、製糖業は台湾における代表的な産業となった。〈国立国会図書館蔵〉

3 樺太の開発

⬅9 **南北樺太の国境標石** 日露両国の協議により、北緯50度に沿って国境標石が建てられた。日本側には菊の紋章が、ロシア側には双頭の鷲の紋章が表されている。樺太では、漁業や鉱業、豊富な森林資源を生かした林業とパルプ・製紙業が発達した。〈函館市中央図書館蔵〉

⬅10 **製紙工場と周辺の町** 樺太内の各所に製紙工場が建てられ、その周辺には町が広がった。写真は北緯47度付近にあった落合町で、現在のドリンスクである。〈『決定版 昭和史（別巻1）』毎日新聞社〉

ひと 日露の狭間で生きた樺太アイヌ 山辺安之助（1867～1923）

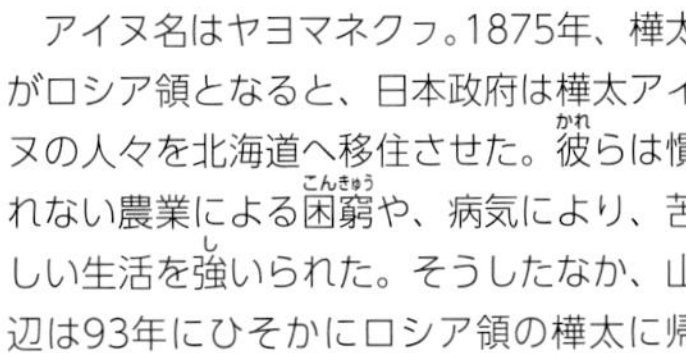

アイヌ名はヤヨマネクフ。1875年、樺太がロシア領となると、日本政府は樺太アイヌの人々を北海道へ移住させた。彼らは慣れない農業による困窮や、病気により、苦しい生活を強いられた。そうしたなか、山辺は93年にひそかにロシア領の樺太に帰郷し、漁業で生活を送った。1905年に樺太の北緯50度以南が日本領となると、樺太アイヌの人々の多くが帰郷したが、日本人の樺太開発や収奪により、彼らの生活はまた苦しいものとなった。山辺はアイヌが現状を脱するためには教育が重要と説き、学校建設に奔走した。1910年に山辺は、白瀬矗の南極探検隊にそりを引く樺太犬の管理者として、同じ樺太アイヌの花守信吉と参加。樺太アイヌの人々は、これがアイヌの地位向上につながることを願い、2人を送り出した。

4 満洲への進出

⬆11 **大連の中心部**（1935年） 日本はポーツマス条約で遼東半島の旅順・大連の租借権と、長春以南の鉄道（南満洲鉄道）とその付属利権を手に入れた。旅順は半島南端の軍港で、大連はその東に位置する商業港である。この遼東半島南部は関東州と名づけられ、日本の満洲進出の足がかりとなった。➲p.142

〈名古屋市博物館蔵〉

⬅12 **南満洲鉄道が経営する炭鉱のポスター** 南満洲鉄道の事業実態は、鉄道経営のみならず沿線のあらゆる資源開発に及ぶ植民地経営である。差別のない出世を保障することで、朝鮮や台湾で育成されたエリート層も満鉄経営に協力させた。

⬇13 **鉄道を警備する日本軍** 南満洲鉄道は、「鉄道守備隊」の名目で軍事力も備えた。沿線に駐屯した軍隊は、のちに関東軍➲p.142となった。

第2部 国際秩序の変化や大衆化①

テーマ 「国際関係の緊密化」テーマで結ぶ世界 ➲p.131 / 「植民地の独立」テーマで結ぶ世界 ➲p.133 / 「アメリカとソヴィエト連邦の台頭」テーマで結ぶ世界 ➲p.153

世界
- 19世紀末〜 帝国主義の風潮 ➲p.116
- 1914〜18 第一次世界大戦
- 1917 ロシア革命 →「民族自決」の原則
- 1918 「十四か条」の平和原則 ↓ 朝鮮で三・一独立運動 中国で五・四運動
- 1920 ➲p.131 国際連盟発足
- 1920年代 アメリカの繁栄 ➲p.134
- 1920〜30年代 中東諸国の独立
- インドで非暴力・不服従運動 ➲p.133
- 1928 不戦条約
- 1929 ➲p.140 世界恐慌
- 1930年代 ブロック経済化
- 1928〜32、33〜37 ソ連で五か年計画 ➲p.129

1910 明治 / 大正 1920 / 昭和 1930

日本
- 1910 韓国併合 ➲p.114
- 1915 ➲p.127 二十一か条要求
- 1918〜22 シベリア出兵
- 1920 南洋諸島を委任統治領に
- 1922 ワシントン海軍軍縮条約調印 ➲p.131
- 1930 ロンドン海軍軍縮条約調印
- 1931 満洲事変 ➲p.142
- 1932 満洲国の建国

1 “国際関係の緊密化”“植民地の独立”に関する日本と世界の様子を考察しよう

世界の動き

ヴェルサイユ体制 ➡p.130、戦間期の東アジア ➡p.132、戦間期の西・南アジア ➡p.133

●「十四か条」の平和原則➲p.131 〈歴史学研究会編『世界史史料10』岩波書店〉

われわれが、この戦争の結末として要求することは、……世界が健全で安全に生活できる場となることであり、とりわけ、すべての平和愛好国家にとって安全となることです。……われわれの考える唯一可能な計画とは、以下のようなものです。

5、すべての植民地に関する要求は、自由かつ偏見なしに、そして厳格な公正さをもって調整されねばならない。主権をめぐるあらゆる問題を決定する際には、対象となる人民の利害が、主権の決定をうけることになる政府の公正な要求と平等の重みをもつという原則を厳格に守らねばならない。

14、大国と小国とを問わず、政治的独立と領土的保全とを相互に保障することを目的とした明確な規約のもとに、国家の一般的な連合が樹立されねばならない。

⬆**1** 前文からは、世界の平和を構築しようとする意志が表れている。この主張は、第一次世界大戦を経て国際政治への影響力が高まったアメリカのウィルソン大統領によるもの。植民地の視点に立脚して条文を確認すると、独立への期待を見いだせる。

●エジプトの1919年革命 〈歴史学研究会編『世界史史料10』岩波書店〉

……3月16日、多くの上流家庭の妻たちがカイロの街角に繰り出し、自由と独立万歳と叫び、保護国体制打倒を呼びかけた。彼女たちの行進は諸外国の領事館や公館の前を通り、周囲の人々は拍手し、歓声を上げ……荘厳な光景だった。しかし、……イギリス兵たちは女性たちの行進を包囲し、彼女たちに、ライフルや銃剣を突きつけた。

⬆**2** **行進する女性たち**（カイロ、1919年）⬆**3** 図**2**で人々が主張をしている内容が、図**3**から独立の要求であることが分かる。しかし、イギリスは強圧的な姿勢である。

●北京学生界宣言（1919年5月4日） 〈歴史学研究会編『世界史史料10』岩波書店〉

……そもそも講和会議が開幕したとき、われらが願い、慶祝したのは、世界に正義・人道・公理があるということだったからではなかったか。青島を返還し、中日の密約や軍事協定およびその他の不平等条約を廃棄することは公理であり、すなわち正義である。公理に背き強権をほしいままにし、我が国土を5か国の共同管理とし、……敗戦国と同列に置くことは公理ではなく、正義でもない。今また、明白に背き、山東問題は我が国と日本との直接交渉によるとした。そもそも日本は一枚の空文で我が二一カ条の巨利を盗み取ったのであり、我が国がこれと交渉することは、要するに、捨てるということであり、青島を失い、山東を失うことにほかならない……

⬆**4** 中国の講和会議に対する評価に着目しよう。正義などの理念に不平等条約の廃棄という期待を抱いていることが分かる。しかし、結果として表れる日本の行動はその理念に反している。被支配国のこうした葛藤は、図**3**とも共通する。

日本の動き

ヴェルサイユ体制 ➡p.130

●国際連盟規約第22条 〈歴史学研究会編『世界史史料10』岩波書店〉

第22条 先の戦争の結果これまでの支配国の統治を離れた植民地や領土で、近代世界の苛烈な条件のもとでまだ自立しえない人々が居住しているところに対しては、そのような人々の福祉と発達を計ることが文明の神聖なる使命であり、その使命遂行の保証を本規約中に包含するとの原則が適用されなければならない。

この原則を実現する最善の方法は、そのような人々に対する後見の任務を、……進んで受諾する先進国に委任し、連盟に代わる受任国としてその国に後見の任務を遂行させることである。

⬆**5** 日本も加盟した国際連盟における植民地の扱いを確認しよう。条文では、自立しえない人々が居住する地域では先進国の後見が必要であるとされている。依然として「文明化の使命」論➲p.84が基盤とされていることが分かる。

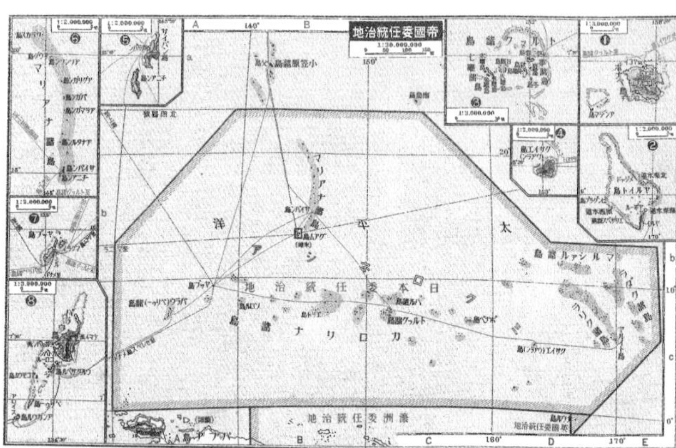

⬆**6** **南洋諸島の学習用地図**〈帝国書院『帝国地図』1920年版〉 見返1も確認しながら位置を把握しよう。小笠原諸島の南に位置する旧ドイツ領南洋諸島を、日本が委任統治したことが当時の学習用地図からも見てとれる。

⬅**7** **パラオに設置された南洋庁** 門の看板には「南洋庁」と書かれている。建物は日本家屋というよりも暑い国に適した建築様式と思われる。このほか、神社や学校なども建設され、日本国民としての教育が施された。

第一次世界大戦は、植民地を含めた国家全体の資源と人員を投入する**総力戦**となった。長期化する総力戦により人々の不満が高まるなか、ロシア革命によってソ連が誕生した。また、繁栄期を迎えたアメリカが、国際政治に影響を与えるようになった。

第一次世界大戦後の国際政治は、戦争の惨禍を反省し、世界平和を希求する**国際協調体制**が形成された。しかし、世界恐慌を契機にこの体制が崩れていった。他方、その影響を受けずに成長を続けるソ連が存在感を増していった。第二次世界大戦後は、戦争を防止できなかった反省をもとにし、再び世界平和を実現するための新しい国際協調体制が構築された。一方で、米ソの対立による**冷戦**も始まった。

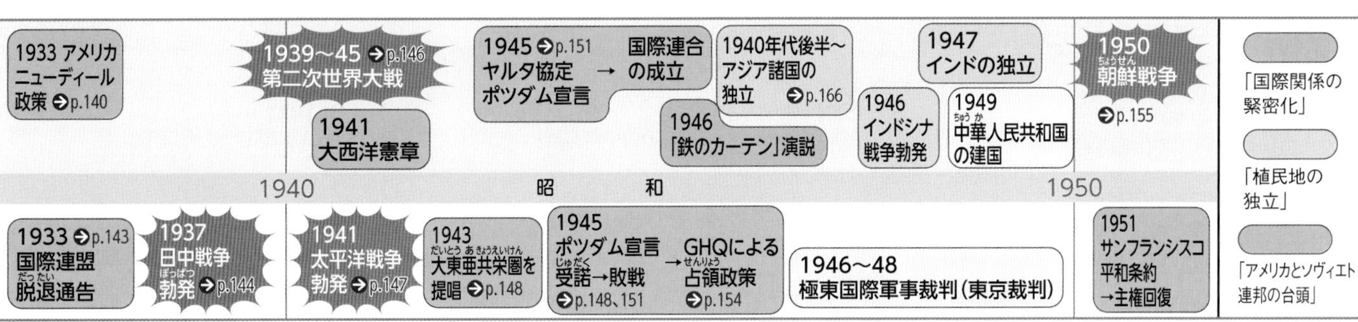

2 “大国の台頭”に関する日本と世界の様子を考察しよう

世界の動き

ロシア革命 ➡p.128、アメリカ合衆国の繁栄 ➡p.134、世界恐慌とファシズム ➡p.140

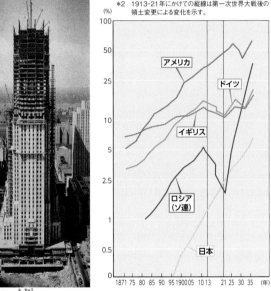

⬆8 建設途中のロックフェラーセンター（1932年） 石油精製事業で大成功したロックフェラーは、ニューヨークのマンハッタンに超高層ビル群を建設した。

* 1913年の工業生産を100とする。
*2 1913-21年にかけての縦線は第一次世界大戦後の領土変更による変化を示す。

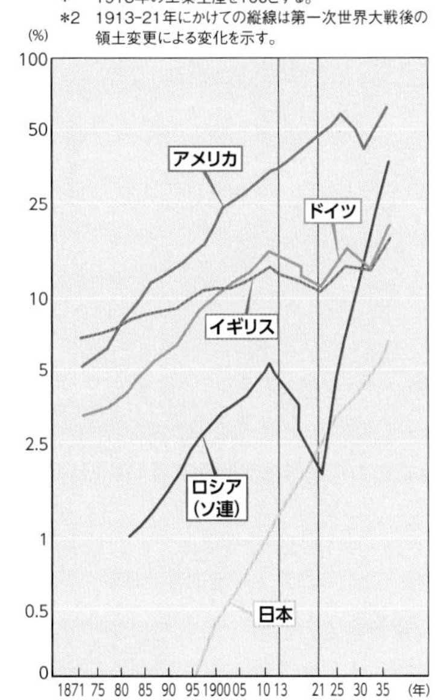

〈LEAGUE OF NATIONS, Industrialization and foreign trade〉

⬆9 主要国の工業生産の成長率 成長率の高さは19世紀後半からアメリカが最高だが、グラフの傾きに着目するとソ連の成長は劇的で、アメリカに肉迫している。

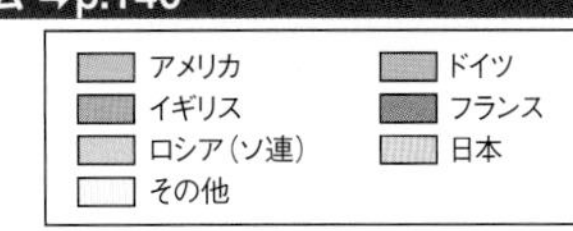

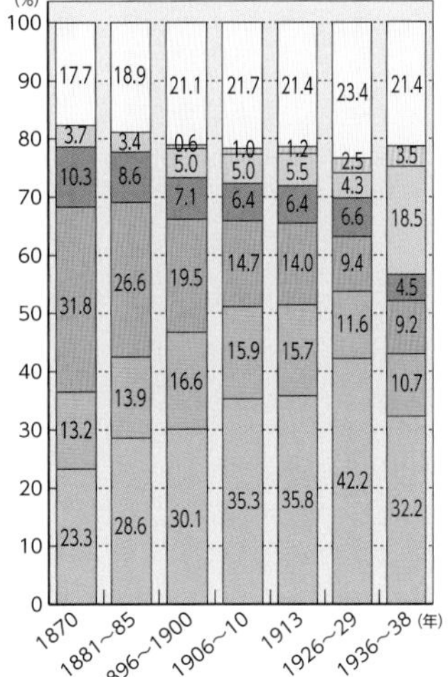

〈LEAGUE OF NATIONS, Industrialization and foreign trade〉

⬆10 工業生産額に占める主要国の割合の推移 イギリスに代わりアメリカが世界の3分の1を占めている。1936～38年では、ソ連が急激に伸びている。

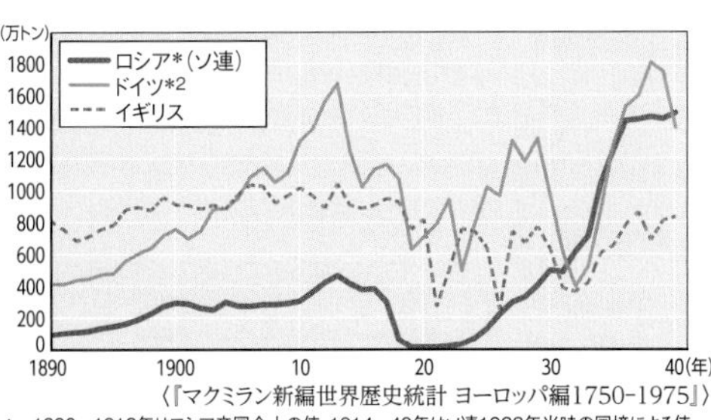

〈『マクミラン新編世界歴史統計 ヨーロッパ編1750-1975』〉

＊ 1890～1913年はロシア帝国全土の値、1914～40年はソ連1923年当時の国境による値。
＊2 1890～1918年の値はアルザス・ロレーヌを含む。1921～24年の値はザールラントを除く。1922年以降の値はシュレジエン東部を除く。

⬆11 銑鉄生産量の推移 ロシアが革命を経て1922年にソ連となったのち、急速に銑鉄の生産量が伸び、世界恐慌の頃にはイギリスを抜いてドイツに追いついている。

⬅12 ソ連のポスター(1934年) 重工業に携わる労働者と数字の「5」が目に入る。これはソ連の五か年計画のポスターである。本来、2＋2は「4」であるが、このポスターで「5」となるのは五か年計画を4年で達成することを宣伝しているからである。

日本の動き

日本における大衆社会の成立 ➡p.136

	1929年	1933年	1938年	1941年	1944年
石炭	16.1	10.5	7.2	9.3	13.8
石油	501.2	468.0	485.9	527.9	956.3
鉄鉱石	416.8	55.6	37.5	74.0	26.5
銑鉄	38.9	9.2	7.3	11.9	15.9
鋼塊	25.0	7.4	4.5	12.1	13.8

＊ 当時の日本の生産高を1とした場合のアメリカの数値

〈『近現代日本経済史要覧』より作成〉

⬆13 日米主要物資生産高比較 日本では鉄鋼の生産は増えたが、それでもアメリカに追いつくことはできなかった。エネルギーや製造に必要な石油の生産高には、大きな差があった。

⬆14 第1回メーデー（1920年） 多くの男性が集まっている。旗に共通する文字は「労」である。労働者の権利を主張する労働争議が、世界にならい日本で最初に開催された様子である。

⬅15 雑誌の発行案内 赤い文字を見ると労働者をたたえる文章が読める。レーニンの顔が描かれ、その下に日本共産党の文字も読める。日本共産党が発刊する雑誌ということが分かる。

第2部 国際秩序の変化や大衆化②

テーマ 「大衆の政治的・経済的・社会的地位の変化」 テーマで結ぶ世界 ➲p.136 ／「生活様式の変化」 テーマで結ぶ世界 ➲p.135

世界
- 世界的な女性参政権運動の高まり ➲p.138
- 1914〜18 第一次世界大戦 ➲p.124
- 1918 イギリスで女性参政権認められる
- アメリカ的生活様式の確立
- 1920 アメリカ女性参政権認められる
- 1920 ラジオ放送開始
- 1922 イタリア ムッソリーニのローマ進軍 ➲p.141
- 1929 世界恐慌 ➲p.140
- 1932 ドイツ 総選挙でナチ党第1党に
- 1933 アメリカ ニューディール政策

大正　1920　1930　昭和

日本
- 1910年代〜 大正デモクラシーの風潮 ➲p.136
- 1911『青鞜』の発刊
- 「民本主義」「天皇機関説」の提唱
- 1920 新婦人協会の結成
- 1922 女性の政治集会への参加が認められる
- 1925 男子普通選挙の実現 ラジオの放送開始
- 1932 ➲p.143 五・一五事件 →軍部の台頭 政党政治の終焉
- 1932 国防婦人会結成

1 “大衆の地位の変化”の日本と世界の様子を考察しよう

世界の動き

女性の政治参加の動き ➡p.138

⬆**1 アメリカの女性参政権要求パレード**(1913年)　女性参政権要求のパレードを写した はがき であるが、パレードの様子が写っていない。はがきの解説には「女性参政権要求に対する警察の妨害」とある。ここに写っているのは、パレードに反対する警察や反対者がパレードを妨げる様子であることが分かる。

〈Underwood Archives/UIG/Bridgeman Images〉

⬆**2 投票する女性**(1920年、アメリカ)　正装をした女性たちが、投票箱の前に並び投票についての説明をうけている。この年、「投票権における合衆国および各州の性差別禁止」が憲法に明記された。

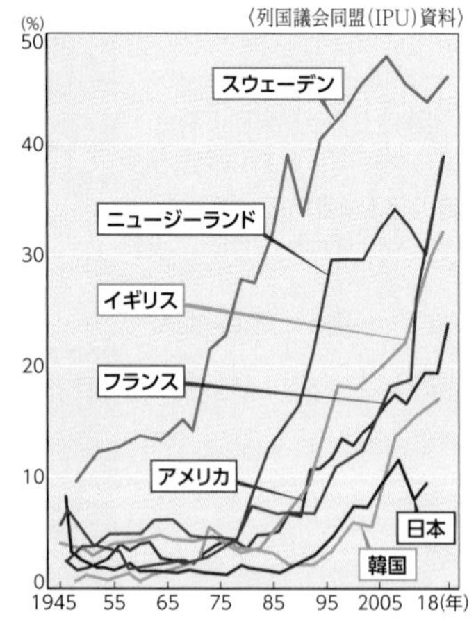

⬆**3 諸外国の国会議員に占める女性割合の推移**　第二次世界大戦直後の選挙では、女性の割合は各国とも10%に満たなかったが、ヨーロッパでは現在、30%以上を占めるようになっている。日本は近年、10%前後で推移している。

日本の動き

日本における大衆社会の成立 ➡p.136、女性の政治参加の動き ➡p.138

⬆**4 犬養毅首相に参政権を直訴する市川房枝**(1932年)　**大正デモクラシー**の風潮のなかで、女性参政権獲得の運動も活発に行われた。**男子普通選挙**実現の立役者でもある犬養➲p.143が首相の時に、**女性参政権運動**の代表らは直訴を行っている。犬養はこの年、五・一五事件で暗殺され、政党政治の時代は終焉を迎えた。

➡**5 大政翼賛会協力会議**　大政翼賛会への協力について話し合う集まりで、女性だけが参加している。市川房枝など女性参政権運動推進者も参加した。これは、女性の国への協力が世界の女性の地位向上を後押ししたことが彼女たちの念頭にあったためと想像できる。

⬅**6 参議院選挙で全国トップで当選する市川房枝**(1980年)　市川は、組織ではなく個人の支持者だけで選挙を行う「理想選挙」を貫き、参政権が認められた戦後、参議院議員を計25年務めた。

市川房枝(1893〜1981)の略年表

1920	平塚らいてうと新婦人協会を結成
21	渡米し、婦人・労働運動を見学
24	婦人参政権獲得期成同盟会結成に参加
53	第3回参院選で当選(その後、4回当選)
このころ	女子差別撤廃条約への署名参加を推進(80年、閣議決定)

近代国家が、人々に国家の構成員としての義務を求めるようになると、人々は、政治参加の権利を求める運動を起こし、各国で男性の政治参加が認められるようになった。さらに女性も国家の構成員という自覚が芽生え、**女性参政権運動**が世界各地に広まっていった。

産業が発達し、自動車やラジオなど移動や通信に関わる新しい工業製品が生み出され、これらは人々の生活のあり方を変えていった。また、広告や雑誌などの情報は、人々の購買意欲をかき立て、人々は消費者としての自覚をもつようになり、**大量生産・大量消費社会**が形成された。

このように、政治や経済などあらゆる場面で人々が主役となることを**大衆化**という。

「大衆の政治的・経済的・社会的地位の変化」

- 1930～40年代 ハリウッド映画の隆盛 ➲p.135
- 1939 第二次世界大戦勃発 ➲p.146
- 1939 アメリカ、国営テレビ放送開始
- 1944 フランスで女性参政権認められる
- 1945 国際連合憲章の採択→国際連合の成立
- 1945 ドイツ、連合国４か国により占領 ➲p.153
- 1947 中国で女性参政権認められる

1940 昭和 1950

「生活様式の変化」

- 1937 日中戦争勃発 ➲p.144
- 1938 国家総動員法 ➲p.145
- 1939 国民徴用令
- 1940 大政翼賛会結成
- このころ戦況の悪化→日常物資の不足
- 1945 ポツダム宣言受諾→敗戦 ➲p.148、151
- GHQによる民主化改革 女性参政権認められる ➲p.154
- 1946 日本国憲法の公布 普通選挙の実施→女性議員の誕生

2 “生活様式の変化”の日本と世界の様子を考察しよう

世界の動き

アメリカ合衆国の繁栄 ➡p.134

⬆7 **ニューヨークのラッシュの様子**(1928年ごろ) 技術革新で大量生産が可能になったため、通りは自動車であふれ、現代のラッシュと変わらない風景が見られるようになった。

⬆8 **自転車の広告**(1910年代) 鉄製の自転車に乗った女性が犬と併走している。自転車は、女性の活動範囲を広げる乗り物として好まれ、服装も動きやすいものへと変わっていった。

⬆9 **大衆向け総合雑誌**(アメリカ、1921年) 表紙には、この時期に流行した服装で、娯楽として人気の高いゴルフをする女性が描かれている。アメリカではイラストや写真を多用し、政治や娯楽を記事にする総合雑誌が生まれた。

創刊年	雑誌名と内容
1867	『ハーパーズバザー』…女性向けファッション雑誌
1883	『ライフ』…大衆向け総合雑誌
1888	『ナショナルジオグラフィック』…絵や写真を用いた学術雑誌
1886	『コスモポリタン』…家庭向け総合雑誌
1892	『ヴォーグ』…女性向けファッション雑誌
1922	『リーダーズ・ダイジェスト』…大衆向け総合雑誌
1923	『タイム』…大衆向けニュース雑誌

⬆10 **アメリカで発刊された雑誌**

日本の動き

日本における大衆社会の成立 ➡p.136

➡11 **銀座で乗客を待つ「円タク」**(1935年)
日本にも自動車は輸入されたが、庶民の手の届くものではなかったため、タクシーが広く普及した。中でも、一定の範囲内なら一円で乗れる「一円タクシー」は人気となった。

⬆12 **当時のチラシ広告**(1903年)〈『新版引札見本帖. 第1』国立国会図書館デジタルコレクションより〉 この絵は、チラシに使われる絵の見本帖の一つで、左側のスペースに広告が印刷された。絵には、自転車に乗り疾走する袴をはいた若い女性(女学生)の姿が描かれている。この絵を使って、どのような広告を載せたのか、想像してみよう。

ジャンル	雑誌名	創刊年
総合雑誌	『中央公論』 『改造』『解放』 『文藝春秋』	1899(明32) 1919(大8) 1923(大12)
経済雑誌	『東洋経済新報』	1895(明28)
大衆娯楽雑誌	『キング』	1925(大14)
プロレタリア雑誌	『種蒔く人』 『戦旗』	1921(大10) 1928(昭3)
女性雑誌	『婦人公論』 『主婦之友』	1916(大5) 1917(大6)
児童文学雑誌	『赤い鳥』(鈴木三重吉) 『コドモノクニ』	1918(大7) 1922(大11)
文学全集	『現代日本文学全集』	1926(昭1)
文学・学術書	岩波文庫	1927(昭2)

⬆13 **日本で発刊された出版物** 明治後半から大正にかけて多くの雑誌が創刊されている。大衆娯楽雑誌の『キング』は、創刊号が74万部販売された。ジャンルを見ると女性や子ども向けの雑誌も創刊されていることから、幅広い人々が学校教育を受けたこと、経済的にも余裕が出たことがうかがえる。

⬆14 **少女画報**(1925年)〈菊陽町図書館蔵〉 熊本県の菊陽町図書館のWebサイトでは、当時の雑誌を読むことができる。

菊陽町図書館 少女雑誌コレクション MORE RESEARCH

第一次世界大戦 ——世界を二分する戦争

ヒストリーツアーズ

一発の銃声が世界を巻き込んだ!

イギリス
イタリア
ロシア
ドイツ
オーストリア
BALKAN TROUBLES
バルカン問題

↑1 バルカン半島情勢の風刺画(1912年)

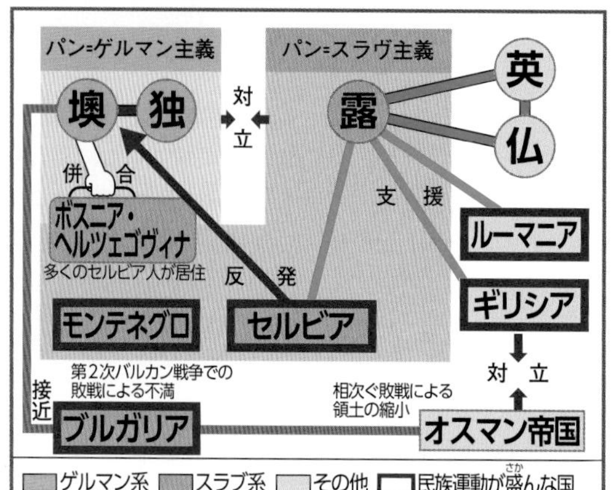

↑2 20世紀初頭のバルカン半島情勢

↑3 サライェヴォ事件(1914年) オーストリア帝位継承者夫妻が、ボスニアのサライェヴォでセルビア人青年により暗殺された。

チェック1 大釜から吹き出そうとしている「バルカン問題」とは何だろうか。 ヒント 図2を見てみよう
①オスマン帝国の勢力拡大の動き ②盛んに起こっている民族運動

チェック2 列強は「バルカン問題」にどう対応しているだろうか。 ①抑え込んでいる ②逃げ出している

チェック3 なぜ図3のサライェヴォ事件は世界を巻き込む戦争に発展したのだろうか。
①バルカン問題に介入していた列強がそれぞれの勢力に肩入れしていたから
②帝位継承者を暗殺するというテロ行為を世界各国が制裁しようとしたから

第一次世界大戦の経過

大戦前夜

1882 三国同盟(独・墺・伊)
1907 三国協商(英・仏・露)

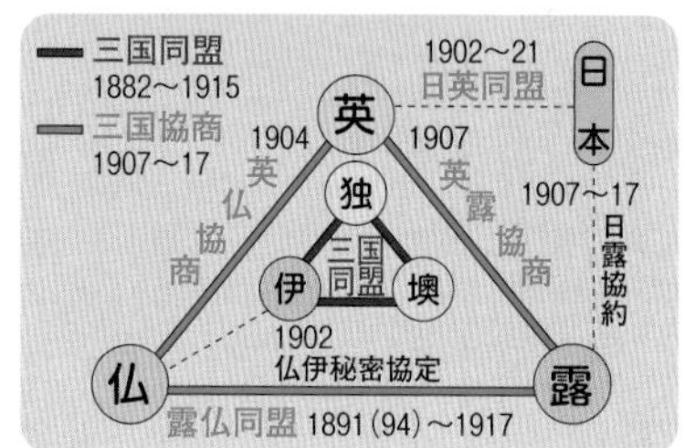

- 12～13 **第1次バルカン戦争**→オスマン帝国敗北
- 13 **第2次バルカン戦争**→ブルガリア敗北
- 14. 6 **サライェヴォ事件**
- .7 オーストリア、セルビアに宣戦布告 →**第一次世界大戦**始まる

ドイツの進撃

- .8 ドイツ、ロシア・フランスに宣戦
  ドイツ、中立国ベルギーに侵入
  イギリス、ドイツに宣戦
  日本、ドイツに宣戦(日英同盟に基づく)
  タンネンベルクの戦い(東部戦線)
- .9 マルヌの戦い(西部戦線) →ドイツの進撃止まる
- 15. 1 日本、**二十一か条要求**(対中国)➔p.127
- .5 ドイツ潜水艦、ルシタニア号(英)を撃沈
  イタリア、オーストリアに宣戦

連合国側の反撃

- 16. 2 ヴェルダン要塞攻防戦(～12)
- .6 ソンムの戦い(～11)
- .12 英、ロイド=ジョージ挙国一致内閣
- 17. 2 ドイツ、**無制限潜水艦作戦**開始
- .3 ロシア、**二月革命**➔p.128
- .4 アメリカ合衆国、ドイツに宣戦
- .11 ロシア、**十月革命**(十一月革命)

ドイツ後退へ

- 18. 1 ウィルソン、「十四か条」の平和原則発表
- .3 ブレストリトフスク条約
- .11 キール軍港の水兵反乱→ドイツ革命
  オーストリア降伏
  ドイツ、休戦協定に調印➔p.130
  →**第一次世界大戦終わる**

1 ヨーロッパの火薬庫 ～バルカン半島

パン=スラヴ主義
- スラヴ系民族の統一と独立を目指す
- チェコ、セルビアが中心
- 南下政策を進めるロシアが支援
- スラヴ系民族の多く住むボスニア・ヘルツェゴヴィナの併合に反発

バルカン半島をめぐり対立 ⚔

パン=ゲルマン主義
- ヨーロッパ各地のゲルマン系民族の統一を図る
- ドイツ、オーストリアが中心
- 3B 政策を達成するためバルカン半島へ進出

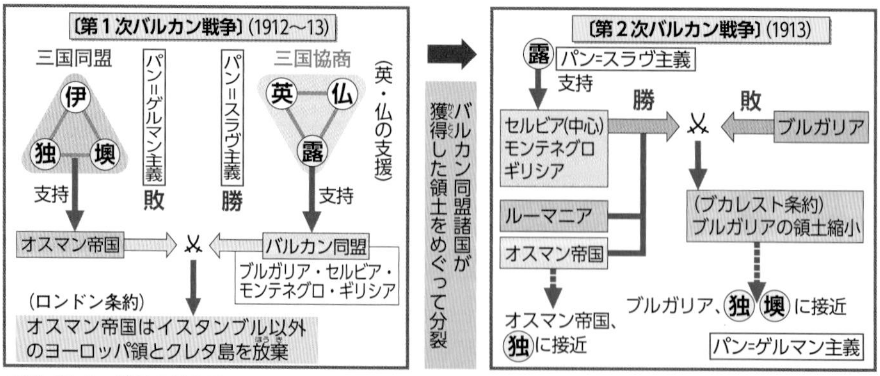

↑4 バルカン半島の民族分布 多様な民族が居住している。

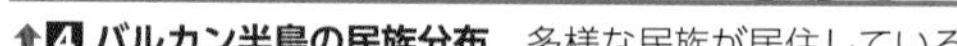

〔第1次バルカン戦争〕(1912～13)

三国同盟(伊・独・墺) パン=ゲルマン主義 支持 敗
三国協商(英・仏・露) パン=スラヴ主義 支持 勝 (英・仏の支援)
オスマン帝国 ⚔ バルカン同盟(ブルガリア・セルビア・モンテネグロ・ギリシア)
(ロンドン条約)
オスマン帝国はイスタンブル以外のヨーロッパ領とクレタ島を放棄

➡ バルカン同盟諸国が獲得した領土をめぐって分裂

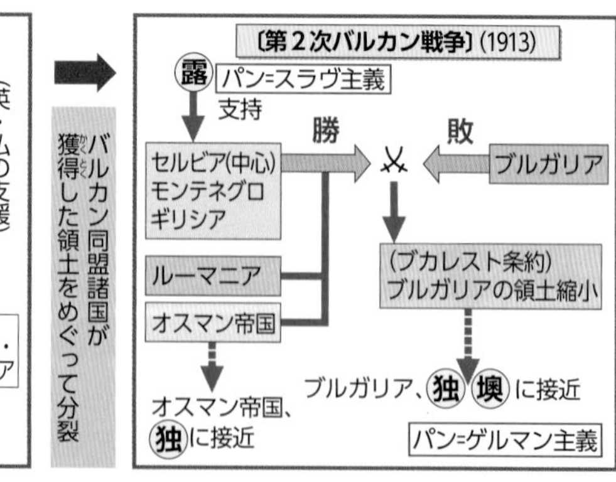

↑5 バルカン戦争の対立図

2 第一次世界大戦中のヨーロッパ

⬇6 第一次世界大戦の展開

⬆7 フランスへ出征するドイツ軍兵士
当時の人々は第一次世界大戦が長期化すると予想せず、ドイツ軍兵士もフランスを簡単に降伏させられると考えていた。

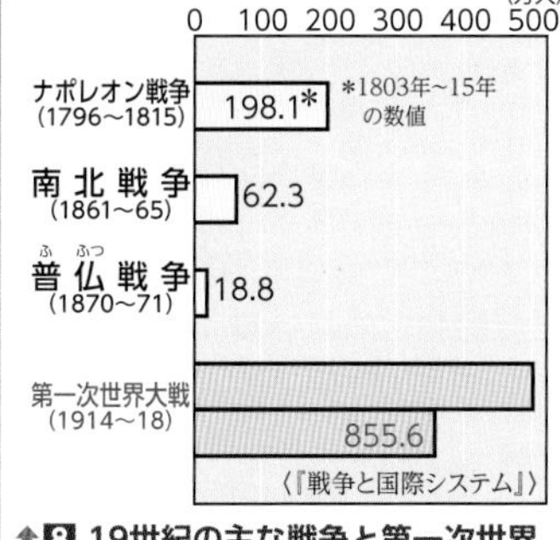

（万人）	死者数
ナポレオン戦争（1796～1815）	198.1*
南北戦争（1861～65）	62.3
普仏戦争（1870～71）	18.8
第一次世界大戦（1914～18）	855.6

*1803年～15年の数値

〈『戦争と国際システム』〉

⬆8 19世紀の主な戦争と第一次世界大戦の死者数

3 かつてない規模の戦力と長引く戦争

新兵器の登場

➡9 **戦車**　長期戦打開のため、1916年イギリス軍が初めて使用した。強力なエンジンを持ちキャタピラーで走る戦車は、塹壕も乗り越えることができた。

⬅10 **毒ガス**　1915年、塹壕戦の手づまりを打破するためドイツ軍が初めて使用した。このため兵士はガスマスクを支給された。

➡11 **飛行機**　当初は偵察目的が主体で、やがて乗員が手で目標目がけて爆弾を投下するようになった。

▶動画

⬆12 **潜水艦**　ドイツは潜水艦（Uボート）を使って対戦国の軍艦や商船を多数沈めた。この**無制限潜水艦作戦**が**アメリカの参戦**を招いた。

塹壕戦

⬆14 **塹壕で戦うドイツの兵士**　塹壕は機関銃や大砲から身を守るために掘られた穴で、敵の要塞付近や最前線まで接近できた。だが、塹壕戦は戦況を膠着状態におとしいれ、戦争は長期化した。

女性の戦争協力

⬆13 **軍需工場で働く女性たち**（イギリス）　参戦国の多くでは、**総力戦**体制がとられ、戦闘員ではない一般国民にも戦争の影響は及んだ。出征した男性に代わって青少年と女性が、軍需工場などに動員された。➲p.138

不足する兵員

⬅15 **動員されるインド兵**　総力戦は植民地の住民にも負担を強いた。イギリスは、戦争協力への代償として自治を約束し、多くのインド兵を動員した。➲p.133

（　）内の正しい方に○をつけよう！

対立・協調の観点から振り返ろう！

ヨーロッパでは列強の勢力均衡で平和が保たれていたが、（民族・経済）問題が原因でバランスが崩れ、世界大戦が起こった。長期戦で労働力が不足すると、女性も軍需工場などでの勤務に動員される（総力戦・ゲリラ戦）体制がとられた。

大正時代

第一次世界大戦と日本 ——アジアでの大戦の余波

ヒストリーツアーズ

大正新時代の天佑(てんゆう)!

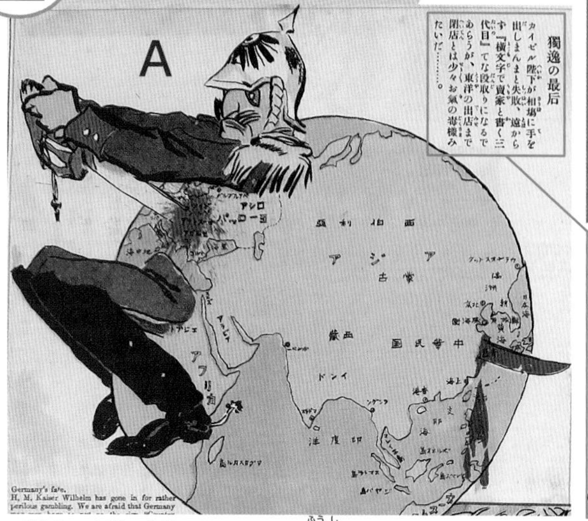

獨逸の最后

カイゼル陛下が相場に手を出しまんまと失敗、遠からず『横文字で貴家と書く三代目』てな段取りになるであらうが、東洋の出店まで閉店とは少々お氣の毒様みたいだ……。

⬆1 第一次世界大戦に対する日本の風刺画(ふうしが)
〈1914年8月20日『東京パック』10巻24号、川崎市市民ミュージアム蔵〉

● 元老 井上馨(いのうえかおる)の意見書(1914年8月8日)【現代語訳】

一、今回の欧州大戦は、日本国運の発展に対する大正新時代の天佑(天の助け)である。日本国は直ちに挙国一致で団結し、この天佑を享受するべきである。

一、この戦局とともに、英・仏・露の団結はさらに強固となる。日本は三国と一致団結して、ここに東洋に対する日本の利権を確立するべきである。

⬆2 井上馨(いのうえかおる)
(1835~1915)

チェック1 図1の絵で、自分に刀を刺しているAはどの国だろうか。 ヒント p.81やp.106から同じ帽子をかぶっている人を探そう
①イギリス ②ドイツ

チェック2 図1に書かれている「東洋の出店」とは何のことを指すのだろうか。
①Aのアジアにおける根拠地
②日本の捕虜収容所

チェック3 井上馨は、第一次世界大戦をどうとらえているだろうか。
①日本の発展につながるチャンス
②回避したいリスク

史料で深める D

チェック

1 日本の参戦

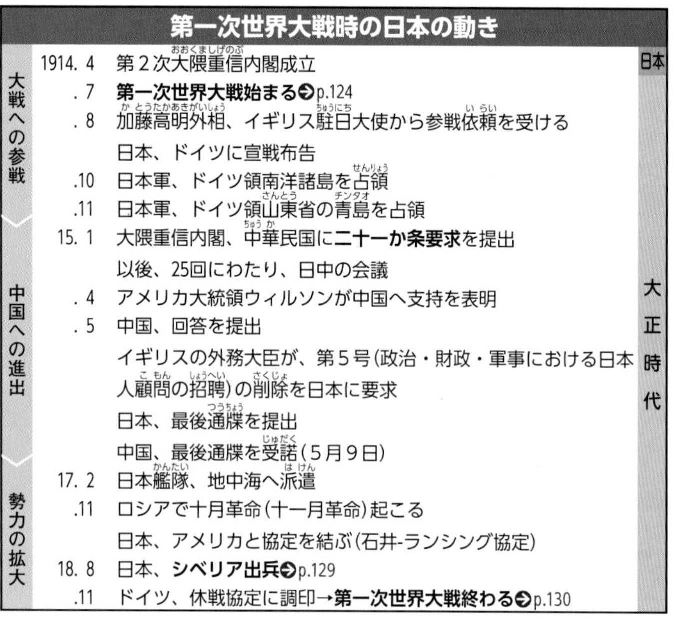

第一次世界大戦時の日本の動き

大戦への参戦	1914. 4	第2次大隈重信内閣成立	大正時代
	. 7	**第一次世界大戦始まる**➔p.124	
	. 8	加藤高明外相、イギリス駐日大使から参戦依頼を受ける	
		日本、ドイツに宣戦布告	
	.10	日本軍、ドイツ領南洋諸島を占領	
	.11	日本軍、ドイツ領山東省の青島(チンタオ)を占領	
中国への進出	15. 1	大隈重信内閣、中華民国に**二十一か条要求**を提出	
		以後、25回にわたり、日中の会議	
	. 4	アメリカ大統領ウィルソンが中国へ支持を表明	
	. 5	中国、回答を提出	
		イギリスの外務大臣が、第5号(政治・財政・軍事における日本人顧問の招聘)の削除を日本に要求	
		日本、最後通牒を提出	
		中国、最後通牒を受諾(5月9日)	
勢力の拡大	17. 2	日本艦隊、地中海へ派遣	
	.11	ロシアで十月革命(十一月革命)起こる	
		日本、アメリカと協定を結ぶ(石井-ランシング協定)	
	18. 8	日本、**シベリア出兵**➔p.129	
	.11	ドイツ、休戦協定に調印→**第一次世界大戦終わる**➔p.130	

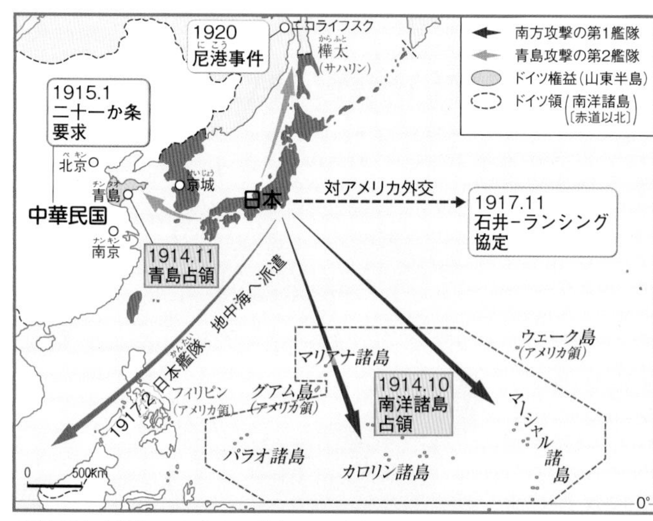

⬆3 日本の参戦 イギリスがドイツに宣戦すると、日英同盟を理由に日本も参戦。ドイツの根拠地青島と山東省の権益を接収し、太平洋に逃れた艦隊を追撃して、赤道以北のドイツ領南洋諸島も占領した。

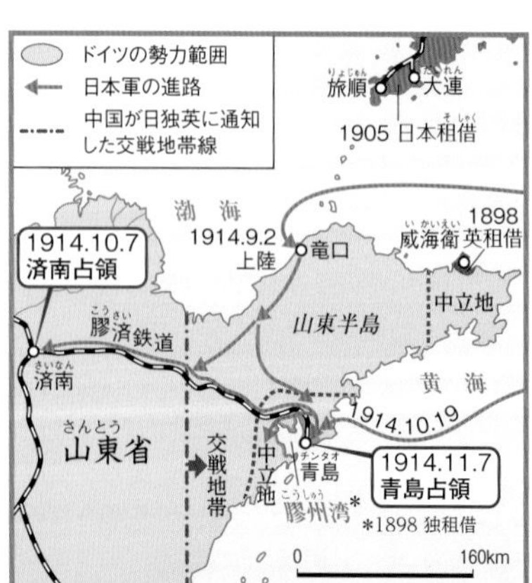

⬅4 青島占領(チンタオせんりょう) 1898(明治31)年、ドイツは膠州湾(こうしゅうわん)一帯を中国政府から租借し、湾口の青島に要塞を建設してドイツ東洋艦隊を配備した。**第一次世界大戦**が勃発した1914(大正3)年、日本はドイツ勢力を東洋から一掃すべく、天長節祝日である10月31日に攻撃を開始し、11月7日に青島要塞を陥落させた。占領の際に要塞に向けて行われた激しい砲撃は青島市民にも多くの被害を出した。日本は翌15年、二十一か条要求で青島の権益を主張した。

世界の中の日本 日本に初めて響いた「第九」

⬆5 捕虜が結成した楽団(徳島県)

青島を占領した日本は、ドイツ兵を捕虜にして日本各地の収容所に送った。収容所での生活は、捕虜の虐待を禁じた国際条約を遵守するという日本の方針の下で、多くの自由が認められた。写真に写る徳島県の板東俘虜収容所は、捕虜が楽団を結成して日本で初めて「交響曲第九番」を演奏した場所として知られている。地域の人たちはドイツ兵と交流し、新しい文化を知ることになった。

20世紀前半 ←14
日本 ←118 →130
東アジア ←118 →132

〈国立国会図書館ウェブサイトより〉

2 中国へのさらなる進出と国内外の反応

⬆6 当時の日本の政策に対するドイツの風刺画(1915年)

●二十一か条要求の内容【要約】

第一号　山東省におけるドイツ権益を日本が引き継ぐこと。
第二号　南満洲と東部内蒙古における日本の権益を拡大すること。
①旅順、大連および南満洲鉄道の租借期限を99か年延長
②日本人の自由な居住と商業活動、不動産の取得権、鉱山の採掘権
第三号　湖北省・江西省の鉄鋼コンビナートを将来日中共同の事業とすること。
第四号　中国の領土を保全し、沿岸の港湾や島嶼を他国に譲渡・貸与しないこと。
第五号*　希望条項　(1)中央政府に日本人の政治、財政、軍事顧問を雇うこと。
(2)地方の警察を日中合同、または警察に多くの日本人を雇うこと。
(3)兵器は日本に供給を仰ぐか、日中共同の兵器工場を作ること。
など

＊第五号については、初め日本はこの要求を欧米諸国に隠していたが、中国が情報を流したことで各国に明らかになった。

⬆7 中国政府に日本人の顧問を送る第五号が、中国政府の独立を妨げるものとして国際社会で問題となった。

⬇8 山県有朋

●元老 山県有朋の意見(1915年7月8日)【現代語訳】

対中国関係について各国の状況を取り調べず、訳の分からぬ無用の箇条まで羅列して請求したのは、大失策である。

⬇9 石橋湛山

●『東洋経済新報』【現代語訳】

青島獲得は恨みの念を中国人に抱かせ、欧米列強には危険視され、決して東洋の平和を増進することはなく、かえって形勢を切迫に導くことになるだろう。(1914年11月15日)

今回の政府当局の本意は、朝鮮同様、満洲を我が領土に併合することにある。……他国民の領土を割取することほど、国際間の関係を不安におとしいれ、衝突の原因を生むものはない。(1915年2月5日)

●袁世凱大総統の声明(1915年2月1日)

日本は今回の欧州戦争に決着がつくよりも前に、突然我々に対して主権を侵害し、領土を奪い取る条項を突きつけた。人は皆これを、かつて日本が朝鮮に対しておこなった第一歩と同じことであり、また各国によって今日中国が分割されることがすでに決定した状況を示していると見ているのである。

〈川島真編『近代中国をめぐる国際政治』中央公論新社〉

⬆10 袁世凱

➲p.115

●イギリス外相の反応(1915年5月3日 駐日英国大使宛電報)【編集部日本語訳】

イギリス外相は、日本の中国に対する要求の中の第五号が原因で日中交渉が決裂することがないよう切望する。……中国政府には日本人が外国人顧問の過半数を占めようとしていると解釈されているそうである。……イギリスの世論は、〔第五号の鉄道建設の〕要求は日英同盟の条項に抵触するとみなしている。〔イギリスは〕日本がこれらの条項を強要するのをやめるか、〔鉄道の〕建設を要求条項の一部に記載したのは誤りであることを明らかにするか、いずれかの措置を講ずることを望んでいる。

⬆11 当時のイギリス外相 グレイ

3 大戦景気

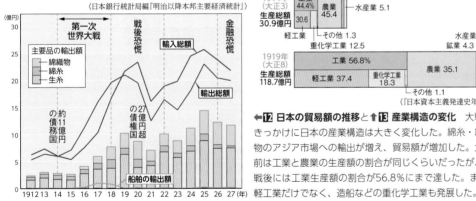

〈日本銀行統計局編『明治以降本邦主要経済統計』〉

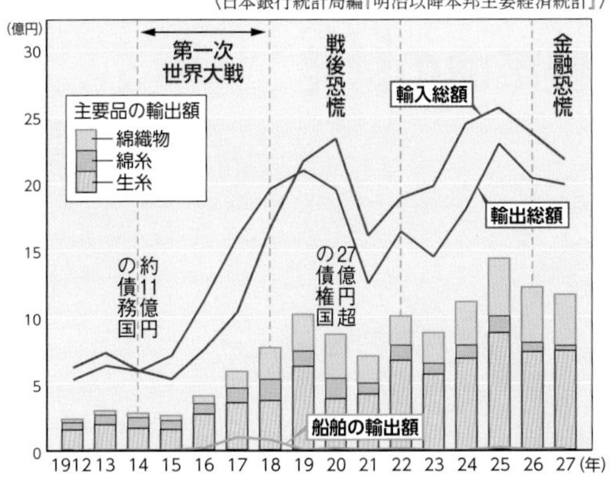

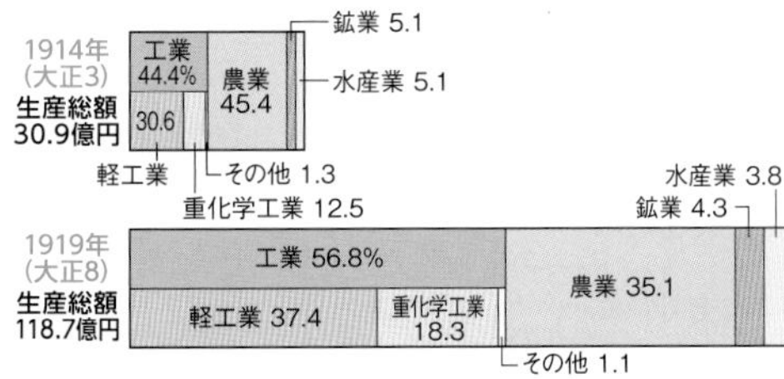

〈『日本資本主義発達史年表』〉

⬅12 日本の貿易額の推移と⬆13 産業構造の変化　大戦をきっかけに日本の産業構造は大きく変化した。綿糸・綿織物のアジア市場への輸出が増え、貿易額が増加した。大戦前は工業と農業の生産額の割合が同じくらいだったが、大戦後には工業生産額の割合が56.8%にまで達した。また、軽工業だけでなく、造船などの重化学工業も発展した。

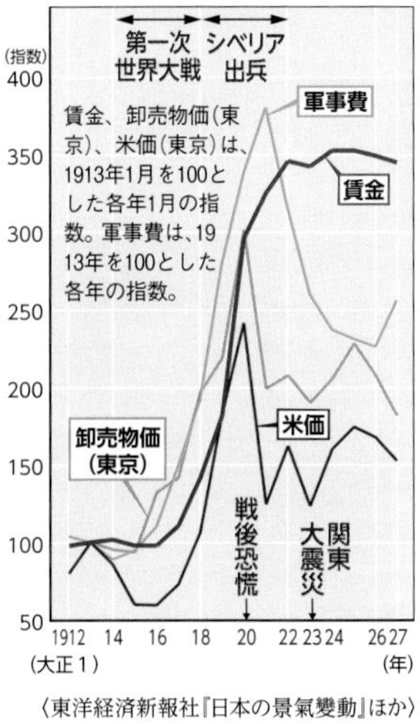

〈桜井清香作「米騒動絵巻 二巻(泥江橋付近カブトビール前)」(部分)徳川美術館蔵〉

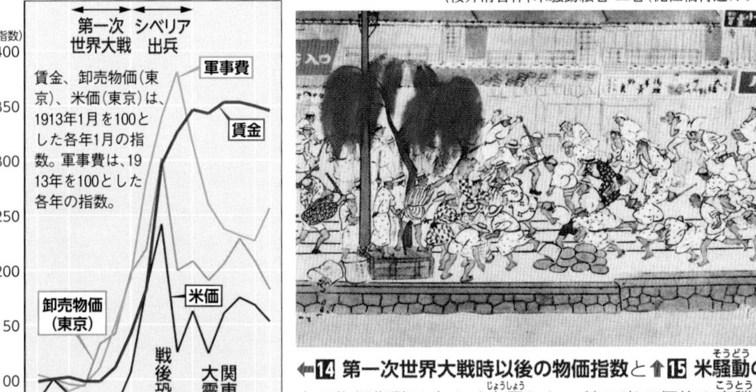

〈東洋経済新報社『日本の景氣變動』ほか〉

⬅14 第一次世界大戦時以後の物価指数と⬆15 米騒動の様子　大戦景気によって日本の物価指数は大きく上昇した。特に米の価格の高騰は、庶民の生活を圧迫した。1918年、富山県の女性たちが暴動を起こし、米騒動が起こった。上の図では、名古屋の公園に集まった群衆を、騎兵や警官隊が追い散らしている。当時の内閣は、全国に広がった騒動を厳しく取り締まったが、民衆の反発を受けて総辞職した。

MORE 「成金」の誕生

将棋の駒が成ると「金」になることから、短期間で財を成した人を「成金」という。大戦で空前の好景気を迎えた日本では、多くの成金が誕生した。この図では成金が百円札(現在の20万円以上の価値)を燃やして料亭の玄関を照らしている。

⬇16 成金　〈灸まん美術館提供〉

( )内の正しい方に○をつけよう！

平等・格差の観点から振り返ろう！

日本は捕虜の人権を守るなど(列強・協商国)には国際法を遵守したが、中国には二十一か条要求を行い、ドイツの権益を継承した。また、大戦景気で豊かな人が増える一方、物価高騰に苦しむ人たちは(米騒動・ストライキ)を起こした。

大正時代

ロシア革命 ――世界初の社会主義国家の誕生(たんじょう)

別冊史料34 史料で深めるE

ヒストリーツアーズ すべての権力(けんりょく)をソヴィエトへ!

レーニンは土地の汚(よご)れを掃(は)き清めてくれる。

↑1 レーニンを描(えが)いた風刺(ふうし)画

↑2 ソヴィエト社会主義共和国連邦(れんぽう)の国旗

▶動画

➡3 前進する人民の栄光をたたえる像(1937年のパリ万国(ばんこく)博覧会のソ連パビリオンに飾(かざ)られた)

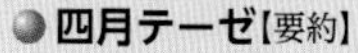

●四月テーゼ【要約】
- 臨時政府の行っている戦争は帝国主義戦争である。
- 労働者代表ソヴィエト①は、唯一(ゆいいつ)の可能な革命政府の形態である。……「すべての政治権力をソヴィエトへ」を宣伝する必要がある。
- 国内のすべての土地を国有化し、農民ソヴィエトに委ねること。

①「会議」の意味。1905年革命でストライキを指導する労働者議会として発足(ほっそく)。

ひと ソ連建国の父 **レーニン**(1870~1924)

ナロードニキ運動➡p.79で処刑(しょけい)された兄の影響(えいきょう)で自身も革命運動に身を投じ、亡命を繰(く)り返していたが、1917年4月、**二月革命**の知らせを聞いて帰国した。その直後に「四月テーゼ」を発表して革命の方針を提起し、民衆の支持を受けて革命の指導者となっていった。

チェック1 図1でレーニンが ほうき で追い出しているのは、どのような立場の人々だろうか。 ①以前からの権力者 ②権力をもたない人々

チェック2 図2の国旗の鎌(かま)とハンマーを組み合わせたマークは、どのような人々を示すものだろうか。 **ヒント** 図3の人々も鎌とハンマーを持っている ①貴族と資本家 ②労働者と農民

チェック3 レーニンが目指した理想の国家とはどのようなものだろうか。 ①資本家中心の経済大国 ②労働者中心の平等な国家

ロシア革命の歩み

- 1900 恐慌(きょうこう)・労働運動激化
- 04 **日露(にちろ)戦争**(~05)
- 05.1 **血の日曜日事件** → **第1次ロシア革命**
- .10 ニコライ2世、十月宣言 → **ドゥーマ(国会)開設**を約束
- 06 ストルイピンの弾圧(だんあつ)政策(~11) → **ミール(農村共同体)解体**

革命の進行
- 14 **第一次世界大戦**(~18)**参戦**➡p.124 総力戦による国内疲弊(ひへい)
- 17.3 (ロシア暦**二月革命(三月革命)**) ニコライ2世退位 **ロマノフ王朝滅亡(めつぼう)**
- .11 (ロシア暦**十月革命(十一月革命)**) **レーニン**、革命を指導→武装蜂起(ほうき) → 臨時政府打倒(だとう)、人民委員会議成立 **ソヴィエト政権樹立**(全ロシア=ソヴィエト会議で宣言) **「土地に関する布告」**(地主の土地所有を廃止(はいし)) **「平和に関する布告」**(**無併合(へいごう)・無償金(しょうきん)・民族自決**)
- 18.3 **ブレストリトフスク条約**(同盟国側と単独講和)
- .4 **対ソ干渉(かんしょう)戦争**(~22)

戦時共産主義からネップへ
- **戦時共産主義**(~21)
- 19.3 **コミンテルン**(第3インターナショナル)**設立**(諸国の社会主義運動を指導)
- 21 **ネップ(NEP・新経済政策)採用**(~27)
- 22.12 **ソヴィエト社会主義共和国連邦(れんぽう)成立**
- 24.1 レーニン死去

五か年計画
- 28 **第1次五か年計画** 始まる(~32)
- 29 スターリン、トロツキーを国外追放
- 33 **第2次五か年計画** 始まる(~37)
- 34 **スターリンの独裁** → **大粛清(しゅくせい)**始まる

ナロードニキ → 1901 社会革命党〔エスエル〕
1898 ロシア社会民主労働党 → 右派(少数派) メンシェヴィキ(プレハーノフら) / 1903 多数派 ボリシェヴィキ(レーニンら)
1905 立憲民主党〔カデット〕
臨時政府: ブルジョワ中心 リヴォフ首相(しゅしょう)(立憲民主党) → 1917.8 ケレンスキー(社会革命党)内閣成立
二重権力
ソヴィエト: 1917.4 **レーニン、「四月テーゼ」発表**
ソヴィエト政府: 1918.1 ボリシェヴィキ、武力で憲法制定議会を閉鎖(へいさ) → 独裁権確立 / .3 ロシア共産党と改称(かいしょう) / .7 社会革命党左派追放 → **トロツキー** **スターリン**

1 社会主義革命の勃発(ぼっぱつ)

↑4 **血の日曜日事件**(サンクトペテルブルク) 1905年1月22日、日露(にちろ)戦争➡p.107の戦況の悪化により、民衆が皇帝(こうてい)に議会の開設と戦争中止などを求め宮殿(きゅうでん)前に押(お)しかけた。近衛兵(このえへい)に発砲(はっぽう)され多数の死傷者を出し、革命の発端(ほったん)となった。

ひと ソヴィエトの独裁者 **スターリン**(1878?~1953)

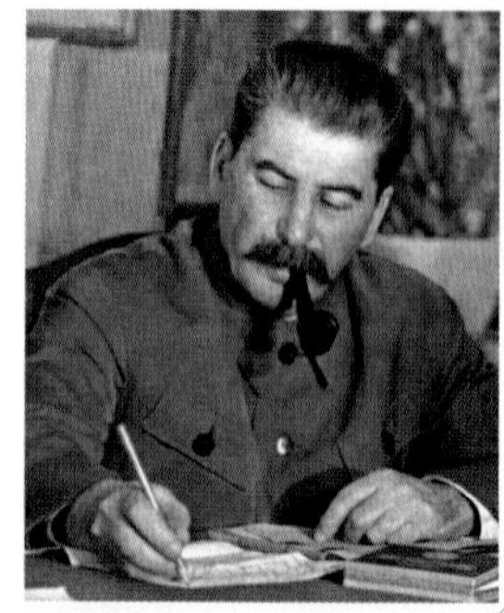

革命運動のなかで何度も逮捕(たいほ)や流刑(るけい)となったスターリンは、**ボリシェヴィキ**に参加し頭角を現した。レーニン死後、**ソ連**だけで社会主義を維持(いじ)できるという一国社会主義論を主張し、世界革命論を唱えるトロツキーを追放した。ソ連共産党書記長として、強力な指導力を発揮したが、それは反対者を次々に粛清(しゅくせい)する恐怖(きょうふ)政治であった。1953年に亡(な)くなると、後継(こうけい)者のフルシチョフからは「スターリン批判」を受けた➡p.168。その後長らくスターリンは否定的な評価を受けることが多かったが、近年プーチン政権下ではヒトラーに勝利➡p.150した強い指導者として再評価されている。

2 ロシア革命における革命勢力と反革命勢力の争い

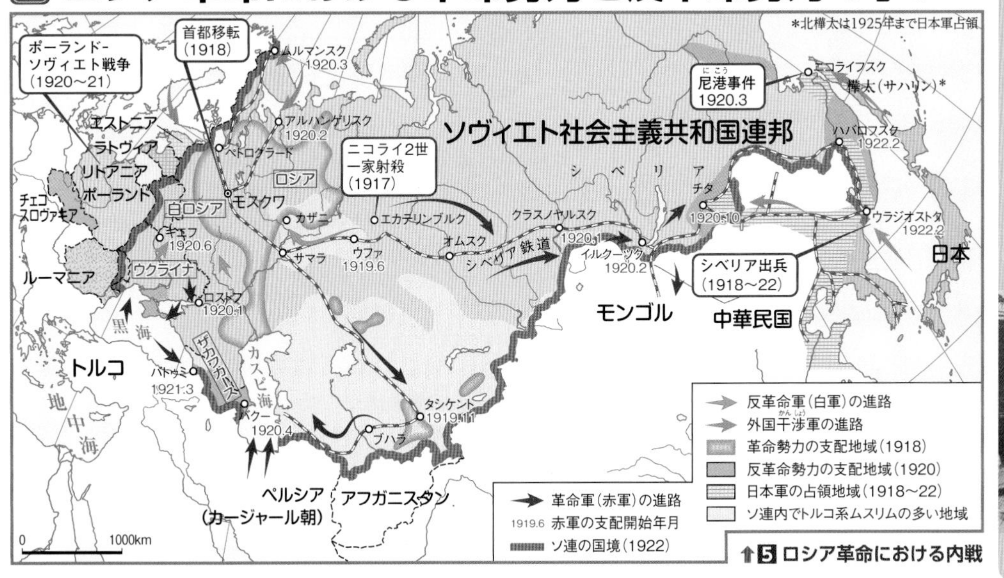

↑5 ロシア革命における内戦

シベリア出兵

1918年、日米英仏はロシア革命に干渉するためにシベリアに出兵した。日本は、各国が撤兵した後も1922年まで駐留を続けた。1920年にはニコライフスク(尼港)を占領した日本の守備隊が捕虜となり、多数の死傷者が出た。

↑6 ウラジオストクを行進する日本軍

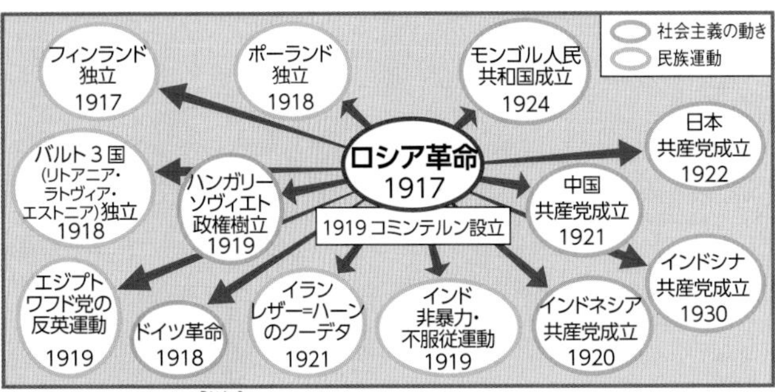

↑7 **ロシア革命の影響**　**ロシア革命**は、史上初の社会主義革命として世界各地に多大な影響を与えた。「**民族自決**」を唱え帝国主義との闘いを主張していたレーニンは、各国共産党の司令塔となるコミンテルン(第3インターナショナル)設立を提唱し、世界革命を目指した。その結果、ヨーロッパで革命や共産党の動きが活発化し、アジア・アフリカ地域でも帝国主義国からの解放を目指す民族運動が活性化した➲p.132,133。

MORE ロシアの民族問題

↓8 ソ連で行われた強制移住

ロシアは世界最大の国土に多数の民族を抱える国家である。**ロシア革命**で成立した**ソヴィエト**政権は**民族自決**を掲げ、民族の平等をうたったが、スターリン時代になるとロシア人以外への弾圧や粛清が行われるようになった。第二次世界大戦➲p.146中にドイツへの協力を疑われたクリミア・タタール人やチェチェン人などは民族丸ごと強制移住を迫られ、中央アジアやシベリアの地で多くの死者を出したとされる。その後チェチェン人は帰還を認められたが、ロシアへの不信感は残り、独立紛争が泥沼化するなど、民族問題が今日でも大きな課題となっている。

3 国内における経済政策

経済政策の変化

青字：指導者

戦時共産主義	(1918～21) レーニン ●**戦争遂行＝共産主義完成のための合理化** 穀物の徴発・配給制度 企業の国有化 労働の義務化 生産力の衰退・中央集権化
ネップ(新経済政策)	(1921～27) レーニン ●**農民との妥協・戦後経済の復興** 農民の現物税制の導入 余剰農作物の販売認可 中小企業家の経済活動自由化 小農経営・中小企業の活発化 生産力の回復　財政の安定
第1次五か年計画	(1928～32) スターリン ●**全労働力の国家管理化** 農業集団化(コルホーズ、ソフホーズ)と機械化 重工業の生産強化 工業国家への大発展 ソヴィエト全体主義へ社会の変換
第2次五か年計画	(1933～37) スターリン ●**搾取階級の一掃・国民生活の向上** 量的拡大よりも質的改善を目指す 農業の集団化の完成 大国として国際的地位向上

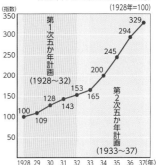

コルホーズは個人経営小農民を助ける

↑9 **コルホーズの宣伝**　農業については、集団化が強行され、土地・農具・家畜を共有する集団農場(コルホーズ)と、土地・農具が国有の大規模国営農場(ソフホーズ)が創設された。

〈栖原学「ソ連工業生産指数の推計」〉
(指数)　(1928年＝100)

年	1928	29	30	31	32	33	34	35	36	37
指数	100	109	128	143	153	165	200	245	294	329

第1次五か年計画(1928～32)　第2次五か年計画(1933～37)

↑10 **ソ連の工業生産の推移**　ソ連では生産と流通を国家が管理する**計画経済**が導入され、生産高を増やした。

平等・格差の観点から振り返ろう！　(　)内の正しい方に○をつけよう！

ロシアでは格差のない社会が目指され、革命により世界初の(社会主義・資本主義)政権であるソヴィエト連邦が誕生した。(労働者・資本家)階級の利益を最優先する共産党の主導で、むだのない計画経済を導入したが、国全体の生産力が落ちたため、党の権力者であるスターリンが(独裁・民主)体制を強化した。

ヴェルサイユ体制 ——戦勝国の描いた平和

史料で深めるF

ヒストリーツアーズ どこまでも増える“0”!?

←1 1920年代のドイツの家庭での料理風景

↓2 ドイツのパンの値段の変化

1kgのパンの値段（単位:マルク）		
1914年 12月		0.32
1918年 12月		0.53
1919年 6月	ヴェルサイユ条約締結	
1922年 12月		163.15
1923年 1月	仏・ベルギーのルール占領	
4月		474
6月		1,428
8月		69,000
10月		1,743,000,000
12月		399,000,000,000

〈『全訳世界の歴史教科書シリーズ15 西ドイツⅣ』〉

➡3 50億マルクの切手（1923年）

チェック1 図1の女性は、大量の紙幣をどうしようとしているのだろうか。 ①料理をするので片づけようとしている ②料理のために かまど で燃やそうとしている

チェック2 なぜこのようなことが当時のドイツで起こったのだろうか。
①急激なインフレで紙幣が紙きれ同然となったから
②人々の生活がより良くなって紙幣が余ったから

MORE ドイツに何もかも払わせろ！

別冊史料35

第一次世界大戦➲p.124後のパリ講和会議には、ドイツなど敗戦国が参加できず、フランス・イギリスなど戦勝国の利害を優先する一方的な戦後処理が行われた。特にフランスは**普仏戦争**➲p.78での屈辱をはらすため強硬な主張をし、ドイツは巨額の賠償金（1921年に1320億金マルクに決定）を背負うことになった。

ヴェルサイユ条約
（対ドイツ、1919年6月）【要約】
- **国際連盟**の設置 ・多額の**賠償金**
- **アルザス・ロレーヌ**をフランスに割譲
- ポーランド回廊をポーランドに割譲
- ダンツィヒを自由市として国際管理下へ
- ザール地方は15年間の国際管理下へ
- ラインラント（ライン川両岸）の非武装化
- 陸海軍の軍備縮小、航空隊の保有禁止
- 海外領土のすべての権利・要求を放棄

など

↓4 **ヴェルサイユ条約の調印**（ヴェルサイユ宮殿、鏡の間）

1 ヴェルサイユ体制下のヨーロッパ

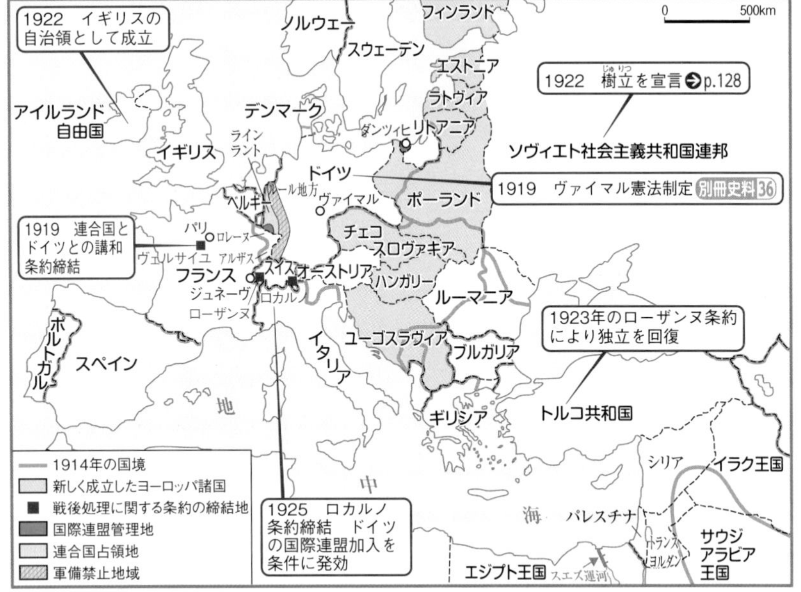

↑5 第一次世界大戦後のヨーロッパ

←6 **ルール地方占領** 賠償金支払い延期を要求するドイツにしびれを切らしたフランスとベルギーは、1923年ドイツ最大の工業地帯のルール地方を占領。ドイツはサボタージュ（生産停止）で対抗したが、経済は大打撃を受けた。

↑7 **ドイツによるポスター「われわれが失うもの」** ヴェルサイユ条約でドイツは国土の13%を失うなど、厳しい賠償を課された。これはドイツの人々に長く戦勝国への反感を与えることになった。

MORE 「民族自決」の考え方

民族自決とは、各民族が自身の政治体制を、他国から干渉されることなく決められるという考え方である。レーニンがロシア革命➲p.128において唱え、アメリカ大統領のウィルソンも平和原則に取り入れた。この考え方から東欧にポーランドなどの新しい独立国が誕生したが、アジアやアフリカには適用されず、不満をもったインドや中国、朝鮮などの人々は独立を目指す運動を展開した➲p.132、133。また、ロシア革命後のソヴィエトでも、少数民族は弾圧され民族自決は認められなかった。

20世紀前半 ←14
日本 ←126 →136
ヨーロッパ ←128 →138
アメリカ ←116 →134

2 国際連盟の誕生

国際関係の緊密化 テーマで結ぶ世界　第一次世界大戦後に日本が国際社会に与えた影響を考えよう。➡p.120、143

ウィルソンの「十四か条」

(1918年1月)【要約】

- 秘密外交の廃止
- 海洋の自由
- 関税障壁の撤廃
- 軍備縮小
- 民族自決の原則に基づく植民地問題の公正な解決
- 国際平和機構の設立

など

別冊史料37

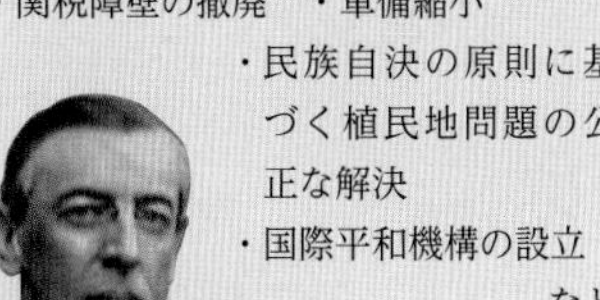

⬆8 ウィルソン(1856～1924)
アメリカ28代大統領。1918年にロシア革命に対抗するため、国際連盟の設立を含む「十四か条」の平和原則を発表した➡p.120。

本部ジュネーヴ
年1回開催

- 総会
- 連盟事務局　ジュネーヴ(スイス)
- 理事会
- 常任理事国　英、仏、伊、日(のち独、ソも)　非常任理事国4か国(のち9か国)
- 常設国際司法裁判所　ハーグ(オランダ)
- 国際労働機関(ILO)　ジュネーヴ
- ほか専門機関

⬆9 国際連盟の組織
〈『ブリタニカ国際大百科事典』〉

	1920	30	40	45(年)
フランス・イギリス	1920～45			
イタリア	1920～37(脱退を通告)			
ドイツ	26～33(脱退を通告)			
日本	1920～33(脱退を通告)			
ソ連	(22独)(24英伊仏)(25日)(33米) 34～39(除名)			
アメリカ	(上院の反対により不参加)			

世界恐慌　第二次世界大戦

(22独)…ソ連を承認した年を示す

➡10 国際連盟への加盟期間

世界の中の日本

国際連盟の常任理事国 日本

パリ講和会議の**国際連盟**委員会において、日本代表団は「人種差別の撤廃」を規約に明記すべきだと主張した。この提案は、米大統領の慎重姿勢によって廃案となったが、初めて人種差別を国際的に禁じようとする画期的な提案であった。その後、日本は発足した国際連盟の常任理事国となり(当初の常任理事国は英・仏・伊・日)、1920年～26年には新渡戸稲造が事務次長を務めるなど、史上初の集団安全保障機関において存在感を発揮した。しかしながら、日本は大戦中に占領した旧ドイツ領の南洋諸島を国際連盟の委託による「委任統治領」として支配下に置き➡p.120、さらには30年代に入ると満洲事変を起こして国際的な非難を浴び、ついには連盟を脱退した。

⬆11 新渡戸稲造
(1862～1933)

1914 南洋諸島占領
1920 国際連盟から委託を受けて日本の**委任統治領**に
1922 南洋庁設置(コロール島)

日本
140°
160°
0 1000km
20°
南洋諸島
グアム島(アメリカ)
マリアナ諸島
日本委任統治領
ビキニ島
コロール島
カロリン諸島
南洋庁
パラオ諸島
マーシャル諸島
赤道
0°
オーストラリア委任統治領
ニューギニア
ナウル島

➡12 日本が得た委任統治領

3 「正義と平和」を基調とする国際条約

	会議・条約名	参加国	日本全権	主な締結内容
ヴェルサイユ体制(ヨーロッパ内の平和と安全)	ヴェルサイユ条約(1919.6)パリ	27か国	西園寺公望 牧野伸顕	第一次世界大戦後のパリ講和会議で結ばれた条約。国際連盟の設立(1920年発足、日本は常任理事国に就任)。
	ロカルノ条約(1925.12)	ヨーロッパ7か国		7か国によるヨーロッパ集団安全保障条約。ドイツの国際連盟加盟を承認(翌年加盟)。
ワシントン体制(アジア・太平洋地域の平和と安全) ワシントン会議 ハーディング(米)提唱	四か国条約(1921.12)	英・米・日・仏	加藤友三郎 幣原喜重郎 徳川家達	**太平洋上の各国の領土を尊重。日英同盟は廃棄**(1923年)。
	九か国条約(1922.2)	英・米・日・仏・伊・ベルギー・ポルトガル・蘭・中		**中国問題**について、中国の領土と主権の尊重、門戸開放、機会均等などを協定。石井-ランシング協定は廃棄(1923年)。
	ワシントン海軍軍縮条約(1922.2)	英・米・日・仏・伊		**主力艦**(戦艦・巡洋戦艦)**の保有量を制限**。1931年までの10年間、主力艦の建造禁止。
集団安全保障・国際協調主義	山東懸案解決条約(1922.2)	日・中	加藤友三郎 幣原喜重郎	**二十一か条要求**➡p.127で日本が獲得した山東半島の旧ドイツ権益を**中国に返還**(青島など)。
	ジュネーヴ海軍軍縮会議(1927.6～.8)	米・英・日(仏・伊 不参加)	斎藤実	補助艦(巡洋艦・駆逐艦など)の保有量制限を目的とするが、米・英の対立で不成立。
	不戦条約(1928.8)パリ	15か国(のち63か国)	内田康哉	戦争放棄を「其ノ各々ノ人民ノ名ニ於テ」取り決めることが問題化。この条項は天皇主権の立場をとる日本に適用せずとして調印。
	ロンドン海軍軍縮条約(1930.4)	英・米・日・仏・伊	若槻礼次郎 財部彪	英・米・日の3国で**補助艦保有量を制限**(1936年末まで)。主力艦の保有量制限・建造停止を36年まで延長。仏・伊は部分的な参加。

⬆13 **戦間期の主な国際条約**　二つの国際体制は、正義と平和を基調とする「世界の大勢」をつくり出し、国際的な軍縮が行われた。日本も外相**幣原喜重郎**が国際協調を基調とする外交を展開した。

〈1921年11月『東京パック』14巻11号、川崎市市民ミュージアム蔵〉

⬅14 ワシントン海軍軍縮条約を描いた日本の風刺画
アメリカが主催したワシントン会議では、平和を維持するための軍縮が話し合われた。第一次世界大戦への過程で、各国が軍艦建造に走った反省から、軍縮会議では主力艦を10年間建造しないこと、国ごとの保有率に上限を定めることなどが決められた。日本は協調外交の立場から軍縮の提案に従ったが、風刺画にあるように、米英の主張を次々と妥協して受け入れる代表団に対して、国内からは厳しい批判が起こった。

MORE 初めて戦争を違法化した「不戦条約」

第一次世界大戦の反省から、「国際紛争の解決手段として武力を用いない」ことを定めた不戦条約がパリで制定され、63か国が参加した。しかし、破った国への罰則規定はなく、「自衛のための戦争」は認められていたため実効力は弱かった。日本も条約に加盟したが、満洲への侵攻➡p.142を「満洲事変」と呼び、戦争ではないとした。

不戦条約(1928年)

第一条　締約国は、国際紛争解決のために戦争に訴えることを非難し、かつ、その相互の関係において国家政策の手段として戦争を放棄することを、その各々の人民の名において厳粛に宣言する。

第二条　締約国は、相互間に発生する紛争または衝突の処理または解決を、その性質または原因の如何を問わず、平和的手段以外で求めないことを約束する。

〈歴史学研究会編『世界史史料10』岩波書店〉

( )内の正しい方に○をつけよう！

対立・協調の観点から振り返ろう！

パリ講和会議によって成立したヴェルサイユ体制は、敗戦国ドイツに(寛大・過酷)な賠償を課した。国際連盟に参加しなかったアメリカは、ワシントン会議を開き海軍の(縮小・拡大)などを取り決めたワシントン体制を構築した。こうして二つの国際秩序が成立した。

大正～昭和時代

戦間期の東アジア ——中国における革命の進展と民族運動

立ち上がるアジアの若者たち

⬆**1 五・四運動**(1919年5月4日)

別冊史料38

➡**2 三・一独立運動**(1919年3月1日) 京城(ソウル)のタプコル公園で独立宣言➲p.120が発表され、朝鮮の民衆が「独立万歳」を叫ぶデモを行った。反日独立運動は全国の都市や農村に波及した。

ひと **中国の民衆を描いた 魯迅**(1881~1936)

仙台の医学校に留学し、文学の力による社会改革を目指すようになった。中国に帰国後、白話文学とよばれる口語文による小説を発表、五・四運動を起こした学生たちにも影響を与えた。代表作の『狂人日記』『阿Q正伝』では、中国社会を痛烈に批判した。

チェック1 図1の人たちは何を主張しているのだろうか。
①二十一か条要求➲p.127の撤廃
②税金の軽減

チェック2 図1 2の運動が起こったのはなぜだろうか。
①日本の進出や支配に対抗するため
②ソ連の脅威に対抗するため

チェック

20世紀前半 ←14 東アジア ←126 →138 南・東南アジア ←86 →138 西アジア・アフリカ ←116 →138

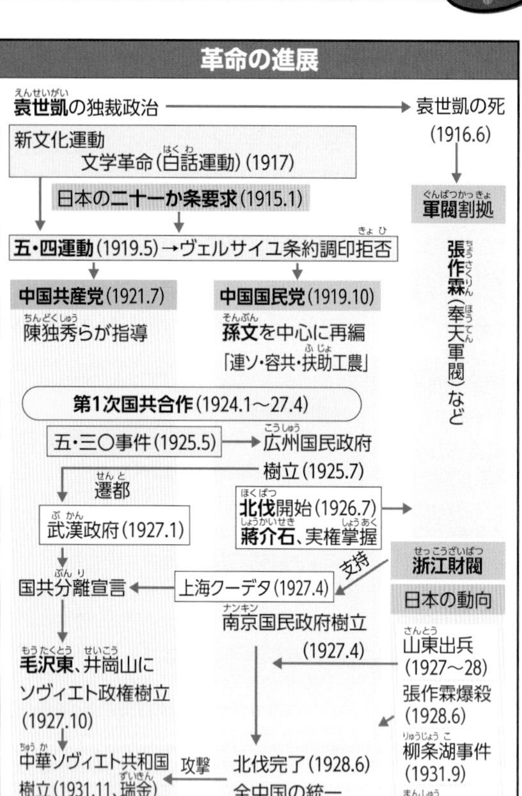

1 国共合作と北伐・長征

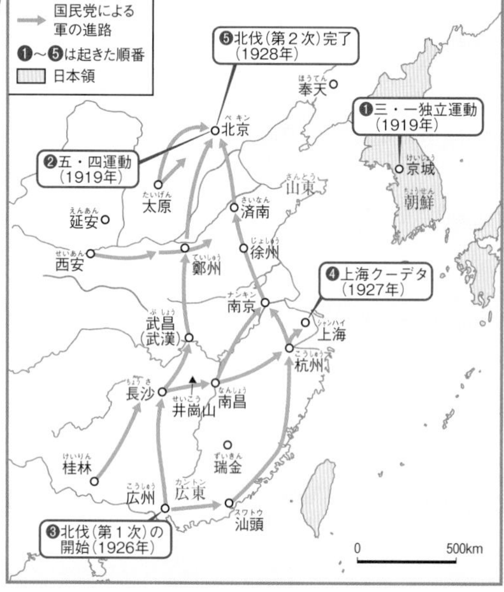

⬆**3 東アジアの民族運動と北伐**

⬆**4 長征** 第1次国共合作を破棄した蒋介石は共産党への攻撃を強化したため、1934年、毛沢東らは**瑞金**を脱出し、1万2500kmの距離を移動して2年後に**延安**に拠点を構えた。

⬅**5 蒋介石**(1887~1975) 日本の士官養成学校出身で、孫文亡き後、国民党軍を掌握し、軍閥を打倒する**北伐**を指導した。

米・英	浙江財閥
中国国民党	
・三民主義	
国共合作 〈反軍閥〉〈反帝国主義〉	国共対立 〈内戦〉
中国共産党	
・マルクス=レーニン主義	
ソ連(コミンテルン)	労働者・農民

⬅**6 毛沢東**(1893~1976) 長征途中の遵義会議(1935年)で中国独自の革命路線を提唱し、共産党の主導権を握った。

( )内の正しい方に○をつけよう！

自由・制限の観点から振り返ろう！

パリ講和会議で民族自決が唱えられると、北京では二十一か条要求の撤廃などを求めて(五・四運動・三・一独立運動)が起こった。民衆の要求は実現されなかったが、中国では国民党や共産党を中心に(分離独立・統一)を目指す動きが加速し、抗日民族統一戦線が実現した。

戦間期の西・南アジア ——民族運動の高まり

ヒストリーツアーズ 各地で盛んになる民族運動

⬆1 **近代化を進めるケマル** 1923年、ムスタファ=ケマルは、多民族国家であったオスマン帝国に代わる**トルコ共和国**を建国。ラテン文字によるトルコ語の表記など、トルコ民族主義を育成した。

⬆2 **塩の行進** 1930年、ガンディーはインド人の製塩を禁じたイギリスの法に抗議し、海岸までの360km（アーメダーバード～ダンディ海岸）を行進して塩をつくった。

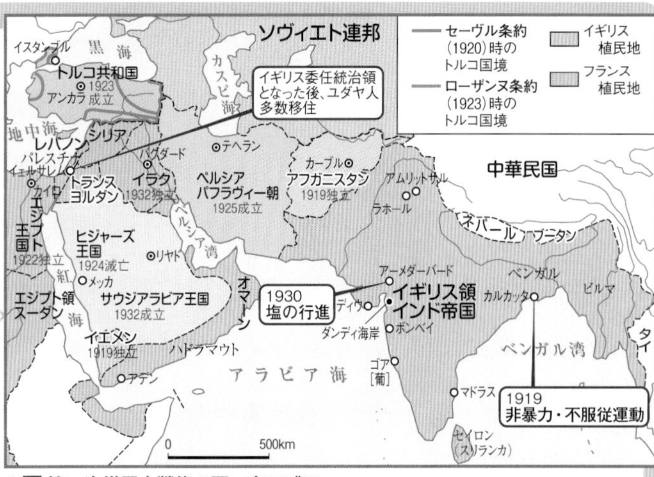

⬆3 第一次世界大戦後の西・南アジア

チェック1 図1で、ムスタファ=ケマルは何をしようとしているのだろうか。
①文字を統一して民族の結束を図ろうとしている
②植民地に自分の国の言葉を教えようとしている

チェック2 ガンディーはなぜ「塩の行進」を行ったのだろうか。
①インドを支配するイギリスに対して、非暴力・不服従の抵抗を示すため
②ムスリムとの対立に戦いで決着をつけるため

チェック3 ムスタファ=ケマルとガンディーが求めていた共通のものは何だろうか。
①彼ら自身の宗教を基本として国民をまとめる政治
②多民族を宗教以外の方法でまとめて自国のことを決める政治

チェック

MORE クルド人問題

クルド人は、トルコ・シリア・イランなどの山岳地帯に住む、国をもたない最大の民族である。第一次世界大戦後、クルディスタンとして自治が約束されたが、トルコ共和国成立によって実現しなかった。現在はイラク北部で自治権を獲得し、その他の地域でも独立運動が続いている。

⬇4 クルド人の居住地

1 西アジアの民族運動

テーマで結ぶ世界 植民地の独立　日本が支配した国・地域での民族運動はどのようなものだったか考えよう。➔p.118~119、120、132、155

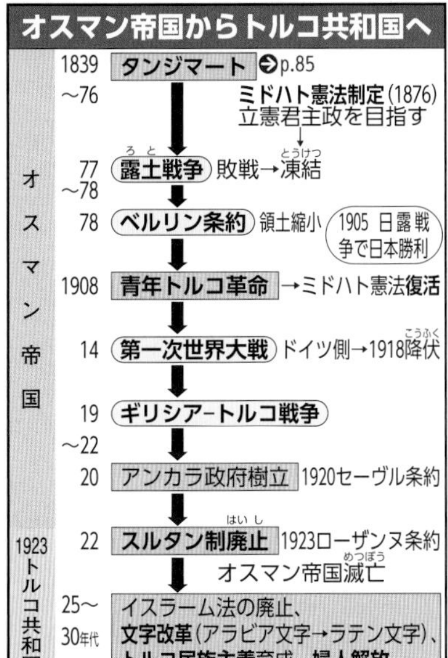

オスマン帝国からトルコ共和国へ

オスマン帝国	1839～76	**タンジマート** ➔p.85　ミドハト憲法制定(1876) 立憲君主政を目指す
	77～78	**露土戦争** 敗戦→凍結
	78	**ベルリン条約** 領土縮小（1905 日露戦争で日本勝利）
	1908	**青年トルコ革命** →ミドハト憲法復活
	14	**第一次世界大戦** ドイツ側→1918降伏
	19～22	**ギリシア-トルコ戦争**
	20	アンカラ政府樹立　1920セーヴル条約
1923 トルコ共和国	22	**スルタン制廃止** 1923ローザンヌ条約 オスマン帝国滅亡
	25～30年代	イスラーム法の廃止、**文字改革**(アラビア文字→ラテン文字)、**トルコ民族主義**育成、**婦人解放**

MORE サウジアラビアの独立

⬆6 **イブン=サウード**(1880?～1953)

⬆7 **サウジアラビア国旗** イスラームの五行の一つ、信仰告白が描かれる。

1902年、リヤドを征服したイブン=サウードは18・19世紀に2度にわたり成立・滅亡した**ワッハーブ王国**(サウード朝)を再興した。1932年、初代国王としてイスラームに立脚する**サウジアラビア王国**の建国を宣言した。

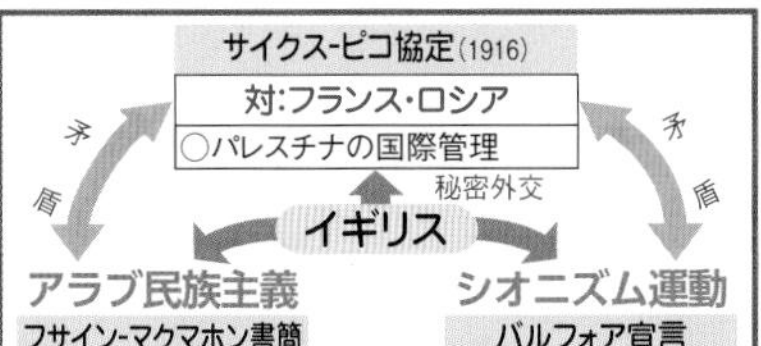

➡5 **イギリスの多重外交** 英は第一次世界大戦の際、戦争を優位に進めるため、西アジアの民族運動を支援してオスマン帝国に対する反乱を起こさせた。英はパレスチナにおけるアラブ人の独立を約束しつつ、同じ場所でのユダヤ人独立も約束し、さらに仏・露とオスマン帝国領を分割することも決定した。これらは相互に矛盾しており、**パレスチナ問題**➔p.181を引き起こす原因となった。

2 インド独立への歩み

第一次世界大戦がインド独立に与えた影響

インド国民会議	全インド=ムスリム連盟
（1914～18 **第一次世界大戦**）	
戦争協力を条件に**自治権付与を約束**→対英協力 ➔p.125	
自治権付与の遅れにより反英へ	英のオスマン帝国宣戦により反英へ
➔1919 **ローラット法**＊(弾圧強化)⬅	
インド統治法	
19 **ガンディーらの非暴力・不服従(サティヤーグラハ＊2)運動** ―提携―	19 **イスラームのカリフ擁護(ヒラーファト)運動**
29 **完全独立(プールナ=スワラージ)要求**	＊ 令状なしでの逮捕、裁判抜きでの投獄を認めるもの。
30ガンディーの**塩の行進**	＊2 本来は不殺生と禁欲に基づいて真理を追求するという意味。
30～32 英印円卓会議(計3回開催)	
英、切り崩しのために社会階層ごとの分離選挙を提案	
（1935 **新インド統治法**）	
〈新しい点〉◇**連邦制の樹立** ◇**各州の責任自治制の確立**	
1937 国内選挙実施 国民会議派大勝 → 危機感、分離運動	
	40 インドからの分離独立決議
47 **インド・パキスタン分離独立** ➔p.166	

（　）内の正しい方に○をつけよう！

統合・分化の観点から振り返ろう！

第一次世界大戦後、西アジアでは（民族・社会主義）運動が活発になり、多くの国が成立した。英から戦後の自治を約束され参戦したインドでは、英が約束を反故にしたため、非暴力運動などの抗議活動が展開された。しかし国内のヒンドゥー教徒と（仏教徒・ムスリム）の対立から、団結した活動は難しかった。

大正～昭和時代

アメリカ合衆国の繁栄 ――黄金の1920年代と大衆社会の到来

ヒストリーツアーズ 憧れの“American Way of Life(アメリカ的生活様式)”

↑1 ラジオのある居間で団らんする家族

←2 洋服の仕立てをする家族　アメリカの繁栄の影で、移民や農村に住むアフリカ系黒人などの貧困層がニューヨークなどの都市部に流入し、スラム街を形成した。一方でヨーロッパ系白人は自動車などを所有し郊外へと転出する動きが加速した。

チェック1 当時の憧れの“アメリカ的生活様式”は図1と2、どちらの暮らしだろうか。

チェック2 図1の家族はラジオで何を聞いたと考えられるだろうか。

ヒント p.135を見てみよう

①音楽やスポーツなどの大衆的な娯楽　②専門的な学問の講義

戦間期のアメリカの歩み

丸数字は大統領の代を示す　共：共和党　民：民主党

青字：文化関連事項　　：対外政策関連事項　○：このころ

時代区分	年	事項	日本
革新と帝国主義の時代		(セオドア=ローズヴェルト㉖(共、任1901～09))	明治時代
	1903	パナマから運河地帯の永久租借権を獲得➔p.116	
		(タフト㉗(共、任1909～13))	
		(ウィルソン㉘(民、任1913～21))	
		○流れ作業によるT型フォード車大量生産開始	
	14	第一次世界大戦に中立を宣言	
	15	クー=クラックス=クラン(KKK)復活	
	16	アメリカは債務国から債権国に転換	
	17	アメリカ、ドイツに宣戦(～18)	
	18	「14か条」の平和原則発表➔p.131	
	19	禁酒法成立(33廃止)	
		○チャップリンの無声映画流行	
永遠の繁栄時代	20	女性参政権を規定➔p.122、138	大正時代
		イタリア系移民のサッコ・ヴァンゼッティ逮捕(27死刑)	
		“孤立主義”外交(国際連盟不参加)	
		○ラジオ放送開始	
		(ハーディング㉙(共、任1921～23))「平和への復帰」	
	21	ワシントン会議(～22)	
		(クーリッジ㉚(共、任1923～29))	
	24	ドーズ案発表	
		移民法実施→ヨーロッパ移民は制限、アジア系移民は事実上禁止	
		○ボブヘアーの流行	
	27	リンドバーグ、大西洋無着陸横断飛行に成功	昭和時代
		ジュネーヴ海軍軍縮会議	
		○株式ブーム(～29)	
	28	不戦条約(ケロッグ-ブリアン協定)➔p.14、131	
		(フーヴァー㉛(共、任1929～33))	
	29	○シカゴのギャング抗争最高潮	
		ヤング案発表	
		ウォール街で株価大暴落→世界恐慌➔p.140	
恐慌	31	フーヴァー=モラトリアム	
		(フランクリン=ローズヴェルト㉜(民、任1933～45))	
	33	ニューディール(AAA・TVA・NIRAなど)開始	

1 保守化する国内の社会状況

チェック

排外主義の台頭

↑3 クー=クラックス=クラン(KKK)の集会　ワスプ(WASP*)が白人の優越を守るために組織した秘密結社。1915年、反黒人・反移民・反社会主義を掲げて復活し、1920年代に急成長した。

＊WASP(White Anglo-Saxon Protestant)

JAPS KEEP MOVING
THIS IS A WHITE MAN'S NEIGHBORHOOD.

↑4 日本人移民の排斥　19世紀以降、日本から渡米する移民が増加し、農業や鉄道敷設などに従事した➔p.111、117。日本人移民を排斥する動きが強まると、1924年には移民法 別冊史料39 によって日本人の移民が禁じられた。

犯罪組織の拡大

↑5 下水道に捨てられる酒　1919年に成立した禁酒法では、酒類の製造・販売・運搬が禁止された。禁酒の推進には、ワスプの保守的で宗教的な思想が深く関わっていた。

ひと　ギャングの帝王 アル=カポネ(1899～1947)

1920年代のアメリカで、闇の経済を支配したのがギャングである。その代表であるシカゴのアル=カポネは、酒の密造・密売で巨額の利益を上げ、自動車とマシンガンを駆使して敵を倒し、縄張りを拡大した。

2 繁栄するアメリカ ➲p.14

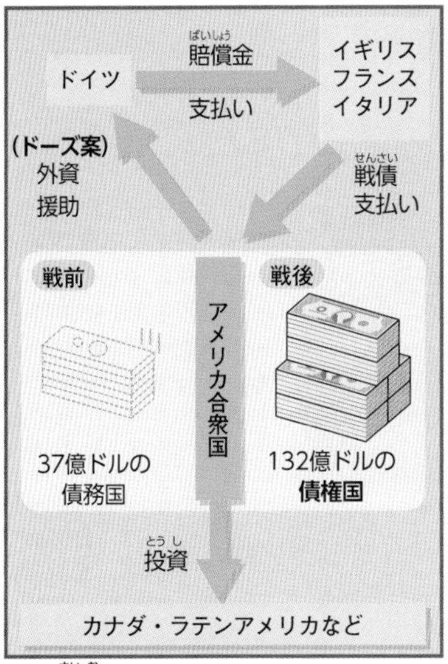

ドイツ
賠償金
支払い
イギリス
フランス
イタリア
（ドーズ案）
外資
援助
戦債
支払い
戦前
アメリカ合衆国
戦後
37億ドルの
債務国
132億ドルの
債権国
投資
カナダ・ラテンアメリカなど

⬆6 **債務国から債権国へ**　第一次世界大戦前、世界有数の債務国であったアメリカは、戦後は一転、西欧の国々に資金を貸し、世界最大の債権国として世界経済の中心となった。

⬅7 **エンパイアステートビル**　1920年代に建設が決まり、1931年に完成した。102階建てのビルは当時、世界一の高さを誇った。

⬆8 **1920年代のニューヨーク**

3 大衆文化の出現と娯楽 ▶動画

生活様式の変化 テーマで結ぶ世界　欧米や日本の大衆文化が人々の生活や意識に与えた影響を考えよう。➲p.123、137

大量生産・大量消費

⬅9 **街にあふれる広告**　戦後、アメリカ経済の発展によって国民の所得が増加し、購買力が高まった。企業は生産技術の革新を行い商品の生産数を増やすとともに、マスメディアや看板・ポスターを活用してさまざまな商品宣伝を行い、消費者の購買意欲を刺激して**大量生産・大量消費**社会を築いた。

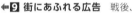

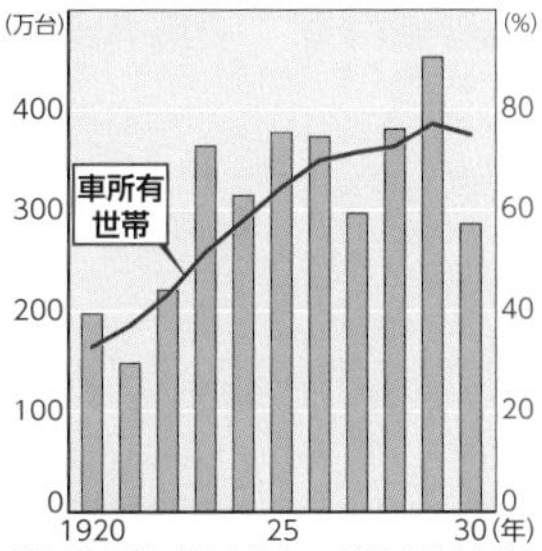

（万台）（%）
車所有世帯
1920　25　30（年）
（常松洋著『大衆消費社会の登場』山川出版社）

➡10 **車の販売台数・所有世帯の割合**　1920年代に自動車産業が急速に発展し、馬車に代わる移動手段として普及した。自動車はアメリカ経済のみならず社会生活に大きな影響を及ぼした。

⬅11 **T型フォードの生産**　フォード社は流れ作業で効率的に同じ自動車を組み立てる生産ラインを考案し、大衆にとって手が届く価格の自動車を販売した。

ショービジネス・娯楽の登場

⬇12 **チャップリン**　1920年代、大衆娯楽として映画が発達し、撮影所が密集するハリウッドは映画産業の代名詞となった。この時代を代表する喜劇俳優のチャップリンは1940年代にかけて活躍し、喜劇王とよばれた。

〈映画『モダンタイムズ』に出演するチャップリン〉

⬇13 **ジャズの流行**　黒人音楽から発展して即興演奏を特色とするジャズが、自由な都会生活を求める若者を中心にダンス音楽として流行し、アメリカの代表的音楽となった。

ルイ=アームストロング

国民的ヒーローの登場

⬅14 **ベーブ=ルース**(1895~1948)と➡15 **リンドバーグ**(1902~74)
マスメディアの発達によって全米でプロスポーツの人気が高まった。ニューヨークヤンキースのベーブ=ルースは屈指の強打者として人気を集めた。リンドバーグは、ニューヨーク-パリ間の大西洋無着陸横断飛行の成功者として新聞で全米に報じられ、国民的英雄となった。

平等・格差の観点から振り返ろう！　（　）内の正しい方に○をつけよう！

繁栄の時代を迎えた1920年代のアメリカでは、（階級・大衆）社会が形成され、冷蔵庫などの耐久消費財などを購入するアメリカ的生活様式が広がった。チャンスをつかもうと多くの人々が集まったが、（WASP・黒人や移民）は貧困から抜け出せず、都市部にスラム街を形成した。KKKなどによる彼らに対する（擁護・排斥）運動も広がりを見せた。

日本における大衆社会の成立 ——大正デモクラシーの政治と文化

HISTORY TOURS ヒストリーツアーズ

「投票スレバ明クナリ…」普通選挙への道のり

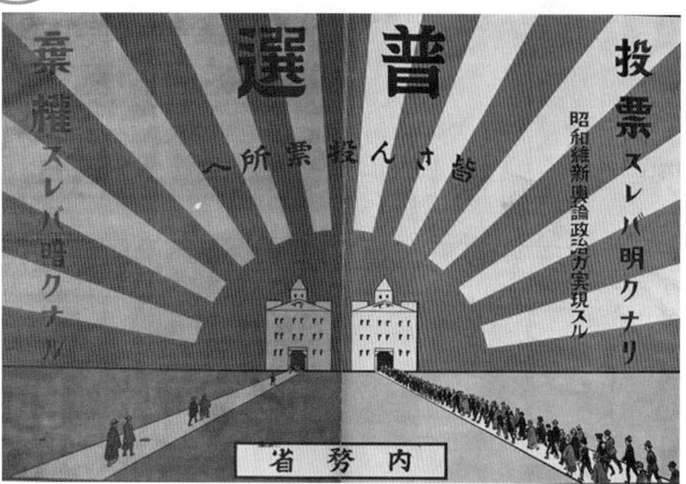

⬆1 第1回普通選挙のポスター(1928年)〈法政大学大原社会問題研究所蔵〉

⬅2 投票所に並ぶ人々(1928年) 1925年の普通選挙法によって、有権者数は従来の4倍の1241万人となり、実際に投票した人は997万人、投票率は80.3%であった。新たな有権者に対し国や各政党はポスターを作成し視覚的に人々の政治参加を促した。

チェック1 図1のポスターを作成したのはどのような機関だろうか。
①政府 ②天皇 ③政党 ④新聞社

チェック2 図1のポスターの目的は何だろうか。
①普通選挙の実施を求めている ②投票に行くよう促している
③投票に行かなければ罰すると警告している

チェック3 図2から、図1のポスターの目的は果たされただろうか。
①果たされた ②果たされなかった

1 「大正デモクラシー」の風潮

大衆の地位の変化 テーマで結ぶ世界 欧米で参政権が拡大した時期とその理由を考えよう。➔p.76、122、138~139、141

日本民主主義の父
吉野作造(1878~1933)

宮城県出身。学生時代に入信したキリスト教の精神がデモクラシーの基盤であることを学ぶ。東京帝国大学法学部教授となり、1916年に『中央公論』に発表した論文でデモクラシーの訳語として「**民本主義**」を提唱し理論化。その後の「**大正デモクラシー**」の発展に貢献した。

● **民本主義**(一九一六年発表)【現代語訳】

……いわゆる民本主義とは、**法律の理論上の主権が誰にあるかということは問わず、ただその主権を行使するにあたって、主権者は一般民衆の利福および意向を重んずることを方針とするべきであるという主義**である。……主権は、君主にあるのか人民にあるのかを問うところではない。……

〈『中央公論』「憲政の本義を説いて其有終の美を済すの途を論ず」〉

⬅3 国会議事堂(当時)を取り囲む民衆(1913年)
政党は都市民衆らとともに第1次護憲運動を展開した。「閥族打破・憲政擁護」を掲げ陸軍長州閥の桂内閣を批判し、組閣から53日で総辞職に追い込んだ。このように、大衆による政治参加を求める動きを「**大正デモクラシー**」という。

2 男子普通選挙の実現

● **治安維持法**(1925年公布)

第一条 国体①を変革し 又は私有財産制度を否認することを目的として結社を組織し 又は情を知りて之に加入したる者は 十年以下の懲役 又は禁錮に処す

①ここでは天皇制を指す

〈『官報』〉

● **改正治安維持法**(1928年公布)

第一条 国体を変革することを目的として 結社を組織したる者 又は結社の役員其の他指導者たる任務に従事したる者は **死刑**又は**無期** 若は五年以上の懲役若は禁錮に処し 情を知りて結社に加入したる者 又は結社の目的遂行の為にする行為を為したる者は 二年以上の有期の懲役又は禁錮に処す

〈『官報』〉

⬆4 **男子普通選挙**が実現した同年に、治安維持法が制定された。社会主義国であるソ連と国交を樹立したことにより、天皇制や資本主義体制を否定する社会主義・共産主義の影響が増すことを指導者がおそれたことによる。「国体を変革し」という表現はしだいに、言論・結社・集会の自由を弾圧する法的根拠となっていった。

〈さいたま市立漫画会館提供〉

⬆5 「口に雨戸」(北沢楽天作『楽天漫画集大成』)

⬇6 普通選挙の推移 別冊史料40

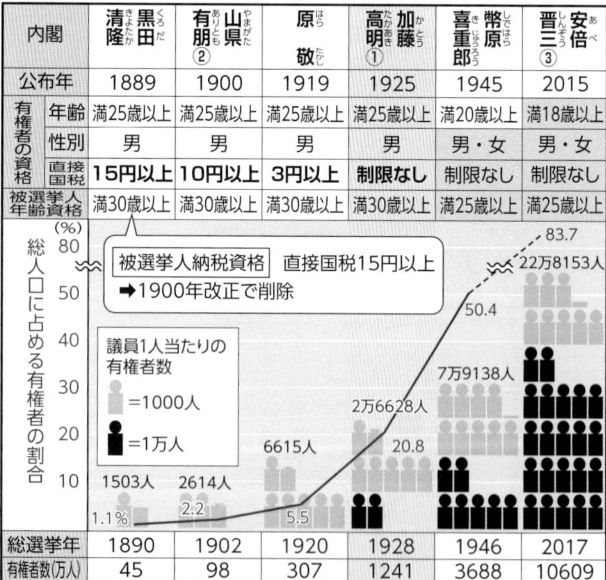

内閣		黒田清隆	山県有朋②	原敬	加藤高明①	幣原喜重郎	安倍晋三③
公布年		1889	1900	1919	1925	1945	2015
有権者の資格	年齢	満25歳以上	満25歳以上	満25歳以上	満25歳以上	満20歳以上	満18歳以上
	性別	男	男	男	男	男・女	男・女
	直接国税	**15円以上**	**10円以上**	**3円以上**	**制限なし**	制限なし	制限なし
被選挙人年齢資格		満30歳以上	満30歳以上	満30歳以上	満30歳以上	満25歳以上	満25歳以上
総選挙年		1890	1902	1920	1928	1946	2017
有権者数(万人)		45	98	307	1241	3688	10609

*安倍内閣は公職選挙法を改正。18歳選挙権は2016年の参院選から適用。

3 マスメディアの発達

⬅7 **ラジオのある居間で団らんする家族** 1925年に日本でラジオ放送が開始されると、全国中等学校優勝野球大会や大相撲の実況中継が始まった。文化や娯楽は、特権階級だけでなく、大衆が楽しむものへと変化した。ラジオ放送開始以降、人々は居間でラジオを聞くという余暇の過ごし方をするようになった。国を越えて居間でラジオを聞く様子が見られ➲p.134、家族のあり方や生活様式が国際的に均質化していったことが分かる。

➡8 **ラジオの普及と新聞発行部数の変化** 1920年代に有力紙の発行部数が100万部を超え、1925年にはラジオ放送が始まった。このような**マスメディア**の発達により、均一な情報が国民に同時に伝達されるようになり、大衆社会の成立につながった。

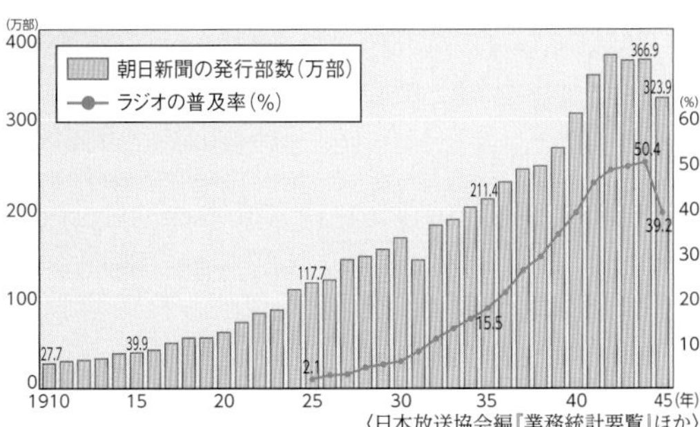

〈日本放送協会編『業務統計要覧』ほか〉

● **『カチューシャの唄』**

カチューシャかわいや わかれのつらさ　せめて淡雪 とけぬ間と
神に願いを(ララ)かけましょうか
カチューシャかわいや わかれのつらさ　今宵ひと夜に 降る雪の
あすは野山の(ララ)路かくせ…

(中山晋平作曲、島村抱月・相馬御風作詞、1913年)

⬅9 **レコードの普及と流行歌の誕生** 1914年、劇作家の島村抱月がトルストイの「復活」を上演した。松井須磨子が歌う劇中歌『カチューシャの唄』は大流行となり、その歌を吹き込んだレコードが発売された。レコードは約2万枚売れ、流行歌の先駆けとなった。

➲p.123日本で発刊された出版物

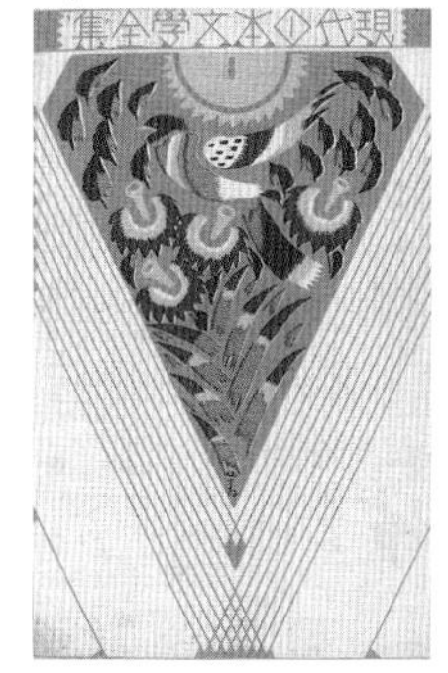

⬆10 **『現代日本文学全集』** 1926年創刊。1冊1円の円本として販売。

⬆11 **『改造』** 創刊号(1919年)。民衆解放を主張した総合雑誌。

⬆12 **『キング』** 創刊号(1925年)。大衆娯楽雑誌。

⬆13 **『赤い鳥』** 創刊号(1918年)。児童文芸雑誌。

〈図10～13日本近代文学館蔵〉

4 大衆文化の出現と娯楽

⬆14 **サラリーマン**(大阪・梅田、1931年) 原敬内閣が高等教育を充実させたことにより、大学で教育を受けサラリーマンとして働く人が増加した。

⬅15 **モガ(モダンガール)***(東京・銀座、1933年ごろ) 購買力をもつ都市部のサラリーマンや職業婦人の間でモダンな服装や生活様式が流行した。

*時代の先端をいく洋装・洋髪の女性。男性はモボ(モダンボーイ)とよばれた。

⬆16 **浅草六区の芝居小屋** 浅草六区は明治時代から劇場を中心に栄えていた。1903(明治36)年には日本初の常設映画館である電気館がオープンし、以降日本全国に映画館が盛んにつくられるようになった。

➡17 **デパート(三越)の広告** 三越日本橋本店は1914年に開店した。エスカレーターなどの最新設備が備えられ、大量生産された製品を購入・消費する場となり、都市部の大衆の購買意欲をかき立てた。

平等・格差の観点から振り返ろう!　(　)内の正しい方に○をつけよう!

内閣を総辞職にまで追い込む大衆運動が起こったことで、大衆のもつ政治への影響力が明らかになり、「大正デモクラシー」とよばれる(平和・民主)主義的な風潮が強まった。それに呼応して1925年には男子普通選挙が実現し、有権者数が大幅に(増加・減少)したが、(女性・高齢者)に選挙権は与えられず、平等な政治参加は実現しなかった。

特集 女性の政治参加の動き ➔p.122

1 女性参政権獲得に向けて

A 女性の社会進出

⬆1 **軍需工場で働く女性**(フランス、1916年)　兵士となった男性の代替労働力として女性の社会進出が進んだ。戦争への協力は、女性の参政権獲得に大きく影響した。➔p.125

増加（1917年10月現在：1914年6月=100)

業　種	女性	男性	総計
製鉄・金属・機械	476.1	95.5	118.4
電機	480.5	84.0	145.1
化学	450.4	117.4	155.6
繊維	73.7	33.8	54.8
木材	117.9	51.7	61.6
食料品・嗜好品	101.6	52.8	75.3
被服	59.5	34.5	47.7
建築	279.3	56.1	62.3

〈三成美保ほか編『ジェンダーから見た世界史』〉

⬆2 **産業別女性就業者数の変化**(ドイツ)　戦争関連産業の需要急増と男性の労働力減少に伴い、爆弾製造や旋盤での作業など男性主体であった分野で女性の雇用が著しく増加した。

⬅3 **車掌として働く女性**(日本、1922年)　日本の職業婦人は、都市化や産業多様化の背景の下で1920年から40年にかけて35万人から175万人に増加し、タイピストや電話交換手、バスの車掌などとして活躍した。ただし若年独身女性を想定した賃金は低く抑えられた。

職業婦人の増加(『東京日日新聞』1922年6月27日付)

第1回国勢調査の結果より見た東京市人口の職業別統計によると……有業者中2割3分(約19万人)は女性である、そして或種の職業の如きは有業婦人の数が有業男子の数を超過しているさえある……更にこれを全国的に見るとわが国には約400万人の職業婦人(農家の手助家族をふくまず)がいる訳で女10人(子供をもふくむ)寄ればその中には必ず一人半の職業婦人がいる勘定である……

〈久留島典子ほか編『ジェンダーから見た日本史』大月書店〉

B 女性参政権運動の盛り上がり ➔p.122

⬆5 **女性参政権を求める行進**(ニューヨーク、1912年)　アメリカでは第一次世界大戦後の1920年に女性参政権が実現した。

⬅4 **女性参政権運動の状況**(イギリス、1910年代)　海の果てに見える国会議事堂に、「VOTES(投票)」と書かれた帆に風を受けて運ばれて向かう男性と、両手にオールを握りしめてボートを漕いで行こうとする女性が対比的に描かれている。19世紀後半から、イギリスでは**女性参政権**に対する議論が盛んに行われた。

⬆6 **新婦人協会の設立**(日本、1920年)　平塚らいてう・市川房枝らによって結成。機関紙の発行や議会への請願運動を通じて、1922年には治安警察法第5条の一部改正に成功した。これにより女性の政治集会の開催や参加が認められるようになり、女性政治参加への第一歩を踏み出した。市川はその後、女性参政権獲得に向けて戦前・戦中を通して活動を続けた。戦後は一時期戦争協力により公職追放を受けるものの、追放解除後に長らく参議院議員を務め、女性の社会進出に尽力した。

⬇7 執筆した平塚らいてうは、明治から昭和にかけて女性の権利獲得を目指して社会運動を行った。『青鞜』(1911年発刊)は、女性のための文芸誌として発刊され、与謝野晶子ら多くの女性作家が寄稿した。別冊史料41

『青鞜』発刊に際して

元始、女性は実に太陽であった。真正の人であった。今、女性は月である。他に依って生き、他の光によって輝く、病人のやうな蒼白い顔の月である。……

〈歴史学研究会編『日本史史料4 近代』岩波書店〉

2 女性参政権の獲得

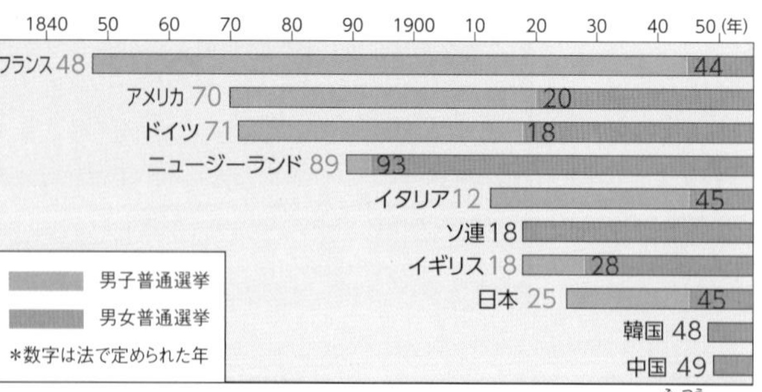

⬆8 **各国の男女の参政権獲得年**　国民国家成立のなかで**男子普通選挙**➔p.136が実現していったが、女性は能力や国家への貢献が男性に及ばないとされ、参政権は認められなかった。20世紀の総力戦において戦時体制に動員された女性は、戦争協力のなかで参政権を獲得した。欧米では主に第一次世界大戦期に、アジアでは第二次世界大戦後に男女普通選挙が実現した。

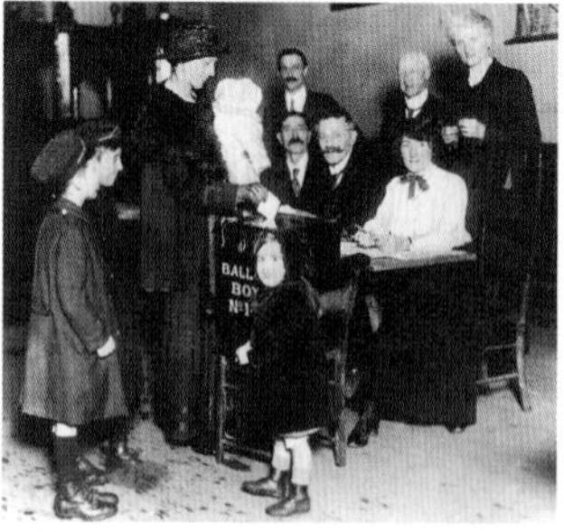

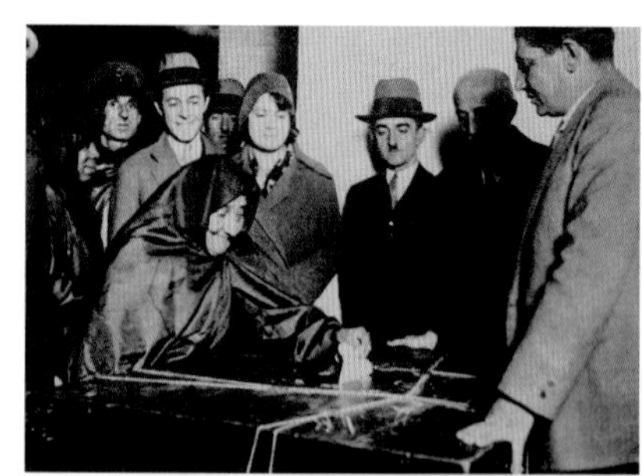

⬆9 **投票する女性**(イギリス、1918年)

↗10 **投票する女性**(トルコ、1935年)　世俗国家を目指すトルコでは、女性の地位向上を近代国家の象徴とみなして「上からの女性解放」が行われた。

➡11 **投票する女性**(日本、1946年)　1930年代から限定的な女性参政権付与が国会で議論されたが、戦後GHQ指導下で、男女普通選挙が実現した。➔p.154

3 今につながる女性の活動

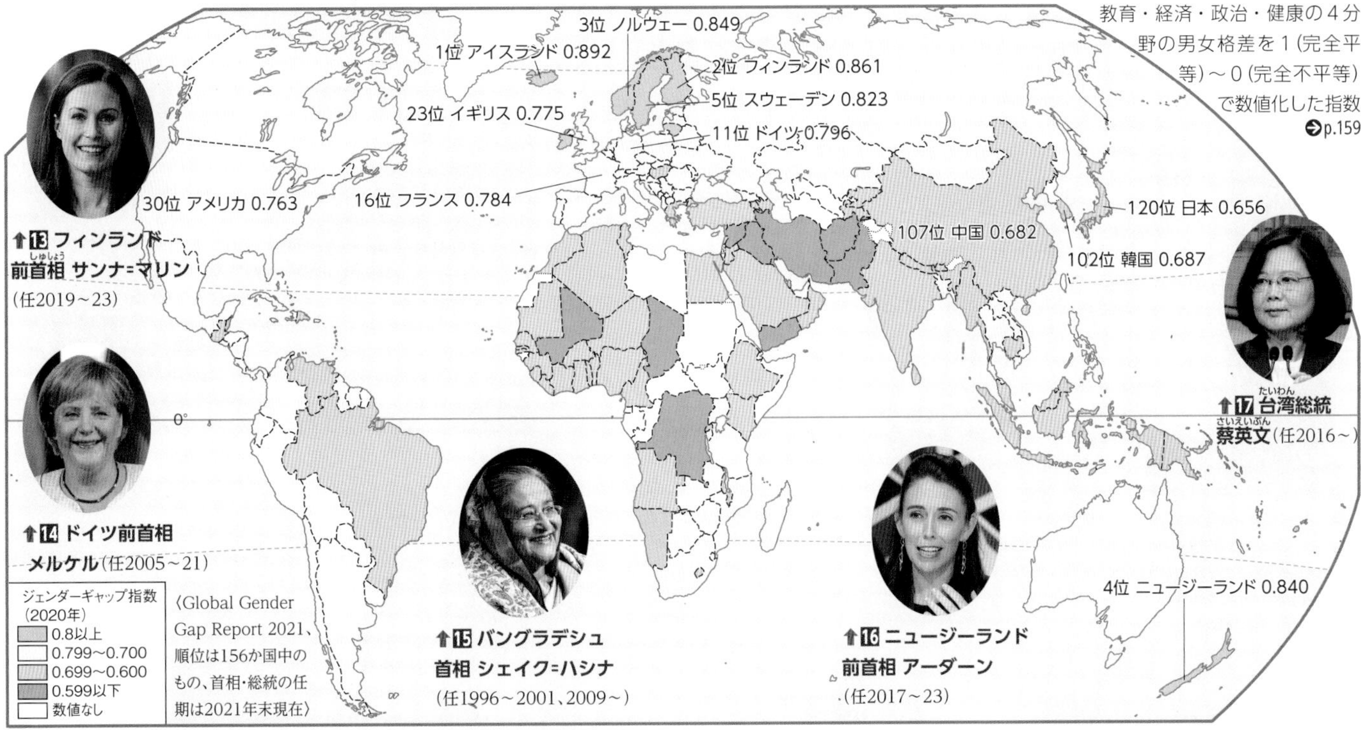

⬇**12 ジェンダーギャップ指数**　教育・経済・政治・健康の4分野の男女格差を1（完全平等）～0（完全不平等）で数値化した指数。➲p.159

〈Global Gender Gap Report 2021、順位は156か国中のもの、首相・総統の任期は2021年末現在〉

⬆**13 フィンランド前首相 サンナ=マリン**（任2019～23）

⬆**14 ドイツ前首相 メルケル**（任2005～21）

⬆**15 バングラデシュ首相 シェイク=ハシナ**（任1996～2001、2009～）

⬆**16 ニュージーランド前首相 アーダーン**（任2017～23）

⬆**17 台湾総統 蔡英文**（任2016～）

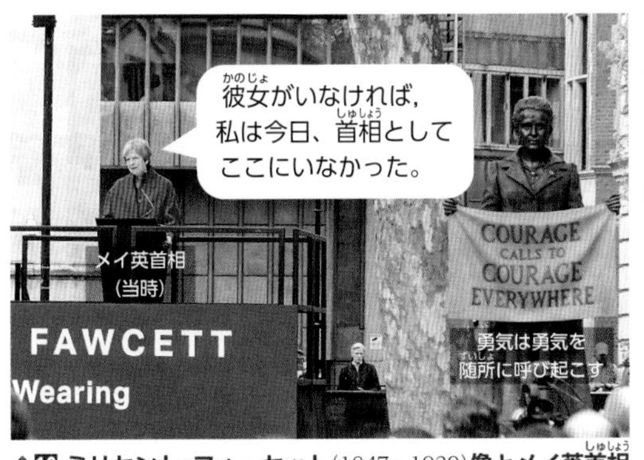

⬆**18 ミリセント=フォーセット**（1847～1929）**像とメイ英首相**（当時、2018年、ロンドン）　フォーセットは**女性参政権**獲得のために粘り強い運動を展開した。イギリスでは1918年に、30歳以上の女性に制限つきの参政権が認められた。

⬆**19 ニュージーランドドル紙幣に描かれたケイト=シェパード**（1847～1934）　ニュージーランドの女性参政権運動の活動家。ニュージーランドでは、1893年に世界で初めて女性参政権が認められ、1933年には初の女性下院議員が当選した。

➡**20 ココ=シャネル**（1883～1971）　第一次世界大戦を契機に女性の社会進出が進み、シンプルで着やすい女性服が求められた。シャネルはジャージーやツイードなどの労働者や男性が好んだ素材を用い、ジャケットとスカートのスタイルを提案した。

⬅**21 カルティニ**（1879～1904）　貴族の家に生まれ、オランダ式教育を受ける。ジャワの家父長制を批判して女性の自由や教育の機会を主張するとともに、地場産業の振興にも尽力。インドネシアでは女性解放の英雄とされる。➲p.87

⬅**22 秋瑾**（1875～1907）　清朝末期の革命家で、詩人でもあった。日本留学中に革命運動に接近し、帰国後清朝打倒を目指して武力革命を図るが、発覚して処刑された。女性解放運動にも力を入れ、纏足廃止や女子教育の確立などを主張して多くの詩を残した。

⬅**23 与謝野晶子**（1878～1942）　平塚らいてうと同じく女性解放を目指したが、平塚が「女性と国家のために母性は保護されるべき」と主張したのに対し、「保護よりも女性が母として自活できる社会をつくるべき」として「母性保護論争」を繰り広げた。

カルティニの考えるジャワの女性教育

社会道徳を習得するために女性が大役を担うことを、誰が否定することができようか。……人の心に善と悪の種を最初に播くのは母であり、生涯にわたりそれを持ち続けることは稀ではない。今、ジャワの母親が教育の無いままで、どうして子供を教育することができようか。女性が取り残された状態でその務めを果たさなければ、ジャワ人の教化と啓発は決して進展しない。

〈富永泰代著『小さな学校』京都大学学術出版会〉

「敬んで姉妹に告げる」（『中国女報』第1期、1907年）

おお、二億の男性は文明の新世界に入っているのに、わが二億の女性同胞は、依然として一八重地獄の暗黒に沈んでいて、その一重でも向上しようとしていません。足は小さく纏足し、髪はてかてかに櫛を入れ、頭には花・リボン・螺鈿のかんざし、……生涯知っていることは、ただ男性によりかかり、衣食をもっぱら依存することばかり。……おお、けれども一人の人間として、意気地のないのはおそろしいことです。意気地があれば、自立の基礎、自活の技能を求められるはずです。……

〈三成美保ほか編『ジェンダーから見た世界史』大月書店〉

夫婦による子育て

（『太陽』「母性偏重を排す」1916年2月）

……男は産をしない、飲ますべき乳を持たないと言う形式の方面ばかりを見て、男は種族の存続を履行し得ず、女のみがそれに特命されていると断ずるのは浅い。……子供を育てかつ教えるには父性の愛もまた母性の愛と同じ程度に必要である。……

〈鹿野政直ほか編『与謝野晶子評論集』岩波書店〉

世界恐慌とファシズム ——「もてる国」と「もたざる国」の分かれ道

20世紀前半 ←14

ヒストリーツアーズ 憧れの“American Way”のはずが…?

←**1** **世界恐慌時の市民の様子**(アメリカ、1930年代) 紙には、大卒で会計ができる(左)、3年フォード社➡p.135で働いていた(右)などと書かれており、彼らの経歴をアピールしている。

➡**2** **無料食料配給所に並ぶ人々**(アメリカ、1931年ごろ) **世界恐慌**時、パンの配給を待つ列はブレッドラインとよばれた。このような姿がアメリカの多くの都市で見られるほど、国民の生活は苦しくなっていた。

チェック1 図1の人々は何をしているのだろうか。 ①ストライキをしている ②仕事を求めている

チェック2 図2の人々はなぜ行列をつくっているのだろうか。
①流行のコーヒーを飲むため ②生きていくための食料を得るため

チェック3 人々が図1 2の行動をとったのはなぜだろうか。
①株価が大暴落し、経済が混乱したから
②経済がさらに成長し、よりよい生活を求めたから

1 世界恐慌とその波及

▶動画

←**3** **ニューヨーク証券取引所に詰めかけた人々**(1929年) ニューヨーク株式市場で株価が大暴落し、「暗黒の木曜日」とよばれた。この日以降、深刻な恐慌がアメリカを襲った。

➡**4** **フランクリン=ローズヴェルト**(1882~1945) 1933年に米大統領になり、国家が介入することで経済を安定させる**ニューディール**(新規まき直し)で大恐慌を乗り越えようとした。ローズヴェルトはラジオ放送➡p.134でみずからニューディールを説明し、国民の支持を集めた。

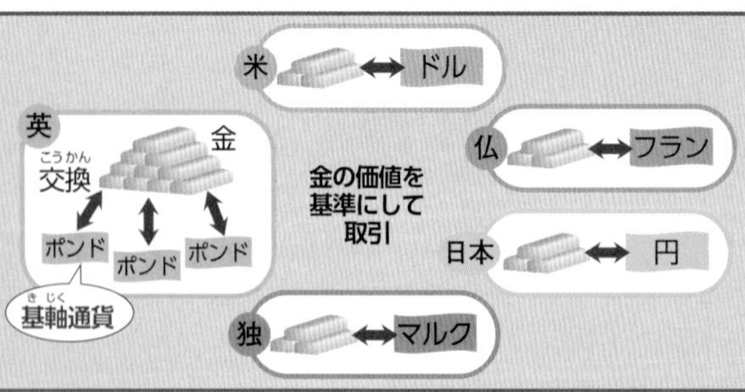

↑**5** **金本位制のしくみ** 金本位制は金の価値を基準に通貨取り引きを行うため、通貨価値が安定する。一方で各国の通貨供給量は保有する金の量に左右され、通貨供給量を調整し景気変動を管理することができない。**世界恐慌**により各国は金本位制を停止し、管理通貨制度に移行した。第二次世界大戦後、アメリカドルを基軸通貨とする金ドル本位制が行われた。

←**6** **テネシー川流域開発公社(TVA)50年を記念してつくられた切手**(1983年) ニューディールの一環としてテネシー川にダムを建設し治水を行った公共事業。それだけでなくダムによる水力発電を行い、公共事業を電力供給に参入させ企業の電力供給独占を防ぎ、電力を安価に供給した。さらにダムの建設に世界恐慌による失業者を雇用し、失業者救済を行った。

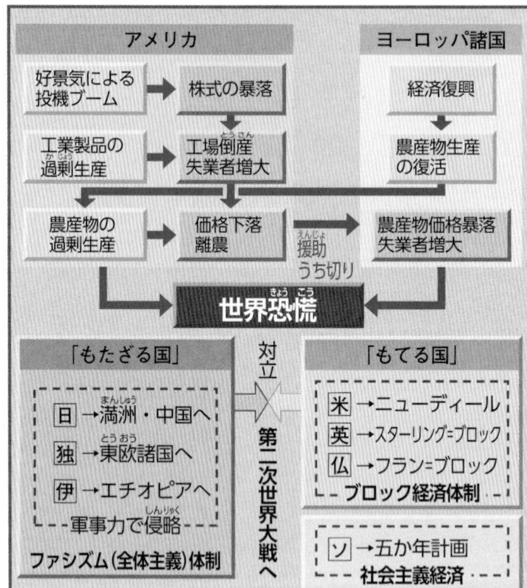

↑**7** **各国の恐慌対策**➡p.14

↓**8** **ニューディール**

救済	復興	改革	対ラテンアメリカ	対ヨーロッパ
1933年 全国産業復興法(NIRA)(全産業を政府の監督下におく) 1933年 農業調整法(AAA)(生産の制限、価格の調整)	1933年 金本位制廃止	1933年 テネシー川流域開発公社(TVA)(テネシー川流域の総合開発、失業者対策) 1935年 ワグナー法(労働者の団結権・団体交渉権を保障)	善隣外交(高圧的→友好的)	ソ連承認

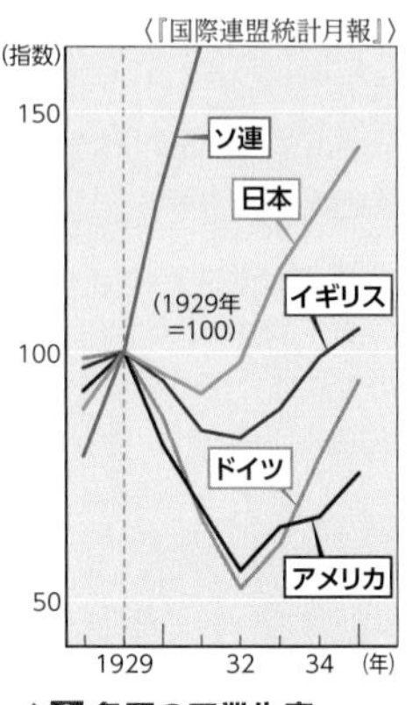

↑**9** **各国の工業生産**

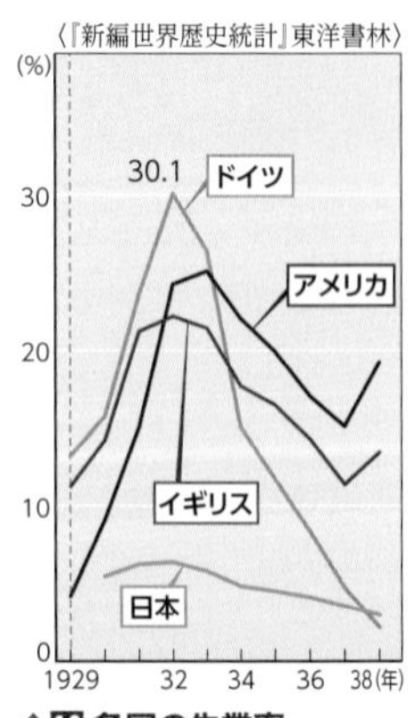

↑**10** **各国の失業率**

ヨーロッパ ←138 →146

アメリカ ←138 →146

2 ファシズムの台頭と拡大

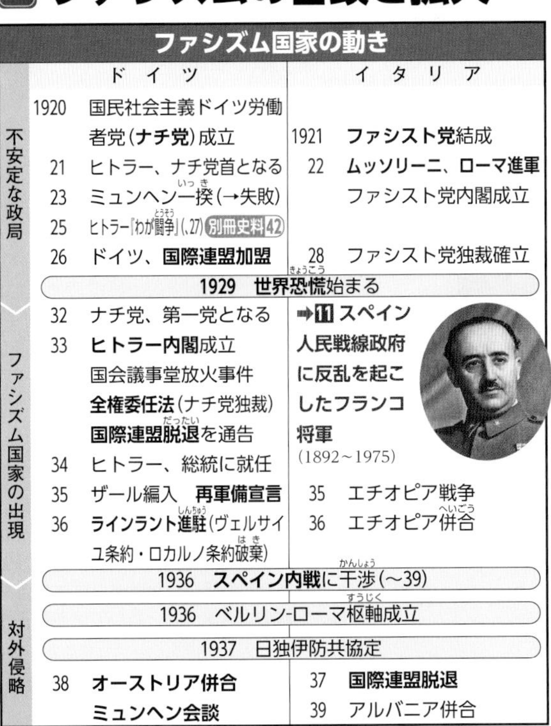

ファシズム国家の動き

	ドイツ		イタリア	
不安定な政局	1920	国民社会主義ドイツ労働者党(**ナチ党**)成立	1921	**ファシスト党**結成
	21	ヒトラー、ナチ党首となる	22	**ムッソリーニ、ローマ進軍** ファシスト党内閣成立
	23	ミュンヘン一揆(→失敗)		
	25	ヒトラー『わが闘争』(～27) 別冊史料42		
	26	ドイツ、**国際連盟加盟**	28	ファシスト党独裁確立
	1929	**世界恐慌**始まる		
ファシズム国家の出現	32	ナチ党、第一党となる		➡11 スペイン人民戦線政府に反乱を起こしたフランコ将軍(1892～1975)
	33	**ヒトラー内閣**成立 国会議事堂放火事件 **全権委任法**(ナチ党独裁) **国際連盟脱退**を通告		
	34	ヒトラー、総統に就任		
	35	ザール編入 **再軍備宣言**	35	エチオピア戦争
	36	**ラインラント進駐**(ヴェルサイユ条約・ロカルノ条約破棄)	36	エチオピア併合
	1936	**スペイン内戦**に干渉(～39)		
	1936	ベルリン-ローマ枢軸成立		
	1937	日独伊防共協定		
対外侵略	38	**オーストリア併合** ミュンヘン会談	37	**国際連盟脱退**
			39	アルバニア併合

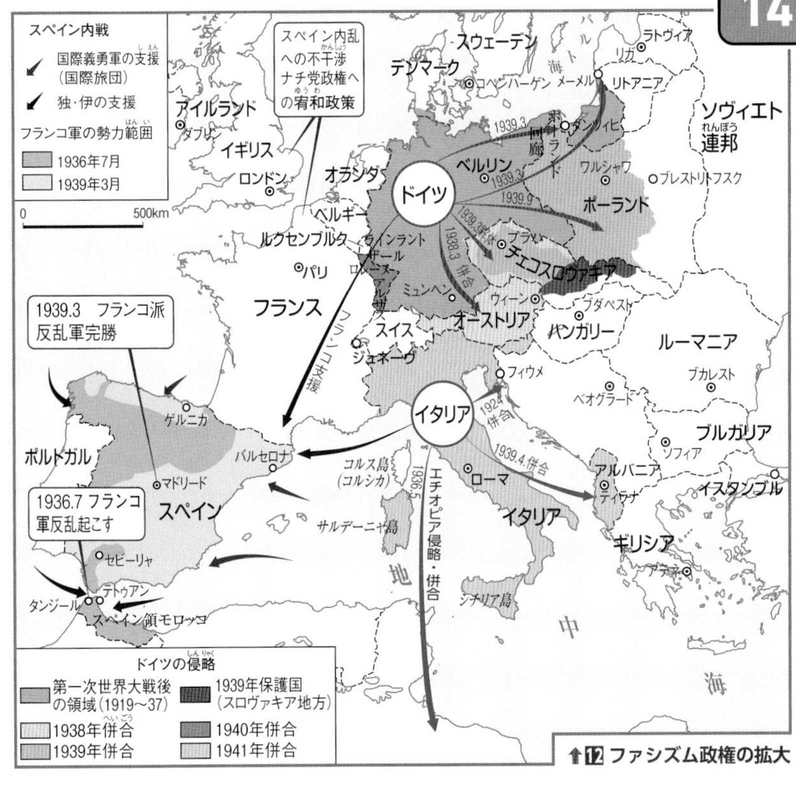

⬆12 ファシズム政権の拡大

A ドイツ～ナチ党

⬅13 **オーストリア併合**(1938年) **ナチ党**は民族自決を大義名分に、ドイツ人が多く居住するオーストリアを併合した。オーストリアの人々はヒトラーを快く迎え入れた。

▶動画

↘14 **ヒトラー**(1889～1945)と**ムッソリーニ**(1883～1945) ヒトラーは、1933年に**全権委任法**によってナチ党の一党独裁を実現し、翌34年、総統に就任した。

B イタリア～ファシスト党

⬅15 **ローマ進軍**(1922年) ムッソリーニは**ファシスト党**を結成後、武装行動隊を首都ローマに動員し政権を獲得した。これを参考にヒトラーはミュンヘン一揆を起こすが失敗した。

⬆16 **フォルクスワーゲンの創業**(1937年) ナチ党政権は「すべての国民に車を」とする自動車産業の育成や高速道路(アウトバーン)の建設など、失業者対策を行い、工業生産が飛躍的に回復した。➲p.165

MORE スペイン内戦とゲルニカ

スペイン内戦中の1937年、スペイン バスク地方のゲルニカは反政府側のフランコ将軍を支持するドイツ軍によって世界で初めて無差別爆撃を受けた。バスク地方出身の画家ピカソ➲p.39は、ゲルニカ爆撃を主題に『ゲルニカ』を制作。出来上がった作品はパリ万博に展示され、ゲルニカ爆撃の悲惨さを世界に伝えた。

➡17 ピカソ作「ゲルニカ」
〈ソフィア王妃芸術センター蔵、1937年、349cm×777cm、©2021-Succession Pablo Picasso-BCF (JAPAN)〉

( )内の正しい方に○をつけよう！

対立・協調の観点から振り返ろう！

第一次世界大戦以降、国際社会は協調姿勢をとった。しかし、1929年の世界恐慌によって国際協調は崩れ、広大な植民地を有する国は自国の経済を守るために(ブロック経済・社会主義経済)**を展開し、植民地をもたない国は**(共産主義・ファシズム)**を掲げ、対外進出によって自国経済の活性化を図った。**

満洲事変と政党内閣の崩壊 ——日本の中国大陸進出

ヒストリーツアーズ HISTORY TOURS

「五族協和」の実態とは…!?

⬆**1** **「五族協和」をうたう満洲国のポスター** 日本人・蒙古(モンゴル)人・満洲人・朝鮮人・漢人の五族が、協力して国づくりを行うとする「五族協和」のスローガンが、「王道楽土」(理想国家)の建設とともに建国理念として掲げられた。〈南部町祐生出会いの館蔵〉

⬆**2** **リットン調査団** 国際連盟は中国の提訴を受け、イギリスのリットンを団長に調査団(英仏独伊米から各1名)を派遣した。10月、日本の満洲の経済権益を認めつつも**満洲事変**以降の日本の軍事行動を自衛と認めないとした。

リットン報告書(1932年10月) 別冊史料43

第6章「満洲国」(中略)1931年9月18日以来日本軍憲の軍事上及民政上の活動は本質的に政治的考慮に依りて為されたり。……各方面より得たる証拠に依り本委員会は「満洲国」の創設に寄与したる要素は……日本軍隊の存在と日本の文武官憲の活動なりと確信するものなり。右の理由に依り現在の政権は純粋且つ自発的なる独立運動に依りて出現したるものと思考することを得ず。……

〈歴史学研究会編『日本史史料5現代』岩波書店〉

チェック1 図**1**のポスターは「五族」をどのような関係として描いているだろうか。
①協調・平等 ②支配・被支配

チェック2 リットン調査団の報告において、満洲国はどのようにして成立したことが分かるだろうか。
①その地の民族の独立運動が起こり成立した
②日本の侵略的軍事行動により建国された

チェック3 リットン調査団が報告した満洲国成立の背景は、図**1**のポスターと一致しているだろうか。
①一致している ②一致していない

1 満洲事変と満洲国建国

満洲事変前後の日本と中国の動き

内閣	日本の動き	中国の動き
田中	1928. 6 張作霖爆殺事件	28. 6 国民政府、中国統一(北伐完了) .10 蔣介石、南京国民政府主席に就任
浜口	30. 5 日中関税協定 .11 浜口雄幸首相、狙撃される	29.12 国民政府、領事裁判権の撤廃を宣言
若槻②	31. 9 柳条湖事件(満洲事変勃発)* (関東軍、奉天(瀋陽)郊外の柳条湖で満鉄の線路を爆破) 日本政府、不拡大方針を発表 .10 関東軍、錦州を爆撃し戦線拡大 国際連盟理事会、満洲撤兵を勧告	
犬養	32. 1 第1次上海事変 . 2 **リットン調査団**来日 . 3 **満洲国**建国宣言 . 5 **五・一五事件**	
斎藤	. 9 **日満議定書**調印 .10 リットン報告書を公表 33. 3 **国際連盟脱退**通告 . 5 塘沽停戦協定(日中両軍による満洲事変の停戦協定) 34. 3 満洲国帝政実施(満洲帝国) .10 陸軍パンフレット事件	31.11 中華ソヴィエト共和国臨時政府成立(瑞金)、毛沢東主席➲p.132 34.10 中国共産党、長征(大西遷)
岡田	35. 2 天皇機関説問題 (天皇は憲法に基づいて統治権を行使する国家の最高機関であるという説の否定) . 5 関東軍、華北分離工作を開始 .11 冀東防共自治委員会を樹立(華北分離工作の一環)➡12月25日に冀東防共自治政府に改称 36. 2 **二・二六事件**	35. 8 中国共産党、八・一宣言➲p.144 別冊史料44 (内戦停止と抗日をよびかける) .11 幣制改革(通貨統一)
広田	. 8 政府、満洲移民計画を推進	36.12 西安事件➲p.144 37. 9 第2次国共合作

＊1931年の満洲事変から日中戦争、太平洋戦争へと続く長期戦を十五年戦争ともよぶ。

⬆**3** **奉天の軍需工場を占領した日本軍** 〈『特輯満洲事変大写真帖』国立国会図書館デジタルコレクションより〉

⬇**4** **満洲国の国土と日本の権益**

(凡例:満洲国の境界/南満洲鉄道/その他の鉄道/鉄道連絡船航路/〔満洲移民の入植地〕青少年義勇軍・満蒙開拓団/日本の権益/満洲の利権/1000万人 1940年当時の人口 ( )内は日本人の人口)

満洲国 4159.3万人(86.2万人)
朝鮮 2364.4万人(69.0万人)
日本 7193.3万人

日本軍の無条件駐屯権
満洲の全鉄道の経営委託
満鉄附属地行政権
鞍山製鉄所
交通機関の管理権
撫順炭鉱
安奉鉄道(満鉄支線)
関東州租借権(1905〜)

⬆**5** **満洲への移民をすすめるポスター**〈外務省外交史料館蔵〉

満洲国の成立

昭和天皇　溥儀

⬅**6** **溥儀** 姓は愛新覚羅、名は溥儀。3歳で清朝最後の皇帝(宣統帝)となり、1911年の辛亥革命➲p.115で退位。26歳で**満洲国**成立により執政に就任。34年に皇帝(康徳帝)となる。翌35年4月に溥儀は東京に到着し、代々木練兵場で昭和天皇とともに近衛師団を閲兵した。

2 恐慌からの脱出

A 昭和恐慌と高橋是清

↑7 **くず米で腹を満たす東北の農家**(1934年) 恐慌に加え、1931・34年の東北地方は冷害に見舞われ大凶作となった。農家は食べるものにも困り、娘が「身売り」を迫られる惨状となって、大きな社会問題となった。

↗8 **職を求める失業者**(1930年ごろ) 昭和恐慌に対処するため、大企業は操業短縮・人員整理・賃金引き下げ・労働強化などをおし進めた。1930〜32年は、中小企業の倒産・休業も相次ぎ、職を求める人が急増し、1930年の失業者は約250万人に達した。高学歴であっても仕事に就けず、ましてや高収入は期待できない時期であり、「大学は出たけれど」が流行語となった。

ひと 日本のケインズ
高橋是清(1854〜1936)

＊現在の財務大臣。

金融恐慌・昭和恐慌時に大蔵大臣＊として日本経済再生に力を注いだ。政府が公共事業を発注し経済を活性化させる方法で、いち早く恐慌からの脱出に成功。これはケインズの理論を先行したもので、高橋は「日本のケインズ」とよばれている。**二・二六事件**で暗殺された。

➡9 **財政に占める国債発行額と軍事費** 高橋は、赤字国債を発行し日本銀行が国債を受け入れるという型破りな方式で財源を確保した。朝鮮や満洲の重化学工業に力を注ぎ、景気回復を達成。二・二六事件で高橋が暗殺されると、軍事費の割合が急増した。

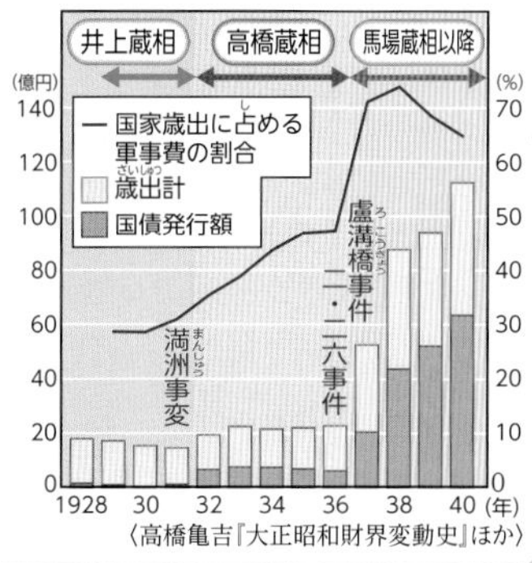

B 重化学工業の発達

〈『講座日本歴史 10』東京大学出版会〉

年・総額	重化学工業	化学	金属	機械	軽工業	繊維工業	その他
1929年 107.4億円	30.2%	12.2	8.6	9.4	69.8	35.1	34.7
1931年 78.8億円	29.3%	12.7	7.8	8.8	70.7	32.5	38.2
1933年 111.7億円	35.5%	13.7	11.3	10.5	64.5	32.5	32.0
1935年 149.7億円	43.5%	14.4	12.8	16.3	56.5	29.1	27.4
1937年 210.7億円	49.6%	16.1	16.8	16.7	50.4	26.7	23.7
1938年 252.5億円	54.8%	16.3	18.5	20.0	45.2	22.2	23.0

⬅10 **重化学工業の発達** **満洲事変**による軍需品生産の増大や、企業の設備投資の進展で重化学工業が発展し、1933年には重化学工業の割合が繊維工業の割合を上回った。34年には八幡製鉄所➔p.111を中心とした大合同が行われ、国策会社日本製鉄会社が誕生した。37年に日中戦争➔p.144が始まると、重化学工業化はさらに進んだ。

➡11 **重化学工業生産指数の国際比較** 世界恐慌➔p.140で、アメリカの重化学工業生産は激しく落ち込んだ。

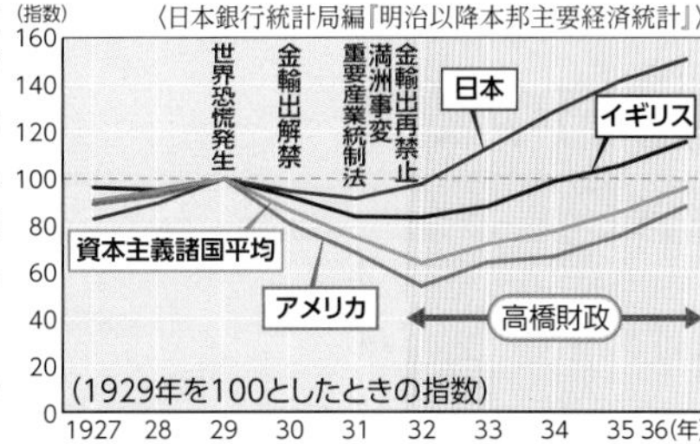

3 政党政治の断絶と軍部の台頭

A 五・一五事件(1932年)

首相遂に兇手に倒る
昨夜十一時廿六分絶命
臨時総理大臣は高橋蔵相が兼摂
今暁二時親任式挙行
けふ内閣総辞職
輝ける一生
後継総裁は何人?
高橋翁か鈴木氏か
けふ選考会議混乱せん
首相官邸を出る高橋

⬅12 **五・一五事件を報じる新聞**(『東京朝日新聞』1932年5月16日) 5月15日、海軍青年将校らが、首相官邸・警視庁・内大臣牧野伸顕邸・日本銀行などを襲撃し、犬養毅➔p.122首相を射殺した。五・一五事件により「憲政の常道」による政党政治➔p.136の慣行は崩壊した。

B 二・二六事件(1936年)

⬅13 **反乱部隊** 2月26日早朝、一部の国粋主義的な陸軍青年将校が、約1400名の兵を率いて首相官邸などを襲撃した。青年将校たちは高橋是清らの要人を殺害して陸軍省などを占拠したが、戒厳令布告のなか、天皇の徹底鎮圧の主張があり、「反乱部隊」は29日に投降した。

世界の中の日本 「1935・36年の危機」

日本の国際的な孤立を加盟機関や条約の側面から見てみると、1935・36年が画期となっていることが分かる。日本は33年に国際連盟➔p.131からの脱退を通告(35年3月に発効)した。さらに、36年のワシントン・ロンドン両海軍軍縮条約の失効により、日本は国際的に孤立していった。一方で、国際連盟脱退や両軍縮条約失効の結果、日本と国交を断絶した国がなかったことは、日本の軍部が、国際協調体制からの離脱をもって国内の危機をあおり、戦時体制強化の口実をつくっただけだったともいえる。ドイツも同様に、33年に国際連盟とジュネーヴ軍縮会議から脱退し、35年に再軍備を宣言し、軍備を拡張し続けていった。

➡14 **国際連盟脱退の報道**(『東京朝日新聞』1933年2月25日) 国際連盟理事会は、臨時総会において、日本の満洲国承認の撤回や、日本軍の満鉄附属地内への撤兵などの勧告案を42対1で採択した(反対は日本)。日本全権代表の松岡洋右➔p.147はこれを拒否し、総会会場から退場した。

総會、勧告書を採擇し
我が代表堂々退場す
四十二對一票、棄權一
支那側勧告受諾
第六項の權利強調

対立・協調の観点から振り返ろう! ( )内の正しい方に○をつけよう!

日本と国際連盟が(朝鮮・満洲国)に対し異なる立場をとったことから、日本は国際連盟を脱退した。海軍軍縮条約の失効や(ドイツ・イギリス)の国際連盟脱退もあり、国際協調体制は崩れていった。日本国内では、五・一五事件や二・二六事件を経て、(軍部・政党)の発言力が強まっていった。

日中戦争 ——日中戦争の始まりと戦時体制の強化

HISTORY TOURS ヒストリーツアーズ

泥沼化した日中戦争、その端緒とは?

THE TOKYO ASAHI SHIMBUN 東京朝日新聞 夕刊

北平郊外で日支両軍衝突

不法射撃に我軍反撃

廿九軍を武装解除

疾風の如く龍王廟占據

支那の要請で一時停戦

鹿内准尉戦死す 野地少尉負傷

←1 盧溝橋事件を報じる日本の新聞(『東京朝日新聞』1937年7月9日夕刊)

● 盧溝橋事件後の蔣介石の演説(1937年7月17日、廬山談話)

諸君!中国がいままさに外にあっては和平を求め、内にあっては統一を求めつつある際に、突然起こった蘆(盧)溝橋事変については、たんにわが全国の民衆が悲憤にたえないばかりでなく、世界の世論をもことごとく震撼させているありさまである。……この事変の経過から、他国が中国を陥れようといかに大急ぎで苦心惨憺しているか、また和平はもはや容易には獲得できそうにないことがわかるのである。……〈日本国際問題研究所編『中国共産党史資料集第8巻』勁草書房〉

↓2 蔣介石

チェック1 日本の新聞はどのような主張をしているのだろうか。
①中国側からの不法な射撃に対して反撃した ②日本軍から不法射撃し勝利した

チェック2 蔣介石はどのような主張をしているのだろうか。
①突然事件が発生し日本が中国を陥れている ②国際世論は日本の味方をしている

チェック3 この後、日本と中国の関係はどのようになったと考えられるだろうか。
①主張が一致し、歩み寄った
②主張が一致せず、戦争になった

チェック

1 日中戦争

日中戦争の推移と外交関係

年	日本と中国・アジア	日本と欧米
1936	青字:政治統制関連事項 12.12 **西安事件**(→国共停戦成立)	11.25 **日独防共協定**調印 12.31 ワシントン海軍軍縮条約失効
1937	7.7 **盧溝橋事件**(日中戦争へ)➡❶ 8.13 第2次上海事変➡❷ 9.23 第2次国共合作成立(抗日民族統一戦線結成)➲p.132 12.1 国民政府、重慶に移転➡❸ 12.13 日本軍、南京を占領(南京事件が起きる)➡❹	11 **日独伊防共協定**調印
1938	1.16 **第1次近衛声明** 「国民政府を対手とせず」 4 **国家総動員法**公布 10 日本軍、広東(広州)、武漢三鎮(漢口・武昌・漢陽)占領 11.3 **第2次近衛声明** 「日・満・華三国の提携による**東亜新秩序**建設」 12.22 **第3次近衛声明** 日本と中華民国との提携の原則は「善隣友好、共同防共、経済提携にある」	
1939	2.10 日本軍、海南島に上陸 6.14 日本軍、天津の英仏租界を封鎖 7 **国民徴用令**公布	5.11 **ノモンハン事件**(〜9月)➡❺ 7.26 米、日米通商航海条約廃棄を通告 9.3 **第二次世界大戦**勃発
1940	3.30 汪兆銘、南京に新国民政府樹立➡❻ 6 近衛文麿、**新体制運動**開始 9.23 日本軍、北部仏印進駐➡❼ 10 **大政翼賛会**発足	9.27 **日独伊三国同盟**調印
1941	7.28 日本軍、**南部仏印進駐** 9.6 **帝国国策遂行要領**を決定 12.1 御前会議で対米英蘭開戦を決定 12.8 日本軍、マレー半島へ上陸	4.13 **日ソ中立条約**調印 4.16 日米交渉を開始 7.25 米、在米日本資産を凍結 8.1 米、対日石油輸出を全面禁止 11.26 米、ハル=ノートを提出 12.8 日本軍、真珠湾奇襲攻撃 対米英宣戦布告
1942	4 **翼賛選挙**	

↑3 当時の盧溝橋(『東京朝日新聞』1937年7月9日夕刊)

A 第2次国共合作

↙4 西安の蔣介石と張学良(1936年12月) 共産党の**抗日民族統一戦線**結成の呼びかけ(八・一宣言 別冊史料44)に共鳴した張学良は、西安に来た蔣介石➲p.132を監禁し、内戦停止と抗日を要求した(**西安事件**)。1937年9月、統一戦線が結成され、第2次国共合作が成った。

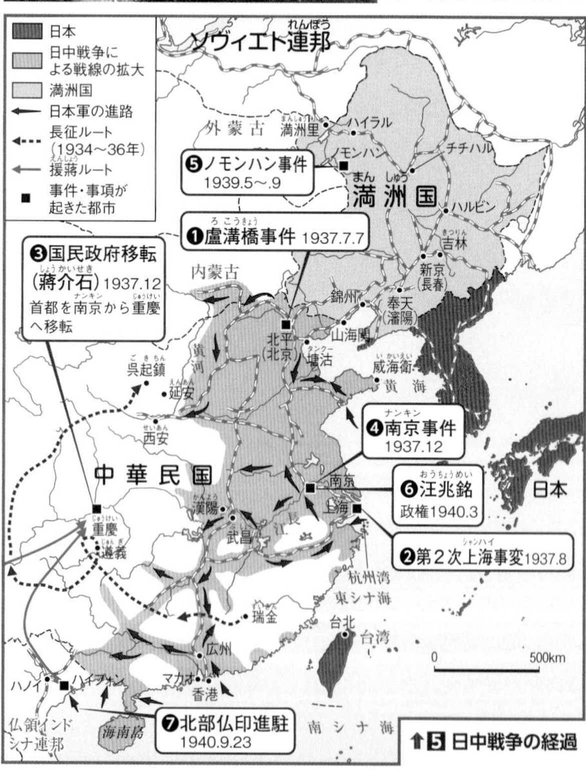

↑5 日中戦争の経過

B 日中戦争の始まり

↑6 **南京で入場式を行う日本軍**（1937年12月）
日本軍は、上海戦で頑強な中国軍の抵抗を受けて甚大な損害を出した。その後敗走する中国軍を追撃して国民政府の首都南京を陥落させたが、その過程で多くの捕虜や民間人を殺害した（南京事件）。

↑7 **重慶を爆撃する日本軍**（1941年12月撮影）
蔣介石の国民政府が逃れた重慶が中国奥地の要害の地にあり、地上軍の進攻が困難だったことから、日本軍は200回余りにわたり焼夷弾を使った爆撃を行った。

MORE スクープ報道と軍部の意向

当時の新聞社は、日本軍の戦果をスクープすることによって、新聞発行部数が増加すると考えた。そのためには、軍との協力体制が欠かせず、結果として軍と新聞社の関係は深まり、報道内容が軍寄りになった。また、軍による取材制限や検閲で意図的に報道されなかったこともあり、南京事件の真実など、国民が敗戦後の東京裁判まで知らなかった事実があったことも忘れてはならない。マスコミが世論形成に深く関わっていたことがうかがえる。

日章旗進む萬歳！今ぞ武漢陥落
武漢完全占領

⬅8 **日本軍の武漢占領を報じる新聞の号外**（『東京朝日新聞』1938年10月27日）

2 軍国主義の風潮

（1938（昭和13）年4月1日公布）

国家総動員法

第一条　本法ニ於テ国家総動員トハ戦時（戦争ニ準ズベキ事変ノ場合ヲ含ム以下之ニ同ジ）ニ際シ国防目的達成ノ為国ノ全力ヲ最モ有効ニ発揮セシムル様人的及物的資源ヲ統制運用スルヲ謂フ

第四条　政府ハ戦時ニ際シ国家総動員上必要アルトキハ勅令ノ定ムル所ニ依リ帝国臣民ヲ徴用シテ総動員業務ニ従事セシムルコトヲ得但シ兵役法ノ適用ヲ妨ゲズ

第八条　政府ハ戦時ニ際シ国家総動員上必要アルトキハ勅令ノ定ムル所ニ依リ総動員物資ノ生産、修理、配給、譲渡其ノ他ノ処分、使用、消費、所持及移動ニ関シ必要ナル命令ヲ為スコトヲ得

〈歴史学研究会編『日本史史料5現代』岩波書店〉

↑9 総力戦体制に向けて政府に強大な権限を与える法律で、**国民徴用令**と合わせて、政府は議会での審議を経ることなく、勅令や省令で物資や人員を統制、徴用できるようになった。

世界の中の日本　ナチ党と大政翼賛会

大政翼賛会は、**ナチ党**➔p.141による一国一党制にならった政治結社であった。ナチ党のヒトラー同様に、そのトップには国民に人気が高かった近衛文麿が就任した。そして、ドイツのヨーロッパにおける電撃戦により、フランスやオランダが降伏するのに伴い、日本は南進を決定し、北部仏印（第2次近衛内閣）、次いで南部仏印に進攻した（第3次）。「バスに乗り遅れるな」というスローガンは、ドイツがほかのヨーロッパ諸国を降伏させたという時流に乗り遅れてはいけないという意味のほか、大政翼賛会内部において、解党した各政党や内務省が、より有利な立場に就こうとして主導権争いを繰り広げたことも表している。

（京都大学人文科学研究所蔵）

↑10 **大政翼賛会のシンボルマークが表された書籍**（『生活戦体制へ』1941年）

区分	推薦		非推薦	
立候補者　総計1079人	推薦466人（43.2%）		非推薦613人（56.8%）	
	209人	257	54	559
当選者　総計466人	推薦381人（81.8%）		非推薦85人（18.2%）	
	176人	205	64	21

□翼賛議員同盟　□その他
〈『昭和の歴史⑥』小学館〉

⬅11 **翼賛選挙のポスター**（左）と 12 **選挙結果**（右）　1942年4月に行われた総選挙を翼賛選挙という。政府が翼賛政治体制協議会を組織し、立候補者を推薦する形がとられた。翼賛選挙に批判的であった鳩山一郎、尾崎行雄らは非推薦で立候補し、警察による選挙干渉にもかかわらず当選した。推薦を受けた381人と非推薦85人が当選した。

⬅13 **隣組**　大政翼賛会の末端組織で、10戸ほどを1単位として編制された。隣組のメンバーが参加する常会では、国策の周知、浸透が図られた。生活物資の配給も隣組を通して行われたので、隣組への加入は不可欠だった。このなかで住民の相互監視が強化され、各戸は戦争協力へ動員された。

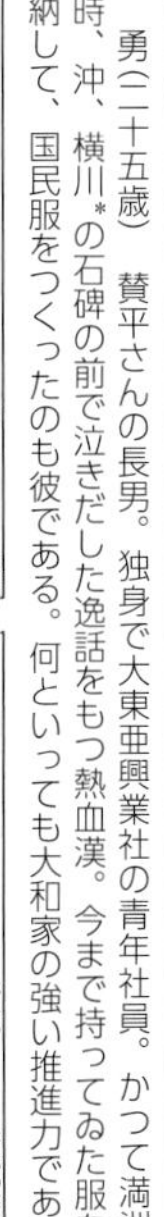
大和　勇（二十五歳）　賛平さんの長男。独身で大東亜興業社の青年社員。かつて満洲に出張した時、沖、横川*の石碑の前で泣きだした逸話をもつ熱血漢。今まで持ってゐた服を全部軍に献納して、国民服をつくったのも彼である。何といっても大和家の強い推進力である

*日露戦争で諜報活動にあたり、ハルビンで銃殺された横川省三・沖禎介。

⬅14 **「翼賛一家・大和家の家族」**　大政翼賛会は、軍国主義化の理想的な一家「大和家」をつくり上げ、11人のキャラクターを図のように定めた。各人物の描き方を雑誌などに紹介し、子どもに人気のマンガを通して翼賛体制宣伝の効果を狙った。〈国立公文書館蔵〉

（　）内の正しい方に○をつけよう！

統合・分化の観点から振り返ろう！

（中国・ソ連）における支配地域の拡大を狙った日本に対し、共産党と国民党は抗日民族統一戦線を結成しこれに対抗、第2次国共合作が成立した。日本国内では（ファシスト党・ナチ党）にならい、大政翼賛会が成立。国民が（平和・軍国）主義の下に統合されていった。

第二次世界大戦①　――第二次世界大戦と太平洋戦争の始まり

ヒストリーツアーズ HISTORY TOURS

「ハネムーン」はいつまで続く?

1939年　WONDER HOW LONG THE HONEYMOON WILL LAST?

別冊史料45

● **ヒトラー**➔p.141**の演説**(1941年)【要約】
……モスクワのユダヤ人共産主義者たちが、ドイツやヨーロッパの諸国民に彼らの支配を押しつけようと、つねに努力している。しかもその手段は、ただイデオロギー(共産主義思想)だけでなく、何よりも軍事力によるものである。

別冊史料46

● **スターリン**➔p.128**の演説**(1941年)【要約】
……ファシスト圧迫者に対する戦争の目的は、わが国におそいかかった危険を取り除くことだけでなく、ドイツ=ファシズムのくびきのもとにあえいでいるヨーロッパすべての国民を援助することでもある。

←**1 独ソ不可侵条約の風刺画**　ドイツとソ連の連携は世界に衝撃を与えた。

チェック1 図1のヒトラーとスターリンに同じ台詞を入れるとしたら何が入るだろうか。
①東ヨーロッパを互いに分割したい　②社会主義国家を増やしたい

チェック2 図1の2年後に行われた、ヒトラーとスターリンの演説はお互いをどのように評価しているのだろうか。
①お互いをほめ合っている　②お互いを批判している

チェック3 図1の結婚はどのようになったと考えられるだろうか。
①いつまでも仲よく暮らした　②まもなく仲違いし、いがみ合った

1 第二次世界大戦の始まり

ヨーロッパ/アジア・太平洋戦線の経過(前半)

青字：ヨーロッパ戦線関連事項

年月	事項
1938.9	ミュンヘン会談(ズデーテン地方併合)
39.3	チェコスロヴァキア解体
.5	ノモンハン事件(満洲国境で日ソ両軍が衝突)
.7	米、日米通商航海条約廃棄通告
.8	独ソ不可侵条約
.9	独、ポーランドに侵攻 →**第二次世界大戦始まる** 独・ソ連、ポーランドを分割・併合
.11	ソ連-フィンランド戦争(～40.3)
.12	ソ連、国際連盟から除名
40.3	汪兆銘、南京国民政府樹立
.6	独、パリ占領

←**2 パリに入城するドイツ軍**

年月	事項
	ド=ゴール、自由フランス政府樹立
.7	仏、ヴィシー(ペタン)政府成立 日本、「**大東亜共栄圏**」構想を発表
.8	ソ連、バルト3国を併合
.9	日本、**北部仏印進駐** **日独伊三国同盟**
41.3	独軍、バルカン制圧(1941年春)
.4	**日ソ中立条約**
.6	**独ソ戦争開始**
.7	米・英が日本資産を凍結 →日本への連合国の貿易制限 =**ABCDライン形成** 日本、南部仏印進駐
.8	連合国、**大西洋憲章発表**
.12	日本、マレー半島上陸、**真珠湾攻撃** →**太平洋戦争始まる**

↓**3 ヨーロッパ戦線**

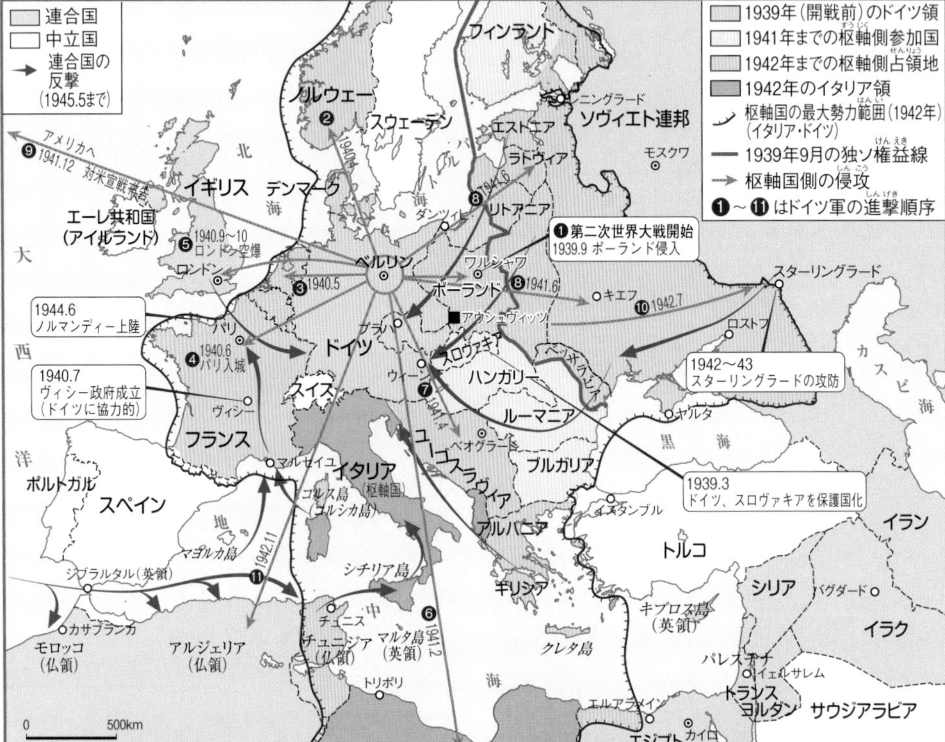

↑**4 ミュンヘン会談の風刺画**　この会談で英・仏は、ドイツを反ソ・反共の防波堤とするため、ドイツの侵略的な領土要求(ズデーテン地方併合)を認めた(**宥和政策**)。

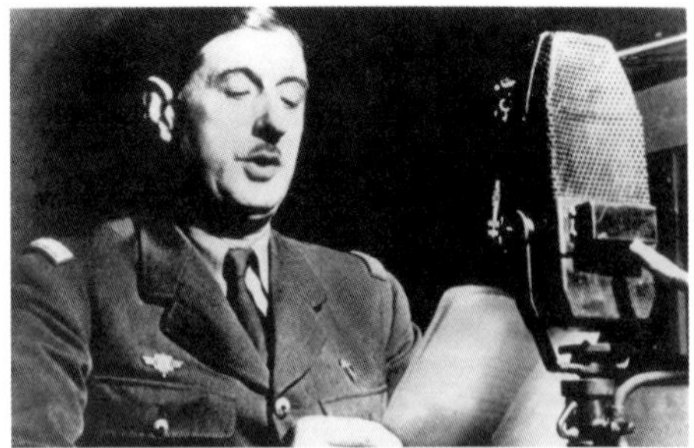

↑**5 抵抗運動をよびかけるド=ゴール**(1940年)　亡命先のロンドンで自由フランス政府をつくり、フランス国民にレジスタンス(抵抗運動)をよびかけた。

2 枢軸国と連合国

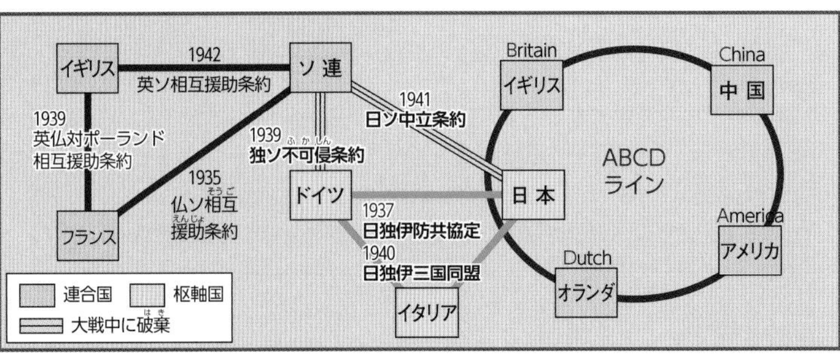

⬆6 第二次世界大戦時の国際関係

⬅7 **連合国側が作成したポスター** 大砲が天高くまで砲弾を打ち上げる構図が連合国の結束と強さを、文章が勝利への確信を表している。

● **大西洋憲章**(1941年8月) 別冊史料47

1、両国ハ領土的其ノ他ノ増大ヲ求メス。
3、……両国ハ主権及自治ヲ強奪セラレタル者ニ主権及自治カ返還セラルルコトヲ希望ス。
4、両国ハ……世界ノ通商及原料ノ均等条件ニ於ケル利用ヲ享有スルコトヲ促進スルニ努ムヘシ。……
8、……両国ハ……一般的安全保障制度ノ確立ニ至ル迄ハ斯ル国ノ武装解除ハ不可欠ノモノナリト信ス。……

〈国立国会図書館ウェブサイトより〉

➡8 **枢軸国側が作成した絵葉書** イタリアのファシスト党が作成した宣伝絵葉書。**日独伊三国同盟**を背景に米英の軍艦を斬るよろい武者の姿が描かれている。独・伊にとって、日本が太平洋戦線でアメリカと戦い、アメリカの兵力が二分されることは好ましいシナリオであった。

⬅9 ローズヴェルト➔p.140とチャーチル➔p.151、152の米英首脳会談により、領土不可侵、民族自決、軍備縮小、平和機構の再建など、戦争拡大に対処した基本理念・政策の8か条が定められた。枢軸国との対決、対ソ連援助を明らかにし、戦後世界の構想と国際連合の基礎が確立された。1942年1月には、この**大西洋憲章**に賛同する連合国26か国共同の反ファシズム宣言がなされた。

3 太平洋戦争(アジア・太平洋戦争)の始まり

⬅10 **日ソ中立条約調印**(1941年4月、有効期間5年)南方進出のためにソ連と交渉し、北方の安全を確保することが日本のねらいであったが、その2か月後に**独ソ戦**が始まり、日本の戦略方針は大きく揺らいだ。

⬅11 **南部仏印進駐**(1941年、サイゴン市内) 日本は石油などの資源確保のため南部仏印に進駐した。これに対しアメリカは在米日本人の資産凍結、石油の対日輸出禁止などの措置をとり、日米関係は最悪の局面を迎えた。11月に提示されたハル=ノートでは、仏印からの無条件撤収が要求された。

MORE 「パールハーバー・アーカイブ」

真珠湾攻撃の写真資料に人工知能技術で着彩し、証言とともに3Dマップ上にまとめた多元的デジタルアーカイブズ「パールハーバー・アーカイブ」を、首都大学東京(現東京都立大学)の渡邉英徳研究室が2016年に公開した。同研究室の「ヒロシマ・アーカイブ」などの多元的デジタルアーカイブズの技術を応用し、過去を生きた人々の穏やかな日常、そこに突然訪れた戦場の情景を見ることができる。

⬇12 **日本軍の真珠湾奇襲攻撃で炎上する米戦艦**

MORE RESEARCH パールハーバー・アーカイブ

⬋13 **「パールハーバー・アーカイブ」の一画面** 真珠湾攻撃時、ハワイ在住だった米海軍軍人と家族の写真・証言を3Dマップ上に掲載。また、当時の空中写真、大日本帝国海軍の攻撃で被害を受ける基地をとらえた写真の撮影位置を推定し、マッピングしている。広島や長崎の原爆投下➔p.150に関する同様のアーカイブもある。

世界の中の日本

輸入品に見る日本の対米依存

1940年当時、日本の鉄類の輸入は、その約70%をアメリカに依存していた。また石油については75%強をアメリカに依存していた。1941年にアメリカから対日石油輸出を全面禁止され、連合国側の貿易制限のため東南アジア方面の資源が入手困難になると、日本の工業生産力は伸び悩んだ。太平洋戦争は、資源確保の戦争でもあった。

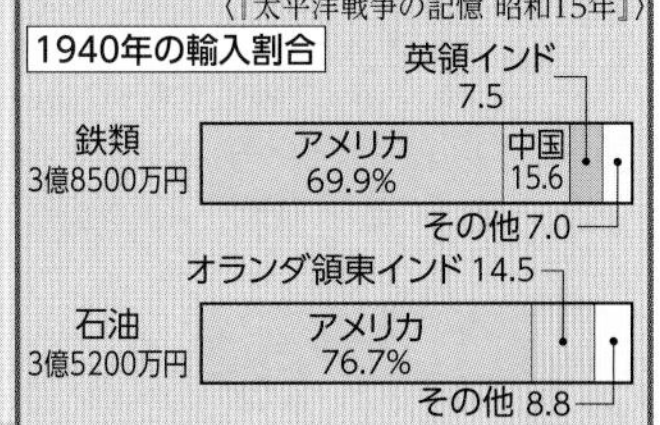

➡14 **日本の資源の輸入元**

( )内の正しい方に○をつけよう!

自由・制限の観点から振り返ろう!

広域のブロック経済圏を確立していたアメリカやイギリスの連合国に対し、枢軸国の日本や(ドイツ・オランダ)は軍事的拡張による経済圏の拡大をねらい、戦争が起きた。1941年の大西洋憲章で、米・英は(自由・保護)貿易の拡大をうたいブロック経済を否定した。このことが戦後のGATT制定へつながっていった。

第二次世界大戦②　——戦局の悪化と被害(ひがい)の拡大

HISTORY TOURS ヒストリーツアーズ

「大東亜共栄圏(だいとうあきょうえいけん)」の真の目的は?

↑**1** 日本で描(えが)かれた大東亜会議(『日の出』1942年2月号)　日本は**太平洋戦争**の目的を「**大東亜共栄圏**」別冊史料48 の建設と宣伝した。

● **ガンディー「すべての日本人に」**(1942年7月18日)

……わたしは、あなたがたが中国に加えている攻撃(こうげき)を非常にきらっています。あなたがたは、崇高(すうこう)な高みから帝国主義的野心にまで降りてきてしまいました。あなたがたは、野心の達成には失敗してアジア解体の張本人となり、知らず知らずのうちに世界連邦(れんぽう)と、同胞(どうほう)関係をさまたげることになりましょう。……あなたがたがインドの独立を熱望しているならば、イギリスによってインドの独立が承認(しょうにん)されることは、あなたがたにインドを攻撃させるいかなる口実も一切なくしてしまうはずです。……　〈蠟山芳郎編『世界の名著63 ガンジー ネルー』中央公論社〉

チェック1 図**1**で日本は「大東亜共栄圏」をどのように描(えが)いているだろうか。
①アジア各国が同じ立場で、資源や食料を持ち合って協力している
②日本がアジア各国に資源や食料を強制的に差し出させている

チェック2 ガンディーは、日本のアジアに対する態度をどのように評価しているだろうか。
①帝国主義的野心でアジアを解体している
②インドをはじめとしたアジアの独立を願っている

チェック3 日本が「大東亜共栄圏」を建設した本当の目的は何だろうか。
①アジア各国の植民地支配からの解放
②戦争拡大に必要な資源・食料の獲得(かくとく)

1 大東亜共栄圏(だいとうあきょうえいけん)の実態

ヨーロッパ/アジア・太平洋戦線の経過(後半)

○:このころ　青字:ヨーロッパ戦線関連事項(じこう)

1942. 6	**ミッドウェー海戦→日本軍大敗**
. 8	米、ガダルカナル島に上陸
43. 1	カサブランカ会談(米・英)
. 2	**スターリングラードの戦い**で独軍降伏(こうふく)
. 7	連合軍、**シチリア島に上陸**
. 9	(伊、無条件降伏)
.11	**カイロ会談**(米・英・中) **テヘラン会談**(米・英・ソ)
.12	日本、**学徒出陣(しゅつじん)**始まる
44. 6	連合軍、**ノルマンディーに上陸** 米、サイパン島に上陸(.7 陥落(かんらく)) ○日本本土空襲(くうしゅう)激化
. 8	連合軍、**パリ解放**
45. 2	**ヤルタ会談**(米・英・ソ)
. 3	硫黄(いおう)島の日本軍全滅(ぜんめつ) 米軍、**沖縄に上陸**
. 5	**ベルリン陥落** (独、無条件降伏)
. 7	**ポツダム会談**(米・英・ソ)(~.8)
. 8	**広島・長崎に原爆投下　ソ連、対日参戦** 日本、**ポツダム宣言**(米・英・中・ソ)受諾(じゅだく) (日本、無条件降伏)

↓**2** アジア・太平洋戦線

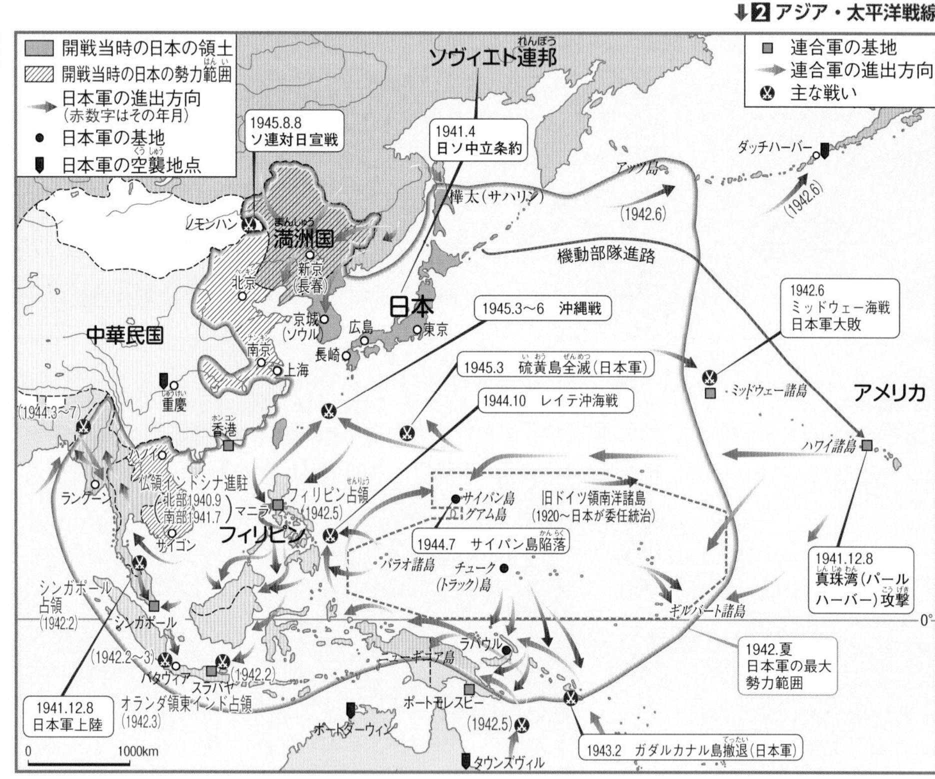

A 植民地・占領(せんりょう)地での強制労働

⬅**3** **タイとビルマを結ぶ泰緬(たいめん)鉄道の建設**　インド侵攻(しんこう)作戦のために敷設(ふせつ)されたタイ・ビルマ(現ミャンマー)間の軍用鉄道。1年3か月間の工事で、併(あわ)せて5万人以上の連合国軍捕虜(ほりょ)と東南アジアの労務者が、酷使(こくし)され栄養失調などで死亡した。

MORE 植民地の金メダル

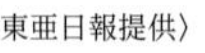

1936年、ベルリンオリンピックのマラソンで優勝したのは朝鮮(ちょうせん)人の孫基禎(そんきてい)だったが、植民地下の朝鮮で、日本代表として出場していた。朝鮮の新聞『東亜日報(とうあにっぽう)』は、孫の胸にあった日の丸を抹消(まっしょう)して掲載(けいさい)した。社員は逮捕(たいほ)され朝鮮総督(とくふ)府の指示により新聞は発行停止処分になった。戦後、孫は韓国籍(かんこくせき)を取得、競技指導にあたった。

↑**4** **日の丸を抹消した写真**(左)と**元の写真**(右)

20世紀前半 ←14
日本 ←146 →154
東アジア ←144 →154
南・東南アジア ←138 →154
ヨーロッパ ←146 →152
アメリカ ←146 →152

B 植民地・占領地での同化政策

朝鮮

⬆5 **朝鮮神宮**　天照大神・明治天皇をまつる朝鮮神宮を中心に、2000を超える神社がつくられ、参拝が強制された。植民地住民に対する**皇民化政策**は、民族性を否定した同化政策で、台湾・朝鮮の人々への徴兵制実施を目的とするものであった。

シンガポール

⬆6 **小学校でのラジオ体操**　1942年、日本軍はシンガポールを占領し昭南島と改称した。ここでも日本式教育が導入されたが、ラジオ体操もその一つであった。

ニューギニア

⬆7 **日本語を学ぶニューギニアの子どもたち**　1942年に日本軍が侵攻したことで、それまでのオーストラリアの統治は途絶えた。45年に日本が降伏すると、パプアとニューギニアは統合され、パプアニューギニアが誕生した。

2 戦局の悪化

⬆8 **出陣学徒壮行会**（1943年10月21日、東京・明治神宮外苑競技場）　**太平洋戦争**の激化に伴い、政府は文科系大学生の徴兵猶予を停止。学徒兵は陸海軍部隊に配属され戦地に送られた（**学徒出陣**）。

⬆9 **学童疎開**　親類などを頼って疎開したほか、本土空襲の激化が必至となった1944年８月に、都会に暮らす国民学校初等科児童（３～６年）の地方や農村への集団疎開が始まった。

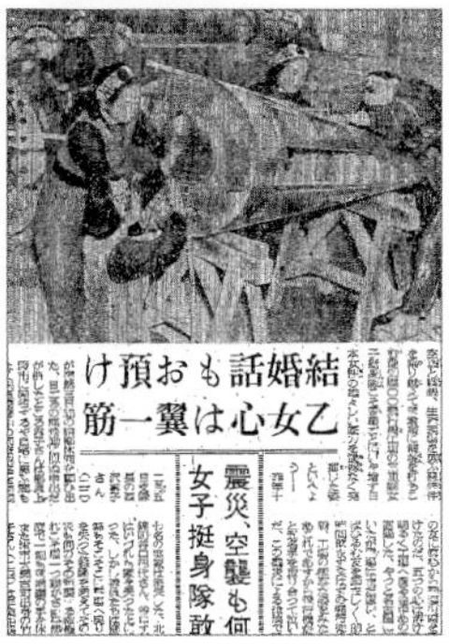

結婚話もお預け　乙女心は一翼一筋

女子挺身隊

震災、空襲も何

⬅10 **女子挺身隊**（『中部日本新聞』1945年１月21日）　労働力不足を補うため、学生が軍需産業に動員された（**学徒勤労動員**）。1943年に、未婚女性による女子勤労挺身隊の自主的結成がよびかけられ、動員が強化された。

3 沖縄戦

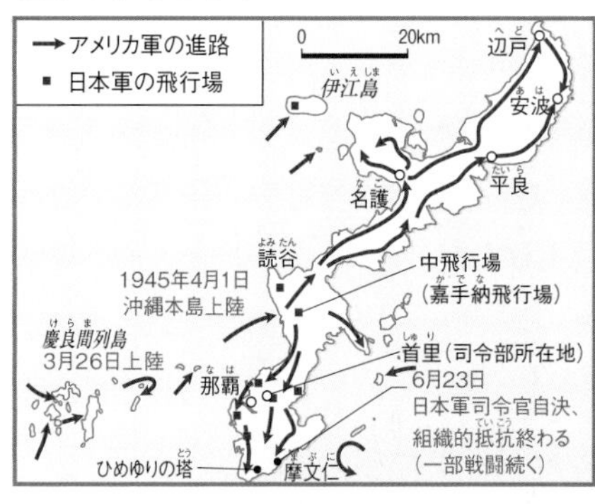

⬅11 **沖縄戦**　1945年３月26日、慶良間列島に米軍が上陸し戦闘が始まった。上陸に際し行った艦砲射撃と空爆は、「鉄の暴風」とよばれた。日本側の住民と兵士の死者は合わせて約20万人となった。

➡12 **ガマ（洞窟）に火炎放射を浴びせて掃討作戦を行うアメリカ軍の戦車**（左）と13**ガマに隠れていたところをアメリカ兵に発見された母子**（右）

4 第二次世界大戦の被害

A 日本の空襲被害

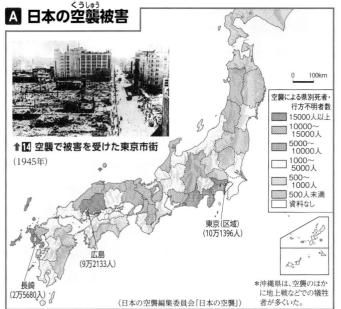

⬆14 **空襲で被害を受けた東京市街**（1945年）

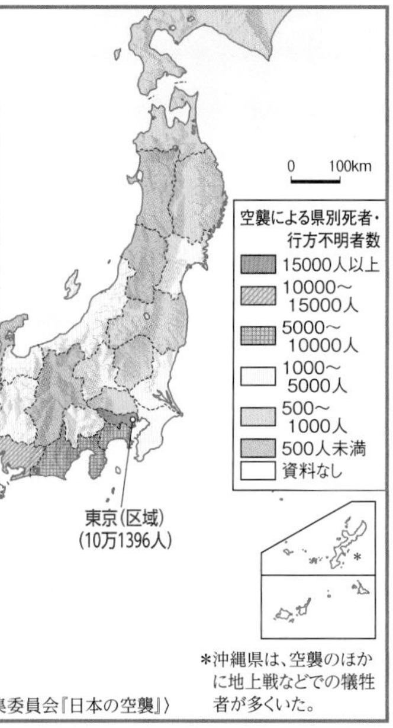

0　100km

空襲による県別死者・行方不明者数

- 15000人以上
- 10000～15000人
- 5000～10000人
- 1000～5000人
- 500～1000人
- 500人未満
- 資料なし

東京（区域）（10万1396人）

広島（9万2133人）

長崎（2万5680人）

＊沖縄県は、空襲のほかに地上戦などでの犠牲者が多くいた。

〈日本の空襲編集委員会『日本の空襲』〉

B ヨーロッパの民間人被害

⬆15 **ロンドン空襲で防空壕に避難する孤児**（1940年）

〈『タイムズ・アトラス　第二次世界大戦歴史地図』〉

昭和時代

20世紀前半 ←14
日本 ←146 →154
東アジア ←144 →154
南・東南アジア ←138 →154
ヨーロッパ ←146 →152
アメリカ ←146 →152

5 第二次世界大戦の終結

A ヨーロッパ戦線の終結

⬅17 **ベルリンの陥落** スターリングラードの戦いでソ連はドイツ軍を撃退し、連合軍有利の状況となった。続くソ連軍の進攻により、1945年4月30日にヒトラーが自殺、5月に首都ベルリンは陥落し、ヨーロッパでの戦争は終結した。この戦争は、ドイツだけではなくヨーロッパの戦勝国にも甚大な被害を与えた。

⬅16 **ノルマンディー上陸**(1944年6月) テヘラン会談➲p.151で上陸作戦が決定された。連合軍は北フランスのノルマンディーに上陸。パリを解放して、西からドイツに迫った。

B アジア・太平洋戦線の終結

⬆18 **広島への原爆投下** 「マンハッタン計画」という暗号名のアメリカの**原子爆弾**製造計画は、1942年に本格化し、45年には実験に成功した。同年8月6日、広島に原子爆弾が投下された。➲p.147

	広島	長崎
推定人口(軍人除く)	32万7457人	28万6702人
死亡者	7万8150人	2万3753人
行方不明者	1万3983人 (1945年11月調査)	1924人 (1945年10月調査)
重軽傷者	3万7425人 (1945年11月調査)	7万4909人 (1950年7月調査)
5年以内の死亡者	約20万人	約14万人
全焼・全壊	6万1820戸	1万4146戸
半焼・半壊	6040戸 (1945年11月調査)	5441戸 (1945年11月調査)

〈『広島・長崎の原爆災害』〉

⬆19 **広島と長崎の被害** 猛烈な熱線と爆風が地表を覆い大量の放射性物質が放出された。大勢が即死、または放射線にむしばまれ亡くなった。

⬆20 **広島に落とされた原子爆弾**(模型) ウランを使い製造され、全長3m、最大直径0.7m、重さ4tで「リトルボーイ」とよばれた。

⬆21 **長崎に落とされた原子爆弾**(模型) プルトニウムを使い製造され、全長3.25m、直径1.52m、重さ4.5tで「ファットマン」とよばれた。

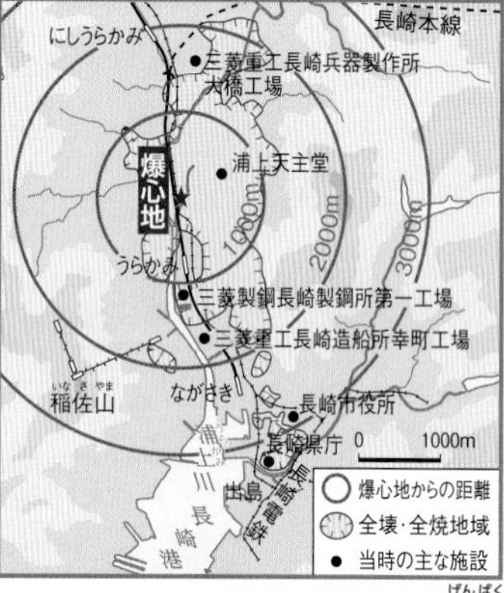

⬆22 **長崎への原爆投下** 8月9日に投下。福岡県小倉の視界が悪く、目標が長崎に変更された。

⬅23 **長崎を覆う原爆のきのこ雲**

⬅24 **原爆で破壊された広島**(広島平和記念資料館提供、1945年11月、アメリカ軍撮影)と➡25 **長崎**(1945年9月撮影)

6 敗戦直後の日本

⬆26 **「北へ西へ」**(香月泰男作) ソ連は終戦後、軍人らを抑留し労働を強制した。自らも抑留された香月は、その経験を描いた。抑留者は約57万5000人、死亡と認められる者は約5万5000人に上る。*〈山口県立美術館蔵〉

*モンゴルへの抑留者を含む。死亡と認められる者は、6万2000人とする見解もある。

(人)

	総数	身元判明者数
中国残留孤児数	2818	1284
永住帰国者数	2556	1104
現在中国に残る孤児数	262	180

2017年11月末現在 〈厚生労働省資料〉

⬆28 **中国残留日本人孤児の人数**

⬅27 **旧満洲から引き揚げた子どもたち** 満洲の日本人一般市民はソ連軍に追われ、多くが犠牲となった。日中国交正常化まで本格的な調査が行われなかったため、中国残留孤児の肉親探し事業は、困難を極めた。

( )内の正しい方に○をつけよう！

対立・協調の観点から振り返ろう！

第二次世界大戦は、兵士だけでなく、武器を持たない多くの(外国人・民間人)への大量破壊兵器の使用や無差別空爆が行われ、甚大な被害を出した。日本では、広島と(長崎・小倉)に原子爆弾が投下され、多くの命が一瞬のうちに失われた。終戦後、(連合国・枢軸国)側は新たな国際秩序の実現を目指した。

特集 世界大戦の被害と戦争処理

1 大戦の被害と犠牲

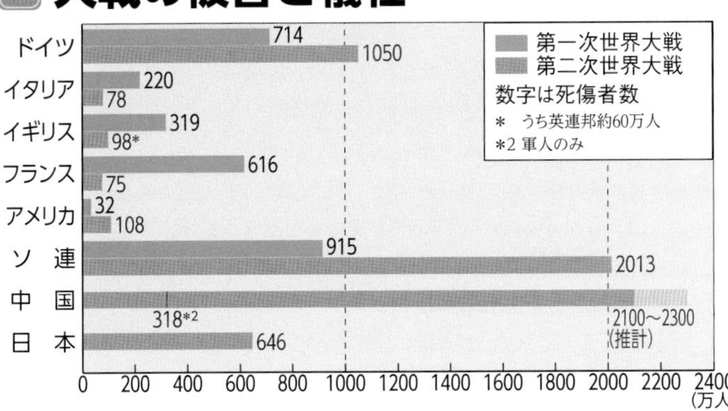

⬅1 第一次・第二次世界大戦での主要交戦国死傷者数

⬅2 中国に帰国する花岡事件の犠牲者の遺骨（1953年） 戦争で労働力が不足すると、朝鮮や中国から人々が動員や徴用を受けて労働に従事した。1945年、秋田県の花岡鉱山で、過酷な就労状況から中国人の労働者約850人が蜂起し、約400人が死亡した花岡事件が起きた。

MORE ナチ党によるホロコースト

ナチ党によるホロコースト（近年は「ショア」ともよばれる）で、500〜600万人のユダヤ人が殺害された。アウシュヴィッツ強制収容所では、労働に耐えられる者は死ぬまで労働を強いられ、それ以外はガス室に送られ、100万人以上が犠牲になった。収容所内での体験を、心理学者であるヴィクトール=E=フランクルが『夜と霧』のなかで克明に描いている。また、『アンネの日記』からは、迫害下でも希望を失うことなく生きるアンネ=フランクの姿が読み取れる。アンネはユダヤ人として強制収容所へ移送され、そこで15歳の生涯を閉じた。

➡3 アウシュヴィッツ第2強制収容所（ビルケナウ収容所、ポーランド） ドイツ国内だけでなくヨーロッパのドイツ占領地でも強制収容所が建設され、ユダヤ人への迫害が行われた。犠牲者はポーランド人・ロマ人・ソ連軍捕虜などにも及んだ。

世界遺産

ヴィクトール=E=フランクル著『夜と霧』

……わたしたちは、おそらくこれまでどの時代の人間も知らなかった「人間」を知った。では、この人間とはなにものか。人間とは、人間とはなにかをつねに決定する存在だ。人間とは、ガス室を発明した存在だ。しかし同時に、ガス室に入っても毅然として祈りのことばを口にする存在でもあるのだ。

〈池田香代子訳『夜と霧 新版』みすず書房〉

アンネ=フランク著『アンネの日記』

……じっさい自分でも不思議なのは、わたしがいまだに理想のすべてを捨て去ってはいないという事実です。……なぜなら、いまでも信じているからです。――たとえいやなことばかりでも、人間の本性はやっぱり善なのだということを。……

（1944年7月15日）

〈深町眞理子訳『アンネの日記』文藝春秋社〉

➡4『アンネの日記』

2 連合国の戦争処理会談と国際軍事裁判

― 米・英・ソ・中の各国首脳 ― 米：ローズヴェルト（ポツダム会談のみトルーマン） 英：チャーチル（ポツダム会談では途中からアトリー） ソ：スターリン 中：蔣介石

❶1941.8（米・英） 大西洋上会談	枢軸国との対決、対ソ連援助を明確化、**大西洋憲章**を発表。
❷1943.1（米・英） カサブランカ会談	対伊作戦（シチリア島上陸）を協議、枢軸国、特に独の無条件降伏方式を発表。
❸1943.11（米・英・中） カイロ会談	**カイロ宣言**（満洲・台湾の中国への返還、朝鮮の独立まで戦い抜く）を発表。
❹1943.11〜12（米・英・ソ） テヘラン会談	ドイツ総攻撃作戦（ノルマンディー上陸作戦）決定。
❺1945.2（米・英・ソ） ヤルタ会談	**ヤルタ協定**（国際連合、対独戦争処理、ソ連の対日参戦を決定）。
❻1945.7〜8（米・英・ソ） ポツダム会談	**ポツダム協定**（ドイツの占領方針決定） **ポツダム宣言**（日本に無条件降伏を勧告）

➡5 ヤルタ会談 1945年2月、米・英・ソの3国首脳が、クリミア半島でヤルタ協定を結んだ。この会談で、国際連合問題、ドイツの戦後処理などが討議された。また、ドイツ降伏から2〜3か月後のソ連の対日参戦、その見返りとして南樺太・千島列島をソ連領とすることが決められた。

⬆6 ニュルンベルク裁判 1945年11月から、ドイツの戦争指導者の罪を裁く国際軍事裁判が開かれ、12人が死刑となった。残虐行為などの戦争犯罪に加え、初めて「平和に対する罪」が規定された。

⬆7 極東国際軍事裁判 日本では1946年5月から、東京で戦争指導者（A級戦犯）を裁く**極東国際軍事裁判**が開かれた。ニュルンベルク裁判と同様、平和や人道に対する罪が問われ、7人が死刑となった。

国際連合の設立と冷戦の始まり ――対立する東西陣営

HISTORY TOURS ヒストリーツアーズ

「鉄のカーテン」はどこに引かれた?

20世紀後半 ←18

別冊史料49

●「鉄のカーテン」演説(1946年3月5日)

……バルト海のシュチェチンからアドリア海のトリエステまで、ヨーロッパ大陸をまたぐ鉄のカーテンが降りてしまった。その線の向こう側に、中・東欧の古き諸国の首都が並んでいる。ワルシャワ、ベルリン、プラハ、ウィーン……これらすべての有名な諸都市、そしてその周辺の人々は、私がソヴェト[①]の圏域と呼ばねばならないものの中に位置し、……多くの場合においてますます強まるモスクワのコントロールの下にあるのだ。……　①ソヴィエト連邦　〈歴史学研究会編『世界史史料11』岩波書店〉

←1 **「鉄のカーテン」演説を行うイギリス前首相チャーチル**　アメリカ大統領トルーマンに招かれてアメリカを訪れたチャーチルは、ミズーリ州のウェストミンスター大学で演説を行い、ソ連の東欧に対する政策を非難した。➔p.147、151

チェック1 演説のなかに登場する地名シュチェチンとトリエステは、ヨーロッパのどこに位置するのか、153ページの地図で確認しよう。

チェック2 チャーチルは、シュチェチンとトリエステを結ぶ線を「鉄のカーテン」と表現した。彼は何を訴えたかったのだろうか。

①戦勝国と敗戦国との分断を表したもので、戦後賠償の問題を訴えている

②ソ連による共産主義の拡大を表したもので、共産主義への警戒を訴えている

チェック

1 国際連合の設立

戦後の東西陣営の動き

黒字:資本主義陣営、赤字:社会主義陣営
▒:国際協調関連事項

- 1945.10 国際連合成立
- 46. 3 「鉄のカーテン」演説 →冷戦の始まり
- 47. 3 トルーマン=ドクトリン発表
- . 6 マーシャル=プラン
- . 9 コミンフォルム結成(〜56.4)
- 48. 6 ベルリン封鎖(〜49.5)
- 49. 1 経済相互援助会議(コメコン)結成
- . 4 北大西洋条約機構(NATO)成立
- . 5 ドイツ連邦共和国(西ドイツ)成立
- .10 ドイツ民主共和国(東ドイツ)成立
- 中華人民共和国成立➔p.155
- 50. 2 中ソ友好同盟相互援助条約(〜80.4)
- . 6 朝鮮戦争(〜53.7)
- 51. 9 サンフランシスコ平和条約➔p.155
- 日米安全保障条約➔p.155
- 54. 4 ジュネーヴ会議
- 55. 5 ワルシャワ条約機構
- . 7 ジュネーヴ4巨頭会談➔p.168
- 56. 2 フルシチョフのスターリン批判
- . 6 ポーランド、ポズナン暴動
- .10 ハンガリー反ソ暴動
- 59. 1 キューバ革命
- 61. 8 「ベルリンの壁」建設
- 62.10 キューバ危機➔p.163
- 63 中ソ論争公然化
- . 8 部分的核実験禁止条約(PTBT)
- 65. 2 ベトナム戦争(〜75.4)➔p.169
- 66. 5 中国、文化大革命始まる➔p.176
- 68. 1 チェコ、「プラハの春」➔p.168
- 71. 8 米、ドル防衛策(金・ドル交換停止) →ドルショック➔p.169
- .10 中華人民共和国が国連の中国代表権獲得
- 72. 2 米中共同声明➔p.168

ヨーロッパ ←148 →162

アメリカ ←148 →154

↑2 **第1回国連総会**(1946年、イギリス)

	アジア	アフリカ	ヨーロッパ	南北アメリカ	オセアニア	
1945年	9	4	14	22	2	51か国
1960年	23	26	26	22	2	99
2015年	39	54	51*	35	14	193

* ヨーロッパの加盟国には、独立国家共同体(CIS)の構成国を含む。

↑3 **国連加盟国の推移**➔p.166

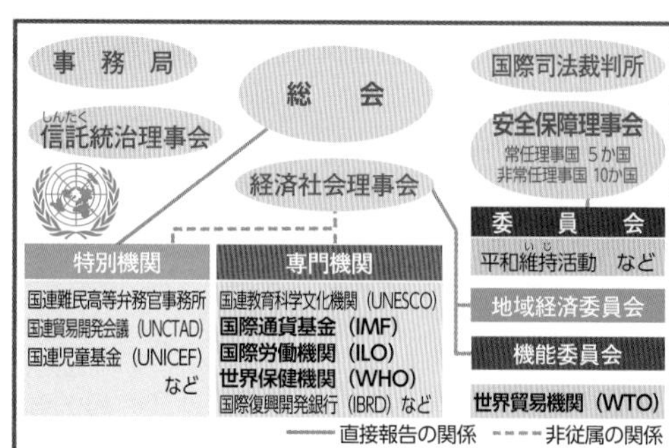

↑4 **国連のしくみ**

国際連盟(1920年)		国際連合(1945年)
ジュネーヴ	本部	ニューヨーク
原加盟国42か国 **米の不参加・ソ連の加盟遅延** 日・独・伊の脱退	加盟国	原加盟国51か国 五大国(米・英・ソ・中・仏)が初めから参加* *常任理事国の交替 中華民国→中華人民共和国 ソ連→ロシア
総会における**全会一致主義**	表決	安全保障理事会における五大国一致主義(**拒否権**あり、総会にまさる権限をもつ)
金融・通商などの経済制裁	制裁	非軍事措置・裁判のほか**軍事措置**
・**軍事制裁ができない** ・全会一致のため迅速な対応ができない	問題点	・常任理事国が**拒否権**を発動した場合、採決が否決される

↑5 **国際連盟**➔p.131**と国際連合の違い**

↑6 **「すばらしいチームだが団結は…」**　米・英・ソ・中・仏が国際連合の**安全保障理事会**における**常任理事国**となった。しかし、風刺画では、各国が異なるスポーツのプレーヤーとして描かれ、それぞれの思惑の違いが表現されている。

2 冷戦の始まり

大国の台頭 テーマで結ぶ世界　米ソの対立が日本の政治に与えた影響を考えよう。➲p.121、154～155

●トルーマン=ドクトリン(1947年)　別冊史料50

私は、武装した少数者または外部の圧力による征服の企てに抵抗している自由な諸国民を支援することが、合衆国の政策でなければならないと信じる。……もしわれわれが、この運命的なときにあって、ギリシアとトルコに援助を与えることができなければ、その影響は……深刻なものとなろう。〈大下尚一ほか編『史料が語るアメリカ』有斐閣〉

↑7 **封じ込め政策**　米大統領トルーマンは、**トルーマン=ドクトリン**のなかで資本主義陣営への援助を表明し、共産主義との対決姿勢を鮮明にした。西ヨーロッパや日本などに援助を与え、資本主義陣営に取り込んでソ連を孤立させる戦略は、世界各地に資本主義と共産主義の対立構造を生み出した。

NATO結成時(1949年)の加盟国(ほかにアメリカ・カナダ)
その後のNATO加盟国(～1991年)
ワルシャワ条約機構*加盟国
「鉄のカーテン」(1946年)
*1991年ソ連解体に伴い解散

1955年 西ドイツ NATOに加盟
1966年 NATO軍事機構を脱退
米・英・仏・ソによる分割管理 →1955年独立

連合国による占領地域
イギリス
アメリカ
フランス
ソ連

アイスランド　フィンランド　ノルウェー　スウェーデン　モスクワ　ソヴィエト連邦　デンマーク　アイルランド　イギリス　ロンドン　オランダ　ベルギー　シュチェチン　ベルリン　東ドイツ　ワルシャワ　ポーランド　西ドイツ　プラハ　チェコスロヴァキア　パリ　ルクセンブルク　ウィーン　ハンガリー　フランス　スイス　オーストリア　ルーマニア　トリエステ　ユーゴスラヴィア　黒海　サライェヴォ　ブルガリア　アンドラ　ポルトガル　マドリード　スペイン　ローマ　イタリア　アルバニア　トルコ　ギリシア　マルタ島　北海　バルト海　大西洋　アドリア海　地中海

↘8 **戦後のベルリン**(1945～89年)　ドイツは戦後、ソ連と米・英・仏によって分割され、ソ連占領地区には東ドイツが、米・英・仏占領地区には西ドイツが建国された。ベルリンも4か国の管理下に置かれ、西ベルリンは、ソ連占領地区内の飛び地となった。

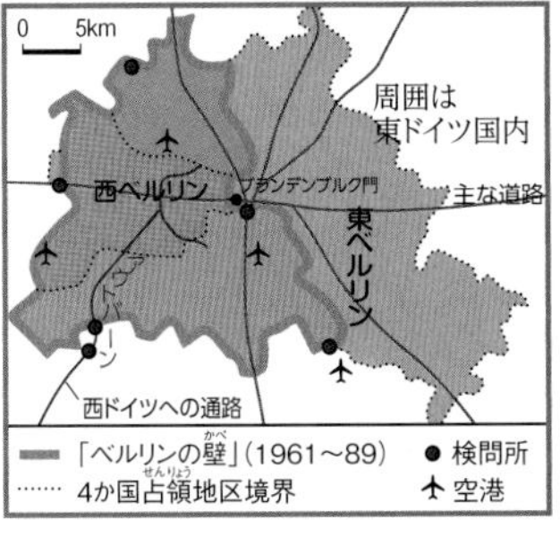

➡9 **第二次世界大戦後のヨーロッパ**

3 冷戦により分断が進むドイツ

←10 **ベルリン空輸**　米英仏が独自の経済政策を行ったことに反発したソ連は、西ベルリンに通じる道路を封鎖した(**ベルリン封鎖**)。西側諸国は孤立した西ベルリンに物資を届けるため、航空機による輸送を行った。

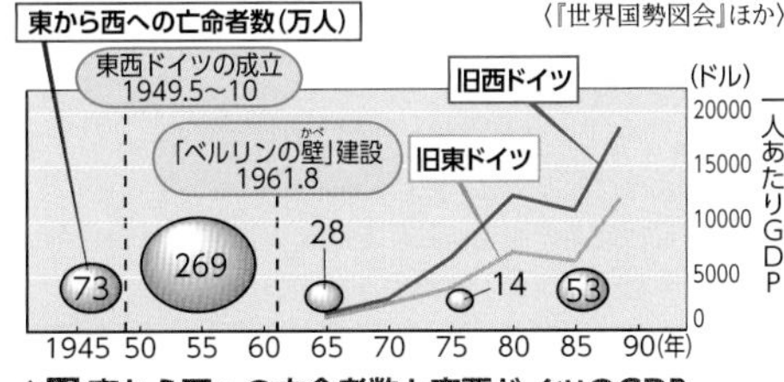

↑12 **東から西への亡命者数と東西ドイツのGDP**

動画
東ベルリン　ブランデンブルク門　「ベルリンの壁」　西ベルリン

↑11 **東西分断の象徴**　経済を発展させた西ベルリンへの東ドイツ国民の流出が急増すると、1961年東ドイツによって**「ベルリンの壁」**が建設された。コンクリート製の壁によって人々の移動は制限され、「ベルリンの壁」は1989年に開放➲p.175されるまで、東西冷戦の象徴的な存在であった。

MORE アジア諸国の民族独立運動と冷戦

東西陣営の対立は、アジア諸国の民族独立運動にも大きな影響を与えた。フランス領であったベトナムで独立運動を率いたホー=チ=ミンは、ベトナム民主共和国(北ベトナム)の建国を宣言した。ソ連などの共産主義勢力の支援を受けた北ベトナムに対して、アメリカはベトナム共和国(南ベトナム)を建国させ、両国の対立はベトナム戦争➲p.169に発展。その後アメリカが撤退して南北ベトナムが統一されると、ベトナム社会主義共和国が成立した。一方ビルマ(現ミャンマー)では、第二次世界大戦前からアウンサンが独立運動を進めていたが、大戦後、イギリスからの独立協定を結んだ直後に暗殺された。1948年に独立したビルマは、社会主義経済の導入や軍事政権など政治的混乱が続いた。

⬇13 **ベトナム紙幣に表されているホー=チ=ミン**

⬇14 **ミャンマー紙幣に表されているアウンサン**

対立・協調の観点から振り返ろう!　(　)内の正しい方に○をつけよう!

第二次世界大戦後、国際連合が(国際平和の維持・資本主義の維持)を目的として発足した。第二次世界大戦を共に戦ったアメリカとソ連は(資本主義と共産主義・戦勝国と敗戦国)をめぐって対立を深めた。この対立は冷戦とよばれ、その後、世界各地の紛争の要因となった。

昭和時代

アジアにおける冷戦の影響 ──日本の民主化と占領(せんりょう)政策の転換(てんかん)

20世紀後半 ←18
日本 ←148 →164
東アジア ←148 →166
アメリカ ←152 →162

ヒストリーツアーズ 冷戦構造に組み込(こ)まれた朝鮮(ちょうせん)戦争、その時日本は…？

↑1 大韓民国(だいかんみんこく)が作成した朝鮮戦争のポスター

↑2 中国が作成した朝鮮戦争のポスター

↑3 同じころに日本が作成したポスター　GHQの要請(ようせい)により、日本国内の治安維持(いじ)を目的に**警察予備隊**が創設された。これは自衛隊の前身となった。

チェック1 図1のポスターで、大韓民国に協力している組織はどこだろうか。
①国際連盟　②国際連合
③ヨーロッパ連合(EU)

チェック2 図2のポスターで、朝鮮民主主義人民共和国に協力している中国が敵視している国はどこだろうか。
①アメリカ　②イギリス
③日本

チェック3 朝鮮戦争の勃発(ぼっぱつ)後、GHQは日本に対して、どのような占領方針で臨(のぞ)んだのだろうか。図3から考えよう。
①従来の方針のまま、非軍事化の徹底(てってい)を図(はか)った
②方針を変えて、再軍備させることで共産主義との対決に備えようとした

1 日本の民主化

↓4 連合国軍最高司令官総司令部(GHQ)による日本の民主化

ポツダム宣言受諾(じゅだく)(1945.8)　6条 軍国主義の除去　9条 日本軍の武装解除
10条 戦争犯罪人の処罰(しょばつ)、民主主義・基本的人権の尊重

↓

軍国主義の除去
- 陸・海軍解体、軍需(ぐんじゅ)工業の停止
- 治安維持(いじ)法・特別高等警察の廃止(はいし)、政治犯の即時釈放(そくじしゃくほう)(**人権指令**)(1945.10)
- 戦犯容疑者の逮捕(たいほ)→極東国際軍事裁判（46.5～48.11）➲p.151
- 戦争犯罪人などの公職追放を指令（46.1）　など

五大改革指令(1945.10)	主な民主化の例
①参政権付与(ふよ)による婦人の解放	→ **新選挙法(改正選挙法)** 選挙資格を満20歳以上の男女とした。
②労働組合の結成奨励(しょうれい)	→ **労働三法**(労働組合法・労働関係調整法・労働基準法)
③教育制度の自由主義的改革	→ **教育三法**(教育基本法・学校教育法・教育委員会法)
④秘密警察など圧政(制)的諸制度の撤廃(てっぱい)	
⑤経済機構の民主化	→ **財閥(ざいばつ)解体**、**農地改革**

↑5 昭和天皇とマッカーサー　1945年9月に昭和天皇が連合国軍最高司令官のマッカーサーを訪問した時の写真。翌46年1月、いわゆる「人間宣言」が発表され、天皇はみずからが神であることを否定した。GHQは天皇の戦争責任を問わず、占領政策と日本の再建に天皇を利用した。

←6 **戦後初の選挙**　GHQの方針もあり、1945年12月に衆議院議員選挙法が改正され、女性参政権が認められるようになった。満20歳以上の男女に選挙権が与(あた)えられ、翌46年に行われた戦後初の総選挙では、39名の女性議員が誕生した。➲p.138〈東京都公文書館蔵〉

↓7 **墨塗り教科書**　GHQは、占領政策として教育の民主化を進めた。新しい教科書が間に合わなかったため、軍国主義的な内容は児童自身の手で墨で塗りつぶされた。修身(しゅうしん)や日本歴史などの授業も一時禁止された。

2 日本国憲法の成立 別冊史料51

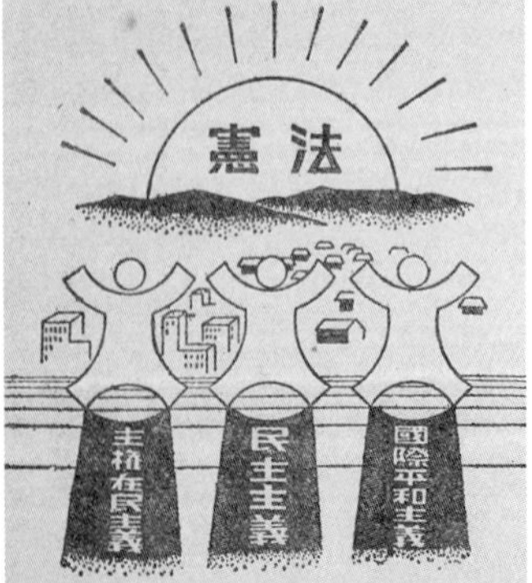

←8『あたらしい憲法のはなし』　1947年、**日本国憲法**が施行(しこう)された。文部省は、中学生用の教科書として『あたらしい憲法のはなし』を作成し、民主主義や国際平和主義など憲法の理念を説明した。図は日本国憲法前文の精神を表したもの。憲法第9条の戦力の不保持については、「およそ戦争をするためのものは、いっさいもたない」と記述された。

MORE GHQ草案を作成した民政局員

連合国軍最高司令官総司令部(GHQ)は、マッカーサーを中心に民間情報教育局や経済科学局などいくつもの部局が業務を分担して占領(せんりょう)政策を進めていた。そのなかで憲法改正を担当したのがホイットニーを局長とする民政局であった。民政局のなかには、世界恐慌(きょうこう)後の社会民主主義的なニューディール➲p.140を学んだ者が多かった。ニューディーラーとよばれた彼(かれ)らは、新憲法のなかに女性や子どもの権利、社会権などを盛り込(こ)むことに熱心であった。憲法の専門家ではない彼らは、多彩(たさい)な経歴をもち、市民の視点から憲法案を検討した。その結果、**日本国憲法**には、各国の憲法を参考にしつつ、当時として先進的な民主主義的条項(じょうこう)が取り入れられた。

↑9 **ベアテ＝シロタ**(1923～2012)　幼少期を日本で過ごした。米留学ののち、民政局員として新憲法の人権(特に女性の権利)条項(じょうこう)の作成に深く関わった。

3 占領政策の転換

A 共産主義の防壁としての日本

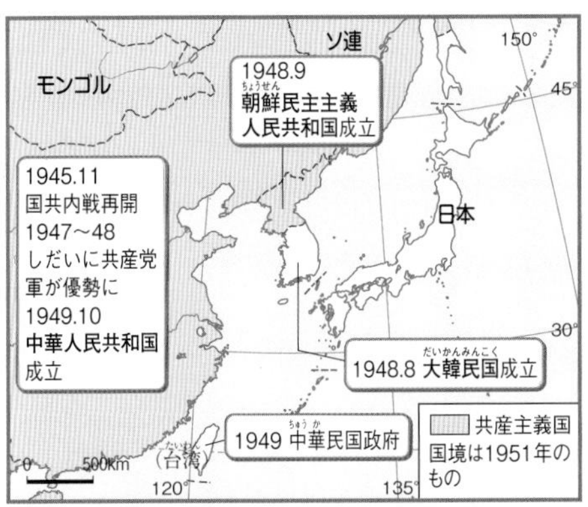

⬆10 **1940年代末の東アジア** 第二次世界大戦後、日本が中国大陸から撤退すると、中国国内で国民党と共産党の内戦(国共内戦)が再開され、毛沢東率いる共産党が最終的に勝利した。一方、日本の植民地であった朝鮮半島は、北緯38度を境に北部をソ連、南部をアメリカが占領した。その後1948年、金日成を首相とする**朝鮮民主主義人民共和国**と李承晩を大統領とする**大韓民国**が建国された。

＊「国連軍」は国連安全保障理事会の決議で編制されたアメリカを中心とする多国籍軍。国連憲章の規約に従って組織された軍ではない。

—1950年9月—
1950年6月北朝鮮軍の侵攻
1950年9月北朝鮮軍の最前線
中国
平壌
仁川
ソウル
北緯38度線
1950年9月15日「国連軍」の攻撃
1950年7月米軍・「国連軍」が日本から上陸
釜山
0 100km

1950年6月北朝鮮軍が突然韓国へ侵攻する

戦争へ

米中心の「国連軍」＊の参戦で形勢逆転

—1950年11月—
1950年9~11月「国連軍」の進路
1950年11月「国連軍」の最前線
中国
平壌
仁川
ソウル
釜山
0 100km

中国義勇軍の参加で「国連軍」敗走

51年休戦会談
53年休戦協定

—1951年—
中国義勇軍の進路
「国連軍」の進路
1951年11月27日停戦ライン
主な戦闘地帯
中国
朝鮮民主主義人民共和国
平壌
停戦ライン(現在まで続く)
板門店
ソウル
仁川
大韓民国
1953.10 米韓相互防衛条約
光州
釜山
0 100km

⬆12 **朝鮮戦争の推移** 1950年北朝鮮が韓国に侵攻、韓国軍は釜山付近まで追い込まれた。米軍・韓国軍を中心に**「国連軍」**が結成され攻勢に出ると、中国人民義勇軍が参戦して反撃した。1953年休戦協定締結、現在に至る。➔p.177

➡11 **中華人民共和国の成立** 再び起きた国共内戦に勝利した共産党は、1949年、毛沢東を国家主席とする**中華人民共和国**を建国した。翌年にソ連との間に中ソ友好同盟相互援助条約を結び、アメリカなど資本主義陣営と対決する姿勢を示した。一方、敗れた国民党は台湾に逃れ、蔣介石➔p.132は、アメリカなどの援助を受けながら中華民国を維持した。

(『近現代日本経済史要覧』)

順位	第1年 (1950.6~51.5)	第2年 (1951.6~52.5)	第3年 (1952.6~53.5)	第4年 (1953.6~54.5)	第5年 (1954.6~55.5)
1	トラック	自動車部品	兵　器	兵　器	兵　器
2	綿　布	石　炭	石　炭	石　炭	石　炭
3	毛　布	綿　布	麻　袋	食糧品	食糧品
4	建築鋼材	ドラム缶	有刺鉄線	家　具	家　具
5	麻　袋	麻　袋	セメント	乾電池	セメント

⬆13 **主要物資の年別契約高順位** 日本経済は**朝鮮戦争**による特需で活気づいた。この朝鮮特需➔p.19では、兵器関係などの金属製品やトラック・自動車部品などの輸送機械、麻袋などの繊維製品がよく売れたため、「糸へん」「金へん」ブームとよばれた。

B 平和条約と日本の独立

別冊史料52 別冊史料53

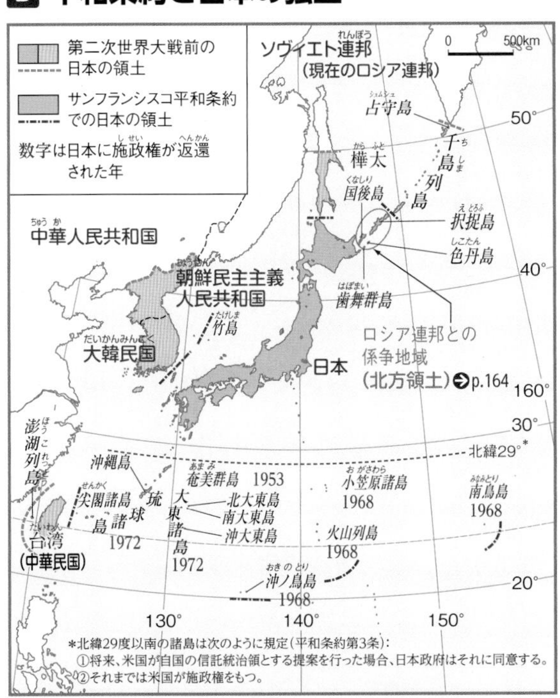

⬆14 **縮小した日本の領土** **サンフランシスコ平和条約**でGHQによる占領は終了し、日本は独立を回復。沖縄・奄美群島・小笠原諸島などは返還されず、アメリカの施政権下に置かれた。これらの地域における施政権の返還は、その後の課題となった。➔p.169また、竹島は日本が放棄した領土ではなく、韓国が不法占拠を続けている。

⬆15 **サンフランシスコ平和条約** 朝鮮戦争が始まり冷戦が激化すると、アメリカは沖縄などの直接統治と在日米軍の駐留を条件に、日本との講和条約締結に動いた。吉田茂首相はこの条件を受け入れ、西側諸国との単独(多数)講和に踏み切った。

別冊史料54

●日米安全保障条約【要約】
(1951年9月8日調印　52年4月28日発効)

- 米軍を日本に配備することを承諾する。
- 米軍は、極東の平和と安全、内乱や外部からの武力攻撃など日本の安全確保に協力する(日本の安全を保障する義務はない)。
- アメリカ以外の国に軍事的権利を与えない。
- 米軍の日本国における配備の条件は、**日米行政協定**で決定する。
  日米行政協定 ①米軍基地はどこにでもおける ②防衛分担金を日本が払う ③米軍関係者の犯罪は米軍に裁判権がある
- 日本が自衛力をもつことを期待する。

⬆16 サンフランシスコ平和条約締結と同じ日、吉田首相とアチソン国務長官らによって**日米安全保障条約**が締結された。アメリカ政府は、日本を西側陣営として確保するため、早期の講和条約締結を進めた。朝鮮戦争をうけ、アメリカは共産主義勢力の拡大を阻止するため、引き続き在日米軍の駐留を日本に求めた。日米安全保障条約では、「極東の平和と安全」のために日本に米軍が駐留することが認められ、冷戦の東西対立のなかに日本が深く関わる状況が生まれた。➔p.164

対立・協調の観点から振り返ろう!　(　)内の正しい方に○をつけよう！

第二次世界大戦後、アメリカを中心とするGHQは日本の(民主化と非軍事化・経済復興と再軍備)を基本方針として占領政策を進めた。中華人民共和国が成立し、朝鮮戦争が勃発すると、その方針は(強化・転換)され、その後、日本は(西側・東側)陣営に立って独立した。

第3部 グローバル化①

テーマ 「冷戦と国際関係」 テーマで結ぶ世界 ➲p.164 ／ 「高度情報通信」 テーマで結ぶ世界 ➲p.183

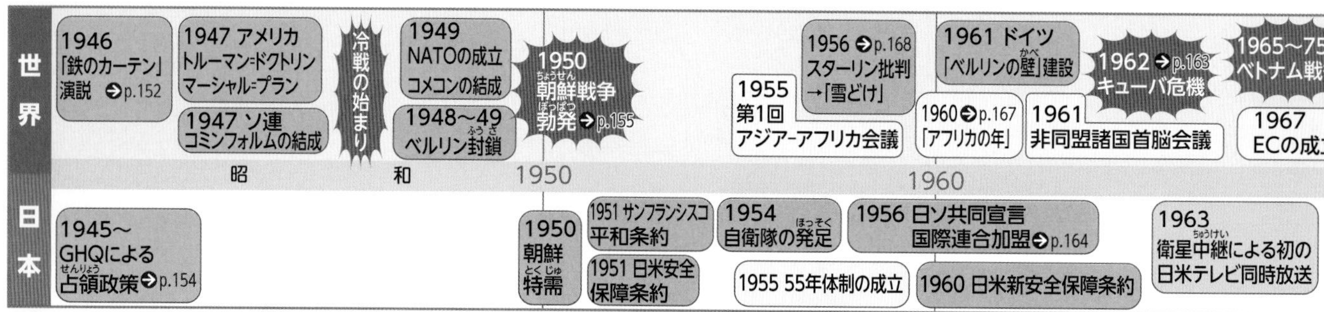

1 “冷戦と国際関係”の日本と世界の様子を考察しよう

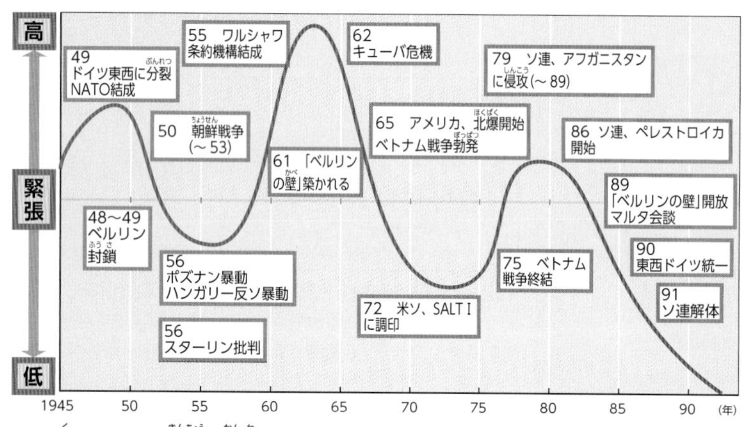

⬆**1 繰り返される緊張と緩和** 米ソは常に高い緊張状態にあったわけではないことが分かる。最初の緊張は、ドイツ東西分裂などヨーロッパでの**冷戦**の始まり、次の緊張は「ベルリンの壁」の構築とキューバ危機、最後はソ連のアフガニスタン侵攻であった。

⬆**2 米ソの軍事支出額の推移** 図**1**との関係に着目すると、アメリカでは、両国関係の緊張期には軍事支出額が急増し、緩和期には減少した後に緩やかな増加になるという特徴に気づく。一方、米ソを比べると、両国ともおよそ同じ規模の軍事支出を続けていることが分かる。

世界の動き

別冊史料60

● スターリン批判➲p.168

……スターリンは「人民の敵」という観念を思いついた。……この言葉は、……いっさいの革命的法秩序の基準に違反して、最も残酷な弾圧を加えることを可能にした。……数千の人々の大量逮捕と流刑、裁判を行わず、正常な審問をへずに処刑することは、不安と恐怖、そして絶望の状態すらをももたらした。……

(「フルシチョフ秘密演説全文」『中央公論』1956年8月特大号)

⬆**3** 1956年にソ連の指導者フルシチョフが演説した。この批判対象であるスターリンは、彼の前のソ連指導者➲p.128、151。

東西陣営の変動 ➡p.168

⬆**4 ハンガリー反ソ暴動**(1956年) 図**3**を踏まえると、当時社会主義国であったハンガリーの人々の強い不満を見てとれる。

➡**5 ベトナム戦争** 軍用機が連なって、森林の上から何かを噴霧しているのが分かる。この噴霧されている薬品は枯れ葉剤である。**ベトナム戦争**は、木々が生い茂る密林の中で行われ、米軍は北ベトナム兵のゲリラ攻撃に悩まされていた。そのため米軍は、この密林を取り払うことを考えたのである。この結果、ベトナムでは長期の健康被害が発生した。

日本の動き

➡**6 日本の国連加盟を報じる新聞**(『毎日新聞』1956年12月13日) 日本はサンフランシスコ平和条約締結後、たびたび**国連加盟**を申請してきたが、常任理事国の拒否権が発動し、加盟が見送られてきた。加盟が実現した経緯を年表から確認すると、ソ連の支持が重要であったことが分かる。

日本と西ヨーロッパの復興 ➡p.164

日本の国連加盟決る

全会一致で可決

安保理事会 80番目・宿願達す

さっとあが

加瀬大使

➡**7 沖縄の嘉手納基地を飛び立つB52爆撃機**(1969年) 基地の周りに押し寄せる人々が持つ旗に着目すると、沖縄ということが分かる。1969年の沖縄は米軍の施政下にあり、ベトナム戦争にも利用されていた。

第二次世界大戦後、没落したヨーロッパに代わり超大国となったアメリカを中心とする西側の**資本主義陣営**と、ソ連を中心とする東側の**社会主義陣営**とが、世界規模で対立した(**冷戦**)。米ソは、キューバ危機などの緊張と、戦略兵器制限交渉などの緩和を繰り返しながら冷戦を展開したが、日本・西欧の経済的成長、第三勢力の台頭、中ソ対立などの**多極化**が進展し、1989年に冷戦は終結した。

冷戦後期の80年代に**情報通信技術(ICT)革命**が起こり、冷戦終結後は、国境や政治体制を越えて、経済・情報・文化の**グローバル化**が一気に進展した。一方で、その情報をどのように活用して判断するか、私たちの一層の英知が求められている。

2 “高度情報通信”の日本と世界の様子を考察しよう

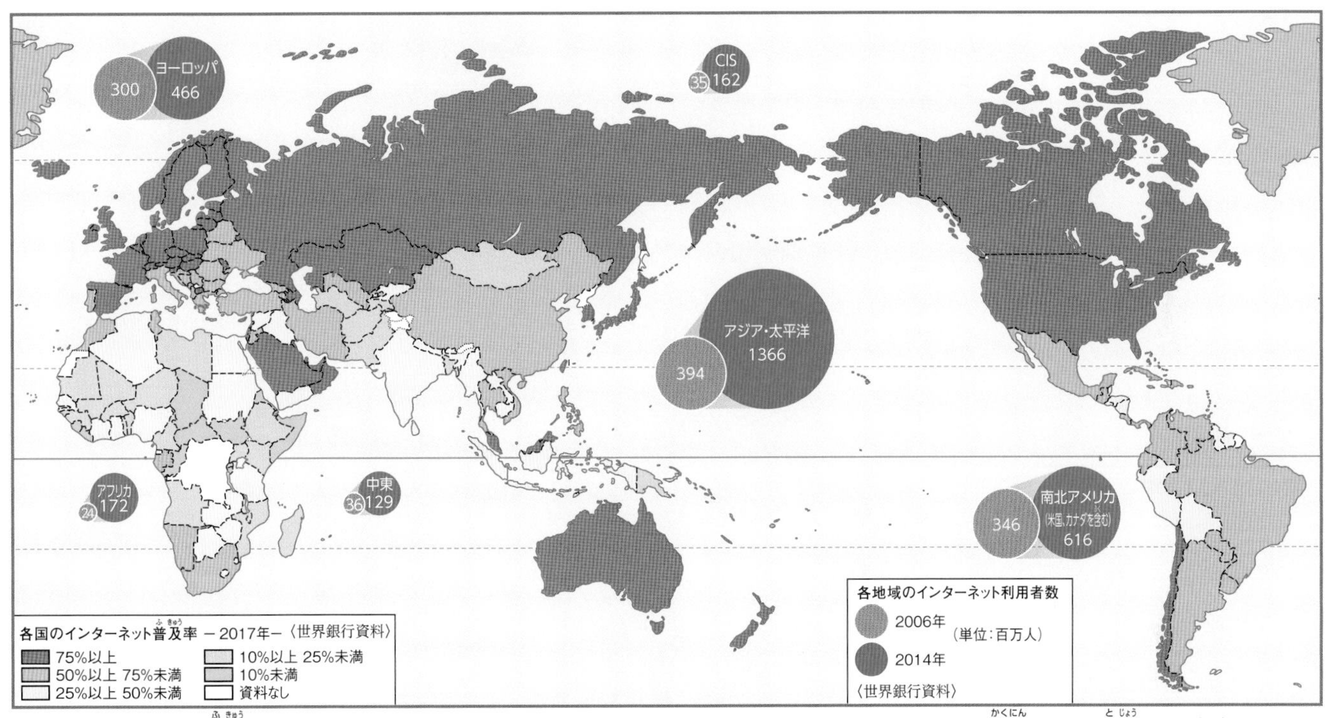

⬆8 **インターネットの普及率** 地図上の色に着目すると、先進国の普及率の高さに気づく。一方で利用者数の変化を確認すると、途上国でも急速に**インターネット**が普及していることが分かる。

世界の動き

⬆9 **政府へのデモ**(2011年、エジプト) 男性が持つプラカードにはSNSの名前が書かれている。人々はSNSを通して情報を共有していたことがうかがえる。

⬆10 **米連邦議会議事堂占拠**(2021年、アメリカ) 彼らはトランプ大統領(当時)の支持者で、トランプが大統領選挙で不正によって負けたという情報を信じていた。

日本の動き

⬆11 **コロナ禍での紙製品の欠品**(2020年、日本) SNSの投稿は「デマ」とすぐに否定されたが、それが報道されることで、人々は紙製品の購入に動いた。

テーマ 「人と資本の移動」 テーマで結ぶ世界 ➔p.177 ／「感染症」／「多様な人々の共存」 テーマで結ぶ世界 ➔p.166、181

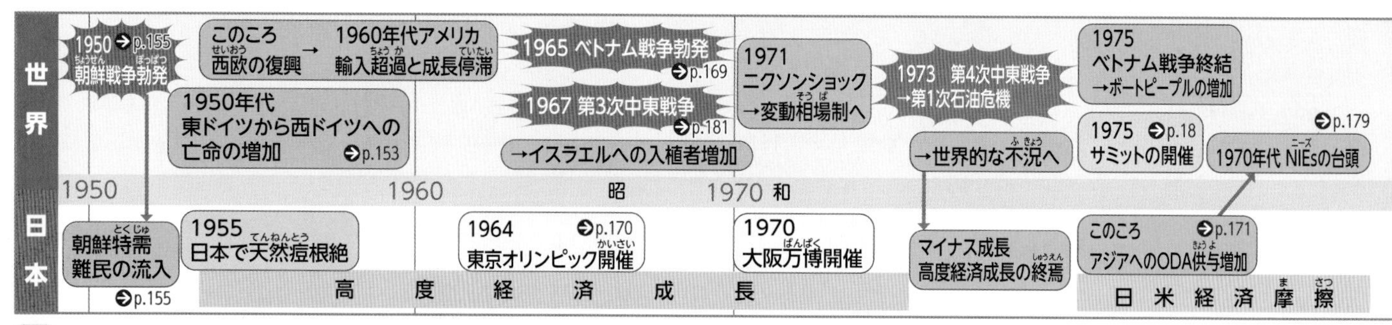

1 “人と資本の移動”“感染症”の日本と世界の様子を考察しよう

世界の動き

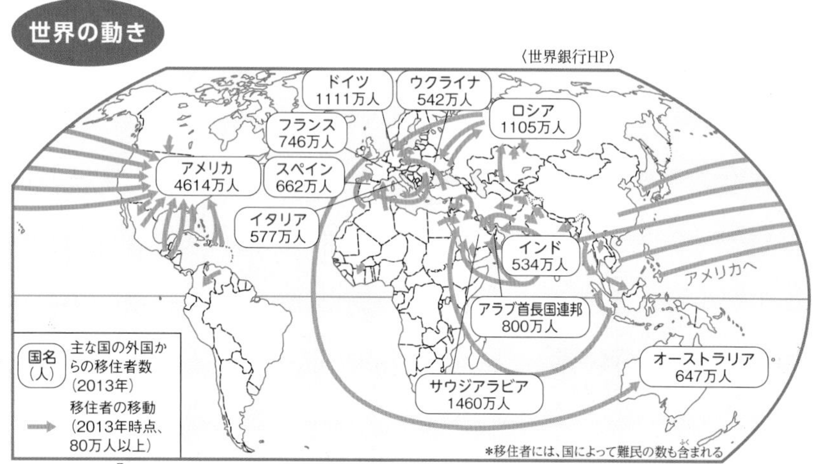

⬆1 国境を越える人口の移動 アジアや中南米から、多くの矢印がアメリカ合衆国に集まっている。また、西欧には、東欧やアフリカからの矢印が集まっており、人々の移動と経済的なつながりの関連を推測できる。一方、日本では移民を多く受け入れていないことが分かる。

日本の動き

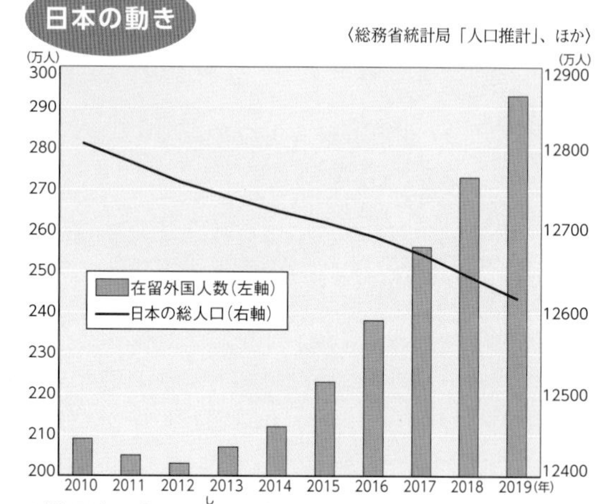

⬆4 日本の人口に占める外国人の割合 日本の人口は減少しているが、在留外国人の数は、年々増加している。

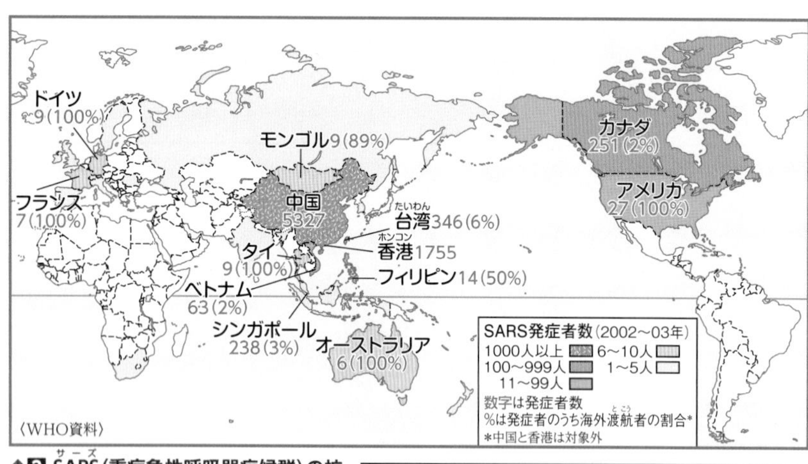

⬆2 SARS(重症急性呼吸器症候群)の拡大(2002〜03年) 中国を中心に周辺のアジアの国と地域での発症者数が多い。一方、遠隔の国でも発症者が出ているが、多くは渡航者であることが分かる。

病名	主な記録と影響
ペスト	14世紀ヨーロッパでの大流行(人口が激減)
天然痘	大航海時代にヨーロッパからアメリカ大陸に持ち込まれ、先住民の人口激減の要因に。種痘法発明(ワクチン接種の起源)
コレラ	産業革命期のロンドンなど、ヨーロッパ各地で流行
インフルエンザ	スペインかぜの流行(1918〜20年)➔巻頭5 死者4000〜5000万人(推計)
COVID-19	2019年末から世界的に流行 人々の交流が激減し経済にも大きな打撃

➡3 主な感染症

➡5 空港での水際対策(2003年) サーモグラフィーで入国者の体温を計測している。このような形で海外から感染症を持ち込ませない水際対策の徹底が、感染拡大を防止するための基本的な方法である。

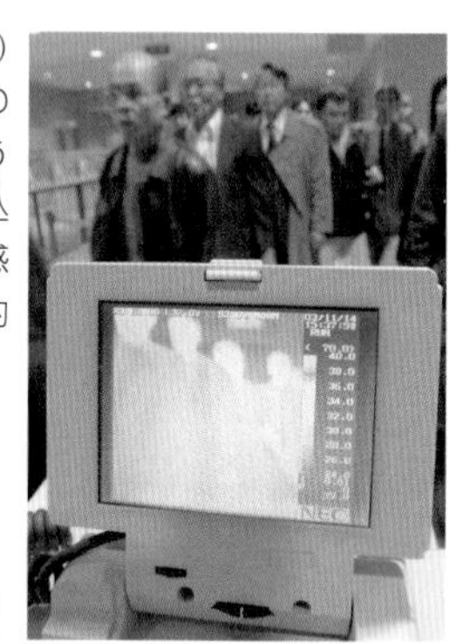

「天然痘根絶」正式に宣言

WHO総会、153ヵ国の大臣ら列席の下

日本の功績、世界が称賛

⬅6 天然痘の根絶宣言(『連合新報』1980年6月1日) 長い間人々を苦しめてきた天然痘に対し、世界保健機関(WHO)は天然痘根絶プロジェクトを行い、この年に根絶を宣言した。このプロジェクトのリーダーは日本人医師蟻田功が担当した。

20世紀以降、世界の人口は爆発的に増え、さらに冷戦の終結により移動の制約が少なくなると、経済的な豊かさや政治的自由を求める**移民**や、経済活動や余暇を利用した旅行など、**人々の移動**が活発になった。また、世界経済の活発化や情報通信技術の発達に伴って、**金融のグローバル化**にも拍車がかかり、投資による資本の移動も活性化した。こうして人々の交流が活発化すると、伝染病などの**感染症**が瞬時に世界に大流行するパンデミックを引き起こす可能性も高くなるが、同時に新しい文化や価値観が生み出されることにもつながる。日本でも海外出身の人々が増えており、今後の社会形成に向けてお互いの**多様性を認め合う価値観**が、より一層重視されていくだろう。

2 “多様な人々の共存”の日本と世界の様子を考察しよう

世界の動き

● 世界人権宣言（1948年12月10日採択）

人類社会のすべての構成員の固有の尊厳と平等で譲ることのできない権利とを承認することは、世界における自由、正義及び平和の基礎であるので、……

……すべての人民とすべての国とが達成すべき共通の基準として、この世界人権宣言を公布する。

第1条　すべての人間は、生まれながらにして自由であり、かつ、尊厳と権利とについて平等である。人間は、理性と良心とを授けられており、互いに同胞の精神をもって行動しなければならない。

第2条　すべて人は、人種、皮膚の色、性、言語、宗教、政治上その他の意見、国民的若しくは社会的出自、財産、門地その他の地位又はこれに類する**いかなる事由による差別をも受けることなく**、この宣言に掲げるすべての権利と自由とを享有することができる。

〈国際連合広報センターウェブサイト〉

⬆**7** 世界人権宣言は、今から70年以上も前に採択されたが、人権に対するまなざしは、現代社会においてますます重視される内容である。特に第2条は、グローバル化により人々の移動や交流が進み、人々の多様性を認め合うこれからの社会を創造していく上で基盤となる条文といえる。

⬅**8** **アメリカ大統領就任式**（2021年1月）　第46代大統領のバイデンとともに、ハリスが副大統領に就任した。女性の副大統領であること、アフリカ系の副大統領であること、アジア系の副大統領であることすべてが、アメリカ初のことであった。

➡**9** **台湾で開かれた陸軍合同結婚式**（2021年）　写真には、ウエディングドレス姿の女性とスカートをはいた女性軍人の二人が笑顔で写っている。台湾は、アジアで初めて同性婚を容認し、この年の陸軍主催の合同結婚式では、同性どうしの結婚も行われた。同性婚は、アメリカやイギリスなど、約30の国と地域で認められている。

日本の動き

➲p.139

順位	国名	指数
1	アイスランド	0.892
2	フィンランド	0.861
11	ドイツ	0.796
16	フランス	0.784
23	イギリス	0.775
30	アメリカ	0.763
102	韓国	0.687
107	中国	0.682
120	日本	0.656

〈Grobal Gender Gap Report 2021〉

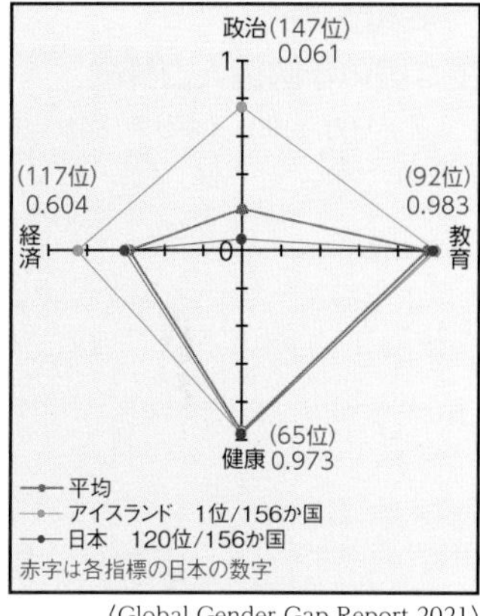

〈Global Gender Gap Report 2021〉

⬆**10** **ジェンダーギャップ指数世界ランキング**（左）と**11** **日本の指標別スコア**（右）
日本における男女平等の様子を世界と比べてみよう。図10からは、日本の順位は156か国中120位で、先進国の中で最低レベルであり、取り組みが不十分であることが分かる。図11からは、特に「政治」のスコアが極端に低いことが一目瞭然である。

⬆**12** **ラグビー日本代表**（2019年）　キャプテンのリーチ=マイケルのほか、多くの外国出身選手が日本代表に見受けられる。日本で開催されたワールドカップでは、国籍を越えたチームの団結力で日本を初のベスト8に導いた。この様子は、ダイバーシティ（多様性）を推進する日本の未来を感じるものであった。

⬅**13** **自治体の取り組み**（2020年）　高知市が記者会見で、「にじいろのまち」のシンボルマークを発表している。虹色はLGBTを象徴する色である。地方自治体でも、多様な性のあり方への理解を深める取り組みが進んでいることがうかがえる。

テーマ 「食料と人口」 テーマで結ぶ世界 ➔p.176 ／ 「資源・エネルギーと地球環境」 テーマで結ぶ世界 ➔p.169、179

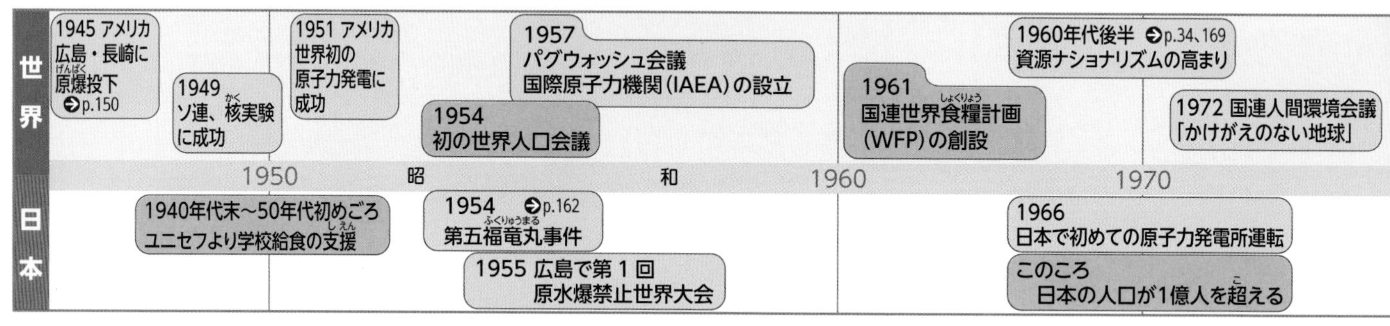

1 "食料と人口"の日本と世界の様子を考察しよう

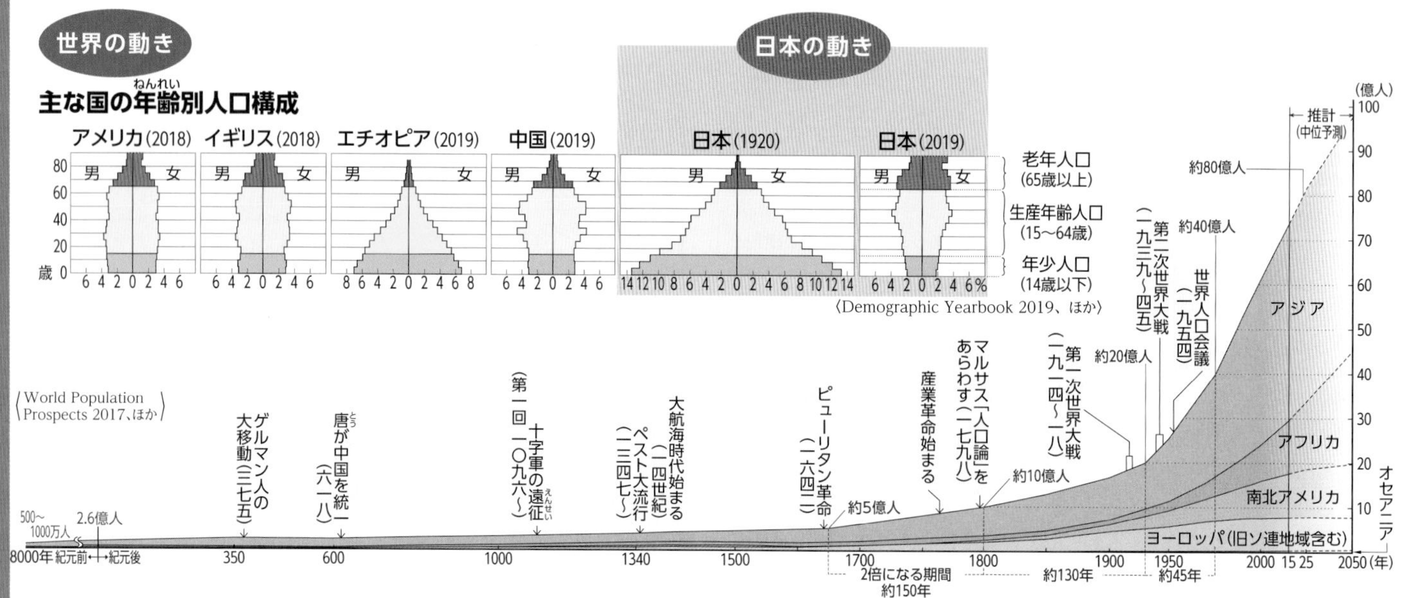

⬆1 **世界の総人口の推移** 人口増加の速度に着目してみよう。紀元前後の総人口として推計される2.6億人が約2倍の5億人になるまでおよそ1600年を要している。ところが以後、倍になるまでに要する時間は急激に短くなっていくことが分かる。1930年ごろからは「**人口爆発**」が起こり、約45年で人口は倍になった。

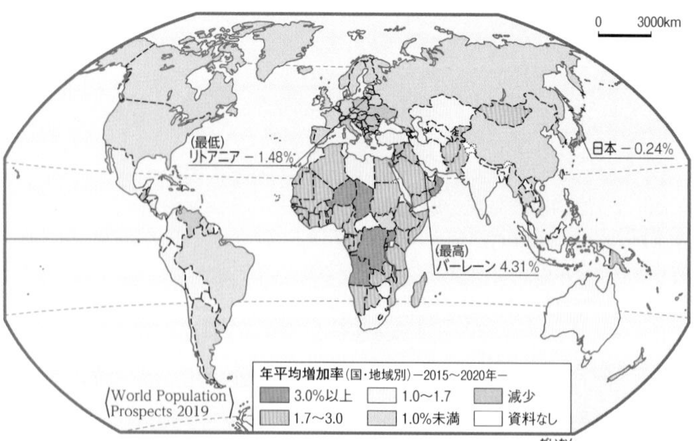

⬆2 **世界の人口増加率** 人口増加率の高低を比べながら世界を概観すると、増加率の高い国がアフリカから西アジアに多く広がっていることが分かる。一方、日本やヨーロッパの国々は青く塗られ、人口が減少している国が多いことが見てとれる。そして、図1における1920年と2019年の日本の年齢別人口構成を比べてみると、若年層の人口比率が低くなったことが一目で分かる。

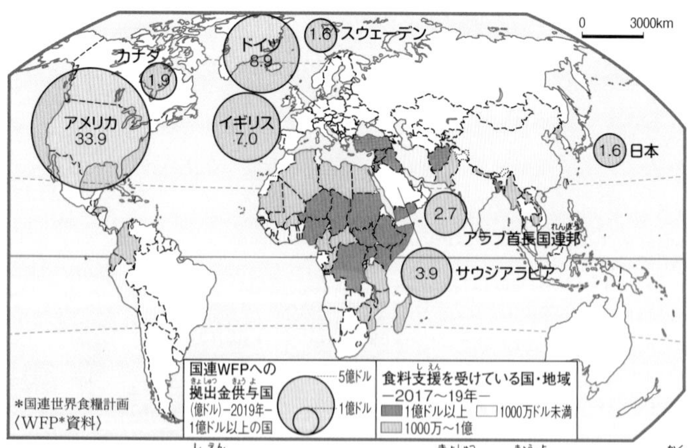

⬆3 **国連による食料支援を受けている国・地域** 拠出金を供与している国を確認すると、いずれも経済発展が進んでいる国であることに気づく。一方、食料支援を多く受けている国を確認すると、アフリカから西アジアにかけて広がっており、図2で見た人口増加率が高い国と一致する。これらの国々への援助に日本も貢献していることが分かる。

世界の人口は、20世紀以降に急増し、現在は途上国を中心に爆発的に増加している。一方で、人口を支える食料の供給には、世界で偏りがあるという課題がある。他方、人口増加とグローバル化の進展は、資源・エネルギーの大量消費も加速させ、地球規模での環境破壊が問題となっている。化石燃料に頼るエネルギー消費の増加や、食料を生産するための森林伐採・耕地拡大によって、地球温暖化の進行が加速する恐れがある。このような地球規模の課題に対しては、国連や国際会議がその解決に向けて重要な役割を担っている。2015年の国連サミットでは、「**持続可能な開発目標(SDGs)**」が国際目標として示され、私たちは解決に向け取り組んでいかなければならない。

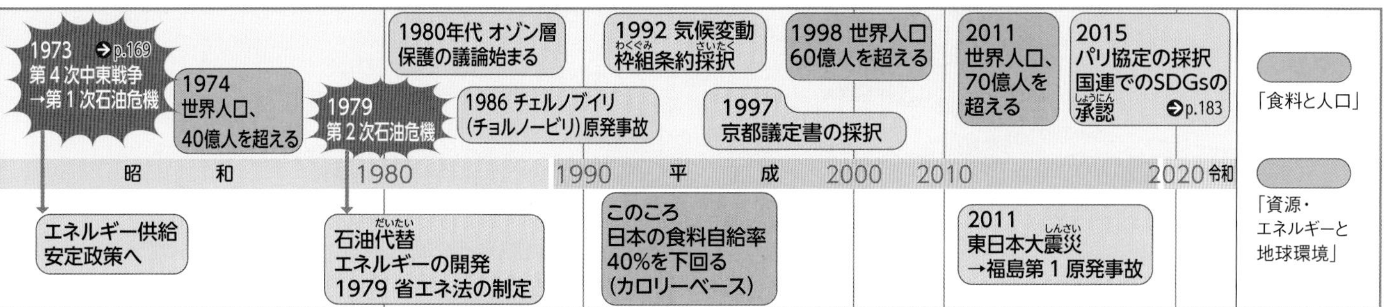

2 “資源・エネルギーと地球環境”の日本と世界の様子を考察しよう

世界の動き

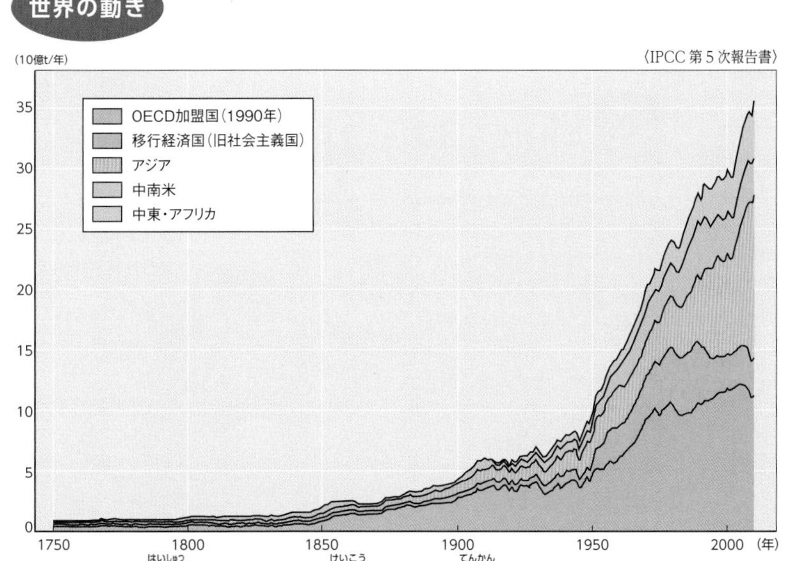

⬆4 世界のCO_2排出量の推移　増加の傾向が変化する転換点に着目してみよう。1850年ごろから「先進国」であるOECD加盟国でのCO_2排出量が増加しはじめ、1900年を過ぎるとアジアなどで増加が始まる。1950年からは世界全体で急増することが分かる。また、図1と比べると、グラフが増える時期や全体の形も同じようになっている。このことから人口増加とCO_2排出量には関係があることがうかがえる。

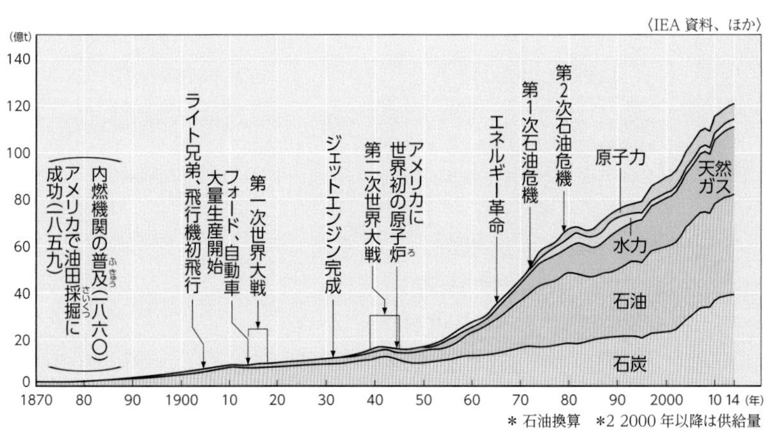

⬆5 世界のエネルギー消費の移り変わり　図1と図4の共通点を探してみると、グラフの動きが同様であることに気づく。そこでCO_2排出量が急激に増加した原因を考えるとき、この資料からは石炭に加え、1950年ごろから石油と天然ガスの利活用が増えたことが見てとれる。

日本の動き

⬆6 四日市公害で移転する四日市市立塩浜中学校(1968年)　木造校舎から運び出された荷物が、引っ越し用のトラックに積み込まれていることが見てとれる。校舎のすぐそばには煤煙を排出する四日市コンビナートの一部が見える。周辺ではぜんそく患者が多発した。

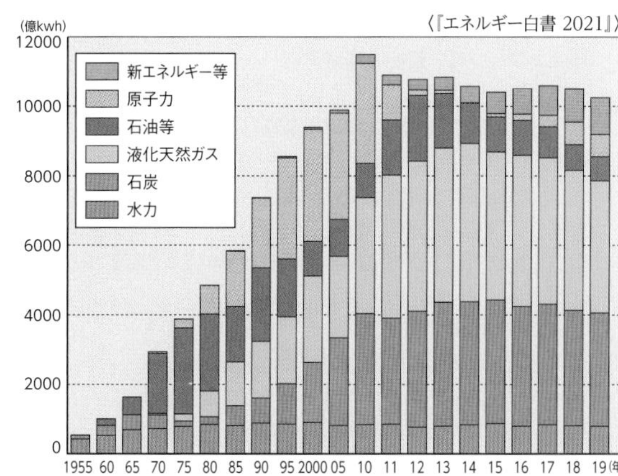

⬆7 日本のエネルギー・発電の供給量割合　推移に着目すると、上昇を続けていた総エネルギー量が2011年以降は横ばいになっており、省エネへの努力が明らかである。この変化を項目でも見てみると、原子力から太陽光などの新エネルギーへと転換していることが分かる。

冷戦と核開発・宇宙開発 ——最先端技術での米ソ対立

HISTORY TOURS ヒストリーツアーズ

止まらない追いかけ合い！

↑**1 軍備拡張競争の風刺画**（西ドイツ 1981年）

史料で深める G

➡**2 核弾頭総保有数の変化** 米ソは冷戦のなかで核兵器や大陸間弾道ミサイル(ICBM)を大量に製造した。**キューバ危機**などで核戦争の脅威は急速に増し、核軍縮がたびたび提言されたが、実際にはなかなか進まなかった。

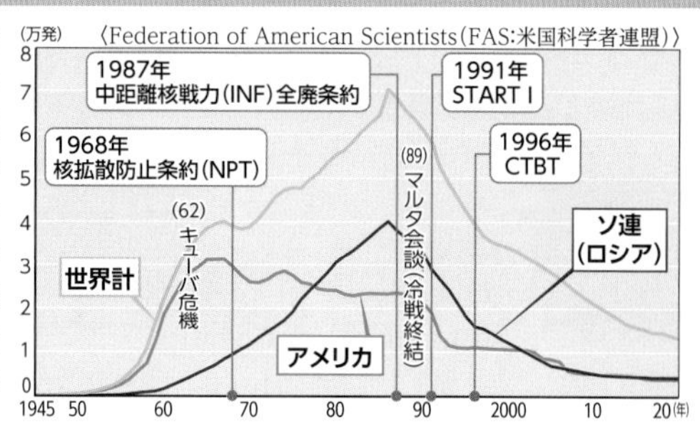

チェック1 図1に描かれている米ソは、何について競争をしているのだろうか。
①ミサイルなど軍備の拡張 ②貿易額の合計金額

チェック2 右下で倒れている人は何をしようとしているのだろうか。
①追いかけ合いを応援している ②追いかけ合いを止めようとしている

チェック3 米ソはなぜ、図1のような状態になっているのだろうか。
①自分だけ核開発をやめると、相手より戦力で劣ってしまうから
②相手より強い核兵器を開発すると、他国に高く売れるから

チェック

1 軍備拡張競争と核兵器の恐怖

⬅**3 ビキニ環礁での水爆実験** 1954年の3月には広島に落とされた**原子爆弾**➲p.150の1000倍の威力をもつ水爆の実用実験が行われた。この実験の際に周辺の海域で操業していた日本の漁船「第五福竜丸」が「死の灰」を浴び、乗組員が死亡した。この事件を契機に日本では核軍備の縮小を訴える活動が始まった。

核開発と軍備管理の歴史

■：核軍縮への動き ○：このころ

1945. 8	広島と長崎に原子爆弾(原爆)投下 ➲p.150
49. 9	ソ連、最初の原爆実験
52.10	イギリス、最初の原爆実験
53. 8	ソ連、水爆保有宣言
54. 3	アメリカ、水爆実験(ビキニ環礁)→第五福竜丸事件
55. 7	ラッセル=アインシュタイン宣言(核廃絶を訴える)
. 8	日本、第1回原水爆禁止世界大会開催(広島)
57. 7	パグウォッシュ会議(核に関する科学者会議、以降定期開催) 国際原子力機関(IAEA)発足 ○ソ連、大陸間弾道弾(ICBM)開発
57	ソ連、スプートニク1号(10月)、2号(11月)打ち上げ
60. 2	フランス、最初の原爆実験
62.10	キューバ危機
63. 8	部分的核実験禁止条約(PTBT)調印
64.10	中国、最初の原爆実験
68. 7	核拡散防止条約(NPT)調印
. 8	フランス、水爆実験
72. 5	米ソ、第1次戦略兵器制限交渉(SALT I)調印
74. 5	インド、最初の核実験
79. 6	米ソ、SALT II調印
87.12	米ソ、中距離核戦力(INF)全廃条約調印
89.12	米ソ首脳、マルタ会談で冷戦終結を確認➲p.175
91. 7	第1次戦略兵器削減条約(START I)調印
93. 1	START II調印(ブッシュ(父)・エリツィン両大統領)
96. 9	包括的核実験禁止条約(CTBT)採択
2006	北朝鮮、核実験実施を発表
10. 4	米ロ、新核軍縮条約(新START)調印
18.10	米、INF全廃条約破棄を表明→19年に条約失効

終末時計（地球の破滅までの残り時間）

1949	0:03 CAUTION
1953	0:02 CAUTION
1969	0:10 CAUTION
1984	0:03 CAUTION
1991	0:17 CAUTION
2021	100秒 CAUTION

世界の中の日本 水爆実験が人々の心に与えた影響

原水爆開発に批判の声が上がり始めるなか、日本の映画人たちは水爆実験で目覚めたという設定の怪獣ゴジラをつくり出す。東京を襲い放射熱線を発するゴジラと、それに立ち向かう防衛隊。映画からは、人類の科学が目覚めさせてしまったゴジラを近代兵器で倒そうとする人間の愚かさ、そして核兵器開発競争への警鐘が感じられる。このほかにも、冷戦期の日本のアニメや漫画には、『風の谷のナウシカ』『北斗の拳』など核兵器の脅威や核戦争後を思わせる荒廃した世界を描くものが多い。

➡**4 映画「ゴジラ」のポスター**（1954年）〈© TOHO CO., LTD.〉

核拡散防止条約(NPT)		包括的核実験禁止条約(CTBT)
・核保有国(米ソ英仏中)が他国へ核兵器を譲渡することを禁止 ・非核保有国の核兵器製造と取得を禁止	内容	・宇宙空間、大気圏内、水中、地下を含むあらゆる空間での核兵器の爆発実験を禁止
・2021年現在 191の国・地域が加盟 ・インド、パキスタン、イスラエルなど不参加 ・2003年に北朝鮮が脱退	加盟国	・2021年現在185か国署名、170か国批准 ・アメリカ、中国など5か国未批准 ・北朝鮮、インド、パキスタンなど未署名
NPT-CTBT体制の問題点		
・軍事管理が前提で、核兵器廃絶を目指したものではない ・コンピューター=シミュレーションや臨界前核実験は禁止されていない ・核兵器を保有する5か国のみが核開発を独占できる		

↑**5 核拡散防止条約(NPT)と包括的核実験禁止条約(CTBT)** それぞれ、核兵器を管理し核軍備を縮小しようとする条約である。しかしNPTでは米ソ英仏中の5か国だけが核保有と開発ができることに批判が起こり、CTBTでは米中などが批准せず、1998年には非保有国であったインドやパキスタンでの核実験の成功や、北朝鮮が核実験を繰り返していることなどの問題が起こっている。また1987年に米ソで結ばれた中距離核戦力(INF)全廃条約は米が2018年に離脱を表明し、2019年に失効した。

20世紀後半 ←18
ヨーロッパ ←152 →164
アメリカ ←154 →168

2 キューバ危機 ～核戦争前夜のせめぎ合い

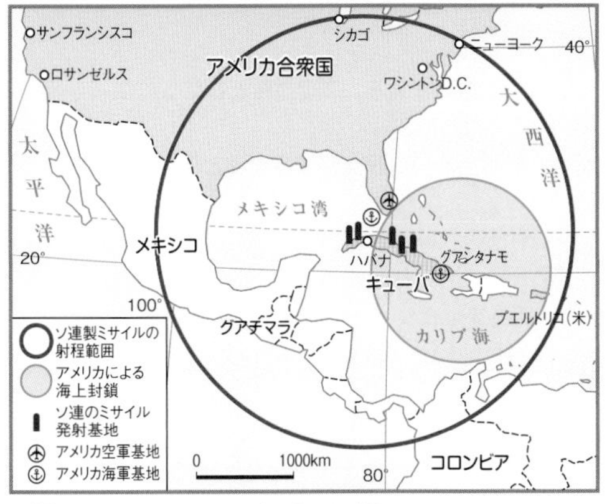

⬆7 アメリカとキューバの位置関係

⬆6 キューバのミサイル基地 革命で社会主義国となったキューバはソ連と協定を結び、1962年にソ連主導でミサイル基地が建設された。この基地はワシントンやニューヨークを射程範囲に収めていたことから、アメリカにとって非常に脅威となった。アメリカはキューバの海上封鎖を行い、米ソが衝突寸前の状態となった(**キューバ危機**)が、ソ連のフルシチョフが譲歩し、ケネディがキューバへ侵攻しないことを確約したことでミサイルが撤去された。こうして、核戦争の勃発は回避された。

MORE アインシュタインと核の廃止

1905年に特殊相対性理論を発表し、古典的物理学の常識を打ち破ったドイツのユダヤ人アインシュタインは、ナチスの迫害➔p.151から逃れるため1933年にアメリカに移住した。彼は1939年、ナチスの科学者が**原子爆弾**を開発することを恐れ、アメリカが先に開発することを大統領に進言する書簡に署名した。この書簡が、アメリカでの原子爆弾開発へとつながっていった。しかし彼は、広島への原子爆弾の投下に衝撃を受け、「われわれは戦いに勝利したが、平和まで勝ち取ったわけではない」と演説し、戦後は一貫して核兵器禁止運動に取り組んだ。1955年に科学者たちと署名したラッセル=アインシュタイン宣言は、世界的な核軍縮運動のきっかけの一つとなった。

➡8 アインシュタイン(1879～1955)

● ラッセル=アインシュタイン宣言

私たちは、将来起こり得るいかなる世界戦争においても核兵器は必ず使用されるであろうという事実、そして、そのような兵器が人類の存続を脅かしているという事実に鑑み、世界の諸政府に対し、世界戦争によっては自分たちの目的を遂げることはできないと認識し、それを公に認めることを強く要請する。また、それゆえに私たちは、世界の諸政府に対し、彼らの間のあらゆる紛争問題の解決のために平和的な手段を見いだすことを強く要請する。

〈日本パグウォッシュ会議訳「新和訳ラッセル=アインシュタイン宣言」〉

3 宇宙開発競争 ～冷戦のもう一つの舞台

⬆9 人類初の有人宇宙飛行を行ったソ連のガガーリン ソ連では1957年に世界初の人工衛星「スプートニク1号」の打ち上げに成功し、1961年にはガガーリン少佐が初の有人宇宙飛行を行った。これらのニュースはアメリカに大きな衝撃を与え、宇宙開発の技術はミサイルなど軍事への転用が可能なこともあり、米ソは宇宙開発競争も激化させた。

⬆10 アメリカのアポロ11号による月面着陸 ソ連のスプートニク1号打ち上げ成功(1957年)に「スプートニク=ショック」を受けたアメリカは、科学技術での優位性を取り戻そうと積極的に宇宙開発技術の研究を進めた。1969年に打ち上げたアポロ11号は月面着陸を達成、ソ連に先駆けて月に人類を送り込むことに成功した。

米・ソの宇宙開発競争

青字：アメリカの動き

1957.10	ソ連、世界初の人工衛星打ち上げ(スプートニク1号)
57.11	ソ連、世界初の地球周回軌道への犬の打ち上げ(スプートニク2号)
58. 1	アメリカ、初の人工衛星打ち上げ(エクスプローラー1号)
59. 9	ソ連、人類初の探査機月面到達(ルナ2号)
61. 4	ソ連、世界初の有人宇宙飛行(ヴォストーク1号)
65. 3	ソ連、人類初の宇宙遊泳(ヴォストーク2号)
69. 7	アメリカ、人類初の月面着陸(アポロ11号)
71. 4	ソ連、世界初の宇宙ステーションを完成させる(サリュート1号)
75. 7	初の米ソ合同ミッション(アポロ・ソユーズテスト計画)

世界の中の日本

宇宙開発と日本人

米ソの宇宙開発のニュースは続々と日本に伝わり、人々は宇宙への憧れを抱いた。アポロ11号の月面着陸の様子は衛星中継で放送され、街頭テレビで見守る人も多く、日本での視聴率は50%を超えたといわれる。またこの時に持ち帰られた「月の石」は1970年の大阪万博で展示され、多くの観客を集めた。日本も研究や商業用を中心に宇宙開発を進め、人工衛星の打ち上げや惑星探査などで成果を上げている。

⬇11 月面着陸の衛星中継を見守る人々(東京 1969年)

開発・保全の観点から振り返ろう！　(　)内の正しい方に○をつけよう！

米ソの軍備拡張競争は世界に核戦争の危機をもたらしたが、代替エネルギーとしての原子力の平和利用やアポロ計画などの(軍艦建造・宇宙開発)にも大きな役割を果たした。一方(水爆・ロケット)実験が行われたビキニ環礁やミサイル基地建設などの自然破壊や核廃棄物の問題、宇宙ゴミ問題など、各国の協調や環境維持が課題である。

日本と西ヨーロッパの復興 ——国際協調と経済発展

20世紀後半 ←18
日本 ←154 →170
ヨーロッパ ←162 →168

HISTORY TOURS ヒストリーツアーズ

今後成長する産業はこれだ!

—月ロケット、マンモス・タンカーから自動車、テレビ、洗濯機まで……
Aこそ、人々の福祉と経済の発展をおし進める原動力!!

⬅1 「A」産業の成長を予想して、関連企業の株を買うよう勧める広告(1959年)

(兆円) 4 3 2 1 0 / (万t) 12000 9000 6000 3000 0
「A」の生産量
「A」の輸出額
1955 60 65 70 75 80 85(年)
〈総務省統計局『新版日本長期統計総覧』、ほか〉

⬆2 日本の「A」の生産量と輸出額

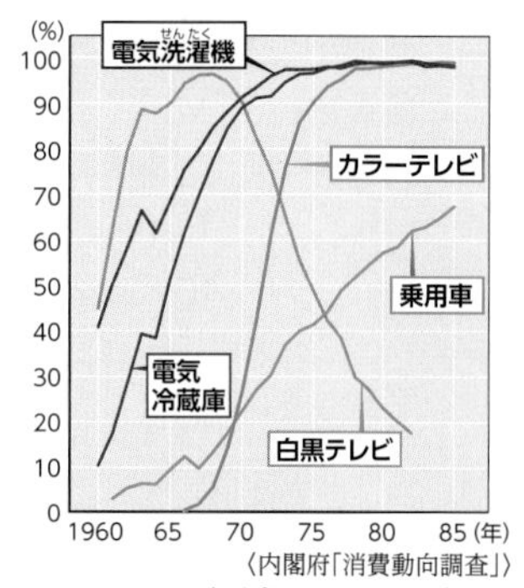

〈内閣府「消費動向調査」〉

⬆3 日本での耐久消費財の普及率

チェック1 図1と図2の「A」には同じ単語が入る。次のうちどれだろうか。
①石炭 ②石油 ③鉄 ④アルミ

チェック2 図1の広告の作者は、なぜ今後「A」産業が成長すると予想しているのだろうか。
①海外で、ロケットや家電の素材として「A」が使われているから
②当時の日本人が車を動かすためには、「A」が必要だったから

チェック3 図1の、「A」産業が成長するという1959年の予想は、その後当たったのだろうか。図2と図3から考えてみよう。

チェック

1 日本の国際社会復帰

冷戦と国際関係 テーマで結ぶ世界 日本の国際社会復帰と冷戦はどのような関係にあったのだろう。➲p.152~153、156

1955年~60年代前半の日本の動き

○:このころ

1955 **55年体制の始まり**

自由民主党 ↔	日本社会党
改憲派軍備の合法化を目指す安保を推進	護憲派 自衛隊の廃止を主張 安保には反対

55年体制とは:約3分の2の議席を占め政権を握る自由民主党と、憲法改正を阻止するのに必要な3分の1の議席を確保する日本社会党の2大政党が議会で対立する保守一党が優位な政治体制のこと。1993年まで政権交代することなく、安定した経済成長を推進したことは日本の成長につながった。

56 **日ソ共同宣言**
日ソ間の戦争状態を終了、日本の国連加盟を支持
↓
日本、国際連合に加盟

○ 高度経済成長期

60 「所得倍増」政策の始まり
新安保条約の調印
安保改定により、戦争に巻き込まれる危険が増すとして、再軍備反対・非武装中立を唱えて安保闘争が起こる

64 **東海道新幹線(東京-新大阪)開通**
東京オリンピック開催 ➲p.170
(10月10日、のちに「スポーツの日」となる)

65 **日韓基本条約調印** ➲p.171

A 国際連合への加盟

⬆4 **日ソ共同宣言の調印** 外交路線の転換を図ったフルシチョフの提案で日ソ交渉が始まり、1956年に**日ソ共同宣言** 別冊史料55 が調印された。これにより、日本の**国際連合**➲p.152加盟に社会主義国が反対しなくなり、同12月に日本は**国連加盟**を果たした。

150° カムチャツカ半島
0 200km
樺太・千島交換条約の国境 (1875年)
50°
サンフランシスコ平和条約で放棄 (1951年)
千島列島
日露通好(和親)条約の国境(1854年)
ウルップ島(得撫)
140°
択捉島
国後島
色丹島
北海道
歯舞群島
日ソ共同宣言で、平和条約締結後に日本に返還することに同意 (1956年)

⬆5 **北方領土** 北方の4島への意見が両国で完全に一致しないまま国交が回復し、現在に至る。

B 日米安全保障条約の改定 別冊史料56

⬆6 **新安保条約の調印**(1960年1月19日) 正式名称は「日米相互協力及び安全保障条約」。安保条約➲p.155にはなかった集団的自衛権に言及し、日本が武力攻撃された際には日米で共同防衛にあたることや条約期限が明記され、在日米軍による軍事行動は事前協議することも約されるなど対等な内容であった。一方で、別途定められた日米地位協定により、米軍への基地提供は続くことになった。

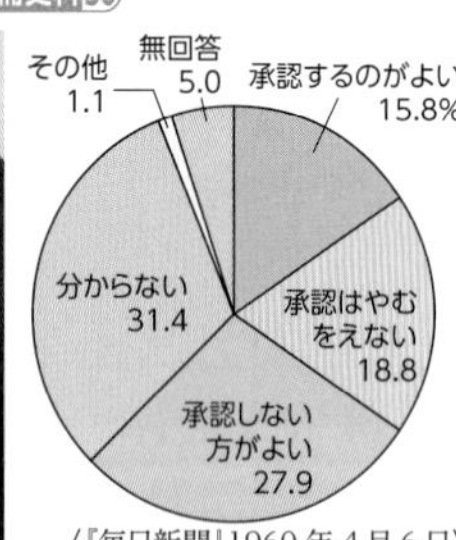

〈『毎日新聞』1960年4月6日〉

⬆7 **新安保条約に関する世論調査の結果** 条約締結によってアメリカの極東紛争に巻き込まれることを危険視し、反対意見を述べる人々も数多くいたが、割合としては27.9%にとどまっている。

⬆8 **安保闘争で国会に押し寄せる人々**(1960年6月15日) 岸信介首相は新安保条約の批准を、衆議院で自由民主党単独で採決した。これに日本社会党と日本共産党は猛反発し、労働者や学生たちによる反対デモが激化した(**安保闘争**)。6月15日には全学連デモ隊が国会に入り、警官隊との衝突で死者も出るなか、新安保条約は成立した。

2 日本の経済復興

⬅9 **日本の経済復興の象徴「スバル360」** 朝鮮特需➔p.19で復興の糸口をつかんだ日本は、その後「もはや戦後ではない」と『経済白書』に書かれる 別冊史料57 までの復興を遂げた。戦前の航空機技術を生かして軽量化した「スバル360」は民衆の心をつかみ、1960年代の大衆車としての地位を得ていった。

⬅11 **集団就職** 池田勇人内閣の「所得倍増計画」の下、日本は**高度経済成長**を果たす➔p.170。これを支えたのは、「金の卵」とよばれた地方の中学校・高校を卒業した若者たちであった。彼らの多くは農村部の次男以降で、地方公共団体の斡旋をうけて都市部の工場や商店に集団で就職した。日本経済が豊かになり、進学率が上昇すると、集団就職は消滅していった。

MORE 西ドイツの経済復興

⬆10 **西ドイツの経済復興の象徴「ビートル」**

フォルクスワーゲン社は、ヒトラー政権下➔p.141で国民車をつくる工場として成立した。大戦中は軍需工場に転化されたが、ドイツ敗戦後に連合国軍の管理下で、自動車工場として再出発した。1949年にアメリカへ輸出を開始し、優れた品質で輸入車の頂点へと上りつめ、西ドイツは「経済の奇跡」とよばれる経済復興を遂げた。

MORE 大衆消費社会の到来

＊もとは歴代の天皇に伝わる鏡・勾玉・剣のことを指す。

神武景気に続き1958年に岩戸景気が始まると、「三種の神器＊」とよばれた家庭用電気機器が急速に全国に普及した。特に、東京タワーの竣工や皇太子の婚姻報道に沸く日本では、白黒テレビが爆発的に売れた。さらに1960年代の高度経済成長は日本に大衆消費社会を生み、「新・三種の神器」➔p.170をそろえることが中流階級のステータスとなった。

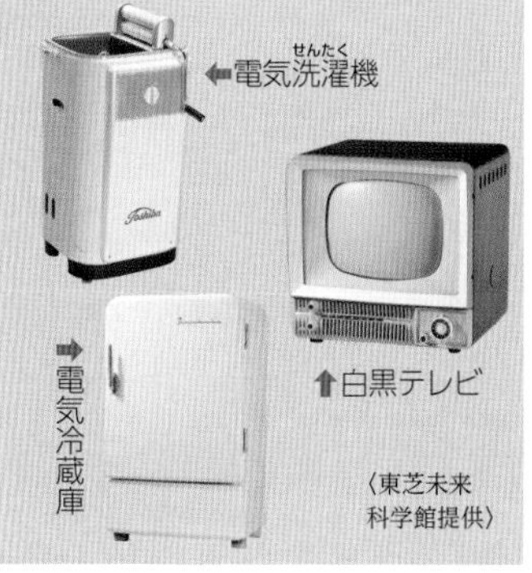

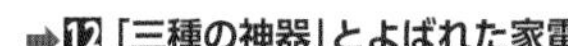

➡12 **「三種の神器」とよばれた家電**

3 西ヨーロッパ戦後体制の再編

戦後のヨーロッパ諸国の動き

	イギリス	フランス	ドイツ（西ドイツ）
東西陣営形成	㊫**アトリー**（1945〜51）	1946 **第四共和政**（〜58） **インドシナ戦争**（〜54）	1945 ドイツ降伏、 **4か国分割管理** ➔p.153
	1947 **マーシャル=プラン提案** →48.3 西欧連合条約調印		
	1949 アイルランド共和国成立		48 **ベルリン封鎖**（〜49）
	1949 **北大西洋条約機構（NATO）** 成立 米・英・仏・伊など12か国		49 **西ドイツ成立**
復興期	㊮**チャーチル**（1951〜55） 52 核兵器保有 56 スエズに派兵（英仏） ➔p.181	58 **第五共和政**	**アデナウアー**（1949〜63） ・経済復興に成功 54 パリ協定→主権回復（55） 55 **NATO加盟** ソ連と国交回復
体制の動揺と新秩序の形成		**ド=ゴール**（1959〜69） 60 **核兵器保有** 62 **アルジェリア独立** 64 中華人民共和国承認 66 **NATO軍事機構脱退**	1958 **EEC発足** 61 東ドイツ、「ベルリンの壁」を建設
	68 スエズ以東より撤兵 69 北アイルランド紛争	1967 **EC発足**	**ブラント**（1969〜74） ・東方外交推進
		1971 **ドルショック**	
	73 EC加盟		73 東西ドイツ、国連に加盟
	1973 **石油危機（オイルショック）**		
	1975 **主要国首脳会議**（第1回サミット、仏・米・西独・日・伊・英）		
	㊮**サッチャー**（1979〜90） ・緊縮財政と国有企業の民営化 82 フォークランド戦争 84 香港返還協定（97 返還） 85 北アイルランド協定	**ミッテラン**（1981〜95） ・左翼連合政権 1993 **EU発足** ➔p.175	**コール**（1982〜98） ・ドイツ統一を推し進める 89 「ベルリンの壁」開放 1990 **東西ドイツ統一**
グローバル化	㊫**ブレア**（1997〜2007） 98 アイルランドと和平合意 ㊮**ジョンソン**（2019〜22） 2020 EU離脱	**シラク**（1995〜2007） 95 核実験強行 **マクロン**（2017〜 ）	**メルケル**（2005〜21） **ショルツ**（2021〜 ）

㊫：労働党 ㊮：保守党　イギリスと西ドイツは首相名。フランスは大統領名。数字は任期。

➡13 **ワルシャワ=ゲットー跡で祈る西ドイツのブラント首相**（1970年） ブラントは東側諸国との関係改善を目指す東方外交を推進した。その一環で、過去にユダヤ人が虐殺➔p.151されたこの地を訪れ、ひざまずいて祈りをささげた。これはソ連や東側諸国との関係改善につながり、東西ドイツの国連加盟が遂げられた。

➡14 **ヨーロッパ経済共同体（EEC）発足** EECは、1958年に6か国によって発足した、経済的な国境を取り払うための国際機関である。米ソに対抗する経済力をもつためには西ヨーロッパ市場の統合が必要、というEECの考えは、1967年にヨーロッパ共同体（EC）へと発展した。

統合・分化の観点から振り返ろう！

（ ）内の正しい方に○をつけよう！

日本は、日ソ共同宣言をきっかけに（国際連合・EC）への加盟を遂げ、新安保条約にて（アメリカ・ソ連）との同盟関係を強化した。そうしたなか、急速に経済復興が進められた。一方ヨーロッパでは、東西ドイツが国連に加盟すると共に、米ソに経済力で対抗するために西ヨーロッパ市場の（統合・分化）が目指された。

多極化する世界 ——「第三勢力」の登場

ヒストリーツアーズ

独立に沸くアジア・アフリカ

←1 分離独立の表明 インド帝国では、ヒンドゥー教徒が多数を占め、ネルーらが率いる国民会議派とムスリム中心のジンナーが率いる全インド=ムスリム連盟が対立した。両派は1947年、インドとパキスタンに分離して独立した。➲p.133

→2 ガーナの独立 1957年、ガーナはサハラ以南のアフリカで初めて独立を宣言した。首相となったエンクルマは共和政を推進し、のちに初代大統領としてギニアとアフリカ諸国連合の樹立を進めたため、アフリカ独立運動の父とよばれた。

史料で深める H

チェック1 インド・パキスタン・ガーナは同じ国から独立したが、その国とはどこだろうか。
①フランス ②ドイツ ③イギリス ④ソ連

チェック2 図3で国際連合の加盟国数が大きく変化しているのはなぜだろうか。
①植民地が宗主国から独立したから ②加盟費が大幅に引き下げられたから

チェック3 国際連合では平等に一国一票の投票権をもつが、加盟国が増えると会議にどのような影響があるだろうか。
①大国が主張を通しやすくなる ②小さな国も発言力をもつことができる

↑3 国際連合の加盟国数の変化

1 第三勢力の形成

多様な人々の共存 テーマで結ぶ世界 世界人権宣言は平和十原則にどのような影響を与えたのだろう。➲p.159

↓4 ネルーと周恩来の会談(1954年) 米ソどちらの陣営にもくみしない**第三勢力**の形成を目指すインドは、中国と接近して両国間の方針を示した**平和五原則**を発表した。

別冊史料58

●平和五原則【要約】(1954年)

(1)領土・主権の相互尊重
(2)相互不可侵
(3)相互の内政不干渉
(4)平等互恵
(5)平和的共存

〈周・ネルー共同声明より〉

↓5 第二次世界大戦後のアジア諸国の独立➲p.155

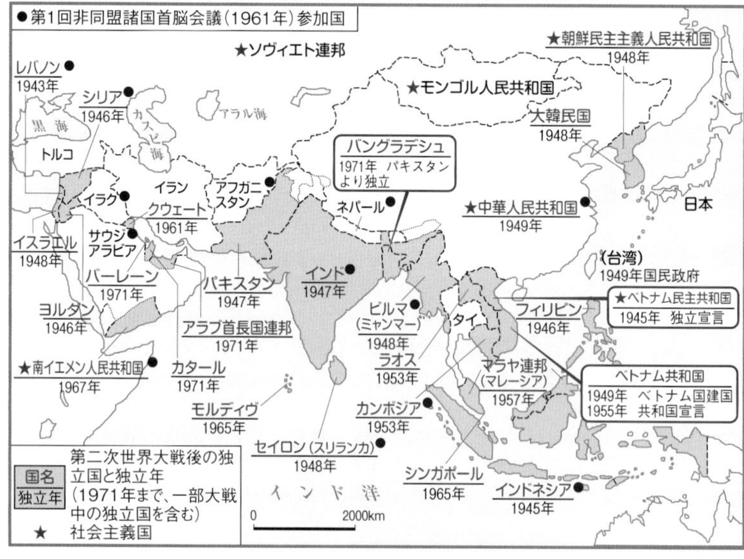

↑6 第1回アジア-アフリカ会議(バンドン会議) 1955年、ネルーや周恩来の呼びかけにより新規に独立したアジア、アフリカ諸国の首脳が集まり、平和五原則を発展させた平和十原則を採択した。日本も、アジアとの経済関係の再構築やアフリカ諸国への経済協力を行うために参加した。

別冊史料59

●平和十原則(バンドン精神)【要約】

(1)基本的人権と国連憲章の尊重
(2)すべての国家の主権と領土の尊重
(3)すべての人種および国家の平等の承認
(4)他国の内政への不干渉
(5)国連憲章に合致する諸国家の個別・集団的自衛権の尊重
(6)大国の特定の利益のために集団防衛の取り決めを利用しないこと
(7)武力侵略の否定
(8)国際紛争の平和的手段による解決
(9)相互の利益と協力の増進
(10)正義と国際義務の尊重

↑7 第1回非同盟諸国首脳会議 1961年、ユーゴスラヴィアのティトー➲p.175の呼びかけで25か国の首脳が集まって開催された。参加国は冷戦のなかで非同盟主義を掲げて**第三勢力**の立場を主張し、新たな世界平和の方向性を示した。

20世紀後半 ←18
東アジア ←154 →168
南・東南アジア ←150 →176
西アジア・アフリカ ←138 →168

2 アフリカの独立の光と影

⬇8 アフリカの独立　海外植民地をもつヨーロッパ諸国は、東南アジアでの戦争➲p.148を経験したことで遠隔地を直接統治することの難しさを感じた。そのため、アフリカの植民地には独立を認め、統治時代の関係を生かした貿易を行うことで経済的利益を得る方針が主流となった。1951年のリビアを皮切りに、1956年のスーダン・モロッコ・チュニジア、1957年のガーナと独立は加速し、1960年には17か国が独立したので「**アフリカの年**」とよばれた。

*2011年、スーダンより分離・独立

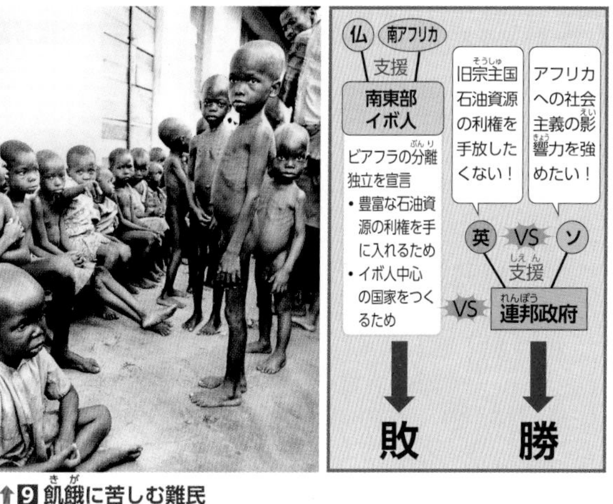

⬆9 飢餓に苦しむ難民

⬅10 ナイジェリア内戦　英からの独立後、ナイジェリア東部のビアフラでは石油が発見され、工業化が進んで独立を宣言した。連邦政府が攻撃を始めると、石油の利権やアフリカへの影響力を求める諸外国が介入し、食料や弾薬の供給を遮断したため、ビアフラは飢餓に苦しみ、多数の難民を出した。

MORE 独立後のアフリカの課題と取り組み

貿易相手国の赤字は旧宗主国

国名	年次	輸出品目（第1位）	貿易相手国（第1位）
ガーナ	1960年	カカオ（63.3%）	**イギリス（31.3%）**
	2019年	金（37.0%）	中国（16.7%）
ナイジェリア	1960年	カカオ（21.7%）	**イギリス（47.6%）**
	2019年	原油（76.5%）	インド（15.4%）
モロッコ	1960年	りん鉱石（23.4%）	**フランス（40.3%）**
	2019年	機械（19.7%）	スペイン（24.1%）

〈国連貿易統計、ほか〉

⬆11 アフリカの輸出の現状

アフリカの国境線は、植民地時代に西欧諸国によって民族分布などを考慮せず引かれた人為的なもので、今でも民族紛争の一因となっている➲p.180。またアフリカ諸国は、植民地時代に国内の生産や輸出が特定の品目に限られる**モノカルチャー経済**を強制された影響で、独立後も輸出の多くを旧宗主国に頼っていた。この状況からの脱却を図るため、2002年にアフリカ連合（AU）が結成されて地域統合が進められた。現在は輸出先の多様化や新たな産業の開発、工業化など、さまざまな取り組みが行われている。

3 中国の挑戦と混乱

大躍進政策

高度経済成長を目指した毛沢東は、1958年から**大躍進政策**を開始し、鉄鋼の増産や、**人民公社**の設立による農業の集団化を進めた。

しかし…

急激な改革により経済は混乱し、さらに自然災害が重なって2000万人もの餓死者を出すなど政策は失敗に終わり、毛沢東は一時的に実権を失った。

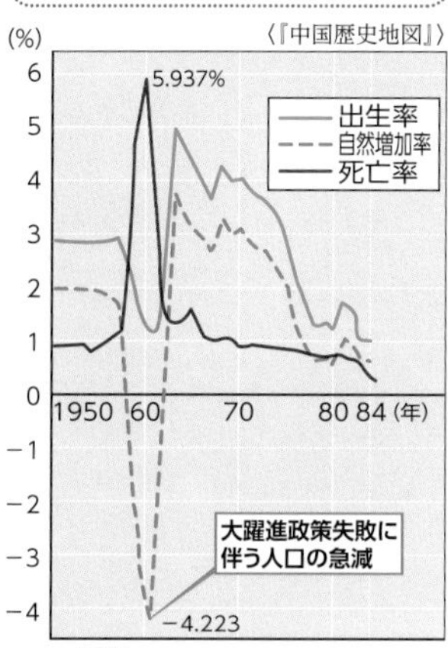

⬆12 四川省の人口増減

⬆13 人民公社を宣伝するポスター　毛沢東が1958年に始めた**大躍進政策**のなかで、中国における共産主義の基礎単位として人民公社が建設された。一郷一社の規模を基本に、生産力を高めるため農民を集約したものであったが、実際は悪平等主義が広がり、食料を食べるだけで働かない人民を多く生み出し、資材を浪費して生産力も上がらなかったため、大躍進政策が失敗する要因となった。

⬅14 雀狩り　大躍進政策初期には雀、蚊、ハエ、ねずみの「四害」を絶滅させる運動が行われた。雀を極度に減らした結果、中国では生態系のバランスが崩れてバッタが大量に発生し、大飢饉が起こった。

⬅15 鉄鋼生産のための土法炉　「15年後にはイギリスを追い越す」ことを目標に、多くの土法炉（原始的な溶鉱炉）がつくられた。しかし専門知識をもたない人々が生産した鉄の大半は使い物にならなかった。

平等・格差の観点から振り返ろう！

（　）内の正しい方に○をつけよう！

アジアやアフリカでは（植民地・開拓地）の独立が進み、独立国として平等な地位を得たが、宗教的な対立や資源をめぐる利権争い、さらには（モノカルチャー・自由主義）経済からの脱却といった問題があり、これらの解決と各国間の格差の解消が世界的な課題となっている。

東西陣営の変動 ——歩み寄りと対立の繰り返し

史料で深める

ヒストリーツアーズ 衝撃！アメリカ大統領が訪問した「A国」とは!?

←1 ニクソン米大統領と出迎えに来た周恩来首相（1972年2月） アメリカはベトナムの後ろ盾である「A国」との関係改善を図り、キッシンジャー大統領補佐官がひそかに動いた。1971年7月、大統領自身が突然「A国」訪問を発表し、世界中が驚いた。日本も、ニクソン訪問の決定が頭越しに行われたことに仰天した。

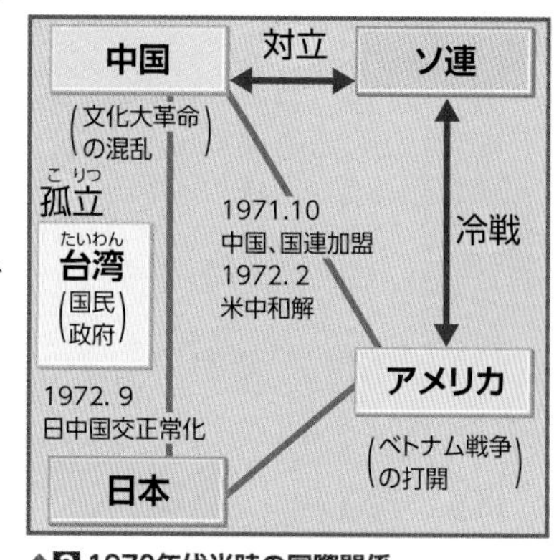

↑2 1970年代当時の国際関係

チェック1 ニクソン大統領が訪れた「A国」とはどこだろうか。
①日本 ②中華人民共和国 ③台湾

チェック2 ニクソン訪問時、「A国」とソ連はどのような関係だっただろうか。図2も見ながら考えてみよう。
①激しく対立していた ②強固な協力関係にあった

チェック3 ニクソンはなぜ「A国」を訪問したのだろうか。理由を2つ選ぼう。
①ソ連に対抗するため ②パンダが欲しかったため
③ベトナム戦争を終わらせたかったため

1 「雪どけ*」とその波紋

*ソ連の小説『雪どけ』にちなんで、スターリン死後の自由化の雰囲気をこうよぶ。

ソ連の平和共存路線

ブルガーニン(ソ連)　フォール(仏)　アイゼンハウアー(米)　イーデン(英)

↑3 ジュネーヴ4巨頭会談(1955年) 米・英・仏とソ連の4か国の首脳が初めて直接話し合いをする場を設けたことで、第二次世界大戦後の東西の緊張状態(冷戦)➔p.153が、一時緩和した。

スターリン批判

スターリン➔p.128の死から3年後の1956年、共産党第一書記フルシチョフは、「反対派は人民の敵」としてスターリンが大量粛清を行った実態を公表し、世界に衝撃を与えた。

別冊史料60

スターリンは「人民の敵」という観念を思いついた。
➔p.156

←4 フルシチョフ(1894~1971)

社会主義体制への批判の高まり

↑5 短かった「プラハの春」(1968年) チェコスロヴァキアの共産党第一書記ドプチェクが「プラハの春」とよばれる自由化路線を打ち出すと、民衆は民主化を求める運動を起こしたが、ワルシャワ条約機構軍によって運動は弾圧された。

中国…中ソ対立

↑6 珍宝(ダマンスキー)島の領有をめぐる中ソの対立 アメリカに対し強硬策をとる中国は、アメリカとの**平和共存路線**を打ち出したソ連と対立した。1969年には珍宝島で武力衝突が起こった。中ソ国境紛争の解決には21世紀まで時間を要した。

世界の中の日本 日中関係の改善とパンダブーム

1971年、日本で開催された卓球の国際大会後に、中国がアメリカの選手を北京に招待したこと(ピンポン外交)から始まったアメリカの対中政策転換により、日本も中国との国交正常化交渉を本格化した。72年9月、ニクソンに続いて田中角栄首相が訪中し、周恩来首相・毛沢東主席と会談して戦後初の日中首脳会談が実現した。そこで日本が中華人民共和国を中国唯一の合法政府とする**日中共同声明**が発表され、その記念に中国から上野動物園にジャイアントパンダ2頭が贈られて、日本ではパンダブームが巻き起こった。米中国交正常化は、78年の**日中平和友好条約**締結後の79年に実現した。

↑7 パンダを見ようと集まる人たち(1972年)

20世紀後半 ←18
東アジア ←166 →176
西アジア・アフリカ ←166 →176
ヨーロッパ ←164 →173
アメリカ ←162 →172

2 揺らぐアメリカの威信

泥沼化するベトナム戦争

↓8 **捕虜を連行するアメリカ兵**
アメリカは、1965年、北ベトナムへの爆撃を開始し(**北爆**)、本格的にベトナムへの介入に乗り出した。 ➲p.19

▶動画

↑9 **ベトナム反戦運動** 1960年代末から70年代にかけて、アメリカ国内では、泥沼化する**ベトナム戦争**に対し、若者たちが大規模な反対運動を起こした。徴兵カードを焼いて鎮圧部隊の兵士の銃口に花を挿す青年はフラワーチルドレンとよばれた。別冊史料61

世界の中の日本 「太平洋の要石」沖縄

沖縄は15～19世紀の琉球王国のころから、日本・朝鮮・中国の間にある位置関係を利用し、中継貿易で栄えてきた➲p.25。第二次世界大戦後、アメリカは沖縄を施政権下に置き、大規模な軍事基地や施設を建設したため、米軍からは「太平洋の要石」ともいわれた。1950年に**朝鮮戦争**➲p.154、1965年に**ベトナム戦争**が起こるなど**東西冷戦**が過熱するなかで、沖縄の扱いはソ連や中国、北朝鮮などの東側諸国に対しての抑止力をもった軍事基地から、フィリピンやタイの基地と並ぶベトナム戦争の爆撃機・後方支援基地としてより重要度が増した。ベトナム戦争終結の動きに伴い、沖縄は日本に返還されたが、米軍基地などの問題は先送りされている。

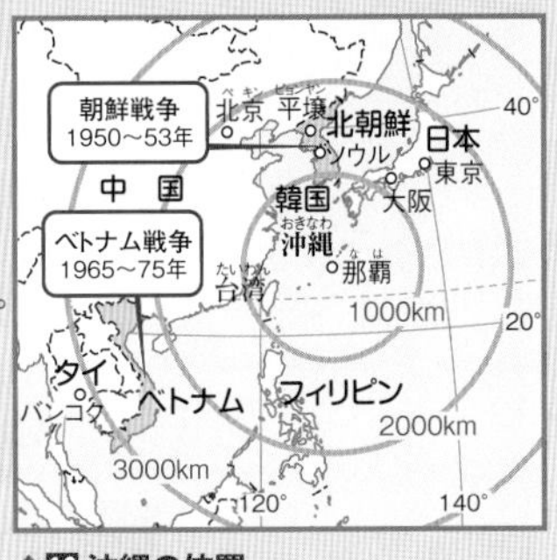

↑10 **沖縄の位置**

3 世界を揺るがす二つのショック

A ドルショック(ニクソンショック*)

＊ニクソンの訪中発表もニクソンショックとよばれる。

背景には…
・ベトナム戦費の増大
・国際収支の悪化

1944年 ブレトンウッズ体制
米ドルを基軸通貨とし、金と交換することができることを保障する制度 **固定相場制**

↓

1971年 ニクソン声明
米ドルと金の交換停止を発表
→米ドルの価値が急落

↓

1973年 変動相場制へ

↑11 **米ドルと金の交換停止を発表するニクソン米大統領**(1971年) ニクソンの発表は、米ドルの信頼で成り立っていた世界の金融体制を揺るがした。

資源・エネルギーと地球環境 テーマで結ぶ世界 石油危機は日本のエネルギー政策にどのような影響を与えたのだろう。➲p.161

B 石油危機(オイルショック)

➡12 **OAPECの会議**
1968年に**石油輸出国機構(OPEC)**に加盟するアラブ諸国がアラブ石油輸出国機構(OAPEC)を結成した。**資源ナショナリズム**➲p.34の流れから、73年の**第4次中東戦争**でOAPECが**石油戦略**を発動したことで、石油危機が起こった。その後、石油戦略は産油国の武器となった。

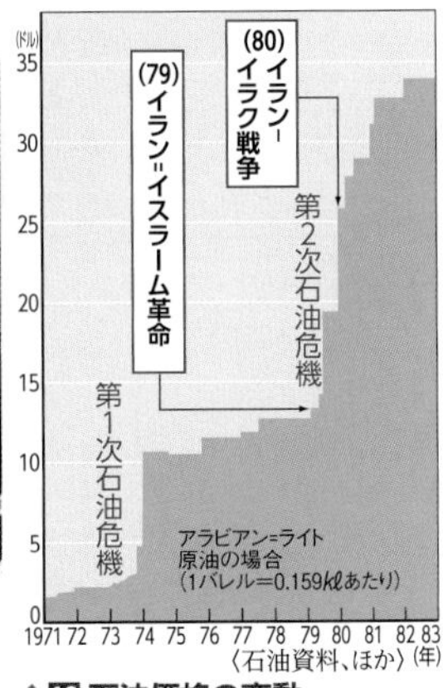

↑13 **石油価格の変動**

危機と混乱に対応するために ↓

主要国首脳会議(サミット)の開催 ・年1回、参加国の主要都市で開催 ➲p.18	石油危機	アフガニスタン侵攻(79)	日本の好景気	冷戦終結	グローバル化
	第1回 (1975) ランブイエ (フランス) 世界経済の再建を討議	第6回 (1980) ヴェネツィア (イタリア) 政治問題も議題になる	第12回 (1986) 東京(日本) 7か国蔵相・中央銀行総裁会議(G7)創設	第17回 (1991) ロンドン (イギリス) ゴルバチョフ大統領を招待	第22回 (1996) リヨン(フランス) 経済のグローバル化への対応検討

↑14 **主なサミット開催時の世界情勢と議題の変遷**

4 米ソ関係の緊張緩和と再悪化

デタント(緊張緩和)

1960年代、アメリカとソ連は、ともに深刻な経済不振に直面した。その結果、冷戦は小康状態となり、60年代末から70年代にかけて両国間のデタント(緊張緩和)が進んだ。

⬅15 **第2回戦略兵器制限交渉(SALTⅡ)の合意**(1979年) アメリカとソ連は、72年と79年にミサイル数を制限する戦略兵器制限交渉(SALTⅠ、Ⅱ)に合意した。
➲p.162

1979年 ソ連によるアフガニスタン侵攻

米ソ関係の再悪化

➡16 **サッチャー英首相**(右)**とレーガン米大統領**(左) 1979年、ソ連が**アフガニスタン侵攻**➲p.173を行ったことで、米ソ関係は一気に悪化した。1981年に大統領になったレーガンは軍拡を行い、ソ連に強硬策をとって「強いアメリカ」を推し進め、サッチャーもそれを支持した。

対立・協調の観点から振り返ろう！ ( )内の正しい方に○をつけよう！

米ソ双方が経済不振に陥るなか、スターリン批判を機に、東西冷戦状態は一時(緩和・緊張)した。しかし、ソ連のアフガニスタン侵攻により、米ソ関係は一気に(改善・悪化)した。また、これらの経緯は米中関係・日中関係にも影響を与えることとなった。

昭和時代

「経済大国」日本 ——その光と影(かげ)

HISTORY TOURS ヒストリーツアーズ

日本経済が成功した理由とは?

史料で深めるJ

↑**1** 機械化された自動車工場(1986年、埼玉県)

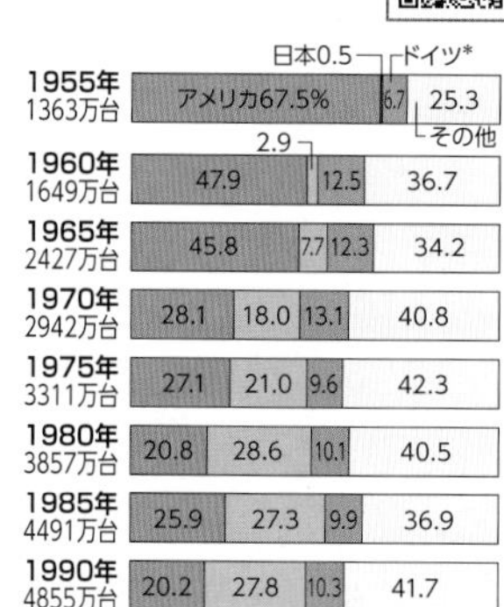

年	生産台数	アメリカ	日本	ドイツ*	その他
1955年	1363万台	67.5%	0.5	6.7	25.3
1960年	1649万台	47.9	2.9	12.5	36.7
1965年	2427万台	45.8	7.7	12.3	34.2
1970年	2942万台	28.1	18.0	13.1	40.8
1975年	3311万台	27.1	21.0	9.6	42.3
1980年	3857万台	20.8	28.6	10.1	40.5
1985年	4491万台	25.9	27.3	9.9	36.9
1990年	4855万台	20.2	27.8	10.3	41.7

*西ドイツの数値。

〈『数字でみる 日本の100年』〉

↑**2** 世界の自動車生産占有率(せんゆうりつ) 石油危機以降、世界では小型車が人気となったが、そのなかで日本車の低燃費で故障しにくい点が評価され、世界でも評判となった。

↑**3** 日本車をたたき壊(こわ)すアメリカ人(1982年)

チェック1 自動車工場の機械化にはどのような利点があっただろうか。
①多くの人が働けるようになった
②生産に必要なコストが下がった

チェック2 図**2**のグラフの中で、日本の値(あたい)はどう変化しているだろうか。
①増加している ②減少している

チェック3 図**3**ではなぜ車がたたき壊(こわ)されているのだろうか。
①アメリカ車の売上が落ちたから
②日本車は性能が悪かったから

1 高度経済成長とその問題

←**4** 東京オリンピックの閉会式(1964年) 国際的イベントの開催(かいさい)、新幹線や高速道路などのインフラの整備により、日本の復興と**高度経済成長**を世界に印象づけた。東京大会の閉会式は、初めて選手の自由参加とした結果、選手の約8割にあたる4000人が集まり、世界中の参加者が入り乱れることとなった。以後、この方式がスタンダードになっている。

〈『平成27年度 年次経済財政報告』、ほか〉 *神武(じんむ)景気、岩戸(いわと)景気、いざなぎ景気は日本の神話から名前がとられている。

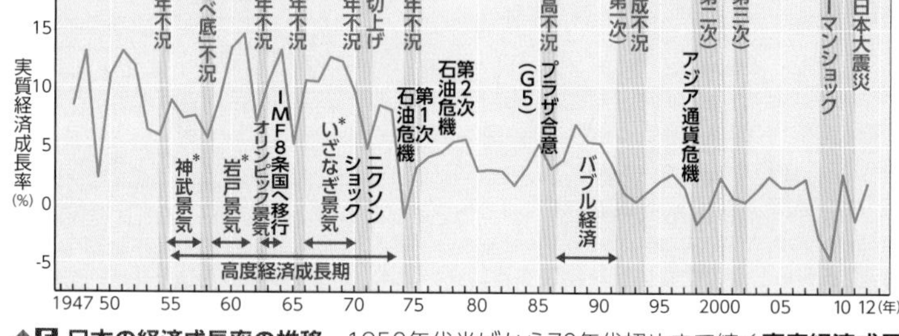

↑**5** 日本の経済成長率の推移 1950年代半ばから70年代初めまで続く**高度経済成長**のなか、日本は60年代半ばにはIMF8条国への移行や経済協力開発機構(OECD)加盟を実現して、為替(かわせ)と資本の自由化を進めた。

A 日本の産業構造の転換(てんかん)

〈『数字でみる 日本の100年』、ほか〉

年	第1次産業	第2次産業	第3次産業
1950年(昭和25)	48.6%	21.8	29.6
1960年	32.7	29.1	38.2
1970年	19.3	34.1	46.6
1980年	10.9	33.6	55.5
1990年	7.2	33.5	59.3

↑**6** 産業別就業者の割合

〈『日本国勢図会2013/14』、ほか〉

年	出荷額	重化学工業 金属	機械	化学	軽工業 食料品	繊維	その他
1955年	6兆3960億円	17.2%	14.7	14.9	18.8	16.0	18.4
1960年	15兆5786億円	18.8	25.8	11.8	12.4	12.3	18.9
1970年	69兆348億円	19.3	32.3	10.6	10.4	7.7	19.7
1980年	214兆6998億円	17.1	31.8	16.6	10.5	5.2	18.8
1990年	327兆931億円	13.8	43.1	9.7	10.2	3.9	19.3

↑**7** 工業製品出荷(しゅっか)額の割合 高度経済成長の結果、第1次産業就業者数は激減し、第2次・第3次産業就業者数が増加した。国民所得も増大し、1970年代には国民の約9割が、「自分が中流階級に属す」という意識を共有した(一億総中流時代)。電化製品が次々と発売され、1950年代後半からは「三種の神器(じんぎ)」➲p.165や「新・三種の神器(3C)」が次々ともてはやされた。現在は産業全体がモノ(ハード)をつくるのみならず、さまざまなサービス(ソフト)を重視する方向に向かい、第3次産業就業者数がさらに増加し「経済のソフト化」「産業の空洞化(くうどうか)」が進んでいる。

〈↑↗東芝未来科学館提供、↑トヨタ博物館提供〉

↑**8** 1965~74年ごろに人気だった「3C」

B 工業化と公害問題 ➲p.183

↑**9** 1970年(上)と**10** 現在(下)の田子(たご)の浦(うら)(静岡県)

高度経済成長期の急速な工業化は、環境破壊(かんきょうはかい)・**公害**などをもたらした。これらは1960年代後半の住民訴訟(そしょう)などにより知られるようになった。製紙工場の汚水(おすい)などによってヘドロ公害が起きた田子(たご)の浦港(うらこう)では、住民の抗議(こうぎ)が行われ、当時の社会問題となった。1971年には映画『ゴジラ対ヘドラ』が制作され、田子の浦のヘドロから生まれた怪獣(かいじゅう)ヘドラが登場している。同年、公害問題についての対策を統一的に処理するために**環境庁**が設置された。現在では対策の成果もあり、田子の浦の景観が取り戻(もど)されている。

2 経済大国への歩み

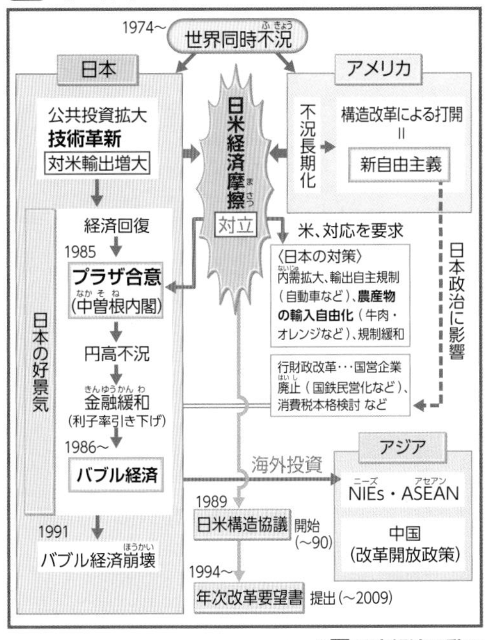

⬆11 日本経済の動き

A 日米経済摩擦

(億ドル) 3000 / 2000 / 1000 / 0
アメリカの貿易赤字
うち対日赤字
1980: 72, 334　82: 124, 421　84: 1222, 335　86: 1695, 548　88: 1434, 480　90: 1257, 382　92: 1062, 438　94: 1767, 554　96: 1948, 332　98: 2640, 523 (年)
〈『貿易統計年鑑』〉

⬅12 **アメリカの貿易赤字と対日赤字**　価格の安い日本製品を大量に輸入していたアメリカでは対日貿易赤字が続き、自動車業界をはじめとする産業界が不振となって労働者の解雇や賃金引き下げが起こった。その結果、解雇された工場労働者などを中心に日本製品に対する反発が生まれ、製品の破壊や不買運動などの対日非難(ジャパン=バッシング)が起こった。この動きを受け、日本の自動車メーカーは海外に工場を建設し、現地の雇用を創出するために現地生産を行うようになった。

B プラザ合意～円高ドル安の是認

竹下登蔵相

⬅13 **プラザ合意**　貿易赤字と財政赤字(双子の赤字)を抱えたアメリカが**ニクソンショック**➔p.169を再発しないように、1985年にアメリカのプラザホテルにおいて、先進国(日・米・英・仏・西独)の代表が協調してドル安の状況をつくることに合意した(**プラザ合意**)。この背景には、1980年代に欧米で福祉型の社会政策「大きな政府」が行き詰まったことから、アメリカやイギリスが「**小さな政府**」を目指す新自由主義に経済政策をシフトしたことがある。プラザ合意により一時的にはドル安に誘導できたが、円高となった日本は輸出産業が打撃を受けた。

C 円高不況と新自由主義

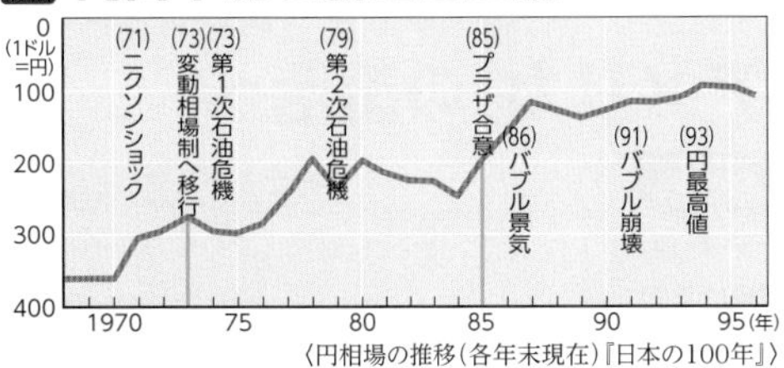

⬆14 円ドル為替相場の推移

JR北海道　JR東日本　JR東海　JR西日本　JR四国　JR九州　JR貨物
本日分 JR全線

⬅15 **国鉄分割・民営化によって誕生したJR各社のシンボルマーク**(1987年)　日本は、プラザ合意による円高不況対策に低金利政策を続けた。この金融緩和により余った資金が投機に回り、1980年代後半に株価や地価が急上昇して**バブル経済**が発生した。このころアメリカでは新自由主義に基づいて教育や福祉への支出を削減し(「小さな政府」)、日本もその影響を受けて大幅な規制緩和や国鉄(日本国有鉄道)をはじめ国営企業などの分割・民営化を行い、社会福祉を削減した。近年は再び福祉の充実が求められている。

3 アジア諸国との関係

A 日韓基本条約の締結

● 日韓基本条約【要約】

第二条　1910年8月22日以前に大日本帝国と大韓帝国との間で締結された**すべての条約及び協定は、もはや無効であることが確認される。**

第三条　大韓民国政府は、国際連合総会決議第195号(Ⅲ)に明らかに示されているとおりの**朝鮮にある唯一の合法的な政府であることが確認される。**

⬅16 日韓基本条約締結へ向けた交渉は、竹島をめぐる問題、戦後補償(賠償)の問題、在日韓国人の在留資格問題や北朝鮮の扱い、歴史認識問題、文化財返還問題など多くの問題を含んでおり、紛糾した。最終的には反共政策のアメリカの仲介で、冷戦下での安全保障のため合意に至った。

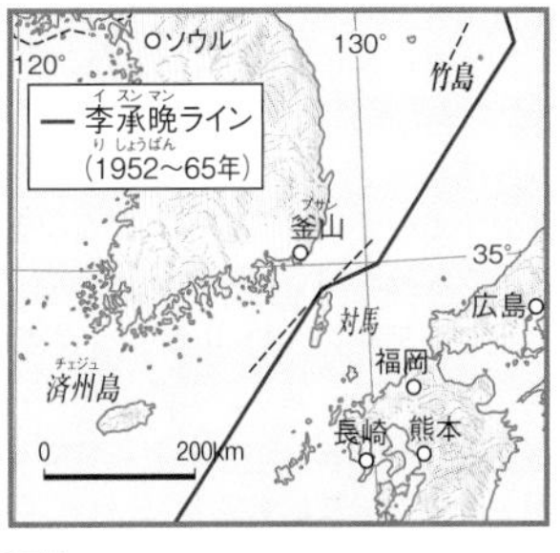

⬅17 **竹島問題**　竹島は、日本海の南西部に位置する島嶼群。日本が1905年の閣議で島根県へ編入したが、1952年に韓国が一方的に李承晩ラインを設定・領有権を主張して、武装警察を常駐させている。日本は問題解決のため、3回にわたり国際司法裁判所への付託を提案してきたが、韓国側はすべて拒否している。なお北朝鮮も領有権を主張している。

世界の中の日本　日本の政府開発援助(ODA)事業

⬅18 **カンボジアの500リエル札**　裏面には日本のODAで建設された二つの橋と日本の国旗が描かれている。

日本は1954年にコロンボ・プラン(途上国援助のための国際機関)へ加盟し、経済協力に取り組んでいる。日本のODAは、初めは戦後処理の賠償支払いと並行して行われたが、賠償が終了した後も続けられ、アジア各国のインフラ整備に貢献している。現在、日本の協力先は150以上の国や地域に広がっている。

B アジア諸国との関係改善

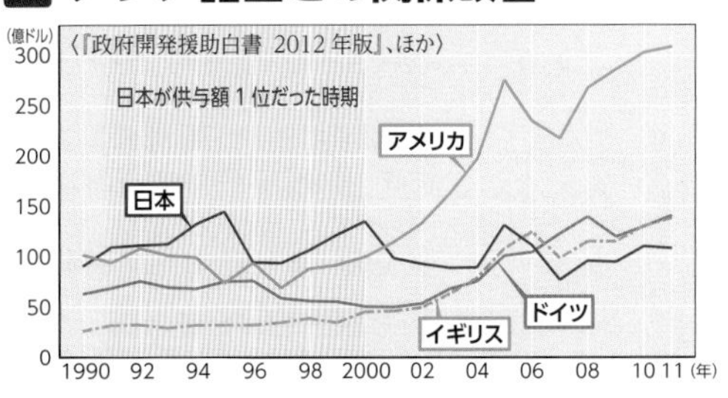

⬅19 **ODAの供与額**　ODA拠出側に回った日本は、特に**高度経済成長期**以降、供与額を増大させた。1991年から2000年の供与額は世界第1位であり、主にアジアの経済発展に貢献した。

開発・保全の観点から振り返ろう！　(　)内の正しい方に○をつけよう！

日本では高度経済成長の結果、電化製品が各家庭に普及するなど、生活が（豊かに・貧しく）なった。その反面、急速な（工業化・農業化）のひずみで公害をはじめとする社会問題が生じたため、（環境庁・消費者庁）が設置された。

特集 戦後のアメリカ合衆国

20世紀後半 ←18
ヨーロッパ ←168 →174
アメリカ ←168 →174

主な大統領（ ）は在職年

- トルーマン（1945〜53）民
- アイゼンハウアー（53〜61）共
- ケネディ（61〜63）民
- ニクソン（69〜74）共
- カーター（77〜81）民
- レーガン（81〜89）共
- ブッシュ（父）（89〜93）共
- クリントン（93〜2001）民
- ブッシュ（子）（01〜09）共
- オバマ（09〜17）民
- トランプ（17〜21）共
- バイデン（21〜 ）民

1 揺らぐ大国の足元 ➲p.169

公民権運動
私には夢がある、……かつての奴隷の子孫たちとかつての奴隷主の子孫たちが、……ひとつのテーブルを囲む、そんな日が来るという夢が。
▶動画
別冊史料62

1 ワシントン大行進

ひと 凶弾に倒れた大統領 ケネディ（任1961〜63）

アメリカの地位の低下や国内の貧困問題・人種差別問題を意識した「ニューフロンティア政策」を掲げて史上最年少で大統領選挙に当選し、内政と外交の両面で再建に取り組んだ。また、**キューバ危機**➲p.163を回避し、米ソの平和共存の道を広げたが、63年に遊説中のダラスで暗殺された。

New York World-Telegram
The Sun
ALL Sports FINAL
PRESIDENT SHOT DEAD
Cut Down By Sniper In Dallas
EXTRA
Stunned City Find News 'Unbelievable'
Exchanges Close On Bad News

↑**3** ケネディ暗殺を伝える新聞

⬅**2** **キング牧師**（1929〜68）　黒人*への差別が根強く残っていたアメリカでは、差別の撤廃と白人と同等の権利を求める「**公民権運動**」が展開された。1963年のワシントン大行進では、運動の指導者**キング牧師**が約20数万人の群衆を前に演説を行った。

＊アフリカ系アメリカ人について、歴史の題材であることを踏まえ、「黒人」と表記している。

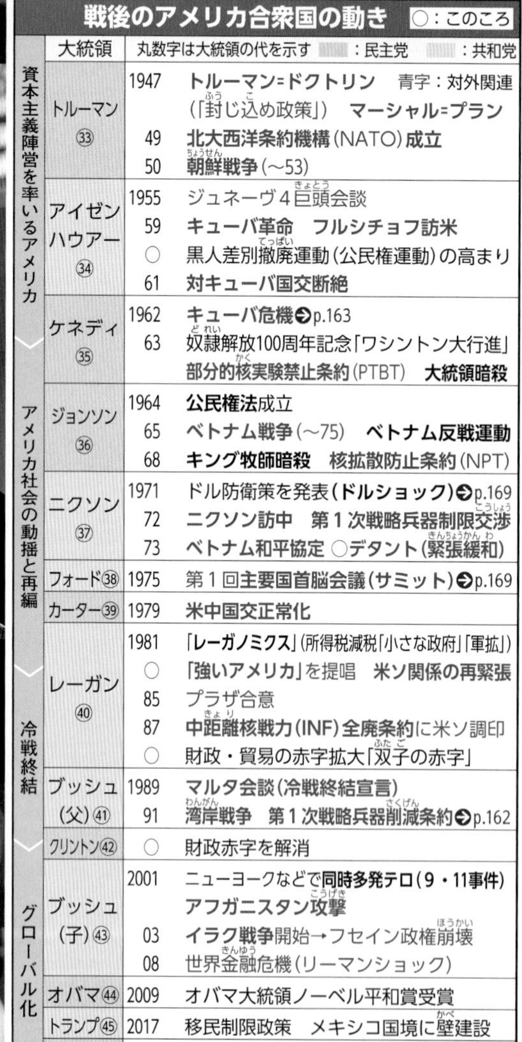

戦後のアメリカ合衆国の動き　〇：このころ

丸数字は大統領の代を示す　：民主党　：共和党　青字：対外関連

区分	大統領	年	できごと
資本主義陣営を率いるアメリカ	トルーマン㉝	1947	**トルーマン=ドクトリン**（「封じ込め政策」）　**マーシャル=プラン**
		49	**北大西洋条約機構**（NATO）**成立**
		50	**朝鮮戦争**（〜53）
	アイゼンハウアー㉞	1955	ジュネーヴ4巨頭会談
		59	**キューバ革命　フルシチョフ訪米**
		〇	黒人差別撤廃運動（公民権運動）の高まり
		61	**対キューバ国交断絶**
	ケネディ㉟	1962	**キューバ危機**➲p.163
		63	奴隷解放100周年記念「ワシントン大行進」
			部分的核実験禁止条約（PTBT）　**大統領暗殺**
アメリカ社会の動揺と再編	ジョンソン㊱	1964	**公民権法**成立
		65	**ベトナム戦争**（〜75）　**ベトナム反戦運動**
		68	**キング牧師暗殺**　**核拡散防止条約**（NPT）
	ニクソン㊲	1971	ドル防衛策を発表（**ドルショック**）➲p.169
		72	**ニクソン訪中　第1次戦略兵器制限交渉**
		73	**ベトナム和平協定**　〇**デタント**（**緊張緩和**）
	フォード㊳	1975	第1回**主要国首脳会議**（**サミット**）➲p.169
	カーター㊴	1979	**米中国交正常化**
冷戦終結	レーガン㊵	1981	「**レーガノミクス**」（所得税減税「小さな政府」「軍拡」）
		〇	「**強いアメリカ**」を提唱　**米ソ関係の再緊張**
		85	プラザ合意
		87	**中距離核戦力**（INF）**全廃条約**に米ソ調印
		〇	財政・貿易の赤字拡大「双子の赤字」
	ブッシュ（父）㊶	1989	**マルタ会談**（**冷戦終結宣言**）
		91	**湾岸戦争**　第1次**戦略兵器削減条約**➲p.162
グローバル化	クリントン㊷	〇	財政赤字を解消
	ブッシュ（子）㊸	2001	ニューヨークなどで**同時多発テロ**（9・11事件）
			アフガニスタン攻撃
		03	**イラク戦争**開始→フセイン政権崩壊
		08	世界金融危機（リーマンショック）
	オバマ㊹	2009	オバマ大統領ノーベル平和賞受賞
	トランプ㊺	2017	移民制限政策　メキシコ国境に壁建設
	バイデン㊻	2021	**アフガニスタン撤退**

2 「強いアメリカ」の復活へ

小さな政府への転換

レーガンは、強いアメリカの復活を主張して軍備を増強する一方で、内政では「**小さな政府**」を掲げて大幅減税や緊縮財政、福祉の削減を行い、景気回復に努めた。しかし、財政と貿易の両面で赤字は拡大し（双子の赤字）、不況から脱せず失業者は増大した。

REAGANOMICS IS STRANGLING WORKERS
LOCAL 969
「レーガノミクス」は労働者をしめ殺している

↑**4** デモをする労働者たち（1982年）

軍事超大国アメリカ

⬇**5** **主な国の国防費**（2020年）

国	国防費（億ドル）
アメリカ	7380
中国	1933
インド	641
イギリス	615
フランス	550
日本	497

〈『世界国勢図会 2021/22』〉

冷戦終結後もアメリカは突出した国防費を保ち、単独で行動できる超大国となった。各地の紛争・内戦へ介入し、2003年にはイラクの大量破壊兵器所有疑惑を口実に、**イラク戦争**➲p.181を開始したが、国内外の批判にさらされた。

フセインの故郷に入る米海兵隊の戦車
フセインを描いた壁画

⬇**6** イラクへ出兵するアメリカ軍（2003年）

特集 戦後のソヴィエト連邦・ロシア

歴代指導者（ ）は在職年

ソ連共産党書記長*（1966年以前は第一書記）

- スターリン（1922～53）
- フルシチョフ（53～64）
- ブレジネフ（64～82）
- アンドロポフ（82～84）
- チェルネンコ（84～85）
- ゴルバチョフ（85～91）

90～91ソ連大統領

＊書記長とは本来、党の実務を監督する役職だが、社会主義国では、共産党の書記長が最高権力者となることが多い。

ロシア大統領

- エリツィン（91～99）
- プーチン（2000～08、12～ ）
- メドヴェージェフ*（08～12）

＊プーチンは首相となり実権を握った。

1 ソ連の動揺と解体

泥沼化したアフガニスタン侵攻

親ソ連派のクーデタを支援するため、1979年、ソ連は**アフガニスタン侵攻**を行った。これにより、米ソ関係は一気に悪化し、米の支援を受けたイスラーム勢力のゲリラ活動も激化した。戦闘は長期化し、89年にソ連は撤退したが、軍事費の増大➲p.156により、ソ連経済はますます停滞した。

⬇1 **撤退するソ連軍**（1989年）

戦後のソヴィエト連邦とロシアの動き

時期	指導者	年	＜ソヴィエト連邦＞　緑字：東欧関連
社会主義陣営の組織化	スターリン	1947	コミンフォルム結成（～56）
		48	ベルリン封鎖（～49）➲p.153
		49	**経済相互援助会議（コメコン）**設立（～91）
冷戦下の「雪どけ」	フルシチョフ	1955	**ワルシャワ条約機構**成立（～91）
		55	**ジュネーヴ4巨頭会談**➲p.168
		56	**スターリン批判・平和共存路線**
			ポズナン暴動（ポーランド）
			ハンガリー反ソ暴動　←ソ連介入
		57	大陸間弾道弾実験・**人工衛星**打ち上げ成功
		59	**フルシチョフ訪米**
		61	東ドイツ、「ベルリンの壁」構築（～89）
		62	**キューバ危機**➲p.163
		63	**部分的核実験禁止条約（PTBT）**調印
社会主義陣営に対する指導力低下	ブレジネフ	1968	チェコの自由化「プラハの春」　←ソ連介入
		69	珍宝（ダマンスキー）島で中国と武力衝突
		73	東西ドイツ、国連同時加盟
		79	**アフガニスタン侵攻**（～89）
		80	**モスクワオリンピック**（西側諸国ボイコット）
ソ連解体・冷戦終結	アンドロポフ		ポーランド独立自主管理労組「連帯」を承認➲p.174
	チェルネンコ	1985	〔グラスノスチ（情報公開）**ペレストロイカ**（改革）〕
	ゴルバチョフ	86	**チェルノブイリ原子力発電所で爆発事故**
		87	**中距離核戦力（INF）全廃条約**調印
		89	東欧革命　「ベルリンの壁」崩壊　**マルタ会談**
		90	東西ドイツ統一（東ドイツ消滅）➲p.175
		91	コメコン解散決定　ワルシャワ条約機構解散
			共産党解散宣言　バルト3国独立
	エリツィン		ソ連解体→**独立国家共同体（CIS）**創設
グローバル化			＜ロシア＞
		1994	**チェチェン紛争**➲p.180
	プーチン	2006	ロシアで初のサミット開催（サンクトペテルブルク）
	メドヴェージェフ	2008	南オセチア紛争
	プーチン	2014	ロシア、ウクライナ領のクリミア併合を表明
		22	ロシア、ウクライナに侵攻

MORE 東西対立とモスクワオリンピック

モスクワ大会は、東側陣営で行われる初めてのオリンピックであったが、アメリカ・日本・西ドイツなどの西側諸国が前年の**アフガニスタン侵攻**への制裁として参加を拒否（ボイコット）し、国の威信をかけてオリンピックを開催しようとしていたソ連には大きな打撃となった。ソ連をはじめとする東側諸国は、報復として次のロサンゼルス大会には出場しなかった。

➡2 **ボイコットを呼びかける西側のポスター**（フランス、1980年）

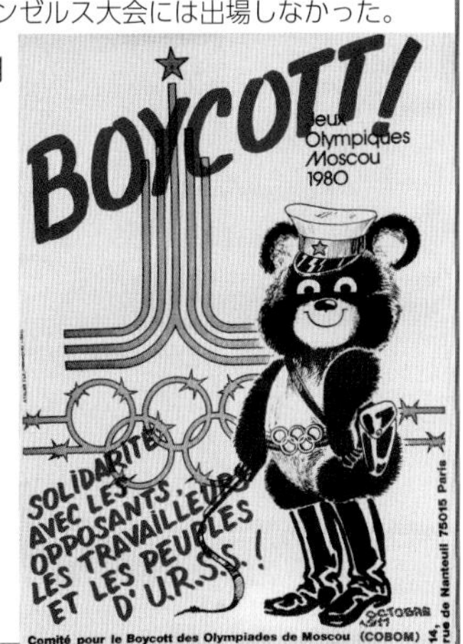

⬇3 **米ソのメダル獲得数**

モスクワ大会（1980年）	メダル数	ロサンゼルス大会（1984年）	メダル数
1. ソ連	195	1. アメリカ	174
2. 東ドイツ	126	2. 西ドイツ	59
3. ブルガリア	41	3. ルーマニア	53
4. ハンガリー	32	4. カナダ	44
ポーランド	32	5. 中国	32
6. ルーマニア	25	イタリア	32
		日本	32

2 新生ロシアの光と影

市場経済の導入

ソ連時代末期には市場経済が導入された。特権階級が温存され恩恵を受けた反面、価格の自由化はインフレを招き、年金生活の高齢者を直撃するなど、貧富の格差が拡大した。ロシアはその負の部分も受け継いだ。

➡4 **スーパーで買い物を楽しむ人々**（モスクワ）

近隣諸国との結びつきと対立

21世紀に入り、ロシアは天然ガスや原油を西欧に輸出して経済的な結びつきを強め、経済成長を遂げた。一方、ロシア周辺の旧ソ連諸国では、国内の親欧米派と親ロシア派の対立が紛争に発展することもあり、その対応をめぐってロシアと周辺諸国・西欧諸国が対立することもある。➲p.180

⬇5 **雪原に延びるロシアの天然ガスパイプライン**

ジョージアの人々はNATOを選ぶ

⬅6 **ジョージア人の反ロシアデモ**（2008年）　旧ソ連のジョージアでは、親ロシア派の多い南オセチアとアブハジアが分離独立を求めて紛争となった。ジョージア政府はEU・NATOへの加盟を目指し、国名の国際的な呼称を英語読みに改めた。

昭和～令和時代

東西冷戦の終結 ——世界構造の変化

20世紀後半
←18

ヒストリーツアーズ 倒れゆく銅像が見たものは？

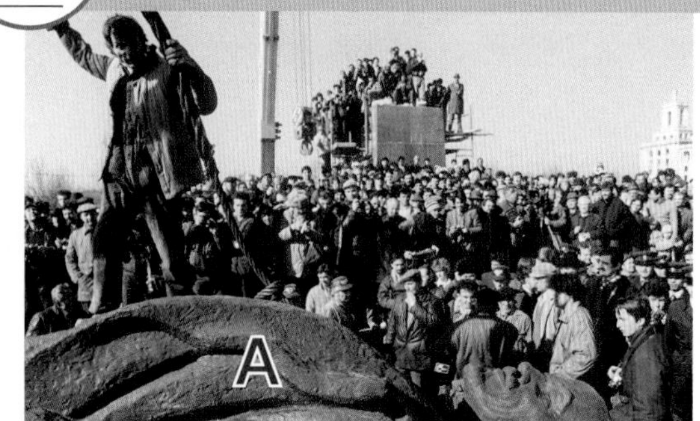

←**1 ルーマニア革命で倒される銅像**(1989年)　反チャウシェスク政権の闘争が激化し、**東欧革命**で武力により共産党政権が打倒された唯一の革命となり、大統領夫妻は処刑された。

↓**2 ベルリンで解体される銅像**(1991年)　ロシア人の彫刻家がつくった、約19mの像。ソ連の支配下に置かれた象徴として1970年に制作された。

↑**3 リトアニアでつるされる銅像**(1991年)　ソ連の支配下に置かれていたバルト３国は1991年、ソ連解体に先駆けて独立した。

チェック1 倒されているＡは誰だろう。p.128～129から探してみよう。
ヒント ソ連を建国した人物

チェック2 Ａはソ連(ロシア)の人物だが、なぜ他国でも銅像が立っていたのだろうか。
①ソ連と同じ社会主義体制だったから
②Ａが訪問した都市だったから

チェック3 図1～3でＡの銅像が民衆に倒されたのはなぜだろうか。
①民衆を抑圧した社会主義体制が終わったから
②スターリンの銅像に建て替えたかったから

チェック

1 ペレストロイカと東欧革命

ソ連解体と東欧革命の経過

首脳		ソ連・ロシア		東　欧
	1979.12	**アフガニスタンに軍事侵攻**	1980.10	ポーランド「**連帯**」を承認
1985	85. 3	**ゴルバチョフ**政権		
		グラスノスチ(情報公開)		自由化の波
		ペレストロイカ(改革)	88. 3	「**新ベオグラード宣言**」
	87.12	中距離核戦力(INF)全廃条約調印		
		←**ソ連の指導性を否定**		
	89. 2	アフガニスタンから撤退完了		広がる民主化
	. 5	ゴルバチョフ訪中、中ソ対立解消	89	ポーランド・チェコスロヴァキア・ハンガリー民主化(**東欧革命**)
	.12	**マルタ会談**(冷戦終結宣言)	.11	「**ベルリンの壁**」開放
ゴルバチョフ		ソ連解体へ	.12	**ルーマニア革命**(チャウシェスク大統領夫妻処刑)
	90. 3	ゴルバチョフ、ソ連大統領に	90	ブルガリア民主化
	91. 6	**エリツィン**がロシア共和国大統領就任	.10	**東西ドイツ統一**(東ドイツ消滅)
		コメコン解散	91	アルバニア民主化
	. 7	**ワルシャワ条約機構解散**	. 6	スロヴェニア・クロアティア独立宣言
	. 8	軍部・保守派のクーデタ失敗		**→ユーゴスラヴィア内戦へ**
		ゴルバチョフ、党書記長辞任		
		共産党解散宣言		
	. 9	**バルト３国独立**	. 9	クロアティア内戦
				マケドニア独立
	.12	ソ連解体→**独立国家共同体(CIS)創設**	92. 4	ボスニア、本格的内戦状態に
1991 エリツィン		エリツィン、**ロシア連邦**大統領に		新ユーゴスラヴィア連邦成立
			93. 1	**チェコとスロヴァキアが分離**
	94.12	チェチェン紛争		
2000 プーチン	2000. 5	プーチン、大統領に	2000.10	ユーゴスラヴィア、ミロシェヴィッチ大統領失脚
	06. 7	ロシアで初のサミット開催(サンクトペテルブルク)	04. 5	チェコ・ポーランドなど東欧8か国、EU加盟
2008	08. 5	メドヴェージェフ、大統領に　プーチン、首相となり実権を握る	07. 1	ブルガリア・ルーマニア、EU加盟
2012	12. 5	プーチン、再び大統領に	13. 7	クロアティア、EU加盟

ソ連の「改革」

共産党による一党独裁が続いて硬直した政府を立て直すため、ゴルバチョフがグラスノスチ(情報公開)を理念に**ペレストロイカ**(改革)を実践し、ソ連の政治を民主的な方向に改良した。本来は社会主義の枠内での改革だったが、物資不足により高まっていた国民の不満が、社会主義体制の崩壊につながった。

→**4 買い物のための行列**　市場経済へ移行したことで品不足と超インフレが起こった。

東欧革命

ソ連の改革の影響を受け、東欧の社会主義国でも変革の動きが現れた。1989年には、相次いで共産党独裁体制が崩壊した。

←**5 ワレサの勝利**　ワレサ率いるポーランドの自主管理労組「**連帯**」は、1989年の直接選挙で圧勝。初の非共産党政権が誕生した。

→**6 チェコスロヴァキアから西側へ亡命する東ドイツ国民**　1989年8月、開放されていたハンガリー・オーストリア国境を約1000人の東ドイツ国民が越え、西ドイツへの亡命に成功。以後、チェコスロヴァキア・ハンガリー経由で西ドイツへの脱出が続いた。

ヨーロッパ
←172 →180
アメリカ
←172 →180

2 冷戦終結とソ連の解体

➡9 ソ連の解体

⬅7 壁を壊す市民

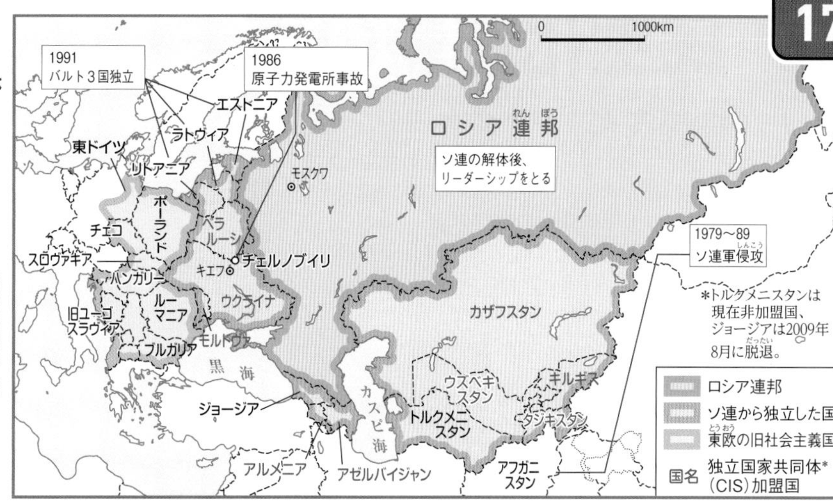

⬆8 「ベルリンの壁」の開放　1989年11月9日に東ドイツ政府は、出国の大幅な規制緩和を発表した。同日夜にベルリンの壁 ➡p.153に人々が殺到し、国境検問所が開放され、翌10日に壁が破壊された。90年には**東西ドイツ統一** 別冊史料63 が果たされた。

⬆10 マルタ会談　1989年12月、地中海のマルタ島で米ソ首脳が会談。冷戦終結が宣言され「ヤルタからマルタへ」といわれた。

⬅11 クーデタに対し勝利を宣言するエリツィン　1991年8月に共産党保守派がクーデタを起こしたが失敗。反クーデタを呼びかけたエリツィンが台頭し、12月にロシア連邦初代大統領となった。

3 ユーゴスラヴィアの解体

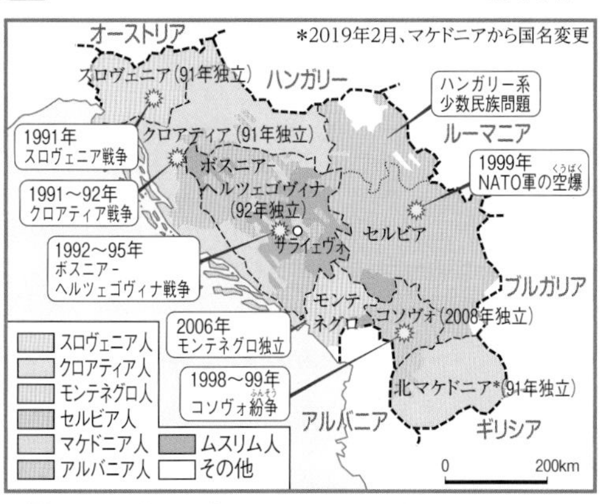

⬆12 旧ユーゴスラヴィアの民族分布　「七つの国境、六つの共和国、五つの民族、四つの言語、三つの宗教、二つの文字、一つの国家(政党)」と形容された。一つの連邦国家としてまとめられていたが、1990年代に連邦は解体した。

ひと 強力な指導者 ティトー (1892～1980)

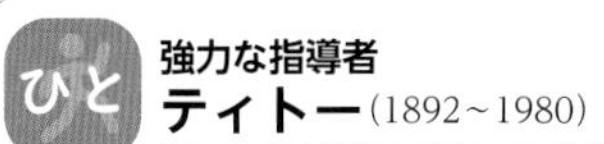

第二次世界大戦時、ユーゴスラヴィア王国で人民解放軍(パルチザン)の指導者となり、戦後はユーゴスラヴィア連邦人民共和国の大統領に就任。ソ連からの自立を企図し1948年にはスターリン➡p.128と断絶。61年、首都ベオグラードで、非同盟諸国首脳会議を開催するなど、独自路線を歩む。国の内政外交ともにティトー個人のカリスマと政治力によるものだったため、ティトー死後、体制は崩壊へ向かうことになる。

4 地域統合の進展

⬇13 EUの歩み ➡p.165、182

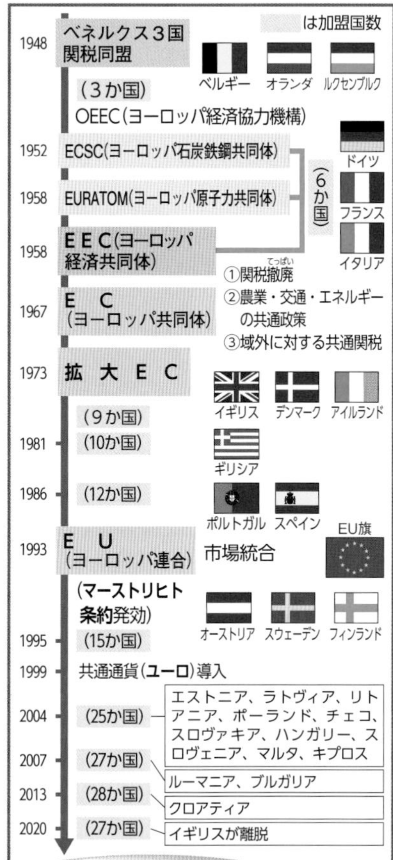

⬆14 ECからEUへ　第二次世界大戦後のヨーロッパの復興のため、フランスと西ドイツを中心にヨーロッパ共同体(EC)➡p.165が結成された。しだいに規模が拡大し経済面から政治面・安全保障面も統合の対象となり、マーストリヒト条約で**ヨーロッパ連合(EU)**に発展的解消を遂げた。しかし2020年1月、イギリスがEUを離脱し、統合にブレーキがかかった。

(　)内の正しい方に○をつけよう！

統合・分化の観点から振り返ろう！

旧ロシア帝国領内の共産党政権を統合して成立したソ連であったが、ゴルバチョフによるペレストロイカが支配下にあった（東欧・西欧）にも影響し、共産党独裁体制が次々と崩壊した。1989年、「ベルリンの壁」が民衆によって壊され、マルタ会談で冷戦の（継続・終結）が宣言された。91年にはソ連そのものが（解体・復活）した。

民主化運動の高まり ——冷戦終結の影響

ヒストリーツアーズ 若者を駆り立てた毛沢東

⬇**1 反革命分子打倒を唱え、天安門広場に集まり毛沢東の短い言葉を集めた『毛沢東語録』を掲げる若者**(1966年ごろ)

➡**2 天安門広場に集まりデモに参加する若者**(1989年) 改革派だった胡耀邦元総書記の死をきっかけに、約10万の人々が集まった。

1966年ごろの写真

1989年の写真

チェック1 図1の若者たちは、毛沢東に対してどのような感情を抱いているだろうか。
①猛烈に批判している ②熱烈に支持している

チェック2 デモのシンボルとされた図2のAは、アメリカの「自由の女神像」を模したものである。デモ参加者は何を求めているのか考えてみよう。
①毛沢東路線の強化による社会主義体制の盤石化 ②政治改革による自由化・民主化

20世紀後半 ←18
東アジア ←168 →178
南・東南アジア ←166 →178
西アジア・アフリカ ←168 →180

1 中国〜経済の民主化

A 大躍進政策から文化大革命へ

⬆**3 「農業は大寨に学べ」** 大寨村は劣悪な環境下でも成果を上げ、**大躍進政策**➲p.167時に「工業は大慶に学べ」とともに「農業は大寨に学べ」というスローガンが、集団農業の模範として政府の宣伝に使われた。

⬇**4 過激化する紅衛兵による弾劾** 大躍進政策に失敗した毛沢東は、劉少奇に実権を譲った。しかし、復権を企てて**文化大革命**(1966〜77)と称し、紅衛兵とよばれた学生らに各級幹部や知識人を糾弾させて、劉少奇らを失脚させた。だが政治は混乱したため、指導者層は紅衛兵を下放(地方で労働に従事させる)して混乱を収拾した。

B 改革開放政策

テーマで結ぶ世界 食料と人口 中国の食料増産と人口増加は世界の食料需給にどのような影響を与えたのだろう。➲p.160

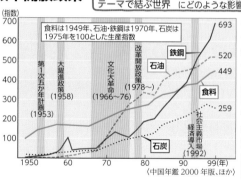

(指数) 食料は1949年、石油・鉄鋼は1970年、石炭は1975年を100とした生産指数
第一次五か年計画(1953)　大躍進政策(1958)　文化大革命(1966〜76)　改革開放政策(1978〜)　社会主義市場経済導入(1992)
鉄鋼 693　石油 520　食料 449　石炭 259
1950　60　70　80　90　99(年)
〈中国年鑑 2000 年版、ほか〉

⬅**5 中国経済の変遷** 文化大革命による経済・科学技術の立ち遅れを克服するために、1975年に周恩来は**四つの現代化**(農業・工業・国防・科学技術)路線を打ち出した。これを受け継いだ鄧小平は、**改革開放政策**=市場経済を取り入れ、経済の発展を図った。➲p.179

ひと 「経済の民主化」を進めた 鄧小平(1904〜97)

フランス留学中に共産党に入党。党内抗争が続くなかで、失脚と復活を繰り返すが、毛沢東の死後、しだいに実権を握る。**改革開放政策**を掲げて市場経済を導入し経済には柔軟な姿勢をとったが、**天安門事件**を弾圧するなど政治的自由は認めなかった。対外的にも現実路線をとり、米中国交正常化を成し遂げた。

⬅**6 米中国交正常化**(1979年)

C 天安門事件

⬅**7 天安門事件** 1989年、ソ連のペレストロイカ➲p.174の影響により東欧諸国の民主化が進展する中、中国でも民主化要求が高まり、学生・市民が天安門広場を占拠した。これに対し、中国政府は軍を出動させ、兵士のみならず、戦車をも用いて弾圧を行い、国際的な非難を浴びた。

● **鄧小平の南巡講和**(1992年)〈渡辺英雄著『「和諧社会」の構築に挑む中国・胡錦濤政権』〉

……論争しないというのが自分の発明だ。論争すれば論争に時間が費やされる。論争する時間が有るのなら、大胆に試し、大胆に突き進むことだ……計画経済イコール社会主義ではなく、市場経済イコール資本主義でもない……須らく生産力の発展に有利かどうか、総合国力の発展に有利かどうか、人民の生活水準向上に有利かどうかに判断の基準を置かなければならない……

⬆**8** 天安門事件を批判する国々は中国に対し経済制裁を行ったため、改革開放路線が停滞し、保守派の発言力が強まった。これに対し鄧小平は経済発展に役立つなら手段にこだわらないことを表明した。

2 朝鮮半島～南北で明暗が分かれた民主化

A 北朝鮮との対話

⬅9 **南北首脳会談**（2000年）　朝鮮戦争➔p.155の休戦状態が続くなか、1948年に朝鮮半島が南北に二分して以来、初めて南北首脳の会談が行われた。会談の結果、**南北共同宣言**が発表され、協調ムードが漂ったが、長続きはしなかった。

⬇10 **北朝鮮の軍事パレード**　社会主義国では異例の世襲で権力を継いだ金正日は、何よりも軍事を優先し軍を国家建設の主力とみなす先軍政治を公式イデオロギーとし、後を継いだ金正恩も核兵器を含む軍備増強に力を注いでいる。

⬅11 **拉致被害者の帰国**（2002年）　1970年代から80年代にかけて日本人が北朝鮮の工作員に拉致されたが、北朝鮮は長く認めなかった。2002年9月、小泉純一郎首相が平壌を訪問し、金正日総書記と会談、金正日は拉致を認め、10月には被害者5人の帰国が実現したが、残りの被害者の帰国はいまだ実現していない。

B 韓国の民主化

➡12 **ソウルオリンピック**（1988年）　東京に次ぐアジアで2番目の夏季オリンピック。朝鮮戦争で荒廃した韓国の経済的復興を示す象徴的なイベントとなった。近年のオリンピックでは政治的不参加国が目立っていた➔p.173が、ソウル五輪の不参加国は7か国のみであった。

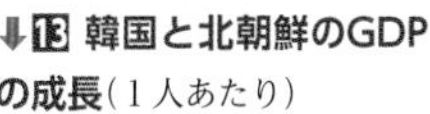
⬇13 **韓国と北朝鮮のGDPの成長**（1人あたり）

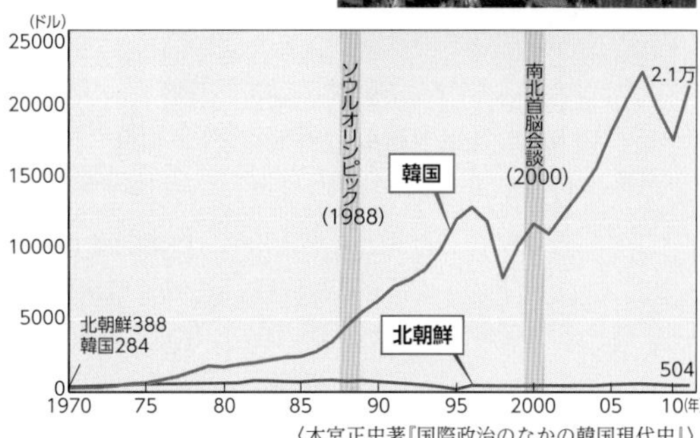

（木宮正史著『国際政治のなかの韓国現代史』）

3 東南アジア～民主化と経済成長

人と資本の移動 テーマで結ぶ世界　日本と東南アジアの間では、いつ、どのように人と資本の移動が盛んになったのだろう。➔p.158、171

⬇14 **民主化の動きとASEANの拡大**

1988 民主化運動の激化 →軍事政権により弾圧 →アウンサン=スーチー 数次に渡る自宅軟禁

1992 民主化運動 →軍事政権崩壊

1970～91 カンボジア内戦

1986 ドイモイ（刷新）政策（社会主義の中で市場経済化を進める）

1949 国民政府、台湾へ
1971 国連追放
1988 李登輝が総統に →民主化進展

1986 マルコス政権崩壊 →アキノ政権成立（～92）

1998 民主化運動激化 →スハルト政権崩壊

ミャンマー　ネーピードー　ヤンゴン　ラオス　ハノイ　ベトナム　タイ　バンコク　カンボジア　台北　台湾　マニラ　フィリピン　南シナ海　太平洋　ブルネイ　マレーシア　クアラルンプール　シンガポール　インドネシア　ジャカルタ　東ティモール　インド洋

ASEANの拡大
1967年（結成時）　84年　95年　97年　99年

➡17 **大統領に就任したアキノ夫人**　マルコス独裁打倒のため、1983年に亡命先のアメリカから帰国したベニグノ=アキノが殺害された。妻コラソン=アキノが志を継ぎ、選挙に出馬。大統領に就任する。

⬅18 **李登輝の台湾総統就任**　蔣経国（蔣介石➔p.132の長男）死後、台湾出身者（本省人）として初めて総統となった。大陸出身者（外省人）による台湾人支配の終わりとなった。

➡19 **2015年の総選挙で勝利し国会へ登院するアウンサン=スーチー**　社会主義の一党独裁、民主化、軍部のクーデター、民政移管、軍部の再クーデターと不安定な政情のミャンマーにあって、民主化運動のシンボルとみなされていた。建国の父アウンサン➔p.153の娘。

MORE 肌の色で区別した「アパルトヘイト」

南アフリカ連邦（1961年より共和国）では48年より「**アパルトヘイト（人種隔離政策）**」が本格化し、少数派である白人による非白人の支配が強化された。91年に関連法が撤廃され 別冊史料64、94年には黒人のマンデラが大統領に就任した。

⬆15 **区別された座席**　レストランやバスの座席、公衆トイレまで区別された。

➡16 **マンデラ大統領**（任1994～99）

（　）内の正しい方に○をつけよう！

自由・制限の観点から振り返ろう！

冷戦の終結前後には世界各地で民主化への動きが高まり、（北朝鮮・韓国）・フィリピン・台湾などでは（世襲・選挙）が行われ民主化が進んだ。一方、中国やミャンマーで起こった民主化運動は、そのつど政府・軍部などに（弾圧・援助）され民主化は進んでいない。

20世紀後半 ←18 日本 ←170 →182 東アジア ←176 →180 南・東南アジア ←176 →180

1 アジア諸国の独立と開発独裁

↓1 独立後のインドネシアの歩み

1945 インドネシア独立宣言

スカルノ政権（1945～67） 非同盟外交

デヴィ夫人　スカルノ

↑2 訪日したスカルノ（1966年） 左は第3夫人の日本人女性。

非同盟諸国・第三勢力の連携を推進

- 第1回アジア－アフリカ会議（バンドン会議）
- 第1回非同盟諸国首脳会議（1961）

発展途上国の連携で発言力を高める！

政策の背景 欧米からの政治的・経済的自立を志向 ➡ 1950年代後半から、欧米系石油企業などを接収・国有化 ➡ 欧米と対立

1965 クーデタ（九・三〇事件）

共産党支持派の陸軍将校のクーデタを鎮圧するという名目で、スハルト将軍ら軍部が実権を奪う

スハルト政権（1968～98） 開発独裁

↑3 新政権成立の発表を聞くスハルト（1966年） 1968年、正式に大統領となった。

独裁政治の下で経済開発を推進

独裁政治
- 反対派の弾圧
- 政治的自由の制限

経済開発
- 外国資本を導入して
  - ①資源開発（石油など）
  - ②工業化（先進国の下請けなど）
- アメリカの経済援助

冷戦の対立を利用して西側の援助を引き出す!

政策の背景 冷戦の激化（1965年、ベトナム戦争開始） ➡ 朴正熙政権（韓国）・マルコス政権（フィリピン）なども開発独裁を推進

1998 民主化運動

戦後のアジアの動き

赤字：国際紛争・対立　▒：開発独裁を行った指導者　○：このころ

中国（青字：対外関係）

1949	中華人民共和国成立（毛沢東主席）
53	第1次五か年計画
54	中華人民共和国憲法制定
58	第2次五か年計画（大躍進政策） 人民公社設立
59	チベット動乱
○	中ソ論争公然化
66	プロレタリア文化大革命（～76）
69	珍宝（ダマンスキー）島事件（対ソ）
71	国連代表権獲得
72	ニクソン米大統領、訪中 日中国交正常化
76	周恩来・毛沢東死去
79	アメリカと国交正常化
89	天安門事件
93	社会主義市場経済の導入（鄧小平（1904～97）により推進）
97	香港返還（一国二制度）
2001	世界貿易機関（WTO）加盟
08	北京オリンピック
10	GDP（国内総生産）世界第2位
15	アジアインフラ投資銀行発足

（時期区分：社会主義体制確立 → 大躍進→挫折 → 文化大革命 → 改革開放政策）

朝鮮半島（⬭：韓国大統領　緑字：北朝鮮関連）

1948	大韓民国（韓国）成立
	李承晩（任1948～60） A
	朝鮮民主主義人民共和国（北朝鮮）成立（金日成首相1948～72→主席72～94）
50	朝鮮戦争勃発 B
	（53 板門店で休戦協定）
61	朴正熙、軍事クーデタ C
	朴正熙（任1963～79）
65	日韓基本条約
80	光州事件
	全斗煥（任1980～88）
	盧泰愚（任1988～93）
88	ソウルオリンピック
91	国連に南北同時加盟
	金泳三（任1993～98）
97	金正日、総書記就任
	金大中（任1998～2003）
2000	南北初の首脳会談
03	6か国協議
12	金正恩が指導者となる
	朴槿恵（任2013～17）
	文在寅（任2017～　）

東南アジア

1945	インドネシア独立（スカルノ大統領 任45～67）
	ベトナム民主共和国独立（ホー＝チ＝ミン国家主席）
46	インドシナ戦争勃発（～54）
55	アジア－アフリカ（AA）会議
63	マレーシア連邦成立
65	シンガポール共和国成立（リー＝クアンユー首相 任～90） D
	ベトナム戦争勃発（～75） E
	フィリピン、マルコス独裁政権成立
67	東南アジア諸国連合（ASEAN）設立
68	インドネシア、スハルト独裁政権成立
70	カンボジア内戦（～91） F
75	カンボジア、ポル＝ポトが実権握る（～79）
86	フィリピン政変（アキノ政権成立）
	ベトナム、ドイモイ（刷新）政策
88	ビルマ（89～ミャンマー）、アウンサン＝スーチーの民主化運動
97	アジア通貨危機
98	インドネシア、スハルト政権崩壊
2005	第1回東アジア首脳会議開催
15	ASEAN経済共同体（AEC）
21	ミャンマーで軍事クーデター勃発

南アジア（⬭：インド首相）

1947	インド独立
	ネルー（任1947～64）
	パキスタン独立（ジンナー総督）
	第1次印パ（インド－パキスタン）戦争
48	ガンディー暗殺
	セイロン独立（72～スリランカ）
54	ネルー、周恩来と会談「平和五原則」提唱
62	中印国境紛争
65	第2次印パ戦争
	インディラ＝ガンディー（ネルーの娘）（任1966～77，80～84）
71	第3次印パ戦争 G →バングラデシュ独立（インドが支持）
74	インド、核実験成功
84	インディラ暗殺
○	インド、経済自由化推進
98	インド・パキスタン核実験
	シン（任2004～14）初のヒンドゥー教徒以外の首相
	モディ（任2014～　）

日本

1946	日本国憲法公布
51	サンフランシスコ講和会議 日米安全保障条約
56	日ソ共同宣言 国際連合に加盟
64	東海道新幹線開通 東京オリンピック
65	日韓基本条約
70	大阪万博
72	沖縄復帰 日中共同声明
73	石油危機
75	第1回サミット（主要国首脳会議）に出席
79	石油危機（第2次）
92	カンボジアへ国連平和維持活動（PKO）派遣
97	地球温暖化防止京都会議
2002	日韓共催サッカーワールドカップ
15	安保関連法成立
21	東京オリンピック

↑A 李承晩（韓国）

↑B 金日成（北朝鮮）

↑C 朴正熙（韓国）

↑D リー＝クアンユー（シンガポール）

↑E マルコス（フィリピン）

↑F ポル＝ポト（カンボジア）

↑G インディラ＝ガンディー（インド）

2 アジアの経済成長

⬅4 **アメリカに輸出される日本車**(1971年) 第二次世界大戦後、連合国の占領を受けていた日本は、1951年のサンフランシスコ平和条約➲p.155で独立を回復した。朝鮮特需などで経済復興に向かった日本は、1956年に国際連合に加盟して国際社会への復帰を遂げた。日本は同時期に高度経済成長➲p.165を迎え、その成長は1970年代初頭まで続いた。

⬆5 **韓国の自動車工場**(1987年) 韓国では、朴正熙による**開発独裁**以来、重工業も発展した。

MORE アジアNIEs

1970年代、台湾や香港、韓国、シンガポールは、質の高い労働力を背景に高い経済成長を遂げた。これらの国・地域は、1980年代には家電・サービス産業にも実績を上げて成長を続け、**新興工業経済地域(NIEs)**とよばれた。

⬆6 **中国 上海の高層ビル街**(上、2010年)と⬈7 **インドの自動車**(右上、2009年) 社会主義市場経済を導入した中国➲p.176は経済特区を設定して工業化を進め、国家戦略として鉄道・貿易港を含むインフラ整備を行い急速な発展を遂げた。インドは1991年に許認可制度の緩和、輸入機器の非課税策、外国企業への門戸開放を行い、飛躍的に経済成長を遂げた。

➡8 **中国とインドの経済発展**

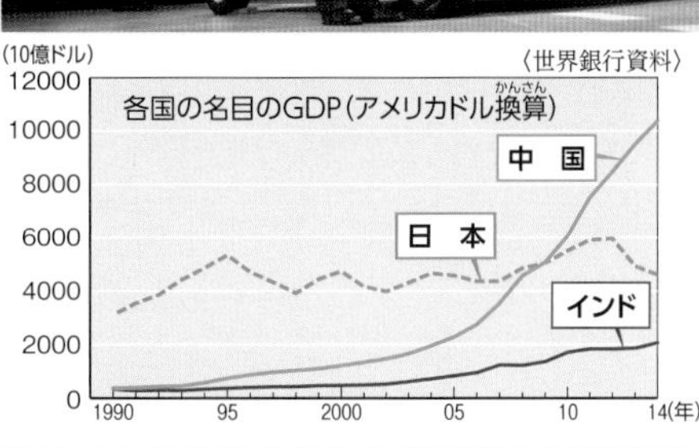

⬆9 **東南アジア諸国連合(ASEAN)首脳会議で手を取り合う各国首脳**(2015年) 東南アジア諸国では、豊富な労働力を背景に経済発展が広がっている。経済成長に伴い相互依存関係が強まったため、**ASEAN**域内の貿易自由化を目指して加盟国はFTA(自由貿易協定)を結び、2010年、先行加盟国6か国間でほぼすべての関税が撤廃された。また、2015年12月にはASEAN経済共同体(AEC)が発足した。

3 アジア諸国の諸課題

資源・エネルギーと地球環境 テーマで結ぶ世界　日本の高度経済成長期との共通点・相違点は何だろう。➲p.161、170

A 経済格差の拡大

➡10 **高層の高級住宅とスラム街**(インド、ムンバイ、2005年) アジア各国では、経済成長に伴い貧富の差が広がった。急速に発展する都市には、仕事を求め地方から多くの人が流入しているが、劣悪な環境に住む貧困層も多い。社会主義国の中国でも、経済特区や経済技術開発区などの都市を中心に富裕層が増えた一方で、所得の格差が、都市と農村との間でも、都市住民の内部でも拡大している。

MORE 揺らぐ中国の一国二制度

一国二制度とは、一国に社会主義と資本主義の二つの制度が共存していること。香港とマカオに適用*された。50年間は香港に「高度な自治」が保障されたが、返還後、中国政府は選挙や言論の自由に干渉。これに抗議し、雨傘運動(2014)や「逃亡犯条例撤回」のデモ(2019)が起こったが、警察は実力で鎮圧した。2020年、香港国家安全維持法が制定された。

主な事件と香港への影響

1842	**南京条約→香港島割譲** ➲p.89
60	北京条約→九竜半島南部割譲
98	英、新界租借→**英領香港成立**
1941	太平洋戦争→日本軍占領(~45)
45	イギリス軍が再度占領
50年代~	工業化に成功し経済発展
80年代~	アジアNIEsとして躍進
82	**香港返還交渉開始**
84	中英共同声明で返還に合意 (**一国二制度**、香港人による統治)
97	イギリスより**香港返還**
2020	香港国家安全維持法制定

*香港は1997年にイギリスから、マカオは1999年にポルトガルから返還された。

B 開発に伴う環境問題 ➲p.183

⬅11 **焼き払われる熱帯林**(インドネシア、スマトラ島、2012年) スマトラ島では、パーム油をとるための油やしや、紙パルプの原料となるアカシアなどを植林するために、熱帯林の伐採が大規模に進んだ。

⬅12 **市内の通りを埋めつくす反政府デモ**(2019年、香港)

特集 現代の民族問題と地域紛争

20世紀後半 ←18

1 各地の紛争と民族問題

A カシミール紛争

➡1 カシミール地方の宗教分布

インドとパキスタンは、カシミール地方の領有をめぐり、これまでに3回戦争を行った(印パ戦争 1947、65、71年)。両国の対立が続くなかで、1998年にインド・パキスタンともに核実験を成功させたことで世界中に緊張がはしった。

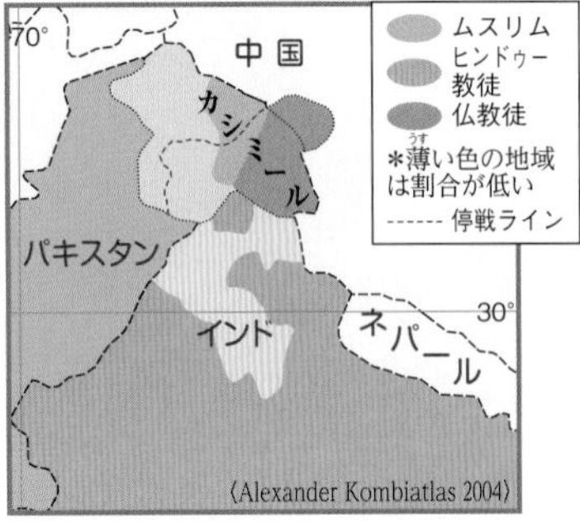

B アフガニスタン紛争

➡2 **国外退避を求めるアフガニスタン人らであふれるカーブルの空港**(2021年) 2001年、米英軍の攻撃➲p.183により**タリバーン政権**が倒された。その後2004年に新憲法が制定され、民主的な国家を目指したが、テロが多発。2021年、駐留していた米軍が撤退を始めると、8月にはタリバーンが復権した。

世界の主な紛争地域

- ロシアによるウクライナ侵攻(2022年～)
- シリア内戦(2011年～)
- チェチェン紛争(1991年～) D
- アフガニスタン紛争(2001年～) B
- ユーゴスラヴィア紛争(1991～2001年)
- 南オセチア紛争(2008年～)
- 北アイルランド紛争(1969～98年)
- ウイグル族の反政府運動(2009年～)
- バスク問題(1968年～)
- カシミール紛争(1947年～) A
- キプロス問題(1974年～)
- 南沙群島領有問題(1974年～)
- メキシコ先住民の反政府運動(1994年～)
- パレスチナ問題(1948年～)
- ダールフール紛争(2003～13年)
- クルド人問題(1923年～)
- ロヒンギャ難民問題(1962年～) C
- エチオピアとエリトリアの国境紛争(1998～2000年)
- ソマリア内戦(1980年代～)
- チベット人の反政府運動(1949年～)
- ルワンダ内戦(1990～94年)
- スリランカ民族対立(1983～2009年)

凡例: ✱ 主な紛争地域 / 「アラブの春」で政権が変わった国 / 難民10万人以上発生の国・地域(2018年現在) / ● 日本のPKO派遣地(終了も含む、2018年現在) / 核兵器保有国

C ロヒンギャ難民問題

⬆3 **避難するロヒンギャ**(2017年9月) ミャンマー西部に住むムスリムのロヒンギャは1962年の軍事クーデタ以来、迫害を受けていた。82年のミャンマー新憲法下では、ロヒンギャの多くを「不法移民」と位置づけた。国際的な非難が集まっているが、周辺諸国も受け入れを拒否している。

D カフカス地方をめぐる諸問題

⬆4 **カフカス地方の複雑な民族分布** カフカスは、多数の民族・宗教が複雑に分布し、境界紛争当事国双方が納得できる協定は難しい。ソ連時代は紛争を力で抑えていたが、ペレストロイカ➲p.174が民族運動を誘発した例がチェチェン紛争である。ロシア連邦内のチェチェン共和国は、1991年のソ連解体➲p.175に伴い独立を宣言したが、ロシアはそれを認めなかった。1994年に武装闘争が始まると、ロシアは軍を動員し、95年に制圧、96年に停戦が成立した(第1次チェチェン紛争)。1999年、武装グループが蜂起し、第2次紛争が勃発。2000年にプーチン大統領は地上軍を派遣し、首都グロズヌイなどを空爆した。ロシア軍は2009年までにはテロ組織を制圧したと発表したが、なおも独立要求は収まっていない。

MORE 資源開発が引き起こす領土問題

南沙群島は、1970年代に石油や天然ガスの埋蔵が判明し、注目されるようになった。海洋資源開発の技術が進歩し、東アジアのエネルギー需要が伸びるなかで、6つの国・地域が全域または一部について領有権を主張している。

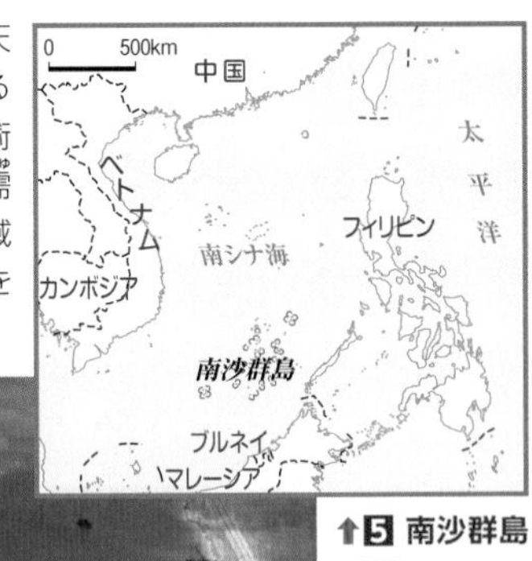

⬆5 南沙群島
⬅6 中国による埋め立てが進む南沙群島の岩礁(2015年) 左手には建設中の飛行場が見える。

東アジア ←178 →182
南・東南アジア ←178 →182
西アジア・アフリカ ←176 →182
ヨーロッパ ←174 →182
アメリカ ←174 →182

特集 中東戦争とイスラーム復興運動

1 アラブ民族主義の台頭

多様な人々の共存 テーマで結ぶ世界 民族を基準に人々をまとめようとすることの利点と課題とは何だろう。➲p.87、159

⬅1 スエズ運河の国有化を宣言したエジプトのナセル　ナセルはアラブ民族主義を掲げ、アスワン=ハイダム建設の資金調達のため、イギリスが権益を主張するスエズ運河➲p.85の国有化を宣言した。

⬇2 スエズ運河の国有化まで

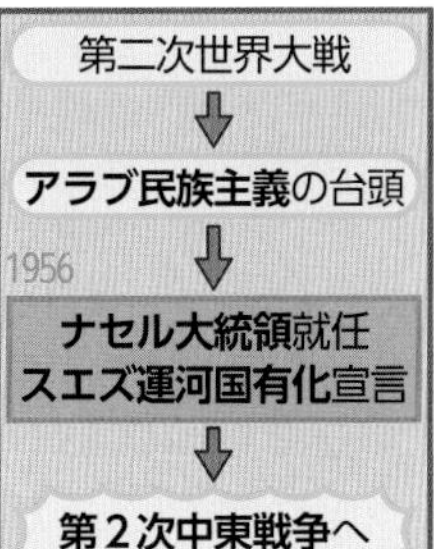

2 パレスチナ問題と中東戦争 ➲p.133

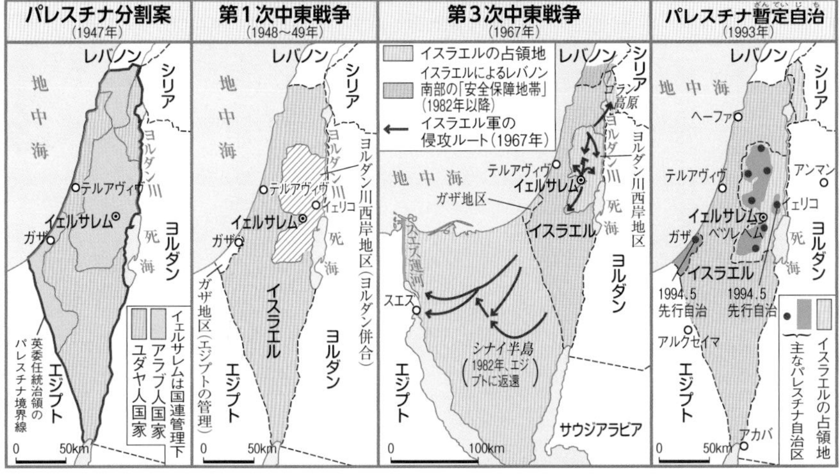

⬆3 パレスチナ問題と中東戦争　1947年に国連で決議されたパレスチナ分割案をアラブ側が拒絶したことで、ユダヤ人がイスラエルの建国を宣言すると、戦争が勃発した（第1次中東戦争）。

ユダヤ人
- 主に欧米からの移住者
- ユダヤ教
- ユダヤ人の国家建設を目標とし（シオニズム運動）、「イスラエル」を建国

パレスチナ人（アラブ側）
- パレスチナの先住民
- 主にイスラーム
- 「イスラエルの建国」に対し不満

⬇4 パレスチナ暫定自治協定の調印（1993年）　**イスラエル**と**パレスチナ解放機構（PLO）**との間で、パレスチナ人にガザ地区などでの暫定自治を認める協定が結ばれたが、反対派によって95年、ラビン首相が暗殺されるなど、和平への道は険しいままである。

パレスチナ問題の変遷

年	ユダヤ側	アラブ側	年
1916	サイクス-ピコ協定	フサイン-マクマホン書簡	1915
17	**バルフォア宣言**		
47	受諾 国連総会、パレスチナ分割案可決	拒否	47
48	イスラエル国建国宣言		
	勝利 **第1次中東戦争**（～49）（パレスチナ戦争）		48
	（米・英の支援）	エジプト、**スエズ運河国有化宣言**	
56	失敗 **第2次中東戦争**（スエズ戦争）		56
	（米・ソ連の反発）	**パレスチナ解放機構（PLO）結成**	64
67	圧勝 **第3次中東戦争**（六日戦争）	惨敗	67
		OAPEC（アラブ石油輸出国機構）結成	68
73	**第4次中東戦争**（十月戦争）		73
		OAPEC、石油戦略発動→石油危機（オイルショック）	
78	キャンプ=デーヴィッド合意		78
79	（単独和平） エジプト-イスラエル平和条約		79
82	イスラエル、**シナイ半島返還**　**レバノン侵攻**→	エジプト大統領**サダト暗殺**	81
		PLO、ベイルート退去	
		11.15 PLO、パレスチナ国家独立宣言採択（アルジェ）	88
91	中東和平会議		91
93	**パレスチナ暫定自治協定**に調印	（オスロ合意）	93
2008	イスラエル、ガザ空爆	パレスチナ、国連オブザーバー国家に昇格	2012
14	イスラエル、ガザ空爆		
21	イスラエル、ガザ空爆		

3 イスラーム復興運動

18世紀
西欧の脅威に直面したことで、初期イスラームの教えへの回帰を目指す「**ワッハーブ運動**」が起こった

↓

19世紀
アフガーニーらが、時代に即した近代的なイスラーム国家の建設を目指し、団結を訴えた

⬆5 アフガーニー（1838ごろ～97）

⬅6 イラン=イスラーム革命　1979年、近代化による社会的格差への不満から**イラン=イスラーム革命**が勃発。ホメイニ指導の下、イスラームの教えに基づく国づくりが行われた。翌年、革命の波及を恐れたイラクがアメリカなどの支援を受けて攻め込み、**イラン-イラク戦争**が勃発した。

4 アメリカと中東情勢

イラン - イラク戦争（1980～88年）

⬅7 停戦発表後に群衆に手を振るフセイン大統領（1988年）　イラン・イラクの国境紛争は全面戦争化した。

湾岸戦争（1991年）

⬅8 炎上するクウェートの油田と米軍の装甲車　イラクのクウェート侵攻に対し、米軍を主力とする多国籍軍が宣戦し圧勝。クウェートからイラク軍が一掃された。

同時多発テロ（9・11事件）（2001年9月11日）➔p.183

イラク戦争（2003～11年）➔p.172

米英両国がイラクのフセイン政権を倒した戦争。国際テロ組織アルカーイダ支援の疑いを名分としたが、大量破壊兵器は発見されず、アルカーイダとの関係も立証されなかった。

「アラブの春」と混乱

「アラブの春」とは2010年から11年にかけて、アラブ諸国で起こった民主化運動。民主化が定着しなかったところではIS（「イスラム国」）が拡大し、混乱は収まっていない。

グローバル化の進展と課題 ――国際社会の新たな形

HISTORY TOURS ヒストリーツアーズ

SNSを駆使した大統領

Donald J. Trump
47.7K Tweets
Follow
Donald J. Trump
@realDonaldTrump
45th President of the United States of America
Washington, DC Instagram.com/realDonaldTrump Joined March 2009
48 Following 68.2M Followers
Followed by Embassy of Armenia to the US, AFP news agency, and 17 others you follow

Donald J. Trump @realDonaldTrump · 56m
30.1K 39.2K 136.8K

Donald J. Trump
@realDonaldTrump
MAKE AMERICA GREAT AGAIN!
60.5K 230K

⬅⬆**2 トランプ元米大統領のツイート**（左：2020年1月、右：2017年2月）

⬅**1 トランプ元米大統領のTwitter**（2020年1月） 国民の前で演説をする自身の姿をヘッダー画像とし、アメリカの経済的利益を最優先とするツイートなどを繰り返していた。2021年、トランプ支持者が連邦議会議事堂に乱入した事件➲p.157をきっかけに、トランプのアカウントは永久凍結された。

チェック1 トランプ元米大統領のツイート数とフォロワー数が分かる場所を探してみよう。 ヒント Kは1000、Mは100万を意味している

チェック2 図1のヘッダー画像はどのようなイメージを広めようとしているのだろうか。
①諸外国から高い支持を得ていること ②多くの支持者がいること

チェック3 元大統領はTwitterのどのような特徴を使って支持を拡大したのだろうか。
①多くの人に瞬時に直接自分の考えを伝えられる点
②時間と愛情をかけて制作した動画を配信できる点

チェック

1 国際貢献と世界的な結びつき

⬅**3 日本企業が行う難民の自立支援** 紛争が続くアフガニスタン出身の難民女性などが、日本企業の支援を受けてアクセサリーを製作している。こうした活動は国連難民高等弁務官事務所（UNHCR）を通じて行われ、日本を含め多くの国の企業が貢献している。

➡**4 世界貿易の相互関係**

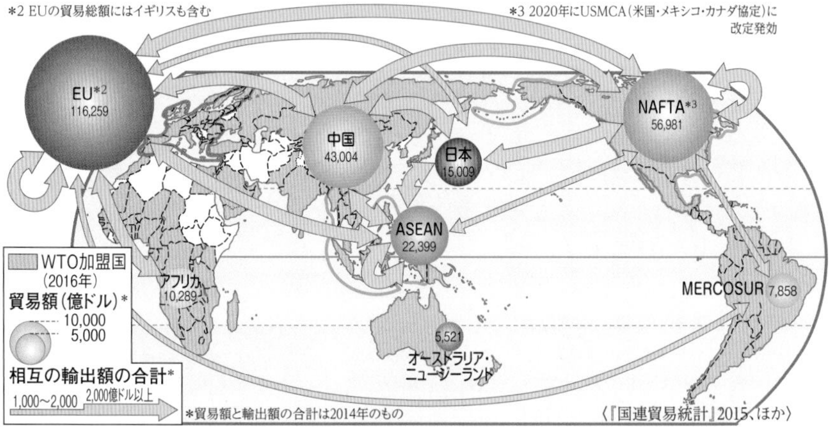

*2 EUの貿易総額にはイギリスも含む
*3 2020年にUSMCA（米国・メキシコ・カナダ協定）に改定発効

EU*2 116,259
中国 43,004
日本 15,009
NAFTA*3 56,981
ASEAN 22,399
アフリカ 10,289
MERCOSUR 7,858
5,521 オーストラリア・ニュージーランド
WTO加盟国（2016年）
貿易額（億ドル）* 10,000 5,000
相互の輸出額の合計* 1,000〜2,000 2,000億ドル以上
*貿易額と輸出額の合計は2014年のもの
〈『国連貿易統計』2015、ほか〉

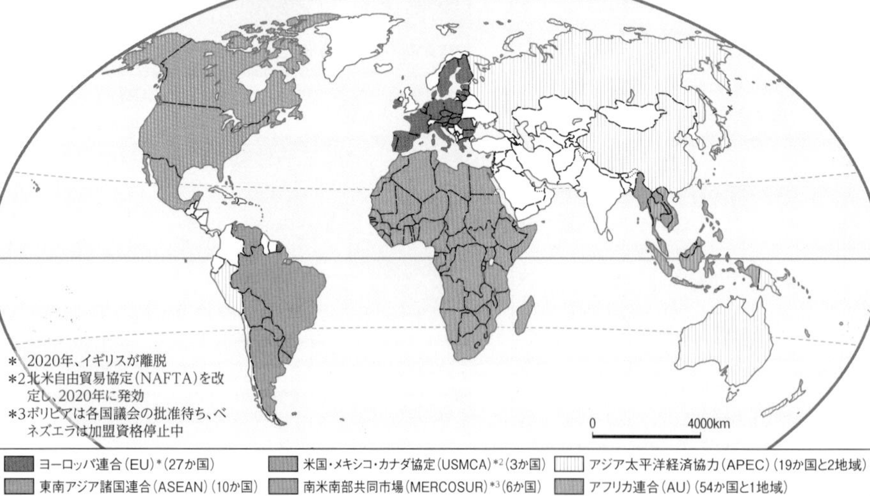

⬆**5 地域の結びつき** 経済面を中心とした地域統合の動きが進んでいる。ヨーロッパ連合（EU）では、加盟国の国民に対してEU内での移動を完全に自由化し、域内の共通通貨としてユーロを導入することで巨大な経済圏をつくっている。また、2012年にEU➲p.175がノーベル平和賞を受賞したことに表れるように、安全保障など経済統合にとどまらない役割もになっている。この他、アジア太平洋経済協力（APEC）や南米南部共同市場（MERCOSUR）などの地域経済圏の構築、東南アジア諸国連合（ASEAN）やアフリカ連合（AU）などの地域協力が展開されている。

MORE

反グローバル化とポピュリズム

ポピュリズムは、過度に単純な政策を掲げ、明確な「敵」をつくり上げて激しく攻撃することで熱狂的支持を得ることを特徴とする。近年、こうした特徴をもつ政治家や政党が各国で台頭している。彼らが掲げる自国第一主義や反移民政策はグローバル化に逆行するが、人々の既存政党への失望が表れていることも無視できない。

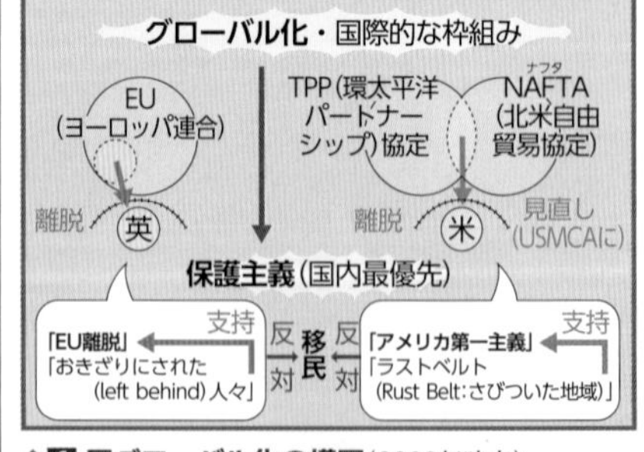

⬆**6 反グローバル化の構図**（2020年時点）

20世紀後半 ←18
日本 ←178
東アジア ←180
南・東南アジア ←180
西アジア・アフリカ ←180
ヨーロッパ ←180
アメリカ ←180

2 グローバル化の進展

高度情報通信 テーマで結ぶ世界　グローバルな情報通信技術の普及は、人々の行動をどう変えただろう。➲p.157

⬆7 **ウィンドウズ95の発売**　マイクロソフト社がパソコン向けのオペレーティングシステムとして1995年に発売したウィンドウズ95は、搭載しているインターネット接続機能とともに一般家庭へ急速に普及した。

⬅8 **スマートフォンを使用するマサイ族**　ケニア南部を中心に居住し、主に遊牧生活を営むマサイ族の間にも、スマートフォンなどの通信機器が広まっている。1980年代以降に展開した**情報通信技術(ICT)革命**は情報のグローバル化を急激に進め、今やスマートフォンやタブレットは私たちの生活に欠かせないものとなった。地域格差があるものの発展途上国でも普及は進み、世界人口の過半数がインターネットに接続できる環境となっている。

⬆9 **G20**(2019年、大阪)　「金融・世界経済に関する首脳会合」を正式名称とする国際会議で、世界的金融危機の発生を契機に発足した。日本での開催は2019年が初となる。ICTの発展もあり、翌年はテレビ会議も利用された。

3 国際社会の課題と対応

⬅10 **同時多発テロ(9・11事件)**　2001年9月11日、ニューヨークの世界貿易センターツインタワービルに、ハイジャックされた2機の飛行機が突入し多数の死傷者が出た。アメリカは反米イスラーム過激派組織であるアルカーイダの犯行と断定し、潜伏先のアフガニスタンへの攻撃を行った➲p.181。図は2機目の飛行機が突入した瞬間。

⬅11 **世界で一斉に暴落する株価**　2007年のサブプライムローン問題、翌年のリーマン=ショックに端を発し、アメリカで株価が暴落した。次いで欧州・世界へと広まり、国際的金融危機となった。日本でも、当時1万2000円程度であった日経平均株価は、一時6000円台まで下落し、1982年以来となる26年ぶりの安値を記録した。

MORE 環境問題と持続可能な開発目標(SDGs)

戦後の経済発展は、環境に大きな負荷を与えるものでもあった。1962年刊行の『沈黙の春』は、食物連鎖のなかで毒性を増した化学物質が生物にもたらす危険性を鋭く訴えた。日本でも地域開発を進める過程で水俣病などが発生し、公害は深刻かつ身近な問題となっていった。これに対応し、72年の国連人間環境会議から人類は世界全体で環境問題に向き合い、92年の地球サミットでは「持続可能な開発」という理念が提起された。気候問題については97年の京都議定書、2015年の**パリ協定**の採択によって温室効果ガスの削減目標が義務づけられた。環境問題を含む17の目標を定めた**SDGs**では、持続可能な社会のあり方が目指されている。➲p.170、179

〈IPCC第5次評価報告書 WGI Figure SPM.1〉

(℃)
＊縦軸は1961〜90年平均を0℃とする。
＊2折れ線の色の違いは、観測データの違いによる。

1880〜2012年で0.85℃上昇

縦軸：0.6 / 0.4 / 0.2 / 0.0 / −0.2 / −0.4 / −0.6
横軸：1850 / 1900 / 1950 / 2000(年)

⬆12 **世界の地上気温の経年変化**　第2次産業革命が始まる19世紀後半から、地上気温は細かな変動を繰り返しながらも、現在に至るまで上昇を続けている。

……ああ鳥がいた、と思っても、死にかけていた。ぶるぶるからだをふるわせ、飛ぶこともできなかった。春がきたが、沈黙の春だった。……病める世界――新しい生命の誕生をつげる声ももはやきかれない。……すべては、人間がみずからまねいた禍だった。……
〈レイチェル=カーソン著、青樹簗一訳『沈黙の春』〉

➡13 **レイチェル=カーソン**(1907〜64)

あなた方は、自分の子どもたちを何よりも愛していると言いながら、その目の前で、子どもたちの未来を奪っています。
(COP24での演説より、2018年、当時15歳)

➡14 **スウェーデンの国会議事堂前に座り込み気候変動対策をよびかけるグレタ=トゥーンベリ**(2018年)　SNSを通して#FridaysForFuture(未来のための金曜日)として毎週金曜日に気候変動対策を求めるストライキを開催することをよびかけ、多くの賛同を得た。

MORE RESEARCH　SDGs　国連広報センター

開発・保全の観点から振り返ろう!　(　)内の正しい方に○をつけよう!

グローバル化とともに進展する地域統合によって経済活動も(活発化・停滞)し、なかには人道的支援を行う企業も現れている。一方、技術や産業の発展は長期的には気候変動に代表される(環境・人権)問題を生み出してもいる。こうした課題の解決を目指す、持続可能な開発目標(UNHCR・SDGs)が示されている。

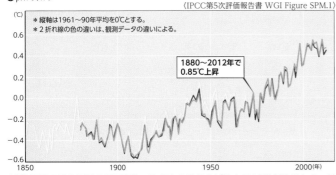

特集 日本の歴代内閣一覧表

時代	内閣総理大臣	期間	出身地	主な事項
明治	1 伊藤博文①	1885.12-1888.4(861日)	山口県	○外相 井上馨 ○内閣制度発足(85) ○鹿鳴館外交(83~87) ○ノルマントン号事件(86) ○保安条例公布(87) ○市制町村制公布(88) ➲p.96、108
明治	2 黒田清隆	1888.4-1889.10(544日)	鹿児島県	○大日本帝国憲法発布(89) ○超然主義を表明(89) ➲p.98
明治	3 山県有朋①	1889.12-1891.4(499日)	山口県	○府県制・郡制公布(90) ○第1回帝国議会開催(90) ○教育勅語発布(90) ➲p.99
明治	4 松方正義①	1891.5-1892.7(461日)	鹿児島県	○第2回衆院選で品川弥二郎内相が選挙干渉(92) ○大津事件(91)→条約改正交渉中断 ➲p.108
明治	5 伊藤博文②	1892.8-1896.8(1485日)	山口県	○外相 陸奥宗光 ○日英通商航海条約調印(94)→領事裁判権撤廃 ➲p.105、109 ○日清戦争開始(94)→下関条約調印(95)→三国干渉(95) ○閔妃殺害事件(95)
明治	6 松方正義②	1896.9-1897.12(482日)	鹿児島県	○貨幣法公布(97)→金本位制確立 ➲p.110
明治	7 伊藤博文③	1898.1-1898.6(170日)	山口県	○憲政党結成(98、自由・進歩合同)
明治	8 大隈重信①	1898.6-1898.10(132日)	佐賀県	○憲政党(最初の政党内閣) ○「隈板内閣」とよばれる
明治	9 山県有朋②	1898.11-1900.9(711日)	山口県 陸軍大将	○文官任用令の改正(99) ○治安警察法公布(00) ○衆院選挙法改正(00、直接国税10円以上) ○軍部大臣現役武官制確立(00) ○義和団事件に際し出兵(00) ○立憲政友会結成(00) ➲p.106
明治	10 伊藤博文④	1900.10-1901.5(204日)	山口県	○八幡製鉄所操業開始(01) ➲巻頭8、p.111
明治	11 桂太郎①	1901.6-1905.12(1681日)	山口県 陸軍大将	○外相 小村寿太郎 ○日英同盟協約締結(02) ○日露戦争開始(04)→ポーツマス条約調印(05)→日比谷焼打ち事件(05) ○第1.2次日韓協約(04、05) ➲p.107、114
明治	12 西園寺公望①	1906.1-1908.7(920日)	京都府 公家	○鉄道国有法公布(06) ○南満州鉄道株式会社設立(06) ○ハーグ密使事件(07) ○第3次日韓協約(07) ➲p.114
明治	13 桂太郎②	1908.7-1911.8(1143日)	山口県	○戊申詔書発布(08) ○大逆事件(10、ムチ=社会運動への弾圧) ○韓国併合(10) ○日米通商航海条約調印(11)→関税自主権回復 ○工場法公布(11、アメ=社会政策的配慮) ➲p.109、114
明治	14 西園寺公望②	1911.8-1912.12(480日)	京都府	○明治から大正へ(1912.7)
大正	15 桂太郎③	1912.12-1913.2(62日)	山口県	○第一次護憲運動「閥族打破・憲政擁護」(12-13、大正政変)
大正	16 山本権兵衛①	1913.2-1914.3(421日)	鹿児島県 海軍大将	○軍部大臣現役武官制改正(13) ○文官任用令改正(13) ○ジーメンス事件(14)
大正	17 大隈重信②	1914.4-1916.10(908日)	佐賀県	○第一次世界大戦参戦(14) ○二十一カ条要求(15) ➲p.126、127
大正	18 寺内正毅	1916.10-1918.9(721日)	山口県 陸軍大将	○西原借款開始(17) ○金輸出禁止(17) ○石井・ランシング協定調印(17) ○シベリア出兵宣言(18) ○米騒動(18) ➲p.126、127、129
大正	19 原敬	1918.9-1921.11(1133日)	岩手県	○三・一独立運動(19) ○五・四運動(19) ○衆議院議員選挙法の改正(19、直接国税3円以上) ○ヴェルサイユ条約調印(19) ○国際連盟加盟(20) ➲p.131、132
大正	20 高橋是清	1921.11-1922.6(212日)	東京都	○ワシントン会議開催(21) →四カ国条約(21)・ワシントン海軍軍縮条約(22)・九カ国条約(22) ➲p.131
大正	21 加藤友三郎	1922.6-1923.8(440日)	広島県 海軍大将	○シベリア撤兵完了(22) ○石井・ランシング協定廃棄(23) ○関東大震災(23.9.1)
大正	22 山本権兵衛②	1923.9-1923.12(128日)	鹿児島県 海軍大将	
大正	23 清浦奎吾	1924.1-1924.6(157日)	熊本県	○第二次護憲運動(24)→政友本党と提携し対抗
大正	24 加藤高明①②	1924.6-1926.1(597日)	愛知県	○①護憲三派→②憲政会 ○外相 幣原喜重郎 ○日ソ基本条約締結(25、ソ連と国交樹立) ○治安維持法成立(25、ムチ) ○普通選挙法成立(25、アメ) ➲p.136
大正	25 若槻礼次郎①	1926.1-1927.4(446日)	島根県	○大正から昭和へ(1926.12) ○金融恐慌開始(27)
昭和	26 田中義一	1927.4-1929.7(805日)	山口県 陸軍大将	○財政：高橋是清蔵相のモラトリアム(27) ○三・一五事件、治安維持法改正(死刑追加)、全国に特高設置(28)、四・一六事件(29) ○山東出兵(27~28) ○張作霖爆殺事件(28) ➲p.142
昭和	27 浜口雄幸	1929.7-1931.4(652日)	高知県	○世界恐慌(29)→金解禁(30)→昭和恐慌 ○ロンドン海軍軍縮条約(30)→統帥権干犯問題 ○重要産業統制法公布(31) ➲p.131、142
昭和	28 若槻礼次郎②	1931.4-1931.12(244日)	島根県	○柳条湖事件(31.満州事変勃発)→不拡大方針を声明 ➲p.142
昭和	29 犬養毅	1931.12-1932.5(156日)	岡山県	○金輸出再禁止(31) ○血盟団事件(32) ○「満州国」建国(32) ○五・一五事件(32) ➲p.142、143
昭和	30 斎藤実	1932.5-1934.7(774日)	岩手県 海軍大将	○日満議定書調印(32) ○国際連盟脱退通告(33) ○滝川事件(33) ○塘沽停戦協定(33) ➲p.142
昭和	31 岡田啓介	1934.7-1936.2(611日)	福井県 海軍大将	○天皇機関説問題(35)→国体明徴声明(35) ○二・二六事件(36) ➲p.142、143
昭和	32 広田弘毅	1936.3-1937.1(331日)	福岡県 文官	○日独防共協定調印(36) ➲p.144
昭和	33 林銑十郎	1937.2-1937.5(123日)	石川県 陸軍大将	
昭和	34 近衛文麿①	1937.6-1939.1(581日)	東京都 公家	○盧溝橋事件→日中戦争勃発(37) ○国民精神総動員運動開始(37) ○日独伊三国防共協定調印(37) ○南京事件(37) ○国家総動員法公布(38) ➲p.144、145
昭和	35 平沼騏一郎	1939.1-1939.8(238日)	岡山県	○ノモンハン事件(39) ○国民徴用令公布(39) ○日米通商航海条約廃棄通告(39) ○独ソ不可侵条約締結「欧州情勢は複雑怪奇」(39) ➲p.144
昭和	36 阿部信行	1939.8-1940.1(140日)	石川県 陸軍大将	○第二次世界大戦勃発(39)→不介入の方針 ➲p.144、146

1 2…は内閣の順番を、①②…は第1次・第2次内閣を示す。
緑字の事項は対外関係を示す。

内閣総理大臣	期間	出身地

昭和

37 米内光政 1940.1-1940.7(189日) 岩手県 海軍大将
○近衛、新体制運動推進(40) ➔p.144

38·39 近衛文麿②③ 1940.7-1941.7,1941.7-1941.10(455日) 東京都
②○日独伊三国同盟締結(40) ○大政翼賛会発足(40) ○日ソ中立条約締結(41)
③○南部仏印進駐(41)→米、対日石油禁輸 ○帝国国策遂行要領決定(41) ➔p.144、147

40 東条英機 1941.10-1944.7(1009日) 東京都 陸軍大将
○ハル=ノート(41)→太平洋戦争開戦 ○翼賛選挙(42)
○ミッドウェー海戦(42)→日本劣勢へ ○大東亜会議開催(43)
○サイパン島陥落(44)→本土空襲へ ➔p.145、148

41 小磯国昭 1944.7-1945.4(260日) 栃木県 陸軍大将
○ヤルタ会談開催(45.2)
○米軍、沖縄慶良間列島に上陸(45.3)
➔p.148、149、151

42 鈴木貫太郎 1945.4-1945.8(133日) 大阪府 海軍大将
○広島原子爆弾投下(45.8.6) ○ソ連参戦(45.8.8)
○長崎原子爆弾投下(45.8.9)
○ポツダム宣言受諾(45.8.14)→終戦の詔書放送(45.8.15) ➔p.150、154

43 東久邇宮稔彦 1945.8-1945.10(54日) 京都府 皇族
○降伏文書調印(45)
○GHQによる人権指令拒絶
➔p.154

44 幣原喜重郎 1945.10-1946.4(226日) 大阪府
○五大改革指令(45) ○衆議院議員選挙法改正(45、満20歳以上、婦人参政権)
○天皇の人間宣言(46) ○公職追放を指令(46) ○金融緊急措置令施行(46)
○新選挙法による衆院選(46) ➔p.136、154

45 吉田茂① 1946.5-1947.5(368日) 高知県
○第二次農地改革(46) ○日本国憲法公布(46)
○傾斜生産方式採用(46) ○教育基本法公布(47)
○労働基準法公布(47) ○独占禁止法公布(47) ➔p.154

46 片山哲 1947.5-1948.2(292日) 神奈川県
○過度経済力集中排除法公布(47)

47 芦田均 1948.3-1948.10(220日) 京都府

48~51 吉田茂②~⑤ 1948.10-1954.12(2248日) 高知県
○経済安定九原則実行指令(48)→ドッジ=ライン(49)
○朝鮮戦争開始(50)→警察予備隊の新設(50)・特需景気
○サンフランシスコ平和条約・日米安全保障条約調印(51)→社会党の分裂
○MSA協定調印(54)→自衛隊発足(54) ➔p.155

52~54 鳩山一郎①~③ 1954.12-1956.12(745日) 東京都
○左右社会党の統一(55)
○自由民主党結成(55、保守合同)→55年体制
○日ソ共同宣言調印(56)→国際連合加盟(56) ➔p.156、164

55 石橋湛山 1956.12-1957.2(65日) 東京都 ジャーナリスト

56·57 岸信介①② 1957.2-1960.7(1241日) 山口県
○貿易の自由化開始(59)
○日米新安保条約調印(60)→60年安保闘争による混乱
➔p.164

58~60 池田勇人①~③ 1960.7-1964.11(1575日) 広島県
○所得倍増計画決定(60)→LT貿易取決め締結(62)
○農業基本法公布(61)
○東海道新幹線開通(64)→オリンピック東京大会(64) ➔p.165、170

61~63 佐藤栄作①~③ 1964.11-1972.7(2798日) 山口県
○米、北爆開始(65) ○いざなぎ景気 ○日韓基本条約調印(65)
○公害対策基本法公布(67)→環境庁設置(71) ○日本万国博覧会開催(70)
○沖縄返還協定調印(71)→沖縄復帰(72) ○ドル=ショック(71) ➔p.169、171

64·65 田中角栄①② 1972.7-1974.12(886日) 新潟県
○列島改造ブーム
○日中共同声明(72、日中国交正常化)
○第1次石油危機(73)→高度経済成長終焉 ➔p.168、169

66 三木武夫 1974.12-1976.12(747日) 徳島県
○第1回サミット参加(75)
○ロッキード事件発覚(76)
➔p.169

67 福田赳夫 1976.12-1978.12(714日) 群馬県
○日中平和友好条約調印(78)
➔p.168

68·69 大平正芳①② 1978.12-1980.6(554日) 香川県
○第2次石油危機(79)

70 鈴木善幸 1980.7-1982.11(864日) 岩手県

71~73 中曽根康弘①~③ 1982.11-1987.11(1806日) 群馬県
○NTT・JT発足(85) ○男女雇用機会均等法公布(85)
○G5でプラザ合意(85)
○JR発足(87) ➔p.171

74 竹下登 1987.11-1989.6(576日) 島根県
○リクルート事件(88)
○昭和から平成へ(1989.1)
○消費税法施行(89)

平成

75 宇野宗佑 1989.6-1989.8(69日) 滋賀県

76·77 海部俊樹①② 1989.8-1991.11(818日) 愛知県
○湾岸戦争(90~91) ○バブル経済崩壊(91) ➔p.171、181

78 宮沢喜一 1991.11-1993.8(644日) 広島県
○PKO(国連平和維持活動)協力法施行(92)
○平成不況

79 細川護熙 1993.8-1994.4(263日) 熊本県

80 羽田孜 1994.4-1994.6(64日) 長野県

81 村山富市 1994.6-1996.1(561日) 大分県
○阪神・淡路大震災(95)
○地下鉄サリン事件(95)
○戦後50年の首相談話(95)

82·83 橋本龍太郎①② 1996.1-1998.7(932日) 岡山県
○日米安保共同宣言
○アイヌ文化振興法公布(97)
○京都議定書採択(97) ➔p.183

84 小渕恵三 1998.7-2000.4(616日) 群馬県
○新ガイドライン関連法公布(99)

85·86 森喜朗①② 2000.4-2001.4(387日) 石川県

87~89 小泉純一郎①~③ 2001.4-2006.9(1980日) 神奈川県
○米で同時多発テロ(01)→テロ対策特措法公布(01)
○日朝首脳会談(02)→日朝平壌宣言(02)
○イラク戦争(03) ○郵政民営化法公布(05) ➔p.177、183

90 安倍晋三① 2006.9-2007.9(366日) 山口県
○教育基本法改正(06)
○防衛省発足(07)

91 福田康夫 2007.9-2008.9(365日) 群馬県

92 麻生太郎 2008.9-2009.9(358日) 福岡県

93 鳩山由紀夫 2009.9-2010.6(266日) 北海道

94 菅直人 2010.6-2011.8(452日) 東京都
○東日本大震災(11) ○東京電力福島第一原発事故(11)

95 野田佳彦 2011.9-2012.12(482日) 千葉県

96~98 安倍晋三②~④ 2012.12-2020.9(2822日) 山口県
○アベノミクス推進 ○安全保障関連法成立(15、集団的自衛権行使の容認)
○平成から令和へ(19.5) ○新型コロナウイルス流行(20)

令和

99 菅義偉 2020.9-2021.10(384日) 秋田県

100·101 岸田文雄①② 2021.10- 東京都

年表①（1500年～1770年）

使い方　赤字　戦争・紛争に関すること　青字　文化に関すること

16世紀（1500～1600）

アメリカ・オセアニア

大航海時代
1500　カブラル、ブラジル到達(葡)
1501～02　アメリゴ=ヴェスプッチ、南米大西洋岸踏査
1513　バルボア、太平洋に到達
1519～21　コルテス、アステカ王国征服
1532　ポルトガル、ブラジル領有
1532～33　ピサロ、インカ帝国征服
○ラス=カサス(1484～1566)
1545　スペイン、ポトシ銀山採掘開始(16世紀後半価格革命起こる)

ヨーロッパ

1513～21　レオ10世贖宥状(免罪符)販売　聖ピエトロ大聖堂大修築
1516～56　カルロス1世(神聖ローマ皇帝カール5世)(ハプスブルク家)
宗教改革
1517　ルター(1483～1546)「95か条の論題」
1521　ヴォルムス帝国議会　ルター破門
1524～25　ドイツ農民戦争(トマス=ミュンツァー死)
○北欧3国ルター派採用
1529　第2回シュパイアー帝国議会(新教徒、皇帝に抗議しプロテスタントとよばれる)
1534　国王至上法(首長法)発布　イギリス国教会成立
1534　イグナティウス=ロヨラらイエズス会創立
1536　カルヴァン『キリスト教綱要』発表
1541～64　カルヴァン、ジュネーヴにて神権政治
1545～63　トリエント公会議(反宗教改革会議)
1555　アウクスブルクの宗教和議
1556～98　フェリペ2世(西)(スペイン=ハプスブルク家)
1558～1603　エリザベス1世(英)
1559　統一法公布　イギリス国教会確立
1559　カトーカンブレジ和約、イタリア戦争終結
1562　ユグノー戦争始まる(～98)
1572　サン=バルテルミの虐殺
1580　フェリペ2世、ポルトガル併合(～1640)
1588　スペイン無敵艦隊、イギリスに敗れる(アルマダの海戦)
1598　ナントの王令
1600　英、東インド会社設立

ルネサンス
○レオナルド=ダ=ヴィンチ(1452～1519)「モナ=リザ」「最後の晩餐」
1513　マキァヴェリ(1469～1527)『君主論』
○ラファエロ(1483～1520)「アテネの学堂」
1519　マゼラン(マガリャンイス)艦隊の世界周航(～22)
○デューラー(1471～1528)
1526　モハーチの戦い(ハンガリーの一部、オスマン支配下に入る)
1529　オスマン軍、第1次ウィーン包囲
1538　プレヴェザの海戦(オスマン海軍、スペイン・教皇連合艦隊撃破)
1543　コペルニクス(1473～1543)『天球の回転について』(地動説)
1547　イヴァン4世(露)、ツァーリの称号を正式に採用
○ミケランジェロ(1475～1564)「最後の審判」「ピエタ」
1568　オランダ独立戦争始まる(～1609)
1571　レパントの海戦(スペイン・教皇・ヴェネツィア連合艦隊、オスマン海軍撃破)
1581　オランダ(ネーデルランド連邦共和国)独立宣言
1582　グレゴリウス13世の暦法改正(現行太陽暦)
○ロシアのシベリアへの発展始まる
1583　ガリレオ=ガリレイ(1564～1642)地動説を立証
1593～98　オスマン軍、オーストリアへ侵入
○シェークスピア(1564～1616)『ロミオとジュリエット』『ヴェニスの商人』

17世紀（1600～1700）

アメリカ・オセアニア

1607　ヴァージニア植民地(英)
1608　ケベック市建設(仏)
1620　メイフラワー契約、ピルグリム=ファーザーズ(ピューリタン)プリマス上陸(ニューイングランド)
1626　ニューアムステルダム建設(蘭)
1655　イギリス、ジャマイカ島占領
1664　イギリス、ニューアムステルダムを占領し、ニューヨークと改称
1679～82　フランス人ラ=サール、ミシシッピ川探検
1682　ラ=サール、ミシシッピ流域をルイジアナと命名(ルイジアナ植民地建設)
1689～97　ウィリアム王戦争(英・仏植民地戦争)

ヨーロッパ

1603～25　ジェームズ1世(英)、王権神授説を主張
1604　仏、東インド会社設立(まもなく中断)
1610～43　ルイ13世(母后マリー=ド=メディシス摂政)(仏)
1624～42　宰相リシュリュー(仏)
1625～49　チャールズ1世(英)
1628　英議会、「権利の請願」を起草
1629　チャールズ1世、議会を解散(～40無議会時代)
1635　仏、三十年戦争に介入
1639　スコットランドの反乱(英)
1640.4～.5　短期議会　.11　長期議会(～53)(英)
1642～49　ピューリタン(清教徒)革命(英)
1642～61　宰相マザラン(仏)(1602～61)
1643～1715　ルイ14世(仏)「朕は国家なり」
1645　ネーズビーの戦い(王党派敗北)(英)
1649　チャールズ1世処刑　共和政宣言(～60)
1649～58　クロムウェル独裁(英)
1649　クロムウェル、アイルランド征服
1651　航海法制定(英)
1653　クロムウェル、護国卿となる
1660　英、王政復古(～85　チャールズ2世)
1661　ルイ14世の親政始まる　ルイ14世、王権神授説を唱える
1665～83　財務総監コルベール(仏)　○絶対王政の全盛期
1670　ドーヴァー密約(英仏間)
1673　審査法制定(英)
○イギリスで、トーリ・ホイッグ(ウィッグ)の2大政党おこる
1679　人身保護法制定(英)
1685　ナントの王令廃止
1685～88　ジェームズ2世(英)
1688～89　名誉革命(英)
1689　ウィリアム3世(～1702)・メアリ2世(～94)の共同統治
1689　「権利の宣言」→「権利の章典」(英)
1694　イングランド銀行設立(英)

1602　蘭、連合東インド会社設立
1609　スペイン・オランダ間休戦条約成立
1618　ボヘミア(ベーメン)反乱
1618～48　三十年戦争(新教徒対旧教徒)
○オランダの海外発展
1625　グロティウス(1583～1645)『戦争と平和の法』自然法
○バロック美術
1633　ガリレイ、宗教裁判をうける(地動説)
1635　リシュリュー、アカデミー=フランセーズ創設(仏)
1638　ロシア、太平洋岸に到達
1640　ポルトガル、スペインより独立
1642　タスマン、タスマニア・ニュージーランド探検
1648　ウェストファリア(ヴェストファーレン)条約
(三十年戦争終結、スイス・オランダの独立承認)
○神聖ローマ帝国の実質的解体
1651　ホッブズ(1588～1679)『リヴァイアサン』社会契約説
1652　蘭、ケープ植民地建設
1652～54　第1次英蘭(イギリス-オランダ)戦争
1665～67　第2次英蘭戦争
1667～68　南ネーデルランド継承戦争(ルイ14世)
1667　ミルトン(1608～74)『失楽園』
1672～74　第3次英蘭戦争
1672～78　オランダ侵略戦争(ルイ14世オランダに侵入)
○古典主義文学
コルネイユ(1604～84)　モリエール(1622～73)　ラシーヌ(1639～99)
1682～89　イヴァン5世、ピョートル1世(～1725)と共治(露)
1683　オスマン軍、第2次ウィーン包囲失敗
1687　モハーチの勝利(オスマン帝国よりハンガリー奪還)
1687　ニュートン(1642～1727)『プリンキピア』万有引力の法則
1688～97　プファルツ(ファルツ)継承戦争(ルイ14世)
○スペイン王位継承問題起こる
1690　ロック(1632～1704)『統治二論』

18世紀（1700～1770）

アメリカ・オセアニア

1702～13　アン女王戦争
1713　ユトレヒト条約(英は仏よりニューファンドランド・アカディア・ハドソン湾地方を獲得)
1732　(13植民地成立)
1744～48　ジョージ王戦争
1755～63　フレンチ-インディアン戦争
1763　パリ条約(仏、ミシシッピ川以東のルイジアナを英に割譲)
1764　英、砂糖法発布
1765　英、印紙法発布
1767　英、タウンゼンド諸法
1768～71　クック、第1次南太平洋探検

ヨーロッパ

1701～13　スペイン継承戦争(英・墺・普・蘭 対 仏・西)
1702～14　アン女王(英)
1707　グレートブリテン王国成立(スコットランドと合同)
1712　ニューコメン、蒸気機関発明
1721～42　ウォルポール内閣(英)　責任内閣制の確立
イギリスで産業革命が進展
1733　ジョン=ケイ、飛び杼を発明
1740～48　オーストリア継承戦争(墺・英 対 仏・西・普)
1756～63　七年戦争(英・普 対 墺・仏・西・露・スウェーデン)
1760～1820　ジョージ3世(英)
1764　ハーグリーヴズ、ジェニー紡績機
1765～69　ワット、蒸気機関改良
1768　アークライト、水力紡績機

1700～21　北方戦争
1712　露、サンクトペテルブルク遷都
1721　ニスタット条約(露、バルト海沿岸を獲得)
○バッハ(1685～1750)バロック音楽　○ヘンデル(1685～1759)バロック音楽
1727　キャフタ条約(モンゴル・シベリアの国境画定)
1740～80　マリア=テレジア(墺)(1745～65　フランツ1世と共治)
1740～86　フリードリヒ2世(普)(啓蒙専制君主)
○啓蒙思想広まる
1748　モンテスキュー(1689～1755)『法の精神』　三権分立論
1762　ルソー『社会契約論』
○ヴォルテール(1694～1778)『哲学書簡』
1762～96　エカチェリーナ2世(露)
1768～74　第1回ロシア-トルコ(露土)戦争

1500〜1600（16世紀）

アジア・アフリカ

1501　**イスマーイール1世、イランにサファヴィー朝樹立**(〜1736)
1510　ポルトガル、ゴア占領
1511　ポルトガル、マラッカ占領
1517　ポルトガル人広州にいたる、明と貿易開始
1518　ポルトガル、コロンボ占領、セイロン島支配
○シク教祖ナーナク(1469〜1538)
○王陽明(王守仁1472〜1528)陽明学を説く(知行合一)
1520〜66　**スレイマン1世**(オスマン帝国)　○オスマン帝国発展
1526　**バーブル**、デリーを占領しムガル帝国建国(〜1858)
○北虜南倭(モンゴル族と倭寇の明への侵入さかん)
○明、江南地方で**一条鞭法**実施
1535　オスマン帝国、フランスにカピチュレーションを与える
1542〜82　**モンゴルのアルタン=ハーン活躍**
1557　**ポルトガル人のマカオ居住を許す**
1564　**アクバル(ムガル帝国)、ジズヤ(非ムスリムへの人頭税)を廃止**
1567　明、海禁を緩和
1571　**スペイン、マニラを建設**
1572〜1620　**万暦帝(神宗)**(明)　**張居正の改革政治**(1573〜82)
1582　マテオ=リッチ(利瑪竇1552〜1610)、マカオに上陸
○満洲族の勃興
1587〜1629　**アッバース1世**(サファヴィー朝最盛期)
1592　壬辰倭乱(豊臣秀吉の朝鮮侵入、文禄の役、〜93)
1597　丁酉倭乱(再度の朝鮮侵入、慶長の役、〜98)
1597　サファヴィー朝、**イスファハーンに遷都**
1596　オランダ人、ジャワ到達

日本（室町時代・戦国時代・安土・桃山時代）

日本の生活・文化史

1526　石見銀山発見
1533　○石見銀山で灰吹法による精錬に成功、日本銀の生産量増大
1542　生野銀山発見
1543　ポルトガル人、**種子島**に漂着し鉄砲を伝える
1549　**フランシスコ=ザビエル**、鹿児島に来着、キリスト教を各地に伝える
○**南蛮貿易**で**堺**・平戸栄える
1562　**大村純忠**(**キリシタン大名**)、教会領寄進
1565　**狩野永徳**「洛中洛外図屛風」
1569　織田信長、フロイスの京都布教許可
○**茶道**・猿楽・連歌大流行
1577　**千利休**、茶会を催す
1579　信長、オルガンティノに安土の教会建立許可
1582　大友・大村・有馬の3大名、ローマ教皇に少年使節を派遣(**天正遣欧使節**)(〜90長崎帰着)
○方広寺大仏殿建立
1587　聚楽第落成　豊臣秀吉、**バテレン追放令**(キリスト教宣教師の国外退去令)
1590　**天正遣欧使節**を連れ帰ったヴァリニャーニ、活版印刷術伝える
1591　千利休切腹を命じられる(71歳)
1593　**天草版(キリシタン版)**「伊曽保物語(ローマ字本)」
○朝鮮より活字印刷・製陶法伝わる
1596　秀吉、キリスト教徒26人処刑(26聖人殉教)

日本の政治・外交史

1510　朝鮮で三浦の乱、日朝間断絶
1512　対馬の宗氏、朝鮮と壬申約条を締結(国交復活)
1523　**寧波の乱**(寧波で大内・細川の使者争う)
1550　ポルトガル船、**平戸**に入港
1560　**桶狭間の戦い**(**織田信長**、今川義元を討つ)
1571　**信長**、**比叡山延暦寺焼打ち**
1573　**室町幕府滅亡**(将軍義昭を信長、追放)
1575　**長篠合戦**(信長・家康軍、武田軍を破る)
1576　信長、**安土城**を築き居城とする
1580　イギリス商船、**平戸**に来航
1582　**本能寺の変**→明智光秀の奇襲、信長自害山崎の合戦で**羽柴秀吉**、光秀を討つ　**太閤検地**開始(〜98)
1583　秀吉、石山本願寺跡に**大坂城**を築城開始
1585　秀吉、**関白**となり**藤原姓**を受ける
1586　秀吉、太政大臣となり、**豊臣**の姓を賜る
1588　秀吉、**刀狩令**・**海賊取締令**発布
1590　秀吉、**全国統一**
1591　**人掃令**(翌92　身分統制令)
1592　**文禄の役**(**朝鮮出兵**〜93)
○秀吉、**朱印船**制度を制定
1596　スペイン船サン=フェリペ号、土佐に漂着
1597　**慶長の役**(再度の朝鮮出兵〜98)
1598　秀吉没(62歳)　朝鮮より撤兵
1600　オランダ船リーフデ号、豊後に漂着　**関ヶ原の戦い**(**徳川家康**の東軍、**石田三成**の西軍を破る)

1600〜1700（17世紀）

アジア・アフリカ

1602　マテオ=リッチ(利瑪竇)、「坤輿万国全図」刊行
1616〜26　**ヌルハチ(太祖)**、後金を建国
1619　**蘭、ジャワにバタヴィア市を建て総督府をおく**
1623　アンボイナ事件
1624〜61　オランダ、台湾を占領
1626〜43　**ホンタイジ(太宗)**(後金)
1628〜58　**シャー=ジャハーン**(ムガル帝国)　タージ=マハル造営(1632〜53)
1630　○山田長政、シャムで毒殺される(アユタヤ日本町衰退)
1631〜45　明で李自成の乱
1633　英、ベンガルに植民
1636　後金、**国号を清と改称**
1637　朝鮮、清に服属
1638　**理藩院設置**
1640　英、マドラスに要塞建設
1641　蘭、マラッカをポルトガルより奪う
1644　李自成(1606〜45)北京占領、崇禎帝自殺し明朝滅ぶ
1644　**清、北京に遷都**　**○満洲族の中国支配**
1648　**ムガル帝国デリー遷都**
1655〜58　オランダ、ポルトガル領セイロン島を占領
1658〜1707　**アウラングゼーブ**(ムガル帝国)
1661　ポルトガル、ボンベイを英に割譲
1661〜1722　**康熙帝(聖祖)**(清)
1661　鄭成功、台湾占領(鄭氏台湾〜83)
1673〜81　三藩の乱(呉三桂ら藩王が鎮圧される)
1674　フランス、ポンディシェリ獲得　デカン高原に**マラータ王国**成立
1679　**アウラングゼーブ、ジズヤ(非ムスリムへの人頭税)復活**
1683　鄭氏が降伏し、清が台湾を領有
1689　**ネルチンスク条約**(露清間の国境を定める)
1690　イギリス、カルカッタを占領
1696　オスマン帝国、アゾフ海をロシアに占領される
1699　**カルロヴィッツ条約**

日本（江戸時代）

日本の生活・文化史

1603　出雲の阿国、かぶき踊りを始める(阿国歌舞伎)
1607　**林羅山**、幕府の儒官(将軍の侍講)に就任、幕政の整備に貢献、子孫(**林家**)も儒者として代々幕府に仕える
1609　**豊臣秀頼**の方広寺再興
1610　家康、京商人田中勝介らをメキシコ(ノビスパン)に派遣(翌年、勝介帰国)　○足尾銅山発見
1613　伊達政宗、支倉常長を欧州に派遣(〜20、**慶長遣欧使節**)
1614　高山右近らキリシタン148人をマニラ・マカオに追放
1619　**菱垣廻船**始まる　箱根関所を設置
1624　日光東照宮陽明門着工(**霊廟建築**)(〜36完成)
1625　僧天海、上野に寛永寺を創建
1629　女舞・女歌舞伎を禁止
○**絵踏**の開始
○各地に寺子屋おこる
1657　徳川光圀、「大日本史」編纂開始(1906年完成)　江戸**明暦の大火**(江戸城本丸など焼失)
1663　**殉死を禁止**
1665　**諸宗寺院法度**・**諸社禰宜神主法度**制定
1671　**河村瑞賢**、**東廻り海運**を整備　**山崎闇斎**、**垂加神道**を創始　幕府**宗門改帳**作成を命じる
1672　河村瑞賢、**西廻り海運**を整備
1682　**井原西鶴**「好色一代男」　江戸大火(八百屋お七の火事)
1684　**渋川春海**、貞享暦を献上
1687　**大嘗祭**の再興(221年ぶり)
1689　**松尾芭蕉**「奥の細道」の旅
1691　湯島聖堂落成
○**浮世草子**の全盛
○**寺子屋**普及する
1694　江戸に**十組問屋**仲間が成立

日本の政治・外交史

1603　徳川家康、征夷大将軍となり江戸幕府を開く
1604　**糸割符制度**創設　内外貿易船に**朱印状**下付
1605　**秀忠**、征夷大将軍になる
1607　朝鮮使節(1636より**通信使**)、江戸に来る
1609　島津家久、琉球に出兵(**琉球王国征服**)　朝鮮と**己酉約条**(宗氏の貿易管理)　オランダ船に貿易許可　**平戸**に商館設置
1612　幕府、直轄領に**禁教令**　(翌年、全国に禁教令)
1613　イギリス船に貿易許可(平戸に商館設置)
1614　**大坂冬の陣**
1615　**大坂夏の陣→豊臣氏滅亡**(元和偃武)　**武家諸法度**(元和令)・**禁中並公家諸法度**を制定
1616　中国船以外の外国船の来航を平戸・長崎に制限
1623　**家光**が将軍となる
1631　**奉書船**制度(海外渡航船は老中奉書が必要)
1633　「**鎖国**」の始まり　奉書船以外の海外渡航を禁止
1634　**譜代**大名の妻子を江戸におく
1635　中国船入港を長崎のみとし、日本人の海外渡航・帰国を禁止　**武家諸法度**(寛永令)で**参勤交代制**を定める　大船の建造禁止
1636　長崎**出島**完成し、ポルトガル人を移す
1637　**島原・天草一揆**(〜38)
1639　ポルトガル人の居住・来航を禁止
1641　平戸のオランダ商館を長崎出島に移す(「鎖国」完成)　**オランダ風説書**を提出させる(〜1859)
1643　**田畑永代売買の禁止令**　.8　田畑勝手作りの禁
1669　シャクシャインの戦い→**場所請負制度**が広まる
1685　**生類憐みの令**(〜1709)
1688　**唐人屋敷**を長崎郊外に建設開始(1689完成)
1695　**荻原重秀**の建議で金銀貨幣改鋳(元禄小判)

1700〜1770（18世紀）

アジア・アフリカ

○円明園造営(1709〜59)　カスティリオーネ(郎世寧1688〜1766)
1717　**地丁銀**、広東省に実施
1720　清、ラサ攻略、チベットに宗主権確立　広州に**公行**制度
1722〜35　**雍正帝(世宗)**(清)　1732　**軍機処設置**
1735〜95　**乾隆帝(高宗)**(清)
1744〜61　カーナティック戦争(英 対 仏)　○マラータ同盟成立
1744ごろ　アラビア半島で、第1次**ワッハーブ王国**成立(〜1818)
1757　**清、西欧諸国との貿易を広州1港に限定**
1757　**プラッシーの戦い**(英のインドにおける優位確立)
1758　清、ジュンガル併合　オランダ勢力、ジャワ全域に拡大
1759　清、東トルキスタン併合、天山山脈以北とあわせ**新疆**と命名
1765　**英東インド会社、ベンガル・ビハールなどの地租徴収権獲得**
1767〜69　第1次マイソール戦争(印)

日本（江戸時代）

日本の生活・文化史

1703　**近松門左衛門**「曽根崎心中」
1715　近松門左衛門「国性(姓)爺合戦」
1717　**荻生徂徠**、古学派・古文辞学派を創始
1720　江戸町火消いろは47組創設　**漢訳洋書の輸入制限を緩和**
1722　小石川薬園に養生所(**小石川養生所**)設置
1730　大坂堂島の米市場を公認
1732　**享保の飢饉**(西日本、虫害による大飢饉)
○吉宗の実学奨励→**蘭学**の発展、諸科学研究誘発
1754　山脇東洋、「蔵志」(1759年刊行)
1755　**安藤昌益**「自然真営道」
1760　**賀茂真淵**「万葉考」
1764　**平賀源内**、火浣布(石綿)を創製

日本の政治・外交史

1702　赤穂事件(大石良雄ら吉良義央を討つ)
1709　生類憐みの令廃止　**間部詮房**・**新井白石**を登用
1710　**閑院宮家**創設
1715　**海舶互市新例**(長崎新令)を定め金銀流出を防ぐ
1716　紀州藩主吉宗、将軍就任　**享保の改革**
1717　大岡忠相を江戸**町奉行**に任命
1719　**相対済し令**(〜29、金銀貸借関係の訴訟不受理)
1721　**目安箱**設置
1722　**上げ米**の制(参勤交代の在府期間を半減〜30)　新田開発を奨励
1723　**足高の制**を定める
1724　**札差**の**株仲間**を公認
1739　**青木昆陽**、幕府に登用され救荒用食物として甘藷栽培を奨励　ロシア船、陸奥沖・安房沖に出没

年表②（1770年～1850年）

使い方　赤字　戦争・紛争に関すること　青字　文化に関すること

1770～1800（18世紀）

アメリカ・オセアニア

1773　英、茶法制定　ボストン茶会事件
1774　第1回大陸会議
1775～83　アメリカ独立戦争
1776.7.4　アメリカ独立宣言
1778　仏、米の独立承認、対英宣戦（～83）
1783　パリ条約（英、米の独立承認）
1787　アメリカ合衆国憲法制定（88発効）
1789～97　初代大統領ワシントン（米）
1793　ホイットニー（1765～1825）綿繰り機を発明
1800　首府ワシントンとなる

ヨーロッパ

1774～92　ルイ16世（仏）
1774～76　財務総官テュルゴー（仏）　1777～81　財務総官ネッケル（仏）
1789～99　フランス革命　.5　三部会召集　.6　国民議会結成、球戯場（テニスコート）の誓い　.7　バスティーユ牢獄襲撃　.8　封建的特権廃止、人権宣言　.10 ヴェルサイユ行進
1791.6　ルイ16世亡命失敗（ヴァレンヌ逃亡事件）　.9　憲法制定　.10　立法議会成立（～92）
1792.3　ジロンド派内閣成立　.4　対墺宣戦布告（革命戦争開始）　.8　テュイルリー宮殿襲撃（8月10日事件）王権停止　.9　ヴァルミーの戦い（普軍敗退）、国民公会開会（～95）、共和政宣言　第一共和政
1793.1　ルイ16世処刑　.6　ジロンド派追放（山岳派独裁）　.10　革命暦制定　○ロベスピエールの恐怖政治
1793～97　第1回対仏大同盟（英・普・墺・西・サルデーニャ）
1794.4　ダントン処刑　.7　テルミドールの反動（ロベスピエール処刑）
1795.10　国民公会解散、総裁政府成立（～99）
1796　バブーフ陰謀発覚、ナポレオン、イタリア遠征（～97）
1798～99　ナポレオン、エジプト遠征（ロゼッタストーン発見）
1798～1802　第2回対仏大同盟（英・露・墺・土・ナポリ）
1799　ブリュメール18日のクーデタ統領政府成立（～1804）
1800　ナポレオン、第2次イタリア遠征　フランス銀行設立

1772　第1回ポーランド分割（露・普・墺）
1773～75　プガチョフの乱（露）
1774　ゲーテ（1749～1832）『若きウェルテルの悩み』
○イギリス産業革命（機械工業確立）
1776　アダム=スミス（1723～90）『諸国民の富』
○ラヴォワジエ（1743～94）燃焼理論確立
1779　クロンプトン、ミュール紡績機
○モーツァルト（1756～91）
1781　カント（1724～1804）『純粋理性批判』、シラー（1759～1805）『群盗』
1783～1801　第1次小ピット内閣（英）
1785　カートライト、力織機
1786～97　フリードリヒ=ヴィルヘルム2世（普）
1791　ピルニッツ宣言（墺と普の対仏警告）
1793　第2回ポーランド分割（普・露）
1794　コシューシコの蜂起（ポーランド）
1795　第3回ポーランド分割（墺・普・露、ポーランドを完全に解体）
1796　ジェンナー（1749～1823）種痘法発見
1798　マルサス（1766～1834）『人口論』

1800～1850（19世紀）

アメリカ・オセアニア

1801～09　ジェファソン（米）
1803　米、ミシシッピ川以西のルイジアナを仏より購入
1803　英、タスマニア島植民を開始
1804　ハイチ、仏より独立
1807　フルトン、蒸気船を試運転（ハドソン川）
1807　米、奴隷貿易の禁止
1810　カメハメハ1世、ハワイ統一
1812～14　米英戦争
1816　サン=マルティン、アルゼンチンの独立宣言
1817～25　モンロー（米）
1819　米、フロリダ買収
1820　ミズーリ協定
1821　メキシコ独立
ペルー独立宣言
1821　露、アラスカ領有宣言
1822　ブラジル帝国独立
1823　米、モンロー宣言（教書）
1829～37　ジャクソン（米）
1830　先住民強制移住法（米）
1837　モールス（1791～1872）有線電信機発明
○アメリカ産業革命始まる
1844　モールスの電信機実用化
1845　米、テキサス併合
1846～48　アメリカ-メキシコ戦争
1848　米、メキシコよりカリフォルニア獲得
1848　カリフォルニアに金鉱発見、ゴールドラッシュ

ヨーロッパ

1801　宗教協約（ナポレオンと教皇ピウス7世）
1802　アミアンの和約（英・仏）　ナポレオン、終身統領となる
1804　フランス民法典（ナポレオン法典）制定
1804.5～14.4、1815　ナポレオン1世（仏）　第一帝政
1805.8　第3回対仏大同盟（英・露・墺）　.10　トラファルガーの海戦（ナポレオンの英上陸作戦失敗）　.12　アウステルリッツの戦い
1806　ライン同盟成立（～13）（神聖ローマ帝国消滅）
1806　イェナの戦い　大陸封鎖令（ベルリン勅令）
1807　ティルジット条約（普降伏、領土半減、ワルシャワ公国成立）
1810　ナポレオン、オーストリア皇女マリ=ルイーズと結婚
1812.6　ナポレオン、ロシア遠征　.9　モスクワ占領（.10　退却開始）
1813　ヨーロッパ解放戦争（.10　ナポレオン、ライプツィヒの戦いに敗れる）
1814～24　ルイ18世（仏）　○反動政治期　ブルボン朝
1814.5　ナポレオン退位、エルバ島に配流
1814.9～1815.6　ウィーン会議（墺外相メッテルニヒ主宰）　仏外相タレーラン、正統主義を主張
1815.3　ナポレオン、パリ入城、百日天下　.6　ワーテルローの戦い　.10　ナポレオン、セントヘレナ島に流刑
1815.6　ウィーン議定書　ウィーン体制
ドイツ連邦成立（35君主国と4自由市）　ブルシェンシャフト（学生同盟）運動（～19）　スイス永世中立　神聖同盟（墺・普・露中心）　四国同盟（英・墺・普・露）→18　アーヘン列国会議で仏加わり五国同盟へ
1815　穀物法制定（英）
1821　ナポレオン、セントヘレナ島で死亡
1822～27　カニング英外相（諸国の独立を支援）
1824～30　シャルル10世（仏）
1828　審査法廃止（英）
1829　カトリック教徒解放法（英）
1829　ポリニャック内閣（仏）
1830　七月革命（仏）　七月王政
1830～48　ルイ=フィリップ（仏）
1832　第1回選挙法改正（英）
1833　英帝国内の奴隷制廃止　工場法成立（児童労働・週48時間制）
1837～1901　ヴィクトリア女王（英）
C.1838～50年代　英でチャーティスト運動
1839　人民憲章、英議会に提出
1839　反穀物法同盟結成（コブデン、ブライト）
1840　ロンドン四国条約（英・露・墺・普、仏を出し抜いてエジプト圧迫）
ロンドン四国条約（英・露・墺・普）
1841　仏で工場法成立
1845～49　アイルランドじゃがいも大飢饉
1846　穀物法廃止（英）
1847　英で工場法（女性・少年の10時間労働法）成立
1847～48　ギゾー内閣（仏）
1848.2　二月革命（パリで民衆蜂起、七月王政崩壊）　第二共和政
.2　臨時政府、国立作業場開設　.4　四月普通選挙　.6　六月暴動（労働者の反乱）　.12　ルイ=ナポレオン大統領となる（～52）
1848　英でチャーティスト大示威運動（運動失敗する）
1849　航海法廃止（英）

1801～25　アレクサンドル1世（露）
1801～08　ゲーテ『ファウスト』第1部
1801　アイルランド併合（グレートブリテン-アイルランド連合王国の成立）
1804　シラー『ヴィルヘルム=テル』
1804～35　フランツ1世（墺）
1804～06　第2次小ピット内閣（英）
1807～10　プロイセン改革（シュタイン、ハルデンベルク指揮）
1807～08　フィヒテ（1762～1814）「ドイツ国民に告ぐ」
1808　スペイン反乱（マドリードの民衆蜂起、半島戦争～14）
1811　ラダイト（機械うちこわし）運動最高潮（英）
1814　スティーヴンソン、蒸気機関車発明
1815　ロシア皇帝、ポーランド王を兼任
1816　両シチリア王国成立
1817　リカード（1772～1823）『経済学及び課税の原理』
1820　ナポリにカルボナリの革命（～21、墺により鎮圧）
1820～23　スペイン立憲革命
1821～29　ギリシア独立戦争
1822　ギリシア独立宣言
○バイロン（1788～1824）詩人
1822　シャンポリオン（1790～1832）エジプト神聖文字解読
1822　シューベルト（1797～1828）「未完成交響曲」
1823　ベートーヴェン（1770～1827）「交響曲第9番」
1825～55　ニコライ1世（露）
1825　デカブリストの乱
1825　ストックトン-ダーリントン間に最初の鉄道開通
○サン=シモン（1760～1825）空想的社会主義
1827　ハイネ（1797～1856）「歌の本」ロマン主義
1828　トルコマンチャーイ条約（露、アルメニア獲得）
1830　マンチェスター-リヴァプール間の鉄道開通
1830～31　ポーランド11月蜂起（ワルシャワ革命）
○ヘーゲル（1770～1831）ドイツ観念論
1830　ロンドン議定書（英仏などギリシア承認）
1830　ベルギー独立宣言　ドイツ騒乱
1831　ゲーテ『ファウスト』完成
1831　マッツィーニ、「青年イタリア」結成、イタリア騒乱（パルマ・モデナ・教皇領のカルボナリの革命、墺により弾圧）
1832　ポーランド、自治権失い、露直轄地となる
○ベンサム（1748～1832）功利主義哲学「最大多数の最大幸福」
1834　ファラデー（1791～1867）ファラデーの法則発見
1834　ドイツ関税同盟発足
1839　独で工場法成立
1841　リスト（1789～1846）『経済学の国民的体系』歴史学派経済学
1846　ポーランド独立運動　○ショパン（1810～49）（ポーランド）
1848　J. S. ミル（1806～73）『経済学原理』
1848　マルクス・エンゲルス『共産党宣言』
1848　三月革命（ウィーン・ベルリン）　ハンガリー民族運動　メッテルニヒ失脚、フランクフルト国民議会開催（～49大ドイツ主義・小ドイツ主義の対立）　ボヘミア（ベーメン）民族運動
1848　イタリア民族運動　サルデーニャ、対墺戦争（49敗北）
1849　マッツィーニ、ローマ共和国建設失敗

フランス革命 重要な出来事　ルイ16世 主な治世者(年代は在位・在職年)　太字 重要事項　○このころ

アジア・アフリカ	日本	日本の生活・文化史	日本の政治・外交史	
1771　ベトナムでタイソン(西山)の反乱(〜1802) 1774　**キュチュク=カイナルジャ条約**(露、黒海北岸を獲得) 1775〜82　第1次マラータ戦争(印) 1780〜84　第2次マイソール戦争(印) 1782　シャム(タイ)にラタナコーシン朝成立(**バンコク朝**) 1783　クリム=ハン国、露に併合(露、黒海に進出) 1786　英、ペナン島占領 1787〜92　ロシアとオスマン帝国の戦い(第2次) 1790〜92　第3次マイソール戦争(印) 1792　英、カリカット領有 1793　英使節の**マカートニー**が清の北京に至り通商要求(不成功) 1795　英東インド会社、マラッカ占領 1796〜1804　白蓮教徒の乱(清) 1796　清、アヘン輸入の禁止 1796　カージャール朝、イラン統一 1799　第4次マイソール戦争(印) 1799　蘭、連合東インド会社解散、本国の直接統治へ(オランダ領東インド)	江戸時代	○木綿が普及する 1774　**前野良沢**・杉田玄白ら、『解体新書』を出版 1779　**平賀源内**獄死(52歳) 1782　**天明の飢饉**(〜87)　各地に百姓一揆 1783　浅間山大噴火(死者約2000人) **工藤平助**『赤蝦夷風説考』 **大槻玄沢**『蘭学階梯』 1786　林子平『三国通覧図説』刊行 1790　**寛政異学の禁→朱子学**以外の学派の衰退 朱子学説固定沈滞する 1791　寛政の改革の出版統制により、山東京伝刑を受け洒落本衰退　林子平『海国兵談』(87〜)→翌年筆禍 1794　**東洲斎写楽**、大首絵で活躍 1798　**本居宣長**『古事記伝』全44冊完成	1772　田沼意次、老中就任　**南鐐二朱銀**鋳造　田沼時代 ○**株仲間**を広く公認(同業者組合の排他的活動を保護して、**運上**や**冥加**の増収を目指す) 1778　ロシア船、根室に来航し、通商を要求(翌年拒否) 1783　伊勢の大黒屋光太夫ら、アリューシャンに漂着 1785　幕吏山口鉄五郎、**最上徳内**ら蝦夷地調査に出発 1786　田沼意次、老中罷免 ○最上徳内ら千島を探索し、得撫島に至る 1787　**松平定信**　老中首座となる(〜93)　寛政の改革 1789　クナシリ・メナシの戦い(アイヌ最後の蜂起)　奢侈禁令　**棄捐令**　諸大名に**囲米**を命じる 1790　**人足寄場**を江戸石川島に置く　旧里帰農令 1791　最上徳内ら択捉島に至る　大黒屋光太夫、エカチェリーナ2世に謁見 1792　ロシア使節**ラクスマン**、漂流民大黒屋光太夫・磯吉を連れ根室に来航(幕府、光太夫・磯吉を生涯軟禁) 1793　松平定信、老中退任　将軍家斉の**大御所政治** 1798　**近藤重蔵**・**最上徳内**ら、択捉島を探査、「大日本恵登(土)呂府」の標柱を建てる 1800　**伊能忠敬**、幕命で蝦夷地測量(全国測量〜16)	1770 18世紀 1800
○考証学　銭大昕(1728〜1804) ○清でアヘンの弊害問題化、アヘン禁止令頻発 1802　**阮福暎**がベトナム統一、**越南国阮朝**を建てる(〜1945) 1802〜20　**嘉隆帝**(阮福暎) 1803〜05　第2次マラータ戦争(印) 1805　エジプト太守**ムハンマド=アリー**の改革 1806〜12　ロシアとオスマン帝国の戦い(第3次) 1808〜39　**マフムト2世**(オスマン帝国西欧化推進) 1811　**エジプト事実上独立**(ムハンマド=アリー) 1811　清、欧人のキリスト教布教と居住を厳禁 1813　**英、東インド会社特許状更新(対インド貿易独占権廃止)** 1815　清、アヘン輸入禁止 1815　英、セイロン全島領有 1815　英のケープ領有承認される(**ケープ植民地**) 1816　英使節の**アマースト**が清と交渉(三跪九叩頭の礼を拒否) 1817〜18　第3次マラータ戦争(印) 1818　ムハンマド=アリー、ワッハーブ王国(第1次サウード朝)を滅ぼす 1819　**ラッフルズ**(英)、シンガポールを建設 1823　ワッハーブ王国再建(第2次サウード朝)(〜89) 1824〜26　第1次イギリス-ビルマ戦争 1824　イギリス=オランダ協定(東南アジアの勢力範囲を分割) 1825〜30　ジャワ戦争(ジャワ人の対オランダ抵抗戦争) 1826　イギリス領海峡植民地形成 1826　オスマン帝国、イェニチェリ廃止 1829　**アドリアノープル(エディルネ)条約**(ギリシア独立承認) 1830　仏、アルジェリア占領 1830　オランダ、**ジャワに政府栽培制度(強制栽培制度)実施** 1831　第1次エジプト-トルコ戦争(〜33)(ムハンマド=アリー、シリアに侵入) 1833　**英、東インド会社の商業活動停止** 1833　ウンキャル=スケレッシ条約(露土間) 1833　**ムハンマド=アリー(エジプト)の独立、英仏から承認される** 1838〜42　第1次アフガン戦争 1839〜61　**アブデュル=メジト1世**(土) 1839　**タンジマート(恩恵改革)の開始**(土) 1839　第2次エジプト-トルコ戦争(〜40) 1839　清、**林則徐**を欽差大臣として広州派遣 **林則徐、アヘン2万余箱没収、英船広州入港禁止** 1840　**ニュージーランド、英領に** 1840〜42アヘン戦争 1842　魏源(1794〜1857)『海国図志』 1842　**南京条約(5港の開港、香港島割譲、公行の廃止)** 1843　虎門寨追加条約 1844　**望厦条約**(対米)、**黄埔条約**(対仏) 1847　**黒人共和国リベリアの建設** ○カージャール朝(イラン)、**バーブ教徒**を迫害 1848〜52　**バーブ教徒の乱**(カージャール朝) 1848〜49　**第2次シク戦争**(印)→英、パンジャーブ併合 1849　第1回リヴィングストンのアフリカ探検開始(〜56)	江戸時代	1802　**十返舎一九**『東海道中膝栗毛』 1804　華岡青洲、麻酔剤手術(1805年説もあり) 1811　天文方に**蛮書和解御用**を設置 1815　**杉田玄白**『蘭学事始』 1821　**伊能忠敬**の「大日本沿海輿地全図」完成(忠敬18年に没後、弟子たちにより完成) 1823　ドイツ人医師**シーボルト**、オランダ商館付医官として来日 1824　シーボルト、長崎郊外に診療所と**鳴滝塾**を開く 1830　**御蔭参り**流行 1831　**葛飾北斎**「富嶽三十六景」 1833　**歌川広重**「東海道五十三次」 1838　**緒方洪庵**、**適々斎塾**(**適塾**)開設　中山みき、天理教を開く　**高野長英**『戊戌夢物語』　**渡辺崋山**『慎機論』 1849　佐賀藩・長州藩で蘭方種痘を実施 1850　洋書の翻訳・刊行を規制	1801　富山元十郎、得撫島に大日本属島の標柱を建てる 1802　幕府、蝦夷地奉行(のちの箱館奉行)をおく 幕府、東蝦夷地を永久の直轄地とする 1803　アメリカ船、長崎に来航し通商要求 1804　ロシア使節**レザノフ**、長崎に来航し通商要求 1805　幕府、ロシアの要求を拒絶する 1806　幕府、沿岸警備と難破異国船に**薪水給与令**を布達 1807　ロシア船、択捉島を襲う　**松前奉行**をおく 1808　**間宮林蔵**、樺太探検　長崎で**フェートン号事件** 1809　間宮林蔵、間宮海峡を発見 1811　ロシア軍艦の艦長**ゴローウニン**を国後島でとらえる 1813　高田屋嘉兵衛送還され、ゴローウニンの釈放に尽力(ゴローウニン事件解決) 1817　イギリス船、浦賀に来航 1825　**異国船打払令**(**無二念打払令**)、沿岸に接近する外国船の即時撃退を諸大名に命じる) 1828　**シーボルト事件**(日本地図を渡した高橋景保投獄) 1833　○**天保の飢饉**(〜39) ○全国各地で一揆・打ちこわし 1834　**水野忠邦**、老中就任 1837　大坂で**大塩の乱**　越後柏崎で生田万の乱　**モリソン号事件**(浦賀入港の米船を砲撃) 1839　**蛮社の獄**(蘭学者の幕府外政批判に対する弾圧、渡辺崋山は国元で永蟄居、高野長英は永牢) 1840　オランダ船、アヘン戦争勃発を伝える 1841　老中**水野忠邦**の天保の改革始まる　全国の**株仲間**を解散させる 1842　異国船打払令を緩和し、**薪水給与令**を発布 1844　オランダ国王の開国勧告書簡(幕府、翌年謝絶) 1845　**阿部正弘**、老中首座に就任　安政の改革 1846　アメリカ東インド艦隊司令長官**ビッドル**、浦賀に来航し通商を求める 1847　徳川慶喜、一橋家を相続	19世紀 1850

年表③（1850年～1900年）

使い方 赤字 戦争・紛争に関すること 青字 文化に関すること

1850 ／ 19世紀 ／ 1900

アメリカ・オセアニア

(民)…民主党、(共)…共和党
1850年代 豪州で大金鉱発見
1852 ストウ(1811～96)『アンクル=トムの小屋』発表
1854 カンザス-ネブラスカ法成立(ミズーリ協定廃止) 共和党結成
1861～67 メキシコ内乱(英・仏・西のメキシコ遠征)
1861～65 リンカン(共)
1861 南部11州、合衆国を離脱
1861～65 アメリカ連合国(首都リッチモンド)
1861～65 南北戦争
1862 ホームステッド法
1863 リンカン、奴隷解放宣言 ゲティスバーグ演説
1865 リンカン暗殺 クー=クラックス=クラン(KKK)結成
1867 露よりアラスカ購入
1869 大陸横断鉄道開通
1876 ベル(1847～1922)電話機発明
1877 エディソン(1847～1931)蓄音機発明
1879 エディソン、白熱電球発明
○社会進化論の流行
1886 独、マーシャル諸島領有
1886 アメリカ労働総同盟(AFL)成立
1889 第1回パン=アメリカ会議
1890 シャーマン反トラスト法成立 「フロンティアの消滅」宣言
1891～93 リリウオカラニ(ハワイ最後の女王)
1893 ハワイ革命、カメハメハ王朝転覆
1895～98 キューバの独立運動(米援助)
1897～1901 マッキンリー(共)
1898 米西戦争 パリ条約(キューバ独立承認 米、フィリピン・グアム島・プエルトリコ領有)
1898 ハワイ併合
1899 中国の門戸開放通牒(国務長官ジョン=ヘイ、～1900)

ヨーロッパ

1851 第1回万国博(ロンドン)
1851 ルイ=ナポレオンのクーデタ(仏)
1852～70 ナポレオン3世(ルイ=ナポレオン) 第二帝政
1855 パリ万国博
1858～67 仏、インドシナ出兵(～62仏越戦争→サイゴン条約)
1861～88 ヴィルヘルム1世(普)
1862 ビスマルク、プロイセン首相に就任(普)
1864 デンマーク戦争(普・墺、デンマークと戦う)
1864～76 第1インターナショナル結成(国際労働者協会、ロンドンにて)
1866 普墺戦争(プラハの和約)
1867 北ドイツ連邦成立(～71)
1867 カナダ連邦、自治領となる
1867 第2回選挙法改正(英)
1868 第1次ディズレーリ内閣(英保守党)
1868～74 第1次グラッドストン内閣(英自由党)
1870～71 普仏戦争 ○ドイツ産業革命
ナポレオン3世(仏)、セダン(スダン)で捕虜となり、退位
1871～73 臨時政府大統領ティエール 第三共和政
1871.3～5 パリ=コミューン
1871～88 ヴィルヘルム1世 ドイツ帝国
1871～90 宰相ビスマルク
1871 独、フランスよりアルザス・ロレーヌ地方を獲得
1871～80 文化闘争(ビスマルク、カトリック中央党と対立)
1871 英、労働組合法
1874～80 第2次ディズレーリ内閣(英保守党)
1875 社会主義労働者党結成(90～ドイツ社会民主党)
1875 仏、第三共和政憲法制定
○自由・保守両党による政党政治の黄金時代(英)
1878 独、社会主義者鎮圧法制定(～90)
1879 独墺同盟締結(～1918)
1880～85 第2次グラッドストン内閣(英自由党)
1882 英、エジプト占領(～1914)
1882 三国同盟(独・墺・伊～1915)
1884 英でフェビアン協会設立 第3回選挙法改正 労働組合法
1886 第3次グラッドストン内閣(自)アイルランド自治法案否決
1887 独露再保障条約(～90)
1887～91 ブーランジェ事件(仏)
1888～1918 ヴィルヘルム2世(独)
1889 第2インターナショナル結成(～1914)
1890 ビスマルク辞職
1890～96 ケープ植民地首相セシル=ローズ(英)
1890～94 英、ローデシア占領(95 植民地化)
アフリカ縦断政策(英)⇨⇦アフリカ横断政策(仏) ○帝国主義
1891 露仏同盟(94完成)
1894～99ごろ ドレフュス事件(仏)
1895～1903 ジョゼフ=チェンバレン植民相 ○3C政策
1897 第1回シオニスト会議 シオニズム運動発展
1898 ファショダ事件(英仏の衝突)
1899 独、バグダード鉄道敷設権獲得 ○3B政策
1899 ハーグ国際平和会議 ハーグ条約(欧州列国、毒ガス使用禁止決定)

1852～61 サルデーニャ首相カヴール
1853～56 クリミア戦争(54 英・仏、露に宣戦)
1855～81 アレクサンドル2世(露)
1855 サルデーニャ、クリミア戦争に参加
1855 セヴァストーポリ陥落(露軍の敗北決定)
1856 パリ条約(クリミア戦争終結)(ダーダネルス・ボスポラス両海峡閉鎖の再確認、黒海の中立化、トルコの独立と保全、ドナウ川自由航行の原則、露の南下政策阻止)
1858 アイグン条約(黒竜江以北を露領とする)
1859 ダーウィン(1809～82)『種の起源』(進化論)
1859 イタリア統一戦争(サルデーニャ、仏の援助のもとに墺と戦う)
サルデーニャ、ロンバルディア併合
1860 北京条約(沿海地方を露領とする) ロシア、ウラジオストク建設
1860 サルデーニャ、中部イタリア併合 ガリバルディ、両シチリア王国征服、ナポリ王国崩壊
1861～78 ヴィットーリオ=エマヌエーレ2世(伊) イタリア王国
1861 露、農奴解放令
1862 トゥルゲーネフ(1818～83)『父と子』
1862 ユーゴー (1802～85)『レ=ミゼラブル』
○クールベ(1819～77)「石割り」写実主義絵画
1863～64 ポーランド1月蜂起
1866 ドストエフスキー (1821～81)『罪と罰』
1866 伊、ヴェネツィア併合
1867 墺、ハンガリーに自治を与える オーストリア-ハンガリー帝国
1867 マルクス(1818～83)『資本論』第1巻
1869 トルストイ(1828～1910)『戦争と平和』
1870 伊、普仏戦争に乗じ教皇領併合
1870～80年代 ヴ=ナロード(ナロードニキ運動)さかん
1871 伊、ローマに遷都
1873 三帝同盟(独・墺・露)成立(～87)
○アンデルセン(1805～75)(デンマーク)
1877～78 露土戦争
1878 ベルリン会議(ベルリン条約セルビア・モンテネグロ・ルーマニアの独立承認、墺のボスニア・ヘルツェゴヴィナ行政権掌握、英のキプロスの行政権獲得)
サンステファノ条約・ベルリン条約
1879 イプセン(ノルウェー)(1828～1906)『人形の家』
○ミレー (1814～75)「晩鐘」
○マネ(1832～83)「草上の昼食」
○モネ(1840～1926)「日の出」「睡蓮」
○自然主義 ゾラ(1840～1902)
○ランケ(1795～1886)近代歴史学の祖
1881 アレクサンドル2世の暗殺
1881～94 アレクサンドル3世(露)
1881 ルーマニア王国成立
1882 セルビア王国成立
○コッホ(1843～1910)、結核菌(1882)・コレラ菌(1883)発見
1883～91 ニーチェ (1844～1900)『ツァラトゥストラはかく語りき』
1885 パストゥール、狂犬病のワクチン治療に成功
○ゴッホ(1853～90)(蘭)
○フロイト(1856～1939墺)精神分析学
1891 シベリア鉄道建設開始(1904開通)
1892 ディーゼル(1858～1913)ディーゼル機関発明(97完成)
1894～1917 ニコライ2世(露)
1895～96 イタリア軍のエチオピア侵入(伊、アドワで敗北)
○セザンヌ(1839～1906)
○ルノワール(1841～1919)
○ゴーギャン(1848～1903)
1895 レントゲン(1845～1923)X放射線発見
1895 マルコーニ(1874～1937)無線電信発明
1896 アテネで、初の近代オリンピック開催
1898 キュリー夫妻、ラジウム発見 ゾラ、「私は弾劾する」を発表
1898 ロシア社会民主労働党結成

太平天国の乱 重要な出来事　リンカン 主な治世者(年代は在位・在職年)　太字 重要事項　○このころ

アジア・アフリカ

1851　洪秀全、広西省金田村に挙兵(清)　1851～64太平天国の乱
1852　ボーア人のトランスヴァール共和国成立(～1902)
1853　太平軍、南京占領、首都とし天京と称す　曽国藩、湘軍を組織
1854　ボーア人のオレンジ自由国成立(～1902)
1856　アロー号事件(清)　アロー戦争(第2次アヘン戦争、～60)
1857～59インド大反乱(シパーヒーの反乱)
1858　ムガル帝国滅亡　英領インド　英、東インド会社解散
1858～67　仏、インドシナ出兵(～62仏越戦争)
1858　アイグン条約(対露)　天津条約(対英仏米露)
1859　仏人レセップス、スエズ運河着工(～69)
1860　朝鮮の崔済愚、東学を創始
1860　英仏軍、北京占領　円明園焼失　北京条約(.8対英仏　.11対露)
○清の洋務運動(～90年代前半)
1861　清、総理各国事務衙門設置(外交事務)　ウォード(米)、常勝軍を組織
1862　李鴻章、淮軍を組織(清)
1862　第1次サイゴン条約(仏、コーチシナ東部領有)
1863　英人ゴードン、常勝軍指揮(清)
1863　仏、カンボジアを保護国化
1863～1907　高宗(朝鮮)　1863～73　大院君摂政
1864　太平天国滅亡(清)
1867　英、海峡植民地を直轄とする
1868～1910　シャム王チュラロンコーン(ラーマ5世)
1869　スエズ運河開通
1871　露、イリ地方占領(～81)　日清修好条規(日清間の通商条約)
○仇教運動(反キリスト教)、中国各地で頻発
1873～1912　アチェ戦争(蘭、スマトラのアチェ王国征服)
1873　摂政大院君(朝鮮)の失脚→閔妃派が政権掌握
1874　第2次サイゴン条約　仏、トンキン出兵
1874　日本、台湾に出兵　日清天津条約成立(台湾問題)
1875　英、エジプトよりスエズ運河会社の株買収、実権掌握
1875～1908　光緒帝(徳宗)(清)
1875　江華島事件(日本軍が朝鮮軍を挑発)
1876　日朝修好条規(江華条約)締結→朝鮮開国
1876～1909　アブデュル=ハミト2世(トルコ)
1876　トルコ、新憲法発布(ミドハト憲法～78)
1877　英、ヴィクトリア女王、インド皇帝を宣言　インド帝国
1878～80　第2次アフガン戦争(英、アフガニスタンを保護国化)
1881　イリ条約(清、イリ地方の領土回復するが、利権を失う)
1881　仏、チュニジアを保護国化
1881　オラービー革命(エジプト)、マフディーの反乱(～98スーダン)
1882　英、オラービー革命鎮圧後エジプトを占領(1914正式に保護国化)
1882　壬午軍乱(朝鮮軍隊の反乱)→清・日本ともに出兵
朝鮮と済物浦条約調印(公使館駐兵権)
1883　フエ(ユエ)条約(仏、ベトナムを保護国化)
1884～85　清仏戦争　(85　天津条約 清、ベトナムの宗主権を失う)
1884　甲申政変(開化派の金玉均ら、日本の武力により政権掌握めざす)
1885　朝鮮問題に関し、日清間に天津条約(朝鮮派兵の事前通告)
1885～1908　コンゴ自由国(ベルギー王私有地)
1885　インド国民会議結成
1885　第3次イギリス-ビルマ戦争→英、ビルマ併合(～86)
1887　マカオ、ポルトガル領となる　仏領インドシナ連邦成立(～1945)
1889　西太后摂政をやめ、光緒帝の親政が始まる(清)
1889　青年トルコ(統一と進歩委員会)結成
1889　伊、ソマリランド領有　ワッハーブ王国(第2次サウード朝)滅亡
1893　仏、ラオスを保護国化
1894　孫文、ハワイで興中会を結成
1894　朝鮮で東学信徒蜂起、甲午農民戦争起こる→日清戦争(～95)
1895　下関条約調印　三国干渉(露・仏・独)日本、遼東半島返還
1895　康有為、変法自強策上奏　変法運動始まる(清、～98)
1896　英領マレー連合州成立
1897　朝鮮、国号を大韓帝国と改称
1898　独が膠州湾、露が遼東半島南部、英が威海衛・九竜半島(新界)を清より租借　列強の中国分割
清、戊戌の変法→戊戌の政変(変法運動失敗)
1898　ファショダ事件(スーダンで英仏が衝突)
1898　アギナルド、フィリピン共和国独立宣言(米軍が鎮圧)
1899　山東で義和団蜂起(清)　仏、広州湾を清より租借
1899～1902　南アフリカ(ボーア)戦争
1900～01　義和団事件(北清事変)　8か国共同出兵

日本

江戸時代 / 明治時代

日本の生活・文化史

江戸時代

1852　薩摩藩主島津斉彬、反射炉・兵器工場を設置
1855　天文方の蛮書和解御用を独立させ洋学所とする
長崎に、海軍伝習所設置
1856　吉田松陰、萩の松下村塾を継承　洋学所を蕃書調所と改称
1858　福沢諭吉、蘭学塾を開設(慶応義塾の前身)
1859　米宣教師ヘボン、フルベッキ来日
1860　幕府、遣米使節派遣(咸臨丸、太平洋横断)
1862　蕃書調所を洋書調所と改称
1863　長州藩士井上馨・伊藤博文ら、密出国し英へ留学
1864　新島襄、米へ密出国　箱館五稜郭完成　幕府、勝海舟を頭取にして海軍操練所を設置
1866　江戸・大坂などで打ちこわし
○各地で世直し一揆頻発
1867　東海・畿内一帯で「ええじゃないか」の大衆乱舞発生、全国に拡大
1868　江戸を東京と改称　神仏分離令→廃仏毀釈運動

明治時代

1869　東京遷都　東京－横浜間に電信開通
1870　大教宣布の詔(神道の国教化)　平民に苗字(名字)を許可
1871　津田梅子・山川捨松ら少女5人アメリカ留学　郵便制度発足　散髪・脱刀を許可　「解放令」公布
1872　学制公布　新橋-横浜間鉄道開通　太陽暦を採用(1日を24時間とする)　官営模範工場富岡製糸場操業
1873　キリシタン禁制の高札を撤廃　森有礼ら明六社を結成
○全国に徴兵反対の一揆(血税一揆)
1875　新島襄、同志社英学校創立
1876　廃刀令発布
○地租改正反対一揆
1877　博愛社(のちの日本赤十字社)創立　東京上野で第1回内国勧業博覧会　モース、大森貝塚を発掘
1879　植木枝盛『民権自由論』　学制を廃し、教育令制定
1881　日本鉄道会社設立
1882　中江兆民『民約訳解』(ルソー『社会契約論』の漢訳)　大阪紡績会社設立　日本銀行開業
1883　鹿鳴館開館
1884　東京本郷で弥生土器発見
○松方財政による不況(会社・銀行などの倒産多発)
1885　福沢諭吉『脱亜論』
1886　帝国大学令、小学校令・中学校令・師範学校令公布　国際赤十字条約加入
1890　教育に関する勅語発布　東京－横浜間に電話開通　北里柴三郎、破傷風血清療法発見
○綿糸生産量、輸入量をこえる
1891　川上音二郎、東京で壮士芝居を興行(新派劇の始め)
1893　御木本幸吉、真珠養殖に成功　日本郵船、ボンベイ(ムンバイ)航路開設
1897　豊田佐吉、蒸気力による力織機を発明
○綿糸輸出高、輸入高を超える
1900　小学校令改正(義務教育4年・原則無償化)　津田梅子、女子英学塾(のちの津田塾大学)創立

日本の政治・外交史

1853　アメリカ東インド艦隊司令長官ペリー、浦賀に来航、大統領国書提出　老中阿部正弘、諸大名の意見を求める　ロシア使節プチャーチン、長崎に来航
1854　日米和親条約(神奈川条約)締結(下田・箱館の2港を開く)　日露和親条約(国境画定)
1856　アメリカ初代駐日総領事ハリス、下田に着任
1858　井伊直弼、大老就任　日米修好通商条約調印　紀州藩主徳川慶福(家茂)を将軍継嗣に決定　日仏修好通商条約調印(安政の五カ国条約)　安政の大獄(～59)
1860　桜田門外の変(大老井伊直弼暗殺)　皇妹和宮の家茂への降嫁勅許(公武合体政策)
1862　坂下門外の変　生麦事件　幕府、京都守護職を置き、松平容保を任命　○尊王攘夷論の激化
1863　長州藩、下関で米・仏・蘭船を砲撃　薩英戦争
八月十八日の政変(三条実美ら七卿、長州へ下る)
1864　池田屋事件　禁門の変(蛤御門の変)　幕府、長州征討(第1次)を命ず　四国艦隊下関砲撃事件
1865　幕府、長州征討(第2次)を命じる
1866　薩長連合(薩長同盟)の密約　幕府、改税約書調印
一橋慶喜、将軍就任
1867.1　明治天皇即位　.10　土佐藩、幕府に大政奉還を建白　討幕の密勅　慶喜、大政奉還の上表　.12　王政復古の大号令　小御所会議(慶喜に辞官納地)
1868.1　鳥羽・伏見の戦い(戊辰戦争～69)　.3　五箇条の誓文　五榜の掲示　.4 江戸城開　.閏4　政体書制定　.8　会津戦争　.9　改元(一世一元の制)
1869　版籍奉還　華族・士族を制定　官制の改革　開拓使設置　蝦夷地を北海道と改称
1871　廃藩置県　岩倉使節団を欧米に派遣(～73)
1872　初の全国統一戸籍を作成(壬申戸籍)(総人口3311万825)　琉球藩設置　琉球国王尚泰を琉球藩王とする
国立銀行条例制定　徴兵告諭
1873　徴兵令布告　地租改正条例公布　征韓論　岩倉使節団帰国　征韓派敗れて西郷隆盛・副島種臣・江藤新平・板垣退助ら下野(明治六年の政変)　内務省設置
秩禄奉還の法を定める
1874　愛国公党結成　板垣退助ら民撰議院設立の建白書を提出(→自由民権運動)　佐賀の乱　板垣ら土佐に立志社結成　北海道に屯田兵制度
1875　愛国社結成　漸次立憲政体樹立の詔　ロシアと樺太・千島交換条約　讒謗律・新聞紙条例公布
1876　金禄公債証書発行条例(秩禄処分)　.10　小笠原諸島領有　敬神党(神風連)の乱　秋月の乱　萩の乱
1877　地租軽減(3%→2.5%)　西南戦争
1878　地方三新法公布
1879　琉球藩を廃し沖縄県とする(琉球処分の完了)
1880　愛国社、国会期成同盟と改称　集会条例公布
1881　開拓使官有物払下げ事件　明治十四年の政変　国会開設の勅諭　自由党(板垣退助)結成
1882　立憲改進党(大隈重信)結成　福島事件
1884.7　華族令制定　.10　秩父事件
1885　内閣制度採用　第1次伊藤博文内閣成立
1886.10　ノルマントン号事件
1887　三大事件建白運動　保安条例公布
1888.4　市制・町村制公布　枢密院を設置(議長伊藤博文)　.11　大隈重信外相の条約改正交渉開始
1889.2　大日本帝国憲法発布　皇室典範制定
1890　第1回衆議院議員総選挙　第1回帝国議会
1891　大津事件(ロシア皇太子、大津で襲われ負傷)
1894.3　朝鮮で東学が蜂起(甲午農民戦争)→日清戦争始まる　日英通商航海条約調印(領事裁判権撤廃)
1895.4　日清講和条約(下関条約)調印　三国干渉(露独仏、遼東半島還付を要求→.11　還付)　.5　日本軍、台湾に上陸、台湾総督府を設置　閔妃殺害事件
1896　進歩党(総裁大隈重信)結成
1897　貨幣法公布(金本位制実施)
1898　憲政党結成　隈板内閣成立　民法(新民法)施行
1899　北海道旧土人保護法公布　文官任用令改正
1900　治安警察法　衆議院議員選挙法改正　.5　軍部大臣現役武官制制定　.6　義和団事件に日本出兵

1850　19世紀　1900

年表④ (1900年～1950年)

使い方 赤字 戦争・紛争に関すること 青字 文化に関すること

1900 — 20世紀 — 1950

国際関係

1902 日英同盟成立
1904.4 英仏協商成立
1907.8 英露協商成立(三国協商)
1914.6.28 サライェヴォ事件
1914.7～18.11 第一次世界大戦
1914.8 タンネンベルクの戦い(東部戦線) .9 マルヌの戦い(西部戦線)
1916.2～.12 ヴェルダン要塞攻防戦 .6～.11 ソンムの戦い
1917.2 独、無制限潜水艦作戦開始
1917.3 ロシア革命 .4 アメリカの参戦 .11 フィンランド独立宣言
1918.2 エストニア独立 .3 ブレストリトフスク条約(ロシア単独講和) .8 シベリア出兵(英・米・日・仏の対ソ干渉戦争) .10 チェコスロヴァキア独立 .11 ポーランド独立 ドイツ休戦協定
1919.1～.6 パリ講和会議開催
1919.6.28 ヴェルサイユ条約調印
ヴェルサイユ体制
.9 サンジェルマン条約(対墺)
.11 ヌイイ条約(対ブルガリア)
○ラトビア・リトアニア・ハンガリー・ユーゴスラヴィア成立
1920.1 国際連盟成立 .6 トリアノン条約(対ハンガリー) .8 セーヴル条約(対オスマン帝国)
1921.11～22.2 ワシントン会議 .12 四か国条約
1922.2 九か国条約 ワシントン海軍軍縮条約 ワシントン体制
1923.7 ローザンヌ条約(対トルコ)
1924.9 ドーズ案実施
1925.12 ロカルノ条約
1928 不戦条約(ケロッグ-ブリアン協定、パリ)
1929.6 ヤング案調印
1929.10.24 世界恐慌始まる
1930.1～.4 ロンドン海軍軍縮会議(米英日の補助艦の保有制限)
1931.9 満洲事変起こる .12 ウェストミンスター憲章(英連邦成立)
1932.7～.8 イギリス連邦経済会議
1934.9 ソ連、国際連盟に加盟
1936.11 日独防共協定
1937.11 日独伊防共協定(枢軸国)
1939.9～45 第二次世界大戦
1940.9 日独伊三国同盟
1941.8 大西洋上会談(米・英)、大西洋憲章発表
1941.12～45 太平洋戦争
1943.1 カサブランカ会談(米・英) .11 カイロ会談(米・英・中) テヘラン会談(～.12、米・英・ソ)
1944.7 ブレトン=ウッズ会議 .8～10 ダンバートン=オークス会議(国連憲章原案作成)
1945.2 ヤルタ会談(米・英・ソ) .7 ポツダム宣言(米・英・中・ソ) .10.24 国際連合発足(国際紛争解決のため安全保障理事会設置)
1946.1 第1回国連総会
1947.2 パリ講和条約 .10 GATT(関税と貿易に関する一般協定)調印
1948.12 世界人権宣言発表(国連)
1949.4 北大西洋条約機構(NATO)成立
1950.6 朝鮮戦争(～53) .7 安全保障理事会、国連軍の朝鮮派遣決議 .9 国連軍出動

アメリカ・オセアニア

1901.1 オーストラリア連邦成立
1901～09 セオドア=ローズヴェルト(共)
1903 パナマ、コロンビアより独立
1903 米、パナマ運河建設権取得、運河地帯を永久租借
1903 ライト兄弟、初飛行に成功
1904 米、パナマ運河建設着工
○T型フォード生産開始
1907.9 英自治領ニュージーランド成立
1910～17 メキシコ革命(ディアスの失脚)
1913～21 ウィルソン(民)
1914 第一次世界大戦に中立を宣言
1914.8 パナマ運河開通
1915 クー=クラックス=クラン(KKK)復活
1917.4 ドイツに宣戦
1918.1.8 「十四か条」の平和原則
1919.1 禁酒法成立(33廃止)
1920.5 サッコ・ヴァンゼッティ事件 .11 ラジオ放送開始
○"孤立主義"外交
1921～23 ハーディング(共)
1923～29 クーリッジ(共)
1924 移民法(排日移民法)の実施、アジアからの移民を禁止
1929～33 フーヴァー(共)
1929.10.24 ウォール街の株価大暴落(暗黒の木曜日)
1931.6 フーヴァー=モラトリアム
1933～45 F.ローズヴェルト(民)
1933～36 ニューディール
1933.5 農業調整法(AAA)、テネシー川流域開発公社(TVA)法 .6 全国産業復興法(NIRA) .11 ソ連を承認
1935.7 ワグナー法(労働者の団結権保障) .11 CIO成立
1939.7 日米通商航海条約破棄を通告 .9 米・中立を宣言
1941.3 武器貸与法 .12 対日宣戦、伊独の対米宣戦
1942.6 ミッドウェー海戦(戦局、米に有利に転換)
1945.4 トルーマン(～53)(民) .7 原子爆弾開発に成功
1946.3 チャーチル「鉄のカーテン」演説(米、フルトンで)
1947.3 トルーマン=ドクトリン .6 マーシャル=プラン提案 .9 米州相互援助条約(リオ条約、米州19か国参加)
1948.4 対外援助法成立、米州機構(OAS)発足(ボゴタ憲章)
1949.1 トルーマン、フェアディール政策発表

ヨーロッパ

1905.3 第1次モロッコ事件(タンジール事件)
1905.11 アイルランドでシン=フェイン党結成
1905 アインシュタイン(1879～1955)『特殊相対性理論』
1906.2 英で労働党成立(労働代表委員会改組)
1910～36 ジョージ5世(英)
1911.7 第2次モロッコ事件(独軍、アガディール入港) .8 英で、議会法成立(下院の優位確定)
1912.3 仏、モロッコを保護国化
1913 アルスター暴動(北アイルランド分離運動)
1914.8 独、露・仏に宣戦、ベルギーの中立侵犯、.9 アイルランド自治法成立
1916.1 スパルタクス団結成(独)
1916～22 ロイド=ジョージ挙国一致内閣(英)
1917～20 クレマンソー挙国一致内閣(仏)
1918.2 英、第4回選挙法改正(男子普選、女性参政権) .11 キール軍港の水兵反乱、オーストリア、革命起こり降伏 ドイツ革命、休戦協定、ドイツ共和国宣言
1919.1 スパルタクス団の蜂起鎮圧(独) シン=フェイン党、アイルランド共和国の独立宣言 6. ヴェルサイユ条約 8. ヴァイマル憲法制定
1920 国民社会主義ドイツ労働者党(ナチ党)結成
1921.5 賠償総額1320億金マルクと決定(ロンドン会議)
1922 .12 アイルランド自由国成立 ○独のインフレーション進行
1923.1 仏・ベルギー軍、ルール地方の保障占領(～25)
1923.8～.11 シュトレーゼマン内閣(独)
1923.11 ナチ党、ミュンヘン一揆 レンテンマルク発行
1924.1～.10 第1次マクドナルド内閣(英)
1925 ヒトラー(1889～1945)『わが闘争』(.27)
1926.9 独、国際連盟加盟(常任理事国)
1928 英、第5回選挙法改正(男女とも21歳以上)
1931.8～35.6 マクドナルド挙国一致内閣(英)
1932.7 ナチ党、第一党になる
1933.1.30 ヒトラー内閣 .2 国会議事堂放火事件 .3 独、全権委任法成立 ナチ党独裁 .10 独、国際連盟脱退を通告
1934.8 ヒトラー、総統就任(～45)
1935.1 ザール人民投票、独に編入 .3 独、再軍備宣言、徴兵制復活 .6 英独海軍協定 .9 独、ニュルンベルク法(ユダヤ人迫害法)
1936.3 独、ロカルノ条約破棄、ラインラント進駐
1936.6～37.6 ブルム人民戦線内閣(仏)
1937.5～40 チェンバレン挙国一致内閣(英)
1937.6 アイルランド自由国、エーレ共和国と改称
1938.3 独、オーストリア併合 .9 ミュンヘン会談
1939.3 チェコスロヴァキア解体 .8 独ソ不可侵条約 .9 独、ポーランド侵攻、英・仏、ドイツに宣戦、第二次世界大戦始まる(～45)
1940.4 独、デンマーク・ノルウェー侵攻 .5 独、オランダ・ベルギー侵攻 .5～45 チャーチル戦時内閣(英) .6 独、パリ占領 ド=ゴール、自由フランス政府(ロンドン) .7 仏、ヴィシー政府(～44) .12 独伊、対米宣戦
1944.6 連合軍ノルマンディー上陸 .8 連合軍、パリ解放 .9 仏、臨時政府(ド=ゴール主席～46)
1945.4 ソ連軍ベルリン包囲、ヒトラー自殺 .5 ベルリン陥落、ドイツ無条件降伏 .6 米英仏ソでベルリン分割占領、4か国分割管理 .7 オーストリア4か国共同管理 .11 ニュルンベルク裁判(～46.10)
1945.7～51 アトリー内閣(英)
1948.3 西ヨーロッパ連合条約(英・仏・ベネルクス3国)調印(ブリュッセル条約) .6 西独で通貨改革 ソ連、ベルリン封鎖(～49.5東西ドイツの分裂決定的となる)
1949.4 エーレ、英連邦離脱しアイルランド共和国となる .5 ドイツ連邦共和国(西独)成立
1949.9～63 アデナウアー内閣(西独)
1949.10 ドイツ民主共和国(東独)成立
1950.5 シューマン=プラン発表 .7 東独・ポーランド国境画定(オーデル-ナイセ線、西独不承認)

1901.8 社会革命党結成(露)
1903.8 社会民主労働党、ボリシェヴィキとメンシェヴィキに分裂(露)
1904.2～05.9 日露戦争
1905.1 血の日曜日事件、第1次ロシア革命の始まり(～07) .9 ポーツマス条約 .10 ニコライ2世、「十月宣言」発表、立憲民主党設立
1906.11 ストルイピンの改革、ドゥーマ(国会)開設
1908.10 ブルガリア独立宣言 オーストリア、ボスニア・ヘルツェゴヴィナを併合
1911～12 伊土戦争(トリポリ戦争)
1912 ローザンヌ条約(伊、トリポリ・キレナイカ獲得)
1912.10～13.5 第1次バルカン戦争
1913.6～.8 第2次バルカン戦争
1914.6 サライェヴォ事件 .7.28 墺、セルビアに宣戦 .10 オスマン帝国、第一次世界大戦に参戦
1915.5 伊、墺に宣戦 .10 ブルガリア参戦(同盟国側)
1917.3 ペトログラード蜂起 ロシア暦二月革命、臨時政府成立 ロシア革命 .4 レーニン「四月テーゼ」発表 .8 ケレンスキー内閣成立 .11 レーニン、ソヴィエト政権樹立(十月革命)「平和に関する布告」
1918.3 ブレストリトフスク条約
○ソ連、戦時共産主義(～21)
1919.3 コミンテルン結成(～43) ムッソリーニ、「戦士のファッシ」結成(伊) .5 ギリシア-トルコ戦争(～22) .9 伊義勇軍、フィウメ占領(～20)
1921.3 ソヴィエト、ネップ開始(～27) .11 ファシスト党結成(伊)
1922.4 ロシア=ソヴィエト・独間ラパッロ条約(独のソヴィエト政権承認) .10 ムッソリーニのローマ進軍 .11 ファシスト党内閣成立 .12 ソヴィエト社会主義共和国連邦成立
1924.1 レーニン死去 伊、フィウメ併合(～45)
1925.1 スターリン権力掌握、一国社会主義論
1927.11 伊、アルバニアを保護国化 .12 ソ連、コルホーズ・ソフホーズの建設
1928.9 伊、ファシズム大評議会が国家最高機関となる、ファシスト党の独裁確立 .10 ソ連、第1次五か年計画(～32)
1929.2 ラテラノ条約でヴァティカン市国独立を承認
1931.4 スペイン革命、ブルボン朝倒れ共和政樹立
1932.11 仏ソ不可侵条約
1933.1 ソ連、第2次五か年計画(～37)
1934 スターリンの大粛清(～38)
1935.5 仏ソ相互援助条約 .8 コミンテルン第7回大会、人民戦線戦術提唱 .10 伊、エチオピア侵攻
1936.2 スペイン人民戦線内閣成立(アサーニャ首相) .7 スペイン内戦(～39) .10 フランコ、スペイン国家主席を称する .12 スターリン憲法制定
○独・伊、スペイン内戦に干渉(～39)
1937.4 独、ゲルニカ爆撃 .12 伊、国際連盟脱退
1937 ピカソ(1881～1973)「ゲルニカ」発表
1939.4 伊、アルバニア併合 .9 ソ連、ポーランド侵入 .11 ソ連-フィンランド戦争(～40.3)
1940.6 伊、参戦 ソ連、ルーマニアの一部占領 .8 ソ連、バルト3国併合
1941.4 日ソ中立条約調印 .6 独ソ戦争開始(独伊、対ソ宣戦) .7 スターリングラードの戦い(～43.2)
1943.5 コミンテルン解散 .7 連合軍、シチリア島上陸 .9 伊、無条件降伏
1944.1 独、東部戦線で撤退 .6 連合軍、ローマ解放
1945.4 ムッソリーニ処刑 .8 ソ連、対日参戦 .11 ユーゴにティトー政権成立(首都ベオグラード)
1946.2 ソ連、千島・南樺太領有宣言 .6 伊・王政廃止、国民投票で共和政に
1947.3～.4 モスクワ4国外相会議(米ソ対立)
1947.9 東欧9か国、コミンフォルムを結成(～56.4)
1948.2 チェコスロヴァキアクーデタ(共産党独裁確立)
1949.1 コメコン(COMECON、経済相互援助会議)設立 .9 ソ連、原子爆弾保有宣言

第一次世界大戦 重要な出来事　孫文 主な治世者(年代は在位・在職年)　太字 重要事項　○このころ

(1900年〜1950年)

アジア・アフリカ

1901.9　**北京議定書**(辛丑和約、義和団事件最終議定書)

1904.8　**第1次日韓協約(日本が指定する顧問を採用)**

1905.8　**孫文、東京で中国同盟会結成　三民主義**　.9　清、科挙廃止　.10　清、立憲大綱準備に着手　英、**ベンガル分割令布告(ヒンドゥー教徒・ムスリムの分離策)**　.11　**第2次日韓協約(日本、韓国の外交権を奪う)**　.12　イラン立憲革命(〜11)

1906.12　**国民会議派カルカッタ大会　英貨排斥・スワデーシ・民族教育・スワラージ要求決議　全インド=ムスリム連盟結成**

1907.7　ハーグ密使事件→高宗退位　**第3次日韓協約(韓国軍隊解散)**

○韓国で反日義兵闘争さかん

1908.7　**青年トルコ革命、ミドハト憲法復活を約束**　.11　**清、憲法大綱・国会開設公約発表**　1908〜12　**宣統帝(溥儀)**(清)

1910.5　**南アフリカ連邦成立**、英自治領に　.8　韓国併合

1911.9　四川暴動　.10　武昌挙兵　辛亥革命

1912.1　**中華民国成立　孫文**、臨時大総統　.2　**宣統帝退位、清朝滅亡**　.3　**袁世凱、臨時大総統となる**　.8　**中国同盟会、国民党と改称**

1914.12　**エジプト、英の保護国に**

1915.1　**日本、中国に二十一か条要求**　.5　袁世凱、二十一か条要求承認　.10　**フサイン-マクマホン書簡**(英がアラブ独立について協定)

1916.5　**サイクス-ピコ協定**(英・仏・露、パレスチナの国際管理を協定)

1917.8　英インド相モンタギュー、インドに漸次自治を認める宣言　.11　**バルフォア宣言**(英、パレスチナのユダヤ人国家建設支持を表明)

1917　文学革命(胡適・陳独秀ら)　1918　魯迅『狂人日記』

1919.3　**三・一独立運動**(朝鮮)　**ローラット法発布**(印)　.4　アムリットサル事件(印)　.5　**非暴力・不服従運動**(ガンディーら)　.5　第3次アフガン戦争(.7　**アフガニスタン王国独立**)　.5　**五・四運動**(北京大学生ら抗日デモ)　.10　**中華革命党、中国国民党と改称**　.12　インド統治法成立

1921.7　**中国共産党結成**　魯迅『阿Q正伝』

1922.11　トルコ、スルタン制廃止、**オスマン帝国滅亡**　トルコ共和国

1923〜38　**大統領ムスタファ=ケマル(アタテュルク)**

1924.1　**第1次国共合作**(〜27.4)　.3　**トルコ、カリフ制廃止**

1925〜41　**レザー=ハーン**(イラン)　パフラヴィー朝

1925.3　孫文死去　.5　五・三〇事件　.7　**広州国民政府樹立**

1926.7　蔣介石、国民革命軍総司令として北伐開始(〜28.6)

1927.1　**汪兆銘**、武漢国民政府樹立　.4　蔣介石、上海クーデタ(国共分離)　**南京国民政府樹立**　.5　日本、第1次山東出兵　.7　スカルノ、**インドネシア国民党結成**　.10　**毛沢東**、井崗山に革命根拠地を樹立

1928.4〜5　日本、第2次・第3次山東出兵(〜29.5)　.6　北伐完了　張作霖爆殺事件　.11　トルコ、文字改革

1929.7　国共内戦開始(〜36)　.8　インドで**国民会議派ラホール大会(プルーナ=スワラージ要求)**

1930.1　**ガンディー、第2次非暴力・不服従運動**(〜34)　.3　**塩の行進**　.10　**第1回英印円卓会議**(ロンドン、〜32)　**インドシナ共産党**成立

1931.9　柳条湖事件　満洲事変　.11　**中華ソヴィエト共和国臨時政府、江西省瑞金に成立**(〜34)

1932.1　上海事変　.3　**「満洲国」建国宣言(執政溥儀)**　.6　シャム(タイ)立憲革命　.9　**サウジアラビア王国**成立(イブン=サウード〜53)　.10　**リットン、報告書を発表**　イラク王国独立(ファイサル1世〜33)

1934.10　中国共産党の長征(〜36.10)

1935.1　**遵義会議**(毛沢東、中国共産党の指導権確立)　.3　**ペルシア、イランと改称**　.8　**新インド統治法**公布　中国共産党、**八・一宣言**

1936.12　西安事件(張学良、蔣介石を監禁)

1937.7.7　盧溝橋事件、日中戦争始まる　.9　**第2次国共合作(抗日民族統一戦線、〜45.11)**　.11　国民政府、重慶遷都　.12　南京事件

1939.6　シャム、不平等条約を改正、国号をタイと改称

1940.3　**汪兆銘**、南京政府樹立

1941.5　**ベトナム独立同盟**(ベトミン)結成

1942.11　英米連合軍、北アフリカ(モロッコ・アルジェリア)上陸

1943.9　蔣介石、国民政府主席となり軍政両権掌握

1945.8　**インドネシア共和国独立(大統領スカルノ〜67)**　.9　**ベトナム民主共和国独立**(国家主席**ホー=チ=ミン**)　.11　中国国共内戦(〜49.10)

1946.7　**フィリピン共和国独立**　.12　インドシナ戦争起こる(〜54)

1947.8　**パキスタン独立　インド連邦独立**(首相**ネルー**、〜64)　.10　第1次印パ戦争(〜49)　.11.29　**国連、パレスチナ分割案採択**

1948.5.14　**イスラエル国建国宣言**　第1次中東戦争(〜49)パレスチナ難民流出　.8　**大韓民国成立(韓国、大統領に李承晩**〜60)　.9　**朝鮮民主主義人民共和国成立(北朝鮮、首相に金日成**〜72、主席72〜94)

1949.10.1　**中華人民共和国成立　主席毛沢東、首相周恩来**　.12　国民党、台湾に移る

1950.2　**中ソ友好同盟相互援助条約成立**(〜80)　.6.25　朝鮮戦争勃発

日本

明治時代 / 大正時代 / 昭和時代

日本の生活・文化史

1901　**八幡製鉄所操業開始**　田中正造、**足尾鉱毒事件**を天皇に直訴

1903　農商務省『職工事情』　対露強硬論の「七博士意見書」発表

1904　与謝野晶子「君死にたまふこと勿れ」を『明星』に発表

1905　ベトナム独立運動家、ファン=ボイ=チャウ来日し、東遊(ドンズー)運動をおこす

1909　生糸輸出量世界第1位に　綿布輸出額、輸入額をこえる

1910　白瀬矗中尉ら南極探検

1911　平塚らいてうら**青鞜社**結成

1912　**美濃部達吉**『憲法講話』(**天皇機関説を唱える**)　第5回オリンピックストックホルム大会でオリンピック初参加

1913　孫文、日本へ亡命し翌年、東京で中華革命党を結成

1914　**日本美術院再興**

1916　**吉野作造、民本主義**を主張

○スペインかぜ流行

1919　職業婦人の出現　国際連盟規約委員会で日本代表、人種的差別待遇撤廃を提案

1920　平塚らいてうら**新婦人協会**結成　上野公園で日本初のメーデー

○小作争議頻発

1922　**全国水平社**創立

1925　**ラジオ放送開始**　細井和喜蔵『女工哀史』

1927　上野－浅草間に地下鉄開通

1929　小林多喜二『蟹工船』

1930　米価など価格暴落し農村危機、失業者増大

1931　東北地方大凶作

1933　**滝川事件**

1935　**美濃部達吉**の3著書発禁、不敬罪で告発される

1937　文化勲章制定

1940　紀元2600年祝賀行事　**大政翼賛会**発足

1941　国民学校令公布　『臣民の道』配布

1943　朝鮮に徴兵制施行　**学徒出陣**開始

1945　墨塗り教科書　GHQ、国家と神道の分離指令(神道指令)　修身・日本歴史・地理授業停止(〜46)

1946　**天皇の人間宣言**

1947　**教育基本法・学校教育法**公布　六・三・三・四制の発足

1948　GHQ、**経済安定九原則**発表

1949　法隆寺金堂壁画焼失　**湯川秀樹**にノーベル物理学賞　GHQ経済顧問ドッジ、**ドッジ=ライン**発表　**単一為替レート**(1ドル=360円)

1950　**文化財保護法**公布

○朝鮮戦争で**特需景気**

日本の政治・外交史

1902.1　**日英同盟**成立

1904.2　**日露戦争**始まる　.8　第1次日韓協約

1905.3　奉天会戦　.5　日本海海戦に日本艦隊大勝利　.9　**ポーツマス条約**調印　**日比谷焼打ち事件**(戒厳令布告)　.11　第2次日韓協約　.12　**漢城(ソウル)に統監府設置**(初代統監**伊藤博文**)

1906.3　**鉄道国有法**　.9　**関東州**(遼東半島租借地)に関東都督府を設置　.11　**南満洲鉄道株式会社(満鉄)**設立

1907.7　第3次日韓協約　第1次日露協約

1909.10　伊藤博文、ハルビンで暗殺される(69歳)

1910　**大逆事件　韓国併合**　韓国国号を朝鮮とし**朝鮮総督府**設置を公布　朝鮮で**土地調査事業**開始

1911.2　日米通商航海条約調印(**小村寿太郎**による条約改正、**関税自主権**回復)　.3　**工場法**公布(16年施行)

1912　**第一次護憲運動**

1913.2　**桂太郎**内閣総辞職(**大正政変**)

1914.1　**ジーメンス事件**　.8　ドイツに宣戦布告、第一次世界大戦に参戦　.10　日本軍、赤道以北のドイツ領南洋諸島の一部を占領　.11　山東省の青島占領

1915.1　**中国に二十一カ条の要求　大戦景気**始まる

1916.7　第4次日露協約

1917.9　**金輸出禁止　石井-ランシング協定**締結

○**西原借款**(段祺瑞政権に巨額の貸付け)成立(〜18)

1918　**米騒動**　シベリア出兵(〜22)　.9　寺内内閣総辞職　**原敬の立憲政友会**内閣成立(初の本格的政党内閣)

1920.1　**国際連盟**に加盟(常任理事国)　.3　尼港事件

1921.11　**ワシントン会議開催**(〜22)　.12　**四か国条約**調印

1922.2　**九か国条約・ワシントン海軍軍縮条約**調印

1923.9　**関東大震災**(死者・行方不明者10万人以上)

1924.1　**第二次護憲運動**開始

1925.1　日ソ基本条約調印、ソ連承認し国交樹立　.4　**治安維持法**公布　.5　**普通選挙法**公布

1927.3　**金融恐慌**　.5　第1次山東出兵

1928.3　三・一五事件　.4　第2次・第3次山東出兵(〜29.5)　.5　済南事件　.6　**張作霖爆殺事件**(満洲某重大事件)　.8　不戦条約(パリ)に調印

1929.10　**世界恐慌**　生糸価格暴落　昭和恐慌

1930.1　**金輸出解禁**　.4　**ロンドン海軍軍縮条約**調印　**統帥権干犯問題**

1931.9　**柳条湖事件**(満洲事変)　.12　**金輸出再禁止**

1932.3　「満洲国」建国宣言　.5　五・一五事件(犬養首相暗殺)　.9　**日満議定書**調印

1933.2　関東軍、熱河省へ侵攻　.3　**国際連盟脱退**を通告　.5　**塘沽停戦協定(華北分離工作へ)**

1935.8　政府、**国体明徴声明**

1936.1　ロンドン海軍軍縮条約脱退　.2　二・二六事件

1937.7　**盧溝橋事件**、日中戦争始まる(〜45)

1938.1　第1次近衛声明　.4　**国家総動員法**公布

1939.4　米穀配給統制法公布　.5　ノモンハン事件(〜.9)　.7　**国民徴用令**公布　米、日米通商航海条約破棄を通告　.12　**創氏改名**に関する布告を公布

1940.9　日本軍、北部仏印進駐　**日独伊三国同盟**締結

1941.4　**日ソ中立条約**締結　日米交渉開始　.7　日本軍、南部仏印進駐　.8　米、対日石油輸出禁止　.12　真珠湾奇襲攻撃、マレー半島上陸、太平洋戦争

1942.1　日本軍マニラ占領　.6　ミッドウェー海戦に敗北

1943.2　日本軍、ガダルカナル島撤退　.11　**大東亜会議**

1944.3　インパール作戦　.7　サイパン島で日本軍全滅　.11　日本本土空襲開始

1945.3　東京大空襲　.4　米軍、沖縄本島に上陸　.8.6　広島に原爆投下　.8.8　ソ連、対日宣戦　.8.9　長崎に原爆投下　.8.14　**ポツダム宣言**受諾(日本降伏)　.8.15　終戦の詔勅のラジオ放送　.10　**連合国軍最高司令官総司令部(GHQ)設置　五大改革指令**　.12　衆議院議員選挙法改正(**女性参政権**)　**労働組合法**公布

1946.2　**農地改革**　.5　極東国際軍事裁判(**東京裁判**)開廷　.11　**日本国憲法**公布(47.5施行)

1947.4　**労働基準法・独占禁止法・地方自治法**公布

1950.8　**警察予備隊**設置　.9　レッドパージ始まる

1900 — 20世紀 — 1950

使い方 赤字 戦争・紛争に関すること 青字 文化に関すること

	国際関係	アメリカ・オセアニア	ヨーロッパ	
1950 20世紀 2000	1951.9 サンフランシスコ講和会議 1954.4～.7 ジュネーヴ会議 .7 ジュネーヴ協定(インドシナ休戦協定) .9 東南アジア条約機構(SEATO)成立(～77) .10 パリ協定 1955.4 第1回アジア=アフリカ(AA)会議(バンドン会議) .5 ワルシャワ条約機構成立 .7 ジュネーヴ4巨頭会談(米英仏ソ) .11 中東条約機構(バグダード条約機構、METO)成立 1957.3 ヨーロッパ経済共同体(EEC)設立条約調印 ヨーロッパ原子力共同体(EURATOM)調印(ローマ) 1959.8 中央条約機構(CENTO)成立(バグダード条約機構から改称) 1960.12 経済協力開発機構(OECD)条約調印(西側20か国) 1961.9 第1回非同盟諸国首脳会議(ベオグラード)(25か国参加) 1963.8 米英ソ、部分的核実験禁止条約(PTBT)に調印 1964.3～.6 第1回国際連合貿易開発会議(UNCTAD) 1965.2 ベトナム戦争(～75) 1967.7 ヨーロッパ共同体(EC)発足 1968.7 核拡散防止条約(NPT)調印 1972.5 米ソ、第1次戦略兵器制限交渉(SALT I)調印 1973.9 東西両ドイツ国連同時加盟 .10 第4次中東戦争 OAPEC、石油戦略発動→第1次石油危機(オイル=ショック) ○主要国は為替変動相場制へ 1975.11 第1回主要国首脳会議(サミット)開催(ランブイエ=サミット) 1979.3 第2次石油危機(～80) 6. 米ソSALT II調印 .12 ソ連、アフガニスタンに侵攻 1980.7 モスクワオリンピック(日・米など西側諸国不参加) .9 イラン-イラク戦争起こる 1982.4 フォークランド戦争 .6 米ソ戦略兵器削減交渉(START) 1985.9 プラザ合意 1987.12 米ソ、中距離核戦力(INF)全廃条約調印 1989.2 ソ連軍、アフガニスタン撤退完了 .12 米ソ首脳会談(マルタ会談)冷戦終結を宣言 1990.6 米ソ、START Iで合意 1991.1 米など多国籍軍がイラクを攻撃、湾岸戦争勃発 1993.1 米ロ、START IIに調印 1995.1 世界貿易機関(WTO)発足 1996.9 国連総会、包括的核実験禁止条約(CTBT)採択 1997.12 京都議定書採択	1951.9 太平洋安全保障条約(ANZUS)調印 1952.2 キューバでバティスタ独裁政権成立 ○米、水爆を開発 1953～61 アイゼンハウアー(共) 1953.1 米、ダレス国務長官の「巻き返し政策」 1955 キング牧師、バス=ボイコット運動開始 1958.1 人工衛星打ち上げ成功 1959.1 キューバ革命(カストロ) .9 フルシチョフ訪米、キャンプ=デーヴィッド会談(米ソ首脳会談) 1961.1～63 ケネディ(民)ニューフロンティア政策 .5 カストロ、社会主義宣言 1962.10～11 キューバ危機 1963.8 ワシントン大行進 ○黒人公民権運動高揚 .11.22 ケネディ、暗殺される 1963.11～69 ジョンソン(民) 1964.7 公民権法成立 .10 キング牧師、ノーベル平和賞受賞 1965.2 北ベトナム爆撃開始 1968.4 キング牧師暗殺 .10 北爆全面停止のジョンソン演説 1969.1～74 ニクソン(共) 1969.7 アポロ11号月着陸成功 1971.8 米、ニクソン声明、ドル防衛策発表(ドル=ショック) 1972.2 ニクソン訪中 .6 ウォーターゲート事件起こる 1973.3 米軍、ベトナム撤兵 .9 チリ軍部クーデタ、翌年ピノチェト軍事政権誕生(～90) 1974.8 ニクソン辞任 1974.8～77 フォード(共) 1975.4 ベトナム戦争終結宣言 1977.1～81 カーター(民) 1979.1 米中国交正常化 .3 スリーマイル島原発事故 .11 イラン米大使館占拠事件 1981.1～89 レーガン(共) 1983.12 アルゼンチン民政移管 1984.1 米中産業・技術協力協定 レーガン、「強いアメリカ」強調 .7 ロサンゼルスオリンピック(ソ連・東欧諸国不参加) 1987.10 ブラックマンデー 1989.1～93 ブッシュ(父)(共) .5 対ソ封じ込め政策転換を表明 1990.7 ペルー、日系二世のフジモリ大統領就任 1991.1 湾岸戦争 1993.1～2001 クリントン(民) 1995.7 ベトナムと国交樹立 .12 ペルーで日本人大使公邸人質事件 1999.12 パナマ運河返還	1951.10～55 第2次チャーチル内閣(英) 1952.2 エリザベス2世即位 英、原爆保有宣言 .7 ヨーロッパ石炭鉄鋼共同体(ECSC)発足 1953.6 東ベルリンで、反ソ暴動 1954.10 パリ協定に調印(西独、主権回復、再軍備とNATO加盟、西ヨーロッパ連合結成 .11 アルジェリア戦争(アルジェリア民族解放戦線、FLN、～62) 1955.5 仏軍、北ベトナムから撤退 .5 オーストリア国家条約(墺、主権回復) 西独、主権回復、NATO加盟 .9 西独、ソ連と国交回復 .10 オーストリア国民議会、永世中立を決議 1956.3 モロッコ・チュニジア独立(仏連合内) .7 スエズ運河国有化問題で、英仏の軍事力行使声明 .10 英仏軍、スエズ出兵 1958.6～59 ド=ゴール内閣(58.10～第五共和政) 1959.1～69 ド=ゴール大統領(仏) 1960.5 ヨーロッパ自由貿易連合(EFTA)正式に発足 .6 ベルギー領コンゴ独立 .7 コンゴ動乱(～63) 1961.5 南ア共和国成立 ○英連邦アフリカ諸国の独立 .8 東独、「ベルリンの壁」を構築 1962.7 アルジェリア独立 1966.7 NATO軍事機構脱退(仏) 1967.7 ヨーロッパ共同体(EC)発足 1968.5 フランスの学生デモ、五月革命 1969.4 ド=ゴール辞任(仏) 1969 北アイルランド紛争、アイルランド共和国軍(IRA)の活動さかん 1970.8 西独-ソ連武力不行使条約調印 1971.8 ドル=ショックでヨーロッパ各国為替市場一時閉鎖、各国変動為替相場制へ 1972.9～.12 西独、ポーランド・中国と国交正常化 .12 東西ドイツ基本条約調印 1973.1 拡大EC発足(英・アイルランド・デンマークの参加で9か国に) .9 両独同時に国際連合加盟 1979.5～90 サッチャー内閣(保) 1981.1 ギリシア、EC加盟(EC、10か国に) 1981.5 ミッテラン大統領に就任(社会党)(～95) 1982.10 コール首相就任(キリスト教民主同盟)(～98) 1984.5 大統領にヴァイツゼッカー就任(～94) .12 香港返還協定調印(英・中) 1986.1 ポルトガル・スペイン、EC加盟(EC、12か国に) 1989.10 東独のホーネッカー議長退陣 .11 ベルリンの壁崩壊 1990.10 ドイツ統一(ドイツ連邦共和国) .11 英首相にメージャー(保)(～97) 1992.2 EC加盟国がマーストリヒト条約(ヨーロッパ連合条約)に調印(93.1発効) 1993.1 ECの市場統合により人・物の移動が自由化 .11 ヨーロッパ連合(EU)発足 1994.5 英仏海峡トンネル開通 1995.1 オーストリア・スウェーデン・フィンランド、EUに加盟(15か国に) .5 シラク、大統領に就任(～2007) .9 ムルロア環礁で核実験強行 1997.5 総選挙で労働党圧勝、ブレア首相就任(～2007) 1998.4 北アイルランド和平合意 .9 新首相にシュレーダー(社会民主党)(～2005) 1999.1 EUの単一通貨ユーロがイギリス・デンマーク・スウェーデン・ギリシアを除く11か国に導入	1953.3 スターリン死去 .8 ソ連、水爆保有を宣言 1953.3～64 フルシチョフ第一書記 1955.5 ソ連・東欧8か国友好協力相互援助条約(ワルシャワ条約)調印 1956.2 ソ連共産党第20回大会 フルシチョフのスターリン批判 .4 コミンフォルム解散 .6 ポーランドでポズナン暴動 .10～.11 ハンガリー反ソ暴動 ソ連軍、出動し鎮圧 .10 日ソ共同宣言 1957.10 スプートニク1号打ち上げ成功 1958.3～64 フルシチョフ第一書記首相兼任 1959.9 フルシチョフ訪米、米ソ首脳会談 1960.5 U2偵察機撃墜発表 1961.4 有人衛星ヴォストーク1号(ガガーリン) .12 ソ連、アルバニアと断交 1962.10 キューバのミサイル基地撤去 1964.10 フルシチョフ解任 1968.1 チェコスロヴァキアの自由化「プラハの春」 .8 チェコスロヴァキアにワルシャワ条約機構軍介入 1969.11 核拡散防止条約批准 1974.4 ポルトガル、無血クーデタ .7 ギリシア文民政府成立(軍事政権崩壊) 1975.11 西、フランコ総統死去 王政復古 1977.1 チェコ反体制自由派「憲章77」 1980.9 ポーランド、自主管理労組「連帯」結成 1981.9 「連帯」議長にワレサ 1985.3 ゴルバチョフ、ソ連書記長に就任、ペレストロイカ、グラスノスチ提唱 1986.4 チェルノブイリ(チョルノービリ)原子力発電所で爆発事故 1988.3 ゴルバチョフ、新ベオグラード宣言(東欧革命へ) 1989.6 ポーランド選挙で「連帯」圧勝(90.12～95ワレサ大統領) .12 ルーマニア革命、チェコスロヴァキアでビロード革命 1990.3 リトアニア独立宣言 エストニア独立宣言 ゴルバチョフ、初代ソ連大統領に就任 .5ラトヴィア独立宣言 .6 コメコン解散決定 .7 ワルシャワ条約機構、解散 1991.6 ユーゴ内戦に突入 .8 反ゴルバチョフ=クーデタ失敗、共産党解散 .9 バルト3国の独立を承認 .12 ソ連邦解体し、CIS(独立国家共同体)創設 ロシア連邦大統領にエリツィン 1992.3 ボスニア独立宣言 .4 セルビアとモンテネグロが新ユーゴスラヴィア連邦を創設 1993.1 チェコとスロヴァキアが分離独立 1994.12 ロシア軍、チェチェン侵攻(～96) 1995.12 ボスニア和平に合意 1997.12 ポーランド、チェコ、ハンガリー、NATOに加盟 1998.2 コソヴォ紛争(～99.6) 1999.3 NATO軍、ユーゴ(セルビア)空爆開始 2000.5 ロシア大統領にプーチン就任
21世紀	2008.9 世界的金融危機(リーマン=ショック) 2015.12 第21回気候変動枠組条約締約国会議(COP21)でパリ協定採択	2001.1～08 ブッシュ(子)(共) 2001.9 ニューヨークなどで同時多発テロ .10 アフガニスタン進攻 2003.3 イラク戦争開戦 2009.1～17.1 オバマ(民) 2015.7 キューバと国交回復 2017.1～21.1 トランプ(共) 2021.1～ バイデン(民)	2002.1 EUの単一通貨ユーロがイギリス・デンマーク・スウェーデンを除く12か国で流通開始 2004.5 EU25か国に拡大(チェコ、ポーランド、ハンガリーなど10か国加盟) 2007.1 EU27か国に拡大(ブルガリア、ルーマニア加盟) 2013.7 EU28か国に拡大(クロアティア加盟) 2015.11 パリ同時多発テロ 2020.1 英、EU離脱(EU27か国に)	2006.6 モンテネグロ独立 2008.2 コソヴォ独立 .5 ロシア大統領にメドヴェージェフ就任 .8 南オセチア紛争 2009.10 ギリシアで欧州債務危機(1回目) 2012.5 プーチン、ロシア大統領に再任 2014.3 ロシア、クリミアの併合を宣言 2015.7 ギリシアで欧州債務危機(2回目) 2022.2 ロシア、ウクライナに侵攻

アフリカの年 重要な出来事　チャーチル 主な治世者(年代は在位・在職年)　太字 重要事項　○このころ

アジア・アフリカ	日本	日本の生活・文化史	日本の政治・外交史	
1951.3 イラン、石油国有化宣言 1952.7 エジプト革命(自由将校団ナギブのクーデタ) 1953.6 エジプト共和国宣言(大統領ナギブ~54) .7 朝鮮戦争休戦協定調印 .8 イランでクーデタ(モサデグ失脚) 1954.6.28 ネルー・周恩来、平和五原則を提唱 .7 ジュネーヴ協定でベトナム(北緯17度線で南北分断)とラオスの独立承認 1955.4 アジア=アフリカ(AA)会議(バンドン会議、平和十原則発表) .10 ベトナム国に替わりベトナム共和国成立(米が支援、~75) 1956.7 エジプトにナセル大統領就任、スエズ運河国有化を宣言 .10~57.3 第2次中東戦争(スエズ戦争) 1957.3 ガーナ独立(60~大統領エンクルマ) .8 マラヤ連邦独立(63マレーシア連邦と改称) .12 毛沢東、大躍進政策を指示 1958.2 アラブ連合共和国成立(大統領ナセル~70) .7 イラク革命 .8 中国、人民公社の全国的な建設運動開始 1959.3 チベット動乱 .8 中印国境紛争(~62) 1960 アフリカ諸国の独立あいつぐ アフリカの年 1960.12 南ベトナム解放民族戦線結成 1963.5 アフリカ統一機構(OAU)結成 .9 マレーシア連邦発足 1964.5 パレスチナ解放機構(PLO)結成 .10 中国、核開発 1965.2 米、北爆始める(ベトナム戦争~75.4) .8 シンガポール、マレーシアから分離(リー=クアンユー首相) .9 第2次印パ戦争 1966.5 プロレタリア文化大革命開始(~76) 1967.6 第3次中東戦争起こる スエズ運河閉鎖 .8 東南アジア諸国連合(ASEAN)発足 1968.1 アラブ石油輸出国機構(OAPEC)設立 .3 スハルト、インドネシア大統領に就任 .5 パリ和平会談開始(~73) .10 米、北爆停止 1969.3 珍宝島(ダマンスキー島)事件 1971.4 バングラデシュ独立宣言 .10.25 中華人民共和国の国連加盟 中華民国政府(台湾)、国連脱退 .12 第3次印パ戦争 1972.2 ニクソン訪中、米中共同声明 .3 米軍、北爆再開 1973.1 ベトナム和平協定調印 .10 第4次中東戦争 OAPEC諸国、石油戦略発動→石油危機(オイルショック) 1975 中国、「四つの現代化」 .4 サイゴン、プノンペン陥落 1976.7 ベトナム社会主義共和国成立 1978.8 日中平和友好条約調印 .12 改革開放政策始まる .12 ベトナム軍、カンボジア侵攻 1979.1 米中国交正常化 .2~.3 中越戦争 .2 ホメイニ帰国、イラン=イスラーム革命(→第2次石油危機) .3 エジプト-イスラエル平和条約調印 .12 ソ連軍、アフガニスタン侵攻 1980.5 韓国で光州事件 .9 イラン-イラク戦争おこる(~88) 1981.6 鄧小平、中国の社会主義市場経済推進 1982.4 イスラエル、シナイ半島をエジプトに返還 .7 カンボジア、内戦続く(~91) .9 イスラエル軍、レバノンに侵攻 1986.2 フィリピン、マルコス政権崩壊し、コラソン=アキノ政権誕生 .12 ベトナム、ドイモイ(刷新)政策開始 1987 パレスチナのイスラエル占領地でインティファーダ始まる 1988.1 台湾の李登輝が新総統に就任 .9 ビルマで軍事クーデタ 1989.6 ビルマ、ミャンマーと国名を改称 天安門事件(第2次) 1990.8 イラク、クウェート侵攻 .9 韓ソ国交樹立 1991.1 湾岸戦争勃発 .6 南アでアパルトヘイト体制の終結を宣言 .9 大韓民国・朝鮮民主主義人民共和国が国連に同時加盟 1992.3 国連カンボジア暫定機構(UNTAC)正式発足(~93.9) .8 中国、韓国が国交樹立 1993.5 カンボジア王国成立 .9 パレスチナ暫定自治協定 1994.5 南ア、マンデラ大統領就任 1995.7 米越国交樹立 ベトナム、ASEANに加盟 1997.7 香港、中国に返還 アジア通貨危機 1999.4 ASEAN、10か国に .12 マカオ、中国に返還 2000.6 南北共同宣言発表(韓国:金大中・北朝鮮:金正日)	昭和時代 平成時代	1952 第15回オリンピックヘルシンキ大会に戦後初参加 1953 NHK、テレビ本放送開始 1954 ビキニ水爆実験で第五福龍丸事件 1955 第1回原水爆禁止世界大会(原水爆禁止運動の高揚) 神武景気(~57) 1957 南極観測隊、昭和基地設営 東海村原子力研究所に日本初の原子の火ともる なべ底不況(~58) 1958 東京タワー完工 1959 メートル法施行 国立西洋美術館開館 ◎「三種の神器」が人気 皇太子(明仁上皇)結婚式(直前テレビ契約者200万突破) ○岩戸景気(~61) 1960 カラーテレビ本放送開始 1963 日米衛星テレビ中継開始 1964 海外旅行自由化(66年まで1人年1回の制限) 名神高速道路一部開通 東海道新幹線開業 第18回オリンピック東京大会 1965 いざなぎ景気(~70) ○農山漁村で過疎化が進行 1966 ビートルズの来日公演 1968 日本初の心臓移植手術(手術是非問題化) ◎3C(カー・カラーテレビ・クーラー)の普及率上昇 1969 東名高速道路全線開通 1970 初の国産人工衛星打ち上げ 大阪で日本万国博覧会 赤軍派学生による日航よど号ハイジャック事件 1971 10か国蔵相会議、円切り上げ(1ドル=308円) 1972 冬季オリンピック札幌大会開催 奈良県高松塚古墳の壁画発見 .2 連合赤軍浅間山荘事件 1973 変動為替相場制に移行 狂乱物価、異常インフレ 1974 戦後初のマイナス成長 経済不況深刻化 1975 沖縄海洋博覧会 1978 埼玉県稲荷山古墳出土鉄剣に銘文確認 1979 共通一次試験、初めて実施(90年、大学入試センター試験と改称) 1985 筑波科学万博開催 日航機、御巣鷹山に墜落(死者520人) 1986 ○円高不況深刻化(~87) バブル経済始まる 1987 国鉄分割民営化、JR発足 携帯電話サービス開始 1988 青函トンネル開業 瀬戸大橋開通 1989.4 消費税(3%)実施 1990 大阪で花の万博開催 ○バブル経済崩壊 1992 平成不況深刻化 1993 米の大凶作、緊急輸入 1994 松本サリン事件 1995.1 阪神・淡路大震災 .3 地下鉄サリン事件 1997 アイヌ文化振興法成立 臓器移植法成立(脳死は人の死) 消費税率5%に引き上げ 1998 冬季オリンピック長野大会開催 1999 奈良県飛鳥池遺跡で富本銭と鋳型出土 国旗・国歌法成立	1951.9 サンフランシスコ平和条約・日米安全保障条約調印(52.4 両条約発効) 1952.1 韓国、李承晩ライン宣言 .7 破壊活動防止法公布 .10 警察予備隊を保安隊に改編 1953.12 奄美群島返還日米協定調印 1954.3 日米相互防衛援助協定などのMSA協定調印 .7 防衛庁・陸海空自衛隊発足 1955.9 GATT正式加盟 .11 自由民主党結成(保守合同、55年体制) 1956.10 日ソ共同宣言調印(ソ連との国交回復) .12 国際連合加盟(国際復帰) 1960.1 日米新安全保障条約調印 .5 衆議院、新安保条約批准を強行採決、60年安保闘争激化 .12 池田勇人内閣、国民所得倍増計画発表 1962.11 日中準政府間貿易(LT貿易)開始 1963.2 GATT11条国に移行 1964.4 国際通貨基金(IMF)8条国に移行、貿易為替の自由化進む 経済協力開発機構(OECD)に加盟 1965.6 日韓基本条約調印 1967.8 公害対策基本法公布 1968.4 小笠原返還協定 ○GNP、資本主義国第2位に 1969.8 公害対策基本法制定 1971.6 沖縄返還協定調印 .7 環境庁発足 .11 非核三原則を国会(衆議院)で採択 1972.5 沖縄復帰(施政権返還・沖縄県再設置) .9 日中共同声明(日中国交正常化) 1973.10 第1次石油危機(~74) 1975.11 第1回主要国首脳会議(サミット)に出席 1978.8 日中平和友好条約調印 ○第2次石油危機 1980 日米に貿易摩擦起こる 1985.4 電電公社・専売公社民営化、NTT・JT発足(国有企業の民営化による行財政改革本格化) .5 男女雇用機会均等法成立(翌年より施行) .9 5か国蔵相会議、ドル高是正のプラザ合意(円高の契機) 1991.1 湾岸戦争の多国籍軍に90億ドル支援 .4 ペルシア湾に掃海艇派遣 1992.6 PKO(国連平和維持活動)協力法成立 .9 PKOでカンボジアに自衛隊派遣 1993.8 非自民8会派連立の細川護熙内閣成立(55年体制終わる) 1997.7 アイヌ文化振興法成立 .9 「日米防衛協力のための指針」(新ガイドライン)に合意 1999.5 周辺事態安全確保法など新ガイドライン関連法成立 .6 男女共同参画社会基本法公布	1950 20世紀
2001.12 アフガニスタンのタリバーン政権崩壊 中国、WTOに加盟 2003.3 イラク戦争勃発 2004.12 スマトラ沖大地震 2011.1 「アラブの春」始まる(~12) シリア内戦状態に 2012.11 習近平が総書記就任(中) 2014 シリアで、過激派組織IS台頭 2015.11 ミャンマーの総選挙でアウンサン=スーチー勝利 2018 南北首脳会談(韓国:文在寅・北朝鮮:金正恩)	令和時代	2002 サッカーワールドカップ日本・韓国共催 2005 愛知万博開催 郵政民営化法公布 ◎平成の市町村大合併(~05) 2011 東日本大震災、東京電力福島第一原発事故 2014 消費税率8%に引き上げ 2019 消費税率10%に引き上げ アイヌ施策推進法成立 2020 国内でも新型コロナウイルス(COVID-19)が流行 2021 東京オリンピック・パラリンピック開催(1年延期)	2002.9 日朝首脳会談、日朝平壌宣言 2003.6 武力攻撃事態対処法など有事関連3法成立 .8 イラク復興支援特別措置法公布 2004.1 イラクへ自衛隊派遣 2009.9 鳩山由紀夫内閣発足(民主党による政権交代) 2012.12 第46回総選挙、自民・公明両党が圧勝し、政権交代(第2次安倍晋三内閣) 2015.6 改正公職選挙法(18歳選挙権)成立 2018.6 成人年齢を18歳とする改正民法が成立	2000 21世紀

索引

人名索引の見方　本文内の人名は赤文字で示した。
事項索引の見方　本文内の上記以外の事項は黒文字で示した。
●人名索引のうちページ数が**太文字**のものは「ひと」コラムのあるもの。

表記の注意

国名の表記　慣用に従って、以下のように記した場合があります。

米…アメリカ　英…イギリス　伊…イタリア　印…インド
墺…オーストリア　蘭…オランダ　西…スペイン　葡…ポルトガル　露…ロシア
ソ…ソ連　独…ドイツ　土…トルコ　仏…フランス　普…プロイセン
※アメリカ合衆国は、原則としてアメリカと表記しています。

地名の表記　原則として現地の表記に近づけて表記しています。ただし、中国地名は日本語での表記や慣例での表記を優先しています。

人名の表記　原則として日本語で表記しています。ただし、朝鮮の人物は第二次世界大戦までは日本語での表記を優先し、その後は現地での呼び方にしています。

年代の表記　太陰太陽暦を使用していた明治5年までの日本の暦は西暦と約1か月の差がありますが、西暦に換算せずに表記しています。また、改元のあった年の年号は、その年の初めから新しい年号を用いて表記しています。

史料の表記　原則として史料は原文を生かしましたが、読みやすいように、旧字を新字に変更したり、送り仮名や振り仮名を一部変更したりしたものがあります。また、編集部による注釈は番号を付して原文と区別しました。各史料に引用元の出典を明示しました。

写真資料所蔵・提供・協力先一覧(敬称略、50音・アルファベット順)

会津若松市立会津図書館｜朝日新聞社｜アジア歴史資料センター｜アーテファクトリー｜アフロ｜天草市立天草キリシタン館｜アマナイメージズ｜安藤綾信｜生田誠コレクション・イメージアーカイブ/DNPartcom｜生田誠提供／協力(株)ココロマチ｜嚴島神社｜茨城県つくばみらい市立間宮林蔵記念館｜茨城県立歴史館｜上田市立博物館｜大倉集古館｜大谷大学博物館｜岡谷蚕糸博物館｜沖縄県公文書館｜沖縄県立博物館・美術館｜外務省外交史料館｜香月理樹｜神奈川県立歴史博物館｜川崎市市民ミュージアム｜菊水日本酒文化研究所｜菊正宗酒造記念館｜菊陽町図書館｜黄八丈めゆ工房｜灸まん美術館｜共同通信社｜京都大学人文科学研究所｜京都府立丹後郷土資料館｜宮内庁書陵部｜久米美術館｜慶應義塾福澤研究センター｜ゲッティ イメージズ｜皇居三の丸尚蔵館｜高知県立坂本龍馬記念館｜高知県立歴史民俗資料館｜高知新聞社｜宗教法人豪徳寺｜神戸大学附属図書館 住田文庫｜国際日本文化研究センター｜国宝旧開智学校校舎｜国立教育政策研究所 教育図書館 貴重資料デジタルコレクション｜国立公文書館｜国立国会図書館｜国立国会図書館ウェブサイト｜国立国会図書館デジタルコレクション｜国立保健医療科学院図書館｜国立歴史民俗博物館｜さいたま市立漫画会館｜五月女賢司｜公益財団法人日産厚生会佐倉厚生園病院｜産経新聞社｜渋沢史料館｜時事通信フォト｜島根県立古代出雲歴史博物館｜下田開国博物館｜正倉院宝物｜市立函館博物館｜新華社｜信州大学附属図書館｜スタジオ・スペース ツー｜静嘉堂文庫美術館提供／DNPartcom｜聖徳記念絵画館｜セキサトコ｜タタミショップノグチ｜田原市博物館｜中日新聞社｜知里幸恵 銀のしずく記念館｜津島市立図書館｜津田塾大学津田梅子資料室｜鉄道博物館｜東京学芸大学附属図書館｜東京大学史料編纂所｜東京大学大学院工学系研究科建築学専攻｜東京大学大学院 渡邉英徳研究室｜東京大学法学部附属明治新聞雑誌文庫｜東京都公文書館｜東京都写真美術館提供／DNPartcom｜東京都立中央図書館特別文庫室｜東芝未来科学館｜東宝株式会社｜同盟通信社｜東洋紡株式会社｜徳川美術館蔵 ©徳川美術館イメージアーカイブ／DNPartcom｜富岡市｜富岡製糸場｜トヨタ産業技術記念館｜トヨタ博物館｜長崎歴史文化博物館｜名古屋市博物館｜那覇市歴史博物館｜奈良国立博物館｜南部町祐生出会いの館｜新潟県立文書館｜西宮デジタルアーカイブ｜日本基督教団 長浜教会｜公益社団法人日本近代文学館｜一般社団法人日本新聞協会 日本新聞博物館｜日本製鉄株式会社 九州製鉄所｜ニューズコム｜芳賀ライブラリー｜萩博物館｜博物館 明治村｜函館市中央図書館｜東日本鉄道文化財団｜有限会社美術同人社｜広島市｜広島平和記念資料館｜フォッサマグナミュージアム｜福岡県立図書館デジタルライブラリ｜福岡市博物館提供／DNPartcom｜福山誠之館同窓会｜物流博物館｜法政大学大原社会問題研究所｜法政大学図書館｜法隆寺｜北海道大学附属図書館｜北海道立総合博物館｜毎日新聞社｜公益財団法人前田育徳会｜マスプロ美術館｜公益財団法人三笠保存会｜三島村役場｜三菱重工業(株) 長崎造船所 史料館｜港区立郷土歴史館｜宮城県図書館｜宮古島市 観光商工部観光商工課｜宮津市由良港自治会｜明治神宮｜明治神宮外苑 聖徳記念絵画館｜毛利報公会 毛利博物館｜山形大学附属博物館｜山口県立美術館｜山口県立山口博物館｜悠工房｜ユニフォトプレス｜横須賀市立中央図書館｜横浜開港資料館｜横浜市中央図書館｜読売新聞社｜立教大学図書館｜ロイター｜鹿苑寺｜六波羅蜜寺｜早稲田大学図書館｜AFP／WAA｜AP｜Bainbridge Island Historical Museum｜© 2021 - Succession Pablo Picasso - BCF (JAPAN)｜Bequest of William Perkins Babcock 00.890 Photograph ©2021 Museum of Fine Arts, Boston. All rights reserved. c/o DNPartcom｜Bridgeman Images｜ColBase(https://colbase.nich.go.jp/)｜CPCphoto｜CQ Roll Call｜Cynet Photo｜Image courtesy WALT DISNEY PICTURES／Ronald Grant Archive／Mary Evans｜Japan War Art｜Photo：Kobe City Museum／DNPartcom｜Musée national de l'Éducation｜NASA／Ullstein bild｜PIXTA｜PPS通信社｜Science Source Images｜Image：TNM Image Archives｜Underwood Archives／UIG／Bridgeman Images｜©UNIQLO｜Universal History Archive／UIG／Bridgeman Images｜UPI｜WPS

日本の旧国名地図・

東山道　東海道　北陸道　畿内
南海道　山陽道　山陰道　西海道

国名	廃藩置県	都府県名	地方
陸奥（陸奥）	青森	青森	東北地方
陸奥（陸中）	秋田	秋田	
	盛岡	岩手	
陸奥（陸前）	水沢	宮城	
	仙台		
陸奥（磐城）	磐前	福島	
	福島		
陸奥（岩代）	若松		
出羽（羽後）	秋田	秋田	
	酒田	山形	
出羽（羽前）	山形		
	置賜		
安房	木更津	千葉	関東地方
上総			
下総	新治		
	印旛		
常陸	新治	茨城	
	茨城		
下野	宇都宮	栃木	
	栃木		
上野	群馬	群馬	
武蔵	埼玉	埼玉	
	入間		
	東京	東京	
	神奈川	神奈川	
相模			

国名	廃藩置県	都府県名	地方
伊豆	足柄	静岡	中部地方
駿河	静岡		
遠江	浜松		
三河	額田	愛知	
尾張	名古屋		
美濃	岐阜	岐阜	
飛騨	筑摩		
信濃	長野	長野	
甲斐	山梨	山梨	
越後	新潟	新潟	
	柏崎		
佐渡	相川		
越中	新川	富山	
能登	七尾	石川	
加賀	金沢		
越前	足羽	福井	
若狭	敦賀		
近江	長浜	滋賀	近畿地方
	大津		
山城	京都	京都	
丹波	豊岡	兵庫	
丹後		京都	

国名	廃藩置県	都府県名	地方
但馬			近畿地方
播磨	飾磨	兵庫	
摂津	兵庫		
	大阪	大阪	
和泉	堺		
河内			
大和	奈良	奈良	
紀伊	和歌山	和歌山	
伊勢	度会	三重	
伊賀	安濃津		
志摩	度会		
淡路	名東	兵庫	四国地方
阿波		徳島	
土佐	高知	高知	
伊予	宇和島	愛媛	
	松山		
讃岐	香川	香川	

⬆1 国・都府県対照表

国名	廃藩置県	都
備前	岡山	
美作	北条	
備中	深津	
備後	広島	
安芸		
周防	山口	
長門		
石見	浜田	
出雲	島根	
隠岐		
伯耆	鳥取	
因幡		

⬆2 行政区分図

明解 歴史総合図説 シンフォニア 三訂版

別冊史料 ―歴史総合重要史料64点

第1部　近代化と私たち

第2部　国際秩序の変化や大衆化と私たち

第3部　グローバル化と私たち

年　組　番
年　組　番
年　組　番

第1部　近代化と私たち

❶「権利の章典」

➲p.65

〔1〕国王は、王権により、国会の承認なしに法律〔の効力〕を停止し、または法律の執行を停止し得る権限があると称しているが、そのようなことは違法である。

〔2〕〔国王は〕王権により、法律を無視し、または法律の執行をしない権限があると称し、最近このような権限を借取①し行使したが、そのようなことは違法である。……

〔4〕大権に名を借り、国会の承認なしに、〔国会が〕みとめ、もしくはみとむべき期間よりも長い期間、または〔国会が〕みとめ、またはみとむべき態様と異なった態様で、王の使用に供するために金銭を徴収することは、違法である。

〔5〕国王に請願することは臣民の権利であり、このような請願をしたことを理由とする収監または訴追②は、違法である。

〔6〕平時において、国会の承認なくして国内で常備軍を徴集してこれを維持することは、法に反する。

〈高木八尺ほか編『人権宣言集』岩波書店〉

用語解説 ①力ずくで奪うこと　②監獄に入れることや起訴すること

基礎情報 名誉革命直後の1689年にイギリス議会が提出し、イギリス国王ウィリアム3世・メアリ2世が即位するにあたって承認した「権利の宣言」を、同年末に議会が法律として制定したもので、内容的には「権利の宣言」を継承している。国王といえども法律に従うべきこと、課税には議会の承認を必要とすること、また人身の自由などの人民の権利についても詳細に規定し、王権に対する議会の優越を決定づけ、イギリス立憲政治の基礎となった。

❷ ロック著『統治二論』

➲p.65

222　人々が社会に入る理由は、彼らの固有権①を保全することにある。そして、彼らが立法部を選出し、彼らに権威を与える目的は、その社会の全成員の固有権に対する監視役あるいは防壁として、社会の各部分、各成員の権力を制限し、その統治権を適度に抑えるための法を作り、規則を定めることにある。……立法者が、人民の固有権を奪い、また破壊しようとするとき、……立法者は常に人民との戦争状態に置かれることになり、……人民は、彼らの根本的な自由を回復する権利をもち、……新たな立法部を設立することによって、彼らが社会のうちに身を置く目的である自分自身の安全と保護とに備える権利をもつからである。

〈加藤節訳『完訳統治二論 ジョン・ロック著』岩波書店〉

用語解説 ①人間の自由・平等・所有権といった、すべての人間が生まれながらにもっている自然権のこと

基礎情報 17世紀のイギリスの思想家であるロックが、名誉革命後の1690年に刊行した著作。国王の権力の起源を神に求める王権神授説を批判し、人民主権の立場をとった。そして固有の権利を保障するために人民が契約をして社会(国家)が成立したとする社会契約説を唱え、暴政に対する人民の抵抗権・革命権があることを主張した。結果的に名誉革命を正当化することになり、また18世紀のアメリカ独立革命やフランス革命にも大きな影響を与えた。

❸ ルソー著『社会契約論』

➲p.65

人間は自由なものとして生まれている。しかも、いたるところで鉄鎖①につながれている。他の人々の主人であると自分を考えている者も、やはりその人々以上に奴隷なのである。……

「各構成員の身体と財産とを、共同の力のすべてをもって防禦②し、保護する結社形式③を見いだすこと、ただし、この結社形式は、それによって各人がすべての人と結合しながら、しかも自分自身にしか服従せず、従前と同じように自由であるようなものでなければならない。」これこそ社会契約によって解決される基本問題である。……

だから、もし社会契約からその本質的でないものを取り除くと、それは次のことばに要約されることがわかろう。「われわれおのおのは、その身体とその力のすべてを共同にして、一般意志の最高指揮の下にゆだねる。さらに、われわれは、政治体を形成するものとして、各構成員を全体の不可分な部分として受け入れる。」……

〈平岡昇ほか訳『社会契約論』角川書店〉

用語解説 ①人々の自由が制限されていることの例え　②防御　③国家のあり方

基礎情報 18世紀のフランスの思想家であるルソーが1762年に出版した著作。ロックと同じく社会契約説を主張し、人民に主権や抵抗権・革命権があると説いて、特にフランス革命に大きな影響を与えた。ロックが間接民主政を理想としたのに対し、ルソーは主権を他者に譲渡したり分割したりすることはできないとして直接民主政を主張した。また日本でも明治時代の思想家である中江兆民がこれを漢訳し、『民約訳解』として刊行した。

❹ ジェファソン「アメリカ独立宣言」起草文

➲p.67

国王(ジョージ3世)は、人間性そのものに反する残忍な戦いを行い、いまだかつて彼に逆らったことのない僻遠①の地の人びと(アフリカ黒人)の、生命と自由という最も神聖な権利を侵犯し、かれらを捕らえては西半球②の奴隷制度の中に連れ込んでしまうか、あるいは運搬の途上にて悲惨な死にいたらしめた。異端③な力によって行われてきた恥ずべきこの海賊的な行為は、キリスト教徒たる大英帝国の国王によってなされてきた戦いである。人間が売り買いされなければならないような市場を、あくまでも開放しておこうと決意して、この憂うべき取引の禁止ないしは制限を企図したあらゆる法律の成立を妨げるために、彼は拒否権を行使してきたのである。……

〈本田創造著『アメリカ黒人の歴史 新版』岩波書店〉

用語解説 ①非常に遠いこと　②アメリカ大陸のこと　③正統(正しい考え方)から外れていること

基礎情報 「アメリカ独立宣言」は、アメリカ独立戦争中の1776年7月4日に第2回大陸会議で採択された文書である。ロックの思想的影響を強く受け、人間の自由・平等といった自然権や天賦人権論、社会契約説に基づく抵抗権(革命権)を唱え、13植民地の独立を宣言した。ところで「独立宣言」の草案には起草者の一人ジェファソンにより、この史料のように黒人奴隷貿易を厳しく批判する条項が盛り込まれていたが、南部のプランター(農園主)の主張に配慮し、大陸会議で削除された。

❺「フランス人権宣言」

➲p.50､68

〔前文〕　国民議会として構成されたフランス人民の代表者たちは、人の権利に対する無知、忘却または軽視が、公の不幸と政府の腐敗の唯一の原因であることを考慮し、人の譲りわたすことのできない神聖な自然的権利を、厳粛な宣言において提示することを決意した。……

第1条　人は、自由、かつ、権利において平等なものとして生まれ、存在する。社会的差別は、共同の利益にもとづくのでなければ、設けられない。

第2条　あらゆる政治的結合の目的は、人の、時効によって消滅することのない自然的な諸権利の保全にある。これらの諸権利とは、自由、所有、安全および圧制への抵抗である。

第3条　あらゆる主権の淵源①は、本来的に国民にある。いかなる団体も、いかなる個人も、国民から明示的に発しない権威を行使す

ることはできない。……

第6条　法律は、一般意思②の表明である。すべての市民は、みずから、またはその代表者によって、その形成に参与する権利をもつ。……

第11条　思想および意見の自由な伝達は、人の最も貴重な権利の一つである。……

第16条　権利の保障が確保されず、権力の分立が定められてないすべての社会は、憲法をもたない。

第17条　所有は、神聖かつ不可侵の権利であり、何人も、適法に確認された公の必要が明白にそれを要求する場合で、かつ、正当かつ事前の補償の条件のもとでなければ、それを奪われない。

〈辻村みよ子監訳『オランプ・ドゥ・グージュ』信山社〉

用語解説　①源　②ルソーの思想に登場する概念で、個人の利益やその総和である多数決ではなく、常に公共の利益を目指そうとする意思

基礎情報　1789年８月26日、フランス革命中の国民議会で採択された文書。前文と17条から構成され、フランス革命の理念を示しており、ロック・ルソーの思想や「アメリカ独立宣言」の影響もみられる。具体的には、人間の自由・平等、所有(財産)権の不可侵、社会契約説、抵抗権、国民主権、一般意思、精神の自由、権力分立など多様な内容が含まれている。またフランス初の憲法である1791年憲法の前文においても、これらの原則が確認された。

❻ ナポレオン法典

➔p.70

Ⅰ．ナポレオン法典の精神

われわれの目的は、道徳を法律に結合し、人がなんといおうと、かくも好ましい家族の精神を国家の精神にまで普及せしめることにあつた。……家族という小さい祖国を通して人は大きな祖国に連なる。良き国民を形作るものは、良き父、良き夫、良き息子である。……

Ⅱ．家族の尊重

〔A〕夫がこの(家族)統率の主である。……夫がその配偶者の財産も素行もすべて管理し、すべて監督する。……

213. 夫は妻を保護し、妻は夫に服従する義務を負う。……

1421. 夫は単独で夫婦共有財産を管理する。……

〔B〕……

371. 子は年齢のいかんを問わずその父母に対し尊敬の義務を負う。……

Ⅲ．所有権の絶対……

544. 所有権は法律または命令によつて禁ぜられる使用をなさぬかぎり、物を最も絶対的に使用収益①しかつ処分しうる権利である。……

Ⅳ．契約の自由

一般に人間は自分に利害関係のあるすべてに関して自由に取引ができるはずである。……契約の自由はただ正義や善良の風俗や公益によつてのみ制限される。

Ⅴ．自己責任

1382. 人のいかなる行為によるを問わず、他人に対して損害を惹起②したものは、それがそのものの過失によつて生じたのであれば、これを賠償する責を負う。

〈『西洋史料集成』平凡社〉

用語解説　①使うことで利益を得ること　②引き起こす

基礎情報　1804年３月にナポレオンが制定した、全文が2281条から成るフランス民法典。個人主義・自由主義の原理に基づき、所有権の絶対、契約の自由、過失の自己責任などを明記し、フランス革命の成果を定着させるとともに、日本を含む世界各国の民法に大きな影響を与えた。また国民国家の統合のため家族の統合も重視されたが、夫が家族を統率し、妻や子は夫や父親に従う義務があるとされ、女性や子どもは社会的弱者であり保護の対象とされた。

❼ フィヒテ「ドイツ国民に告ぐ」

➔p.70

……ドイツ国民層にぞくしているひとびとの大多数を、……本来の民族的な意味で教育する①ことこそが、必要なのである。……

このような教育の力をもってすれば、われわれがはじめにたてておいた目標、つまり、われわれのこの講演の本来の動機となっている目的は、まちがいなく達せられるであろう。ほんとうの祖国愛を身につけるのも、地上の生命を永遠の生命として理解させてくれるのも、かく、地上の生命を永遠の生命として知るための唯一のよりどころは祖国であると教えてくれるのも、すべて、かの、〔われわれの新しい教育の力によってもりあげられる〕精神である。かく教えられた祖国があってこそ、おのずと、祖国を防衛するために勇敢にたたかおうという人間も、法をまもり平和な正しい国民となろうという人間も、生まれてくるのである。……

〈真下信一訳『世界大思想全集 哲学・文芸思想篇 第11巻』河出書房〉

用語解説　①フィヒテは別の項で、ドイツ人の祖国愛を広く国民層に植え付けるような教育のみがドイツの独立を救うことができると述べている

基礎情報　ドイツ観念論の哲学者で後にベルリン大学初代総長も務めたフィヒテは、1807～08年にナポレオン占領下のベルリンで「ドイツ国民に告ぐ」という連続講演を行った。当時のヨーロッパではナポレオンの大陸支配に対して各地でナショナリズムの動きが高まりつつあり、フランスに対するドイツ文化の優秀性を説いたフィヒテの講演も、プロイセンを中心とするドイツの人々の「ドイツ人」としての民族意識を高めることにつながった。

❽ 産業革命時の児童の工場労働

➔p.75

証言者　サミュエル・クールソン①

5047　好況時にあなたの娘たちは朝の何時に工場に行きましたか。

――娘たちは朝の３時には工場に行き、仕事を終えるのは夜の10時から10時半近くでした。

5049　19時間の労働の間に休息あるいは休養のためにどれだけの休憩時間が与えられたのですか。

――朝食に15分、昼食に30分、飲料を取るのに15分です。……

5073　あなたの子どもたちの中で誰か鞭打ちを受けたものはいますか。

――はい、どの子どももです。長女についてですが、……彼女は「監視人が私を革ひもで打ちました。しかし、監視人の所には行かないでください。もし行けば、私たちは仕事を失ってしまうでしょう」と言いました。……

〈歴史学研究会編『世界史史料６』岩波書店〉

用語解説　①イギリス中部の織物工業都市リーズ近郊に住む仕立屋であり、近くの梳毛加工工場に働きに出ていた３人の娘がいた

基礎情報　産業革命によって機械制工場が各地に建てられると、成人男性だけでなく子どもや女性の労働者が多く雇用されるようになり、低賃金かつ過酷な労働環境で長時間働くことを強いられた。イギリスで1833年に制定された工場法は、児童の労働時間の制限や工場監督官の設置など初めて実効性を伴った工場法とされたが、その制定にあたって議会委員会が実態調査を行い、この史料にあるような証言が立法において重要な参考資料とされた。

❾『共産党宣言』

➔p.75

ヨーロッパではひとつの亡霊がうろついている。それは共産主義の亡霊である。……

これまですべての社会の歴史は階級闘争の歴史である。

つねに相互に対立しあっていたのは、自由人と奴隷、貴族と平民、領主と農奴、ギルドの親方と遍歴職人(Gesell)、抑圧者と被

抑圧者であり、……ブルジョワ①階級の時代である、わが時代は、……すなわちブルジョワ階級とプロレタリア②階級へとますます分解しているのである。……

あらゆる地域のプロレタリアよ、団結せよ！

〈的場昭弘訳・著『新訳 共産党宣言』作品社〉

用語解説 ①資本家のこと。生産手段(土地・機械など)を所有する　②労働者のこと。労働力をもつが生産手段はもたず、資本家の下で労働して賃金を得る

基礎情報 1848年2月、マルクスとエンゲルスがロンドンにて共同で発表した文書。人間社会の歴史は中世の領主対農奴、近代の資本家対労働者のような階級闘争の歴史であると主張し、資本主義社会はプロレタリア(労働者)階級が革命を起こすことによって、ブルジョワ(資本家)階級の支配を倒すことが歴史の必然であると説いた。そのために世界各地の労働者の団結を呼びかけ、後にマルクス主義ともよばれる共産主義思想を確立することにつながった。

⑩「人民憲章」―チャーティストの要求 ➲p.76

1．健全なる精神をもち、現在受刑中でない21歳〔以上〕のすべての男子に対する投票権。

2．無記名投票――選挙権を行使する選挙人を保護するために。

3．議員に対する財産資格①制限の廃止――こうして選挙民に彼らの選んだ者を、彼が豊かであろうと貧しかろうと、議会に送ることができるようにすること。

4．議員歳費②の支給――……国家のために彼の職業からはなれて議会に出席しても、選挙民に奉仕することができるようにすること。

5．平等な選挙区――……同数の選挙人に対して同量の代表を確保すること。

6．毎年議会――かくして贈賄③と威嚇に対するもっとも効果的な阻止手段を提供すること。……

〈浜林正夫訳『原典イギリス経済史』御茶の水書房〉

用語解説 ①一定以上の財産の保有が選挙権を得る条件になること　②議員に国家が支給する一年間の手当　③賄賂を贈ること

基礎情報 イギリスの第1回選挙法改正(1832年)で選挙権を得られなかった商工業者や労働者を中心に、男子普通選挙、無記名投票、議員の財産資格の廃止など6か条の要求がまとめられた(1837年起草、38年発表)。これを「人民憲章(ピープルズ=チャーター)」といい、これらの実現を目指した民衆運動をチャーティスト運動という。1850年前後に運動は衰退したが、毎年議会(議員の選挙を毎年すること)以外の5項目については20世紀前半にほぼ実現した。

⑪ビスマルク「鉄血演説」 ➲p.81

……われわれには、われわれの貧弱な身体には大きすぎる軍備を担おうとする熱血がありますし、とくにそうすることを好んでおります。われわれはたしかにそれを利用しさえすればよいのです。ドイツが注目しているのはプロイセンの自由主義ではなくて、プロイセンの力であります。……ウィーン〔会議〕の諸条約によるプロイセンの国境は、健全な国家の営みのためには好都合なものではありません。現下の大問題が決せられるのは、演説や多数決によってではなく――これこそが1848年と1849年①の重大な誤りだったのですが――、まさに鉄と血②によってなのであります。……もし予算が成立しないとしますならば、すべては白紙状態であります。……

〈歴史学研究会編『世界史史料6』岩波書店〉

用語解説 ①ベルリン三月革命に始まる、ドイツの一連の自由主義運動　②軍備と兵士、つまり軍事力

基礎情報 ビスマルクはユンカー(ドイツの地主貴族階級)出身の政治家で、1862年9月プロイセン国王ヴィルヘルム1世によって首相に任命された。当時、予算審議では軍事予算の増額を主張する政府とこれに反対する議会下院が対立していた。首相に任命されたばかりのビスマルクは、下院の予算委員会で史料のように演説を行い、ドイツ統一のために軍備拡張が必要であると主張した。このことから、演説に「鉄血演説」、またビスマルク自身にも「鉄血宰相」という異名が生まれた。

⑫「モンロー宣言(教書)」 ➲p.82

……われわれはヨーロッパ列強間の諸戦争①には、それがヨーロッパ諸国自身に関する事柄ならば、決して介入しなかつたし、またこれに参加することはわれわれの政策とも一致しない。……われわれは率直公明を尊び、また合衆国とこれら諸国との間に存在する友好関係を信頼するがゆえに、ヨーロッパ諸国が彼らの政治組織を本半球②のいずれかの部分に拡張しようとするいかなる企図をも、われわれの平和と安全にとつて危険なものと思考する旨を宣言する。……これら(その独立政府)の運命を左右せんとする目的をもつてするいかなるヨーロッパ諸国の干渉も、われわれは合衆国に対する非友誼的③態度の表明としかみることができない。……

〈『西洋史料集成』平凡社〉

用語解説 ①ナポレオン戦争　②西半球つまりアメリカ大陸側　③友好的でないこと

基礎情報 モンローはアメリカ合衆国第5代大統領(任1817～25)。彼が1823年12月に発した年次教書(大統領が連邦議会に送付する方針)のなかで、特に外交方針について述べた部分を、後に「モンロー宣言(教書)」とよんだ。ヨーロッパ諸国のアメリカ大陸に対する干渉や再植民地化の動きを批判し、また合衆国のヨーロッパに対する不干渉を主張した。この結果、ラテンアメリカ諸国の独立運動を間接的に支援することになり、また、孤立主義(モンロー主義)とよばれる合衆国の外交政策の基本方針が確立した。

⑬奴隷制(1)ストウ著『アンクル=トムの小屋』 ➲p.82

……「奴はほとんど死にかけてますよ、旦那様」とサンボ①は言った。……

「奴が音をあげるまで、精を出せ！　もっとやれ！　もっとやれ！」とレグリー②は叫んだ。……

トム③が目を開け、主人を見上げた。……「おらは心からあなたを許しますだ！」そう言うと、トムは完全に気を失った。……

ジョージ④がその小屋へ入ったとき、彼は頭がくらくらし、心がむかついてきた。

「こんなことがありうるのか、こんなことがありうるのか？」彼はトムのそばにひざまずいて言った。「アンクル・トム、かわいそうな、僕のなつかしい友！」……

「ああ、ジョージ坊ちゃま、あなたは遅すぎました。主⑤がおらをお買いになり、天の故郷へ連れ帰ってくだせえますだ。おらもそこへ行きてえです。天国はケンタッキー⑥よりいいところです」……

……そして、微笑みを浮かべながら深い眠りについた。……

〈小林憲二訳『新訳 アンクルトムの小屋』明石書店〉

用語解説 ①黒人と先住民の混血　②トムを暴行で死なせたトムの主人　③小説の主人公である黒人奴隷　④トムの以前の主人であった白人の息子で、トムとは仲がよかった　⑤キリスト教の神　⑥アメリカ南東部の州

基礎情報 人道的な立場などから奴隷制廃止の気運が国際的に高まり、19世紀半ばにはイギリスやフランスでも奴隷制が廃止された。しかしアメリカでは、綿花プランテーションの労働力として黒人奴隷が必要な南部のプランター(農園主)らが奴隷制の存続を強く主張し、奴隷制の拡大に反対する北部と厳しく対立するようになった。アメリカの女性作家ストウは1852年に発刊された『アンクル=トムの小屋』で、黒人奴隷トムの悲惨な生涯を描き、奴隷制の害悪を強く訴えた。

⑭ 奴隷制(2)「奴隷解放宣言」 ➲p.82

……したがって、私、アメリカ合衆国大統領エイブラハム・リンカーンはここに、……以下の州と一部地域①が、それぞれ反乱の状態にあると規定する。……

私に与えられた前述の権限と果たすべき目的に基づき、私は上記の州と一部地域において奴隷とされている者すべてに対して、これ以後は自由であると宣言し、アメリカ合衆国政府は、陸海軍当局も含めて、彼らの自由を承認し維持することを命じる。……

こうした行為は正義に基づくものだと信じており、軍事的必要性を鑑みて合衆国憲法によっても正当性を保証されていると思うが、私はここに、これらの行為に対して、人類の思慮深い判断と、全能なる神の慈悲深い恩顧を祈るものである。

〈歴史学研究会編『世界史史料７』岩波書店〉

用語解説 ①北部と戦っている南部の諸地域

基礎情報 南北戦争中の1863年１月、リンカン大統領は「奴隷解放宣言」を発し、反乱の状態にある南部諸州の奴隷が自由であることを宣言した。北部が奴隷解放という戦争目的を明らかにしたことで対外的に北部への支持を集め、戦後の奴隷制廃止(1865年)につながった。一方、アメリカ中西部イリノイ州(リンカン大統領の出身地)の議会で、奴隷の反乱を誘発するものとして「奴隷解放宣言」に反対する決議が行われるなど、必ずしも北部のすべてが人道的な見地から奴隷解放を求めていたわけではなかった。

⑮ アヘン戦争開戦の是非(1)グラッドストンの演説 ➲p.88

その起源①においてこれほど正義に反し、この国を恒久的な不名誉の下に置き続けることになる戦争をわたくしは知らないし、これまで聞いたこともないと、明言できる。……そもそもイギリス国旗がイギリス人の精神をいつも高めることになるのはどうしてであろうか。それはイギリス国旗が常に正義の大義、圧制への反対、国民の諸権利の尊重、名誉ある通商の事業に結びついていたからこそであった。ところが今やその国旗は高貴な閣下の庇護の下で、悪名高い密貿易を保護するために掲げられているのである。……

……わたくしは、女王陛下②の政府が本動議に関して本院にこの正義に反した、邪悪な戦争を教唆するよう説得することなど決してないと確信する。……

〈歴史学研究会編『世界史史料６』岩波書店〉

用語解説 ①アヘンという麻薬が開戦の理由であること　②ヴィクトリア女王(在位1837～1901)

基礎情報 清朝の政治家であった林則徐が広州でアヘンの没収・廃棄などの強硬策をとると、イギリス議会では清朝との開戦の是非をめぐる議論が巻き起こった。当時トーリ党(後の保守党)の若き政治家だったグラッドストンは「正義に反する戦争」として開戦に反対したが、ホイッグ党(後の自由党)のパーマストン外相はイギリス商人の利益を守るためとして開戦を擁護した。イギリス議会では最終的に賛成271票、反対262票の９票差で開戦が決議され、1840年６月にアヘン戦争が始まった。

⑯ アヘン戦争開戦の是非(2)パーマストンの演説 ➲p.88

……こうした人々①の利益こそが危機に瀕しており、こうした人々こそがこの問題にもっとも利害関心を持っているのである。こうした人々はわたくしの考えでは、概してイギリス政府に敵対的な人々である。にもかかわらずこの人々が、自発的に、政府の諸目的が遂行されなければ、中国におけるイギリスの通商は終焉を迎えるだろうと主張しているのである。……

武力の示威が、さらなる流血を引き起こすことなしに、われわれの通商関係を再興するという願わしい結果をもたらすかもしれないと、すでに表明されている。このことにわたくしも心から同意するものである。

〈歴史学研究会編『世界史史料６』岩波書店〉

用語解説 ①ロンドンの中国貿易に従事する商人たち

基礎情報 史料⑮を参照

⑰ 南京条約 ➲p.89

第２条 清国皇帝陛下①ハ英国臣民カ……広東②、厦門、福州、寧波及ヒ上海ノ市町ニ於イテ商業ニ従事スル為迫害又ハ拘束ヲ蒙ルコトナク居住スルヲ得シムヘキコトヲ約ス……

第３条 ……清国皇帝陛下ハ英国女皇陛下③ニ香港島ヲ譲与シ英国女皇陛下及ヒ其ノ後継者ハ永久ニ之ヲ占有スヘク英国女皇陛下ノ適当ト認ムル法律規制ヲ以テ之ヲ統治スヘシ……

第５条 清国政府ハ広東ニ於イテ通商ニ従事セル英国商人ヲシテ専ラ当該目的ノ為ニ清国政府ヨリ免許ヲ得タル「行」商人(公行④)トノミ取引スルコトヲ強制シタリシカ清国皇帝ハ英国商人ノ居住スヘキ一切ノ港ニ於イテ将来右ノ慣行ヲ廃シ任意ニ何人トモ通商取引ニ従事スルヲ許スヘキコトヲ約ス

〈半澤玉城著『支那関係条約集』外交時報社〉

用語解説 ①道光帝(在位1820～50)　②広州のこと　③ヴィクトリア女王(在位1837～1901)　④清朝の特許商人組合

基礎情報 南京条約は、1842年にイギリスと清朝の間で結ばれたアヘン戦争の講和条約である。清朝がイギリスに、広州・厦門・福州・寧波・上海の５港の開港と開港地への領事駐在の承認、香港島の割譲、賠償金の支払い、公行の廃止などを認めた。しかしアヘン貿易については取り決めがなされなかった。また、南京条約そのものは清朝とイギリスが対等な関係で結んだ条約だったが、その後の不平等条約の足がかりとされた。

⑱ 天保の薪水給与令 ➲p.90

異国船渡来の節二念無く打ち払い申すべき旨、文政八年仰せ出され候①、然る処当時万事御改正にて、享保、寛政の御政事ニ復せられ、何事によらず御仁政を施され度との有難き思し召しニ候、右ニついてハ外国のものニても、難風に逢い漂流等ニて食物薪水を乞い候迄ニ渡来候を、其の事情相分からざるニ一円ニ打ち払い候てハ万国に対せられ候御所置とも思し召されず候、依って之文化三年異国船渡来の節取り計らい方の儀②ニ付仰せ出され候趣ニ相復し候様仰せ出され候間、異国船と見受け候ハバ得と様子相糺し③、食料薪水等乏しく帰帆④成り難き趣候ハバ、望みの品相応ニ与へ、帰帆致すべき旨申し諭し、尤も上陸は致さ為間敷く候、……

〈『徳川禁令考』〉

用語解説 ①1825年の異国船打払令のこと　②1806年の薪水給与令　③念を入れて事情を調べる　④帰国

基礎情報 天保の改革において、1842(天保13)年に出された幕府の対外政策。25年の異国船打払令を緩和し、06年の文化の薪水給与令(撫恤令)の方針に戻し、異国船の穏便な帰帆、避難船への薪水(燃料と水)・食料支給を認めた。清朝がアヘン戦争でイギリスに負けて南京条約を結び、香港を割譲して貿易の拡大を認めさせられた情勢を、幕府首脳部は鋭敏に感じとった。また、海外情勢の認識が進み開国論を唱える者が現れたことも背景にあり、法令の発出に至った。

⑲ 日米修好通商条約 ➲p.92

第３条
下田箱館の港の外次にいふ所の場所を左の期限より開くへし

神奈川　……西洋紀元1859年７月４日

長崎　……西洋紀元1859年７月４日

新潟　……西洋紀元1860年1月1日
兵庫　……西洋紀元1863年1月1日……
神奈川港を開く後6箇月にして下田港は鎖すへし此箇条の内に載たる各地は亜米利加人に居留を許すへし……
江戸　……1862年1月1日
大阪　……1863年1月1日
右2箇所は亜米利加人只商売を為す間にのみ逗留する事を得へし……
双方の国人品物を売買する事総て障りなく其払方等に付ては日本役人是に立会はす諸日本人亜米利加人より得たる品を売買し或は所持する倶に妨なし……

第4条
総て国地に輸入輸出の品々別冊①の通日本役所へ運上②を納むへし……

第5条
外国の諸貨幣は日本貨幣同種類の同量を以て通用すへし……

第6条
日本人に対し法を犯せる亜米利加人は亜米利加コンシュル裁断所③にて吟味の上亜米利加の法度④を以て罰すへし亜米利加人へ対し法を犯したる日本人は日本役人糺の上日本の法度を以て罰すへし……

〈外務省條約局編『舊條約彙纂 第一巻第一部』〉

用語解説 ①この条約に付属する貿易章程で、貿易手続きや税率が決めてあった　②関税　③領事裁判所　④法律

基礎情報 1858(安政5)年調印。アロー戦争の結果から、英仏の脅威を説いたハリスは、条約締結を幕府に迫った。幕府は無勅許で調印。箱館・神奈川(実際には横浜を開港、下田は閉鎖)・長崎・新潟・兵庫(実際は現在の神戸)の開港、江戸・大坂の開市(商取引の許可)と自由貿易、協定関税制(自主的に関税を課せられない、すなわち関税自主権の欠如)、領事裁判権の承認(アメリカ人の犯罪については、日本側で裁判が行えない)などを規定した。

⑳ 久米邦武編『米欧回覧実記』

➲p.97

……夜外務宰相「ビスマルク①」侯ヨリ招宴、
……方今世界ノ各国、ミナ親睦礼儀ヲ以て相交ハルトハイヘトモ、是全ク表面ノ名義ニテ、其ノ陰私ニ於イテハ、強弱相凌キ、大小相侮ルノ情形ナリ、予ノ幼時ニ於イテ、我カ普国ノ貧弱ナリシハ、諸公モ知ル所ナルヘシ、此ノ時ニ当タリ、小国ノ情態ヲ親ラ閲歴シ、常ニ憤懣ヲ懐キシコトハ、今ニ耿耿トシテ②脳中ヲ去ラス、カノ所謂公法③ハ、列国ノ権利ヲ保全スル典常トハイヘトモ、大国ノ利ヲ争フヤ、己ニ利アレハ、公法ヲ執ヘテ動カサス、若シ不利ナレハ、翻スニ兵威ヲ以テス、固ヨリ常守アルナシ、……

〈田中彰校注『米欧回覧実記(三)』岩波書店〉

用語解説 ①ドイツ帝国宰相。鉄血政策(富国強兵・対外強硬策)を推進　②気にかかっていることがあり心が安らかでない様子　③国際法

基礎情報 1871(明治4)年に日本を出発した岩倉使節団は欧米各国の制度・産業・軍事などを見聞した。ドイツで宰相ビスマルク(ドイツ統一を「鉄と血によってのみ」解決できると演説したことから「鉄血宰相」とよばれる)と面会した一行は、世界の現状を弱肉強食ととらえ、国際法も自国不利とみるや軍事力により翻させると述べるビスマルクの言葉に衝撃を受けた。使節団の一員だった大久保利通は新興国の経営モデルとしてビスマルクに賛同した。

㉑ 民撰議院設立建白書(『日新真事誌』)

➲p.50、99

臣等①伏シテ方今②政権ノ帰スル所ヲ察スルニ、上帝室ニ在ラズ、下人民ニ在ラズ、而シテ独リ有司③ニ帰ス。……而シテ政令百端、朝出暮改、政情実ニ成リ、賞罰愛憎ニ出ヅ、言路壅蔽、困苦告グルナシ。……乃チ之ヲ振救スル④ノ道ヲ講求スルニ、唯天下ノ公議ヲ張ルニ在ル而已。天下ノ公議ヲ張ルハ民撰議院ヲ立テルニ在ル而已。……

〈江村栄一校注『日本近代思想大系9 憲法構想』岩波書店〉

用語解説 ①板垣退助や後藤象二郎など、建白書の提出者　②現在　③政府の官僚　④財力によって貧者を救うこと

基礎情報 1874(明治7)年1月、征韓論争で下野した旧土佐・肥前藩出身の板垣・後藤・副島・江藤ら8名が、愛国公党の決議に基づき左院に提出した建白。閉塞状況の国家を救う道は、征韓論分裂後に薩長を中心に固められた「有司」(大久保利通や岩倉具視など政府首脳)専制を改め民撰による議院を設立することにあると主張した。『日新真事誌』に掲載されることによって世論に大きな影響を与え、自由民権運動の出発点となった。政府は時期尚早としてこれに反対した。

㉒ 植木枝盛著『東洋大日本国国憲按』

➲p.99

第5条　日本ノ国家ハ日本各人ノ自由権利ヲ殺滅スル規則ヲ作リテ之ヲ行フヲ得ズ。……
第42条　日本ノ人民ハ法律上ニ於イテ平等トナス。……
第49条　日本人民ハ思想ノ自由ヲ有ス。
第50条　日本人民ハ如何ナル宗教ヲ信ズルモ自由ナリ。……
第70条　政府国憲①ニ違背②スルトキハ日本人民ハ之ニ従ハザルコトヲ得。
第71条　政府官吏圧制ヲ為ストキハ日本人民ハ之ヲ排斥スルヲ得。……
第72条　政府恣ニ③国憲ニ背キ、擅ニ③人民ノ自由権利ヲ侵害シ、建国ノ旨趣ヲ妨グルトキハ日本国民ハ之ヲ覆滅④シテ新政府ヲ建設スルコトヲ得。……
第89条　皇帝ハ聯邦行政政府の長タリ。常ニ聯邦行政ノ権ヲ統ブ。……
第114条　日本聯邦ニ関スル立法ノ権ハ日本聯邦人民全体ニ属ス。……

〈平塚篤校訂『秘書類纂 憲法資料中巻』秘書類纂刊行会〉

用語解説 ①憲法　②違反　③自分勝手に　④倒すこと

基礎情報 民間でも憲法私案の作成が盛んになり、1881(明治14)年、自由党の植木枝盛は憲法草案を作成した。日本国国憲按ともいわれる。主にアメリカ合衆国憲法を参考とし、主権在民や抵抗権・革命権、一院制を明記するなど、私擬憲法中、最も先進的で民主的だった。地方自治を重視する立場から、70の州から成る連邦制国家が構想されており、行政権は皇帝に、立法権は人民にあるとした。立志社が発表した日本憲法見込案はこれと同系統に属する。

㉓ 大日本帝国憲法

➲p.50、99

第3条　天皇ハ神聖ニシテ侵スヘカラス
第4条　天皇ハ国ノ元首ニシテ統治権ヲ総攬シ①此ノ憲法ノ条規ニ依リ之ヲ行フ……
第11条　天皇ハ陸海軍ヲ統帥ス②
第29条　日本臣民ハ法律ノ範囲内ニ於イテ言論著作印行集会及ヒ結社ノ自由ヲ有ス……
第33条　帝国議会ハ貴族院衆議院ノ両院ヲ以テ成立ス
第34条　貴族院ハ貴族院令ノ定ムル所ニ依リ皇族華族及ヒ勅任セラレタル議員ヲ以テ組織ス
第35条　衆議院ハ選挙法ノ定ムル所ニ依リ公選セラレタル議員ヲ以テ組織ス……
第37条　凡テ法律ハ帝国議会ノ協賛③ヲ経ルヲ要ス……
第49条　両議院ハ各々天皇ニ上奏スル④コトヲ得ル

〈国立国会図書館ウェブサイトより〉

用語解説 ①一手に掌握すること　②軍隊を指揮・統率すること　③議会の同意　④天皇に意見などを申し上げること

基礎情報 1889(明治22)年2月11日(紀元節)、黒田清隆内閣のときに発布された。天皇から国民に与えられた欽定憲法であり、明治憲法ともいう。ドイツ憲法を参考に伊藤博文らが起草し、76条から成る。近代的立憲体制がアジアで初めて整った。天皇を元首とし国民を臣民とする主権在君制で、天皇は神聖不可侵であり、強大な天皇大権が存在した。国民の基本的人権は制限的に認められたにすぎなかった。1947年の日本国憲法施行により廃止された。

㉔ 福沢諭吉著『学問のすゝめ』 ➲p.100

天は人の上に人を造らず人の下に人を造らず①と云へり。されば天より人を生ずるには、万人は万人皆同じ位にして、生まれながら貴賤上下の差別なく、万物の霊たる身と心との働を以て天地の間にあるよろづの物を資り、以て衣食住の用を達し、自由自在、互いに人の妨げをなさずして各安楽に此世を渡らしめ給ふの趣意なり。……実語教②に、人学ばざれば智なし、智なき者は愚人なりとあり。されば賢人と愚人との別は学ぶと学ばざるとに由りて出来るものなり。……

……又自由独立の事は人の一身に在るのみならず一国の上にもあることなり。……日本とても西洋諸国とても同じ天地の間にありて、……天理人道に従て互の交を結び、理のためにはアフリカの黒奴にも恐入り、道のためには英吉利、亜米利加の軍艦をも恐れず、国の恥辱とありては日本国中の人民一人も残らず命を棄てて国の威光を落さざるこそ、一国の自由独立と申すべきなり。……

〈『現代日本文学大系2』筑摩書房〉

用語解説 ①天賦人権思想の影響が表れている　②中国古典の格言を中心に集めた教訓書。江戸時代には寺子屋の教科書として使用された

基礎情報 1872~76(明治5~9)年までに17編が出版され、合計340万冊を超える大ベストセラーとなった福沢諭吉による啓蒙書。人々が実学を修めることの重要性を述べている。自由平等・独立自尊の精神を尊ぶことを説き、「賢人と愚人との別は学ぶと学ばざるとに由」ると、学ぶことの意義を強調している。人間としての精神的・経済的独立を最優先とする学問観の大転換が示され、それを踏まえて"一身独立して一国独立する事"といった考え方も記されている。

㉕ 変法運動(1)康有為による賛成の意見 ➲p.106

日本の維新の始まりを考えますに、3点があります。第1には、広く群臣に旧習を改め維新をはかり、天下の輿論①を採用し、各国の良法を取り入れることを約束したこと、第2には、朝廷に制度局②を開創して、天下のすぐれた人材20人を抜擢して参与②とし、一切の政治要件および制度を刷新したこと、第3には待詔所②[上書所]を開設して、天下の人士に上書を許し、国主が常時これを通覧し、適切な考えを述べた者は制度局に所属させたことです。これらはまことに変法を行うための綱領③であり、政策実現のためのみちすじであって、他に別の方法はないのであります。

こころより皇帝陛下にお願いしたいことは、こうした方法を是非ご採用いただきたい。……　〈歴史学研究会編『世界史史料9』岩波書店〉

用語解説 ①世論　②明治政府が設置した組織や役職の名称。制度局は制度取調局、待詔所は待詔院のこと　③重要な政策

基礎情報 変法とは法(中国の伝統的な政治体制)を変えるという意味で、孔子の思想を実践的な政治理念ととらえる公羊学派の儒者である康有為らが唱えた。康有為は日本の明治維新にならって立憲君主政を樹立すべきと主張したが、葉徳輝は「西洋で善政とされることも中国に導入されると弊害が生じる」と主張して変法に反対した。1898年、光緒帝は康有為・梁啓超らを登用して戊戌の変法という改革を進めようとしたが、同年、保守派の西太后らが戊戌の政変というクーデタを起こしたため、変法運動は数か月で挫折した。

㉖ 変法運動(2)葉徳輝による反対の意見 ➲p.106

……およそ西洋で善政とされることがらも、ひとたび中国に導入されると、例外なくさまざまな弊害を生じさせています。それゆえ私は元来変法ということを口にせず、ただ弊害の除去を主張してきました。弊害が取り除かれれば、法はあえて変えなくとも自ら変わるものです。もし弊害の除去は容易でないというならば、変法がどうして容易なものでありえましょうか。……中国においても、同治・光緒①以来、さかんに西洋の制度・技術の導入を行い、決して全く法を変えなかったわけではありません……

〈歴史学研究会編『世界史史料9』岩波書店〉

用語解説 ①同治帝(在位1861~75)、光緒帝(在位1875~1908)

基礎情報 史料㉕を参照

㉗ 内村鑑三の非戦論(『万朝報①』) ➲p.106

余②は日露非開戦論者である許りでない、戦争絶対的廃止論者である、戦争は人を殺すことである、爾うして人を殺すことは大罪悪である、……

勿論サーベル③が政権を握る今日の日本に於て余の戦争廃止論が直に行はれやうとは余と雖も望まない、然しながら戦争廃止論は今や文明国の識者の与論となりつつある、……余は不肖なりと雖も今の時に方て此声を揚げて一人なりとも多くの賛成者を此大慈善主義のために得たく欲ふ、世の正義と人道と国家とを愛する者よ、来て大胆に此主義に賛成せよ。　〈『内村鑑三全集11』岩波書店〉

用語解説 ①1892年に東京で創刊した日刊新聞　②私　③軍人が使う西洋風の刀。ここでは陸軍大将桂太郎を意味する

基礎情報 日露戦争における主戦論が広がるなか、キリスト教徒の内村鑑三はロシアとの非戦・反戦論を唱えた。「戦争廃止論」は、1903(明治36)年、東京帝国大学七博士の満洲問題意見書が掲載された1週間後に書かれた。内村は日清戦争を弱い朝鮮を守るための「義戦」としていたが、日清戦争後はその立場を反省し、態度を転換させた。『万朝報』はしだいに主戦論に傾き、内村らは退社する。日本的なキリスト教の独立に努め無教会主義を唱えた内村は、キリスト教徒の立場から教育勅語に最敬礼せず事件となり、一高教員を退職したこともある。

㉘ ポーツマス条約 ➲p.107

第2条　露西亜帝国政府ハ日本国カ韓国ニ於テ政事上、軍事上及経済上ノ卓絶①ナル利益ヲ有スルコトヲ承認シ日本帝国政府カ韓国ニ於テ必要ト認ムル指導、保護及監理ノ措置ヲ執ルニ方リ之ヲ阻礙シ②又ハ之ニ干渉セサルコトヲ約ス……

第5条　露西亜帝国政府ハ清国政府ノ承諾ヲ以テ、旅順口、大連並ニ其ノ附近ノ領土及領水③ノ租借権④及該租借権ニ関連シ又ハ其ノ一部ヲ組成スル一切ノ権利、特権及譲与ヲ日本帝国政府ニ移転譲渡ス……

第6条　露西亜帝国政府ハ長春(寛城子)旅順口間ノ鉄道及其ノ一切ノ支線並ニ同地方ニ於テ之ニ附属スル一切ノ権利、特権……日本帝国政府ニ移転譲渡スヘキコトヲ約ス……

第9条　露西亜帝国政府ハ薩哈嗹島⑤南部及其ノ附近ニ於ケル一切ノ島嶼並ニ該地方ニ於ケル一切ノ公共営造物及財産ヲ完全ナル主権ト共ニ永遠日本帝国政府ニ譲与ス、其ノ譲与地域ノ北方境界ハ北緯五十度ト定ム。……

第11条　露西亜国ハ日本海、「オホーツク」海及「ベーリング」海ニ瀕スル露西亜国領地ノ沿岸ニ於ケル漁業権ヲ日本国臣民ニ許与セムカ為メ日本国ト協定ヲナスヘキコトヲ約ス……

〈外務省編『再訂條約彙纂』〉

用語解説 ①きわだって優れていること ②妨げること ③領海 ④他国の領土の一部を一定期間借り受け統治する権利 ⑤樺太

基礎情報 1905(明治38)年に小村寿太郎とウィッテの間で調印された日露講和条約。第2条は韓国併合への根拠となった。日本がロシアから受け継いだ関東州の権益は、旅順・大連の租借権と南満洲鉄道付属地の利権のみであった。旅順港は冬でも凍らない不凍港だったため、日露どちらの支配時代にも重要な軍港となった。長春以南の鉄道、樺太南部、沿海州・カムチャツカ半島の漁業権なども日本に譲渡された。日本はロシアへの賠償金要求については放棄した。

29 横山源之助著『日本之下層社会』 ➲p.110

……余かつて桐生・足利の機業地①に遊び、聞いて極楽、観て地獄、職工②自身がしかく口にせると同じく余もまたその境遇の甚だしきを見てこれを案外なりとせり。しかも足利・桐生を辞して前橋に至り、製糸職工に接し織物職工より甚だしきに驚けるなり。労働時間の如き、忙しき時は朝床を出でて直ちに業に服し、夜業12時に及ぶこと稀ならず。食物はワリ麦③六分に米四分、寝室は豚小屋に類して醜陋④見るべからず。特に驚くべきは、某地方の如き、業務の閑なる時はまた期を定めて奉公に出だし、収得は雇い主これを取る。しかして一カ年支払う賃銀は多きも20円を出でざるなり。しかしてかれら工女の製糸地方に来たる、機業地もしくは紡績工場に見ると等しく、募集人の手より来たるは多く、来りて2、3年なるも、隣町の名さえ知らざるもあり。その地方の者は、身を工女の群に入るるを以て茶屋女と一般、堕落の境に陥る者となす。もし各種労働に就き、その職工の境遇にして憐れむべき者を挙ぐれば、製糸職工第一たるべし。……

〈『日本の下層社会』岩波書店〉

用語解説 ①絹、綿などの機織りの盛んな地域 ②女工 ③粗くひいた大麦 ④醜くて汚い様子

基礎情報 1899(明治32)年、毎日新聞記者横山源之助が刊行した。産業革命期に急増した労働者や都市貧困層の置かれた過酷な状況を具体的に描き出し、その問題点を指摘した。紡績・製糸女工の労働条件は低賃金であり、「20円」は日給にすると約6銭で、鉄工(造船などの従事者)の9分の1程度であった。また、1日の労働時間が18時間に及ぶ長時間労働もあった(鉄工は平均10~12時間)。女工の深夜業や児童労働も広くみられた。

30 韓国併合条約 ➲p.114

第1条 韓国皇帝①陛下ハ韓国全部ニ関スル一切ノ統治権ヲ完全且ツ永久ニ日本国皇帝②陛下ニ譲与ス。

第2条 日本国皇帝陛下ハ前条ニ掲ケタル譲与ヲ受諾シ且ツ全然韓国③ヲ日本帝国ニ併合スルコトヲ承諾ス。……

第6条 日本国政府ハ前記併合ノ結果トシテ全然韓国ノ施政ヲ担当シ、同地ニ施行スル法規ヲ遵守スル韓人ノ身体及ヒ財産ニ対シ十分ナル保護ヲ与ヘ且ツ其ノ福利ノ増進ヲ図ルヘシ。

第7条 日本国政府ハ、誠意忠実ニ新制度ヲ尊重スル韓人ニシテ相当ノ資格アル者ヲ事情ノ許ス限リ韓国ニ於ケル帝国官吏ニ登用スヘシ。

〈歴史学研究会編『日本史史料4 近代』岩波書店〉

用語解説 ①第27代皇帝純宗のこと。在位1907~10年 ②明治天皇 ③韓国のすべて

基礎情報 1910(明治43)年に、韓国併合に関する条約を締結。日本全権は寺内正毅、韓国全権は李完用。韓国併合が実施され、統監府に代わり朝鮮総督府が設置された。陸軍大将寺内正毅が朝鮮総督を兼任して全権を掌握した。朝鮮には憲法が施行されず、天皇直属の陸・海軍大将の総督が発する命令が、法律として効力をもつ、一種の特別地域であった。第1条では、第2条と関連して、日本の侵略ではなく、韓国から円満に譲られたというかたちにした。

31 三民主義―『民報』発刊の言葉 ➲p.115

……私は欧米の進化は三大主義にあると思う。それは民族、民権、民生である。ローマが滅び、民族主義がおこつて、欧米各国が独立した。やがてそれぞれ自分たちもその国を帝国とし、専制政治をおこない、被支配者はその苦しみにたえられなくなり、民権主義がおこつた。18世紀の末、19世紀の初め①、専制政体がたおれて立憲政体がふえた。世界は文明化し、人智がますます発達し、物質がいよいよ豊かになり、この百年は千年にまして発達した。経済問題が政治問題のあとをついでおこり、民生主義が盛んになつている。20世紀は民生主義のひとり舞台の時代となるにちがいない。この三大主義②はみな民衆に基礎をおき、相ついでおこつてきており、欧米の人々はおかげでゆつたりと生活してきた。さらに小さな仲間から大衆のなかにまでゆきわたつていて、あたりまえな話となつているのは、この三つの主義が、申し分なく行われて、すみずみにまでおよんでいるからにほかならない。……

〈『アジア歴史事典 別巻 東洋史料集成』平凡社〉

用語解説 ①主にフランス革命やナポレオン戦争(1789~1815)の時代を指す ②三民主義

基礎情報 日露戦争における日本の勝利に刺激を受けた孫文は、1905年、東京で中国の革命諸団体を結集して中国同盟会を結成した。『民報』は中国同盟会の機関誌で、三民主義といった孫文ら革命派の主張を掲載した。三民主義は中国革命の基本理念として掲げられた考え方で、①民族の独立②民権の伸張③民生の安定の3つを指した。三民主義を理念として清朝打倒を鼓舞した。

32 孫文「大アジア主義」 ➲p.115

……30年前①におきまして亜細亜の人間は、欧羅巴の学術の発達を見又欧米各国の殖産興業の発達を見、彼等の文化の隆盛を見、又武力の強盛を見ても、迚も我が亜細亜各民族が欧洲人種と同じような発達を致すということが出来ないという観念を持ったのです、……処で日本の条約改正②によって亜細亜の民族は始めて欧羅巴の圧迫から遁れることが出来るという信念を持ったのであります、……それから10年たって日露戦争が始まり、日本が欧羅巴における最も強盛なる国と、戦って勝ったという事実によって、亜細亜の民族が欧羅巴の最も強盛なる国よりも強い又亜細亜民族が欧羅巴よりも発達し得るという信念を全亜細亜民族に伝えたのであります。……

それで大亜細亜問題というのはどういう問題であるかというと、即ち此の圧迫される多数の亜細亜民族が全力を尽くして、この横暴なる圧迫に――我々を圧迫する諸種の民族に抵抗しなければならぬという問題である、……

〈神戸大学経済経営研究所 新聞記事文庫「大阪毎日新聞」人種問題(2-019)〉

用語解説 ①1894年、日清戦争のころ ②1894年(日清戦争開戦直前)、日英通商航海条約の調印により初めて領事裁判権が撤廃され、1911年、日米通商航海条約の改定により関税自主権も完全に回復した

基礎情報 1924年11月に孫文が日本の神戸(旧制神戸高等女学校講堂)で行った「大アジア主義講演」からの抜粋である。このなかで孫文は、日本が日露戦争でロシアに勝利したことがアジアの諸民族に勇気を与えたと賞賛している。また別の箇所では、第一次世界大戦後にアジア各地で民族運動・独立運動が高まるなかで、数の力で劣る欧米諸国が多数のアジアの諸民族を武力で圧迫することを「覇道」とよんで批判し、大アジア主義、すなわちアジア諸民族の連帯を訴えた。

33 帝国主義―セシル=ローズの言葉 ➲p.116

「私は、われわれ①は世界第一等の人種であり、われわれの住む世界が拡がれば拡がるほど人類にとって幸福だと主張する。……私は

思うのだが、もし神がこの世にいますならば、神は私がアフリカの地図をできるだけ多く英領の印として紅くいろどる②ことを欲したもうだろう。」……

「世界は殆んどすべて分割されつくした。残されている地域も分割され、征服され、植民地化されようとしている。私は、君が夜空に仰ぎみる星について、私たちが決して到達することのできぬこの広大な世界について思いをめぐらすのだが、できることなら私は遊星③をも併呑④したい。……」

〈小林良正・雪山慶正訳『資本主義経済の歩み 下』岩波書店〉

用語解説 ①白人のこと ②イングランドの国旗はもともと白地に赤い十字で描かれていた ③惑星 ④他国を自国の勢力下に取り込むこと

基礎情報 セシル=ローズはイギリス出身の実業家。南アフリカでダイヤモンド鉱山・金鉱山の採掘・経営により巨万の富を築き、自分の名にちなんだローデシア植民地(現在のザンビア・ジンバブエ周辺)を経営したほか、政界に進出して1890年ケープ植民地首相となった。当時イギリスは、エジプトとケープ植民地の連結を目指すアフリカ縦断政策を進めており、史料にあるローズの発言は典型的な帝国主義者の価値観として知られる。なおローズは96年に失脚したため、南アフリカ戦争(1899～1902年)には関わらなかった。

第2部　国際秩序の変化や大衆化と私たち

34 レーニン「四月テーゼ」

➲p.128

1、……ロシアにとってのこの戦争は今なお無条件に掠奪的な帝国主義戦争であって、……革命的祖国防衛主義を実際に正当化する革命戦争に自覚的なプロレタリアート①が同意できるのは、つぎの条件のもとのみである。(a)権力が、プロレタリアートとこれに同調する農民の極貧部分との手中に移行すること、(b)……実際にあらゆる併合を拒否すること、(c)実際に資本のあらゆる利益と完全に手を切ること。……

4、……すべての国家権力を労働者代表ソヴェト②にうつす必要を宣伝する。

5、議会制共和国ではなく……全国にわたる、下から上までの労働者・雇農・農民代表ソヴェトの共和国。……

6、……国内のすべての土地の国有化、土地の処理を地方の雇農・農民代表ソヴェトにゆだねること。……

〈歴史学研究会編『世界史史料10』岩波書店〉

用語解説 ①近代資本主義社会が産業革命期に生み出した"最も数が多く、最も貧しい賃金労働者"階級。古代ローマの最下層民"子どもだけが財産のもの(proletarius)"に由来 ②ソヴィエト。「会議」の意味

基礎情報 二月革命で皇帝ニコライ2世が退位した後、ロシアは臨時政府とソヴィエトの二重権力状態にあった。亡命先のスイスから交戦国ドイツの用意した"封印列車"でひそかに帰国したレーニンは、連合国と協調して臨時政府が継続している戦争を帝国主義戦争と規定して反対し、プロレタリアートと貧農を中心としたソヴィエトにすべての国家権力を移すように訴えた。これにより、革命路線をめぐり混乱していたボリシェヴィキは、「パンと平和と土地」を求める大衆に支持を広げていった。

35 ヴェルサイユ条約

➲p.130

43. 前条規定の境域内①においては、武装した武力の永久または一時の駐屯および集合ならびに各種の軍事演習を禁止する。……

〔16〕ザール河流域の施政は国際連盟を代表する委員会に委任すべし。

〔34〕ザール河流域地方の住民は、本条約実施後15年の期間満了のときにおいて……市町村又は区ごとに左の三つのうち一つを選ぶため投票をおこなう。

a)本条約……によつて設定された制度の維持。

b)フランス国との合併。

c)ドイツ国との合併。……

87. ドイツ国は……ポーランド国の完全な独立を承認し、かつ以下の地域に対する一切の権利と要求を放棄する。……

102. ……ダンツィッヒ市を……周辺地域とともに自由市とすることを約する。同自由市は国際連盟の保護下におかれる。……

119. ドイツ国はその海外属地に関する一切の権利と要求を主たる同盟国および連合国のために放棄する。……

160. ……ドイツ国内諸邦国の全陸軍兵力は……将校および補充部隊要員を合わせて10万人を越えてはならない。……

181. ……ドイツ国常備海軍力は以下の定数を越えてはならない。……戦艦——6隻、軽巡洋艦——6隻、駆逐艦——12隻、水雷艇——12隻……

183. ……ドイツ国海軍所属総人員は……1万5000人を越えてはならない。……

231. 同盟および連合国政府は、ドイツ国およびその同盟国の攻撃によつて強いられた戦争の結果、その政府および国民の被つた一切の損失および損害については、責任がドイツ国およびその同盟国にあることを断定し、ドイツ国はこれを承認する。

232. ……同盟および連合国の普通人民およびその財産に対して加えられた……一切の損害について補償を要求し、ドイツ国はその補償をなすべきことを約する②。……

〈『西洋史料集成』平凡社〉

用語解説 ①ライン川左岸および同川の東方50kmに引いた線の西方にある同川右岸を指す ②ドイツの賠償額は、1921年に1320億金マルクと決定された。純金に換算すると約4万7000t相当。外貨による30年の分割払いとされた

基礎情報 1919年、第一次世界大戦後にドイツと連合国との間で調印された講和条約で、国際連盟規約なども含んでいる。ウィルソンが提唱した「十四か条」の平和原則よりも、英仏の賠償金や領土要求が優先され、敗戦国のドイツにとって過酷な条約であった。巨額賠償金を科され、海外植民地のすべてと本国領土の約13%を失い、空軍や潜水艦の保有禁止などの軍備制限を含むこの条約に対するドイツの不満は大きく、後にナチ党が勢力を拡大する背景ともなった。

36 ヴァイマル①憲法

➲p.130

第1条　ドイツ国は共和国である。国家権力は国民に由来する。……

第22条　議員は、普通、平等、直接および秘密の選挙において、……満20歳以上の男女によって選出される。……

第48条　……ドイツ国内において、公共の安全および秩序に著しい障害が生じ、またはそのおそれがあるときは、ライヒ大統領は、公共の安全および秩序を回復させるために必要な措置をとることができ、必要な場合には、武装兵力を用いて介入することができる。この目的のために、ライヒ大統領は一時的に第114条〔人身の自由〕、……第123条〔集会の権利〕、第124条〔結社の権利〕、……に定められている基本権の全部または一部を停止することができる。……

〈歴史学研究会編『世界史史料10』岩波書店〉

用語解説 ①首都ベルリンの南西約250kmの町。ここで革命運動の混乱を避けて臨時議会が開かれ、ヴェルサイユ条約受諾と憲法の制定が成された

基礎情報 第一次世界大戦後のドイツ共和国で1919年に制定された憲法。当時、最も民主主義的な憲法で、男女普通選挙、比例代表制を導入し、社会権も大きく認められた。また、国民投票で選ばれた大統領には強力な権限が与えられ、国政は大統領と議会・政府の二元構造をとった。第48条「大統領の緊急命令権」は、33年のヒトラー首相任

命や、国会議事堂放火事件後の共産党弾圧のための人権保障規定の制限などに乱用され、ヒトラーの独裁体制につながった。

37 「十四か条」の平和原則

➲p.120、131

1、……外交はつねに正直に、公衆の見守る中で進められねばならず、いかなる私的な国際的了解事項①もあってはならない。

2、領海外の公海においては、戦時、平時を問わず、完全な航行の自由が認められねばならない。……

3、すべての経済障壁をできる限り除去し、……平等な通商条件が樹立されねばならない。

4、国内の安全に最低限必要なところにまで国家の軍事力が削減されるように、充分な保障が相互に与えられねばならない。

5、すべての植民地に関する要求は、自由かつ偏見なしに、そして厳格な公正さをもって調整されねばならない。……

14、大国と小国とを問わず、政治的独立と領土的保全とを相互に保障することを目的とした明確な規約のもとに、国家の一般的な連合が樹立されねばならない。〈歴史学研究会編『世界史史料10』岩波書店〉

用語解説 ①国内諸勢力に公開しながらの外交交渉は困難との考えから、第一次世界大戦期までは秘密裏に外交が行われ、国際的に連帯した反戦運動は成功しなかった

基礎情報 1918年1月8日にアメリカ大統領ウィルソンが提唱した第一次世界大戦後の世界秩序構想の原則で、ヴェルサイユ条約の基本的枠組みとなった。秘密外交の廃止、海洋の自由、自由貿易、軍備の縮小、民族自決、国際平和機構の設立などが提唱されているが、前年のロシアにおける十月革命直後の、無併合・無償金による即時講和を唱えた「平和に関する布告」に対抗し、アメリカが戦後世界秩序の主導権を握ろうとしたものといわれている。

38 三・一独立運動

➲p.132

われらはここに、わが朝鮮国が独立国であること、および朝鮮人が自由の民であることを宣言する。……

旧時代の遺物たる侵略主義、強権主義の犠牲①となって、……ここに10年を経過した。……

こんにちわれわれが朝鮮独立をはかるのは、朝鮮人に対しては、民族の正当なる尊栄を獲得させるものであると同時に、日本に対しては、邪悪なる路より出でて、東洋の支持者たるの重責をまっとうさせるものであり、中国に対しては、夢寐②にもわすれえない不安や恐怖③から脱出させんとするものである。かつまた、世界の平和、人類の幸福を達成するには、東洋の平和がその重要な一部をなし、そのためにはこの朝鮮の独立が、必要な段階である。……

〈姜徳相訳『朝鮮独立運動の血史1』平凡社〉

用語解説 ①日本による韓国併合　②眠っている間　③パリ講和会議で中国が求めている二十一か条要求破棄が認められず、中国での日本の支配が強まること

基礎情報 ロシア革命やウィルソンの「十四か条」の平和原則の提唱をきっかけに、日本の統治からの独立を求めて1919年3月1日に発表された独立宣言である。宗教界(天道教*、キリスト教、仏教)を中心に各界名士が署名したもので、ソウルのタプコル公園で数千人の群衆の前で読み上げられ、デモ行進が行われた。運動は朝鮮218郡中211郡に広がり、日本の弾圧により数万人の死傷者を出して鎮圧されたが、朝鮮の民族運動の出発点となった。

＊19世紀後半に広がった朝鮮の「東学」が、1905年に改称されたもの。

39 移民法(1924年)

➲p.134

合衆国入国禁止

第13条　(イ)左記ノ各項①ヲ具備セサル移民ノ入国ヲ許サス

(1)　期間満了ニ至ラサル移民許可証ヲ所持スルコト又ハ同伴セラルル親ノ移民許可証発給後ニ於ヒテ出生シタルコト……

(ハ)合衆国市民トナルコトヲ得サル外国人ハ……合衆国ニ入国スルコトヲ得ス……

第26条　1917年移民法②第9条ヲ左ノ如ク修正ス

……本法第3条ノ規定ニ依リ同条記載ノ亜細亜大陸ノ部分及ヒ之ニ隣接スル島嶼ノ土人トシテ入国ヲ拒絶セラレタル外国人ヲ合衆国ノ港ニ輸送スルハ之ヲ不法トス……

〈『一九二四年米国移民法制定及之ニ関スル日米交渉経過』外務省〉

用語解説 ①(イ)-(1)以降を指す。縦書きの原文を横書きに改めたため　②移民法は数次にわたって改訂され、1917年にも制定された

基礎情報 第一次世界大戦を経て、アメリカは経済大国となったが、1920年代は共和党政権の下で保守的な時代であった。白人エリート層のワスプ(WASP)の間では、南欧や東欧、アジアからの新移民を差別する風潮が高まり、24年の移民法では、ヨーロッパからの移民に関しては出身国別に割り当て数が決定され、帰化不能外国人とされた日本を含むアジア系移民は事実上、入国を禁止された。出身国別割り当ては、65年の移民法で廃止されるまで続いた。

40 普通選挙法

➲p.136

第5条　帝国臣民タル男子ニシテ年齢25年以上ノ者ハ選挙権ヲ有ス

帝国臣民タル男子ニシテ年齢30年以上ノ者ハ被選挙権ヲ有ス

第6条　左①ニ掲クル者ハ選挙権及被選挙権ヲ有セス……

3　貧困ニ因リ生活ノ為公私ノ救助ヲ受ケ又ハ扶助ヲ受クル者

4　一定ノ住居ヲ有セサル者……

〈『公文類聚 第49編 大正14年第1巻』〉

用語解説 ①以降の文章を指す。縦書きの原文を横書きに改めたため

基礎情報 衆議院に基盤のない超然内閣の清浦内閣は、第二次護憲運動を経て、加藤高明護憲三派内閣に取って代わられた。こうして1925(大正14)年3月29日、普通選挙法が成立。納税資格制限が撤廃され、満25歳以上の男性に選挙権が、満30歳以上の男性に被選挙権が認められた。普通選挙法は、社会革命を避けるための安全弁としての側面があった。ほぼ同時に治安維持法が制定された。28年に第1回普通選挙が実施され、無産政党から8名が当選した。女性が選挙権を得るのは敗戦後のことであった。

41 『青鞜』発刊に際して(『青鞜』第1号)

➲p.138

元始、女性は実に太陽であつた①。真正の人であつた。

今、女性は月である。他②に依つて生き、他の光によつて輝く、病人のやうな蒼白い顔の月である。……

私共は隠されて仕舞つた我が太陽を今や取り戻さねばならぬ。……

青鞜社規則の第1条に他日女性の天才を生むを目的とすると云ふ意味のことが書いてある。

私共女性も亦一人残らず潜める天才だ。天才の可能性だ。可能性はやがて実際の事実と変ずるに相違ない。……

然らば私の希ふ真の自由解放とは何だらう、云ふ迄もなく潜める天才を、偉大なる潜在能力を十二分に発揮させることに外ならぬ。……

〈歴史学研究会編『日本史史料4近代』岩波書店〉

用語解説 ①日本の原始時代は、女性の地位が高く、主体性があったという意味　②男性のこと

基礎情報 1911(明治44)年9月に発刊された、日本初の女性による文芸誌。発刊の辞は、女性運動の先駆者である平塚らいてうが執筆。表紙は長沼智恵子(後に詩人・彫刻家である高村光太郎の妻)が担当。『青鞜』発刊は日露戦争後の思潮の一端を担うものであり、前年の大逆事件による時代の閉塞感を突き破る女性の自己表現ともいえる。しだいに女性解放問題も取り上げるようになった。値段は25銭で、

最盛期には3000部発行した。

42 ヒトラー著『わが闘争』

➲p.141

……特にイギリスの宣伝は、真に天才的に知っていた……

……天才的な容赦ない方法で、……ドイツという敵を戦争のぼっ発の唯一の責任者として、同様に的確にくぎづけしたのである。……

……芸術、科学および技術の成果について目の前に見出すものは、ほとんど、もっぱらアーリア人種①の創造的所産である。……アーリア人種だけがそもそもより高度の人間性の創始者であり、……アーリア人種は、……人類のプロメテウス②である。……

アーリア人種に、もっとも激しい対照的な立場をとっているのはユダヤ人である。……

……ユダヤ人は、今日では「利口」で通用しているし、またある意味では、あらゆる時代にそうであった。しかし、かれらの知性は自分が進化した結果ではなく、他者をお手本の実物教授の結果である。……

〈平野一郎・将積茂訳『わが闘争(上)』角川書店〉

用語解説 ①インド・イランのアーリヤ人に由来するが、19世紀後半以降、反ユダヤ主義者らがゲルマン民族や「北方人種」を指すものとして使用した　②ギリシア神話の神

基礎情報 ヒトラーの代表的著作で、ミュンヘン一揆後の投獄中に口述筆記させた。出獄後の1925年に上巻、27年に下巻を刊行。自伝と、反共産主義・反ユダヤ主義の世界観を展開し、人種論によるユダヤ人排斥を訴え、アーリヤ人の優越性を主張した。また、戦勝国に対する強い被害者意識をもち、ドイツだけが悪者にされたのはイギリスの宣伝工作の結果であると考え、逆に宣伝工作の重要性も主張している。

43 リットン報告書

➲p.142

第４章　……９月18日午後10時より10時半の間に鉄道線路①上若しくは其の附近に於いて爆発ありし②は疑いなきも鉄道に対する損傷は若しありとするも事実長春よりの南行列車の定刻到着を妨げざりしものにて其れのみにては軍事行動を正当とするものに非ず。同夜に於ける叙上③日本軍の軍事行動は正当なる自衛手段と認むることを得ず。……

第６章　……現在の政権は純粋且つ自発的なる独立運動に依りて出現したるものと思考することを得ず。……

第９章　……満足なる解決方法として準拠するを要する一般的原則を明らかにせんと欲す。此等原則は次の如し。

(１)日支双方の利益と両立すること。……

(４)満洲に於ける日本の利益の承認。……

〈歴史学研究会編『日本史史料５現代』岩波書店〉

用語解説 ①奉天郊外柳条湖付近の南満洲鉄道　②1931(昭和６)年９月18日に起きた柳条湖事件のこと　③前述の

基礎情報 中国政府の国際連盟提訴により、1932年２月、国際連盟はイギリスのリットンを団長に調査団(英仏独伊米から各１名)を派遣した。日本、中国、満洲各地で７か月に及ぶ調査・聞きとりを行った。10月に公表された報告書では、日本の満洲の経済権益、中国の主権のもとで満洲の自治政府樹立を提案し、満洲を、日本を中心とする列強の共同管理の下に置くことで日本との妥協を図ろうとしつつも、柳条湖事件以来の日本軍の行動は自衛的行動ではないとした。

44 八・一宣言

➲p.142、144

わが国内外の労働者・農民・軍人・政治家・実業家・学者各方面の男女同胞よ！

日本帝国主義の我らに対する進撃はますますはげしい。……

……痛心にたえないことは、われらの偉大な民族のなかに、少数の人面獣心の裏切り者が現われたことだ！蔣介石①・閻錫山・張学良などの売国奴……敵日本の一切の要求をうけいれている。……

……わが同胞の抗日救国事業がその勝利をえられないのは、一方で敵日本と売国奴蔣介石が内外からはさみ撃ちしているからであり、他方で種々の抗日反蔣勢力相互の間に、いろいろな疎隔や誤解があつて、一致団結ができないからである。……

……まずみんなが内戦をやめ、それによつてすべての国力(人力・物力・財力など)を集中し、神聖な救国事業のために戦いを有利にしなければならない。……

すべてたちあがれ！　敵日本と売国奴蔣介石の重圧をつきやぶれ。勇敢にソヴェト政府および東北各地の抗日政府と一緒になり、全中国の統一国防政府を組織せよ。……全中国の統一抗日連合軍を組織せよ。……

〈『アジア歴史事典 別巻 東洋史料集成』平凡社〉

用語解説 ①第１次国共合作後、中国国民党の蔣介石は北伐を開始したが、1927年４月に中国共産党を分離して南京国民政府を樹立した

基礎情報 1931年９月に日本の中国侵攻が始まり、翌年には満洲国建国宣言がなされたが、国共内戦状態は続いており、南京国民政府の蔣介石は日本に宥和的な姿勢をとって、中国共産党との内戦に注力していた。中国共産党はその攻勢にさらされ、瑞金から延安への逃避行(長征)を余儀なくされるが、その途上の35年８月１日に、内戦停止と抗日救国に全力を挙げるように呼びかけることとなった。

45 ヒトラーの演説

➲p.146

……かえつて、モスクヴァのユダヤ人共産主義者ども①こそが、われらおよび他の欧洲諸国民に彼らの支配をおしつけんものと、変わることない努力を続けて来たのであつた。しかもその手段たるや、ただにイデオロギー②のみならず、なによりも、軍事力をもつてするものであつた。……

……ロシアは軍事力をもつて、フィンランドのみならずバルト諸国をも隷属せしめたのであるが、……これら諸国を予め外部よりの脅威から保護するという荒唐無稽な主張のもとに突如この行動に出たのである。……

……もはや個々の国家を防衛することにはあらずして、欧洲の安全を守り、かくして、すべての人びとを救済することである。

〈『西洋史料集成』平凡社〉

用語解説 ①スターリン時代初期、ユダヤ人はソ連最高機関の人民委員会会議で40%を占め、反対派粛清を担う秘密警察の指導層であった　②共産主義思想

基礎情報 1938年９月のミュンヘン会談でチェコへの拡大を容認させたヒトラーは、それまでの反共産主義を封印し、39年８月にソ連と独ソ不可侵条約を結んだ。ポーランドをソ連と分割・併合するとともに、40年６月までにパリを占領。するとヒトラーは一転して反共の封印を解き、ソ連のフィンランド・バルト３国の占領を非難して、41年６月に独ソ戦争を開始した。史料は同月、開戦に先立ってヒトラーが出した布告。

46 スターリンの演説

➲p.146

……６月22日にはじまつた、わが祖国に対するヒットラー・ドイツの背信的な軍事的攻撃はつづいている。……この戦争は、たんに二つの軍隊間の戦争ではない。……ファシスト圧迫者に対するこの全国民的祖国戦争①の目的は、わが国におそいかかつた危険を一掃することだけでなく、ドイツ・ファシズムのくびきのもとにあえいでいるヨーロッパのすべての国民を援助することでもある。われわれは、……ヨーロッパとアメリカの諸国民という忠実な同盟者をもつであろう。わが祖国の自由をまもるわれわれの戦争は、ヨーロッパとアメリカとの諸国民の、独立と民主主義的自由をめざす闘争にむすびついている。……

〈『西洋史料集成』平凡社〉

用語解説 ①祖国戦争とは、ナポレオンのロシア遠征を撃退した際の戦いを指す

が、同様の危機感からこのような言い方がされた

基礎情報 この演説は、1941年6月22日にドイツが独ソ不可侵条約を破りソ連に侵攻した後の7月3日、ラジオを通じて行われたものである。英仏の宥和政策により孤立化したソ連は、あえて反共産主義を唱えたドイツとの不可侵条約を締結していた。しかし、戦局が圧倒的に優位となると、ドイツはソ連に奇襲攻撃を開始した。そのためソ連軍は大打撃を受け、それまで反目してきたイギリスや、イギリスを支援するアメリカへ接近していくこととなった。

47 大西洋憲章

➲p.147

1、両国①ハ領土的其ノ他ノ増大ヲ求メス。

2、両国ハ関係国民ノ自由ニ表明セル希望ト一致セサル領土的変更ノ行ハルルコトヲ欲セス。

3、……両国ハ主権及自治ヲ強奪セラレタル者ニ主権及自治カ返還セラルルコトヲ希望ス。

4、両国ハ……経済的繁栄ニ必要ナル世界ノ通商及原料ノ均等条件ニ於ケル利用ヲ享有スルコトヲ促進スルニ努ムヘシ。……

6、「ナチ」ノ暴虐ノ最終的破壊ノ後……一切ノ国ノ一切ノ人類カ恐怖及欠乏ヨリ解放セラレ……平和カ確立セラルルコトヲ希望ス。

……

8、……両国ハ一層広汎ニシテ永久的ナル一般的安全保障制度ノ確立ニ至ル迄ハ斯ル国ノ武装解除ハ不可欠ノモノナリト信ス。両国ハ又平和ヲ愛好スル国民ノ為ニ圧倒的軍備負担ヲ軽減スヘキ他ノ一切ノ実行可能ノ措置ヲ援助シ及助長スヘシ。

〈国立国会図書館ウェブサイトより〉

用語解説 ①アメリカとイギリス

基礎情報 1941年8月、アメリカ大統領ローズヴェルトとイギリス首相チャーチルが大西洋上で会談し、第二次世界大戦の連合国側の戦争目的と戦後の世界理念を構想し発表した共同宣言。領土不拡大、民族自決、貿易の機会均等、ナチ党支配からの解放、安全保障体制の確立、軍備縮小などの8か条から成る。太平洋戦争開戦後の42年1月には、この憲章を原則とする連合国共同宣言が発表され、のちの国際連合憲章へもつながった。

48 「大東亜共栄圏」(南方占領地行政実施要領)

➲p.148

第1　方　針

占領地ニ対シテハ差シ当タリ軍政①ヲ実施シ治安ノ恢復、重要国防資源ノ急速獲得及ヒ作戦軍ノ自活確保ニ資ス

第2　要　領

1、軍政実施ニ当タリテハ極力残存統治機構ヲ利用スルモノトシ従来ノ組織及ヒ民族的慣行ヲ尊重ス

2、作戦ニ支障ナキ限リ占領軍ハ重要国防資源ノ獲得及ヒ開発ヲ促進スヘキ措置ヲ講スルモノトス

占領地ニ於イテ開発又ハ取得シタル重要国防資源ハ之ヲ中央ノ物動計画ニ織リ込ムモノトシ作戦軍ノ現地自活ニ必要ナルモノハ右配分計画ニ基ツキ之ヲ現地ニ充当スルヲ原則トス……

5、占領軍ハ貿易及ヒ為替管理ヲ施行シ特ニ石油、ゴム、錫、タングステン、キナ②等ノ特殊重要資源ノ対敵流出ヲ防止ス

〈歴史学研究会編『日本史史料5現代』岩波書店〉

用語解説 ①軍の司令官が占領地などにおいて立法、司法、行政の三権を行使する統治形態を指す　②この植物の樹皮には抗マラリア薬の有効成分キニーネが含まれる

基礎情報 日本は戦争の目的を、「大東亜共栄圏」(日本の東南アジア進出を正当化するために唱えられたスローガン)の建設にあるとし、1943(昭和18)年、占領地域諸勢力の代表を東京に集め、大東亜会議を開催、共同宣言を採択した。それに先立つ41年11月、戦争の最高指導部である大本営政府連絡会議は、東南アジアで実施する軍政の大要を制定した。南方占領地行政実施要領はその基本方針を包括的に述べたもので、軍政の基本方針が掲げられていた。

49 「鉄のカーテン」演説

➲p.152

……バルト海のシュチェチン①からアドリア海のトリエステ②まで、ヨーロッパ大陸をまたぐ鉄のカーテンが降りてしまった。その線の向こう側に、中・東欧の古き諸国の首都が並んでいる。ワルシャワ、ベルリン、プラハ、ウィーン、ブダペスト、ベオグラード、ブカレスト、そしてソフィアである。これらすべての有名な諸都市、そしてその周辺の人々は、私がソヴェト③の圏域と呼ばねばならないものの中に位置し、……ますます強まるモスクワのコントロールの下にあるのだ。……共産党は……あらゆる場所で全体主義的なコントロールを手に入れようとしている。……本当のデモクラシーなどは存在しないのだ。……

〈歴史学研究会編『世界史史料11』岩波書店〉

用語解説 ①ドイツ国境に接するバルト海沿岸のポーランドの都市　②ユーゴスラヴィア連邦(現在はスロヴェニア)国境に接するイタリアの都市　③ソヴィエト連邦

基礎情報 1946年3月5日、アメリカ大統領トルーマンの招待で訪米したイギリス前首相チャーチルが、ミズーリ州のウェストミンスター大学で行った演説。ソ連が東欧を勢力圏としてヨーロッパを分断していることを皮肉って非難したもの。米英同盟の強化を図り、アメリカからの援助を引き出す意図もあった。アメリカの対ソ強硬論を高めることとなり、米ソ間の対立が深まっていく契機ともなった。

50 トルーマン=ドクトリン

➲p.153

……諸国民の、圧制に脅かされることのない平和な発展を可能にするため、合衆国は国連創設に指導的役割を果たした。……しかし、全体主義体制①を強制しようとする侵略活動に対し、自由な諸国民がその自由な諸制度を維持し国家を保全しようとするのを積極的に援助しないかぎり、この狙いは実現されないであろう。……

それゆえ私は議会に対し、1948年6月30日までの期間内に4億ドルの援助をギリシアとトルコに供与する権限を私に与えるよう要請する。……

全体主義体制の種子は悲惨と欠乏のなかで育つ。……それは、より良い生活に対する国民の希望が消えたとき、成熟状態に達する。

われわれはその希望を絶やしてはならない。……

〈大下尚一ほか編『史料が語るアメリカ』有斐閣〉

用語解説 ①ここでは、スターリン指導下のソ連が進める、各国での共産党一党独裁体制のことを指す

基礎情報 アメリカ大統領トルーマンは、1947年3月12日、ギリシアとトルコに対する軍事・経済援助予算を議会に要請した。このときギリシア内戦では共産党勢力が優勢であり、隣国トルコへもこの動きが波及するおそれがあった。トルーマンはこのような状況下で、中東への共産主義勢力拡大を防止することを目的とし、アメリカが資本主義世界の防衛に責任を負うことを宣言した。アメリカ大統領が戦後初めて公に東西冷戦を認め、対決姿勢を表明した演説。

51 日本国憲法

➲p.154

日本国民は、正当に選挙された国会における代表者を通じて行動し、われらとわれらの子孫のために、諸国民との協和による成果と、わが国全土にわたつて自由のもたらす恵沢①を確保し、政府の行為によつて再び戦争の惨禍が起ることのないやうにすることを決意し、ここに主権が国民に存することを宣言し、この憲法を確定する。……

第1条　天皇は、日本国の象徴であり日本国民統合の象徴であつ

て、この地位は、主権の存する日本国民の総意に基づく。……
第9条　日本国民は、正義と秩序を基調とする国際平和を誠実に希求し、国権の発動たる戦争と、武力による威嚇又は武力の行使は、国際紛争を解決する手段としては、永久にこれを放棄する。
②　前項の目的を達するため、陸海空軍その他の戦力は、これを保持しない。国の交戦権は、これを認めない。……
第11条　国民は、すべての基本的人権の享有②を妨げられない。この憲法が国民に保障する基本的人権は、侵すことのできない永久の権利として、現在及び将来の国民に与へられる。……
第24条　婚姻は、両性の合意のみに基いて成立し、夫婦が同等の権利を有することを基本として、……
②　配偶者の選択、財産権、相続、住居の選定、離婚並びに婚姻及び家族に関するその他の事項に関しては、法律は、個人の尊厳と両性の本質的平等に立脚して、制定されなければならない。
第25条　すべて国民は、健康で文化的な最低限度の生活を営む権利を有する。……　〈e-Govポータル(https://www.e-gov.go.jp)〉

用語解説　①恩恵、恵み　②生まれながらもっていること

基礎情報　1946(昭和21)年2月に提出された憲法改正要綱(松本私案)は、帝国憲法と大差がなかったので、GHQはこれを拒否した。その後、最後の帝国議会で審議・修正・可決され、枢密院の審議を経て、天皇の裁可が与えられた。このように、大日本帝国憲法の憲法改正手続きを経て新たに誕生したものが、主権在民・平和主義・基本的人権の尊重を盛り込んだ、日本国憲法であった(46年11月3日公布、47年5月3日施行)。日本国憲法の改正は国会で発議のうえ、国民投票で決定される。

52 平和条約(1)講和と再軍備をめぐる世論 ➲p.155

朝日新聞社世論調査①　講和と日本再武装の世論調査　(1950年11月15日付)……
◇あなたは日本の講和条約は次の二つのうちどちらがよいと思いますか、――米ソの間の不一致が解決するまで講和条約の締結をのばしますか(全面講和)、それとも米国および親米的諸国間との単独講和に賛成しますか。
　全面講和　21.4%　　単独講和　45.6　　わからない　33.0
◇講和条約の締結後にアメリカが日本に軍事基地をもつことをあなたはどう思いますか――賛成ですか、反対ですか。
　賛成　29.9%　　反対　37.5　　わからない　32.6
◇ある人たちはわが国は軍隊をつくるべきだといっていますが、あなたはこの意見に賛成ですか、反対ですか。――「軍隊」というのは日本を侵略から守る軍隊のことで、警察予備隊や海上保安隊とはちがいます。
　賛成　53.8%　　反対　27.6　　わからない　18.6
◇あなたはこの軍隊は国外のどこにでも派遣されるべきだと思いますか、それとも国内にいて本土を防衛するだけに止めるべきだと思いますか。(軍隊創設に賛成と答えた人だけにきいた)
　日本防衛のみ　73.9%　　国外に派遣　18.5　　わからない　7.6
〈歴史学研究会編『日本史史料5現代』岩波書店〉

用語解説　①この調査は1950年11月に実施された。同年6月に北朝鮮が韓国に侵攻し朝鮮戦争が始まった。その後、戦線が北緯38度線でほぼ膠着。53年に板門店で休戦協定が結ばれた

基礎情報　調査では、単独講和が全面講和の割合を上回っている。また、講和条約締結後に、アメリカが日本に米軍基地をもつことは反対が賛成を上回り、日本防衛のみに特化した軍隊創設については賛成が反対を上回っている。朝鮮戦争を経て、日本を極東戦略の拠点としたいアメリカは、日本を早期に西側陣営に組み込みたかった。一方で経済復興を優先し、軍備負担を避けたい日本は、基地提供の見返りに独立後の安全保障をアメリカに依存する選択をした。

53 平和条約(2)サンフランシスコ平和条約 ➲p.155

第1条
(a)　日本国と各連合国との間の戦争状態は、第23条の定めるところによりこの条約が日本国と当該連合国との間に効力を生ずる日①に終了する。
(b)　連合国は、日本国及びその領水に対する日本国民の完全な主権を承認する。
第2条
(a)　日本国は、朝鮮の独立を承認して、済州島、巨文島及び欝陵島を含む朝鮮に対するすべての権利、権原②及び請求権を放棄する。
(b)　日本国は、台湾及び澎湖諸島に対するすべての権利、権原及び請求権を放棄する。
(c)　日本国は、千島列島並びに日本国が1905年9月5日のポーツマス条約の結果として主権を獲得した樺太の一部及びこれに近接する諸島に対するすべての権利、権原及び請求権を放棄する。……
第3条
日本国は、北緯29度以南の南西諸島(琉球諸島及び大東諸島を含む。)、孀婦岩の南の南方諸島(小笠原群島、西之島及び火山列島を含む。)並びに沖の鳥島及び南鳥島を合衆国を唯一の施政権者とする信託統治制度③の下におくこととする国際連合に対する合衆国のいかなる提案にも同意する。……
第6条
(a)　連合国のすべての占領軍は、この条約の効力発生の後なるべくすみやかに、且つ、いかなる場合にもその後90日以内に、日本国から撤退しなければならない。但し、この規定は、……二国間若しくは多数国間の協定に基く、又はその結果としての外国軍隊の日本国の領域における駐とん又は駐留を妨げるものではない。……
〈外務省ホームページ(日本外交文書デジタルコレクション)〉

用語解説　①1952(昭和27)年4月28日　②ある行為をなすことを正当とする法律上の根拠　③国際連合の監督下で、その信託を受けた国が非自治地域に対して行う統治

基礎情報　国内は全面講和論と単独講和論に分かれたが、吉田茂首相は西側諸国との単独講和に踏み切った。1951(昭和26)年に開かれたサンフランシスコ講和会議では、朝鮮戦争下にあった韓国・北朝鮮や中国の代表は招かれず、ソ連をはじめとする東側陣営は調印を拒否した。講和会議の最終日に、48か国と調印式が行われ、翌52年4月に条約が発効し、約7年間の占領は終了した。

54 日米安全保障条約 ➲p.155

第1条
平和条約及びこの条約の効力発生と同時に、アメリカ合衆国の陸軍、空軍及び海軍を日本国内及びその付近に配備する権利を、日本国は、許与し、アメリカ合衆国は、これを受諾する。この軍隊は、極東における国際の平和と安全の維持に寄与し、並びに、1又は2以上の外部の国による教唆又は干渉によつて引き起こされた日本国における大規模の内乱及び騒じようを鎮圧するため日本国政府の明示の要請に応じて与えられる援助を含めて、外部からの武力攻撃に対する本国の安全に寄与するために使用することができる。
第3条
アメリカ合衆国の軍隊の日本国内及びその付近における配備を規律する条件は、両政府間の行政協定①で決定する。
〈歴史学研究会編『日本史史料5現代』岩波書店〉

用語解説　①1952(昭和27)年2月調印。アメリカは日本国内に基地(施設・区域)を置き、日本は駐留軍の費用を分担することになった

基礎情報 1951年9月8日、サンフランシスコ平和条約締結と同日に米軍基地内で吉田茂首相とアチソン米国務長官以下4人が署名し調印した。翌52年4月28日発効。アメリカは日本に軍隊を駐留させる権利を有しながら日本の安全への義務は負わない、アメリカの同意なしに第三国に基地や軍隊通過の権利を許与しない、有効期間が明示されずアメリカの同意がなければ永久に駐留が可能であるなど、さまざまな問題が存在した。アメリカが必要とすれば日本のどの地域でも基地として要求することができた。

第3部　グローバル化と私たち

55 日ソ共同宣言

➔p.164

1　日本国とソヴィエト社会主義共和国連邦との間の戦争状態①は、この宣言が効力を生ずる日②に終了し、両国の間に平和及び友好善隣関係が回復される。

4　ソヴィエト社会主義共和国連邦は、国際連合への加入に関する日本国の申請を支持するものとする。

9　……ソヴィエト社会主義共和国連邦は、日本国の要望にこたえかつ日本国の利益を考慮して、歯舞群島及び色丹島を日本国に引き渡すことに同意する。ただし、これらの諸島は、日本国とソヴィエト社会主義共和国連邦との間の平和条約が締結された後に現実に引き渡されるものとする。

〈歴史学研究会編『日本史史料5現代』岩波書店〉

用語解説 ①1945(昭和20)年8月8日、ソ連は日ソ中立条約を破棄して対日宣戦を布告。満洲および南樺太に進撃した　②1956年12月12日

基礎情報 1956年10月、モスクワで鳩山一郎・ブルガーニンの両首相が調印し、日ソの戦争状態が終結して、国交が回復した。北方四島のうち、歯舞群島・色丹島を日ソの平和条約締結後に日本へ引き渡すことが決められたが、冷戦の影響もあり進展していない。国後島・択捉島については両国で意見が一致していない。内容にはソ連の賠償請求権の放棄、日本の国連加盟支持が含まれる。同年12月18日の国連総会で日本の国連加盟が承認された。

56 新安保条約(日米相互協力及び安全保障条約)

➔p.164

第3条　締約国は、個別的に及び相互に協力して、継続的かつ効果的な自助及び相互援助により、武力攻撃に抵抗するそれぞれの能力を、憲法上の規定に従うことを条件として、維持し発展させる。

第4条　締約国は、この条約の実施に関して随時協議し、また、日本国の安全又は極東①における国際の平和及び安全に対する脅威が生じたときはいつでも、いずれか一方の締約国の要請により協議する。

第6条②　日本国の安全に寄与し、並びに極東における国際の平和及び安全の維持に寄与するため、アメリカ合衆国は、その陸軍、空軍及び海軍が日本国において施設及び区域を使用することを許される。……

〈歴史学研究会編『日本史史料5現代』岩波書店〉

用語解説 ①当時政府は極東の範囲を「フィリピン以北、中国の一部、沿海州など」とした　②日米行政協定を引き継いだ日米地位協定によって、駐留軍の地位や施設・区域が定められた

基礎情報 1960(昭和35)年にホワイトハウスで岸信介首相とアイゼンハウアー米大統領が調印。両国間の経済協力の促進や在日米軍による軍事行動の事前協議制、条約の終了規定のほか、アメリカによる日本領域内の防衛と日本の自衛力増強が義務づけられた。同時に日米地位協定も結ばれ、駐留米軍に対する便宜供与と法的保護が定められた。日本国内ではアメリカの極東紛争に巻き込まれることなどを懸念した反対運動、いわゆる60年安保闘争が起こった。

57 「もはや戦後ではない」(1956年度『経済白書①』)

➔p.165

戦後日本経済の回復の速やかさには誠に万人の意表外にでるものがあつた。……

しかし敗戦によつて落ち込んだ谷が深かつたという事実そのものがその谷からはい上がるスピードを速からしめたという事情も忘れることはできない。……いまや経済の回復による浮揚力はほぼ使い尽くされた。なるほど、貧乏な日本のこと故、世界の他の国々にくらべれば、消費や投資の潜在需要はまだ高いかもしれないが、戦後の一時期にくらべれば、その欲望の熾烈さは明かに減少した。もはや「戦後」ではない②。われわれはいまや異なつた事態に当面しようとしている。回復を通じての成長は終わつた。今後の成長は近代化によつて支えられる。そして近代化の進歩も速かにしてかつ安定的な経済の成長によつて初めて可能となるのである。……

〈歴史学研究会編『日本史史料5現代』岩波書店〉

用語解説 ①『年次経済報告』の通称。2001(平成13)年以降は内閣府が『経済財政白書』を発行　②鉄工業生産指数でみると、1956(昭和31)年に戦前の水準を大きく上回り、史上最高となった

基礎情報 1954末〜57年に神武景気(初代天皇とされる神武の名からとって、日本が始まって以来の好景気を意味する)とよばれる大型好景気を迎え、経済企画庁は1956年度の『経済白書』で「もはや戦後ではない」と記した(この表現は白書オリジナルのものではないが、高度経済成長の開始を表現する言葉として有名)。「技術革新」という新造語がこの白書で使われ、その後一般に用いられるようになった。神武景気の経済成長は戦後復興期に比べると弱く、当時はまだ日本の高度経済成長が確信できない時期でもあった。

58 「平和五原則」

➔p.166

インド共和国政府と中華人民共和国政府は、中国のチベット①地方とインドとの間の通商と文化交流の増進、ならびに中国とインドの人民による巡礼と旅行の促進を願い、以下の諸原則に基づく協定を結ぶことに決定した。……

(1) 領土的な保全と主権の相互の尊重、
(2) 相互の不可侵、
(3) 相互の内政への不干渉、
(4) 平等と互恵、
(5) 平和共存……

〈歴史学研究会編『世界史史料11』岩波書店〉

用語解説 ①18世紀末までに清朝に併合され、その後も中華民国の領土として継承されていた

基礎情報 1954年、チベットとインドの間の通商・交通に関する協定締結交渉のなかで、インドと中華人民共和国により出された外交原則で、同年6月にインドを訪問した周恩来首相とネルー首相との会談で再確認された。この原則はその後、アジア諸国に支持され、中国とビルマ(現ミャンマー)の共同声明や、インドとベトナムの共同声明でも確認された。翌年開催された第1回アジア-アフリカ会議で採択された「平和十原則」にも影響を与えた。

59 「平和十原則」(バンドン精神)

➔p.166

1　基本的人権および国連憲章①の目的と原則を尊重すること。
2　すべての諸国の主権および領土保全を尊重すること。
3　すべての人種の平等と大小を問わずすべての国家の平等の承認。
4　他国の内政への介入、干渉をさしひかえること。
5　国連憲章に合致する諸国家の個別的あるいは集団的自衛権を尊重すること。
6 (a)　集団的防衛に関わる諸協定を、いかなる大国であってもその特定の利益を寄与するために適用することをさしひかえること。

(b) いかなる国も他国を圧迫することをさしひかえること。
7　いかなる国の領土保全、あるいは政治的独立に対しても、侵略の行為あるいは脅迫、あるいは武力の行使をさしひかえること。
8　あらゆる国際紛争は……平和的方法によって解決すること。
9　相互利益と協力を促進すること。
10　正義と国際的義務を尊重すること。……

〈歴史学研究会編『世界史史料11』岩波書店〉

用語解説 ①1945年に採択された、国際連合の組織・基本原則を定めた条約

基礎情報 1955年、インドネシアのバンドンで開催された第1回アジア－アフリカ会議の最終コミュニケで発表された世界平和と協力の増進に向けた原則で、「平和五原則」の影響を受けている。当時、東西対立はアジアへも波及しており、参加国の立場も多様であった。妥協の産物という批判もあるが、直接対話の機会がもたれ、特に中華人民共和国に国際社会への復帰を促したことは重要である。

60 スターリン①批判

➔p.156、168

……スターリンは「人民の敵」という観念を思いついた。……この言葉は、ほんのちょっとでもスターリンと意見を異にする者、敵対的意図を抱いていると疑われるだけの者、あるいは評判の悪い者に対し、いっさいの革命的法秩序の基準に違反して、最も残酷な弾圧を加えることを可能にした。……

スターリンの民衆との関係は全く異っていた。レーニンの特質は、民衆に対して辛抱強く働きかけ、辛抱強く教育し、強制を用いずに、民衆全体に対するイデオロギー上の影響を通じて、民衆についてこさせる能力にあったが、こうしたことは、スターリンには全く無縁であった。彼は説得し、教育するというレーニンの方法を無視し、イデオロギー闘争を放棄して、上からの一方的な暴力大量弾圧、テロを選んだ。……忠実だが、スターリンには都合の悪い党活動家を抹殺し、党から追放することになった。……

〈「フルシチョフ秘密演説全文」『中央公論』 1956年8月特大号〉

用語解説 ①ジョージア出身で、1922年にソ連共産党書記長に就任し、1930年代後半までに反対派を追放・処刑して強圧的な統治体制をつくった

基礎情報 スターリンの死後、1956年のソ連共産党大会において、フルシチョフはスターリンによる大粛正(反対派の処刑)と彼への個人崇拝を批判した。これは秘密報告であったが、アメリカにより公表され、世界各国の共産党や国際世論に衝撃が走った。西側・資本主義陣営との戦争不可避論から平和共存路線への転換が意図されたが、東欧社会主義圏内では自由化の要求が高まり、ハンガリー反ソ暴動などが勃発した。

61 アメリカのベトナム反戦運動

➔p.169

「……アメリカ政府はベトナム人民の自由に関心を払っているのだと主張するが、それは嘘だとわれわれは断じる。……アメリカ政府がいまだかつて、抑圧された市民の自由を護ったことがなく、その国土のなかにおいてすら、抑圧と恐怖にみちた統治に終止符を打とうとしていないことを示している。……ベトナム人は、アメリカ合衆国が国際法を侵犯する侵略政策をとることによって殺された。……われわれは、わが国の『世界を護るため』云々の叫びを、アメリカ合衆国の冷戦政策の拘束を受けない、拘束を受けることを拒む解放運動をおしつぶそうとする偽善的な仮面であると主張する。……」

〈小田実著『義務としての旅』岩波書店〉

基礎情報 SNCC(学生非暴力行動調整委員会)は1960年に結成された、反戦・反差別を訴える黒人学生を中心とした公民権運動組織である。SNCC創設メンバーのジュリアン=ボンドは、65年にジョージア州議会議員に当選。白人議員から議席に着くことを妨害されたが、連邦最高裁の判決により議席が認められ20年間議員を務めた。史料はSNCCが出した、ベトナム戦争に反対する声明である。市民の自由が抑圧されているアメリカの黒人と、ベトナム戦争(1965～75年)によって迫害されているベトナム人の置かれている状況は同じであると主張し、ベトナム戦争への徴兵拒否を支持して反戦を訴えた。これによりボンドはアラバマ州議会から追放された。

62 キング牧師の演説

➔p.172

……この共和国の礎を築いたものたちは、「独立宣言」と「憲法」の荘厳たる文言を書き記したとき、その後のすべてのアメリカ人たちを相続人とする約束手形に署名したのです。……黒人も白人も、「すべての人間には、生命、自由、幸福を追求する奪うべからざる権利が与えられている。」……

……民主主義の約束を現実にするときこそ、今なのです。……

私には夢がある、ジョージア①の赤土の丘の上で、かつての奴隷の子孫たちとかつての奴隷主の子孫たちが、友愛に固く結ばれてひとつのテーブルを囲む、そんな日が来るという夢が。

〈歴史学研究会編『世界史史料11』岩波書店〉

用語解説 ①キング牧師が育ったアメリカ南部の州

基礎情報 1960年代に入り、広範な黒人差別解消を目指す公民権法の制定を求める運動が広がりを見せていた。奴隷解放宣言から100年目に当たる63年8月28日に「ワシントン大行進」が20数万人の参加者のもとで実行され、このときに公民権運動の指導者キング牧師がリンカン記念堂前で行った演説である。「独立宣言」などを引用してアメリカの国是の実現を求めたもので、多くの人々の支持を得て、翌年には公民権法が制定された。

63 東西ドイツ統一

➔p.175

……われわれの統一は何人にも強制されたことはなく、平和的に取り決められたものであります。この統一は、諸民族の自由と欧州大陸の新たな平和秩序を目指す欧州全体に係る歴史的過程の一部であります。……

第二次世界大戦後ドイツの分断は、……戦勝国間の争いの結果でありました。……われわれの誰一人として、ヒトラー下のドイツがあの戦争を始めなければ、分断は決して起こらなかったであろうことを忘れるものはおりますまい。……

ゴルバチョフ大統領①のソ連指導部は、……同盟諸国を保護監督下に置くことを断念し、それらの国々の政治的自決権を尊重するようになりました。こうして、歴史上他に類を見ない平和革命が中欧、東欧および南東欧州において行われたのであります。……国家的統一のためにドイツ人が自由に意思決定を下すことも受け入れられたのであります。……

〈古池好訳『ドイツ統一の日 1990年10月3日』ドイツ連邦共和国大使館〉

用語解説 ①1985年にソ連共産党書記長となり改革を推進し、冷戦を終結させた。90～91年に最初で最後のソ連大統領を務めた

基礎情報 保守系政党のキリスト教民主同盟に所属したヴァイツゼッカーは、連邦議会議員や西ベルリン市長などを歴任して1984年に西ドイツ(ドイツ連邦共和国)大統領に就任した。85年、ドイツ敗戦40周年に行った「過去に目を閉ざす者は、現在にも盲目となる」という演説は高い評価を得た。史料の『ドイツ統一の日 1990年10月3日』の演説においても、過去を真摯に振り返り、ソ連や東欧諸国で進められた自由化への感謝とともに、統一ドイツの責任とヨーロッパにおける役割を説いている。

64 アパルトヘイト①廃止

➔p.177

……南アフリカ国会は……アパルトヘイト(人種隔離政策)根幹法案のうち、最後まで残っていた人口登録法……廃止を賛成89、反対

38で決めた。これを受けデクラーク大統領は「いまやアパルトヘイトは歴史上のものとなり、全国民がアパルトヘイトから解放された」と宣言した。

他の残存根幹法である土地法、人種別集団地域法は今月５日に廃止を可決、いずれも30日失効する。

新憲法制定までの間、……現憲法に関連した行政細則には分断制度が存続するが、出生時の人種別登録、人種による居住、営業地域の制限は無くなり、すべてが南ア国民として平等に扱(あつか)われる。

しかし、……生活格差が直ちに縮まるわけではない。……黒人解放組織と、白人の既得(きとく)権益確保を図(はか)る政府の交渉(こうしょう)が焦点(しょうてん)となろう。

〈1991年６月18日　読売新聞より抜粋〉

用語解説 **①白人・黒人・インド人・カラード(混血)の４つの人種に国民を分類し、白人以外には選挙権を認めず、それぞれの居留地を指定して行われた人種隔離政策**

基礎情報 南アフリカのアパルトヘイトに対して、1980年代に国際的な非難が高まり、経済制裁が科された。89年に就任したデクラーク大統領はアパルトヘイト撤廃(てっぱい)に向けた改革に取り組み、翌年には黒人の解放運動組織ANC(アフリカ民族会議)の合法化や、ANC有力メンバーのネルソン=マンデラの釈放(しゃくほう)を行った。91年にはアパルトヘイト撤廃を宣言し、根幹３法が廃止(はいし)されたが、白人支配層はもとより、黒人の間でもさまざまな対立が続いた。94年、黒人のマンデラが大統領に、白人で前大統領のデクラークが副大統領に就任することで、国民の融和(ゆうわ)が進展した。

明解 歴史総合図説 シンフォニア　三訂版
別冊史料 ―歴史総合重要史料64点
編集　帝国書院編集部　　発行　株式会社帝国書院
2024年２月20日印刷　33989

『明解歴史総合図説 シンフォニア 三訂版』（2024 年度版） 33999

「ヒストリーツアーズ」「……の観点から振り返ろう！」解答 H:「ヒストリーツアーズ」 !:「……の観点から振り返ろう！」

p.54 H チェック1② チェック2①
p.55 ! 制限　海外の情報を日本に伝える　権威の向上

p.56 H チェック1② チェック2②
p.57 ! 希薄に　海運

p.58 H チェック1図1-①、図2-③ チェック2① チェック3①・④
p.59 ! さまざまな身分の人に　教育　西洋

p.60 H チェック1② チェック2③ チェック3②
p.61 ! 解除　ヨーロッパ　広州

p.62 H チェック1② チェック2①
! ウィーン　フランス

p.64 H チェック1① チェック2② チェック3②
p.65 ! 王権神授　社会契約

p.66 H チェック1② チェック2② チェック3①
p.67 ! 制限　人民主権　三権分立

p.68 H チェック1③ チェック2① チェック3①
p.69 ! 平民　人権宣言　女性

p.70 H チェック1② チェック2② チェック3②
p.71 ! 君主政　国民の政治参加

p.72 H チェック1③・④・⑤ チェック2① チェック3①
p.73 ! 抑えたい　求める　二月

p.74 H チェック1② チェック2③ チェック3①
p.75 ! 資本主義　社会主義

p.76 H チェック1 A-②、B-①、C-③ チェック2② チェック3①
p.77 ! 産業　議会

p.78 H チェック1① チェック2① チェック3①
! 共和　拡大

p.79 H チェック1① チェック2② チェック3①
! 不凍港　労働者

p.81 H チェック1① チェック2② チェック3①
! 民族　仲裁

p.82 H チェック1① チェック2②・③ チェック3①
p.83 ! 保護　北部

p.85 H チェック1① チェック2①
! 縮小　すべての臣民は法の下に平等

p.86 H チェック1図2で確認 チェック2① チェック3②
! インド大反乱　インド帝国　懐柔

p.87 H チェック1① チェック2②
! モノカルチャー　民族

p.88 H チェック1① チェック2① チェック3①
p.89 ! アヘン　鎖国

p.90 H チェック1① チェック2①
p.91 ! 打ち払う　清　受け入れる　まだ続けられていた

p.92 H チェック1① チェック2② チェック3②
p.93 ! 指定された　生糸　上昇

p.94 H チェック1② チェック2② チェック3②
p.95 ! 武力倒幕　イギリス

p.96 H チェック1図1→図2 チェック2②
p.97 ! 中央集権化　日本側に画定

p.98 H チェック1③ チェック2③
p.99 ! 再編成　天皇主権　中央集権

p.100 H チェック1図1で確認 チェック2②
p.101 ! 織維業　お雇い外国人　欧米化

p.104 H チェック1③ チェック2② チェック3③
p.105 ! 中国　日本　警戒

p.106 H チェック1① チェック2①→③ チェック3①英・独、②日・露
p.107 ! 近代化　反対する　民族

p.108 H チェック1② チェック2① チェック3①
p.109 ! 欧化　欧米

p.114 H チェック1図1で確認 チェック2② チェック3②
p.115 ! 帝国主義　統合

p.116 H チェック1② チェック2カイロとケープタウン チェック3②
p.117 ! 帝国主義　宗主国

p.124 H チェック1② チェック2① チェック3①
p.125 ! 民族　総力戦

p.126 H チェック1② チェック2① チェック3①
p.127 ! 列強　米騒動

p.128 H チェック1① チェック2② チェック3②
p.129 ! 社会主義　労働者　独裁

p.130 H チェック1② チェック2①
p.131 ! 過酷　縮小

p.132 H チェック1① チェック2①
! 五・四運動　統一

p.133 H チェック1① チェック2① チェック3②
! 民族　ムスリム

p.134 H チェック1図1 チェック2①
p.135 ! 大衆　黒人や移民　排斥

p.136 H チェック1① チェック2② チェック3①
p.137 ! 民主　増加　女性

p.140 H チェック1② チェック2② チェック3①
p.141 ! ブロック経済　ファシズム

p.142 H チェック1① チェック2② チェック3②
p.143 ! 満洲国　ドイツ　軍部

p.144 H チェック1① チェック2① チェック3②
p.145 ! 中国　ナチ党　軍国

p.146 H チェック1① チェック2② チェック3②
p.147 ! ドイツ　自由

p.148 H チェック1① チェック2① チェック3②
p.150 ! 民間人　長崎　連合国

p.152 H チェック1 p.149 の地図で確認 チェック2②
p.153 ! 国際平和の維持　資本主義と共産主義

p.154 H チェック1② チェック2① チェック3②
p.155 ! 民主化と非軍事化　転換　西側

p.162 H チェック1① チェック2② チェック3①
p.163 ! 宇宙開発　水爆

p.164 H チェック1③ チェック2① チェック3当たった
p.165 ! 国際連合　アメリカ　統合

p.166 H チェック1③ チェック2① チェック3②
p.167 ! 植民地　モノカルチャー

p.168 H チェック1② チェック2① チェック3①・③
p.169 ! 緩和　悪化

p.170 H チェック1② チェック2① チェック3①
p.171 ! 豊かに　工業化　環境庁

p.174 H チェック1レーニン チェック2① チェック3①
p.175 ! 東欧　終結　解体

p.176 H チェック1② チェック2②
p.177 ! 韓国　選挙　弾圧

p.182 H チェック1図1で確認 チェック2② チェック3①
p.183 ! 活発化　環境　SDGs